MySQL数据库应用从入门到精通

崔洋 贺亚茹 编著

中国铁道出版社
CHINA RAILWAY PUBLISHING HOUSE

内 容 简 介

最适合的往往是最实用的，就像我们要讲述的MySQL一样，它的功能不是最全面的，架构也不是最完善的，但是其体积小、速度快、总体拥有和维护成本低，尤其是它具备开放源码的优势，使其迅速成为中小型企业和网站的首选数据库。

本书共分为4个部分（篇）和5个附录。其中第1篇为MySQL数据库基础篇，内容包括数据库所涉及的基本概念、MySQL数据库的安装与配置等。第2篇为MySQL数据库操作和应用篇，内容包括操作数据库对象、操作表对象、操作索引对象、操作视图对象、操作触发器对象和操作数据等。第3篇为MySQL数据库管理篇，内容包括MySQL数据库的用户管理和权限管理、MySQL数据库的日志管理、MySQL数据库的性能优化等。第4篇为MySQL数据库实战案例篇，内容包括Java+MySQL案例——在线书城和PHP+MySQL案例——智能考试系统两个实战案例。附录部分（光盘中）包括了MySQL数据库操作和管理技巧，以提升读者的应用技能；同时还向读者介绍了Power Designer数据库设计软件的内容。

秉承注重理论与实际开发相结合的原则，书中的每个技术点都配备了与之相对应的实例，旨在帮助MySQL数据库初学者快速入门，同时也适合MySQL数据库管理员和想全面学习MySQL数据库技术以提升应用水平的人员使用。

图书在版编目（CIP）数据

MySQL数据库应用从入门到精通 / 崔洋，贺亚茹编著. —北京：中国铁道出版社，2016.1（2018.9重印）

ISBN 978-7-113-21101-1

Ⅰ. ①M… Ⅱ. ①崔… ②贺… Ⅲ. ①关系数据库系统 Ⅳ. ①TP311.138

中国版本图书馆CIP数据核字（2015）第266054号

书　　名：MySQL数据库应用从入门到精通
作　　者：崔洋　贺亚茹　编著

责任编辑：荆　波　　**读者热线电话：**010-63560056
责任印制：赵星辰
封面设计：付　巍　　**封面制作：**MXK DESIGN STUDIO

出版发行：中国铁道出版社（北京市西城区右安门西街8号　邮政编码：100054）
印　　刷：三河市兴达印务有限公司
版　　次：2013年1月第1版　2014年4月第2版　2016年1月第3版　2018年9月第9次印刷
开　　本：787mm×1 092mm　1/16　**印张：**28.25　**字数：**700千
书　　号：ISBN 978-7-113-21101-1
定　　价：59.80元（附赠光盘）

前 言 Foreword

MySQL 的优势

最适合的往往是最实用的，就像我们要讲述的 MySQL 一样，它的功能不是最全面的，架构也不是最完善的。但是其体积小、速度快、总体拥有和维护成本低，尤其是它具备开放源代码的优势，使其迅速成为中小型企业和网站的首选数据库。

在数据库的世界里，关于 MySQL 数据库的新闻一直不断，始终萦绕在程序员的耳边。2008 年，SUN 公司以 10 亿美元收购了 MySQL 数据库，标志着该数据库已经成为世界上的主流数据库之一。2010 年，Oracle 公司收购了 SUN 公司，标志着该数据库成为 Oracle 公司的主流数据库产品之一。随着 MySQL 数据库的逐渐成熟，全球规模最大的网络搜索引擎公司 Google 决定使用 MySQL 数据库，国内很多大型的公司也开始使用 MySQL 数据库，例如网易、新浪等。这就给 MySQL 数据库带来了前所未有的机遇，同时也出现了学习 MySQL 数据库的高潮。

与同类书相比本书有何特色

本书以“数据库基本概念→MySQL 数据库环境搭建→利用 SQL 语句操作数据库对象→MySQL 数据库高级管理”为主线，辅以开发项目时遇到的常用 SQL 语句操作，让读者在学习关于 MySQL 数据库和 SQL 语句基础知识的同时，能更快速地适应数据库的工作。

在学习 MySQL 数据库软件的同时，希望读者能牢记：动手才是硬道理。结合这一主题，本书最后提供了两个非常实用的案例实战，以供读者学习和研究。

本书从 MySQL 数据库的环境配置和 SQL 语句的基本语法出发，详细讲解了 MySQL 数据库的各种基础操作和如何利用 SQL 语句来操作数据库对象，同时也给出了极具代表性和实用性的应用示例。

本书的特点主要体现在以下几个方面。

- 以现实职场中经典数据库操作和完整系统的项目为背景，结合当前最主流的版本 MySQL 软件的基本语法知识，组织和编写全书的内容。
- 采用以实例驱动模式为指引，即不仅每章都是一个完整的实例，而且各章实例所涉及的知识点还涵盖了 MySQL 软件的各个方面。通过对本书实例的剖析，读者不仅能够深刻体会到数据库和 MySQL 软件的各种知识点特性，而且在具体开发应用时能够“游刃有余”。
- 从数据库的基础概念开始讲解，逐步深入到 MySQL 软件的基础操作和软件的高级操作、管理和应用。内容难度从易到难，讲解由浅入深，使学习循序渐进。
- 每段代码都通过详细步骤进行演示，并指明了难点和核心要点，使读者能够明确重点。在具体讲解时，还穿插了大量的使用技巧，以便让读者能够体验实际操作 MySQL 软件的技巧。

- 随书附带的光盘中包含了各章节的 SQL 语句，这些 SQL 语句代码不但具有一定的实用性，更可贵的是具有一定的通用性。同时还配套有大量的视频讲解，对于初学者来说，视频讲解具有非常直观的辅助学习的作用。
- 注重实际应用，提高实战水平。本书不仅介绍了 SQL 语句的设计，还讲解了用 PowerDesigner 软件进行数据库设计的知识。

本次改版说明：

《MySQL 数据库应用从入门到精通》于 2013 年 2 月第一次出版上市，至本次出版已经历经两次改版完善，总销量也已经超过 20 000 册，读者对编辑策划的想法和图书内容的肯定与支持让我们万分感谢，同时也激励着我们踏实奋进，为读者奉献出更高质量的精品图书。两年多来，我们收到了众多热心读者许多好的意见和建议;同时我们也对本书结构与内容做了完善和修改，以期让本书无论在满足读者需求还是图书质量方面都能有新的提升。本次改版有所变动的地方，向读者介绍如下：

增加了第 4 篇 MySQLS 数据库应用实战案例篇，该部分包含两个实战案例，分别为 MySQL+Java 案例实战——在线书城和 MySQL+PHP 案例实战——智能考试系统；目的在于帮助读者在综合案例中梳理和运用前面学到的基础知识和管理技能，缩短理论到实践的距离。

为了提升本书的性价比，经过筛选与斟酌，将本书第 2 版中的部分不常用和稍显重复的内容提取出来，集合成附录文档，放在本书的光盘中，供读者学习使用，它们包含：

- 原书 5.6 小节　通过 SQLyog 客户端软件修改表；该部分内容较为简单也不常用，无须占用书中篇幅。
- 原书 14.4 小节 查看存储过程和函数；该部分内容只是众多查看方式中的一种，也较为简单，选择阅读即可。
- 原书 16.3 小节 权限管理；该部分内容需要读者具备一定的项目实践经验，因此与本书主要面向的读者不太相符；部分读者在光盘中学习即可。
- 原书 18.2 小节 通过 SQLyog 客户端软件实现数据库维护；该部分内容实践中用的较少，放在光盘中可供有兴趣的读者学习。
- 原书第 19 章 使用 PowerDesigner 进行数据库设计；该部分内容对于本书的初学者层级来讲有些过高了，这也反映了图书策划之初的考虑不周，因此本次改版将其弱化到光盘中，供部分读者学习使用。
- 根据新版本的内容变化，本次改版将原光盘中的 PPT 文档和讲解视频重新归纳，同时加入了新的章节内容，让光盘更加完善，讲解更加细致。
- 筛选和接受热心读者的意见和建议，同时对全书进行细致通审，发现并修订了不少排版和文字错误，在此版中都进行了一一更正。

本书内容及知识体系

本书分为 4 个部分（篇）和 5 个附录，共 20 章，全方位地介绍了关于数据库的基本概念和 MySQL 软件的各种操作；从数据库的基础知识、MySQL 软件的基础操作和标准 SQL 语句讲起，再进一步详细介绍了关于 MySQL 软件的高级操作；最后综合前面所讲知识，提供了两个完整的实战案例。

第 1 篇　MySQL 数据库基础篇（第 1～2 章）

本篇主要介绍了 MySQL 软件涉及的基础概念和该软件的安装过程。首先介绍了数据库涉及的基础概念，分别为数据管理技术发展阶段、数据库技术经历阶段、数据库管理系统提供的功能、SQL 语言和常见数据库管理系统；然后详细讲解了 MySQL 软件的安装和配置过程。

第 2 篇　MySQL 数据库操作和应用篇（第 3～15 章）

本篇主要介绍了 MySQL 数据库对各类对象的基本操作和应用，其中前者主要包含数据库对象操作、表对象操作、索引对象操作、视图对象操作、触发器对象操作和数据操作。在具体介绍操作数据时，详细介绍了数据的插入、更新和删除操作，而对于数据查询操作则会从单表查询和多表查询两方面进行介绍。单表查询主要包含简单数据记录查询、条件数据查询、排序数据查询结果、限制数据查询数量、统计函数和分组数据查询；多表查询主要包含内连接查询、外连接查询、合并查询数据记录和子查询。

第 3 篇　MySQL 数据库管理篇（第 16～18 章）

本篇主要介绍了 MySQL 数据库的高级管理，包含 MySQL 数据库的用户管理和权限管理、MySQL 数据库的日志管理和 MySQL 数据库的性能优化。

第 4 篇　MySQL 数据库管理实战案例篇（第 19～20 章）

本篇通过两个实战案例向读者详细阐述了 MySQL 数据库同 Java 和 PHP 相结合不同的应用实践。

附录

附录部分内容在前面的“本次改版说明”已有详细阐述，在此不再赘述。

物超所值的附赠光盘

为了方便读者阅读本书，本书附带 DVD 光盘。内容如下：

- 本书所有实例的源代码。
- 本书每章内容的多媒体语音教学视频。
- 本书每章内容的 PPT 文件。
- 本书附录部分的 PDF 文档。

适合阅读本书的读者

- 希望使用 MySQL 数据库的新手。
- 迫切希望提高 MySQL 数据库使用技能和水平的程序人员。
- 具有一定的编程经验但是数据库操作技巧不丰富的工程师。

阅读本书的建议

- 没有数据库基础知识的读者，建议从第 1 章开始按顺序阅读并演练每一个实例。
- 有一定 SQL 语言基础的读者，可以根据实际情况有重点地选择所需阅读章节和案例。
- 对于每一个章节，先自己思考一下所需要掌握的知识点，然后再阅读，这样学习效果会更好。
- 可以先将书中的每个知识点和案例阅读一遍，然后结合光盘中提供的多媒体教学视频再理解一遍，这样学习起来更加容易，理解也会更加深刻。

编　者

2015 年 11 月

目　录　Contents

第1篇　MySQL数据库基础篇

第1章　数据库概述

第2章　MySQL安装和配置

第 2 篇 MySQL 数据库操作和应用篇

第 3 章 MySQL 数据库基本操作

第 4 章 MySQL 数据库中存储引擎和数据类型

第 5 章　表的操作

第 6 章　索引的操作

第 7 章 视图的操作

第 8 章 触发器的操作

第 9 章　数据的操作

第 10 章　单表数据记录查询

第 11 章 多表数据记录查询

第 12 章 使用 MySQL 运算符

第 13 章 使用 MySQL 常用函数

第 14 章 存储过程和函数的操作

第 15 章 MySQL 事务

第 3 篇 MySQL 数据库管理篇

第 16 章 MySQL 安全性机制

第 17 章 MySQL 日志管理

第 18 章 MySQL 数据库维护和性能提高

第 4 篇 MySQL 数据库实践篇

第 19 章 Java+MySQL 案例实战——在线书城

第 20 章 PHP+MySQL 案例实战——智能考试系统

附录篇（光盘中）

注：以下内容请读者在附赠光盘中学习使用

附录 A 通过 SQLyog 客户端软件修改表

附录 B 查看存储过程和函数

附录 C 权限管理

附录 D 通过 SQLyog 客户端软件实现数据库维护

附录 E 使用 PowerDesigner 进行数据库设计

第 1 章 数据库概述

数据管理技术经过多年的发展，已经发展到数据库系统阶段，在该阶段会把数据存储到数据库（DataBase，DB）中，即数据库相当于存储数据仓库。为了便于用户组织和管理数据，还专门提供了数据库管理系统（DataBase Management System，DBMS），可以有效管理存储在数据库中的数据。本书所要讲解的 MySQL 软件，就是一种非常优秀的数据库管理系统。

通过本章的学习，可以掌握如下内容:

- 数据管理技术
- 数据库相关概念和知识
- MySQL 数据库基础概念和知识

1.1 关于数据库的基本概念

在目前阶段，如果要存储和管理数据离不开数据库。当数据存储到数据库后，就会通过数据库管理系统对这些数据进行组织和管理。本节将详细介绍学习数据库的基本概念。

1.1.1 数据管理技术的发展阶段

所谓数据管理，是指对各种数据进行分类、组织、编码、存储、检索和维护。发展到现在，数据管理技术经历了三个阶段，分别为人工管理阶段、文件系统阶段和数据库系统阶段。

1. 人工管理阶段

20 世纪 50 年代中期以前，由于计算机中的硬件还没有像现在这样的磁盘、软件没有专门管理数据的软件，所以计算机只局限于科学技术方面，数据则由计算和处理它的程序自行携带。该时期被称为人工管理阶段。

人工管理阶段的特点如下：

- 数据不能长期保存。
- 程序本身管理数据。
- 数据不能共享。
- 数据不具有独立性。

2. 文件系统阶段

随着技术的发展，在 20 世纪 50 年代后期到 20 世纪 60 年代中期，计算机不仅应用于科学技术，而且开始用于管理。在该时期由于计算机硬件出现了磁盘，计算机软件出现了高级语言和操作系统，因此程序和数据有了一定独立性，出现了程序文件和数据文件，这就是所谓的文件系统阶段。

文件系统阶段的特点如下：

- 数据可以长期保存。
- 数据由文件系统来管理。
- 数据冗余大，共享性差。
- 数据独立性差。

3. 数据库系统阶段

随着网络技术的发展，计算机软/硬件功能的进步，在 20 世纪 60 年代后期，计算机可以管理规模巨大的数据，这时如果计算机还使用文件系统来管理数据，则远远不能满足当时各种应用需求，于是出现了数据库技术，特别是关系型数据库技术。该阶段就是所谓的数据库系统阶段。

数据库系统阶段的特点如下：

- 数据实现结构化。
- 数据实现了共享性。
- 数据独立性强。
- 数据粒度变小。

1.1.2 数据库系统阶段涉及的概念

到目前为止，处理数据的技术仍然处于数据库系统阶段。在该阶段处理数据时，经常会涉及各种概念：数据库、数据库管理系统和数据库系统。同时如果想完全掌握数据库系统阶段的数据处理技术，也必须熟悉和掌握这些概念。

数据库（DataBase，DB）是指长期保存在计算机的存储设备上，按照一定规则组织起来，可以被各种用户或应用共享的数据集合。

数据库管理系统（DataBase Management System，DBMS）是指一种操作和管理数据库的大型软件，用于建立、使用和维护数据库，对数据库进行统一管理和控制，以保证数据库的安全性和完整性。用户通过数据库管理系统访问数据库中的数据。当前比较流行和常用的数据库管理系统有 Oracle、MySQL、SQL Server 和 DB2 等。

数据库系统（DataBase System，DBS）是指在计算机系统中引入数据库后的系统，通常由计算机硬件、软件、数据库管理系统和数据管理员组成。

在通常情况下，经常会用数据库来表示它们使用的数据库软件。这经常会引起混淆，确切地说，数据库软件应该为数据库管理系统，数据库是通过数据库管理系统创建和操作的容器。

1.1.3 数据库技术经历的阶段

在数据库系统管理数据阶段，随着时间的推移，又经历了三个技术阶段，分别为：层次数据库和网状数据库技术阶段、关系数据库技术阶段和后关系数据库技术阶段。本节将详细介绍这些数据库技术。

1. 层次数据库和网状数据库技术阶段

层次数据库代表为 IMS，1968 年 IBM 为阿波罗 11 号飞船顺利登月提供了重要保障。网状数据库代表为 IDS，其为 1961 年美国通用电气公司使用的数据库。该阶段的数据库技术，支持三级模式结构，用指针来表示数据之间的联系；数据定义语言和数据操纵语言相对独立。

2. 关系数据库技术阶段

关系数据库技术的出现，可以说是数据库系统管理数据的一个里程碑。该技术具有严格的数学理论，概念简单清晰，便于使用，受到众多数据库管理系统厂家的追捧。关系数据库技术的代表数据库管理系统为 Oracle、DB2、SQL Server、MySQL、SyBase 和 InFormix 等。

3. 后关系数据库技术阶段

由于关系数据库在数据模型、性能、扩展伸缩性上存在问题，所以出现了一些后关系数据库的技术，例如，面向对象数据库技术（ORDBMS）和结构化数据库技术（NOSQL）。

对于 ORDBMS 技术，虽然其尚未完全成熟，但是能很好地支持对数据和对象的管理，能够很好地和面向对象设计技术相融合。而 NOSQL 技术，则打破了关系型数据库与 ACID 理论相互统一的局面。利用 NOSQL 技术存储数据时，不需要固定的表结构，因此在大型数据存取上具备关系型数据库无法比拟的性能优势。

1.1.4　数据库管理系统提供的功能

数据库管理系统提供许多功能，可以通过 SQL（结构化查询语言）来定义和操作数据，维护数据的完整性和安全性，以及进行各种数据库的管理等。那么数据库管理系统所支持的 SQL 提供哪些功能呢？

1. 数据定义语言（Data Definition Language，DDL）

数据库管理系统提供了数据定义语言定义数据库涉及各种对象，定义数据的完整性约束、保密限制等约束。

2. 数据操作语言（Data Manipulation Language，DML）

数据库管理系统提供了数据操作语言实现对数据的操作。基本的数据操作有两类：检索（查询）和更新（插入、删除和更新）。

3. 数据控制语言（Data Control Language，DCL）

数据库管理系统提供了数据控制语言实现对数据库的控制，包含数据完整性控制、数据安全性控制和数据库的恢复等。

1.1.5　什么是 SQL

1.1.4 节中所涉及的 SQL，其发音为字母 S-Q-L 或 sequel，是 Structure Query Language（结构化查询语言）的缩写，是目前广泛使用的关系数据库标准语言。该语言由 IBM 在 20 世纪 70 年代开发出来，被作为 IBM 关系数据库 System R 的原型关系语言，实现关系数据库中信息的检索。

由于 SQL 简单易学、功能丰富和使用灵活，因此受到众多人的追捧。经过不断的发展、完善和扩充，SQL 被美国国家标准局（ANSI）确定为关系型数据库语言的美国标准，后来又被国际标准化组织（ISO）采纳为关系数据库语言的国际标准。各种 SQL 标准的出台，使得所有数据库生产厂家都推出了各自支持 SQL 的数据库管理系统，而本书所介绍的 MySQL 数据库也实现了对 SQL 的支持。

SQL 具有数据库管理系统的所有功能，主要功能如下：数据定义语言、数据操作语言和数据控制语言。

SQL 具有如下优点：

- SQL 不是某个特定数据库供应商专有的语言。几乎所有重要的数据库管理系统都支持 SQL，所以只要学习了 SQL 就能与所有数据库进行交互。
- SQL 简单易学，该语言的语句都是由描述性很强的英语单词组成，而且这些单词的数目不多。
- SQL 高度非过程化，即用 SQL 进行数据库操作，只需指出“做什么”，无须指明“怎么做”，存取路径的选择和操作的执行由数据库管理系统自动完成。

1.2 MySQL 数据库管理系统

随着时间的推移，开源数据库管理系统逐渐流行起来。开源数据库管理系统之所以能在中低端应用中占据很大的市场份额，是因为开源数据库具有免费使用、配置简单、稳定性好、性能优良的特点。本书所介绍的 MySQL 数据库管理系统正是开源数据库中的杰出代表，为了便于讲解，后面将用 MySQL 代替 MySQL 数据库管理系统。

1.2.1 MySQL 与开源文化

所谓“开源”，就是开放资源（Open Source）的意思。不过在程序界更多人习惯理解为“开放源代码”的意思。开放源代码运动起源于自由软件和黑客文化，最早来自于 1997 年在加利福尼亚州召开的一次研讨会，参加研讨会的有一些黑客和程序员，也有来自 Linux 国际协会的人员。在此次会议上通过了一个新的术语“开源”。1998 年 2 月，网景公司正式宣布其发布的 Navigator 浏览器的源代码，这一事件成为开源软件发展历史的转折点。

开源即是自由的化身，提倡一种公开的、自由的精神。软件开源的发展历程，为软件行业及非软件行业带来了巨大的参考价值。虽然获取开放软件的源码是免费的，但是对源码的使用、修改却需要遵循该开源软件所作的许可声明。开源软件常用的许可证方式包括 BSD（Berkeley Software Distribution）、Apache Licence、GPL（General Public License）等，其中 GNU 的 GPL 为最常见的许可证之一，为许多开源软件所采用。

在计算机发展的早期阶段，软件几乎都是开放的，任何人使用软件的同时都可以查看软件的源代码，或者根据自己的需要去修改它。在程序员的社团中大家互相分享软件，共同提高知识水平。这种自由的风气给大家带来了欢乐，也带来了进步。在开源文化的强力带动下，产生了强大的开源操作系统 Linux，其他还有 Apache 服务器、Perl 程序语言、MySQL 数据库、Mozilla 浏览器等。

1.2.2 MySQL 发展历史

MySQL 的历史最早可以追溯到 1979 年，Monty Widenius 用 BASIC 设计了一个报表工具，过了不久，又将此工具使用 C 语言重写，移植到 UNIX 平台，当时只是一个底层的面向报表的存储引擎。

这个工具叫作 Unireg。

1985 年，三个瑞典人 David Axmark、Allan Larsson 和 Michael Widenius 成立了一家公司，这就是 MySQL AB 的前身，这个公司最初并不是为了开发数据库产品，而是在实现想法的过程中需要一个数据库并希望能够使用开源的产品。但在当时并没有一个合适的选择。因此自己设计了一个利用索引顺序存取数据的方法，也就是 ISAM（Indexed Sequential Access Method）存储引擎核心算法的前身。此软件以创始人之一 Michael Widenius 女儿 My 的名字命名。MySQL 的 Logo 为海豚标志，如图 1.1 所示，海豚代表了速度、动力、精确等 MySQL 所拥有的特性。Logo 中海豚名字叫“Sakila”，是由来自非洲斯威士兰的开源软件开发者 Ambrose Twebaze 提供的。根据 Ambrose 所说，Sakila 来自一种叫作 SiSwati 的斯威士兰方言，也是在 Ambrose 的家乡乌干达附近坦桑尼亚的 Arusha 的一个小镇的名字。

图 1.1　MySQL 数据库 Logo

MySQL 是一款免费开源、小型、关系型数据库管理系统。随着该数据库功能的不断完善、性能的不断提高，可靠性不断增强。2000 年 4 月，MySQL 对旧的存储引擎进行了整理，命名为 MyISAM。2001 年，支持事务处理和行级锁存储引擎 InnoDB 被集成到 MySQL 发行版中，该版本集成了 MyISAM 与 InnoDB 存储引擎，MySQL 与 InnoDB 的正式结合版本是 4.0。2004 年 10 月，发布了经典的 4.1 版本。2005 年 10 月，发布了里程碑的一个版本，MySQL 5.0，在 5.0 中加入了游标，存储过程，触发器，视图和事务的支持。在 5.0 之后的版本里，MySQL 明确地表现出迈向高性能数据库的发展步伐。MySQL 公司于 2008 年 1 月 16 号被 SUN 公司收购，而在 2009 年 SUN 又被 Oracle 公司收购。MySQL 的发展前途一片光明。

MySQL 虽然是免费的，但与其他商业数据库一样，具有数据库系统的通用性，提供了数据的存取、增加、修改、删除或更加复杂的数据操作。同时 MySQL 是关系型的数据库系统，支持标准的结构化查询语言，同时 MySQL 为客户端提供了不同的程序接口和链接库，如 C、C++、Java、PHP 等。目前 MySQL 被广泛地应用在 Internet 上的中小型网站中。由于其体积小、速度快、总体拥有成本低，尤其是开放源码这一特点，因此许多中小型网站为了降低网站总体拥有成本而选择 MySQL 作为网站数据库。

目前 MySQL 可以下载的最新版本为 MySQL 5.6 版本。在最新的 5.6 版本中，数据库的可扩展性、集成度以及查询性能都得到提升。新增功能包括实现全文搜索，开发者可以通过 InnoDB 存储引擎列表进行索引和搜索基于文本的信息；InnoDB 重写日志文件容量也增至 2TB，能够提升写密集型应用程序的负载性能；加速 MySQL 复制；提供新的编程接口，使用户可以将 MySQL 与新的和原有的应用程序以及数据存储无缝集成。MySQL5.1 是当前稳定并且使用广泛的发布系列。只针对漏洞修复重新发布，没有增加会影响稳定性的新功能。MySQL4.x 是旧的稳定发布系列。目前只有少量用户使用。

1.2.3 常见数据库管理系统

目前市场上比较流行的数据库管理系统产品主要是 Oracle、IBM、Microsoft 和 Sybase 等公司的产品，下面对常用的几种系统进行简要的介绍。

1. Oracle 数据库管理系统

Oracle 数据库管理系统被认为是业界目前比较成功的关系型数据库管理系统，由世界第二大软件供应商 Oracle 公司于 1983 年推出。Oracle 的数据库产品被认为是运行稳定、功能齐全、性能超群的贵族产品。这主要是因为该数据库产品在技术方面的遥遥领先，还有就是其着重于大型的企业数据库领域应用。该数据库管理系统的 Logo 如图 1.2 所示。

ORACLE

图 1.2　Oracle 数据库 Logo

2. DB2 数据库管理系统

DB2 数据库管理系统是一款支持多媒体、Web 关系型数据库管理系统，其功能不仅可以满足大中型公司的需要，而且可以灵活地服务于中小型电子商务解决方案。据统计，目前 DB2 数据库管理系统用户超过 6 000 万，分布于约 40 万家公司。

3. SQL Server 数据库管理系统

SQL Server 数据库管理系统是一款功能比较全面，效率比较高，可以作为大中型企业或单位的数据库管理系统，由世界第一大软件供应商 Microsoft 公司推出。该数据库管理系统继承了 Microsoft 软件产品的界面友好、易学易用的特点，与其他大型数据库管理系统产品相比，在操作性和交互性方面独树一帜。

4. PostgreSQL 数据库管理系统

PostgreSQL 数据库管理系统是一款最富特色的自由数据库管理系统，甚至也可以说是最强大的自由软件数据库管理系统。该数据库管理系统支持了目前世界上最丰富的数据类型，是自由软件数据库管理系统中唯一支持事务、子查询、多版本并行控制系统、数据完整性检查等特性的自由软件，该数据库管理系统的 Logo，如图 1.3 所示。

图 1.3　PostgreSQL 数据库 Logo

1.2.4 为什么要使用 MySQL 数据库

在关于数据库的开源软件中，最杰出的代表软件为 MySQL 数据库管理系统和 PostgreSQL 数据库管理系统，那么为什么 MySQL 数据库管理系统独占鳌头，受到众多程序员的追捧呢？

为了弄清楚原因，需要通过两种数据库软件的追求目标来说起。根据专门机构的调查研究显示，许多数据库管理系统提供的功能特性，只有 40%的功能被使用，而一些复杂的高级功能特性不仅会增加系统的复杂性，而且往往还会引起系统的性能问题。PostgreSQL 数据库管理系统是加州大学伯克利分校以教学为目的开发的数据库系统，以追求功能实现的“完美”为首要目标。而 MySQL 数据库管理系统的开发者，在性能与标准的取舍上，一直坚持性能优先的原则，从不为了追求标准的符合性而牺牲性能。这就决定了 MySQL 数据库管理系统在性能方面远远优于 PostgreSQL 数据库管理系统，成为互联网行业非常流行的数据库软件之一，因为 Web 应用往往需要支持大量的数据和并发请求，性能常常是首要考虑因素。

1.3　小　结

本章主要介绍数据库的相关概念，分为数据库的基本概念和 MySQL 数据库管理系统。前者详细介绍了数据管理技术的发展阶段、数据库技术经历的阶段、数据库管理系统提供的功能和数据库管理系统所支持的语言——SQL。后者主要介绍了 MySQL 数据库管理系统，分别通过 MySQL 概念、常见数据库管理系统和为什么要使用 MySQL 数据库三方面进行讲解。

通过对本章内容的学习，读者不仅学会掌握数据库的基本概念，而且还应对 MySQL 数据库管理系统有一定的认识。

第 2 章　MySQL 安装和配置

MySQL 原来隶属于 MySQL AB 公司，该公司总部位于瑞典，其中公司名中的“AB”是瑞典语“aktiebolag”（股份公司）的首字母缩写。在 2008 年 1 月 16 日，MySQL 被 SUN 公司收购，而 2009 年 SUN 公司被世界第二大软件供应商 Oracle 公司收购。成为 Oracle 数据库的有益补充。

随着 MySQL 功能的不断完善，该数据库管理系统几乎支持所有的操作系统，同时也支持许多新的特性，这些都使得 MySQL 发展得非常迅猛，目前已经广泛应用在各行各业中。

通过本章的学习，可以掌握如下内容:

- 下载、安装和卸载 MySQL 软件
- 通过各种方式配置 MySQL 软件
- 启动和关闭服务
- 熟练使用 MySQL 客户端软件

2.1　下载和安装 MySQL 软件

对于不同的操作系统，MySQL 提供了相应的版本。本章将以 Windows 平台下的图形化安装包和免安装包为例，详细讲解 MySQL 的下载、安装、配置等过程。本节的测试环境是 32 位的 Windows 系统。

2.1.1　基于客户端——服务器（C/S）的数据库管理系统

到目前为止，市场上几乎所有的数据库管理系统都是基于客户端——服务器模式。基于该模式的数据库管理系统分为两个不同的部分，分别为服务器软件和客户端软件。服务器软件是负责所有数据访问和处理的一个软件，而关于数据添加、删除等所有请求都来自于客户端软件。

注意：客户端软件和服务器软件可能安装在两台计算机或一台计算机上。不管这套软件在不在相同的计算机上，客户端软件和服务器软件都可以进行通信，从而实现数据的相关操作。

本书所介绍的 MySQL 也是基于 C/S 模式，那么搭建 MySQL 环境需要哪些服务器软件和客户端软件呢？

- 服务器端软件为 MySQL 数据库管理系统，可以在本地计算机上或者具有访问权限的远程服务器上安装该软件。

- 客户端软件为可以操作 MySQL 服务器的软件。

2.1.2　MySQL 的各种版本

目前 MySQL 数据库按照用户群分为社区版（Community ）和企业版（Enterprise），这两个版本的重要区别为：社区版可以自由下载而且完全免费，但是官方不提供任何技术支持，适用于大多数普通用户；企业版不仅不能自由下载而且还收费，但是该版本提供了更多的功能，可以享受完备的技术支持，适用于对数据库的功能和可靠性要求比较高的企业客户。

MySQL 版本更新非常快，现在主推（GA）的社区版本为 5.5.21。从 MySQL 版本 5 开始，开始支持触发器、视图、存储过程等数据库对象。常见的软件版本有 GA、RC、Alpha 和 Bean，它们的含义分别如下：

- GA（General Availability）：官方推崇广泛使用的版本。
- RC（Release Candidate）：候选版本意思，该版本是最接近正式版的版本。
- Alpha 和 Bean 都属于测试版本，其中 Alpha 是指内测版本，Bean 是指公测版本。

2.1.3　下载 MySQL 软件

MySQL 软件是完全网络化的跨平台关系型数据库系统，目前最新的版本为 MySQL5.5.21，可以通过下面的步骤来实现该平台的下载，具体如下：

（1）首先访问下载 MySQL 的官方网站（http://mysql.com/），如图 2.1 所示。

图 2.1　MySQL 软件首页

（2）打开 MySQL 软件首页后，单击 Downloads（GA）导航栏，就会进入关于 MySQL 产品的页面，如图 2.2 所示。在该页面中单击社区版（MySQL Community）中的 Download 超链接，进入下载页面。

图 2.2　下载社区版

（3）首先在“Select Platform”下拉菜单中选择“Microsoft Windows”安装平台，然后单击“Windows (x86, 32-bit), MSI Installer”选项右边的 Download 按钮，下载 32 位的 MySQL 安装软件，如图 2.3 所示。

图 2.3　选择 MySQL 5.5.21

（4）选择相应平台和版本的 MySQL 软件后，单击 Download 按钮后，进入选择镜像网站的页面，在该页面中可以选择任意一个网站进行下载，如图 2.4 所示。

下载完 MySQL 5.5.21 后，即可安装该数据库软件。

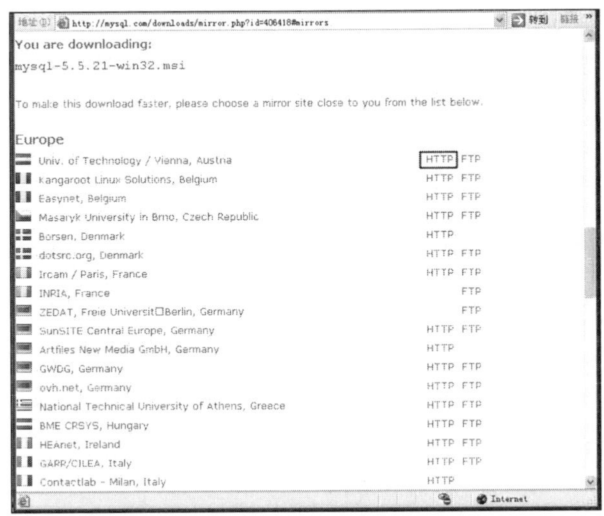

图 2.4　选择镜像网站

2.1.4　安装 MySQL 软件

2.1.3 节介绍了下载数据库 MySQL 软件的详细步骤，下载完数据库 MySQL 软件的安装程序后，即可开始安装该数据库。具体的安装步骤如下：

（1）双击 MySQL 安装程序（mysql-5.5.21-win32.msi），接着使用 Windows Installer 开始安装过程，如图 2.5 所示。

注意：在安装文件 mysql-5.5.21-win32.msi 中，第一个“5”表示主版本号，第二个“5”表示发行级别，“21”表示该级别下的版本号，“win32”表示运行在 32 位的 Windows 操作系统下，“msi”表示安装文件的格式。

（2）单击“Next”按钮后，在出现的对话框中选中“I accept the terms in the License Agreement”复选框接受协议，如图 2.6 所示，然后单击“Next”按钮进入“Choose Setup Type”窗口。

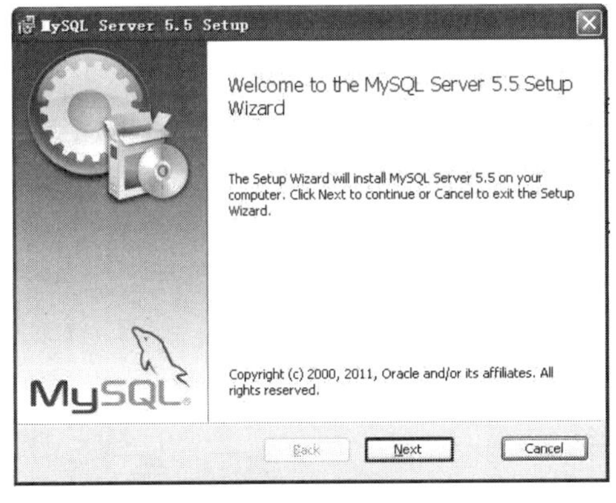

图 2.5　MySQL 欢迎界面

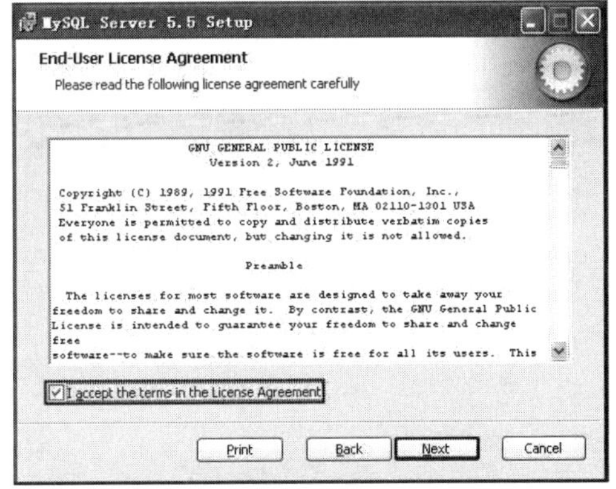

图 2.6　接受许可协议窗口

（3）单击“Typical”按钮，如图 2.7 所示，进入“Ready to install MySQL Server 5.5”窗口，关于 MySQL 安装类型如下：

- Typical：默认的安装类型。
- Complete：完全的安装类型。
- Custom：自定义的安装类型。

（4）在“Ready to install MySQL Server 5.5”窗口中确认一下安装的信息，单击“Install”按钮，开始对 MySQL 软件的安装，如图 2.8 所示。

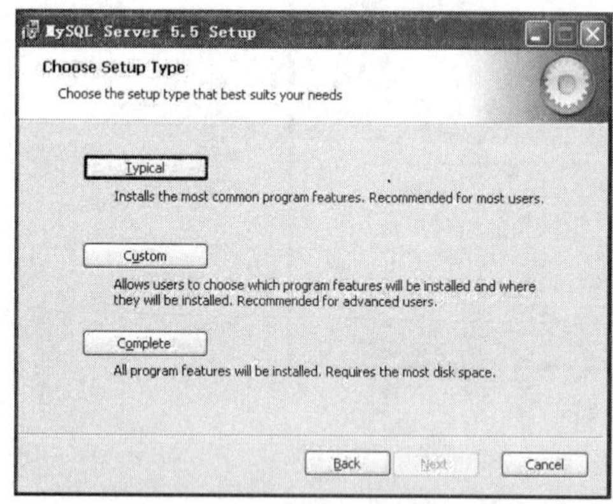

图 2.7　MySQL 安装类型对话框

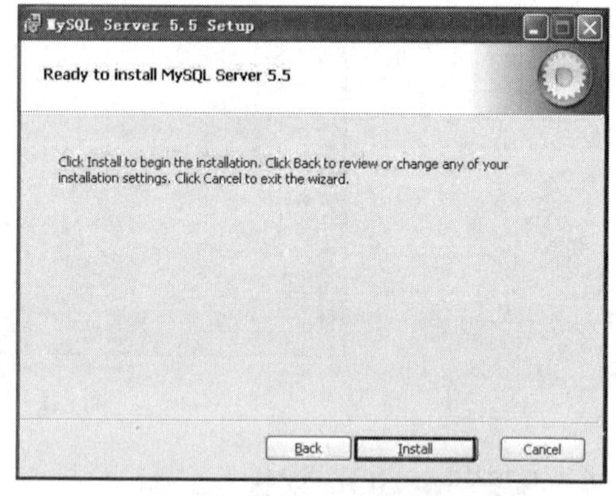

图 2.8　安装信息的确认

（5）安装完成后，单击“Next”按钮，进入一系列说明界面，如图 2.9 和图 2.10 所示。

（6）最后进入安装完成的界面，在该对话框中会询问是否现在进行配置，如图 2.11 所示。如果不想马上配置，可以取消选中 Launch the MySQL Instance Configuration Wizard 复选框，然后单击“Finish”按钮，完成对 MySQL 软件的安装。

至此，即可成功安装 MySQL 5.5.21 软件。

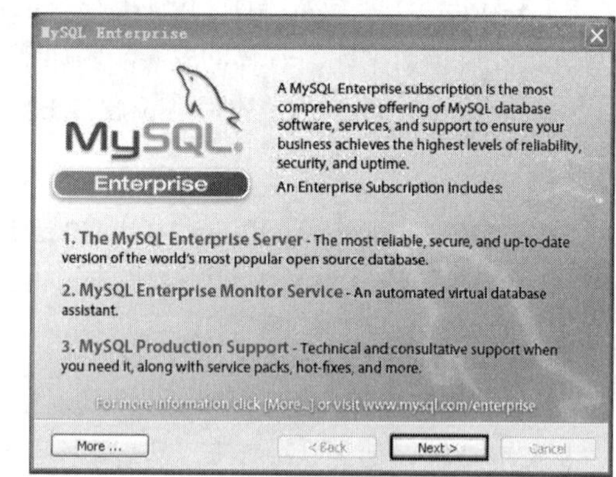

图 2.9　说明界面 1

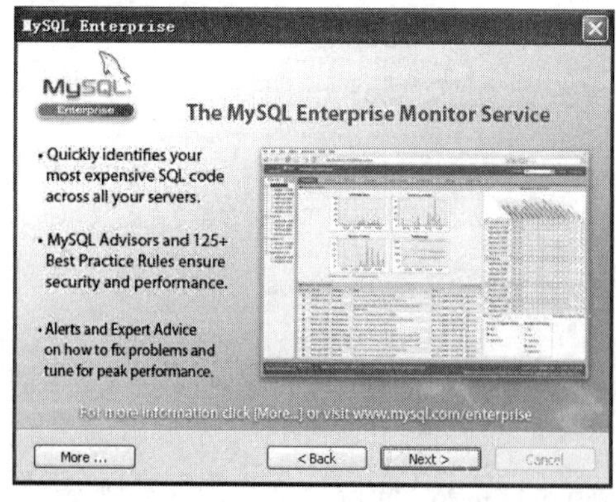

图 2.10　说明界面 2

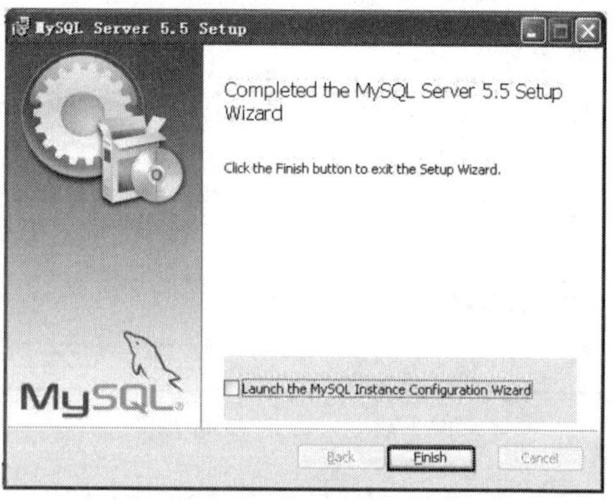

图 2.11　安装成功

2.1.5　图形化配置数据库服务器 MySQL

安装完 MySQL 后，默认会提供一个图形化的实例配置向导，可以帮助 MySQL 用户逐步进行实例参数的设置，具体步骤如下：

（1）单击“开始”→“程序”→“MySQL”→“MySQL Server 5.5”→“MySQL Server Instance Configuration Wizard”菜单，进入图形化实例配置向导的欢迎界面，如图 2.12 所示。

（2）单击 Next 按钮，进入选择配置类型界面，如图 2.13 所示。MySQL 提供了以下两种配置类型。

- Detailed Configuration：详细配置，在该配置过程中列出了详细的个性化配置向导，配置过程相对比较复杂而且比较慢。
- Standard Configuration：标准配置，与详细配置相比，该配置过程比较简单。

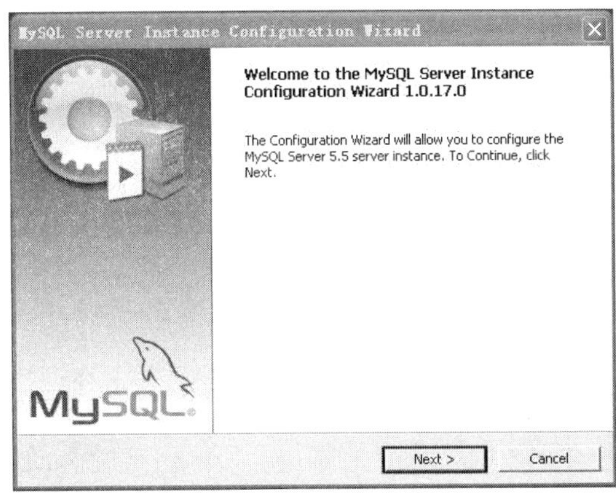

图 2.12　MySQL 欢迎界面

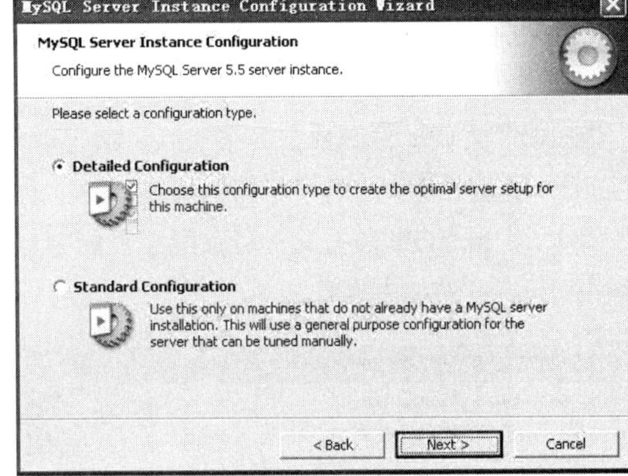

图 2.13　选择配置类型界面

（3）选择“Detailed Configuration”单选按钮，然后单击“Next”按钮，进入选择应用类型界面，如图 2.14 所示。

MySQL 提供了以下 3 种应用类型供选择。

- Developer Machine：开发机，该类型应用将会使用最小数量的内存。
- Server Machine：服务器，该类型应用将会使用中等大小的内存。
- Dedicated MySQL Server Machine：专用服务器，该类型应用将使用当前可用的最大内存。

（4）在 MySQL 选择应用类型界面中选择“Developer Machine”单选按钮，然后单击“Next”按钮，进入选择用途类型界面，如图 2.15 所示。

MySQL 提供了以下 3 种用途类型数据库供选择。

- Multifunctional Database：多功能数据库，对事务性存储引擎和非事务性存储引擎的存取速度都很快。
- Transaction Database Only：事务性数据库，主要优化了事务性存储引擎，但是非事务性存储引擎也可以使用。
- Non Transaction Database Only：非事务性数据库，主要优化了非事务性存储引擎，注意事务性存储引擎不可以使用。

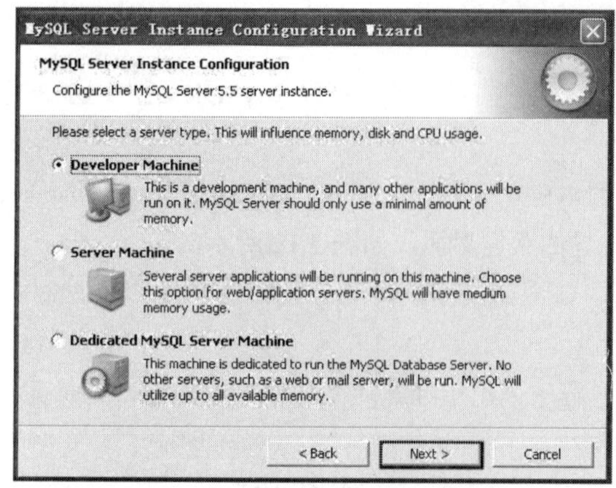

图 2.14　选择应用类型界面

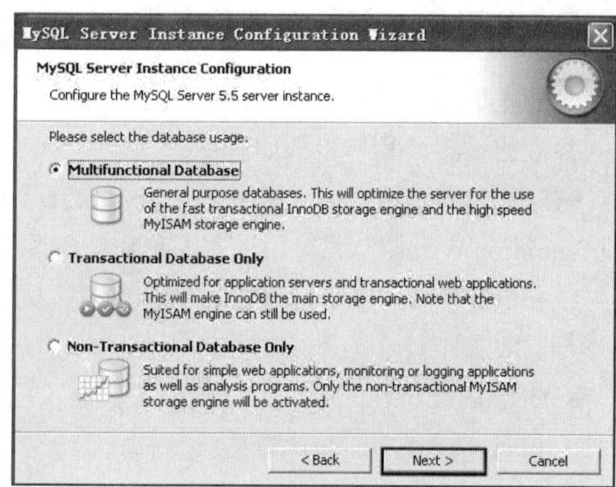

图 2.15　选择用途类型界面

（5）选择“Multifunctional Database”单选按钮，然后单击“Next”按钮，进入 InnoDB 数据文件目录配置界面，如图 2.16 所示。

InnoDB 数据文件在数据库第一次启动时创建，默认创建在 MySQL 的安装目录下。用户可以根据实际的硬盘空间状况进行路径的选择。

（6）在 InnoDB 数据文件目录配置界面中保留默认值，然后单击“Next”按钮，进入并发连接设置界面，如图 2.17 所示。

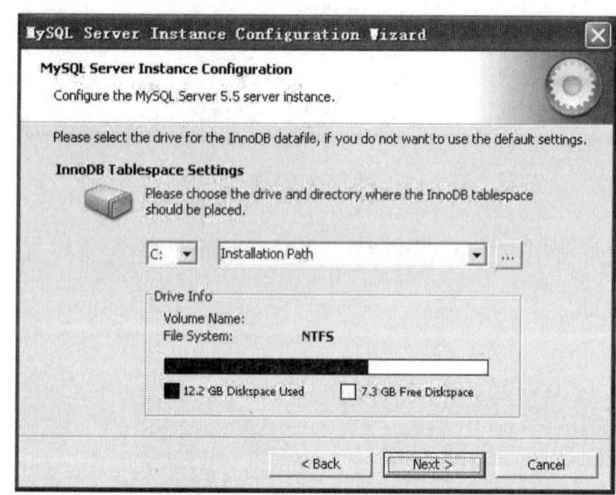

图 2.16　数据文件目录配置界面

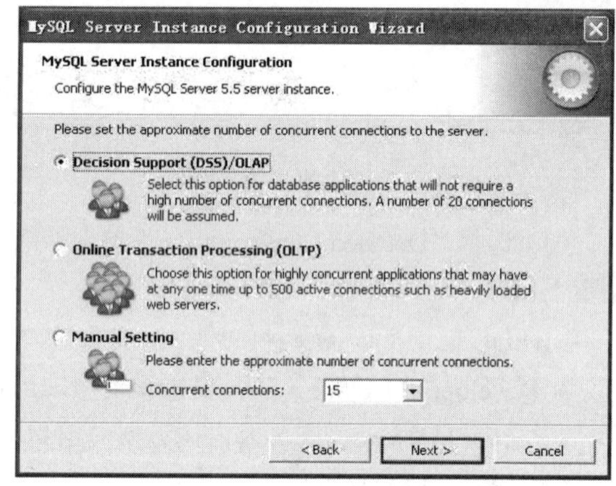

图 2.17　并发连接设置界面

MySQL 提供了以下 3 种类型并发处理供选择。

- Decision Support(DSS)/OLAP：决策支持系统，设置并发连接数为 20。
- Online Transaction Processing(OLTP)：在线事物系统，设置并发连接数为 500。
- Manual Setting：手工设置，可以手工设置并发连接数。

（7）选择“Decision Support(DSS)/OLAP”单选按钮，然后单击“Next”按钮，进入网络选项设置界面，如图 2.18 所示。

“Enable TCP/IP Networking”复选框表示是否启动 TCP/IP 连接，而“Enable Strict Mode”复选框表示是否采用严格模式来启动服务。

注意：如果 MySQL 安装在服务器上，一定要选择“Add firewall exception for this port”复选框，这样在同一网络内的用户可以访问该端口。

（8）选择“Enable TCP/IP Networking”和“Enable Strict Mode”复选框后，单击“Next”按钮，进入字符集设置界面，如图 2.19 所示。

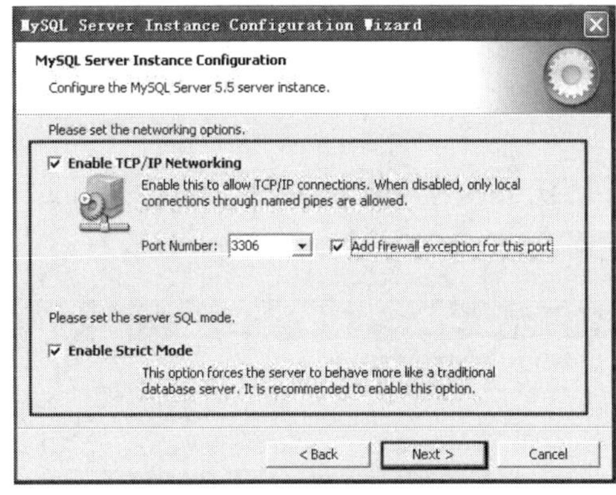

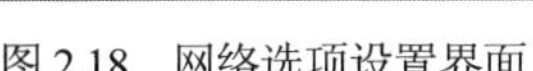
图 2.18 网络选项设置界面

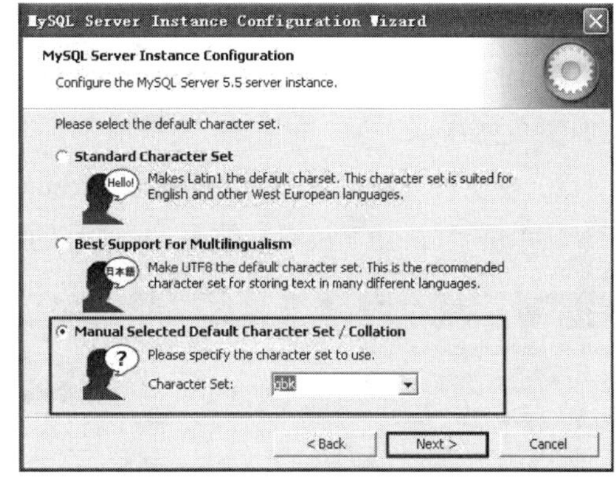

图 2.19 字符集设置界面

MySQL 提供了以下 3 种方式来设置字符集。

- Standard Character Set：标准字符集，MySQL 提供的标准字符集默认为 Latin1。
- Best Support For Multilingualism：支持多国语言最好的字符集，默认值为 UTF8。
- Manual Selected Default Character Set/Collation：手动设置，可以手动设置字符集。

（9）通过选择 Manual Selected Default Character Set/Collation 单选按钮方式设置字符集为 gbk，然后单击“Next”按钮，进入 Windows 选项设置界面，如图 2.20 所示。

“Install As Windows Service”复选框设置 MySQL 是否将作为 Windows 的一个服务，而“Include Bin Directory in Windows PATH”复选框设置 MySQL 的 Bin 目录是否写入 Windows 的 PATH 环境变量中。

（10）在 Windows 选项设置界面中，不仅将 MySQL 设置成名为 MySQL 的服务，而且还将数据库的 Bin 目录写入 Windows 的 PATH 环境变量，然后单击 Next 按钮，进入 MySQL 安全选项设置界面，如图 2.21 所示。

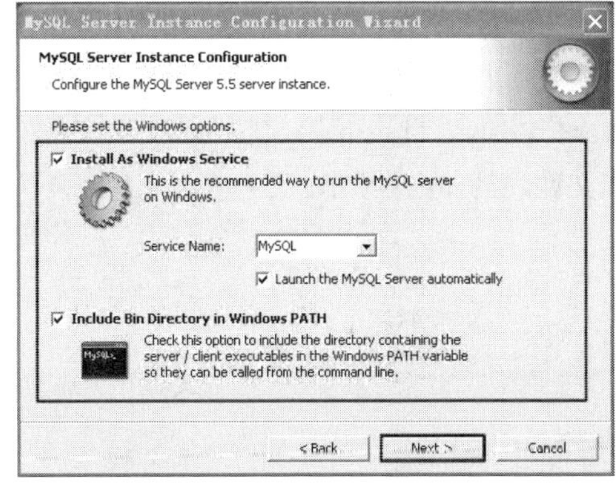

图 2.20 Windows 选项设置界面

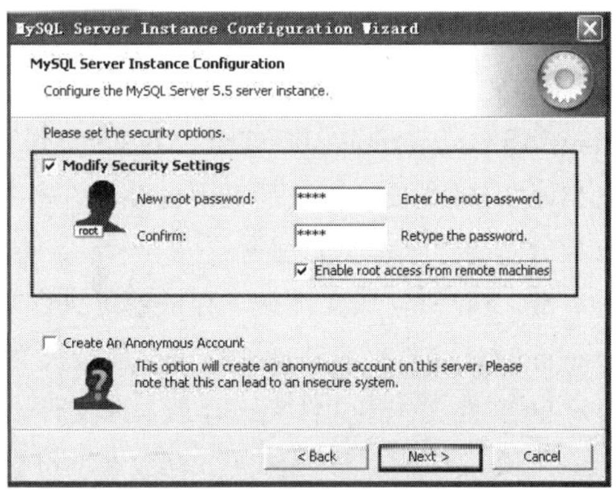

图 2.21 安全选项设置界面

在安全选项设置界面中有两个安全设置复选框，“Modify Security Settings”复选框确定是否修改默认用户 root 的密码，“Create An Anonymous Account”复选框确定是否创建一个匿名用户，在具体开发时，建议不要创建匿名用户，因为这样会给系统带来安全漏洞。

注意：如果 MySQL 安装在服务器上，需要选中“Enable root access from remove machines”复选框来设置可以让远程计算机通过用户 root 登录 MySQL。

（11）在安全选项设置界面中设置用户 root 的密码为 root，单击“Next”按钮，进入准备执行界面，如图 2.22 所示。

（12）确认设置没有问题后，单击“Execute”按钮后开始执行。执行成功后的界面如图 2.23 所示。最后单击“Finish”按钮，结束 MySQL 的全部配置。

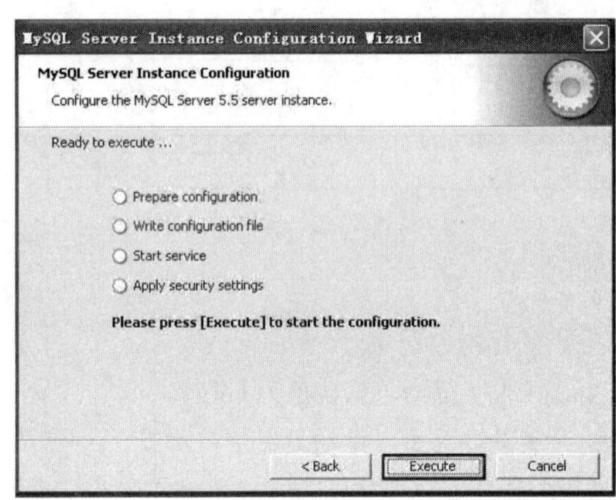

图 2.22　准备执行界面

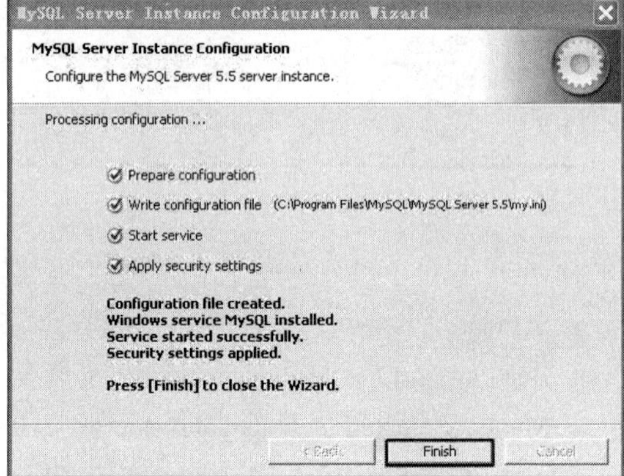

图 2.23　执行成功界面

至此，即可成功配置 MySQL 5.5.21 数据库服务器。

2.1.6　手动配置数据库服务器 MySQL

通过图形化的实例配置向导来实现参数的设置，虽然简洁高效，但是实现起来不够灵活。本节将介绍一种比较灵活的配置方式——手动修改 MySQL 软件配置文件。

在手动修改 MySQL 配置文件之前，需要对 MySQL 安装后的文件有所了解。在 2.1.4 节中安装 MySQL 软件时，选择的是 Typical 类型，该类型下 MySQL 软件的安装文件在“C:\Program Files\MySQL\MySQL Server 5.5”目录下，而 MySQL 软件的数据库文件则安装在“C:\Documents and Settings\All Users\Application Data\MySQL\MySQL Server 5.5\data”目录下。

MySQL 软件的安装文件夹下会存在许多文件夹和文件，具体内容如图 2.24 所示，其中 4 个文件夹比较重要，其作用分别为：

- bin 文件夹，该文件夹下存放着可执行文件。
- include 文件夹，该文件夹下存放着头文件。
- lib 文件夹，该文件夹下存放着库文件。
- share 文件夹，该文件夹下存放着字符集、语言等信息。

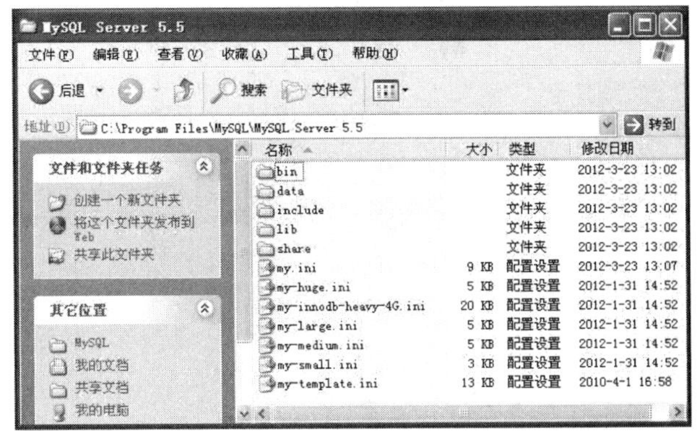

图 2.24　MySQL 软件安装文件

在 MySQL 软件安装文件夹下除了文件之外，还存在许多扩展名为.ini 的文件。不同名字的.ini 文件代表不同的意思。各个.ini 文件的含义如下。

- my.ini 文件：MySQL 软件正在使用的配置文件。
- my-huge.ini 文件：当 MySQL 软件为超大型数据库时使用的配置文件。
- my-innodb-heavy-4G.ini：当 MySQL 软件的存储引擎为 InnoDB，而且内存不小于 4GB 时使用的配置文件。
- my-large.ini：当 MySQL 软件为大型数据库时使用的配置文件。
- my-medium.ini：当 MySQL 软件为中型数据库时使用的配置文件。
- my-small.ini：当 MySQL 软件为小型数据库时使用的配置文件。
- my-template.ini：配置文件模板。

了解了关于 MySQL 软件的安装文件夹和文件后，只需修改 my.ini 配置文件中的内容即可实现修改数据库实例的参数，关于 my.ini 文件的内容如下：

```
# MySQL Server Instance Configuration File
# ----------------------------------------------------------------------
# Generated by the MySQL Server Instance Configuration Wizard
#通过使用 MySQL 服务配置向导生成。
# Installation Instructions

#客户端参数配置
# CLIENT SECTION
# ----------------------------------------------------------------------
 [client]
#客户端通过 3306 端口号连接 MySQL 数据库服务器，如果需要修改端口号，可以直接修改。
Port=3306
[mysql]
#客户端的默认字符集。
default-character-set=gbk

#服务器端参数配置
# SERVER SECTION
# ----------------------------------------------------------------------
[mysqld]
```

```
#服务器端的端口号。
port=3306
#MySQL 数据库服务器的安装目录
basedir="C:/Program Files/MySQL/MySQL Server 5.5/"
#MySQL 数据库数据文件的目录
datadir="C:/Documents and Settings/All Users/Application Data/MySQL/MySQL Server 5.5/Data/"
#MySQL 软件端的字符集
character-set-server=gbk
#MySQL 软件的存储引擎
default-storage-engine=INNODB
# Set the SQL mode to strict
#MySQL 软件的 SQL 模式
sql-mode="STRICT_TRANS_TABLES,NO_AUTO_CREATE_USER,NO_ENGINE_SUBSTITUTION"
#MySQL 软件的最大连接数
max_connections=100
#MySQL 软件的查询缓存
query_cache_size=0
# MySQL 软件中可以打开表的总数。
table_cache=256
# MySQL 软件内存中可以存储临时表的最大值。
tmp_table_size=9M
# MySQL 软件中可以保留的客户端连接线程数。
thread_cache_size=8
# MySQL 软件重建索引时允许的最大临时文件的大小。
myisam_max_sort_file_size=100G
# MySQL 软件重建索引时允许的最大缓存大小。
myisam_sort_buffer_size=17M
# MySQL 软件中最大关键字缓存大小。
key_buffer_size=10M
# MySQL 软件全扫描 MyISAM 表时的缓存大小.
read_buffer_size=64K
# MySQL 软件可以插入排序好数据的缓存大小
read_rnd_buffer_size=256K
# MySQL 软件用户排序时缓存大小
sort_buffer_size=256K

#关于 INNODB 存储引擎参数设置
#*** INNODB Specific options ***
# 附加内存池大小
innodb_additional_mem_pool_size=2M
# 关于提交日志的时机
innodb_flush_log_at_trx_commit=1
# 存储日志数据的缓存区的大小
innodb_log_buffer_size=1M
# 缓存池中缓存区的大小
innodb_buffer_pool_size=17M
# 日记文件的大小
innodb_log_file_size=10M
# 允许线程的最大数
innodb_thread_concurrency=8
```

上述文件是去除大量注释后的 my.ini 文件。通过修改 MySQL 配置文件来手动配置数据库服务器 MySQL 时，经常会修改的参数如下。

- default-character-set：客户端字符集。
- character-set-serve：服务器端字符集。
- port：客户端和服务器端的端口号。
- default-storage-engin：MySQL 软件的存储引擎。

注意：如果修改了 MySQL 软件的配置文件，则必须重新启动 MySQL 服务，修改的内容才能生效。

与图形化配置向导相比，手动配置 MySQL 服务器的方式更简单、更灵活和更有效。

2.1.7　卸载 MySQL 软件

既然可以安装和配置 MySQL，那么有时还需要卸载 MySQL 软件。可是查看“开始”→“程序”→“MySQL” →“MySQL Server 5.5”菜单中却发现没有专门卸载 MySQL 的菜单命令，那么如何卸载 MySQL 软件呢？

实现卸载 MySQL 软件的具体步骤如下：

（1）双击 MySQL 安装程序（mysql-5.5.21-win32.msi），使用 Windows Installer 开始卸载过程，如图 2.25 所示。

（2）单击 Next 按钮后，在出现的对话框中单击 Remove 按钮进行卸载操作，该对话框中相关按钮的含义如下，如图 2.26 所示，进入“Ready to remove MySQL Server 5.5”窗口：

- Change：修改 MySQL 数据库功能操作。
- Repair：修复 MySQL 数据库操作。
- Remove：卸载 MySQL 数据库操作。

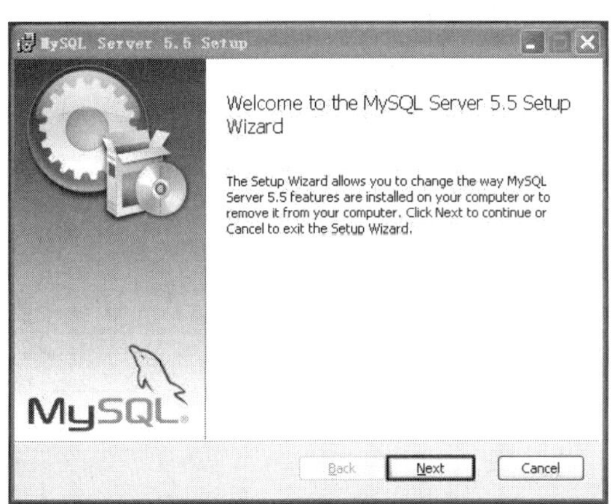

图 2.25　卸载欢迎界面

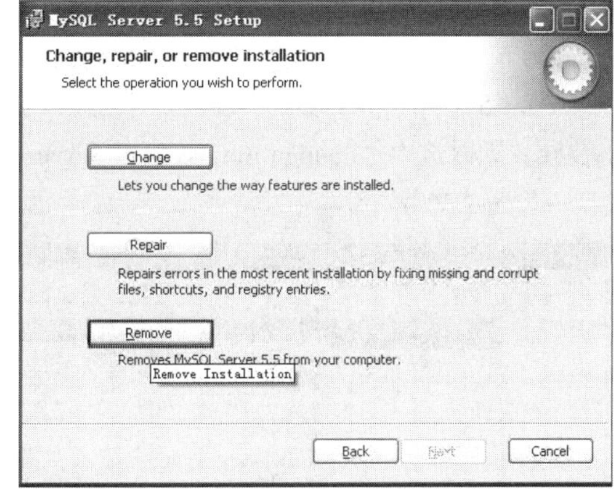

图 2.26　选择卸载 MySQL 操作

（3）在“Ready to remove MySQL Server 5.5”窗口中确认卸载的信息，单击“Remove”按钮开始对 MySQL 软件的卸载，如图 2.27 所示。卸载完后出现确认卸载完成的窗口，在该窗口中单击“Finish”按钮，完成对 MySQL 软件的卸载，如图 2.28 所示。

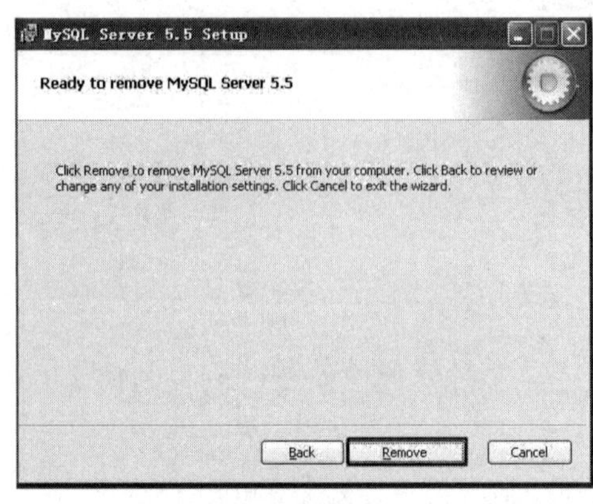

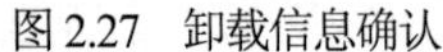
图 2.27　卸载信息确认

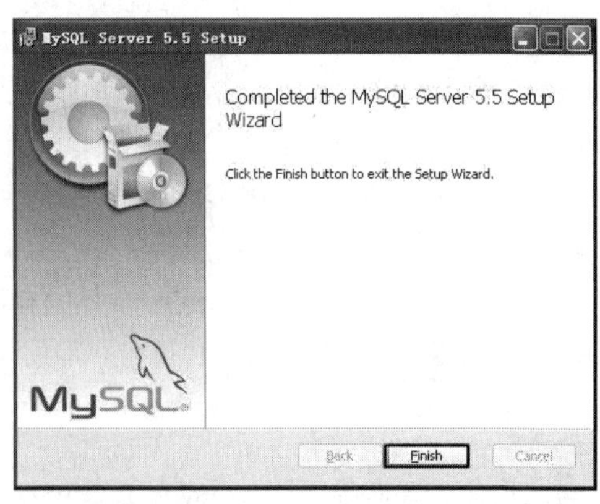

图 2.28　卸载成功

如果按照上述步骤执行，MySQL 软件即可成功卸载。这时即可重新安装 MySQL 软件，不过在重新安装之前，一定要把卸载 MySQL 软件时没有删除干净的 MySQL 文件删除掉，即需要删除路径为“C:\Program Files\MySQL”的文件。

2.2　关于 MySQL 软件的常用操作

2.1 节介绍了如何下载、安装、配置和卸载 MySQL，本节将详细介绍 MySQL 软件的常用操作：启动和关闭 MySQL 服务。所谓 MySQL 服务是指一系列关于 MySQL 软件后台进程，只有启动了 MySQL 服务后，才可以连接 MySQL 软件进行操作。

2.2.1　通过图形界面启动和关闭 MySQL 服务

经常使用 Windows 操作系统的用户都知道，Windows 系统拥有许多服务，如果想启动和关闭服务，可以在服务窗口（见图 2.29）中实现。对于 MySQL 数据库服务器，只有启动 MySQL 服务，客户端才能登录到 MySQL 数据库。本节将详细介绍如何启动 MySQL 服务。

在 2.1.5 节配置 MySQL 的过程中，已经设置 MySQL 服务作为 Windows 系统的服务，服务名为 MySQL。同时选中“Launch the MySQL Server automatically”复选框，使 MySQL 服务为自动启动类型，如图 2.30 所示。

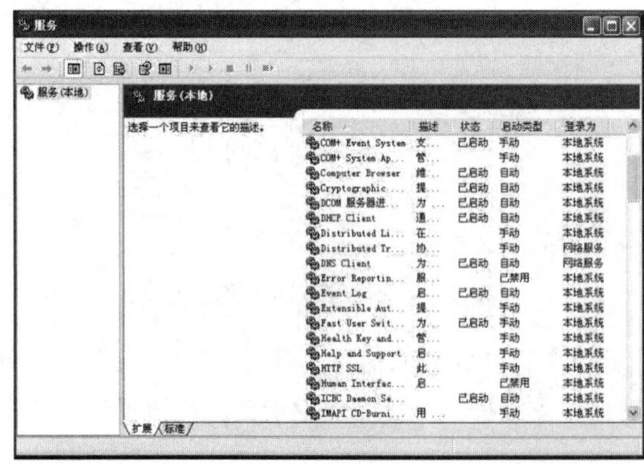

图 2.29　服务窗口

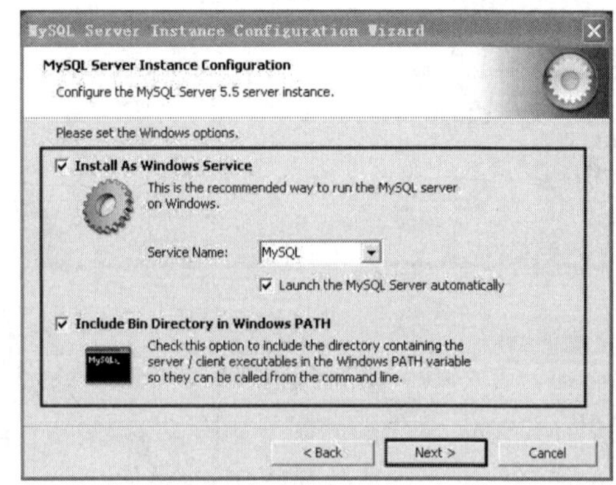

图 2.30　设置 MySQL 服务

由于 Windows 系统的资源是非常有限，而每运行一个服务都会消耗一定资源，因此对于一些经常不用的服务最好关闭，当需要使用时再开启。那么如何启动和关闭 MySQL 服务呢？具体步骤如下：

（1）右击“计算机”，在弹出的菜单中选择“管理”命令，打开如图 2.31 所示的“计算机管理”窗口。

（2）选择“计算机管理（本地）”→“服务和应用程序”→“服务”节点，在右边窗口就会显示 Windows 系统的所有服务，其中包含名为 MySQL 的服务，如图 2.32 所示。

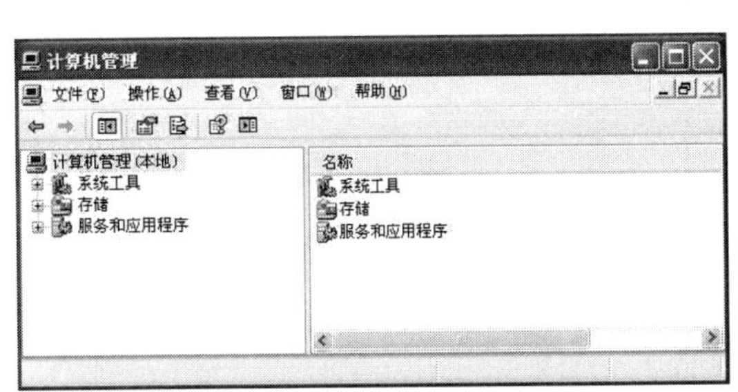

图 2.31　“计算机管理”窗口

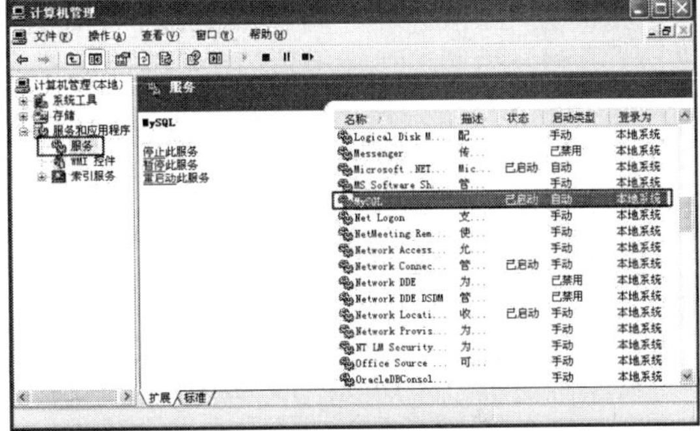

图 2.32　MySQL 服务

注意：对于 Windows 系统的服务也可以在“控制面板”中设置，具体执行命令为“开始”→“控制面板”→“管理工具”→“服务”。

（3）查看 MySQL 服务可以发现该服务已经处于启动状态，并且该服务的类型为“自动”。如果想修改 MySQL 服务的状态，可以单击“计算机管理”工具栏中的相应按钮。其中 ▶ 按钮可以实现启动服务功能、■ 按钮可以实现停止服务功能、Ⅱ 按钮可以实现暂停服务功能、■▶ 按钮可以实现重新启动服务功能，如图 2.33 所示。

（4）对于 MySQL 服务，由于不是系统自带的服务，所以除了在需要时启动外，还需要设置启动类型为手动类型。在具体设置时，需要右击 MySQL 服务，然后选择“属性”命令，弹出“MySQL 的属性（本地计算机）”对话框，如图 2.34 所示。在该对话框中不仅可以设置服务类型，而且还可以操作服务。

注意：如果修改了“MySQL 的属性”对话框中的相应内容，一定要先单击“应用”按钮，然后才可以单击“确定”按钮关闭该对话框。只有经过这样的操作，修改的内容才能生效。

服务类型有以下 3 种。

- 自动：Windows 系统每次启动都会自动启动该类型服务，服务启动后可以手动将状态修改为停止、暂停和重新启动等。
- 手动：该类服务需要手动启动，启动后可以改变服务状态，如停止、暂停等。
- 已禁用：该类服务不能启动，也不能改变服务状态。

对于 MySQL 服务，如果需要经常操作 MySQL 软件，那么该服务最好设置为自动启动类型。当然如果使用MySQL的机会比较少，那么该服务就可以设置为手动启动类型，这样可以避免MySQL服务长时间占用系统资源。

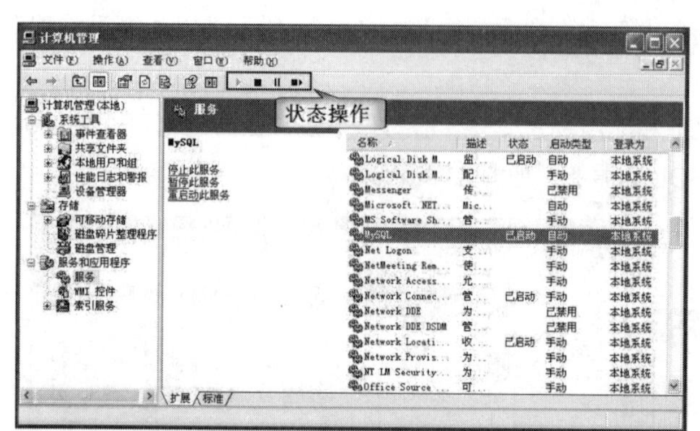

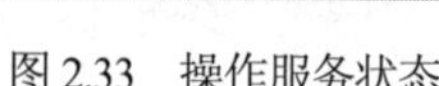
图 2.33 操作服务状态

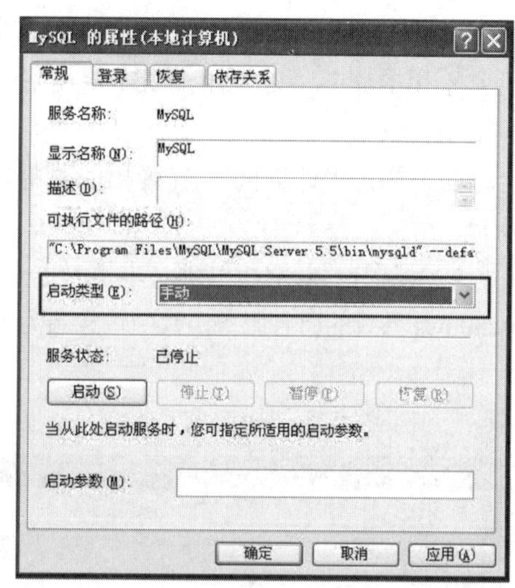

图 2.34 设置 MySQL 服务类型

2.2.2 通过 DOS 窗口启动和关闭 MySQL 服务

经常使用 Windows 操作系统的用户都知道，除了可以通过图形界面来启动和关闭服务外，还可以通过 DOS 窗口来启动和关闭服务。同理，关于 MySQL 软件的服务 MySQL，也可以通过 DOS 窗口来启动和关闭，具体步骤如下：

（1）选择“开始”→“运行”命令，打开“运行”对话框，然后在“打开”文本框中输入“cmd”，打开 DOS 窗口，如图 2.35 所示。

（2）在 DOS 窗口中，如果想查看 Windows 系统已经启动的服务，可以通过如下命令来实现：

```
net start
```

具体运行过程如图 2.36 所示，可以发现关于 MySQL 软件的服务 MySQL 已经启动。

图 2.35 运行对话框

图 2.36 查看已经启动的服务

（3）如果 MySQL 软件的服务 MySQL 已经启动，可以通过命令来关闭 MySQL 服务，具体命令内容如下：

```
net stop MySQL
```

具体运行过程如图 2.37 所示。

（4）如果 MySQL 软件的服务 MySQL 是处于关闭状态，可以通过命令来启动 MySQL 服务，具体命令内容如下：

```
net start MySQL
```

具体运行过程如图 2.38 所示。

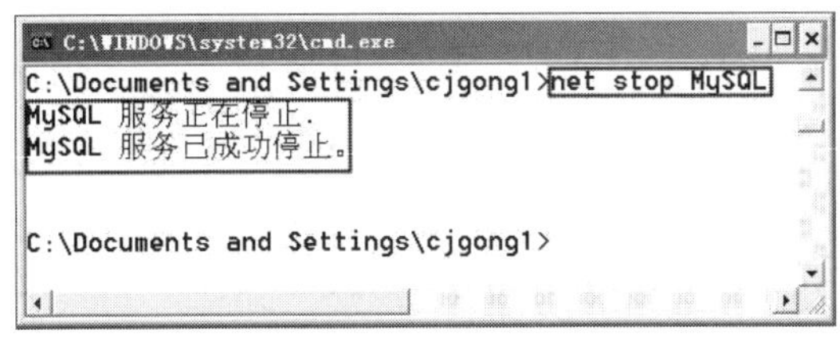

图 2.37 关闭 MySQL 服务

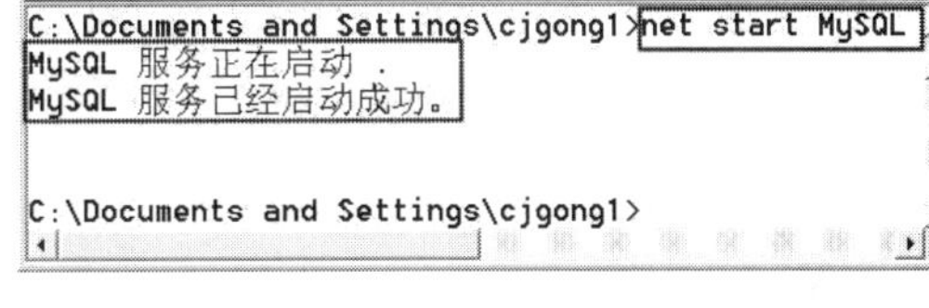

图 2.38 启动 MySQL 服务

当 MySQL 软件的服务启动后，除了可以在图形界面的服务窗口和 DOS 窗口中查看外，还可以通过 Windows 系统的任务管理器来查看。当打开任务管理器，如果存在“mysql.exe”进程则表示 MySQL 软件的服务启动，如图 2.39 所示。

注意：如果要打开任务管理器有两种方式，分别为通过使用快捷键【Ctrl+Alt+Delete】来实现或右击桌面的任务栏，然后选择“任务管理器（K）”命令来实现，如图 2.40 所示。

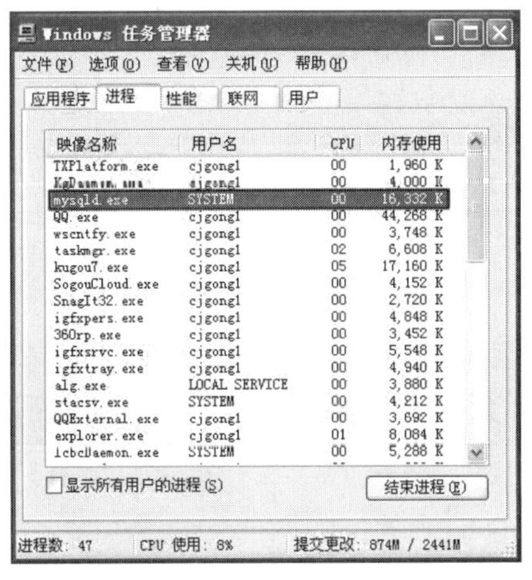

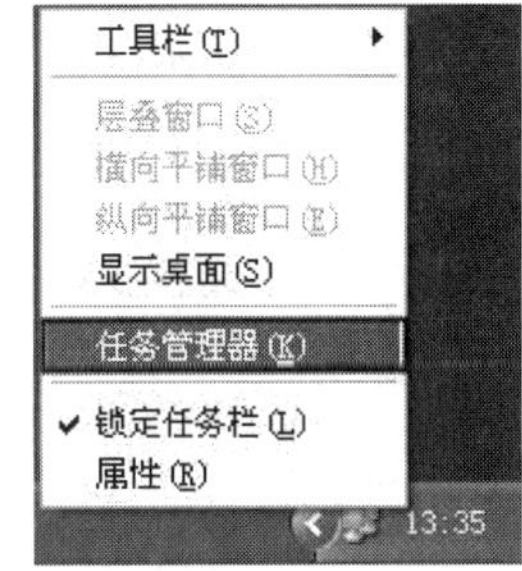

图 2.39 任务管理器

图 2.40 打开任务管理器

2.3 MySQL 官方客户端软件

由于 MySQL 软件是基于 C/S 模式的数据库管理系统，因此在日常各种工作中，可以通过各种客户端软件来与 MySQL 数据库管理系统相关联。针对 MySQL 软件，MySQL 公司开发了众多的客户端软件来帮助用户管理 MySQL 软件，最著名的就是“MySQL Command Line Client”和 MySQL-Workbench 客户端软件。

2.3.1 命令行客户端软件——MySQL Command Line Client

当 MySQL 软件安装完后，一般都会安装一个简单命令行实用程序（MySQL Command Line Client）。该客户端没有下拉菜单、没有流行的用户界面、不支持鼠标等任何类似的东西。

当选择“开始”→“程序→“MySQL”→“MySQL Server 5.5”→“MySQL 5.5 Command Line Client”菜单命令时，就会打开“MySQL Command Line Client”程序，如图 2.41 所示。

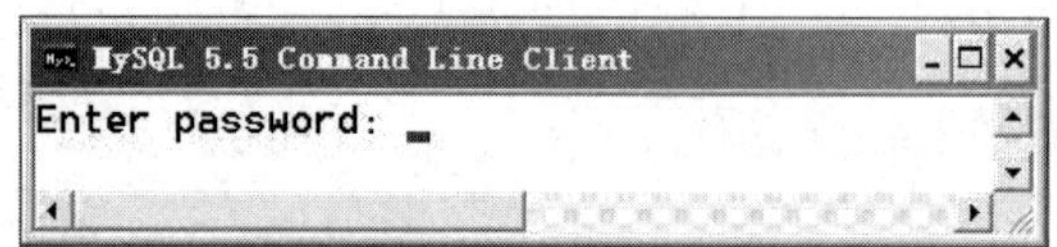

图 2.41 运行“MySQL Command Line Client”程序

输入正确的密码后，登录到 MySQL 软件。如果要使用该种方式登录 MySQL 软件，需要保证 MySQL 软件的服务处于启动状态。

当通过 MySQL Command Line Client 程序登录到服务器后（见图 2.42），首先会输出一段欢迎内容和一个“mysql>”命令提示符。在欢迎内容中主要介绍了如下几部分内容。

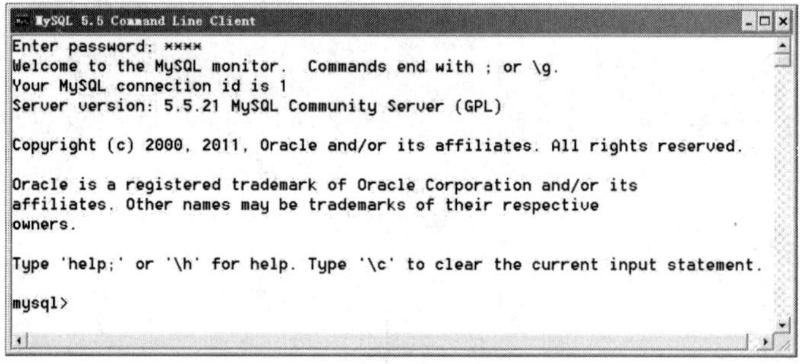

图 2.42 登录到 MySQL 数据库

- Commands end with ，or \g：命令的结束符，用“；”符号或者“\g”符号结束，同时还可以通过“\G”符号来结束。
- Your MySQL connection id is 1：其中 id 表示客户端的连接 ID，该数据记录了 MySQL 服务到目前为止的连接次数，每次新连接都会自动加 1。由于数据库服务是新安装的，所以 ID 值为 1。
- Server version: 5.5.21：MySQL 软件的版本。
- MySQL Community Server (GPL)：表示 MySQL 软件是社区版。
- Type 'help;' or '\h' for help：表示输入“help;”或“\h”命令可以查看帮助信息。
- Type '\c' to clear the current input statement：表示输入“\c”命令可以清除前面的命令。

如果想通过“MySQL Command Line Client”程序来操作 MySQL 软件，只需在“mysql>”命令提示符后输入相应内容，同时并以分号（;）或\g 来结束，最后按【Enter】键即可操作 MySQL 软件。

“MySQL Command Line Client”程序是众多 MySQL 客户端软件中使用最多的工具之一，它可以快速地登录和操作 MySQL 软件，本书中使用的绝大多数实例都是由该客户端软件运行。

2.3.2　通过 DOS 窗口连接 MySQL 软件

在 Windows 系统中还可以通过 DOS 窗口来登录 MySQL 软件，以解决没有安装“MySQL Command Line Client”的情况。该种方式登录 MySQL 软件的具体步骤如下：

（1）选择“开始”→“运行”命令，打开“运行”对话框，然后在“打开”文本框中输入“cmd”，打开 DOS 窗口，如图 2.43 所示。

（2）在 DOS 窗口中，可以通过 mysql 命令来登录 MySQL 软件，具体命令内容如下：

```
mysql -h 127.0.0.1 -u root -p
```

【代码说明】上述命令中，mysql 是登录 MySQL 软件的命令，-h 表示需要登录 MySQL 软件的 IP 地址，-u 表示登录 MySQL 软件的用户名，-p 表示登录 MySQL 软件的密码。

【运行效果】

具体运行过程如图 2.44 所示，当提示输入密码时，输入正确密码则会输出一段欢迎内容和一个“mysql>”命令提示符，这时就表示登录到 MySQL 软件。

图 2.43　“运行”对话框

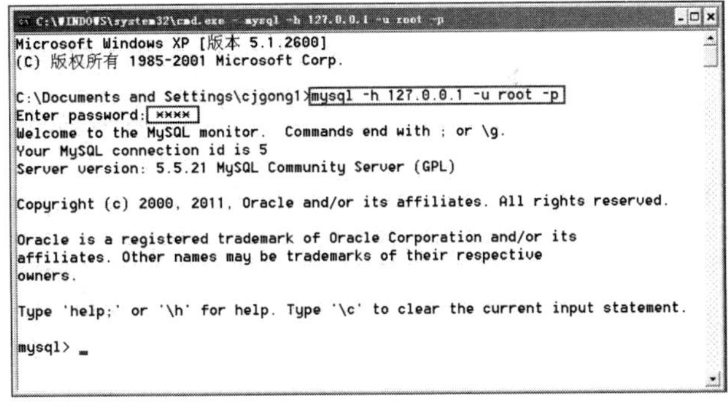

图 2.44　登录 MySQL 软件

通过上述步骤即可成功连接到 MySQL 软件。

当在 DOS 窗口中执行“mysql –h 127.0.0.1 –u root -p”命令时，有时会出现如图 2.45 所示的错误。之所以会出现上述错误，是由于在配置 MySQL 软件时，在如图 2.46 所示的界面中没有选中“Include Bin Directory in Windows PATH”复选框。

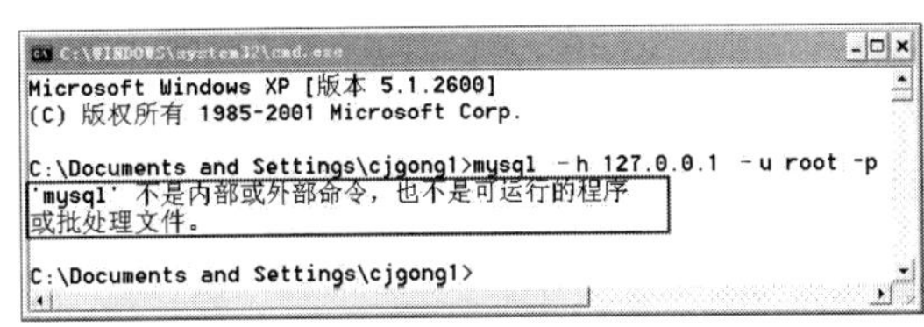

图 2.45　出现错误

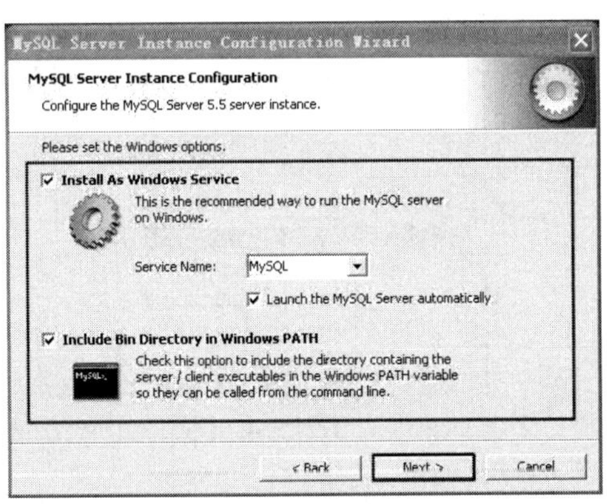

图 2.46　设置 MySQL 命令

为了解决上述问题，除了重新配置 MySQL 软件外，还可以通过配置环境变量 path 来实现，具体步骤如下：

（1）右击“计算机”，在弹出的快捷菜单中选择“属性”命令，打开“系统属性”对话框，如图 2.47 所示。

（2）在“系统属性”对话框中选择“高级”选项卡，然后单击“环境变量”按钮（见图 2.48），则会打开“环境变量”对话框。

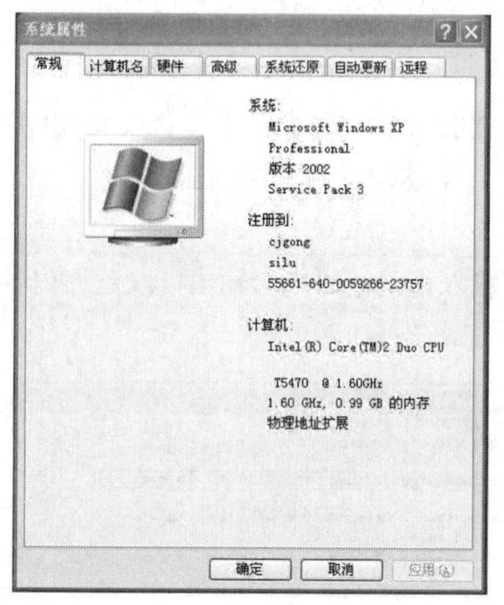

图 2.47 “系统属性”对话框

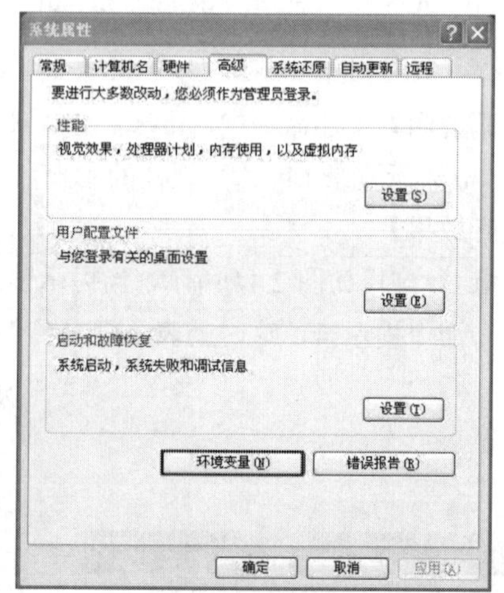

图 2.48 打开环境变量

（3）在“环境变量”对话框中的“系统变量”选项中选择“Path”环境变量选项（见图 2.49），然后单击“编辑”按钮，则可以打开关于名为 Path 的“编辑系统变量”对话框，在该对话框的“变量值”文本框中添加 MySQL 软件的目录“C:\Program Files\MySQL\MySQL Server 5.5\bin”，目录之间用“;”符号分割，如图 2.50 所示。

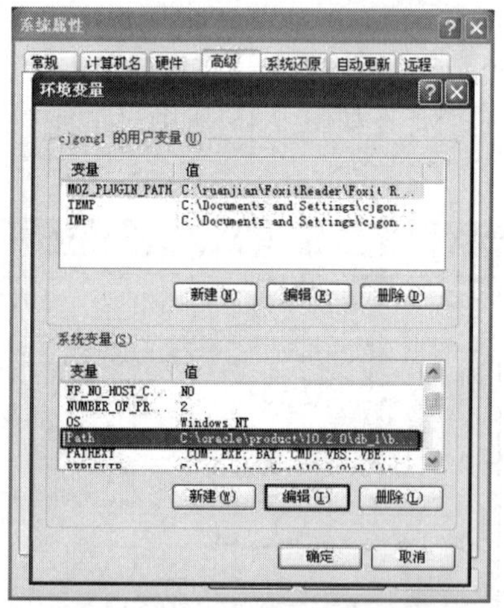

图 2.49 打开“编辑系统变量”

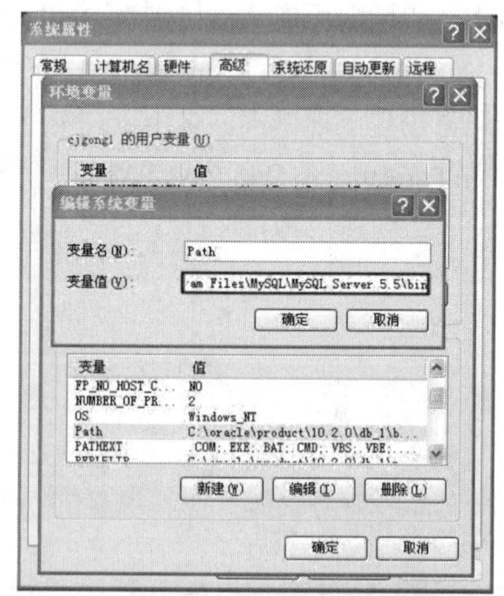

图 2.50 设置环境变量 Path

经过上述步骤修改完成后，如果在 DOS 窗口中再次执行“mysql –h 127.0.0.1 –u root -p”命令，则不会再次出现错误。

2.3.3　下载 MySQL-Workbench 客户端软件

如果想熟练使用“MySQL Command Line Client”客户端软件，必须要对相关命令非常熟悉，这对于初级 MySQL 用户来说比较困难。于是 MySQL 官方公司专门开发了图形化客户端软件 MySQL-Workbench。本节将详细介绍如何下载图形化客户端软件 MySQL-Workbench，具体步骤如下：

（1）打开 MySQL 首页后，单击 Downloads(GA)导航栏，进入关于 MySQL 产品页面，在该页面中单击左边导航栏中的“MySQL Workbench (GUI Tool)”超链接，进入该软件下载页面，如图 2.51 所示。

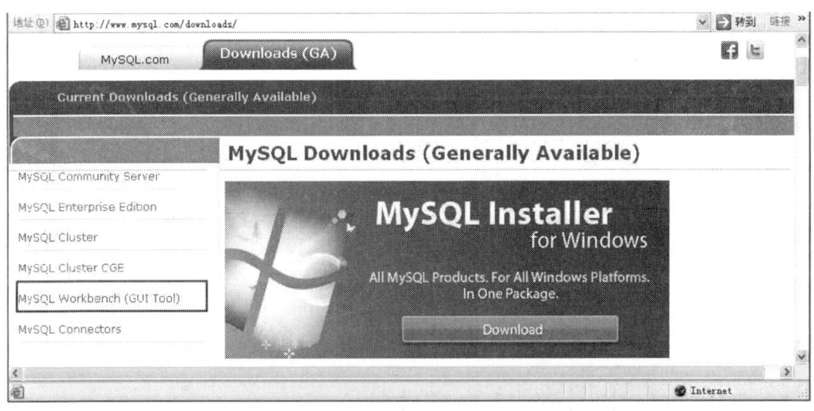

图 2.51　下载 MySQL Workbench

（2）在“Select Platform”下拉菜单中选择“Microsoft Windows”平台，然后单击“Windows (x86, 32-bit), MSI Installer”选项右边的 Download 按钮，下载 32 位的 MySQL Workbench 安装软件，如图 2.52 所示。

图 2.52　选择 MySQL Workbench 5.2.38

（3）选择相应平台和版本的 MySQL Workbench 软件后，单击 Download 按钮，进入选择镜像网站的页面，在该页面中可以选择任意一个网站进行下载，如图 2.53 所示。

图 2.53 选择镜像网站

下载完 MySQL Workbench 后，即可安装该客户端软件。

2.3.4 安装 MySQL-Workbench 客户端软件

2.3.3 节介绍了如何下载客户端软件 MySQL-Workbench，下载完 MySQL-Workbench 安装程序后即可开始安装该软件。具体步骤如下：

（1）双击 MySQL-Workbench 安装程序（mysql-workbench-gpl-5.2.38-win32.msi），使用 Windows Installer 开始安装过程，进入欢迎界面，如图 2.54 所示。

（2）单击 Next 按钮后，弹出“Destination Folder”对话框，单击 Change 按钮，设置 MySQL-Workbench 安装路径，然后单击 Next 按钮，进入选择安装类型对话框，如图 2.55 所示。

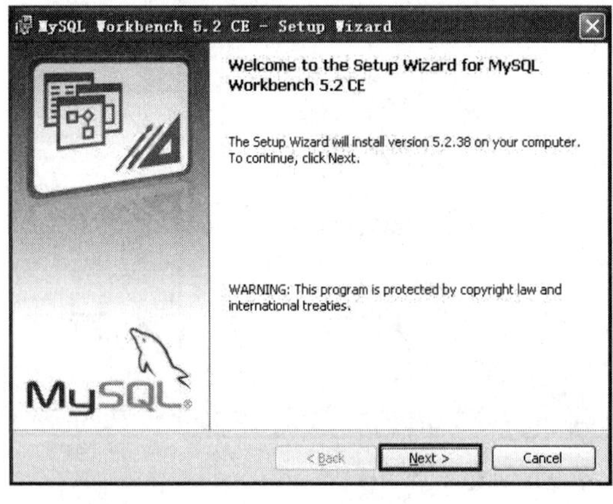

图 2.54 欢迎界面

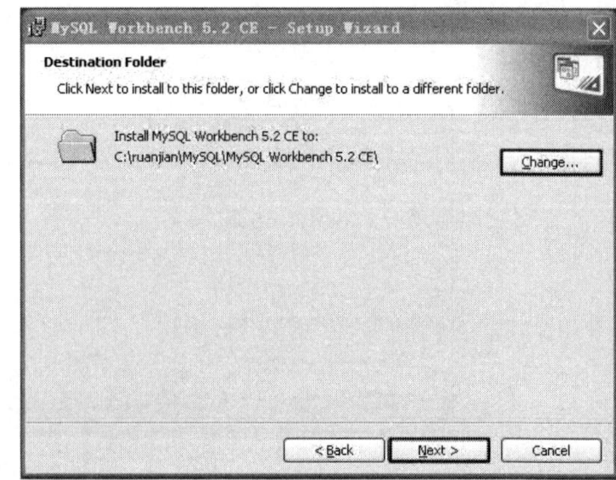

图 2.55 设置安装路径

（3）选择 Complete 单选按钮进行全部安装（见图 2.56），然后单击“Next”按钮，进入确认信息对话框，关于 MySQL 安装类型如下：

- Complete：完全的安装类型。
- Custom：自定义的安装类型。

（4）在信息确认对话框中确认一下安装的信息，如果没有错误，单击“Install”按钮，对 MySQL-Workbench 软件进行安装，如图 2.57 所示。

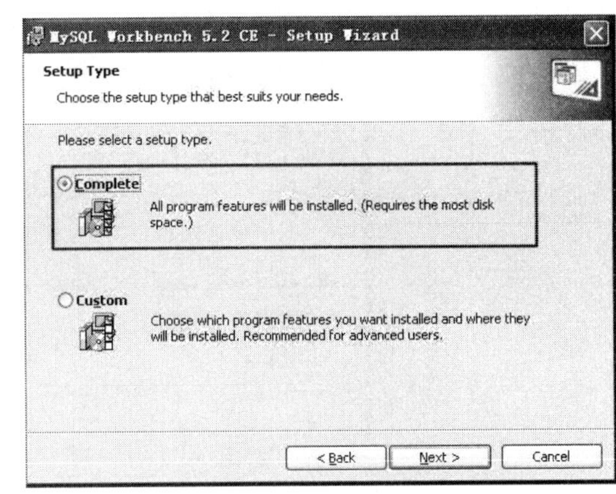

图 2.56　选择安装类型

（5）最后进入安装完成的界面，在该对话框中会询问是否现在启动 MySQL-Workbench 软件，如果不想现在启动，可以取消选中“Launch MySQL Workbench now”复选框，然后单击“Finish”按钮，完成对 MySQL-Workbench 软件的安装，如图 2.58 所示。

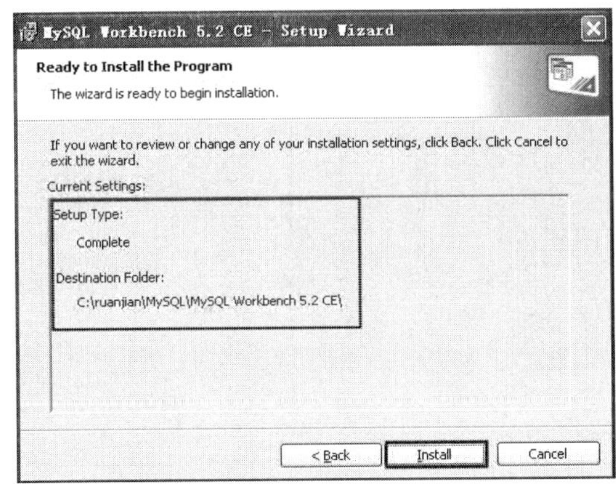

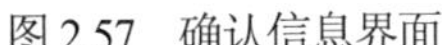

图 2.57　确认信息界面

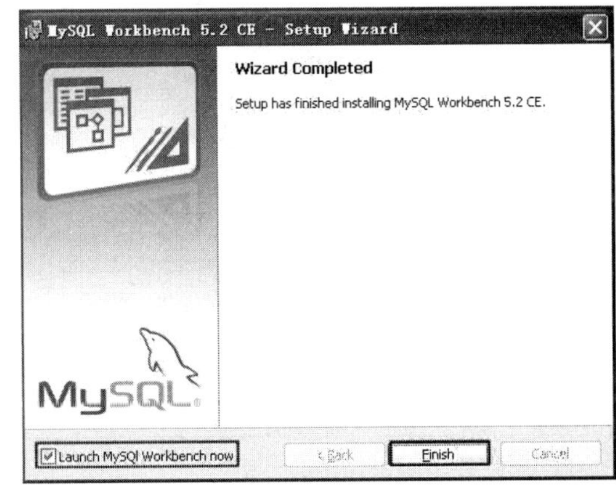

图 2.58　安装成功

经过上述步骤，即可成功安装 MySQL Workbench 客户端软件。

2.3.5　使用 MySQL-Workbench 客户端软件

MySQL_Workbench 客户端软件是 MySQL 官方提供的图形管理工具，该工具不仅简洁实用，而且功能强大。MySQL_Workbench 客户端软件的界面如图 2.59 所示。

通过 MySQL_Workbench 客户端界面可以发现该软件包含 3 部分功能：SQL Development、Data Modeling 和 Server Administration。各部分的主要功能如下。

Server Administration 部分：选择“Manage Server Instance”，配置 MySQL 软件运行，然后选择“New Server Instance”，创建新的实例（mysql@localhost），主要配置界面如图 2.60 所示。最后选择 Manage Import/Export 实现数据库实例的导入和导出。

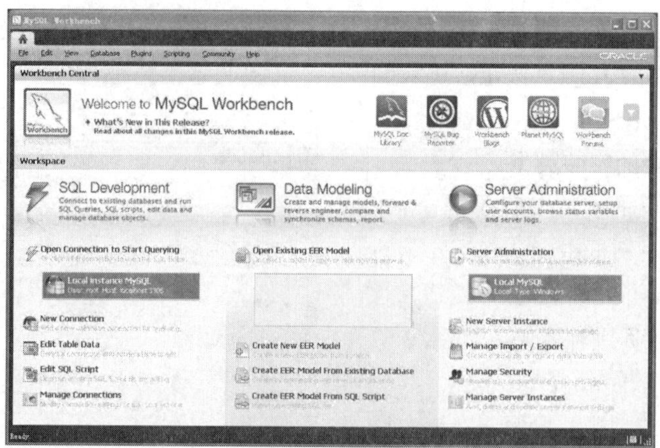

图 2.59　MySQL_Workbench 客户端软件的界面

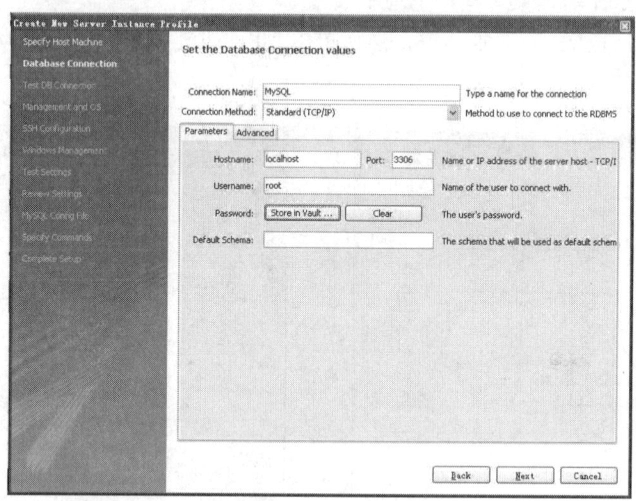

图 2.60　设置连接配置界面

SQL Development 部分：选择 New Connection，创建链接，然后选择 Edit Table Data 查询数据等，查询数据主界面如图 2.61 所示。

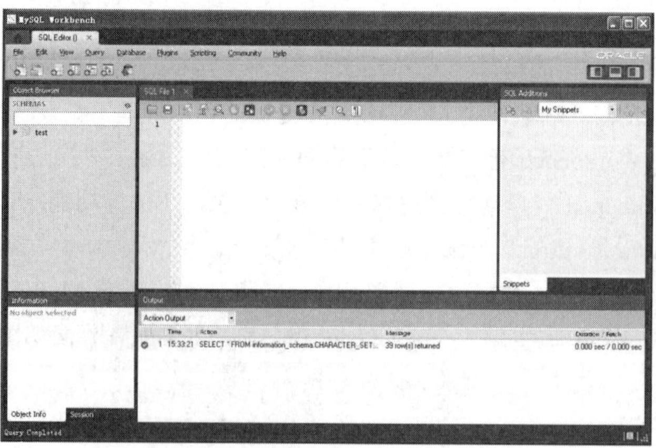

图 2.61　查询数据主界面

Data Modeling 部分：主要功能为从建模开始来设计数据库，在建模完成后导出为 SQL 语句，然后再将 SQL 导入数据库来完成数据库的创建，建模主界面如图 2.62 所示。

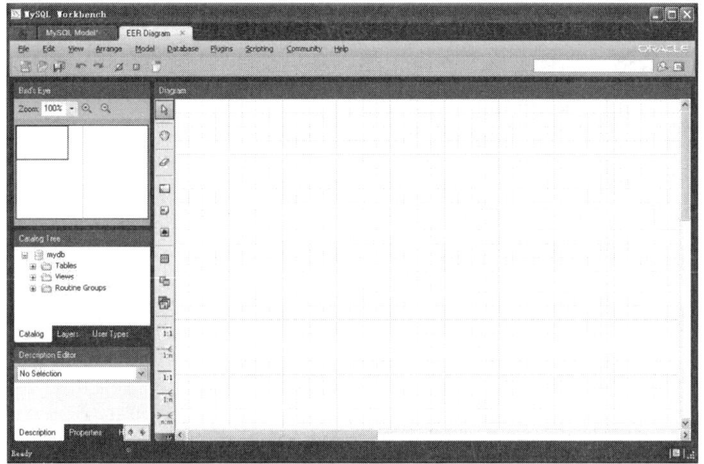

图 2.62　建模主界面

2.4　MySQL 常用图形化管理软件——SQLyog 软件

除了 MySQL 官方提供的客户端软件外，很多公司也开发了自己的客户端软件。众多的第三方图形化 MySQL 工具中，受到业界追捧的非 SQLyog 软件莫属。SQLyog 客户端软件由世界著名的 Webyog 公司开发研制，专门针对 MySQL 数据库的图形化管理工具。该客户端软件的突出特点是简洁高效、功能强大，可以在世界的任何角落通过网络来维护远端的 MySQL 数据库。本书所使用的图形化 MySQL 客户端软件为 SQLyog 软件。

2.4.1　下载 SQLyog 软件

作为一款非常受欢迎的图形化 MySQL 客户端软件 SQLyog，其最新的版本为 SQLyog-9.6.3-0，可以通过下面的步骤来实现该平台的下载，具体如下：

（1）首先访问下载 SQLyog 的官方网站（http://www.webyog.com/cn/），如图 2.63 所示。

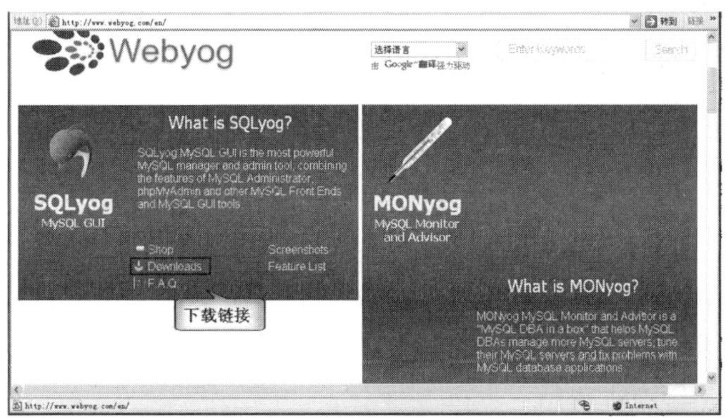

图 2.63　SQLyog 首页

（2）打开 SQLyog 首页后，单击 Downloads 超链接，进入下载 SQLyog 产品页面，如图 2.64 所示。单击“GA (Stable) 9.6.3-0 Trial”超链接，实现 SQLyog 软件的下载。

图 2.64　下载 SQLyog 软件

在下载 SQLyog 产品页面中，关于“SQLyog MySQL GUI”的下载类型有两种，分别为 GA (Stable) 9.6.3-0 Trial 和 GA (Stable) 9.6.3-0 Full，其中前者表示试用版本，可以免费使用 30 天，而后者如果使用，需要输入相应信息。

下载完 SQLyog-9.6.3-0Trial 后，即可安装 SQLyog 客户端软件。

2.4.2　安装 SQLyog 客户端软件

2.4.1 节介绍了如何下载客户端软件 SQLyog，下载完安装程序后，开始安装该软件。具体的安装步骤如下所示：

（1）双击 SQLyog 安装程序（SQLyog-9.6.3-0Trial.exe），使用 Windows Installer 开始安装，弹出“Please select a language”对话框，如图 2.65 所示。为了便于使用，在该对话框中选择“Chinese(Simplified)”，单击“OK”按钮，进入欢迎界面，如图 2.66 所示。

图 2.65　选择语言

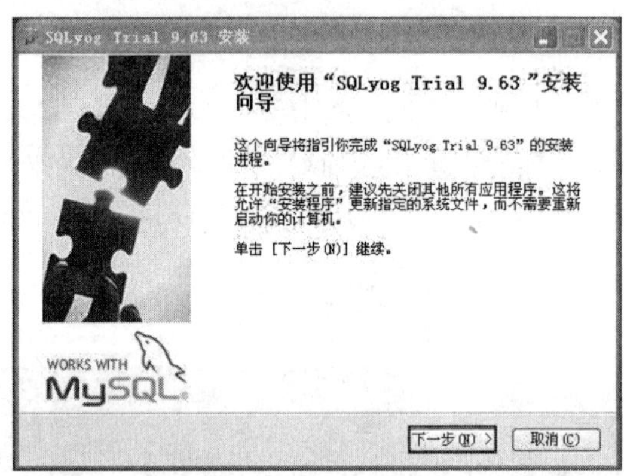

图 2.66　欢迎界面

（2）单击“下一步”按钮，进入“许可证协议”对话框，如图 2.67 所示，选择“我接受‘许可证协议’中的条款”单选按钮，然后单击“下一步”按钮，进入“选择组件”对话框。

（3）选择相应的组件，如图 2.68 所示，然后单击“下一步”按钮，进入“选择安装位置”对话框。

（4）设置安装目录为“C:\ruanjian\SQLyog”，如图 2.69 所示，然后单击“安装”按钮进行自动安装，如图 2.70 所示。

（5）自动安装成功后，单击“下一步”按钮，进入安装完成对话框。在该对话框中会询问是否现在启动 SQLyog 软件，如果不想现在启动，可以取消选中“运行 SQLyog Trial 9.63”复选框，然后单击“完成”按钮，完成对 SQLyog 客户端软件的安装，如图 2.71 所示。

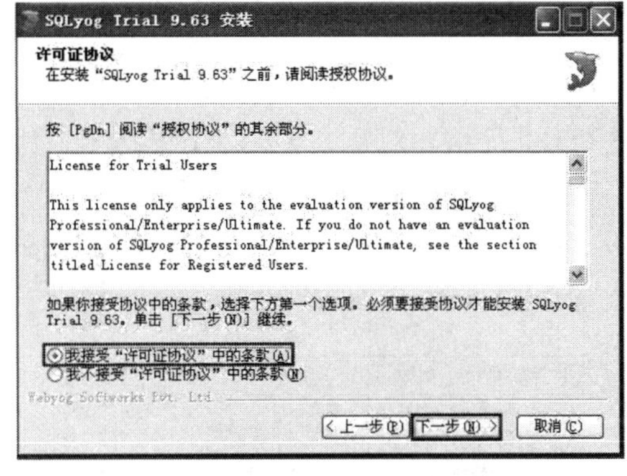

图 2.67　接受许可证协议

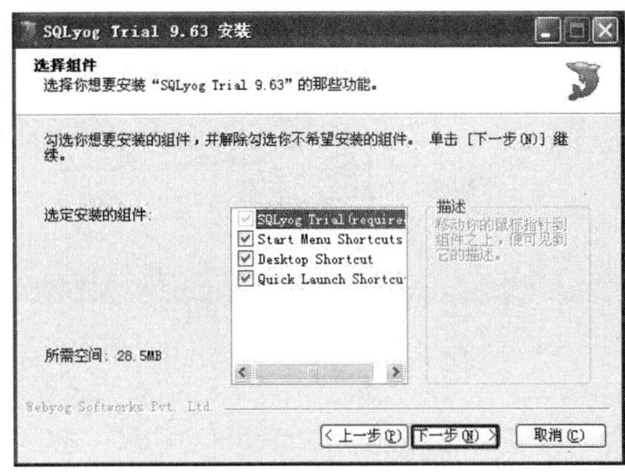

图 2.68　选择组件

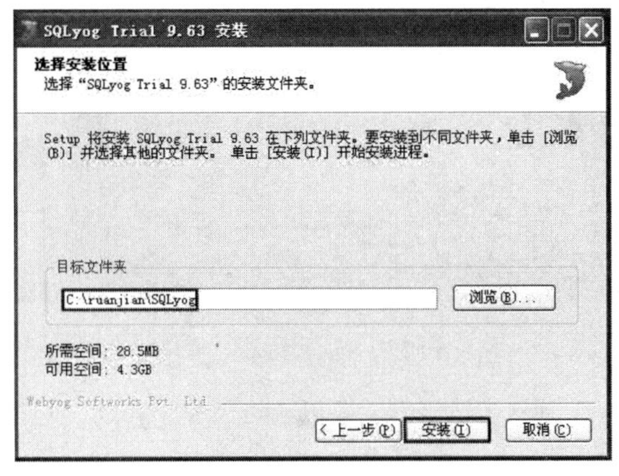

图 2.69　选择安装位置

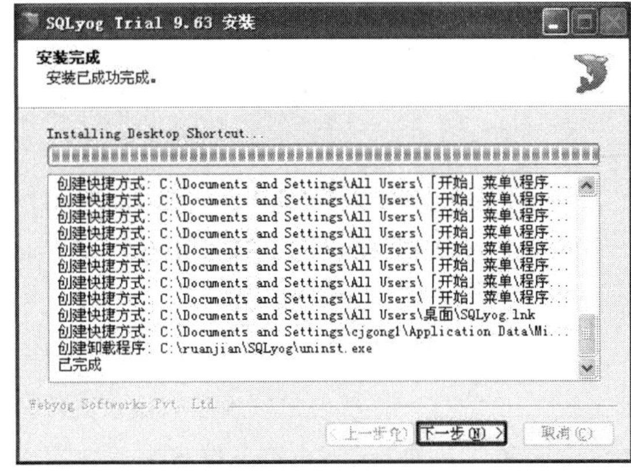

图 2.70　进行安装

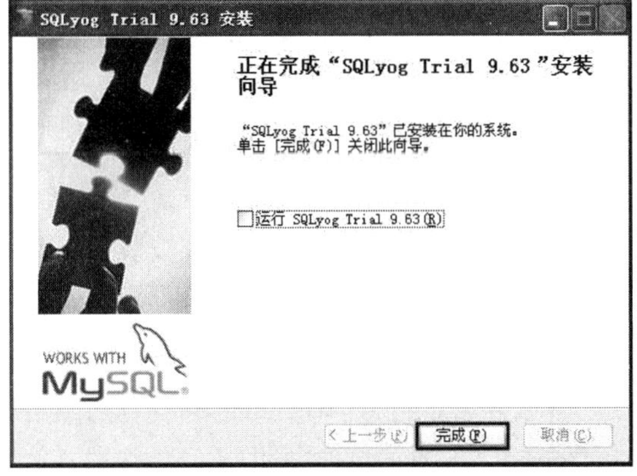

图 2.71　完成安装

经过上述步骤，即可成功安装 SQLyog 客户端软件。

2.4.3　通过 SQLyog 客户端软件登录 MySQL 软件

SQLyog 客户端软件的功能非常全面，包含数据库的管理、数据对象管理、数据导入和导出、数据管理，下面将对几个重要的管理功能进行详细介绍。

双击 SQLyog 快捷方式，打开关于该客户端软件的登录界面，正确输入服务器的地址、用户名、密码、端口，如图 2.72 所示，单击“连接”按钮，即可连接和登录数据库服务器，进入 SQLyog 软件的操作界面，如图 2.73 所示。

图 2.72　登录界面

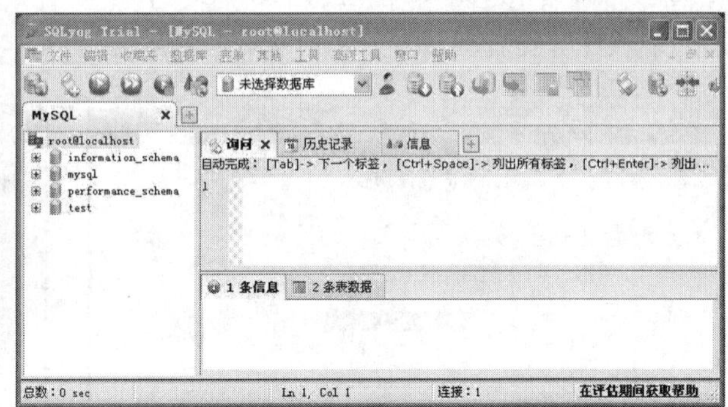

图 2.73　操作界面

通过上述步骤，即可成功登录 MySQL 软件。

2.5　使用免安装的 MySQL 软件

通过 MySQL 安装程序（mysql-5.5.21-win32.msi）来安装 MySQL 软件，虽然简洁高效，但是实现起来不够灵活。本节将介绍一种比较灵活的安装方式——通过免安装的 MySQL 软件包来实现。

1. 下载免安装版 MySQL 软件包

在具体使用免安装版的 MySQL 软件包之前，首先到网站“http://www.mysql.com/downloads/mysql/”去下载，在该页面中选择免安装版“Windows (x86, 32-bit), ZIP Archive”，然后单击 Download 超链接即可实现软件包的下载，如图 2.74 所示。

2. 解压免安装版 MySQL 软件包

解压 mysql-5.5.21-win32.zip 软件包到 Windows 系统的 C 盘里，该软件包解压后的默认文件名为“mysql-5.5.21-win32”。为了便于使用，修改解压后的文件名为 mysql。该文件夹下的内容如图 2.75 所示。

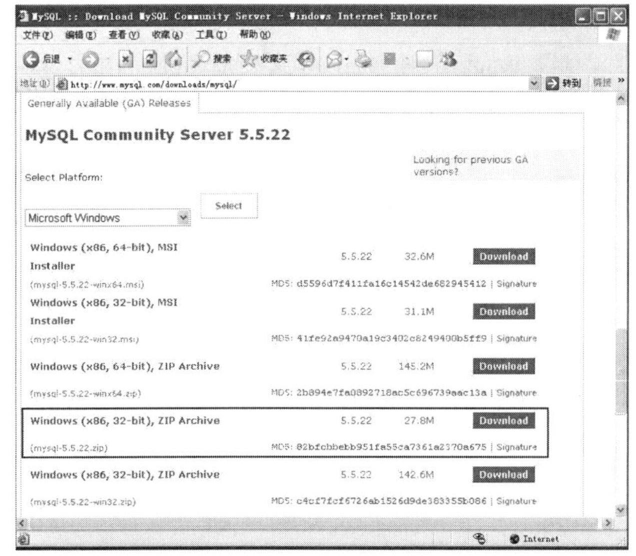

图 2.74　下载免安装版软件

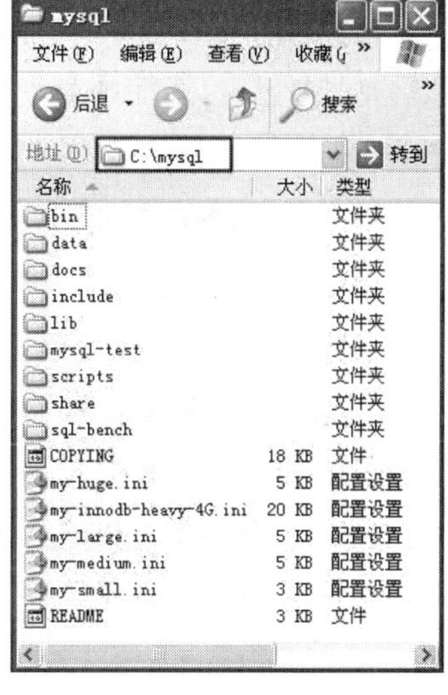

图 2.75　mysql 文件夹内容

mysql 文件夹下各个文件的作用如下。

- bin 文件夹：该文件夹下用于存放可执行文件。
- data 文件夹：该文件夹用于存放日志文件和数据库。
- docs 文件夹：该文件夹下用于存放版权信息、MySQL 的更新日志和安装信息等文档。
- include 文件夹：该文件夹下用于存放头文件。
- lib 文件夹：该文件夹下用于存放库文件。
- mysql-test 文件夹：该文件夹用于存放与测试有关的文件。
- scripts 文件夹：该文件夹用于存放使用 Perl 语言编写的实用工具脚本。
- share 文件夹：该文件夹下用于存放字符集、语言等信息。
- sql-bench 文件夹：该文件夹下用于存放多种数据库之间性能比较的信息和基准程序。

3. 创建和修改 my.ini 文件

在 MySQL 软件安装文件夹下除了程序文件外，还存在许多扩展名为.ini 的文件，但是没有名为 my.ini 的文件。由于现在计算机的内存一般为 2GB，远远大于 256MB，因此选择 my-large.ini 文件为模板，复制该文件到 C:\mysql 文件夹里同时修改文件名为 my.ini。

创建好 my.ini 文件后，还需要对该文件进行相应的设置，首先在该文件的“[mysqld]”组中加入如下两条记录：

```
basedir="c:\\mysql\\"
datadir="c:\\mysql\\data\\"
```

【代码说明】

上述两条记录中，basedir 参数表示 MySQL 软件的安装路径，datadir 参数表示 MySQL 数据的文件。

然后再添加一个组和一条记录，具体内容如下：

```
[WindowsMySQLServer]
Server="C:\\mysql\\bin\\mysqld.exe"
```

【代码说明】

上述内容中，组名 WindowsMySQLServer 表示 Windows 操作系统中名为 MySQL 的服务，Server 参数表示 MySQL 软件端程序，该参数的值为 MySQL 软件可执行文件，即为"C:\\mysql\\bin\\mysqld.exe"。

注意：不同版本的 MySQL 软件，其服务端的程序是不一样的。版本为 5.5.21 的服务器可执行文件为 mysqld.exe。

当修改完 my.ini 文件后，需要进行保存，才能关闭 my.ini 文件。这样配置文件 my.ini 才能生效。

4. 设置 MySQL 服务为 Windows 系统服务

为了便于操作，最好把 MySQL 软件可执行文件添加到 Windows 系统的服务里，具体设置方式如下，在“运行窗口”中执行如下命令（见图 2.76）。单击“确定”按钮后，如果发现一个 DOS 窗口一闪而过，则说明这个命令已经执行成功。

5. 启动服务

为了能够连接到 MySQL 软件进行操作，需要启动 MySQL 服务，具体命令如下：

```
net start MySQL
```

具体执行过程如图 2.77 所示。

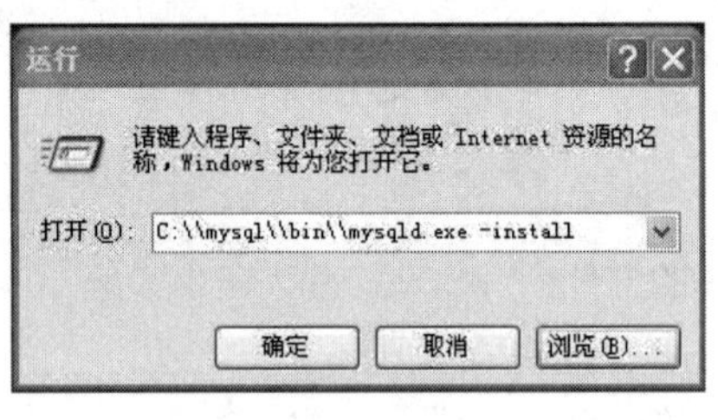

图 2.76　设置服务

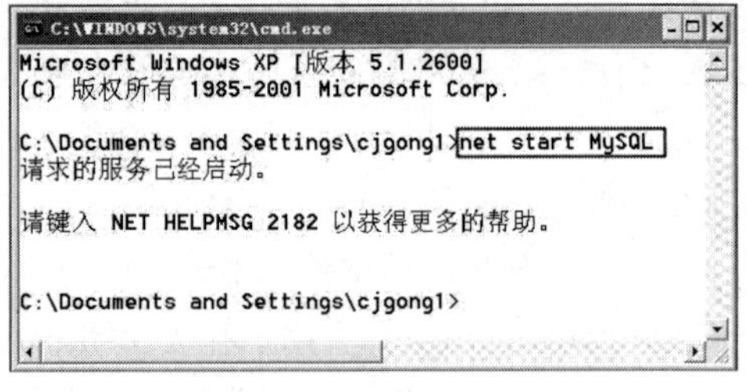

图 2.77　启动服务

通过上述步骤，MySQL 软件安装和配置完毕。

2.6 小　结

本章主要介绍 Windows 系统下 MySQL 软件的安装、配置和常见操作，主要从下载和安装 MySQL 软件、MySQL 软件的常用操作和 MySQL 软件的客户端软件三方面介绍。其中前者详细介绍了 MySQL 安装软件的相关概念与 MySQL 软件的下载、安装、配置和卸载操作；接着通过图形化界面和 DOS 窗口两种方式来介绍 MySQL 软件的常用操作；最后详细介绍了 MySQL 官方客户端软件“MySQL Command Line Client”和“MySQL-Workbench”与常用第三方图形化客户端软件 SQLyog 的下载和操作。

通过对本章内容的学习，读者不仅能够正确搭建 MySQL 软件环境，而且还应熟悉操作 MySQL 客户端软件。

第 3 章　MySQL 数据库基本操作

数据库这个概念的用法很多，但针对本书而言，数据库是一种可以通过某种方式存储数据库对象的容器。简而言之，数据库就是一个拥有特定排放顺序的文件柜，而数据库对象则是存放在文件柜中的各种文件。

通过本章的学习，可以掌握如下内容：

- 数据库和数据库对象基本概念
- 创建数据库
- 查看和选择数据库
- 删除数据库

3.1　数据库和数据库对象

对丁 MySQL 服务器，当连接上 MySQL 服务器后，即可操作数据库中存储到数据库对象里的数据。上述描述中涉及了几个概念：数据库、数据库对象和数据。在具体介绍数据库操作之前，首先需要了解这些概念。

查看帮助文档发现，数据库是存储数据库对象的容器。在 MySQL 软件中，数据库可以分为系统数据库和用户数据库两大类。

1．系统数据库

系统数据库是指安装完 MySQL 服务器后，会附带的一些数据库，如图 3.1 所示。系统数据库会记录一些必需的信息，用户不能直接修改这些系统数据库。各个系统数据库的作用如下：

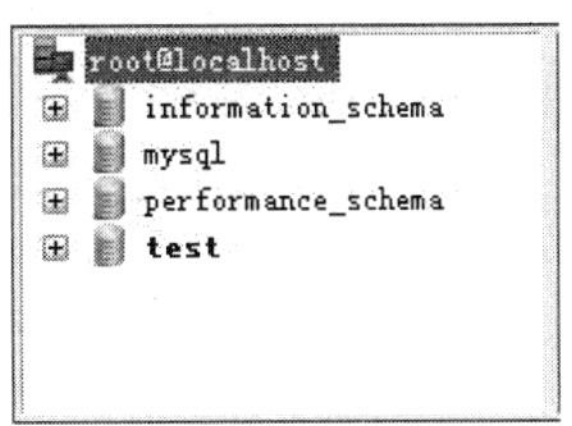

图 3.1　系统数据库

- information_schema：主要存储系统中的一些数据库对象信息，如用户表信息、列信息、权限信息、字符集信息和分区信息等。
- performance_schema：主要存储数据库服务器性能参数。
- mysql：土要存储系统的用户权限信息。
- test：该数据库为 MySQL 数据库管理系统自动创建的测试数据库，任何用户都可以使用。

2. 用户数据库

用户数据库是用户根据实际需求创建的数据库，如图 3.2 所示。其中 userdatabase 数据库属于用户数据库。

既然数据库是存储数据库对象的容器，那么什么是数据库对象呢？数据库可以存储哪些数据库对象呢？所谓数据库对象是指存储、管理和使用数据的不同结构形式，主要包含表、视图、存储过程、函数、触发器和事件等。

在 SQLyog 客户端软件的“对象资源管理器”中，每个数据库节点下都拥有一个树形路径结构，如图 3.3 所示。其实树形路径结构中的每个具体子节点都是数据库对象。关于数据库对象，后面章节将逐步进行介绍。

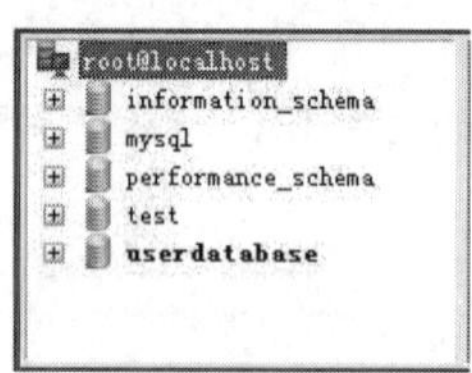

图 3.2　用户数据库

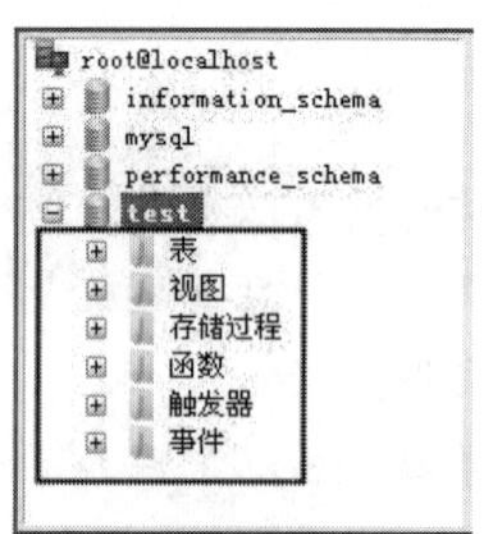

图 3.3　数据库对象

3.2　数据库相关操作——创建数据库

数据库的操作包括创建数据库、查看数据库、选择数据库以及删除数据库。本节将详细介绍如何创建数据库。创建数据库，实际上就是在数据库服务器中划分一块空间，用来存储相应的数据库对象。

3.2.1　创建数据库的语法形式

查看帮助文档发现，在 MySQL 中创建数据库通过 SQL 语句 CREATE DATABASE 来实现，其语法形式如下：

```
create Database database_name
```

上述语句中 database_name 参数表示所要创建的数据库名字，在具体创建数据库时，数据库名不能与已经存在的数据库名重名。除了上述要求外，推荐数据库名命名（标识符）规则如下：

- 由字母、数字、下画线、@、#和$符号组成，其中字母可以是英文字符 a～z 或 A～Z，也可以是其他语言的字母字符。
- 首字母不能是数字和$符号。
- 标识符不允许是 MySQL 的保留字。
- 不允许有空格和特殊字符。
- 长度小于 128 位。

下面将通过一个具体的实例来说明如何创建数据库。

【实例 3-1】执行 SQL 语句 CREATE DATABASE，在数据库管理系统中创建名为 databasetest

的数据库。具体 SQL 语句如下：

```
create Database databasetest;
```

【代码说明】上述 SQL 语句中，数据库名的标识符一定要有实际意义。

【运行效果】执行上面的 SQL 语句，其结果如图 3.4 所示。

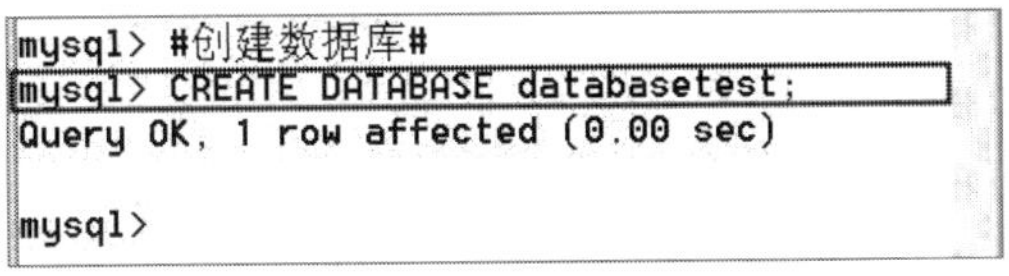

```
mysql> #创建数据库#
mysql> CREATE DATABASE databasetest;
Query OK, 1 row affected (0.00 sec)

mysql>
```

图 3.4 创建数据库

通过执行查询结果可以发现，执行完 SQL 语句后，下面有一行提示“Query OK, 1 row affected (0.00 sec)”，这段提示可以分为 3 部分，含义如下。

- “Query OK”：表示 SQL 语句执行成功。
- “1 row affected”：表示操作只影响了数据库中一行的记录。
- “0.00 sec”：表示操作执行的时间。

注意：查看帮助文档发现，创建数据库的 SQL 语句不属于查询操作，那么为什么显示结果却是“Query OK”呢？

上述问题是 MySQL 软件的一个特点，即所有 SQL 语句中的 DDL 和 DML（不包含 SELECT）语句执行成功后都会显示“Query OK”。

3.2.2 通过工具来创建数据库

通过 MySQL 数据库服务器自带的工具“MySQL Command Line Client”来创建数据库，虽然高效、灵活，但是对于初级用户来说比较困难，需要掌握 SQL 语句。在具体实践中，用户可以通过客户端软件 SQLyog 来创建数据库。

下面将通过一个具体的实例来说明如何通过客户端软件 SQLyog 创建数据库。

【实例 3-2】与实例 3-1 一样，在数据库管理系统中创建名为 databasetest 的数据库。

（1）首先连接数据库服务器，在“对象资源管理器”窗口中将显示 MySQL 数据库管理系统中所有的数据库，如图 3.5 所示。

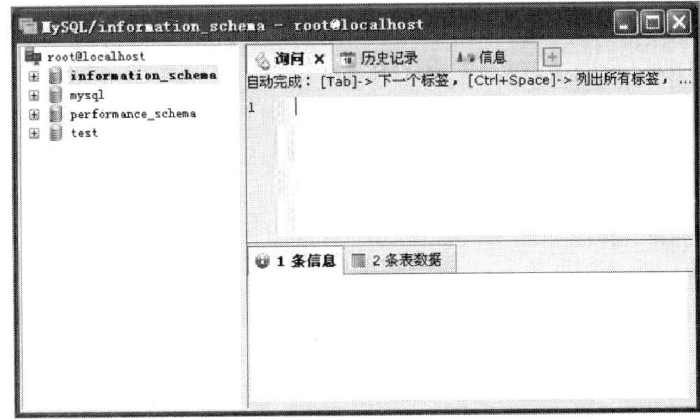

图 3.5 连接 MySQL 数据库管理系统

（2）右击“对象资源管理器”窗口中空白处，在弹出的菜单中选择“创建数据库”命令，如图 3.6 所示。

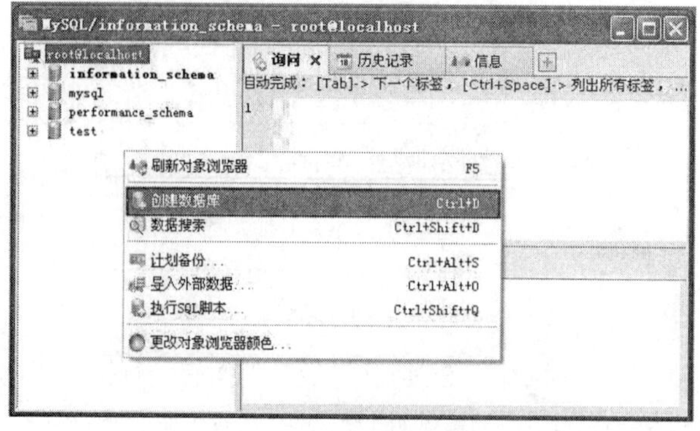

图 3.6　创建数据库命令

（3）弹出“创建数据库”对话框，在“数据库名称”文本框中输入 databasetest，然后单击“创建”按钮，创建数据库 databasetest，具体设置信息如图 3.7 所示。

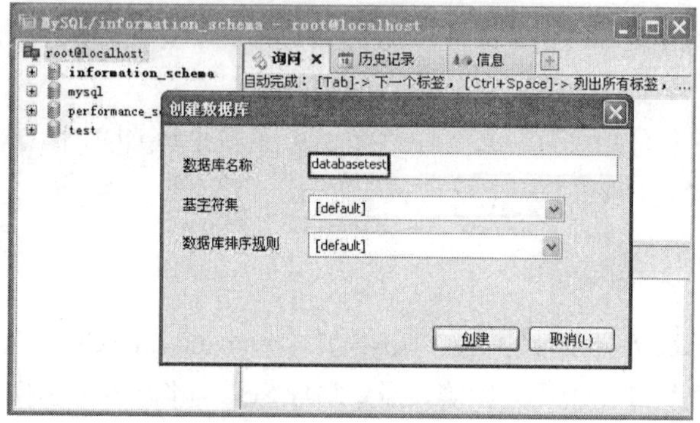

图 3.7　创建数据库

在“创建数据库”对话框中，除了必须输入数据库的标识符外，还可以设置该数据库的字符集和数据库排序规则，关于字符集和排序规则，后面章节将逐步介绍。

（4）当数据库 databasetest 创建成功后，“对象资源管理器”就会显示出名为 databasetest 的数据库，如图 3.8 所示。

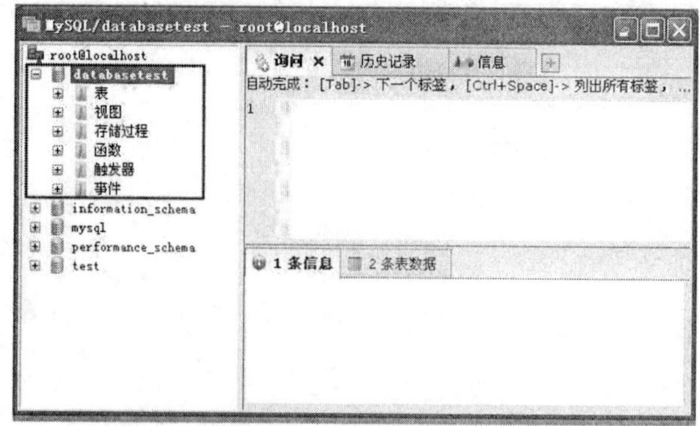

图 3.8　数据库创建成功

对于 SQLyog 工具，除了可以通过以上步骤（向导方式）创建数据库外，还可以在“询问”窗口中输入 SQL 语句来实现，具体步骤如下：

（1）首先在“询问”窗口中输入创建名为 databasetest 数据库的 SQL，然后单击工具栏中的“执行查询”（）按钮，进行创建数据库，如图 3.9 所示。

（2）当数据库创建成功后，不仅会在“信息”窗口显示相关信息，而且当单击工具栏中的“刷新对象浏览器”（）按钮，会在“对象资源管理器”窗口中显示新建的数据库，如图 3.10 所示。

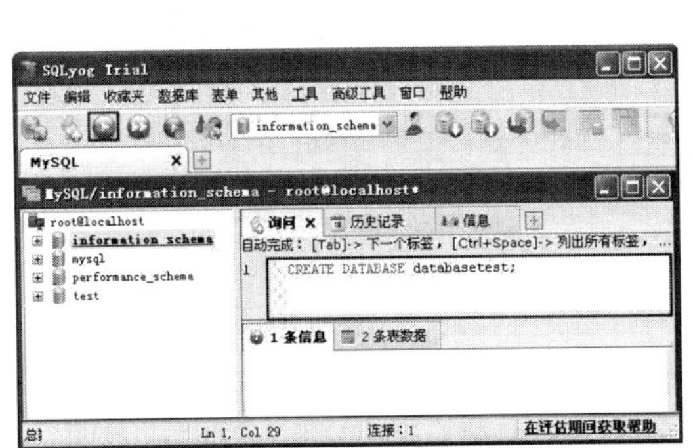

图 3.9　执行查询 SQL 语句

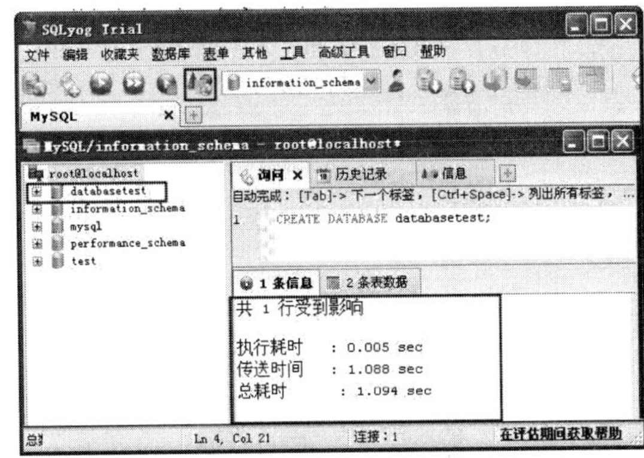

图 3.10　数据库创建成功

通过上述步骤，则可以在 SQLyog 客户端软件中创建数据库 databasetest 成功。

3.3　数据库相关操作——查看和选择数据库

本节将详细介绍如何查看和选择数据库，在具体实现这些操作之前，首先需要确定所操作的数据库对象已经存在。

3.3.1　查看数据库

对于初级用户，当创建数据库时，经常会发生如图 3.11 所示的错误。之所以不能正确创建数据库“databasetest”，是因为该数据库已经存在。因此对于有经验的用户，在创建数据库之前，需要查看数据库管理系统中是否已经存在该名字数据库。

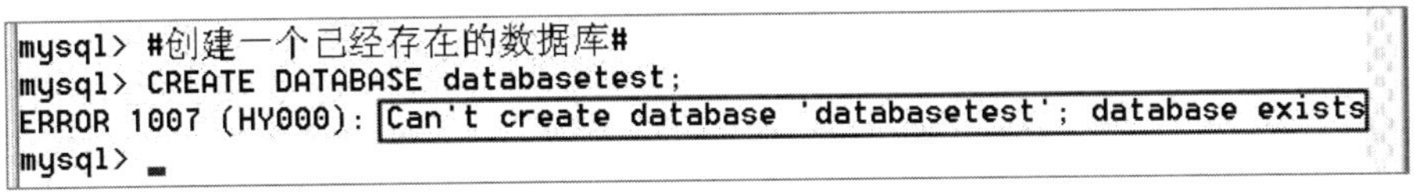

```
mysql> #创建一个已经存在的数据库#
mysql> CREATE DATABASE databasetest;
ERROR 1007 (HY000): Can't create database 'databasetest'; database exists
mysql> _
```

图 3.11　创建数据库出错

那么如何查看数据库管理系统中已经存在的数据库呢？查看帮助文档可以发现，在 MySQL 中查看已经存在的数据库通过 SQL 语句“SHOW DATABASES”来实现，其语法形式如下：

```
SHOW DATABASES;
```

上述 SQL 语句主要用来实现显示 MySQL 软件中所有的数据库。

执行上面的 SQL 语句，其结果如图 3.12 所示。

通过执行 SQL 结果可以发现，执行完“SHOW DATABASES”语句后，会显示一个列表。在该列表中，除了会显示用户数据库 databasetest 外，还有另外 4 个系统数据库。

对于客户端软件 SQLyog，如果想查看数据库管理系统中已经存在的数据库，除了可以在“询问”窗口中执行“SHOW DATABASES”语句外，还可以通过单击工具栏中的“刷新对象浏览器”（ ）按钮，这时就会在“对象资源管理器”窗口中显示出所有的数据库，如图 3.13 所示。

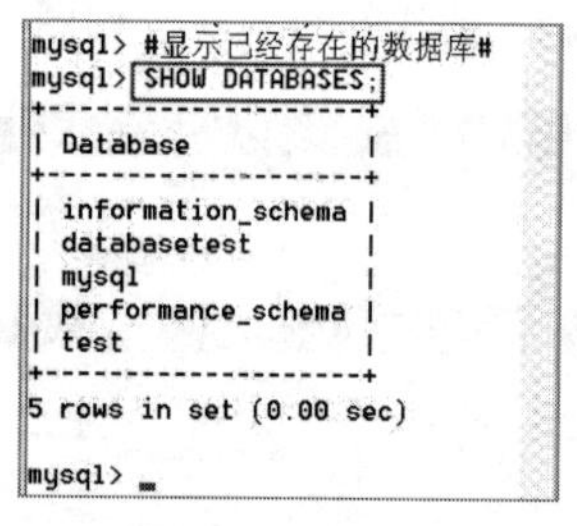

图 3.12　通过 SQL 语句显示数据库

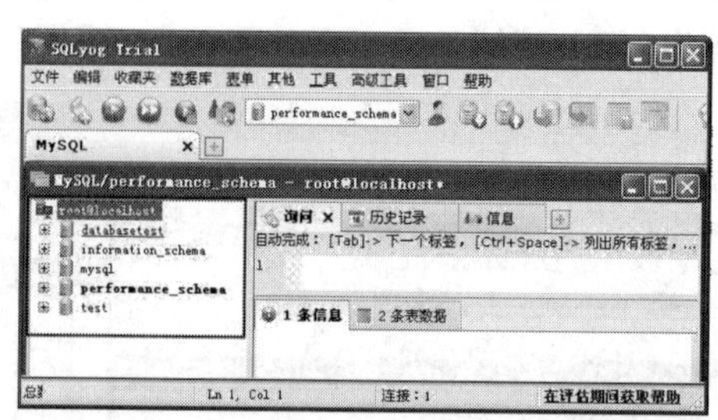

图 3.13　通过客户端软件显示数据库

3.3.2　选择数据库

既然数据库是数据库对象的容器，而在数据库管理系统中一般又会存在许多数据库，那么在操作数据库对象之前，首先需要确定是哪一个数据库。即在对数据库对象进行操作时，需要先选择一个数据库。

查看帮助文档可以发现，在 MySQL 中选择数据库通过 SQL 语句 USE 来实现，其语法形式如下：

```
USE database_name
```

上述语句中，database_name 参数表示所要选择的数据库名字。

在具体选择数据库之前，首先需要查看数据库管理系统中已经存在的数据库，然后才能从这些已经存在的数据库中进行选择，如果选择一个不存在的数据库，则会出现如图 3.14 所示的错误。

【实例 3-3】执行 SQL 语句 USE，选择名为 databasetest 的数据库。具体 SQL 语句如下：

```
SHOW DATABASES;
USE databasetest;
```

【代码说明】上述 SQL 语句中，首先查看 MySQL 软件中所有的数据库，然后才选择数据库 databasetest。

【运行效果】执行上面的查询语句，其结果如图 3.15 所示。

```
mysql> #选择不存在大的数据库#
mysql> USE test1;
ERROR 1049 (42000): Unknown database 'test1'
mysql> _
```

图 3.14　选择不存在的数据库

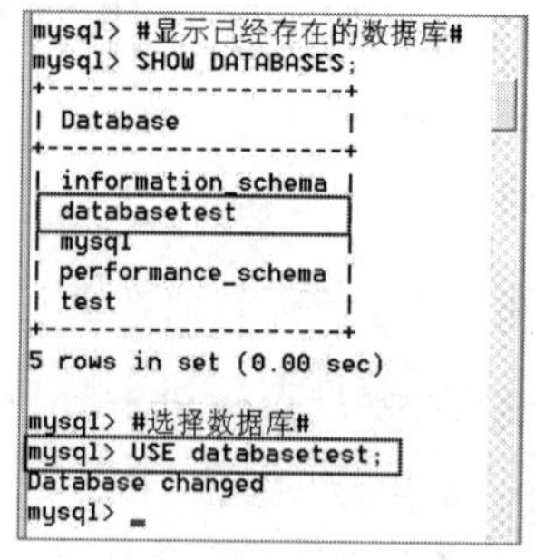

图 3.15　选择数据库

注意：在执行选择数据库语句时，如果出现“Database changed”提示，则表示选择数据库成功。

对于客户端软件 SQLyog，如果想选择数据库管理系统中已经存在的数据库，可以在“询问”窗口中执行 USE 语句，在执行前 SQLyog 客户端软件界面如图 3.16 所示，执行后 SQLyog 客户端软件界面如图 3.17 所示。除了上述方法外，还可以在“对象资源管理器”窗口中单击所要选的数据库 databasetest，如图 3.18 所示。

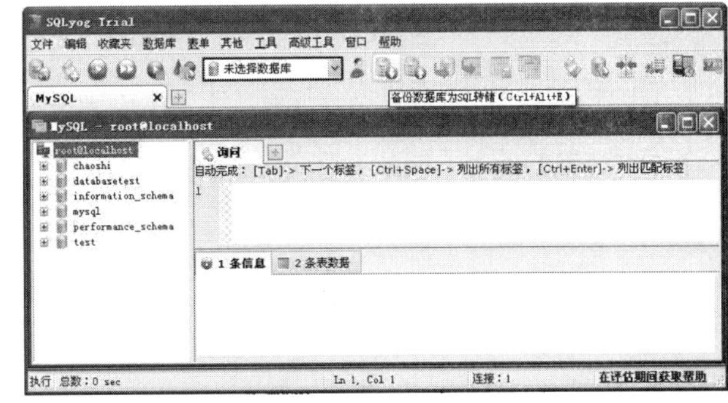

图 3.16　未选择数据库

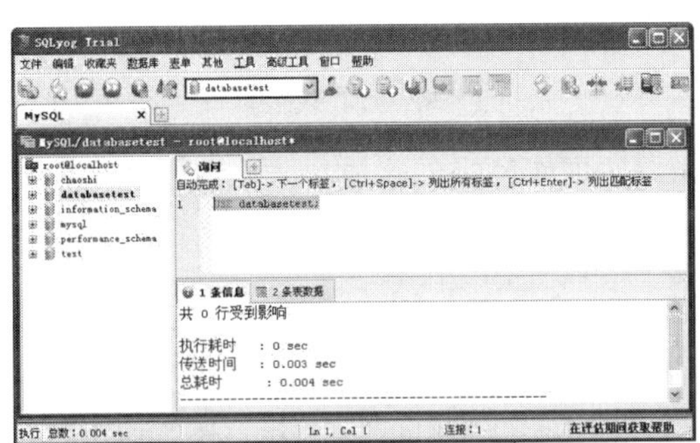

图 3.17　选择数据库

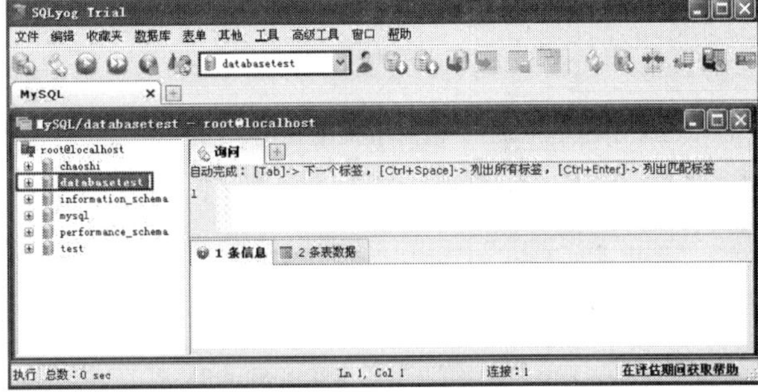

图 3.18　选择数据库

3.4　数据库相关操作——删除数据库

本节将详细介绍如何删除数据库，在具体实现该操作之前，首先需要确定所操作的数据库对象已经存在。

3.4.1　删除数据库的语法形式

查看帮助文档可以发现，在 MySQL 中删除数据库通过 SQL 语句 DROP DATABASE 来实现，其语法形式如下：

```
DROP DATABASE database_name
```

上述语句中，database_name 参数表示所要删除的数据库名字。

【实例 3-4】 执行 SQL 语句 DROP DATABASE 删除数据库，即首先创建一个名为 databasetest1 的数据库，然后再删除 databasetest1 数据库。具体步骤如下：

（1）创建数据库 databasetest1，具体语句如下：

```
CREATE DATABASES databasetest1;
```

【运行效果】 执行上面的 SQL 查询语句，其结果如图 3.19 所示。

（2）查看 MySQL 数据库管理系统中，是否已经存在名为 databasetest1 的数据库，具体语句如下：

```
SHOW DATABASES;
```

【运行效果】执行上面的 SQL 查询语句，其结果如图 3.20 所示。

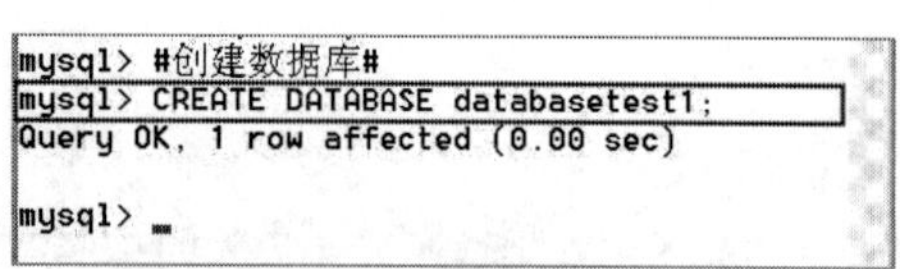

```
mysql> #创建数据库#
mysql> CREATE DATABASE databasetest1;
Query OK, 1 row affected (0.00 sec)

mysql> _
```

图 3.19　创建数据库

```
mysql> #查询数据库#
mysql> SHOW DATABASES;
+--------------------+
| Database           |
+--------------------+
| information_schema |
| chaoshi            |
| databasetest       |
| databasetest1      |
| mysql              |
| performance_schema |
| test               |
+--------------------+
7 rows in set (0.00 sec)

mysql> _
```

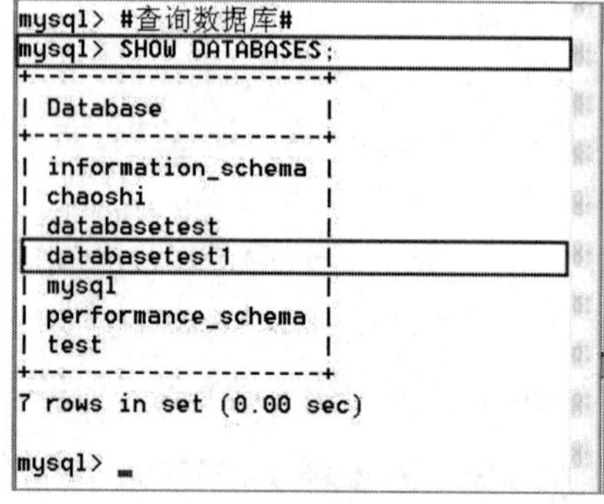

图 3.20　查看数据库

（3）根据查询数据库的结果可以发现 databasetest1 数据库已经创建成功，接着通过 DROP DATABASE 删除数据库，具体语句如下：

```
DROP DATABASE databasetest1;
```

【运行效果】执行上面的查询语句，其结果如图 3.21 所示。

根据执行结果，数据库 databasetest1 已经删除成功。这时如果再次查询数据库，则数据库列表中将不会显示出数据库 databasetest1，执行结果如图 3.22 所示。

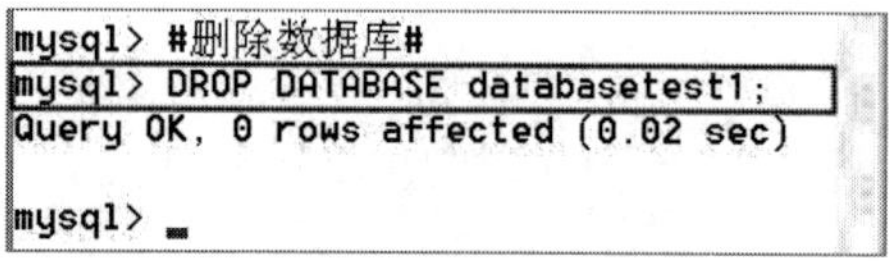

```
mysql> #删除数据库#
mysql> DROP DATABASE databasetest1;
Query OK, 0 rows affected (0.02 sec)

mysql> _
```

图 3.21　实现删除数据库

```
mysql> #显示数据库#
mysql> SHOW DATABASES;
+--------------------+
| Database           |
+--------------------+
| information_schema |
| chaoshi            |
| databasetest       |
| mysql              |
| performance_schema |
| test               |
+--------------------+
6 rows in set (0.00 sec)
```

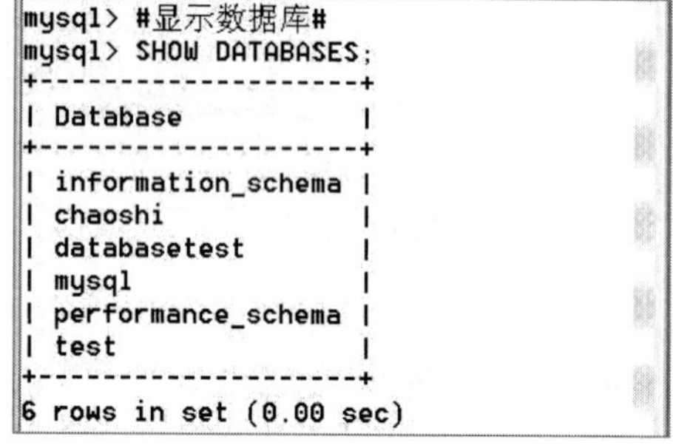

图 3.22　实现删除数据库

注意：数据库删除后，该数据库容器里的数据库对象也会全部删除，所以删除数据库之前一定要仔细、小心。

3.4.2　通过工具来删除数据库

通过 MySQL 数据库服务器自带的工具“MySQL Command Line Client”来删除数据库，虽然高效、灵活，但是对于初级用户比较困难，这需要掌握 SQL 语句。在具体实践中，用户可以通过客户端软件 SQLyog 来删除数据库。

下面将通过一个具体的实例来说明如何通过客户端软件 SQLyog 删除数据库。

【实例 3-5】与实例 3-4 一样，删除数据库管理系统中名为 databasetest1 的数据库。

（1）连接数据库服务器，在“对象资源管理器”窗口中将显示 MySQL 数据库管理系统中所有的数据库，如图 3.23 所示。

（2）右击“对象资源管理器”窗口中空白处，在弹出的菜单中选择“创建数据库”命令，如图 3.24 所示。

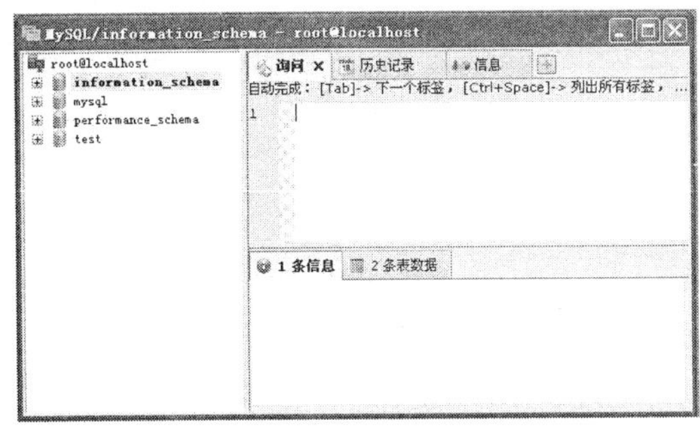

图 3.23　连接 MySQL 数据库管理系统

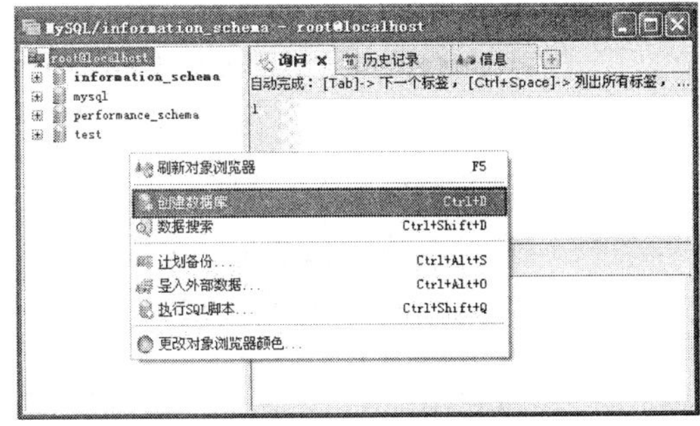

图 3.24　选择创建数据库命令

（3）弹出“创建数据库”对话框，在“数据库名称”文本框中输入 databasetest，然后单击“创建”按钮，创建数据库 databasetest1，具体设置信息如图 3.25 所示。这时如果单击工具栏中的“刷新对象浏览器”（）按钮，会在“对象资源管理器”窗口中显示出新建的数据库，如图 3.26 所示。

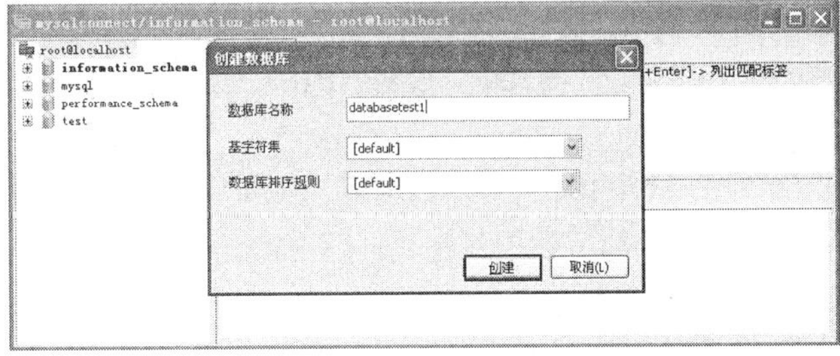

图 3.25　创建数据库

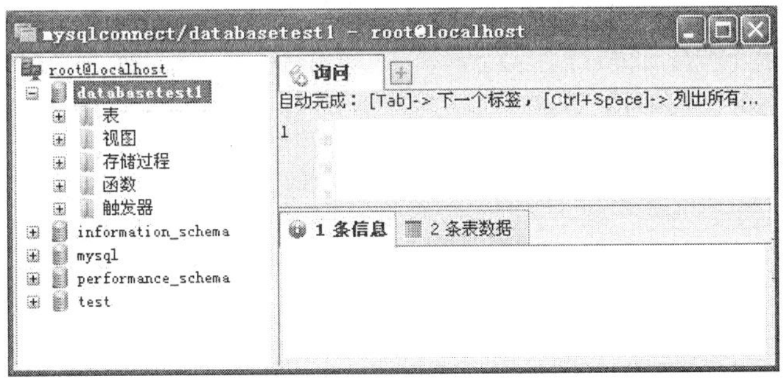

图 3.26　创建数据库成功

（4）如果要删除刚创建的数据库 databasetest1，只要右击“对象资源管理器”窗口中的数据库 databasetest1，然后在弹出的菜单中选择“更多数据库操作”→“删除数据库”命令，如图 3.27 所示。

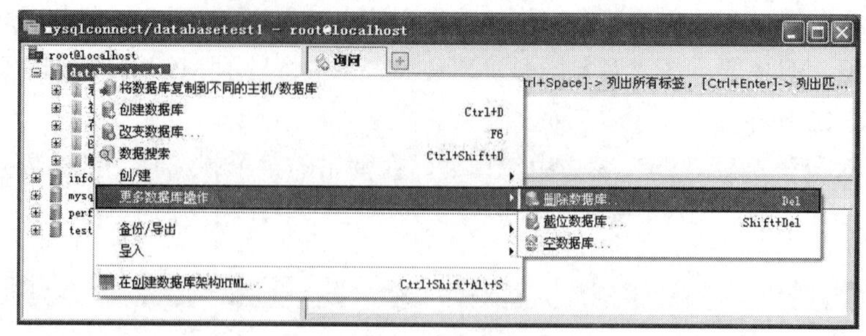

图 3.27　选择“删除数据库”命令

（5）在弹出的确认删除对话框中单击“是”按钮（见图 3.28）后，这时“对象资源管理器”窗口中就没有了数据库 databasetest1，如图 3.29 所示。

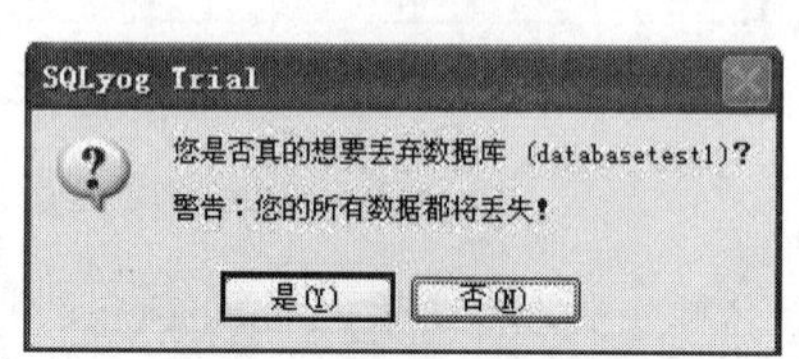

图 3.28　确认删除对话框

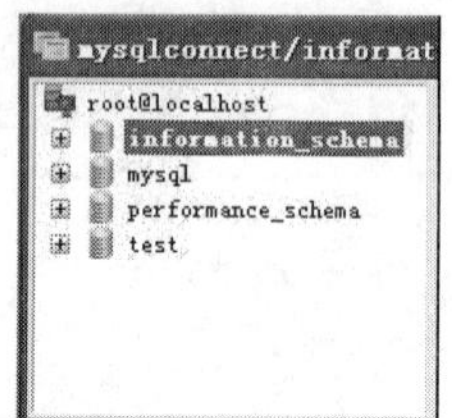

图 3.29　删除数据库 databasetest1 成功

通过上述步骤，即可在 SQLyog 客户端软件中删除数据库 databasetest1。

3.5　小　结

本章主要介绍了在 MySQL 软件中如何操作数据库，主要从数据库相关概念和数据库相关操作两方面进行讲解。其中前者主要介绍了数据库和数据库对象相关概念，后者详细介绍了如何通过 SQL 语句和客户端软件 SQLyog 这两种方式来创建数据库、查看数据库、选择数据库和删除数据库。

通过对本章内容的学习，读者不仅对数据库有了一个全新的认识，而且还应掌握 MySQL 软件中数据库的各种操作。

第 4 章 MySQL 数据库中存储引擎和数据类型

与其他数据库软件不同，MySQL 数据库软件提供了一个名为存储引擎的概念。由于存储引擎是以插件的形式被 MySQL 数据库软件引入的，所以可以根据实际应用、实际的领域来选择相应的存储引擎。

在 MySQL 数据库软件中，虽然通过存储引擎决定数据库对象表的类型，但是如果想创建表，还需要了解数据类型，因为其决定了表中可以存储数据的类型。

通过本章的学习，可以掌握如下内容：

- MySQL 软件所支持的存储引擎
- MySQL 软件所支持的数据类型

4.1 认识存储引擎

存储引擎是 MySQL 数据库管理系统的一个重要特征，在具体开发时，为了提高 MySQL 数据库管理系统的使用效率和灵活性，可以根据实际需要来选择存储引擎。因为存储引擎指定了表的类型，即如何存储和索引数据、是否支持事务等，同时存储引擎也决定了表在计算机中的存储方式。本节将详细介绍 MySQL 5.5 所支持的存储引擎，以及如何选择合适的存储引擎。

4.1.1 MySQL 5.5 所支持的存储引擎

用户在选择存储引擎之前，首先需要确定数据库管理系统支持哪些存储引擎。查看帮助文档发现，在 MySQL 数据库管理系统中查看支持的存储引擎通过 SQL 语句 SHOW ENGINES 来实现，其语法形式如下：

```
SHOW ENGINES
```

在上述语句中可以实现查看当前 MySQL 数据库管理系统所支持的存储引擎。

【实例 4-1】执行 SQL 语句 SHOW ENGINES，查看 MySQL 5.5 所支持的存储引擎和默认存储引擎。具体步骤如下：

（1）执行 SQL 语句 SHOW ENGINES，查看存储引擎，具体 SQL 语句如下：

```
SHOW ENGINES \G
```

【代码说明】上述 SQL 语句中，主要用来实现显示存储引擎。

【运行效果】执行上面的 SQL 语句，其结果如图 4.1 所示。

```
mysql> #查看存储引擎#
mysql> SHOW ENGINES \G
*************************** 1. row ***************************
      Engine: FEDERATED
     Support: NO
     Comment: Federated MySQL storage engine
Transactions: NULL
          XA: NULL
  Savepoints: NULL
*************************** 2. row ***************************
      Engine: MRG_MYISAM
     Support: YES
     Comment: Collection of identical MyISAM tables
Transactions: NO
          XA: NO
  Savepoints: NO
*************************** 3. row ***************************
      Engine: MyISAM
     Support: YES
     Comment: MyISAM storage engine
Transactions: NO
          XA: NO
  Savepoints: NO
*************************** 4. row ***************************
      Engine: BLACKHOLE
     Support: YES
     Comment: /dev/null storage engine (anything you write to it disappears)
Transactions: NO
          XA: NO
  Savepoints: NO
```

```
*************************** 5. row ***************************
      Engine: CSV
     Support: YES
     Comment: CSV storage engine
Transactions: NO
          XA: NO
  Savepoints: NO
*************************** 6. row ***************************
      Engine: MEMORY
     Support: YES
     Comment: Hash based, stored in memory, useful for temporary tables
Transactions: NO
          XA: NO
  Savepoints: NO
*************************** 7. row ***************************
      Engine: ARCHIVE
     Support: YES
     Comment: Archive storage engine
Transactions: NO
          XA: NO
  Savepoints: NO
*************************** 8. row ***************************
      Engine: InnoDB
     Support: DEFAULT
     Comment: Supports transactions, row-level locking, and foreign keys
Transactions: YES
          XA: YES
  Savepoints: YES
```

```
*************************** 9. row ***************************
      Engine: PERFORMANCE_SCHEMA
     Support: YES
     Comment: Performance Schema
Transactions: NO
          XA: NO
  Savepoints: NO
9 rows in set (0.09 sec)

mysql>
```

图 4.1　显示存储引擎

执行结果显示，MySQL 5.5 支持 9 种存储引擎，分别为 FEDERATED、MRG_MYISAM、MyISAM、BLACKHOLE、CSV、MEMORY、ARCHIVE、InnoDB 和 PERFORMANCE_SCHEMA。其中 Engine 参数表示存储引擎名称；Support 参数表示 MySQL 数据库管理系统是否支持该存储引擎，其中值 YES 表示支持，值 NO 表示不支持，值 DEFAULT 表示该存储引擎是数据库管理系统默认支持的存储引擎；Comment 参数表示关于存储引擎的评论；Transactions 参数表示存储引擎是否支持事务，其中值 YES 表示支持，而值 NO 表示不支持；XA 参数表示存储引擎所支持的分布式是否符合 XA 规范，其中值 YES 表示支持，而值 NO 表示不支持；Savepoints 参数表示存储引擎是否支持事务处理中的保存点，其中值 YES 表示支持，而值 NO 表示不支持。

注意：通过执行结果可以发现，MySQL 5.5 数据库管理系默认的存储引擎为 InnoDB 存储引擎。

（2）在具体执行 SQL 语句中，可以用“;”、“\g”和“\G”符号表示语句结束。其中前两个符号的作用一样，而最后一个符号除了表示语句结束外，还可以使结果显示的更加美观。执行 SQL 语句 SHOW ENGINES，以“;”或者“\g”作为结束符号查看存储引擎，具体 SQL 语句如下：

```
SHOW ENGINES;
```

或者

```
SHOW ENGINES\g
```

上述命令中，虽然语句内容一致，但是前者以“;”符号结束，而后者以“\g”符号结束。

执行上面的 SQL 语句，其结果如图 4.2 和图 4.3 所示。

```
mysql> #查看存储引擎#
mysql> SHOW ENGINES;
+--------------------+---------+-----------------------------------------------------
-----------------+--------------+------+------------+
| Engine             | Support | Comment
                 | Transactions | XA   | Savepoints |
+--------------------+---------+-----------------------------------------------------
-----------------+--------------+------+------------+
| FEDERATED          | NO      | Federated MySQL storage engine
                 | NULL         | NULL | NULL       |
| MRG_MYISAM         | YES     | Collection of identical MyISAM tables
                 | NO           | NO   | NO         |
| MyISAM             | YES     | MyISAM storage engine
                 | NO           | NO   | NO         |
| BLACKHOLE          | YES     | /dev/null storage engine (anything you write to
 it disappears) | NO           | NO   | NO         |
| CSV                | YES     | CSV storage engine
                 | NO           | NO   | NO         |
| MEMORY             | YES     | Hash based, stored in memory, useful for tempor
ary tables       | NO           | NO   | NO         |
| ARCHIVE            | YES     | Archive storage engine
                 | NO           | NO   | NO         |
| InnoDB             | DEFAULT | Supports transactions, row-level locking, and f
oreign keys      | YES          | YES  | YES        |
| PERFORMANCE_SCHEMA | YES     | Performance Schema
                 | NO           | NO   | NO         |
+--------------------+---------+-----------------------------------------------------
-----------------+--------------+------+------------+
9 rows in set (0.00 sec)

mysql>
```

图 4.2　显示效果不友好

```
mysql> #查看存储引擎#
mysql> SHOW ENGINES\g
+------------+----------+------------------------------------------------------------
-----------------+
| Engine     | Support  | Comment
                 |
+------------+----------+------------------------------------------------------------
-----------------+
| MyISAM     | YES      | Default engine as of MySQL 3.23 with great performance
                 |
| MEMORY     | YES      | Hash based, stored in memory, useful for temporary tab
les              |
| InnoDB     | DEFAULT  | Supports transactions, row-level locking, and foreign
keys             |
| BerkeleyDB | NO       | Supports transactions and page-level locking
                 |
| BLACKHOLE  | NO       | /dev/null storage engine (anything you write to it dis
appears)         |
| EXAMPLE    | NO       | Example storage engine
                 |
| ARCHIVE    | YES      | Archive storage engine
                 |
| CSV        | NO       | CSV storage engine
                 |
| ndbcluster | NO       | Clustered, fault-tolerant, memory-based tables
                 |
| FEDERATED  | NO       | Federated MySQL storage engine
                 |
| MRG_MYISAM | YES      | Collection of identical MyISAM tables
                 |
| binlog     | DISABLED | This is a meta storage engine to represent the binlog
in a transaction |
| ISAM       | NO       | Obsolete storage engine
                 |
+------------+----------+------------------------------------------------------------
-----------------+
13 rows in set (0.00 sec)

mysql>
```

图 4.3　显示效果不友好

执行结果显示，MySQL 5.5 支持 9 种存储引擎，但是显示效果不便于用户查看，所以“;”和“\g”符号结束方式不常用。

（3）在 MySQL 数据库管理系统中，除了可以通过 SQL 语句 SHOW ENGINES 查看所支持的存储引擎外，还可以通过 SQL 语句 SHOW VARIABLES 来查看所支持的存储引擎，具体 SQL 语句如下：

```
SHOW VARIABLES LIKE 'have%';
```

执行上面的 SQL 语句，其结果如图 4.4 所示。

```
mysql> #查看存储引擎#
mysql> SHOW VARIABLES LIKE 'have%';
+----------------------+----------+
| Variable_name        | Value    |
+----------------------+----------+
| have_compress        | YES      |
| have_crypt           | NO       |
| have_csv             | YES      |
| have_dynamic_loading | YES      |
| have_geometry        | YES      |
| have_innodb          | YES      |
| have_ndbcluster      | NO       |
| have_openssl         | DISABLED |
| have_partitioning    | YES      |
| have_profiling       | YES      |
| have_query_cache     | YES      |
| have_rtree_keys      | YES      |
| have_ssl             | DISABLED |
| have_symlink         | YES      |
+----------------------+----------+
14 rows in set (0.00 sec)

mysql> _
```

图 4.4　查看存储引擎

在显示结果中，Variable_name 参数表示存储引擎的名字；Value 参数表示 MySQL 数据库管理系统是否支持存储引擎，其中值 YES 表示支持，值 NO 表示不支持，值 DISABLED 表示支持但是还未开启。

4.1.2　操作默认存储引擎

查看帮助文档可以发现，安装版 MySQL 5.5 数据库管理系统的默认存储引擎为 InnoDB，免安装版 MySQL 5.5 数据库管理系统的默认存储引擎为 MyISAM。在数据库管理系统中，可以修改默认存储引擎吗？本节将详细介绍关于默认存储引擎的操作。

1. 查询默认存储引擎

如果需要操作默认存储引擎，首先需要查看默认存储引擎。那么如何查看默认存储引擎呢？查看帮助文档发现，可以通过执行 SQL 语句 SHOW VARIABLES 来查看默认的存储引擎，具体 SQL 语句如下：

```
SHOW VARIABLES LIKE 'storage_engine%';
```

上述命令中，设置关键字 LIKE 的关键字为“storage_engine%”，表示查询默认存储引擎。

执行上面的 SQL 语句，其结果如图 4.5 所示。

```
mysql> #查看默认存储引擎#
mysql> SHOW VARIABLES LIKE 'storage_engine%';
+----------------+--------+
| Variable_name  | Value  |
+----------------+--------+
| storage_engine | InnoDB |
+----------------+--------+
1 row in set (0.00 sec)

mysql>
```

图 4.5　查看默认存储引擎

执行结果显示，InnoDB 存储引擎为默认存储引擎。

2. 修改默认存储引擎

在 MySQL 数据库管理系统中，如果需要修改默认存储引擎，可以通过两种方式来实现。一种方式为向导方式，另一种方式为手动修改配置文件方式。

当通过向导方式修改默认存储引擎时，选择“开始”→“程序”→“MySQL”→“MySQL Server 5.5”→“MySQL Server Instance Configuration Wizard”菜单命令，进入图形化实例配置向导的欢迎界面。

在图形化实例配置向导中，连续单击“Next”按钮，进入“MySQL 选择用途类型”界面，如图 4.6 所示。在该界面中如果选择“Multifunctional Database”单选按钮，则 MySQL 数据库管理系统的默认存储引擎为 InnoDB。如果选择“Non-Transaction Database Only”单选按钮，则 MySQL 数据库管理系统的默认存储引擎为 MyISAM。

通过手动方式来修改默认存储引擎时，需要修改 MySQL 数据库管理系统的配置文件 my.ini，具体步骤如下：

（1）首先打开 my.ini 配置文件，关于“[mysqld]”组的内容如下：

```
#服务器端参数配置
# SERVER SECTION
……
[mysqld]
#服务器端的端口号。
port=3306
#MySQL 数据库服务器的安装目录
basedir="C:/Program Files/MySQL/MySQL Server 5.5/"
#MySQL 数据库数据文件的目录
datadir="C:/Documents and Settings/All Users/Application Data/MySQL/MySQL Server 5.5/Data/"
#MySQL 服务器端的字符集
character-set-server=gbk
#MySQL 服务器的存储引擎
default-storage-engine=INNODB
……
```

如果想修改默认存储引擎，只需修改[mysqld]组中的 default-storage-engine 参数。即如果想设置默认存储引擎为 MyISAM，只需修改成“default-storage-engine=MyISAM”即可实现。

注意：如果想使修改后的参数生效，须重新启动 MySQL 服务。

（2）重启 MySQL 服务后，这时再次执行 SQL 语句 SHOW VARIABLES 来查看默认的存储引擎，具体 SQL 语句如下：

```
SHOW VARIABLES LIKE 'storage_engine%';
```

【运行效果】执行上面的 SQL 语句，其结果如图 4.7 所示。

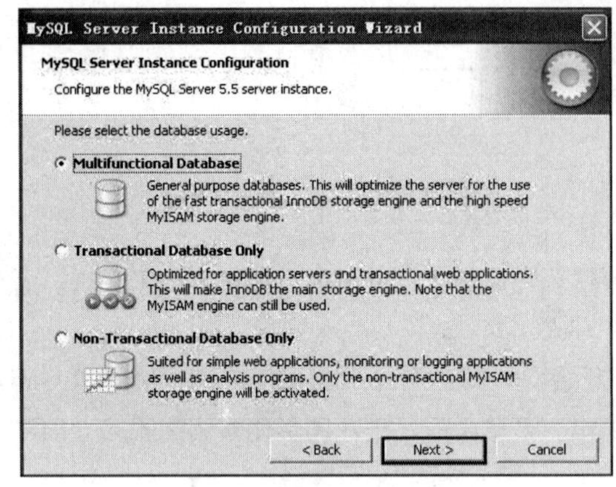

图 4.6　选择用途类型界面

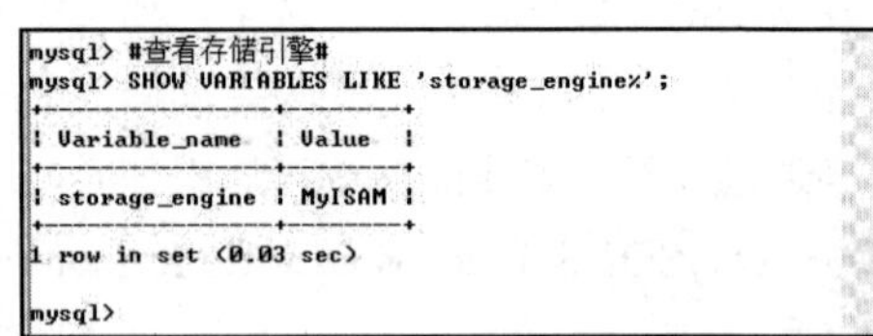

图 4.7　查看存储引擎

执行结果显示，默认存储引擎已经修改为 MyISAM。

4.1.3　选择存储引擎

在具体使用 MySQL 数据库管理系统时，选择一个合适的存储引擎是一个非常复杂的问题。因为每种存储引擎都有自己的特性、优势和应用场合，所以不能随便选择存储引擎。为了能够正确地选择存储引擎，必须掌握各种存储引擎的特性。

下面重点介绍几种常用的存储引擎，它们对各种特性的支持如表 4.1 所示。

表 4.1　存储引擎特性

特　性	MyISAM	InnoDB	MEMORY
存储限制	有	64TB	有
事务安全	不支持	支持	不支持
锁机制	表锁	行锁	表锁
B 树索引	支持	支持	支持
哈希索引	不支持	不支持	支持
全文索引	支持	不支持	不支持
集群索引	不支持	支持	不支持
数据缓存		支持	支持
索引缓存	支持	支持	支持
数据可压缩	支持	不支持	不支持
空间使用	低	高	N/A
内存使用	低	高	中等
批量插入的速度	高	低	高
支持外键	不支持	支持	不支持

表 4.1 主要介绍了 MyISAM、InnoDB 和 MEMORY 三种存储引擎特性的对比，接下来将详细介绍这 3 个存储引擎的应用场合并给出相应的建议。

- MyISAM 存储引擎：由于该存储引擎不支持事务、也不支持外键，所以访问速度比较快。因此对事务完整性没有要求并以访问为主的应用适合使用该存储引擎。
- InnoDB 存储引擎：由于该存储引擎在事务上具有优势，即支持具有提交、回滚和崩溃恢复能力的事务安装，所以比 MyISAM 存储引擎占用更多的磁盘空间。因此需要进行频繁的更新、删除操作，同时还对事务的完整性要求比较高，需要实现并发控制，此时适合使用该存储引擎。
- MEMORY 存储引擎：该存储引擎使用内存来存储数据，因此该存储引擎的数据访问速度快，但是安全上没有保障。如果应用中涉及数据比较小，需要进行快速访问，则适合使用该存储引擎。

4.2　数据类型

在 MySQL 数据库管理系统中，可以通过存储引擎来决定表的类型，即其决定了表的存储方式。同时 MySQL 数据库管理系统也提供了数据类型决定表存储数据的类型。查看帮助文档可以发现，MySQL 数据库管理系统提供了整数类型、浮点数类型、定点数类型和位类型、日期和时间类型、字符串类型。

4.2.1　整数类型

MySQL 数据库管理系统除了支持标准 SQL 中的所有整数类型（SMALLINT 和 INT）外，还进行了相应扩展。扩展后增加了 TINYINT、MEDIUMINT 和 BIGINT 这三个整数类型。

下面通过表 4.2 展示各种整数类型的特性，其中 INT 与 INTEGER 这两个整数类型是同名词（可以相互替换），具体内容如下。

表 4.2　整数类型

整数类型	字　节	最 小 值	最 大 值
TINYINT	1	有符号-128 无符号 0	有符号 127 无符号 255
SMALLINT	2	有符号-32768 无符号 0	有符号 32767 无符号 65535
MEDIUMINT	3	有符号-8388608 无符号 0	有符号 8388607 无符号 1677215
INT 和 INTEGER	4	有符号-2147483648 无符号 0	有符号 2147483647 无符号 4294967295
BIGINT	8	有符号-9223372036854775808 无符号 0	有符号 9223372036854775807 无符号 18446744073709551615

表 4.2 中的内容显示，TINYINT 类型占用字节数最小，只需 1 字节，因此该类型的取值范围最小。BIGINT 类型占用字节数最大，需要 8 个字节，因此该类型的取值范围最大。

注意：为什么要了解整数类型所占的字节数？因为根据数据类型所占的字节数可以算出该类型的取值范围。

在计算机中所有的内容都存储为不同组合的二进制码（0 和 1），整数类型数据也不例外，只不过整数是有符号数（正负数），因此其左边的第一位为符号位（0 为正数，1 为负数）。例如，TINYINT 类型占 1 字节（1 字节=8 位），所以该类型数据的最大值二进制如图 4.8 所示，最小值二进制如图 4.9 所示。

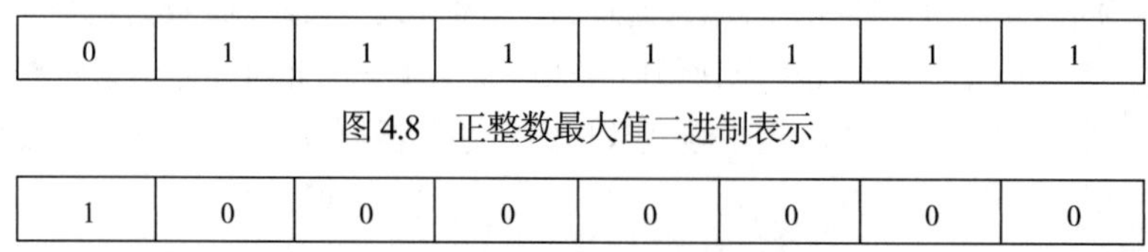

0	1	1	1	1	1	1	1

图 4.8　正整数最大值二进制表示

1	0	0	0	0	0	0	0

图 4.9　负整数最小值二进制表示

对于图 4.8 所示的二进制数，转换成十进制数为 2^7-1，即 127。对于图 4.9 所示的二进制数，转换成十进制数为-2^7，即-128。

在具体使用 MySQL 数据库管理系统时，如果需要存储整数类型数据，则可以选择 TINYINT、SMALLINT、MEDIUMINT、INT、INTEGER 和 BIGINT 类型，至于选择这些类型中的哪一个，首先需要判断存储整数数据的取值范围，当不超过 255 时，那选择 TINYINT 类型就足够了。虽然 BIGINT 类型的取值范围最大，最常用的整数类型却是 INT 类型。

如果无法区分各个整数类型的表示范围，可以通过查看 MySQL 的系统帮助查看相关信息。查看系统帮助的方法如实例 4-2 所示。

【实例 4-2】 查看系统帮助

```
mysql> HELP contents;
You asked for HELP about HELP category: "Contents"
For more information, type 'HELP <item>', where <item> is one of the following
categories:
   #部分结果省略
   Data Types
   Functions

mysql> HELP  Data Types;
You asked for HELP about HELP category: "Data Types"
For more information, type 'HELP <item>', where <item> is one of the following
topics:
#部分结果省略
   BIGINT
   DOUBLE
   INT
   SMALLINT
   VARCHAR
   YEAR DATA TYPE

mysql> HELP INT;
Name: 'INT'
```

```
Description:
INT[(M)] [UNSIGNED] [ZEROFILL]

A normal-size integer. The signed range is -2147483648 to 2147483647.
The unsigned range is 0 to 4294967295.
```

使用命令“HELP contents”可以查看 MySQL 帮助文档支持的目录列表，然后根据需要查看的条目选择查看。输入“HELP　INT”可以查看 INT 类型的帮助，如上述实例所示，INT 类型的表示范围为-2 147 483 648～2 147 483 647。

整数类型的使用比较简单，实例 4-3 所示为 INT 类型的创建和使用方法。

【实例 4-3】 INT 的创建和使用

```
mysql> INSERT INTO int_test VALUES
    -> (0),
    -> (-1),
    -> (1.1),
    -> (1234567890),
    -> (12345678901),
    -> (-12345678901);
Query OK, 6 rows affected, 2 warnings (0.00 sec)
Records: 6  Duplicates: 0  Warnings: 2

mysql> SHOW WARNINGS;
+---------+------+---------------------------------------------------------+
| Level   | Code | Message                                               |
+---------+------+---------------------------------------------------------+
| Warning | 1264 | Out of range value adjusted for column 'id' at row 5 |
| Warning | 1264 | Out of range value adjusted for column 'id' at row 6 |
+---------+------+---------------------------------------------------------+
2 rows in set (0.00 sec)

mysql> SELECT * FROM  int_test;
+-------------+
| id          |
+-------------+
|           0 |
|          -1 |
|           1 |
|  1234567890 |
|  2147483647 |
| -2147483648 |
+-------------+
6 rows in set (0.00 sec)
```

上述实例中首先创建了一个含有 INT 类型字段的表，然后使用 INSERT 语句进行插入操作。当插入的数值在 INT 类型的表示范围内时，INT 数值可以正常插入，但如果插入的为其他数据类型（如浮点数）或者超过了 INT 表示的范围，此时会将插入的值截断并显示警告信息。

4.2.2 浮点数类型、定点数类型和位类型

MySQL 数据库管理系统除了支持标准 SQL 中的所有浮点数类型（FLOAT 和 DOUBLE）、定点数类型（DEC）外，还进行了相应扩展。扩展后增加了位类型（BIT）。

下面通过表 4.3 展示各种浮点数类型的特性，具体内容如下。

表 4.3 浮点数类型

浮点数类型	字 节	最 小 值	最 大 值
FLOAT	4	± 1.75494351E – 38	± 3.402823466E + 38
DOUBLE	8	± 2.2250738585072014E – 308	± 1.7976931348623157E + 308

表 4.3 中的内容显示，FLOAT 类型占用字节数为 4，该类型的取值范围最小。DOUBLE 类型占用字节数为 8，该类型的取值范围最大。

在具体使用 MySQL 数据库管理系统时，如果需要存储小数数据，则可以选择 FLOAT 和 DOUBLE 类型，至于选择这两个类型中的哪一个，则需要判断存储小数数据需要精确的小数位数，当需要精确到小数点后 10 位以上，就需要选择 DOUBLE 类型。

下面通过表 4.4 展示定点数类型的特性，具体内容如下。

表 4.4 定点数类型

定点数类型	字 节	最 小 值	最 大 值
DEC(M,D)和 DECIMAL(M,D)	M+2	与 DOUBLE 相同	与 DOUBLE 相同

表 4.4 中的内容显示，其中 DEC 与 DECIMAL 这两个定点数类型是同名词，该类型的取值范围与 DOUBLE 类型相同，但是其有效取值范围由 M 和 D 来决定。

在具体使用 MySQL 数据库管理系统时，如果需要存储小数数据，除了可以选择 FLOAT 和 DOUBLE 类型外，还可以选择 DEC 和 DECIMAL 类型，当要求小数数据精确度非常高时，则可以选择 DEC 和 DECIMAL 类型，它们的精确度比 DOUBLE 类型还要高。

浮点数的使用方法类似整数类型，实例 4-4 演示了 FLOAT 数据类型和 DECIMAL 数据类型的区别。

【实例 4-4】FLOAT 数据类型和 DECIMAL 数据类型的区别

```
mysql> CREATE TABLE f_test(
    -> `a` FLOAT(38,30),
    -> b  DECIMAL(38,30) );
Query OK, 0 rows affected (0.02 sec)

mysql> INSERT INTO f_test VALUES (123450.000000000000000000000000000001 ,
    -> 123450.000000000000000000000000000001);
Query OK, 1 row affected (0.00 sec)

mysql> SELECT * FROM f_test \G
*************************** 1. row ***************************
```

```
a: 123450.000000000000000000000000000000
b: 123450.000000000000000000000000000001
1 row in set (0.00 sec)
```

FLOAT、DOUBLE 数据类型存储数据时存储的是近似值，而 DECIMAL 存储的是字符串，因此提供了更高的精度，在需要表示金额等货币类型时优先选择 DECIMAL 数据类型。

下面通过表 4.5 展示位类型的特性，具体内容如下。

表 4.5　位类型

位类型	字　节	最 小 值	最 大 值
BIT(M)	1~8	BIT(1)	BIT(64)

表 4.5 中的内容显示，位类型 BIT 的字节数是 M，M 的取值范围为 1～8，即该类型的存储空间是根据其精度决定的。实例 4-5 所示为 BIT 类型的使用方法。

【实例 4-5】 BIT 类型的使用方法

```
mysql> CREATE TABLE bit_test (id BIT(8));
Query OK, 0 rows affected (0.03 sec)

mysql> INSERT INTO bit_test VALUES (11),(b'11');
Query OK, 1 row affected (0.00 sec)

mysql> SELECT id+0 FROM bit_test;
+------+
| id+0 |
+------+
|   11 |
|    3 |
+------+
2 rows in set (0.00 sec)

mysql> sELECT BIN(id+0) FROM bit_test;
+-----------+
| BIN(id+0) |
+-----------+
| 1011      |
| 11        |
+-----------+
2 rows in set (0.00 sec)
```

BIT 数据类型的创建方法和其他数据类型相似，不同之处在于插入方法，INSERT 语句插入第 1 个数字的为十进制的数字“11”， INSERT 语句的第二个数字则正常插入了二进制表示的数字“11”。使用 SELECT 语句可以看到插入的数据的区别。

4.2.3　日期和时间类型

MySQL 数据库管理系统中有多种表示日期和时间的数据类型，各种版本有微小的差异，下面通过表 4.6 展示 MySQL 5.5 数据库管理系统所支持日期和时间类型的特性，具体内容如下。

表 4.6　日期和时间类型

日期和时间类型	字　节	最 小 值	最 大 值
DATE	4	1000-01-01	9999-12-31
DATETIME	8	1000-01-01 00:00:00	9999-12-31 23:59:59
TIMESTAMP	4	19700101080001	2038 年的某个时刻
TIME	3	-835:59:59	838:59:59
YEAR	1	1901	2155

表 4.6 中的内容显示，每种日期和时间数据类型都有一个取值范围，如果插入的值超过了该类型的取值范围，则会插入默认值。

在具体应用中，各种日期和时间类型的应用场合如下：

- 如果要表示年月日，一般会使用 DATE 类型。
- 如果要表示年月日时分秒，一般会使用 DATETIME 类型。
- 如果需要经常插入或者更新日期为当前系统时间，一般会使用 TIMESTAMP 类型。
- 如果要表示时分秒，一般会使用 TIME 类型。
- 如果要表示年份，一般会使用 YEAR 类型。因为该类型比 DATE 类型占用更少的空间。

在具体使用 MySQL 数据库管理系统时，要根据实际应用来选择满足需求的最小存储的日期类型。例如，如果应用只需存储“年份”，则可以选择存储字节为 1 的 YEAR 类型。如果要存储年月日时分秒，并且年份的取值可能比较久远，最好使用 DATETIME 类型，而不是 TIMESTAMP 类型，因为前者比后者所表示的日期范围要长一些。如果存储的日期需要让不同时区的用户使用，则可以使用 TIMESTAMP 类型，因为只有该类型日期能够与实际时区相对应。

日期和时间类型的使用方法如实例 4-6 所示。

【实例 4-6】日期和时间类型的使用方法

```
mysql>  CREATE TABLE d_test(
    -> f_date DATE,
    -> f_datetime DATETIME,
    ->  f_timestamp TIMESTAMP,
    -> f_time TIME,
    -> f_year YEAR);
Query OK, 0 rows affected (0.05 sec)

mysql> SELECT CURDATE(),NOW(), NOW(),time(NOW()), YEAR(NOW()) \G
*************************** 1. row ***************************
  CURDATE(): 2013-09-02
      NOW(): 2013-09-02 16:28:09
      NOW(): 2013-09-02 16:28:09
time(NOW()): 16:28:09
YEAR(NOW()): 2013
1 row in set (0.00 sec)

mysql> INSERT INTO d_test VALUES( CURDATE(),NOW(), NOW(),time(NOW()), YEAR(NOW()
));
Query OK, 1 row affected (0.00 sec)
```

```
mysql> SELECT * FROM d_test \G
*************************** 1. row ***************************
     f_date: 2013-09-02
 f_datetime: 2013-09-02 16:28:28
f_timestamp: 2013-09-02 16:28:28
     f_time: 16:28:28
     f_year: 2013
1 row in set (0.00 sec)
```

上述实例首先创建了一个包含日期和时间类型的表，使用了 SELECT 查看相关函数的输出以便对比，然后使用 INSERT 语句插入相关数值，通过此实例读者可以了解日期和时间类型的使用方法。

4.2.4　字符串类型

MySQL 数据库管理系统中有多种表示字符串的数据类型，各种版本有微小的差异，下面通过表 4.7 展示 MySQL 5.5 数据库管理系统所支持的 CHAR 系列字符串类型的特性，具体内容如下。

表 4.7　CHAR 系列字符串类型

CHAR 系列字符串类型	字　节	描　述
CHAR(M)	M	M 为 0～255 之间的整数
VARCHAR(M)	M	M 为 0～65 535 之间的整数

表 4.7 中的内容显示，字符串类型 CHAR 的字节数是 M，例如 CHAR(4)的数据类型为 CHAR，其最大长度为 4 个字节。VARCHAR 类型的长度是可变的，其长度的范围为 0～65 535。

在具体使用 MySQL 数据库管理系统时，如果需要存储少量字符串，则可以选择 CHAR 和 VARCHAR 类型，至于是选择这两个类型中的哪一个，则需要判断所存储字符串长度是否经常变化，如果经常发生变化，则可以选择 VARCHAR 类型，否则选择 CHAR 类型。

下面通过表 4.8 展示 MySQL 5.5 数据库管理系统所支持的 TEXT 系列类型字符串的特性，具体内容如下。

表 4.8　TEXT 系列字符串类型

TEXT 系列字符串类型	字　节	描　述
TINYTEXT	0~255	值的长度为+2 个字节
TEXT	0~65 535	值的长度为+2 个字节
MEDIUMTEXT	0~167 772 150	值的长度为+3 个字节
LONGTEXT	0~4 294 967 295	值的长度为+4 个字节

表 4.8 中的内容显示，TEXT 系列中的各种字符串类型允许的长度和存储字节不同，其中 TINYTEXT 字符串类型允许存储字符串长度最小，LONGTEXT 字符串类型允许存储字符串长度最大。

在具体使用 MySQL 数据库管理系统时，如果需要存储大量字符串（存储文章内容的纯文本），则可以选择 TEXT 系列字符串类型。至于是选择这些类型中的哪一个，则需要判断所存储字符串长度，根据存储字符的长度来决定是选择允许长度最小的 TINYTEXT 字符串类型，还是选择允许长度最大的 LONGTEXT 字符串类型。

下面通过表 4.9 展示 MySQL 5.5 数据库管理系统所支持的 BINARY 系列字符串类型的特性，具体内容如下。

表 4.9　BINARY 系列字符串类型

BINARY 系列字符串类型	字　节	描　述
BINARY(M)	M	允许长度为 0~M
VARBINARY(M)	M	允许长度为 0~M

表 4.9 内容中的两个类型与 CHAR 系列字符串类型中 CHAR 和 VARCHAR 非常类似，不同的是，前者可以存储二进制数据（例如图片、音乐或者视频文件），而后者只能存储字符数据。

在具体使用 MySQL 数据库管理系统时，如果需要存储少量二进制数据，则可以选择 BINARY 和 VARBINARY 类型。至于是选择这两个类型中的哪一个，则需要判断所存储二进制数据长度是否经常变化。如果经常发生变化则可以选择 VARBINARY 类型，否则选择 BINARY 类型。

下面通过表 4.10 展示 MySQL 5.5 数据库管理系统所支持的 BLOB 系列字符串类型的特性，具体内容如下。

表 4.10　BLOB 系列字符串类型

BLOB 系列字符串类型	字　节
TINYBLOB	0~255
BLOB	$0\sim2^{16}$
MEDIUMBLOB	$0\sim2^{24}$
LONGBLOB	$0\sim2^{32}$

表 4.10 内容中的四个类型与 TEXT 系列字符串类型非常类似，不同的是，前者可以存储二进制数据（例如图片、音乐或者视频文件），而后者只能存储字符数据。

在具体使用 MySQL 数据库管理系统时，如果需要存储大量二进制数据（存储电影等视频文件），则可以选择 BLOB 系列字符串类型。至于是选择这些类型中的哪一个，则需要判断所存储二进制数据长度，根据存储二进制数据的长度来决定是选择允许长度最小的 TINYBLOB 字符串类型，还是选择允许长度最大的 LONGBLOB 字符串类型。

字符串类型使用方法如实例 4-7 所示。

【实例 4-7】字符串类型使用方法

```
mysql> CREATE TABLE user(
    -> id INT,
    -> name VARCHAR(20));
Query OK, 0 rows affected (0.11 sec)

mysql> INSERT  INTO user VALUES(1,'bob'),
->(2,'petter'),
->(3,"a12345678912345678912З"
->);
Query OK, 3 rows affected, 1 warning (0.00 sec)
Records: 3  Duplicates: 0  Warnings: 1
```

```
mysql> SHOW  WARNINGS;
+---------+------+---------------------------------------------+
| Level   | Code | Message                                     |
+---------+------+---------------------------------------------+
| Warning | 1265 | Data truncated for column 'name' at row 3 |
+---------+------+---------------------------------------------+
1 row in set (0.00 sec)

mysql> SELECT * FROM user ;
+------+----------------------+
| id   | name                 |
+------+----------------------+
|    1 | bob                  |
|    2 | petter               |
|    3 | a1234567891234567891 |
+------+----------------------+
3 rows in set (0.00 sec)
```

上述实例创建了一个包含 VARCHAR 类型的表，长度为 20，然后进行数据插入。注意如果插入的字符串的长度超过字符串定义的长度，字符串会被截断并显示警告信息。

4.3 小　结

本章主要介绍在 MySQL 软件中创建数据库对象表之前，需要掌握的一些概念，主要从存储引擎和数据类型两方面介绍。前者决定了数据库对象表的类型，主要介绍了 MySQL 数据库所支持的存储引擎、存储引擎的常用操作和选择存储引擎的策略；后者决定了数据库对象表中存储数据类型，主要介绍了整数类型、浮点数类型、定点数类型、位类型、日期和时间类型、字符串类型。

通过对本章内容的学习，读者不仅掌握了 MySQL 数据库所支持的各种存储引擎，而且还了解了 MySQL 数据库所支持的各种数据类型，为下一章操作数据库对象表做准备。

第 5 章　表的操作

在 MySQL 数据库中，表是一种很重要的数据库对象，是组成数据库的基本元素，由若干个字段组成，主要用来实现存储数据记录。表的操作包含创建表、查看表、删除表和修改表，这些操作是数据库对象的表管理中最基本、最重要的操作。

通过本节的学习，可以掌握如下内容：

- 表的相关概念
- 表的基本操作：创建、查看、更新和删除
- 表的使用策略

5.1　表的基本概念

表是包含数据库中所有数据的数据库对象。数据在表中的组织方式与在电子表格中相似，都是按行和列的格式组织的。其中每一行代表一条唯一的记录，每一列代表记录中的一个字段，如图 5.1 所示。

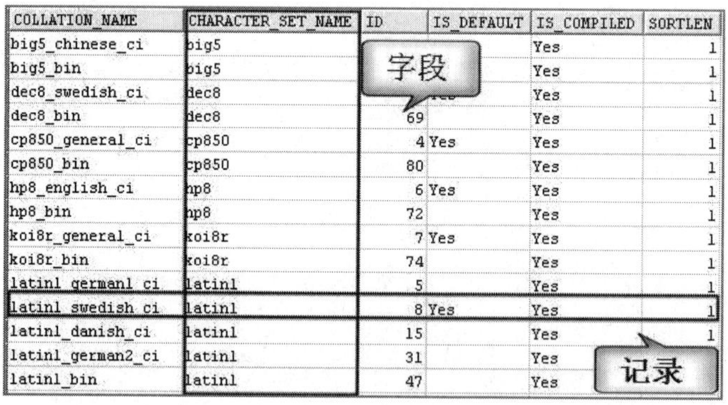

COLLATION_NAME	CHARACTER_SET_NAME	ID	IS_DEFAULT	IS_COMPILED	SORTLEN
big5_chinese_ci	big5	[illegible]	[illegible]	Yes	1
big5_bin	big5	[illegible]	[illegible]	Yes	1
dec8_swedish_ci	dec8	[illegible]	[illegible]	Yes	1
dec8_bin	dec8	69		Yes	1
cp850_general_ci	cp850	4	Yes	Yes	1
cp850_bin	cp850	80		Yes	1
hp8_english_ci	hp8	6	Yes	Yes	1
hp8_bin	hp8	72		Yes	1
koi8r_general_ci	koi8r	7	Yes	Yes	1
koi8r_bin	koi8r	74		Yes	1
latin1_german1_ci	latin1	5		Yes	1
latin1_swedish_ci	latin1	8	Yes	Yes	1
latin1_danish_ci	latin1	15		Yes	1
latin1_german2_ci	latin1	31		Yes	[illegible]
latin1_bin	latin1	47		Yes	[illegible]

图 5.1　表

表中的数据库对象包含列、索引和触发器，如图 5.2 所示。

- 列（Columns）：也称属性列，在具体创建表时，必须指定列的名字和数据类型。
- 索引（Indexes）：是指根据指定的数据库表列建立起来的顺序，提供了快速访问数据的途径

且可监督表的数据，使其索引所指向的列中的数据不重复，后面章节将详细介绍。

- 触发器（Triggers）：是指用户定义的事务命令的集合，当对一个表中的数据进行插入、更新或删除时，这组命令就会自动执行，可以用来确保数据的完整性和安全性，后面章节将详细介绍。

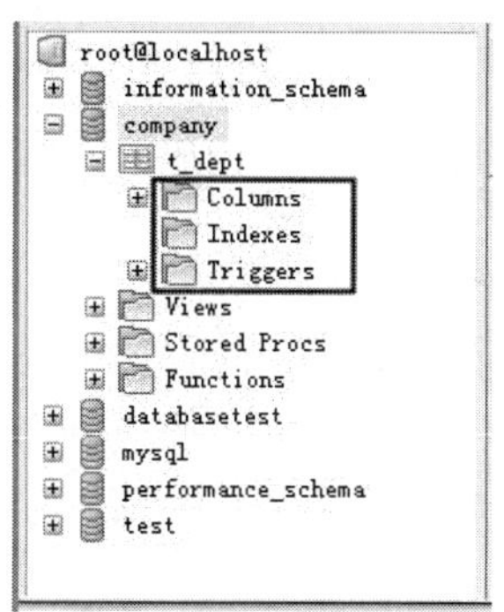

图 5.2　表中数据库对象

5.2　创 建 表

表的操作包括创建表、查看表、删除表和修改表。本节将详细介绍如何创建表。所谓创建表就是在数据库中建立新表，该操作是进行其他表操作的基础。

5.2.1　创建表的语法形式

查看帮助文档发现，在 MySQL 数据库管理系统中创建表通过 SQL 语句 CREATE TABLE 来实现，其语法形式如下：

```
CREATE TABLE table_name(
    属性名 数据类型,
    属性名 数据类型,
    .
    .
    .
    属性名 数据类型
)
```

上述语句中的 table_name 参数表示所要创建的表的名字，表名紧跟在关键字 CREATE TABLE 后面。表的具体内容定义在括号之中，各列之间用逗号分隔。其中“属性名”参数表示表字段的名称，“数据类型”参数指定字段的数据类型，例如，如果列中存储的为数字，则相应的数据类型为数值类型。在具体创建数据库时，表名不能与已经存在的表对象重名，其命名规则与数据库名命名（标识符）规则一致。

【实例 5-1】执行 SQL 语句 CREATE TABLE，在数据库 company 中创建名为 t_dept 的表。具体步骤如下：

（1）首先执行 SQL 语句 CREATE DATABASE，创建数据库 company，具体 SQL 语句如下：

```
CREATE DATABASE company;
USE company;
```

【代码说明】在上述 SQL 语句中，首先创建数据库 company，然后选择该数据库。

【运行效果】执行上面的 SQL 语句，其结果如图 5.3 所示。

（2）执行 SQL 语句 CREATE TABLE，创建表 t_dept，具体 SQL 语句如下：

```
CREATE TABLE t_dept(
    deptno INT,
    dname VARCHAR(20),
    loc VARCHAR(40)
);
```

【代码说明】上述 SQL 语句中创建了表 t_dept。对于表名标识符，不能是 MySQL 的关键字，如 CREATE、USE 等，建议表名标识符为 t_xxx 或 tab_xxx。表 t_dept 中有 3 个字段，分别为 INT 和 VARCHAR 类型，各属性之间用“,”符号隔开，最后一个属性后面不需要“,”符号。

【运行效果】执行上面的 SQL 语句，其结果如图 5.4 所示。

```
mysql> #创建数据库#
mysql> CREATE DATABASE company;
Query OK, 1 row affected (0.11 sec)

mysql> #选择数据库#
mysql> USE company;
Database changed
mysql> _
```

图 5.3　创建和选择数据库

```
mysql> #创建表格#
mysql> CREATE TABLE t_dept(
    -> deptno INT,
    -> dname VARCHAR(20),
    -> loc VARCHAR(40)
    -> );
Query OK, 0 rows affected (0.23 sec)

mysql>
```

图 5.4　创建表格 t_dept

注意：在创建表之前，需要选择数据库。如果没有选择数据库，创建表时就会出现“No database selected”错误，如图 5.5 所示。在创建表时，如果数据库中已经存在该表，则会出现“Table 't_dept' already exists”错误，如图 5.6 所示。

```
mysql> #创建表格#
mysql> CREATE TABLE t_dept(
    -> deptno INT,
    -> dname VARCHAR(20),
    -> loc VARCHAR(40)
    -> );
ERROR 1046 (3D000): No database selected
```

图 5.5　没有选择数据库错误

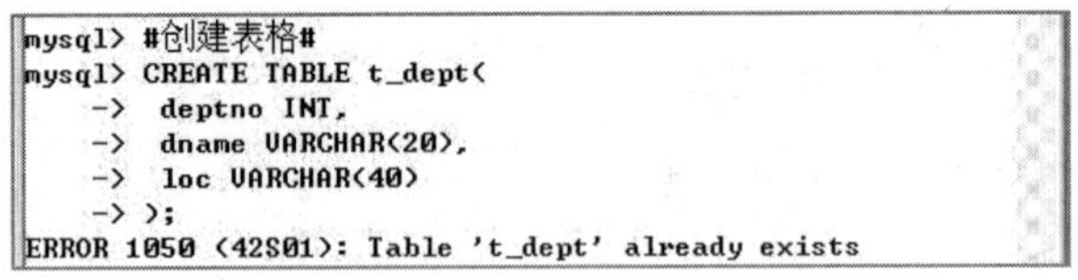

图 5.6　表已经存在错误

通过上述步骤，可以在数据库 company 中成功创建表对象 t_dept。

5.2.2　通过 SQLyog 客户端软件来创建表

在学习 MySQL 数据库阶段，可以通过 MySQL 数据库服务器自带的工具“MySQL Command Line Client”来创建表，该工具可以帮助大家尽快掌握关于创建表的语法。但是在数据库开发阶段，用户一般通过客户端软件 SQLyog 来创建表。

下面将通过一个具体的实例来说明如何通过 MySQL 客户端软件 SQLyog 创建表。

【实例 5-2】与实例 5-1 一样，在数据库 company 中创建名为 t_dept 的表。具体步骤如下：

（1）首先连接数据库管理系统，然后右击“对象资源管理器”窗口中空白处，在弹出的快捷菜单中选择“创建数据库”命令，打开“创建数据库”窗口，“创建数据库”窗口的具体信息如图 5.7 所示。

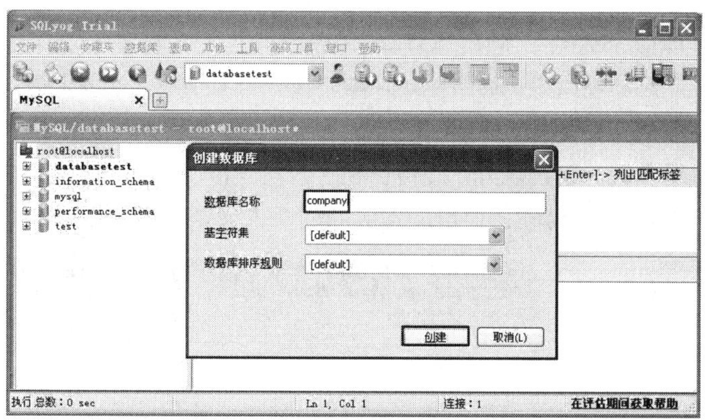

图 5.7　“创建数据库”窗口

（2）在“对象资源管理器”窗口中，右击 company 数据库，然后选择“创/建”→“表”命令，如图 5.8 所示。

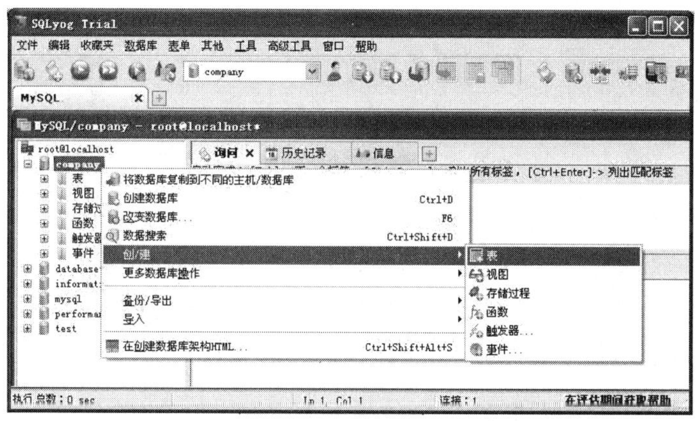

图 5.8　“创建”→“表”命令

（3）在打开的“新表”窗口中，设置相应信息，具体内容如图 5.9 所示。在“表名称”文本框中输入表的名称，其中“列选项卡”中的“列名”列设置字段名，“数据类型”列设置字段的类型，“长度”列设置类型的宽度。

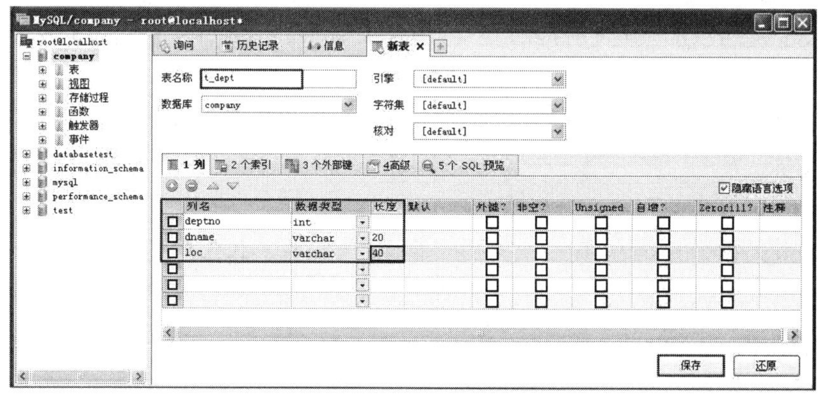

图 5.9　表的详细信息

（4）在“新表”窗口中单击“保存”按钮，实现创建表 t_dept。在“对象资源管理器”窗口中选择 company 数据库，然后单击“刷新”按钮，则会在“表”节点显示表 t_dept，如图 5.10 所示。

通过上述步骤，可以在数据库 company 中成功创建表对象 t_dept。对于 SQLyog 工具，除了可以通过以上步骤（向导方式）创建表外，还可以在“询问”窗口中输入创建表的 SQL 语句，然后单击工具栏中的“执行查询”按钮，可以实现表的创建，如图 5.11 所示。

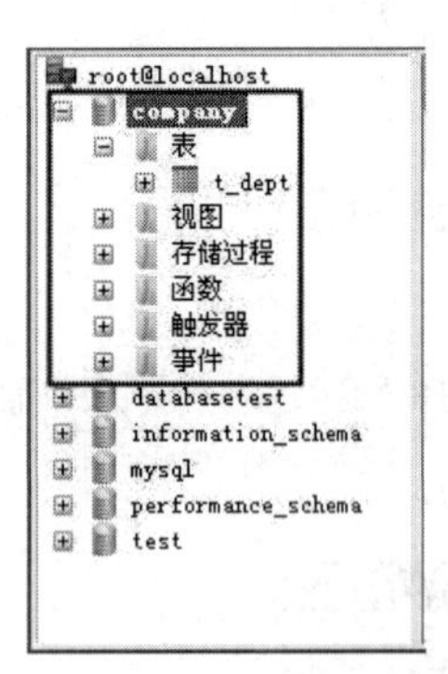

图 5.10　创建表成功

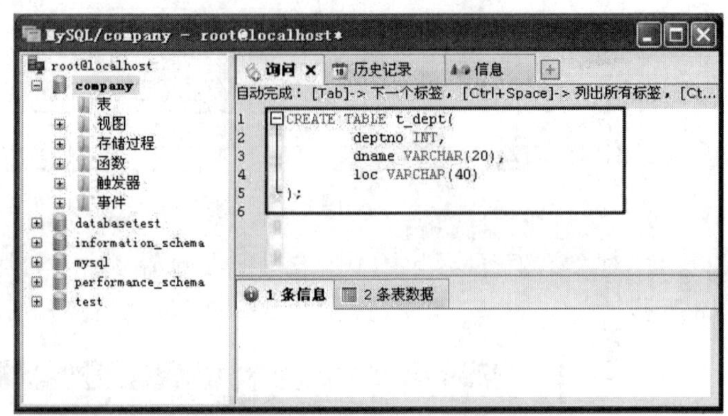

图 5.11　输入 SQL 语句

5.3　查看表结构

当创建完表后经常需要查看表信息。那么如何在 MySQL 软件中查看表信息呢？查看帮助文档，可以发现许多实现查看表信息的语句，例如 DESCRIBE、SHOW CREATE TABLE 等。为了便于讲解，本节将通过各种语句来查看数据库 company 中名为 t_dept 的表对象信息。

5.3.1　DESCRIBE 语句查看表定义

创建完表，如果需要查看一下表的定义，可以通过执行 SQL 语句 DESCRIBE 来实现，其语法形式如下：

```
DESCRIBE table_name
```

上述语句中 table_name 参数表示所要查看表对象定义信息的名字。

【实例 5-3】执行 SQL 语句 DESCRIBE，查看数据库 company 中创建名为 t_dept 表时的定义信息。具体步骤如下：

（1）执行 SQL 语句 USE，选择数据库 company，具体 SQL 语句如下：

```
USE company;
```

【运行效果】执行上面的 SQL 语句，其结果如图 5.12 所示。

（2）执行 SQL 语句 DESCRIBE，查看表 t_dept 定义信息，具体 SQL 语句如下：

```
DESCRIBE t_dept;
```

【运行效果】执行上面的 SQL 语句，其结果如图 5.13 所示。

```
mysql> #选择数据库#
mysql> USE company;
```

图 5.12　选择数据库

```
mysql> #查看表定义#
mysql> DESCRIBE t_dept;
+--------+-------------+------+-----+---------+-------+
| Field  | Type        | Null | Key | Default | Extra |
+--------+-------------+------+-----+---------+-------+
| deptno | int(11)     | YES  |     | NULL    |       |
| dname  | varchar(20) | YES  |     | NULL    |       |
| loc    | varchar(40) | YES  |     | NULL    |       |
+--------+-------------+------+-----+---------+-------+
3 rows in set (0.01 sec)

mysql>
```

图 5.13　查看表定义信息

通过上述步骤，即可查看数据库 company 中表对象 t_dept 的定义信息。

5.3.2　SHOW CREATE TABLE 语句查看表详细定义

创建完表，如果需要查看表结构的详细定义，可以通过执行 SQL 语句 SHOW CREATE TABLE 来实现，其语法形式如下：

```
SHOW CREATE TABLE table_name;
```

上述语句中 table_name 参数表示所要查看表定义的名字。

【实例 5-4】执行 SQL 语句 SHOW CREATE TABLE，查看数据库 company 中名为 t_dept 表的详细信息。具体步骤如下：

（1）执行 SQL 语句 USE，选择数据库 company，具体 SQL 语句如下：

```
USE company;
```

【运行效果】执行上面的 SQL 语句，其结果如图 5.14 所示。

（2）执行 SQL 语句 SHOW CREATE TABLE，查看表 t_dept 定义，具体 SQL 语句如下：

```
SHOW CREATE TABLE t_dept \G
```

【运行效果】执行上面的 SQL 语句，其结果如图 5.15 所示。

```
mysql> #选择数据库#
mysql> USE company;
```

图 5.14　选择数据库

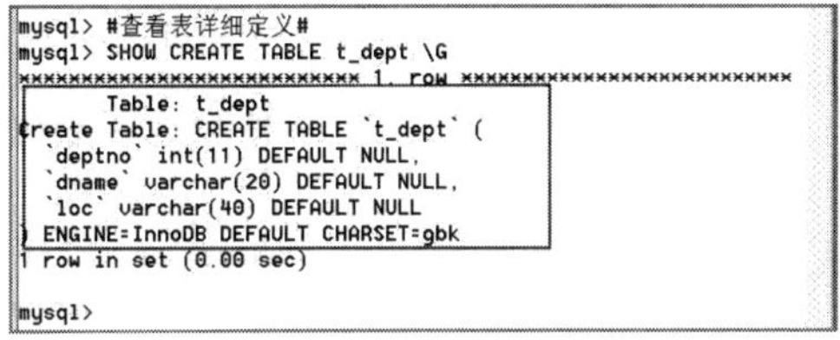

```
mysql> #查看表详细定义#
mysql> SHOW CREATE TABLE t_dept \G
*************************** 1. row ***************************
       Table: t_dept
Create Table: CREATE TABLE `t_dept` (
  `deptno` int(11) DEFAULT NULL,
  `dname` varchar(20) DEFAULT NULL,
  `loc` varchar(40) DEFAULT NULL
) ENGINE=InnoDB DEFAULT CHARSET=gbk
1 row in set (0.00 sec)

mysql>
```

图 5.15　查看表详细定义

注意：在显示表详细定义信息时，可以使用“;”、“\g”和“\G”符号来结束。为了让结果显示的更加美观，便于用户查看，最好使用“\G”符号来结束。

通过上述步骤，即可查看数据库 company 中表对象 t_dept 的详细信息。

5.3.3　通过 SQLyog 软件来查看表信息

为了能够尽快掌握查看表的各种语句，需要尽可能多地使用 MySQL 数据库服务器自带的工具“MySQL Command Line Client”来查看表信息，但是客户端软件 SQLyog 可以更容易、更简单地查看表对象的各种信息。

在客户端软件 SQLyog 中，不仅可以在“询问”窗口中运行各种查看表语句来查看表对象，而且还可以通过查看表对象来查看表的各种信息，具体步骤如下：

（1）连接 MySQL 服务器，然后在“对象资源管理器”窗口中选中表对象 t_dept，如图 5.16 所示。

（2）在“信息”窗口就会显示表对象 t_dept 的具体信息，在该窗口中可以通过两种方式来显示，分别为 HTML 和“文本/详细”方式。HTML 显示方式如图 5.17 所示，“文本/详细”显示方式如图 5.18 所示。

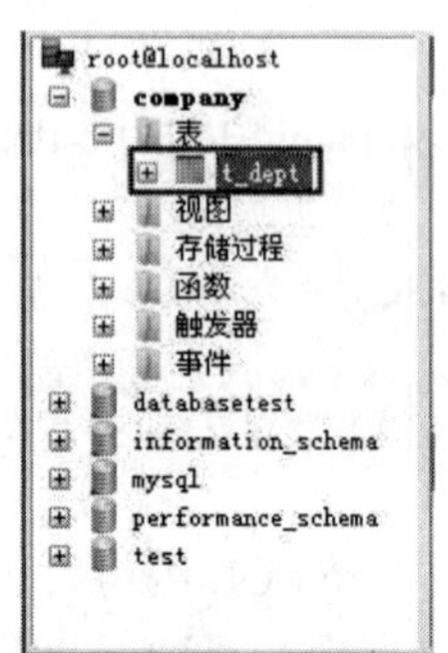

图 5.16　选择表对象 t_dept

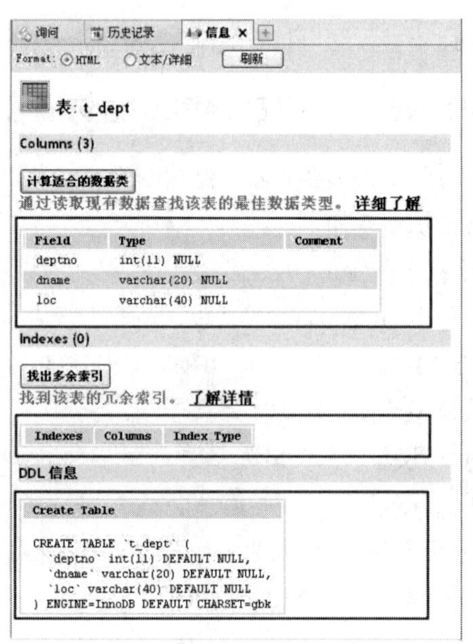

图 5.17　HTML 显示方式

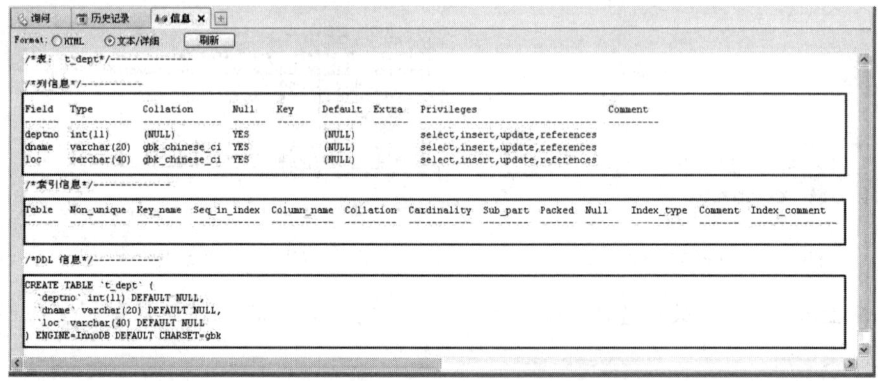

图 5.18　“文本/详细”显示方式

5.4　删 除 表

表的操作包括创建表、查看表、删除表和修改表。所谓删除表就是指删除数据库中已经存在的表。在具体删除表时，会直接删除表中所保存的所有数据，因此在删除表时应该非常小心。

5.4.1　删除表的语法形式

查看帮助文档发现，在 MySQL 数据库管理系统中删除表通过 SQL 语句 DROP TABLE 来实现，其语法形式如下：

```
DROP TABLE table_name
```

上述语句中 table_name 参数表示所要删除的表名字，所要删除的表必须是数据库中已经存在的表。

【实例 5-5】 执行 SQL 语句 DROP TABLE，删除数据库 company 中名为 t_dept 的表。具体步骤如下：

（1）执行 SQL 语句 USE，选择数据库 company，具体 SQL 语句如下：

```
USE company;
```

【运行效果】 执行上面的 SQL 语句，其结果如图 5.19 所示。

（2）执行 SQL 语句 DROP TABLE，删除表 t_dept，具体 SQL 语句如下：

```
DROP TABLE t_dept;
```

【运行效果】 执行上面的 SQL 语句，其结果如图 5.20 所示。

```
mysql> #选择数据库#
mysql> USE company;
```

图 5.19　选择数据库

```
mysql> #删除表#
mysql> DROP TABLE t_dept;
Query OK, 0 rows affected (0.09 sec)

mysql> _
```

图 5.20　删除表

（3）为了检验数据库 company 中是否还存在 t_dept 表，执行 SQL 语句 DESCRIBE，具体 SQL 语句内容如下：

```
DESCRIBE t_dept;
```

【运行效果】 执行上面的 SQL 语句，其结果如图 5.21 所示。

```
mysql> #查看表#
mysql> DESCRIBE t_dept;
ERROR 1146 (42S02): Table 'company.t_dept' doesn't exist
mysql> _
```

图 5.21　查看表

执行结果显示，t_dept 表已经不存在，则表示成功删除 t_dept 表。

5.4.2　通过 SQLyog 软件删除表

在客户端软件 SQLyog 中，不仅可以通过在“询问”窗口中执行 DROP TABLE 语句来删除表，而且还可以通过向导来实现，具体步骤如下：

（1）在“对象资源管理器”窗口中，单击数据库 company 中表节点前的加号，然后右击“t_dept”节点，从弹出的快捷菜单中选择“更多表操作”→“从数据库删除表”命令，如图 5.22 所示。

（2）弹出对话框来确认是否删除表，如图 5.23 所示。单击“是”按钮后，“对象资源管理器”窗口数据库 company 中“表节点”里就没有任何表对象，如图 5.24 所示。

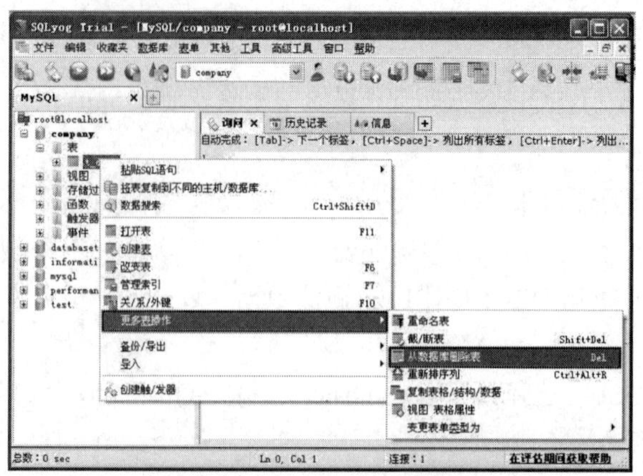

图 5.22　选择删除表命令

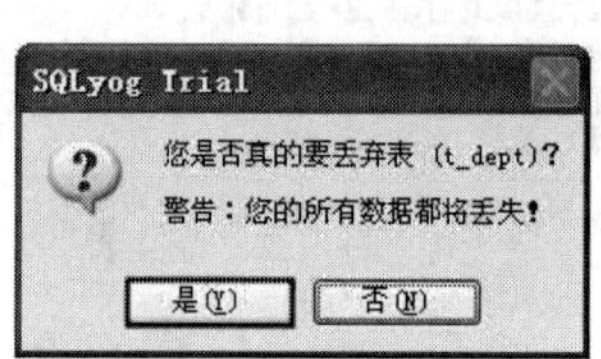

图 5.23　查看表对象图

图 5.24　删除表成功

通过上述步骤，即可成功删除数据库 company 中的表对象 t_dept。

5.5　修 改 表

对于已经创建好的表，当使用一段时间后，就需要进行一些结构上的修改，即表的修改操作。该操作的解决方案是先将表删除，然后再按照新的表定义重建表。但是这种解决方案有问题，即如果表中已经存在大量数据，那么重建表后还需要做许多额外工作，例如数据的重载等。为了解决上述问题，MySQL 数据库提供了“ALTER TABLE”语句来实现修改表结构。

5.5.1　修改表名

在数据库中可以通过表名来区分不同的表，因为表名在数据库中是唯一的，不能重复。查看帮助文档发现，在 MySQL 数据库管理系统中修改表名可以通过 SQL 语句 ALTER TABLE 来实现，其语法形式如下：

```
ALTER TABLE old_table_name RENAME [TO] new_table_name
```

在上述语句中，old_table_name 参数表示所要修改表的名字，new_table_name 参数为修改后的新名字。所要操作的表对象必须在数据库中已经存在。

【实例 5-6】执行 SQL 语句 ALTER TABLE，修改数据库 company 中 t_dept 表的名称为 tab_dept。具体步骤如下：

（1）执行 SQL 语句 USE，选择数据库 company，具体 SQL 语句如下：

```
USE company;
```

【运行效果】执行上面的 SQL 语句，其结果如图 5.25 所示。

（2）执行 SQL 语句 ALTER TABLE，修改表 t_dept 的名字为 tab_dept，具体 SQL 语句如下：

```
ALTER TABLE t_dept
    RENAME tab_dept;
```

【运行效果】执行上面的 SQL 语句，其结果如图 5.26 所示。

```
mysql> #选择数据库#
mysql> USE company;
```

图 5.25　选择数据库

```
mysql> #修改表的名字#
mysql> ALTER TABLE t_dept
    -> RENAME tab_dept;
Query OK, 0 rows affected (0.20 sec)

mysql>
```

图 5.26　修改表的名字

（3）为了检验数据库 company 中是否已经修改 t_dept 表为 tab_dept 表，执行 SQL 语句 DESC，具体 SQL 语句如下：

```
DESC t_dept;
```

和

```
DESC tab_dept;
```

【代码说明】上述两句 SQL 内容，主要用来实现查看表对象 t_dept 和 tab_dept。

【运行效果】执行上面的 SQL 语句，其结果如图 5.27 所示。

执行结果显示，t_dept 表已经不存在，已经修改名为 tab_dept 的表，并且 tab_dept 表的结构与 t_dept 表的结构完全一致。

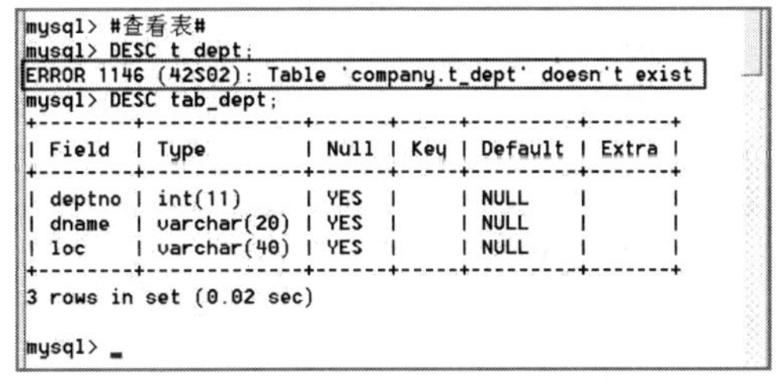

```
mysql> #查看表#
mysql> DESC t_dept;
ERROR 1146 (42S02): Table 'company.t_dept' doesn't exist
mysql> DESC tab_dept;
+--------+-------------+------+-----+---------+-------+
| Field  | Type        | Null | Key | Default | Extra |
+--------+-------------+------+-----+---------+-------+
| deptno | int(11)     | YES  |     | NULL    |       |
| dname  | varchar(20) | YES  |     | NULL    |       |
| loc    | varchar(40) | YES  |     | NULL    |       |
+--------+-------------+------+-----+---------+-------+
3 rows in set (0.02 sec)

mysql> _
```

图 5.27　查看表信息

5.5.2　增加字段

对于表，可以看成是由列和行来构成的，其中“列”经常被称为字段。根据创建表的语法可以发现，字段是由字段名和数据类型进行定义的。本节将详细介绍如何为一个已经存在的表增加字段。

1. 在表的最后一个位置增加字段

查看帮助文档发现，在 MySQL 数据库管理系统中增加字段通过 SQL 语句 ALTER TABLE 来实现，其语法形式如下：

```
ALTER TABLE table_name
    ADD 属性名 属性类型
```

在上述语句中，参数 table_name 表示所要修改表的名字，“属性名”参数为所要增加字段的名称，“属性类型”为所要增加字段能存储数据的数据类型。如果该语句执行成功，字段将增加到所有字段的最后一个位置。

【实例 5-7】 执行 SQL 语句 ALTER TABLE，为数据库 company 中 t_dept 表增加一个名为 descri，类型为 VARCHAR 的字段，所增加字段在表中所有字段的最后一个位置。具体步骤如下：

（1）执行 SQL 语句 USE，选择数据库 company，具体 SQL 语句如下：

```
USE company;
```

然后查看已经存在表 t_dept 的定义信息，具体 SQL 语句如下：

```
DESC t_dept;
```

【运行效果】 执行上面的 SQL 语句，其结果如图 5.28 和图 5.29 所示。

```
mysql> #选择数据库#
mysql> USE company;
```

图 5.28　选择数据库

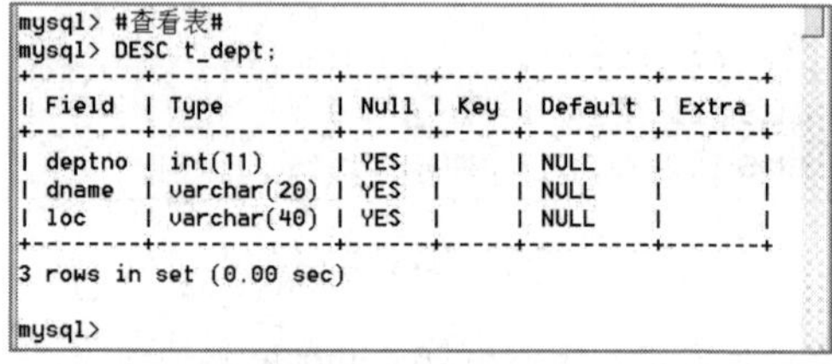

```
mysql> #查看表#
mysql> DESC t_dept;
+--------+-------------+------+-----+---------+-------+
| Field  | Type        | Null | Key | Default | Extra |
+--------+-------------+------+-----+---------+-------+
| deptno | int(11)     | YES  |     | NULL    |       |
| dname  | varchar(20) | YES  |     | NULL    |       |
| loc    | varchar(40) | YES  |     | NULL    |       |
+--------+-------------+------+-----+---------+-------+
3 rows in set (0.00 sec)

mysql>
```

图 5.29　查看表定义

（2）执行 SQL 语句 ALTER TABLE，增加一个名为 descri 的字段，具体 SQL 语句如下：

```
ALTER TABLE t_dept
    ADD descri VARCHAR(20);
```

【运行效果】 执行上面的 SQL 语句，其结果如图 5.30 所示。

（3）为了检验数据库 company 中的 t_dept 表是否添加 descri 字段，执行 SQL 语句 DESC，具体 SQL 语句如下：

```
DESC t_dept;
```

【运行效果】 执行上面的 SQL 语句，其结果如图 5.31 所示。

```
mysql> #增加字段#
mysql> ALTER TABLE t_dept
    -> ADD descri VARCHAR(20);
Query OK, 0 rows affected (0.70 sec)
Records: 0  Duplicates: 0  Warnings: 0

mysql>
```

图 5.30　添加字段

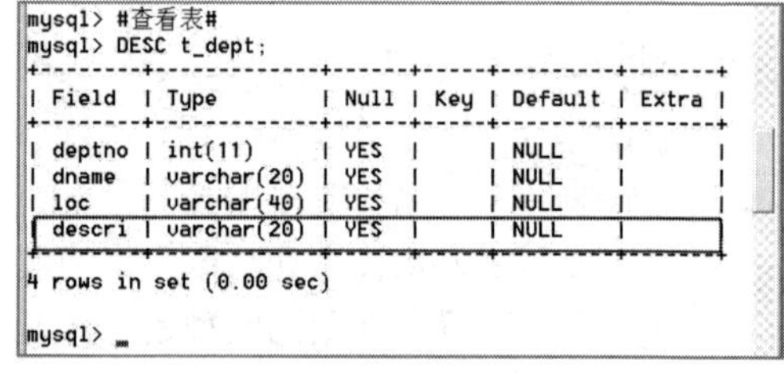

```
mysql> #查看表#
mysql> DESC t_dept;
+--------+-------------+------+-----+---------+-------+
| Field  | Type        | Null | Key | Default | Extra |
+--------+-------------+------+-----+---------+-------+
| deptno | int(11)     | YES  |     | NULL    |       |
| dname  | varchar(20) | YES  |     | NULL    |       |
| loc    | varchar(40) | YES  |     | NULL    |       |
| descri | varchar(20) | YES  |     | NULL    |       |
+--------+-------------+------+-----+---------+-------+
4 rows in set (0.00 sec)

mysql> _
```

图 5.31　查看表信息

执行结果显示，与图 5.29 相比，表 t_dept 中已经增加了一个名为 descri 的字段，并且该字段还在表的最后一个位置，即增加字段成功。

2. 在表的第一个位置增加字段

通过 SQL 语句 ALTER TABLE 来实现增加字段时，如果不想让所增加的字段在所有字段的最后一个位置，可以通过 FIRST 关键字使所增加的字段在表中所有字段的第一个位置，具体的 SQL 语句语法形式如下：

```
ALTER TABLE table_name
    ADD 属性名 属性类型 FIRST;
```

在上述语句中，多了一个关键字 FIRST，表示所有增加的字段在字段之前，即在表中第一个位置。

【实例 5-8】执行 SQL 语句 ALTER TABLE，为数据库 company 中 t_dept 表中的第一位置增加一个名称为 descri，类型为 VARCHAR 的字段，所增加字段在表所有字段的第一个位置。具体步骤如下：

（1）执行 SQL 语句 USE，选择数据库 company，具体 SQL 语句如下：

```
USE company;
```

然后查看已经存在表 t_dept 的定义信息，具体 SQL 语句如下：

```
DESC t_dept;
```

【运行效果】执行上面的 SQL 语句，其结果如图 5.32 和图 5.33 所示。

```
mysql> #选择数据库#
mysql> USE company;
```

图 5.32　选择数据库

```
mysql> #查看表#
mysql> DESC t_dept;
+--------+-------------+------+-----+---------+-------+
| Field  | Type        | Null | Key | Default | Extra |
+--------+-------------+------+-----+---------+-------+
| deptno | int(11)     | YES  |     | NULL    |       |
| dname  | varchar(20) | YES  |     | NULL    |       |
| loc    | varchar(40) | YES  |     | NULL    |       |
+--------+-------------+------+-----+---------+-------+
3 rows in set (0.00 sec)

mysql>
```

图 5.33　查看表结构

（2）执行 SQL 语句 ALTER TABLE，增加一个名为 descri 的字段，具体 SQL 语句如下：

```
ALTER TABLE t_dept
    ADD descri VARCHAR(20) FIRST;
```

【运行效果】执行上面的 SQL 语句，其结果如图 5.34 所示。

（3）为了检验数据库 company 中的 t_dept 表是否添加 descri 字段，执行 SQL 语句 DESCRIBE，具体 SQL 语句如下：

```
DESCRIBE t_dept;
```

【运行效果】执行上面的 SQL 语句，其结果如图 5.35 所示。

```
mysql> #添加字段#
mysql> ALTER TABLE t_dept
    -> ADD descri VARCHAR(20) FIRST;
Query OK, 0 rows affected (0.50 sec)
Records: 0  Duplicates: 0  Warnings: 0

mysql>
```

图 5.34　添加字段

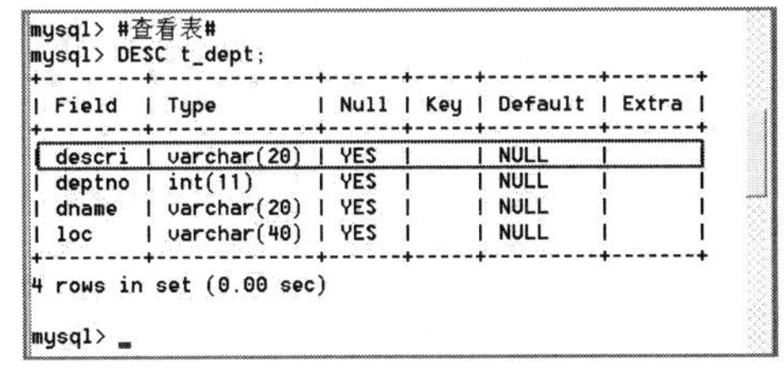

```
mysql> #查看表#
mysql> DESC t_dept;
+--------+-------------+------+-----+---------+-------+
| Field  | Type        | Null | Key | Default | Extra |
+--------+-------------+------+-----+---------+-------+
| descri | varchar(20) | YES  |     | NULL    |       |
| deptno | int(11)     | YES  |     | NULL    |       |
| dname  | varchar(20) | YES  |     | NULL    |       |
| loc    | varchar(40) | YES  |     | NULL    |       |
+--------+-------------+------+-----+---------+-------+
4 rows in set (0.00 sec)

mysql>
```

图 5.35　查看表信息

执行结果显示，与图 5.33 相比，表 t_dept 中已经增加了一个名为 descri 的字段，并且该字段还在表的第一个位置，即增加字段成功。

3．在表的指定字段之后增加字段

通过 SQL 语句 ALTER TABLE 来实现增加字段时，除了可以在表的第一个位置或最后一个位置增加字段外，还可以通过关键字 AFTER 在指定的字段之后添加字段，具体的 SQL 语句语法形式如下：

```
ALTER TABLE table_name
    ADD 属性名 属性类型
        AFTER 属性名
```

在上述语句中，多了一个关键字 AFTER，表示所有增加的字段在该关键字所指定字段之后。

【实例 5-9】执行 SQL 语句 ALTER TABLE，为数据库 company 中 t_dept 表增加一个名称为 descri，类型为 VARCHAR 的字段，所增加字段在 deptno 字段之后位置。具体步骤如下：

（1）执行 SQL 语句 USE，选择数据库 company，具体 SQL 语句如下：

```
USE company;
```

然后查看已经存在表 t_dept 的定义信息，具体 SQL 语句如下：

```
DESC t_dept;
```

【运行效果】执行上面的 SQL 语句，其结果如图 5.36 和图 5.37 所示。

```
mysql> #选择数据库#
mysql> USE company;
```

图 5.36　选择数据库

```
mysql> #查看表#
mysql> DESC t_dept;
+--------+-------------+------+-----+---------+-------+
| Field  | Type        | Null | Key | Default | Extra |
+--------+-------------+------+-----+---------+-------+
| deptno | int(11)     | YES  |     | NULL    |       |
| dname  | varchar(20) | YES  |     | NULL    |       |
| loc    | varchar(40) | YES  |     | NULL    |       |
+--------+-------------+------+-----+---------+-------+
3 rows in set (0.00 sec)

mysql>
```

图 5.37　查看表

（2）执行 SQL 语句 ALTER TABLE，增加一个名为 descri 的字段，具体 SQL 语句如下：

```
ALTER TABLE t_dept
    ADD descri VARCHAR(20)
        AFTER deptno;
```

【运行效果】执行上面的 SQL 语句，其结果如图 5.38 所示。

（3）为了检验数据库 company 中的 t_dept 表是否添加 descri 字段，执行 SQL 语句 DESC，具体 SQL 语句如下：

```
DESC t_dept;
```

【运行效果】执行上面的 SQL 语句，其结果如图 5.39 所示。

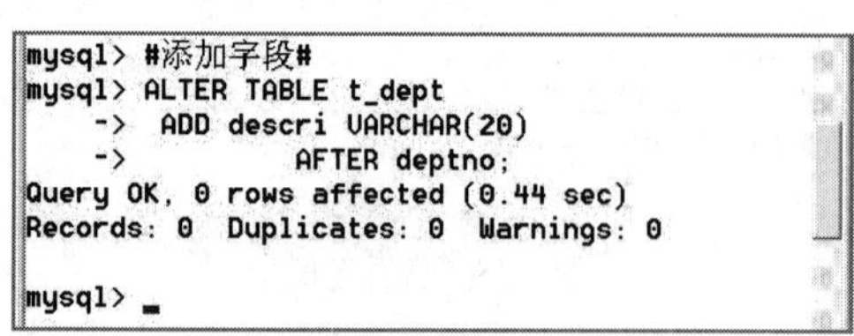

图 5.38　添加字段

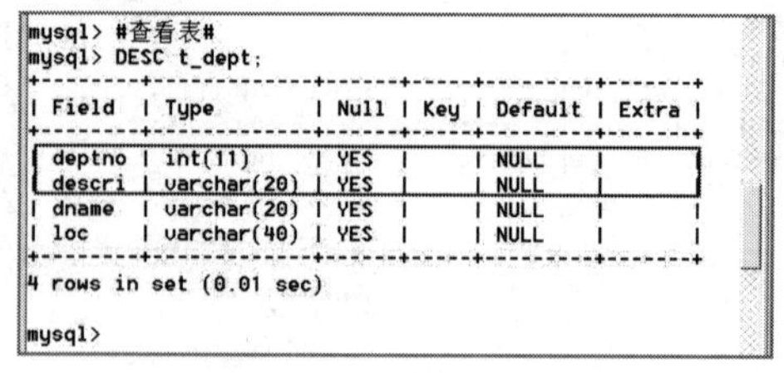

图 5.39　查看表信息

执行结果显示，与图 5.37 相比，表 t_dept 中已经增加了一个名为 descri 的字段，并且该字段还在表 deptno 字段之后的位置，即增加字段成功。

5.5.3　删除字段

对于表，既然可以在修改表时进行字段的增加操作，也可以在修改表时进行字段的删除。所谓删除字段是指删除已经在表中定义好的某个字段。即在创建好的表格中，发现某个字段需要删除，查看帮助文档发现，在 MySQL 数据库管理系统中删除字段通过 SQL 语句 ALTER TABLE 来实现，其语法形式如下：

```
ALTER TABLE table_name
    DROP 属性名
```

上述语句中 table_name 参数表示所要修改表的名字，“属性名”参数表示所要删除的字段名。

【实例 5-10】执行 SQL 语句 ALTER TABLE，为数据库 company 中 t_dept 表删除名为 deptno 的字段。具体步骤如下：

（1）执行 SQL 语句 USE，选择数据库 company，具体 SQL 语句如下：

```
USE company;
```

然后查看已经存在表 t_dept 的定义信息，具体 SQL 语句如下：

```
DESC t_dept;
```

【运行效果】执行上面的 SQL 语句，其结果如图 5.40 和图 5.41 所示。

```
mysql> #选择数据库#
mysql> USE company;
```

图 5.40　选择数据库

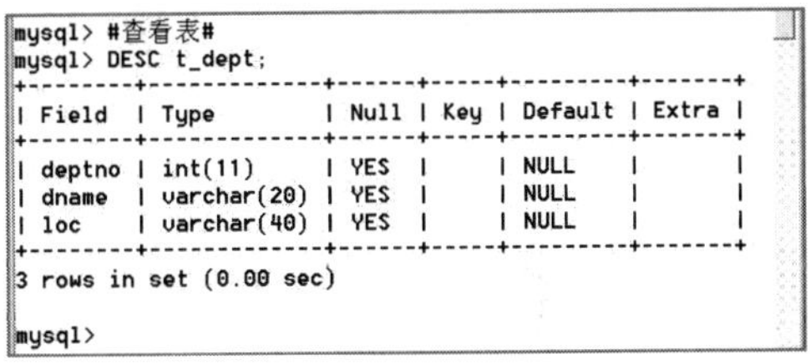

```
mysql> #查看表#
mysql> DESC t_dept;
+--------+-------------+------+-----+---------+-------+
| Field  | Type        | Null | Key | Default | Extra |
+--------+-------------+------+-----+---------+-------+
| deptno | int(11)     | YES  |     | NULL    |       |
| dname  | varchar(20) | YES  |     | NULL    |       |
| loc    | varchar(40) | YES  |     | NULL    |       |
+--------+-------------+------+-----+---------+-------+
3 rows in set (0.00 sec)

mysql>
```

图 5.41　查看表

（2）执行 SQL 语句 ALTER TABLE，删除名为 deptno 的字段，具体 SQL 语句如下：

```
ALTER TABLE t_dept
    DROP deptno;
```

【运行效果】执行上面的 SQL 语句，其结果如图 5.42 所示。

（3）为了检验数据库 company 中的 t_dept 表是否删除 deptno 字段，执行 SQL 语句 DESCRIBE，具体 SQL 语句如下：

```
DESCRIBE t_dept;
```

【运行效果】执行上面的 SQL 语句，其结果如图 5.43 所示。

执行结果显示，与图 5.41 相比，表 t_dept 中已经删除了一个名为 deptno 的字段。

```
mysql> #删除字段deptno#
mysql> ALTER TABLE t_dept
    -> DROP deptno;
Query OK, 0 rows affected (0.44 sec)
Records: 0  Duplicates: 0  Warnings: 0

mysql>
```

图 5.42 删除字段

```
mysql> #查看表#
mysql> DESC t_dept;
+-------+-------------+------+-----+---------+-------+
| Field | Type        | Null | Key | Default | Extra |
+-------+-------------+------+-----+---------+-------+
| dname | varchar(20) | YES  |     | NULL    |       |
| loc   | varchar(40) | YES  |     | NULL    |       |
+-------+-------------+------+-----+---------+-------+
2 rows in set (0.02 sec)

mysql>
```

图 5.43 查看表信息

5.5.4 修改字段

根据创建表的语法可以发现，字段是由字段名和数据类型来进行定义的，如果要实现修改字段，除了可以修改字段名外，还可以实现修改字段所能存储的数据类型。由于一个表中拥有许多字段，因此还可以实现修改字段的顺序。本节将详细介绍如何修改字段。

1. 修改字段的数据类型

查看帮助文档发现，在 MySQL 数据库管理系统中修改字段类型通过 SQL 语句 ALTER TABLE 来实现，其语法形式如下：

```
ALTER TABLE table_name
    MODIFY 属性名 数据类型
```

上述语句中 table_name 参数表示所要修改表的名字，“属性名”参数为所要修改的字段名，“数据类型”为修改后的数据类型。

【实例 5-11】 执行 SQL 语句 ALTER TABLE，在数据库 company 的表 t_dept 中，将 deptno 字段的数据类型由原来的 INT(11)类型修改为 VARCHAR(20)类型。具体步骤如下：

（1）执行 SQL 语句 USE，选择数据库 company，具体 SQL 语句如下：

```
USE company;
```

然后查看已经存在表 t_dept 的定义信息，具体 SQL 语句如下：

```
DESC t_dept;
```

【运行效果】 执行上面的 SQL 语句，其结果如图 5.44 和图 5.45 所示。

```
mysql> #选择数据库#
mysql> USE company;
```

图 5.44 选择数据库

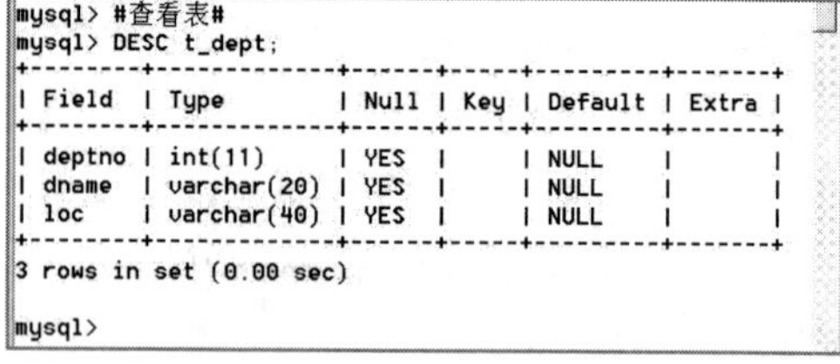

```
mysql> #查看表#
mysql> DESC t_dept;
+--------+-------------+------+-----+---------+-------+
| Field  | Type        | Null | Key | Default | Extra |
+--------+-------------+------+-----+---------+-------+
| deptno | int(11)     | YES  |     | NULL    |       |
| dname  | varchar(20) | YES  |     | NULL    |       |
| loc    | varchar(40) | YES  |     | NULL    |       |
+--------+-------------+------+-----+---------+-------+
3 rows in set (0.00 sec)

mysql>
```

图 5.45 查看表

（2）执行 SQL 语句 ALTER TABLE，修改 deptno 字段的类型为 VARCHAR(20)，具体 SQL 语句如下：

```
ALTER TABLE t_dept
    MODIFY deptno VARCHAR(20);
```

【运行效果】 执行上面的 SQL 语句，其结果如图 5.46 所示。

（3）为了检验数据库 company 的 t_dept 表中字段 deptno 的类型是否修改为 VARCHAR(20)，执行 SQL 语句 DESC，具体 SQL 语句如下：

```
DESC t_dept;
```

【运行效果】执行上面的 SQL 语句，其结果如图 5.47 所示。

```
mysql> #修改字段类型#
mysql> ALTER TABLE t_dept
    -> MODIFY deptno VARCHAR(20);
Query OK, 0 rows affected (0.38 sec)
Records: 0  Duplicates: 0  Warnings: 0

mysql>
```

图 5.46　修改字段类型

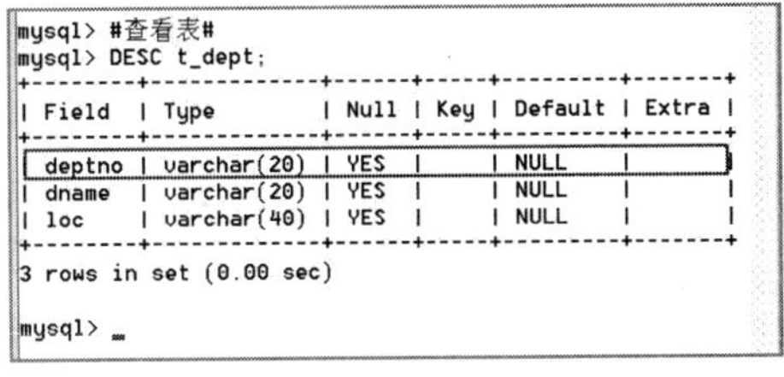

图 5.47　查看表信息

执行结果显示，与图 5.44 相比，表 t_dept 中字段 deptno 的类型已经修改成 VARCHAR(20)类型。

2. 修改字段的名字

查看帮助文档发现，在 MySQL 数据库管理系统中修改字段名称通过 SQL 语句 ALTER TABLE 来实现，其语法形式如下：

```
ALTER TABLE table_name
    CHANGE 旧属性名 新属性名 旧数据类型
```

上述语句中 table_name 参数表示所要修改表的名字，“旧属性名”参数表示所要修改的字段名，“新属性名”参数表示所要修改成的字段名。

【实例 5-12】执行 SQL 语句 ALTER TABLE，在数据库 company 的表 t_dept 中，将名为 loc 的字段修改为 location。具体步骤如下：

（1）执行 SQL 语句 USE，选择数据库 company，具体 SQL 语句如下：

```
USE company;
```

然后查看已经存在表 t_dept 的定义信息，具体 SQL 语句如下：

```
DESC t_dept;
```

【运行效果】执行上面的 SQL 语句，其结果如图 5.48 和图 5.49 所示。

```
mysql> #选择数据库#
mysql> USE company;
```

图 5.48　选择数据库

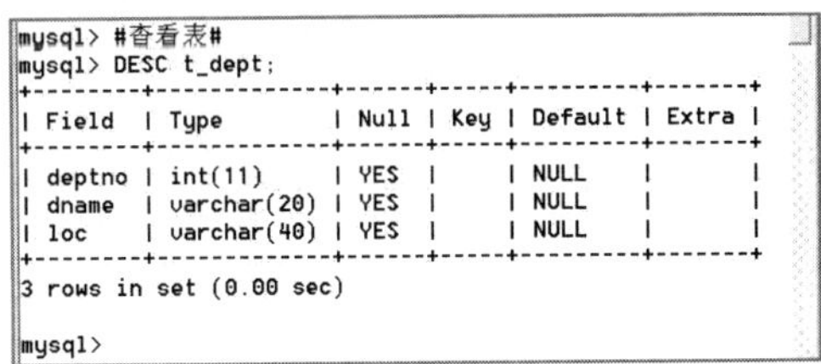

图 5.49　查看表

（2）执行 SQL 语句 ALTER TABLE，修改字段 loc 的名字为 location，具体 SQL 语句如下：

```
ALTER TABLE t_dept
    CHANGE loc location VARCHAR(40);
```

【运行效果】执行上面的 SQL 语句，其结果如图 5.50 所示。

（3）为了检验数据库company的表t_dept中字段loc是否已修改为location，执行SQL语句DESC，具体SQL语句如下：

```
DESC t_dept;
```

【运行效果】执行上面的SQL语句，其结果如图5.51所示。

```
mysql> #修改字段名称#
mysql> ALTER TABLE t_dept
    -> CHANGE loc location VARCHAR(40);
Query OK, 0 rows affected (0.55 sec)
Records: 0  Duplicates: 0  Warnings: 0
```

图5.50　修改字段名称

```
mysql> #查看表#
mysql> DESC t_dept;
+----------+-------------+------+-----+---------+-------+
| Field    | Type        | Null | Key | Default | Extra |
+----------+-------------+------+-----+---------+-------+
| deptno   | varchar(20) | YES  |     | NULL    |       |
| dname    | varchar(20) | YES  |     | NULL    |       |
| location | varchar(40) | YES  |     | NULL    |       |
+----------+-------------+------+-----+---------+-------+
3 rows in set (0.00 sec)
```

图5.51　查看表信息

执行结果显示，与图5.49相比，表t_dept中已经不存在字段loc，而该字段已经修改成名为location的字段。

3. 同时修改字段的名字和属性

通过关键字MODIFY可以修改字段的数据类型，通过关键字CHANGE可以修改字段的名字，那么有没有一个关键字能够同时修改字段的名字和数据类型呢？查看帮助文档发现，在MySQL数据库管理系统中同时修改字段名字和数据类型，通过SQL语句ALTER TABLE来实现，其语法形式如下：

```
ALTER TABLE table_name
    CHANGE 旧属性名 新属性名 新数据类型
```

上述语句中“新属性名”参数表示所要修改成的字段名，“新数据类型”为所要修改成的数据类型。

【实例5-13】执行SQL语句ALTER TABLE，在数据库company的表t_dept中，将名为loc的字段修改为location，数据类型由原来的VARCHAR(40)修改为VARCHAR(20)。具体步骤如下：

（1）执行SQL语句USE，选择数据库company，具体SQL语句如下：

```
USE company;
```

然后查看已经存在表t_dept的定义信息，具体SQL语句如下：

```
DESC t_dept;
```

【运行效果】执行上面的SQL语句，其结果如图5.52和图5.53所示。

```
mysql> #选择数据库#
mysql> USE company;
```

图5.52　选择数据库

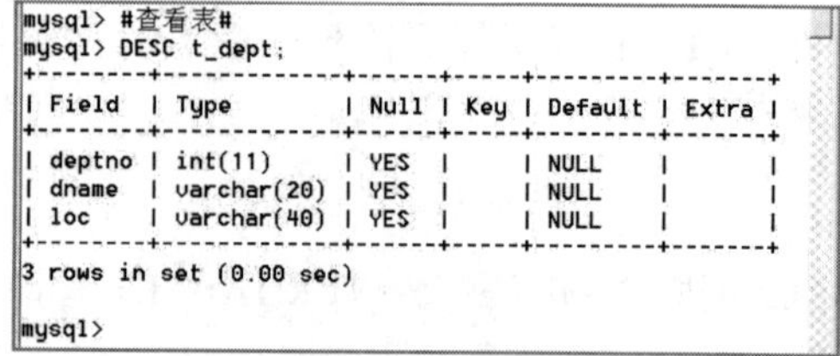

```
mysql> #查看表#
mysql> DESC t_dept;
+--------+-------------+------+-----+---------+-------+
| Field  | Type        | Null | Key | Default | Extra |
+--------+-------------+------+-----+---------+-------+
| deptno | int(11)     | YES  |     | NULL    |       |
| dname  | varchar(20) | YES  |     | NULL    |       |
| loc    | varchar(40) | YES  |     | NULL    |       |
+--------+-------------+------+-----+---------+-------+
3 rows in set (0.00 sec)

mysql>
```

图5.53　查看表

（2）执行SQL语句ALTER TABLE，修改名为deptno的字段，具体SQL语句如下：

```
ALTER TABLE t_dept
    CHANGE loc location VARCHAR(20);
```

【运行效果】执行上面的 SQL 语句，其结果如图 5.54 所示。

（3）为了检验数据库 company 的 t_dept 表中字段 loc 的名字是否已修改为 location，数据类型是否修改为 VARCHAR(20)，执行 SQL 语句 DESC，具体 SQL 语句如下：

```
DESC t_dept;
```

【运行效果】执行上面的 SQL 语句，其结果如图 5.55 所示。

```
mysql> #修改字段名字和数据类型#
mysql> ALTER TABLE t_dept
    -> CHANGE loc location VARCHAR(20);
Query OK, 0 rows affected (0.28 sec)
Records: 0  Duplicates: 0  Warnings: 0
```

图 5.54　修改字段名字和数据类型

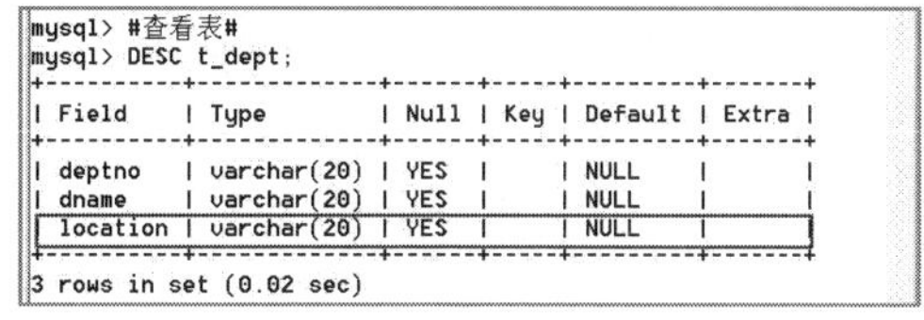

```
mysql> #查看表#
mysql> DESC t_dept;
+----------+-------------+------+-----+---------+-------+
| Field    | Type        | Null | Key | Default | Extra |
+----------+-------------+------+-----+---------+-------+
| deptno   | varchar(20) | YES  |     | NULL    |       |
| dname    | varchar(20) | YES  |     | NULL    |       |
| location | varchar(20) | YES  |     | NULL    |       |
+----------+-------------+------+-----+---------+-------+
3 rows in set (0.02 sec)
```

图 5.55　查看表信息

执行结果显示，与图 5.53 相比，表 t_dept 中已经不存在字段 loc，而该字段已修改成名为 location 的字段，同时数据类型已经修改为 VARCHAR(20)。

4．修改字段的顺序

查看帮助文档发现，在 MySQL 数据库管理系统中修改字段名称顺序，通过 SQL 语句 ALTER TABLE 来实现，其语法形式如下：

```
ALTER TABLE table_name
    MODIFY 属性名 1 数据类型 FIRST|AFTER 属性名 2
```

上述语句中，table_name 参数表示所要修改表的名字，“属性名 1”参数表示所要调整顺序的字段名，“FIRST”参数表示将字段调整到表的第一个位置，“AFTER 属性名 2”参数表示将字段调整到属性名 2 字段位置之后。

注意：属性名 1 和属性名 2 必须是表中已经存在的字段名。

【实例 5-14】执行 SQL 语句 ALTER TABLE，在数据库 company 的表 t_dept 中，首先将名为 loc 的字段调整到表的第一个位置，然后把字段 deptno 调整到字段 dname 字段之后。具体步骤如下：

（1）执行 SQL 语句 USE，选择数据库 company，具体 SQL 语句如下：

```
USE company;
```

然后查看已经存在表 t_dept 的定义信息，具体 SQL 语句如下：

```
DESC t_dept;
```

【运行效果】执行上面的 SQL 语句，其结果如图 5.56 和图 5.57 所示。

```
mysql> #选择数据库#
mysql> USE company;
```

图 5.56　选择数据库

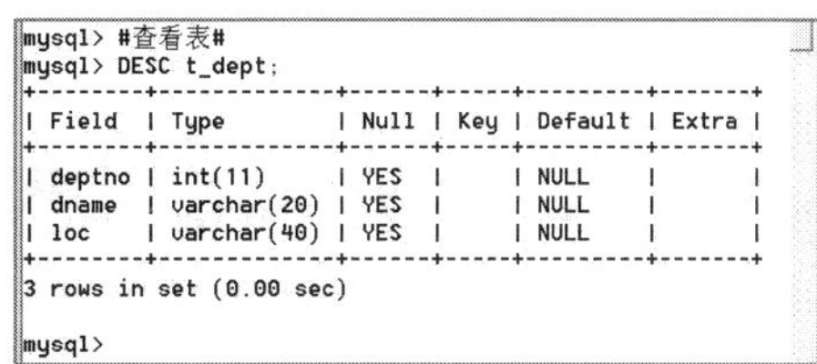

```
mysql> #查看表#
mysql> DESC t_dept;
+--------+-------------+------+-----+---------+-------+
| Field  | Type        | Null | Key | Default | Extra |
+--------+-------------+------+-----+---------+-------+
| deptno | int(11)     | YES  |     | NULL    |       |
| dname  | varchar(20) | YES  |     | NULL    |       |
| loc    | varchar(40) | YES  |     | NULL    |       |
+--------+-------------+------+-----+---------+-------+
3 rows in set (0.00 sec)

mysql>
```

图 5.57　查看表

（2）执行 SQL 语句 ALTER TABLE，将字段 loc 调整到表的第一个位置，具体 SQL 语句如下：

```
ALTER TABLE t_dept
    MODIFY loc VARCHAR(40) FIRST;
```

【运行效果】执行上面的 SQL 语句，其结果如图 5.58 所示。

（3）为了检验数据库 company 的 t_dept 表中字段 loc 的位置是否已经为第一个位置，执行 SQL 语句 DESC，具体 SQL 语句如下：

```
DESC t_dept;
```

【运行效果】执行上面的 SQL 语句，其结果如图 5.59 所示。

```
mysql> #查询表#
mysql> DESC t_dept;
+--------+-------------+------+-----+---------+-------+
| Field  | Type        | Null | Key | Default | Extra |
+--------+-------------+------+-----+---------+-------+
| loc    | varchar(40) | YES  |     | NULL    |       |
| deptno | int(11)     | YES  |     | NULL    |       |
| dname  | varchar(20) | YES  |     | NULL    |       |
+--------+-------------+------+-----+---------+-------+
3 rows in set (0.00 sec)

mysql> _
```

图 5.58 调整字段 loc 为第一个位置

```
mysql> #查询表#
mysql> DESC t_dept;
+--------+-------------+------+-----+---------+-------+
| Field  | Type        | Null | Key | Default | Extra |
+--------+-------------+------+-----+---------+-------+
| loc    | varchar(40) | YES  |     | NULL    |       |
| deptno | int(11)     | YES  |     | NULL    |       |
| dname  | varchar(20) | YES  |     | NULL    |       |
+--------+-------------+------+-----+---------+-------+
3 rows in set (0.00 sec)

mysql> _
```

图 5.59 查询表信息

执行结果显示，与图 5.53 相比，表 t_dept 中字段 loc 已经调整到表中第一个位置。

（4）执行 SQL 语句 ALTER TABLE，将字段 deptno 调整到字段 dname 之后位置，具体 SQL 语句如下：

```
ALTER TABLE t_dept
    MODIFY deptno INT(11) AFTER dname;
```

【运行效果】执行上面的 SQL 语句，其结果如图 5.60 所示。

（5）为了检验数据库 company 的 t_dept 表中字段 deptno 是否调整到指定位置，执行 SQL 语句 DESC，具体 SQL 语句如下：

```
DESC t_dept;
```

【运行效果】执行上面的 SQL 语句，其结果如图 5.61 所示。

```
mysql> #调整字段的位置#
mysql> ALTER TABLE t_dept
    ->     MODIFY deptno INT(11) AFTER dname;
Query OK, 0 rows affected (0.33 sec)
Records: 0  Duplicates: 0  Warnings: 0

mysql> _
```

图 5.60 调整字段 deptno 到指定位置

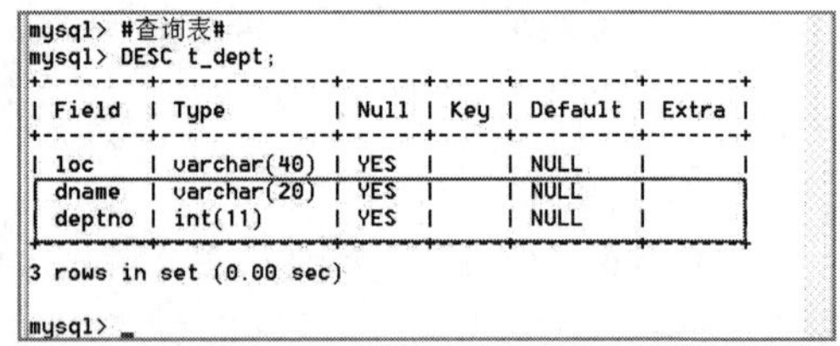

```
mysql> #查询表#
mysql> DESC t_dept;
+--------+-------------+------+-----+---------+-------+
| Field  | Type        | Null | Key | Default | Extra |
+--------+-------------+------+-----+---------+-------+
| loc    | varchar(40) | YES  |     | NULL    |       |
| dname  | varchar(20) | YES  |     | NULL    |       |
| deptno | int(11)     | YES  |     | NULL    |       |
+--------+-------------+------+-----+---------+-------+
3 rows in set (0.00 sec)

mysql> _
```

图 5.61 查询表信息

执行结果显示，与图 5.57 相比，表 t_dept 中已经调整字段 deptno 到字段 dname 字段之后位置。

5.6 操作表的约束

对于已经创建好的表，虽然字段的数据类型决定了所能存储的数据类型，但是表中所存储的数据是否合法并没有进行检查。在具体使用 MySQL 软件时，如果想针对表中的数据做一些完整性检查操作，可以通过表的约束来完成。本节将详细介绍关于表的约束。

5.6.1　MySQL 支持的完整性约束

所谓完整性是指数据的准确性和一致性，而完整性检查是指检查数据的准确性和一致性。MySQL 数据库管理系统提供了一致机制来检查数据库表中的数据是否满足规定的条件，以保证数据库表中数据的准确性和一致性，这种机制就是约束。

查看帮助文档，可以发现 MySQL 数据库管理系统除了支持标准 SQL 的完整性约束外，还进行了相应扩展。扩展后增加 AUTO_INCREMENT 约束。

表 5.1 所示为 MySQL 软件所支持的完整性约束。

表 5.1　完整性约束

完整性约束关键字	含　义
NOT NULL	约束字段的值不能为空
DEFAULT	设置字段的默认值
UNIQUE KEY（UK）	约束字段的值是唯一
PRIMARY KEY（PK）	约束字段为表的主键，可以作为该表记录的唯一标识
AUTO_INCREMENT	约束字段的值为自动增加
FOREIGN KEY（FK）	约束字段为表的外键

在表 5.1 中显示的完整性约束中，MySQL 数据库管理系统不支持 check 约束，即可以使用 check 约束但是却没有任何效果。根据约束数据列限制，约束可分为：单列约束，即每个约束只约束一列数据；多列约束，即每个约束可以约束多列数据。

5.6.2　设置非空约束（NOT NULL，NK）

当数据库表中的某个字段上的内容不希望设置为 NULL 时，则可以使用 NK 约束进行设置。即 NK 约束在创建数据库表时为某些字段加上“NOT NULL”约束条件，保证所有记录中该字段都有值。如果用户插入的记录中，该字段为空值，则数据库管理系统会报错。

设置表中某字段的 NK 约束非常简单，查看帮助文档可以发现，在 MySQL 数据库管理系统中通过 SQL 语句 NOT NULL 来实现，其语法形式如下：

```
CREATE TABLE table_name (
    属性名 数据类型 NOT NULL,
……
);
```

在上述语句中，属性名参数表示所要设置非空约束的字段名字。

【实例 5-15】执行 SQL 语句 NOT NULL，在数据库 company 中创建表 t_dept 时，设置 deptno 字段为 NK 约束。具体步骤如下：

（1）执行 SQL 语句 CREATE DATABASE，创建数据库 company，具体 SQL 语句如下：

```
CREATE DATABASE company;
USE company;
```

【运行效果】执行上面的 SQL 语句，其结果如图 5.62 所示。

（2）执行 SQL 语句 CREATE TABLE，创建表 t_dept，具体 SQL 语句如下：

```
CREATE TABLE t_dept(
    deptno INT(20)NOT NULL,
    dname VARCHAR(20),
    loc VARCHAR(40)
);
```

【代码说明】在上述语句中创建表 t_dept 时，通过 SQL 语句 NOT NULL 设置字段 deptno 为 NK 约束。

【运行效果】执行上面的 SQL 语句，其结果如图 5.63 所示。

```
mysql> #创建数据库#
mysql> CREATE DATABASE company;
Query OK, 1 row affected (0.11 sec)

mysql> #选择数据库#
mysql> USE company;
Database changed
mysql> _
```

图 5.62　创建和选择数据库

```
mysql> #创建表#
mysql> CREATE TABLE t_dept(
    -> deptno INT(20) NOT NULL,
    -> dname VARCHAR(20),
    -> loc VARCHAR(40)
    -> );
Query OK, 0 rows affected (0.14 sec)

mysql>
```

图 5.63　创建表格 t_dept

（3）为了检验数据库 company 中的 t_dept 表中字段 deptno 是否被设置为 NK 约束，执行 SQL 语句 DESC，具体 SQL 语句如下：

```
DESC t_dept;
```

【运行效果】执行上面的 SQL 语句，其结果如图 5.64 所示。

执行结果显示，表 t_dept 中字段 deptno 已经被设置为 NOT NULL 约束，如果用户插入的记录中，该字段为空值，则数据库管理系统会报如下所示的错误。

```
ERROR 1048 (23000): Column 'deptno' cannot be null
```

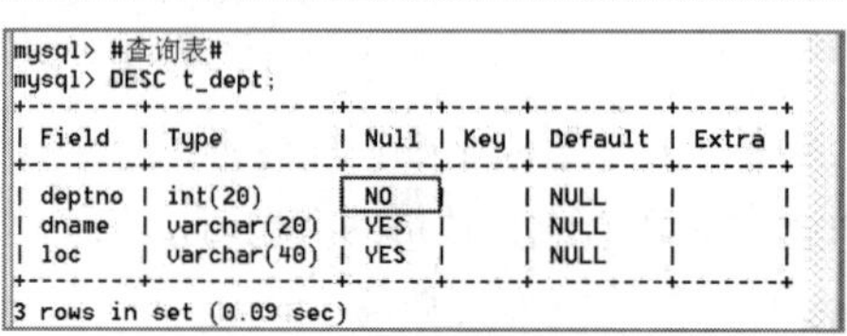

mysql> #查询表#
mysql> DESC t_dept;

Field	Type	Null	Key	Default	Extra
deptno	int(20)	NO		NULL	
dname	varchar(20)	YES		NULL	
loc	varchar(40)	YES		NULL	

3 rows in set (0.09 sec)

图 5.64　查看表信息

5.6.3　设置字段的默认值（DEFAULT）

当为数据库表中插入一条新记录时，如果没有为某个字段赋值，那么数据库系统会自动为这个字段插入默认值。为了达到这种效果，可以通过 SQL 语句关键字 DEFAULT 来设置。

设置数据库表中某字段的默认值非常简单，查看帮助文档发现，在 MySQL 数据库管理系统中通过 SQL 语句 DEFAULT 来实现，其语法形式如下：

```
CREATE TABLE table_name (
    属性名 数据类型 DEFAULT 默认值,
……
```

```
);
```

在上述语句中，属性名参数表示所要设置默认值的字段名字，“默认值”为该字段的默认值。

【实例 5-16】执行 SQL 语句 DEFAULT，在数据库 company 中创建表 t_dept 时设置 dname 字段的默认值为 cjgong。具体步骤如下：

（1）执行 SQL 语句 CREATE DATABASE，创建数据库 company，具体 SQL 语句如下：

```
CREATE DATABASE company;
USE company;
```

【运行效果】执行上面的 SQL 语句，其结果如图 5.65 所示。

（2）执行 SQL 语句 CREATE TABLE，创建表 t_dept，具体 SQL 语句如下：

```
CREATE TABLE t_dept(
    deptno INT NOT NULL,
    dname VARCHAR(20) DEFAULT 'cjgong',
    loc VARCHAR(40)
);
```

【代码说明】在上述语句中创建表 t_dept 时，通过 SQL 语句 DEFAULT 设置字段 dname 的默认值为 cjgong。

【运行效果】执行上面的 SQL 语句，其结果如图 5.66 所示。

```
mysql> #创建数据库#
mysql> CREATE DATABASE company;
Query OK, 1 row affected (0.11 sec)

mysql> #选择数据库#
mysql> USE company;
Database changed
mysql> _
```

图 5.65　创建和选择数据库

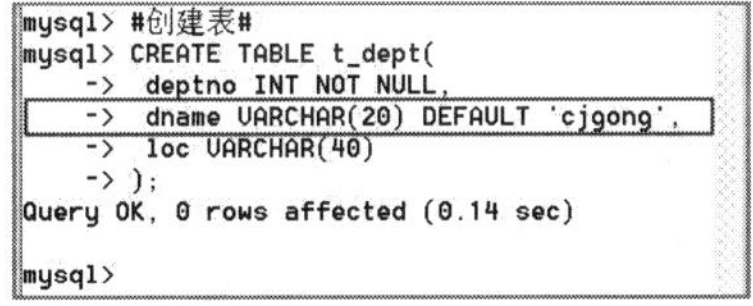

```
mysql> #创建表#
mysql> CREATE TABLE t_dept(
    -> deptno INT NOT NULL,
    -> dname VARCHAR(20) DEFAULT 'cjgong',
    -> loc VARCHAR(40)
    -> );
Query OK, 0 rows affected (0.14 sec)

mysql>
```

图 5.66　创建表格 t_dept

（3）为了检验数据库 company 的 t_dept 表中字段 dname 是否被设置了默认值，执行 SQL 语句 DESC，具体 SQL 语句如下：

```
DESC t_dept;
```

【运行效果】执行上面的 SQL 语句，其结果如图 5.67 所示。

```
mysql> #查询表#
mysql> DESC t_dept;
+--------+-------------+------+-----+---------+-------+
| Field  | Type        | Null | Key | Default | Extra |
+--------+-------------+------+-----+---------+-------+
| deptno | int(11)     | NO   |     | NULL    |       |
| dname  | varchar(20) | YES  |     | cjgong  |       |
| loc    | varchar(40) | YES  |     | NULL    |       |
+--------+-------------+------+-----+---------+-------+
3 rows in set (0.01 sec)

mysql>
```

图 5.67　查看表信息

执行结果显示，表 t_dept 中字段 dname 已被设置了默认值，如果用户插入的新记录中，该字段为空值，则数据库管理系统会自动插入值 cjgong。

5.6.4　设置唯一约束（UNIQUE，UK）

当数据库表中的某个字段上的内容不允许重复时，则可以使用 UK 约束进行设置。即 UK 约束在创建数据库表时为某些字段加上“UNIQUE”约束条件，保证所有记录中该字段上的值不重复。如果用户插入的记录中，该字段上的值与其他记录中该字段上的值重复，则数据库管理系统会报错。

设置表中某字段的 UK 约束非常简单，查看帮助文档发现，在 MySQL 数据库管理系统中通过 SQL 语句 UNIQUE 来实现，其语法形式如下：

```
CREATE TABLE table_name (
    属性名 数据类型 UNIQUE L,
……
);
```

上述语句中，属性名参数表示所要设置唯一约束的字段名字。

【实例 5-17】执行 SQL 语句 UNIQUE，在数据库 company 中创建表 t_dept 时，设置 dname 字段为 UK 约束。具体步骤如下：

（1）执行 SQL 语句 CREATE DATABASE，创建数据库 company，具体 SQL 语句如下：

```
CREATE DATABASE company;
USE company;
```

【运行效果】执行上面的 SQL 语句，其结果如图 5.68 所示。

（2）执行 SQL 语句 CREATE TABLE，创建表 t_dept，具体 SQL 语句如下：

```
CREATE TABLE t_dept(
    deptno INT,
    dname VARCHAR(20) UNIQUE,
    loc VARCHAR(40)
);
```

【代码说明】在上述语句中创建表 t_dept 时，通过 SQL 语句 NOT NULL 设置字段 dname 为 UK 约束。

【运行效果】执行上面的 SQL 语句，其结果如图 5.69 所示。

```
mysql> #创建数据库#
mysql> CREATE DATABASE company;
Query OK, 1 row affected (0.11 sec)

mysql> #选择数据库#
mysql> USE company;
Database changed
mysql> _
```

图 5.68　创建和选择数据库

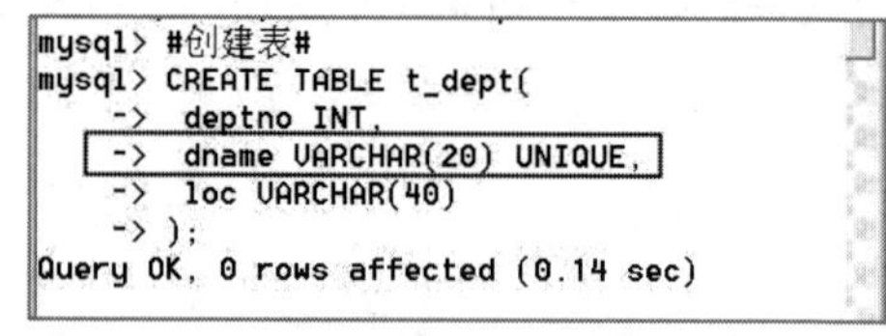

图 5.69　创建表格 t_dept

（3）为了检验数据库 company 中的 t_dept 表中字段 dname 是否被设置为 NK 约束，执行 SQL 语句 DESC，具体 SQL 语句如下：

```
DESC t_dept;
```

【运行效果】执行上面的 SQL 语句，其结果如图 5.70 所示。

执行结果显示，表 t_dept 中字段 dname 已经被设置为 NOT NULL 约束，如果用户插入的记录中，该字段上有重复值，则数据库管理系统会报如下所示的错误。

```
ERROR 1062 (23000): Duplicate entry 'c' for key 'dname'
```

（4）如果想给字段 dname 上的 UK 约束设置一个名字，可以执行 SQL 语句 CONSTRAINT，创建表 t_dept，具体 SQL 语句如下：

```
CREATE TABLE t_dept(
    deptno INT,
    dname VARCHAR(20),
    loc VARCHAR(40),
    CONSTRAINT uk_dname UNIQUE(dname)
);
```

【代码说明】在上述语句中，通过关键字 CONSTRAINT 设置唯一约束的标识符。

【运行效果】执行上面的 SQL 语句，其结果如图 5.71 所示。

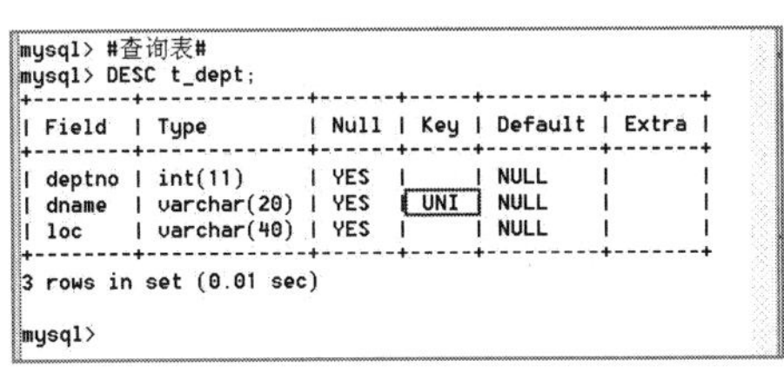

```
mysql> #查询表#
mysql> DESC t_dept;
+--------+-------------+------+-----+---------+-------+
| Field  | Type        | Null | Key | Default | Extra |
+--------+-------------+------+-----+---------+-------+
| deptno | int(11)     | YES  |     | NULL    |       |
| dname  | varchar(20) | YES  | UNI | NULL    |       |
| loc    | varchar(40) | YES  |     | NULL    |       |
+--------+-------------+------+-----+---------+-------+
3 rows in set (0.01 sec)

mysql>
```

图 5.70　查看表信息

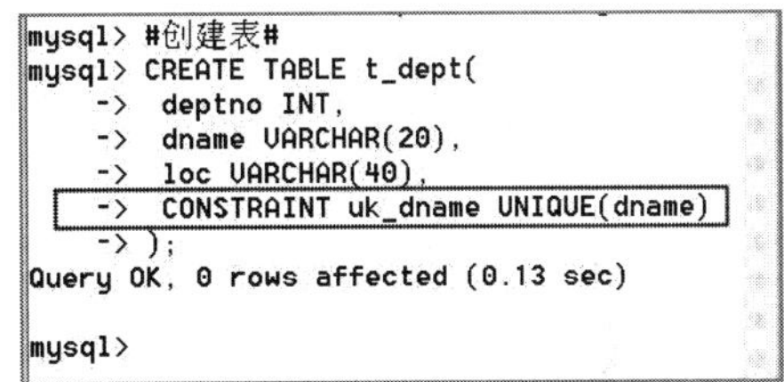

```
mysql> #创建表#
mysql> CREATE TABLE t_dept(
    -> deptno INT,
    -> dname VARCHAR(20),
    -> loc VARCHAR(40),
    -> CONSTRAINT uk_dname UNIQUE(dname)
    -> );
Query OK, 0 rows affected (0.13 sec)

mysql>
```

图 5.71　设置约束标识符

注意：在为约束设置标识符时，推荐使用“约束缩写_字段名”，因此设置为 uk_dname。

5.6.5　设置主键约束（PRIMARY KEY，PK）

当想用数据库表中的某个字段来唯一标识所有记录时，则可以使用 PK 约束进行设置。即 PK 约束在创建数据库表时为某些字段加上“PRIMARY KEY”约束条件，则该字段可以唯一地标示所有记录。

在数据库表中之所以设置主键，是为了便于数据库管理系统快速地查找到表中的记录。在具体设置主键约束时，必须要满足主键字段的值是唯一、非空的。由于主键可以是单一字段，也可以是多个字段，因此分为单字段主键和多字段主键。

1. 单字段主键

设置表中某字段的 PK 约束非常简单，查看帮助文档发现，在 MySQL 数据库管理系统中通过 SQL 语句 PRIMARY KEY 来实现，其语法形式如下：

```
CREATE TABLE table_name (
    属性名 数据类型 PRIMARY KEY,
……
);
```

上述语句中，属性名参数表示所要设置 PK 约束的字段名字。

【实例 5-18】执行 SQL 语句 UNIQUE，在数据库 company 中创建表 t_dept 时，设置 deptno 字段为 PK 约束。具体步骤如下：

（1）执行 SQL 语句 CREATE DATABASE，创建数据库 company，具体 SQL 语句如下：

```
CREATE DATABASE company;
```

```
USE company;
```

【运行效果】执行上面的 SQL 语句，其结果如图 5.72 所示。

（2）执行 SQL 语句 CREATE TABLE，创建表 t_dept，具体 SQL 语句如下：

```
CREATE TABLE t_dept(
    deptno INT PRIMARY KEY,
    dname VARCHAR(20),
    loc VARCHAR(40)
);
```

【代码说明】上述语句中创建了表 t_dept 时，通过 SQL 语句 PRIMARY KEY 设置字段 deptno 为 PK 约束。

【运行效果】执行上面的 SQL 语句，其结果如图 5.73 所示。

```
mysql> #创建数据库#
mysql> CREATE DATABASE company;
Query OK, 1 row affected (0.11 sec)

mysql> #选择数据库#
mysql> USE company;
Database changed
mysql> _
```

图 5.72　创建和选择数据库

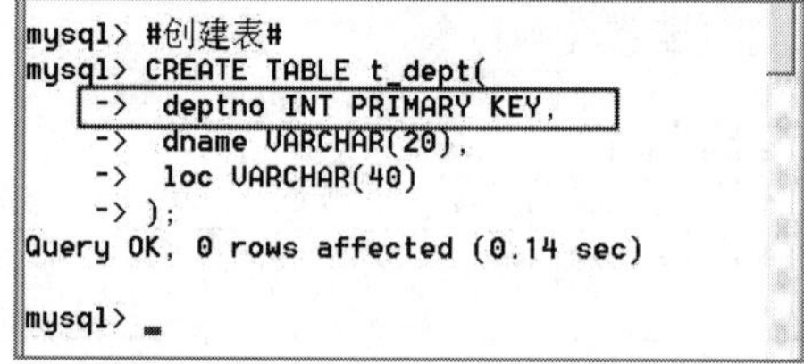

图 5.73　创建表格 t_dept

（3）为了检验数据库 company 中的 t_dept 表中字段 dname 是否被设置为 NK 约束，执行 SQL 语句 DESC，具体 SQL 语句如下：

```
DESC t_dept;
```

【运行效果】执行上面的 SQL 语句，其结果如图 5.74 所示。

执行结果显示，表 t_dept 中字段 deptno 已经被设置为 PK 约束，同时可以发现主键约束相当于非空约束加上唯一约束。如果用户插入的记录中，该字段上有重复值，则数据库管理系统会报如下所示的错误。

```
ERROR 1062 (23000): Duplicate entry '1' for key 'PRIMARY'
```

如果用户插入的记录中，该字段上的值为 NULL，则数据库管理系统会报如下所示的错误。

```
ERROR 1048 (23000): Column 'deptno' cannot be null
```

（4）如果想给字段 deptno 上的 PK 约束设置一个名字，可以执行 SQL 语句 CONSTRAINT，创建表 t_dept，具体 SQL 语句如下：

```
CREATE TABLE t_dept(
    deptno INT,
    dname VARCHAR(20),
    loc VARCHAR(40),
    CONSTRAINT pk_dptno PRIMARY KEY(dptno)
);
```

【代码说明】在上述语句中，通过关键字 CONSTRAINT 设置主键约束的标识符。

【运行效果】执行上面的 SQL 语句，其结果如图 5.75 所示。

```
mysql> #查询表#
mysql> DESC t_dept;
+--------+-------------+------+-----+---------+-------+
| Field  | Type        | Null | Key | Default | Extra |
+--------+-------------+------+-----+---------+-------+
| deptno | int(11)     | NO   | PRI | NULL    |       |
| dname  | varchar(20) | YES  |     | NULL    |       |
| loc    | varchar(40) | YES  |     | NULL    |       |
+--------+-------------+------+-----+---------+-------+
3 rows in set (0.06 sec)

mysql>
```

图 5.74　查看表信息

```
mysql> #创建表#
mysql> CREATE TABLE t_dept(
    -> deptno INT,
    -> dname VARCHAR(20),
    -> loc VARCHAR(40),
    -> CONSTRAINT pk_dname PRIMARY KEY(dname)
    -> );
Query OK, 0 rows affected (0.08 sec)

mysql>
```

图 5.75　设置约束标识符

注意：在为约束设置标识符时，推荐使用“约束缩写_字段名”，因此设置主键名为 pk_dname 等。

2. 多字段主键

当主键由多个字段组合而成时，则需要通过 SQL 语句 CONSTRAINT 来实现，其语法形式如下：

```
CREATE TABLE table_name (
    属性名 数据类型,
……
    【CONSTRAINT 约束名】PRIMARY KEY(属性名, 属性名……)
);
```

在上述语句中，在字段定义完之后统一设置主键，PRIMARY KEY 关键字括号中的字段可以有多个，需要通过逗号分隔，用来实现设置多字段主键。

【实例 5-19】执行 SQL 语句 CONSTRAINT，在数据库 company 中创建表 t_dept 时，设置 deptno 和 dname 字段为 PK 约束。具体步骤如下：

（1）执行 SQL 语句 CREATE DATABASE，创建数据库 company，具体 SQL 语句如下：

```
CREATE DATABASE company;
USE company;
```

【运行效果】执行上面的 SQL 语句，其结果如图 5.76 所示。

（2）执行 SQL 语句 CREATE TABLE，创建表 t_dept，具体 SQL 语句如下：

```
CREATE TABLE t_dept(
    deptno INT,
    dname VARCHAR(20),
    loc VARCHAR(40),
    CONSTRAINT pk_dname_deptno PRIMARY KEY(deptno, dname)
);
```

【代码说明】在上述语句中创建表 t_dept 时，通过 SQL 语句 PRIMARY KEY 设置字段 deptno 和 dname 为 PK 约束。

【运行效果】执行上面的 SQL 语句，其结果如图 5.77 所示。

```
mysql> #创建数据库#
mysql> CREATE DATABASE company;
Query OK, 1 row affected (0.11 sec)

mysql> #选择数据库#
mysql> USE company;
Database changed
mysql> _
```

图 5.76　创建和选择数据库

```
mysql> #创建表#
mysql> CREATE TABLE t_dept(
    -> deptno INT,
    -> dname VARCHAR(20),
    -> loc VARCHAR(40),
    -> CONSTRAINT pk_dname_deptno PRIMARY KEY(dname,deptno)
    -> );
Query OK, 0 rows affected (0.16 sec)

mysql> _
```

图 5.77　创建表格 t_dept

（3）为了检验数据库 company 中的 t_dept 表中字段 dname 是否被设置为 PK 约束，执行 SQL 语句 DESC，具体 SQL 语句如下：

```
DESC t_dept;
```

【运行效果】执行上面的 SQL 语句，其结果如图 5.78 所示。

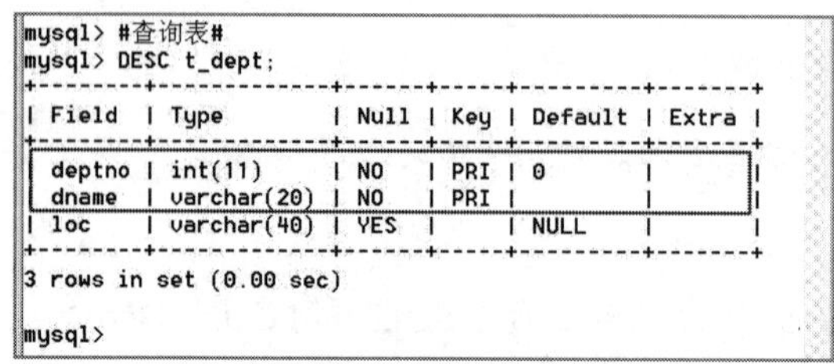

```
mysql> #查询表#
mysql> DESC t_dept;
+--------+-------------+------+-----+---------+-------+
| Field  | Type        | Null | Key | Default | Extra |
+--------+-------------+------+-----+---------+-------+
| deptno | int(11)     | NO   | PRI | 0       |       |
| dname  | varchar(20) | NO   | PRI |         |       |
| loc    | varchar(40) | YES  |     | NULL    |       |
+--------+-------------+------+-----+---------+-------+
3 rows in set (0.00 sec)

mysql>
```

图 5.78　查看表信息

执行结果显示，表 t_dept 中字段 deptno 和 dname 已经被设置为联合主键。

5.6.6　设置字段值自动增加（AUTO_INCREMENT）

AUTO_INCREMENT 是 MySQL 唯一扩展的完整性约束，当为数据库表中插入新记录时，字段上的值会自动生成唯一的 ID。在具体设置 AUTO_INCREMENT 约束时，一个数据库表中只能有一个字段使用该约束，该字段的数据类型必须是整数类型。由于设置 AUTO_INCREMENT 约束后的字段会生成唯一的 ID，所以该字段也经常会设置成 PK 主键。

设置表中某字段值的自动增加约束非常简单，查看帮助文档发现，在 MySQL 数据库管理系统中通过 SQL 语句 AUTO_INCREMENT 来实现，其语法形式如下：

```
CREATE TABLE table_name (
    属性名 数据类型 AUTO_INCREMENT,
……
);
```

在上述语句中，属性名参数表示所要设置自动增加约束的字段名字，在默认情况下，该字段的值是从 1 开始增加，每增加一条记录，记录中该字段的值就会在前一条记录的基础上加 1。

【实例 5-20】执行 SQL 语句 AUTO_INCREMENT，在数据库 company 中创建表 t_dept 时，设置 deptno 字段为 AUTO_INCREMENT 和 PK 约束。具体步骤如下：

（1）执行 SQL 语句 CREATE DATABASE，创建数据库 company，具体 SQL 语句如下：

```
CREATE DATABASE company;
USE company;
```

【运行效果】执行上面的 SQL 语句，其结果如图 5.79 所示。

（2）执行 SQL 语句 CREATE TABLE，创建表 t_dept，具体 SQL 语句如下：

```
CREATE TABLE t_dept(
    deptno INT PRIMARY KEY AUTO_INCREMENT,
    dname VARCHAR(20),
    loc VARCHAR(40)
);
```

【代码说明】在上述语句中创建了表 t_dept 时，通过 SQL 语句 AUTO_INCREMENT 和 PRIMARY KEY 设置字段 deptno 为自动增加和 PK 约束。

【运行效果】执行上面的 SQL 语句，其结果如图 5.80 所示。

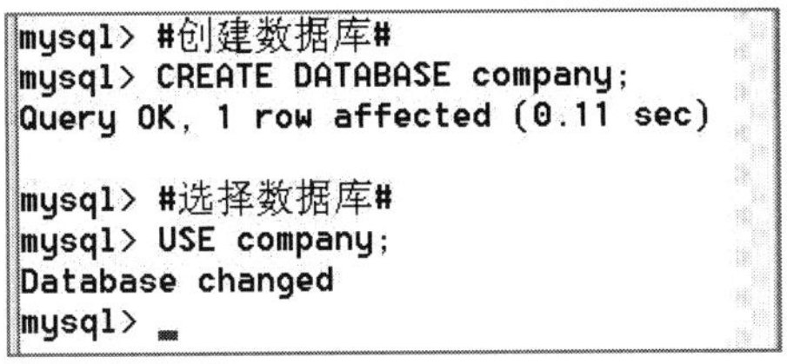

```
mysql> #创建数据库#
mysql> CREATE DATABASE company;
Query OK, 1 row affected (0.11 sec)

mysql> #选择数据库#
mysql> USE company;
Database changed
mysql>
```

图 5.79　创建和选择数据库

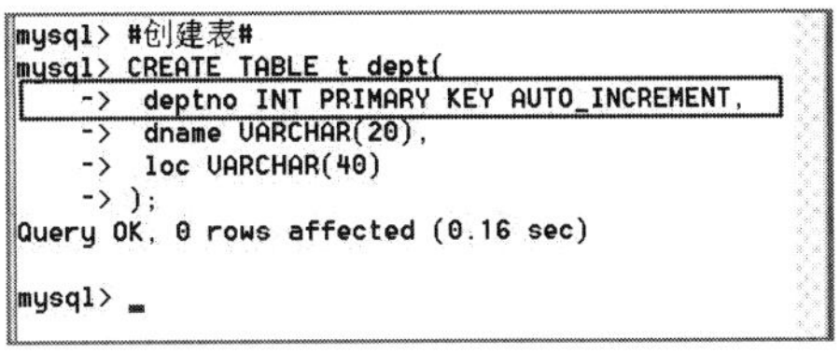

```
mysql> #创建表#
mysql> CREATE TABLE t_dept(
    -> deptno INT PRIMARY KEY AUTO_INCREMENT,
    -> dname VARCHAR(20),
    -> loc VARCHAR(40)
    -> );
Query OK, 0 rows affected (0.16 sec)

mysql>
```

图 5.80　创建表格 t_dept

（3）为了检验数据库 company 中的 t_dept 表中字段 deptno 是否被设置为自动增加和 PK 约束，执行 SQL 语句 DESC，具体 SQL 语句如下：

```
DESC t_dept;
```

【运行效果】执行上面的 SQL 语句，其结果如图 5.81 所示。

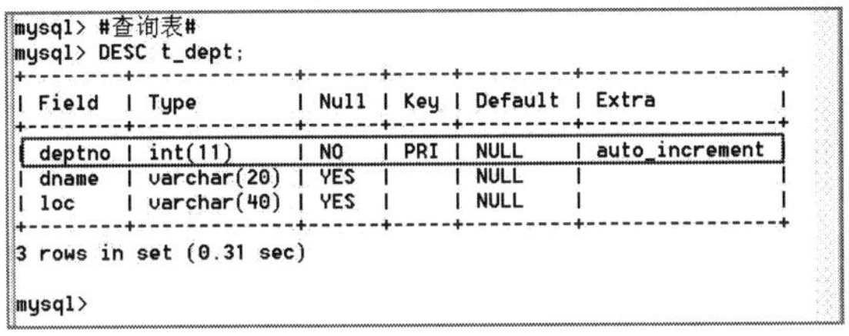

```
mysql> #查询表#
mysql> DESC t_dept;
+--------+-------------+------+-----+---------+----------------+
| Field  | Type        | Null | Key | Default | Extra          |
+--------+-------------+------+-----+---------+----------------+
| deptno | int(11)     | NO   | PRI | NULL    | auto_increment |
| dname  | varchar(20) | YES  |     | NULL    |                |
| loc    | varchar(40) | YES  |     | NULL    |                |
+--------+-------------+------+-----+---------+----------------+
3 rows in set (0.31 sec)

mysql>
```

图 5.81　查看表信息

执行结果显示，表 t_dept 中字段 deptno 已经被设置为 AUTO_INCREMENT 和 PK 约束。

5.6.7　设置外键约束（FOREIGN KEY，FK）

前面介绍的完整性约束都是在单表中进行设置，而本节所要介绍的外键约束则保证多个表（通常为两个表）之间的参照完整性，即构建于两个表的两个字段之间的参照关系。

设置外键约束的两个表之间具有父子关系，即子表中某个字段的取值范围由父表决定。例如，表示一种部门和雇员关系，即每个部门有多个雇员。首先应该有两个表：部门表和雇员表，然后雇员表中有一个表示部门编号的字段 deptno，其依赖于部门表的主键，这样字段 deptno 就是雇员表的外键，通过该字段部门表和雇员表建立了关系。

在具体设置 FK 约束时，设置 FK 约束的字段必须依赖于数据库中已经存在的父表的主键，同时外键可以为 NULL。

设置表中某字段的 FK 约束非常简单，查看帮助文档发现，在 MySQL 数据库管理系统中通过 SQL 语句 FOREIGN KEY 来实现，其语法形式如下：

```
CREATE TABLE table_name (
    属性名 数据类型,
    属性名 数据类型
……
```

```
    CONSTRAINT 外键约束名 FOREIGN KEY (属性名 1)
        REFERENCES 表名 (属性名 2)
);
```

在上述语句中，“外键约束名”用来标识约束名，“属性名 1”参数是子表中设置外键的字段名，“属性 2”参数是父表中设置主键约束的字段名。

【实例 5-21】执行 SQL 语句 FOREIGN KEY，在数据库 company 中创建部门表（t_dept）和雇员表（t_employee），设置雇员表字段 deptno 为外键约束，表示一种部门中有多个雇员的关系。具体步骤如下：

（1）执行 SQL 语句 CREATE DATABASE，创建数据库 company，具体 SQL 语句如下：

```
CREATE DATABASE company;
USE company;
```

【运行效果】执行上面的 SQL 语句，其结果如图 5.82 所示。

（2）执行 SQL 语句 CREATE TABLE，创建表 t_dept，具体 SQL 语句如下：

```
CREATE TABLE t_dept(
    deptno INT PRIMARY KEY,
    dname VARCHAR(20),
    loc VARCHAR(40)
);
```

【代码说明】在上述语句中创建表 t_dept 时，通过 SQL 语句 PRIMARY KEY 设置字段 deptno 为 PK 约束。

【运行效果】执行上面的 SQL 语句，其结果如图 5.83 所示。

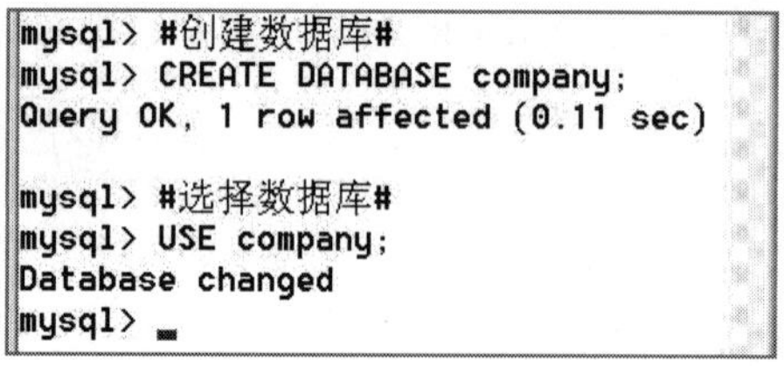

```
mysql> #创建数据库#
mysql> CREATE DATABASE company;
Query OK, 1 row affected (0.11 sec)

mysql> #选择数据库#
mysql> USE company;
Database changed
mysql> _
```

图 5.82　创建和选择数据库

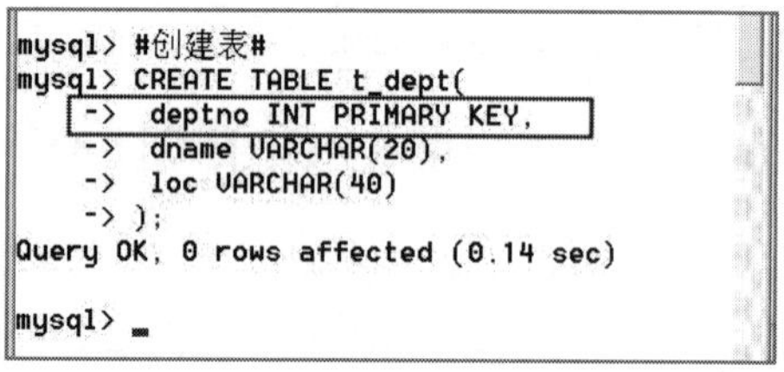

```
mysql> #创建表#
mysql> CREATE TABLE t_dept(
    -> deptno INT PRIMARY KEY,
    -> dname VARCHAR(20),
    -> loc VARCHAR(40)
    -> );
Query OK, 0 rows affected (0.14 sec)

mysql> _
```

图 5.83　创建表格 t_dept

（3）执行 SQL 语句 CREATE TABLE，创建表 t_employee，具体 SQL 语句如下：

```
CREATE TABLE t_employee (
    empno INT PRIMARY KEY,
    ename VARCHAR(20),
    job VARCHAR(40),
    MGR INT,
    Hiredate DATE,
    sal DOUBLE(10,2),
    comm DOUBLE(10,2),
    deptno INT,
    CONSTRAINT fk_deptno FOREIGN KEY(deptno)
        REFERENCES t_dept(deptno)
);
```

【代码说明】在上述语句中创建表 t_employee 时，通过 SQL 语句 PRIMARY KEY 设置字段 empno 为 PK 约束，通过 SQL 语句 FOREIGN KEY 设置字段 deptno 为 FK 约束，参考表 t_dept 中主键约束字段 deptno。

【运行效果】执行上面的 SQL 语句，其结果如图 5.84 所示。

在具体设置外键时，子表 t_employee 中所设外键字段的数据类型必须与父表 t_dept 中所参考的字段的数据类型一致，例如，两者都是 INT 数据类型。如果不满足这样的关系，在创建子表 t_employee 时，就会出现如下错误。

```
ERROR 1005 (HY000): Can't create table 'company.t_employee' (errno: 150)
```

（4）为了检验数据库 company 中的 t_employee 表，字段 deptno 是否被设置为 FK 约束，执行 SQL 语句 DESC，具体 SQL 语句如下：

```
DESC t_employee;
```

【运行效果】执行上面的 SQL 语句，其结果如图 5.85 所示。

```
mysql> #创建表#
mysql> CREATE TABLE t_employee (
    -> empno INT PRIMARY KEY,
    -> ename VARCHAR(20),
    -> job VARCHAR(40),
    -> MGR INT,
    -> Hiredate DATE,
    -> sal DOUBLE(10,2),
    -> comm DOUBLE(10,2),
    -> deptno INT,
    -> CONSTRAINT fk_deptno FOREIGN KEY(deptno)
    ->            REFERENCES t_dept(deptno)
    -> );
Query OK, 0 rows affected (0.13 sec)

mysql>
```

图 5.84　创建表格 t_employee

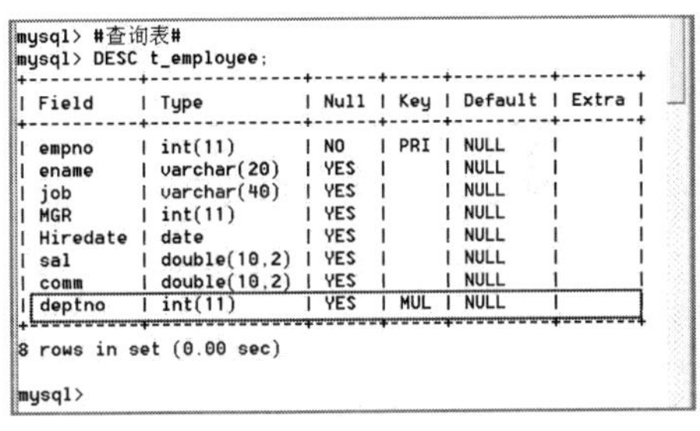

```
mysql> #查询表#
mysql> DESC t_employee;
+----------+--------------+------+-----+---------+-------+
| Field    | Type         | Null | Key | Default | Extra |
+----------+--------------+------+-----+---------+-------+
| empno    | int(11)      | NO   | PRI | NULL    |       |
| ename    | varchar(20)  | YES  |     | NULL    |       |
| job      | varchar(40)  | YES  |     | NULL    |       |
| MGR      | int(11)      | YES  |     | NULL    |       |
| Hiredate | date         | YES  |     | NULL    |       |
| sal      | double(10,2) | YES  |     | NULL    |       |
| comm     | double(10,2) | YES  |     | NULL    |       |
| deptno   | int(11)      | YES  | MUL | NULL    |       |
+----------+--------------+------+-----+---------+-------+
8 rows in set (0.00 sec)

mysql>
```

图 5.85　查看表信息

执行结果显示，表 t_employee 中字段 deptno 已经被设置为 FK 约束，如果用户插入的记录中，该字段上没有参考父表 t_dept 中字段 deptno 的值，则数据库管理系统会报如下所示的错误。

```
ERROR 1452 (23000): Cannot add or update a child row: a foreign key constraint fails
('company'. 't_employee', CONSTRAINT 'fk_deptno' FOREIGN KEY ('deptno') REFERENCES
't_dept' ('deptno'))
```

5.7　小　结

本章主要介绍 MySQL 软件中关于表的操作，分别从数据库对象表的基本概念和操作两方面介绍。其中前者主要介绍表的构成和表中的数据库对象，而后者主要介绍了创建表操作、查看表操作、删除表操作、修改表操作和设置表约束操作。对于表的创建和删除操作，主要通过 SQL 语句和 SQLyog 客户端软件两种方式来创建表和删除表；对于表查看操作，主要介绍了通过 DESCRIBE 语句查看表定义信息、通过 SHOW CREATE TABLE 语句查看表详细信息和通过 SQLyog 客户端软件查看表信息；对于表修改操作，主要从修改表名、增加字段、删除字段和修改字段四方面来讲解，不仅详细介绍了这些操作的 SQL 语句，而且还详细讲解了 SQLyog 客户端软件的操作方式；对于设置表的约束条，主要讲解了如何设置非空约束、默认值、唯一约束、主键约束、外键约束和自动增加完整性约束。

通过对本章的学习，读者不仅掌握了数据库对象表的基本概念，而且还熟练了其相关操作。

第 6 章 索引的操作

在 MySQL 数据库中，数据库对象表是存储和操作数据的逻辑结构，而本章所要介绍的数据库对象索引则是一种有效组合数据的方式。通过索引对象，可以快速查询到数据库对象表中的特定记录，是一种提高性能的常用方式。

一个索引会包含表中按照一定顺序排序的一列或多列字段。索引的操作包含创建索引、修改索引和删除索引，这些操作是 MySQL 软件中最基本、最重要的操作。

通过本节的学习，可以掌握在数据库中操作索引，内容包含：

- 索引的相关概念
- 索引的基本操作：创建、查看和删除

6.1 为什么使用索引

数据库对象索引其实与书的目录非常类似，主要是为了提高从表中检索数据的速度。由于数据存储在数据库表中，所以索引是创建在数据库表对象上的，由表中的一个字段或多个字段生成的键组成，这些键存储在数据结构（B-树或哈希表）中，通过 MySQL 可以快速有效地查找与键值相关联的字段。根据索引的存储类型，可以将索引分为 B 型树索引（BTREE）和哈希索引（HASH）。

注意：InnoDB 和 MyISAM 存储引擎支持 BTREE 类型索引，MEMORY 存储引擎支持 HASH 类型索引，默认为前者索引。

数据库对象索引的出现，除了可以提高数据库管理系统的查找速度，而且还可以保证字段的唯一性，从而实现数据库表的完整性。查看帮助文档，可以发现 MySQL 支持 6 种索引，它们分别为普通索引、唯一索引、全文索引、单列索引、多列索引和空间索引。

索引的创建有利有弊，创建索引可以提高查询速度，但过多的创建索引则会占据许多磁盘空间。因此在创建索引之前，必须权衡利弊。

以下情况下适合创建索引：

- 经常被查询的字段，即在 WHERE 子句中出现的字段。
- 在分组的字段，即在 GROUP BY 子句中出现的字段。
- 存在依赖关系的子表和父表之间的联合查询，即主键或外键字段。

- 设置唯一完整性约束的字段。

在以下情况下，不适合创建索引：

- 在查询中很少被使用的字段。
- 拥有许多重复值的字段。

6.2　创建和查看索引

索引的操作包括创建索引、查看索引和删除索引。所谓创建索引，就是在表的一个字段或多个字段上建立索引，本节将详细介绍如何创建索引。在 MySQL 中，可以通过三种方式来创建索引，分别为创建表时创建索引、在已经存在的表上创建索引和通过 SQL 语句 ALTER TABLE 创建索引。

6.2.1　创建和查看普通索引

所谓普通索引，就是在创建索引时，不附加任何限制条件（唯一、非空等限制）。该类型的索引可以创建在任何数据类型的字段上。

1. 创建表时创建普通索引

查看帮助文档发现，在 MySQL 数据库管理系统中创建普通索引通过 SQL 语句 INDEX 来实现，其语法形式如下：

```
CREATE TABLE table_name (
     属性名 数据类型,
     属性名 数据类型,
     ……
     属性名 数据类型,
     INDEX|KEY 【索引名】(属性名 1 【(长度)】 【ASC|DESC】)

);
```

在上述语句中，INDEX 或 KEY 参数用来指定字段为索引，“索引名”参数用来指定所创建索引名，“属性名 1”参数用来指定索引所关联的字段的名称，“长度”参数用来指定索引的长度，“ASC”参数用来指定为升序排序，“DESC”参数用来指定为降序排序。

注意：在创建索引时，可以指定索引的长度。这是因为不同存储引擎定义了表的最大索引数和最大索引长度。

MySQL 所支持的存储引擎对每个表至少支持 16 个索引，总索引长度至少为 256 字节。

【实例 6-1】执行 SQL 语句 INDEX，在数据库 company 中，在表 t_dept 的 deptno 字段上创建索引。具体步骤如下：

（1）执行 SQL 语句 USE，选择数据库 company，具体 SQL 语句如下：

```
USE company;
```

【运行效果】执行上面的 SQL 语句，其结果如图 6.1 所示。

（2）执行 SQL 语句 INDEX，在创建表 t_dept 时，在字段 deptno 上创建索引，具体 SQL 语句如下：

```
CREATE TABLE t_dept(
    deptno INT,
    dname VARCHAR(20),
    loc VARCHAR(40),
    INDEX index_deptno(deptno)
);
```

【代码说明】在上述语句中，创建表 t_dept 的同时设置了关于字段 deptno 的索引对象 index_deptno。

【运行效果】执行上面的 SQL 语句，其结果如图 6.2 所示。

```
mysql> #选择数据库#
mysql> USE company;
```

图 6.1　选择数据库

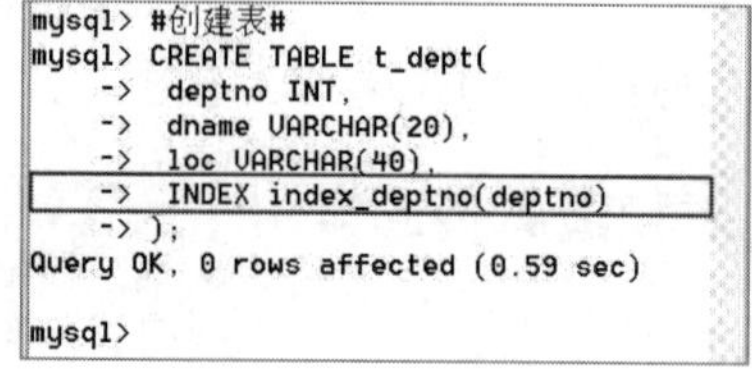

图 6.2　创建表 t_dept

（3）为了校验数据库表 t_dept 中索引是否创建成功，执行 SQL 语句 SHOW CREATE TABLE，具体 SQL 语句如下：

```
SHOW CREATE TABLE t_dept \G
```

【运行效果】执行上面的 SQL 语句，其结果如图 6.3 所示。

执行结果显示，已经在数据库表 t_dept 上创建了一个名为 index_deptno 索引，其所关联的字段为 deptno。

（4）为了校验数据库表 t_dept 中索引是否被使用，执行 SQL 语句 EXPLAIN，具体 SQL 语句如下：

```
EXPLAIN
    SELECT * FROM t_dept WHERE deptno=1\G;
```

【代码说明】在上述语句中，通过关键字 EXPLAIN 来校验关于字段 deptno 的索引对象是否被启用。

【运行效果】执行上面的 SQL 语句，其结果如图 6.4 所示。

```
mysql> #查询表#
mysql> SHOW CREATE TABLE t_dept \G
*************************** 1. row ***************************
       Table: t_dept
Create Table: CREATE TABLE `t_dept` (
  `deptno` int(11) DEFAULT NULL,
  `dname` varchar(20) DEFAULT NULL,
  `loc` varchar(40) DEFAULT NULL,
  KEY `index_deptno` (`deptno`)
) ENGINE=InnoDB DEFAULT CHARSET=gbk
1 row in set (0.00 sec)

mysql>
```

图 6.3　查看表定义信息

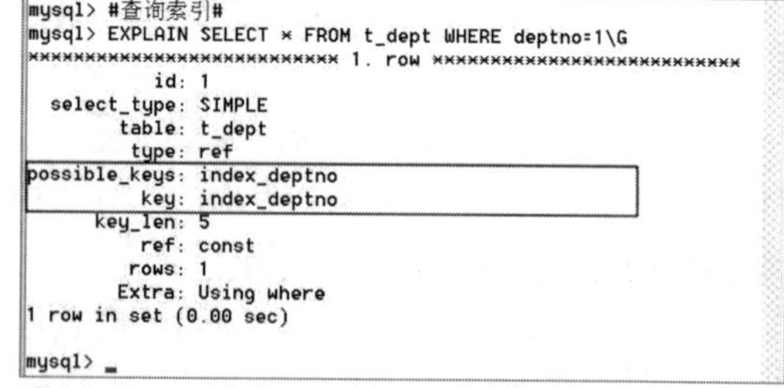

图 6.4　索引是否启用

执行结果显示，由于 possible_keys 和 key 字段处的值都为所创建的索引名 index_deptno，则说明该索引已经存在，而且已经开始启用。

2. 在已经存在的表上创建普通索引

查看帮助文档发现，在 MySQL 数据库管理系统中创建普通索引除了通过 SQL 语句 INDEX 来实现外，还可以通过 SQL 语句 CREATE INDEX 来实现，其语法形式如下：

```
CREATE INDEX 索引名
    ON 表名(属性名 【(长度)】 【ASC|DESC】)
```

在上述语句中，CREATE INDEX 关键字用来创建索引，“索引名”参数用来指定所创建的索引名，ON 关键字用来指定所要创建索引的表名称。至于其他内容，则与“创建表时创建普通索引”的语法一致。

【实例 6-2】 执行 SQL 语句 INDEX，在数据库 company 中，在表 t_dept 的 deptno 字段上创建索引。具体步骤如下：

（1）执行 SQL 语句 USE，选择数据库 company，并通过 SQL 语句 DESC 查看该数据库中已经存在的表 t_dept 信息，具体 SQL 语句如下：

```
USE company;
```

和

```
DESC t_dept;
```

【运行效果】 执行上面的 SQL 语句，其结果如图 6.5 和图 6.6 所示。

```
mysql> #选择数据库#
mysql> USE company;
```

图 6.5　选择数据库

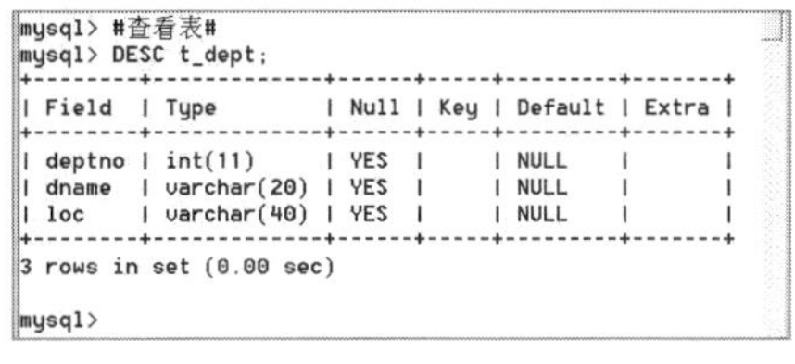

```
mysql> #查看表#
mysql> DESC t_dept;
+--------+-------------+------+-----+---------+-------+
| Field  | Type        | Null | Key | Default | Extra |
+--------+-------------+------+-----+---------+-------+
| deptno | int(11)     | YES  |     | NULL    |       |
| dname  | varchar(20) | YES  |     | NULL    |       |
| loc    | varchar(40) | YES  |     | NULL    |       |
+--------+-------------+------+-----+---------+-------+
3 rows in set (0.00 sec)

mysql>
```

图 6.6　查看表信息

（2）执行 SQL 语句 CREATE INDEX，在表 t_dept 中创建关联字段 deptno 的普通索引对象 index_deptno，具体 SQL 语句如下：

```
CREATE INDEX index_deptno
    ON t_dept (deptno);
```

【代码说明】 在上述语句中创建关联表 t_dept 中字段 deptno 的索引 index_deptno。

【运行效果】 执行上面的 SQL 语句，其结果如图 6.7 所示。

（3）为了校验数据库表 t_dept 中索引是否创建成功，执行 SQL 语句 SHOW CREATE TABLE，具体 SQL 语句如下：

```
SHOW CREATE TABLE t_dept \G
```

【运行效果】 执行上面的 SQL 语句，其结果如图 6.8 所示。

执行结果显示，已经在数据库表 t_dept 上创建了一个名为 index_deptno 的索引，其所关联的字段为 deptno。

```
mysql> #创建索引#
mysql> CREATE INDEX index_deptno
    -> ON t_dept(deptno);
Query OK, 0 rows affected (0.39 sec)
Records: 0  Duplicates: 0  Warnings: 0

mysql>
```

图 6.7　创建索引对象 index_deptno

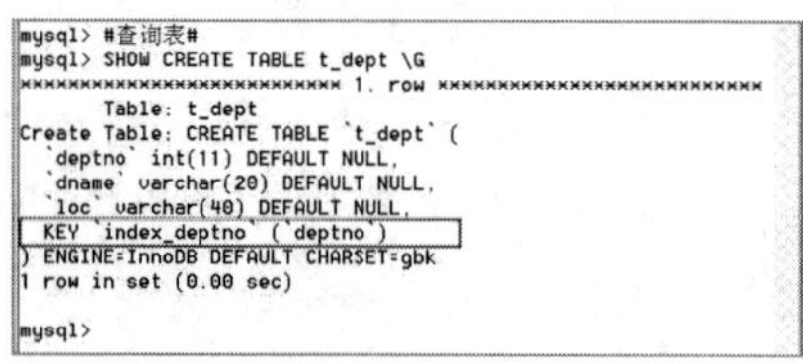

```
mysql> #查询表#
mysql> SHOW CREATE TABLE t_dept \G
*************************** 1. row ***************************
       Table: t_dept
Create Table: CREATE TABLE `t_dept` (
  `deptno` int(11) DEFAULT NULL,
  `dname` varchar(20) DEFAULT NULL,
  `loc` varchar(40) DEFAULT NULL,
  KEY `index_deptno` (`deptno`)
) ENGINE=InnoDB DEFAULT CHARSET=gbk
1 row in set (0.00 sec)

mysql>
```

图 6.8　查看表信息

3. 通过 SQL 语句 ALTER TABLE 创建普通索引

除了用上述两种方式来创建普通索引外，在 MySQL 数据库管理系统中创建普通索引还可以通过 SQL 语句 ALTER 来实现，其语法形式如下：

```
ALTER TABLE table_name
    ADD INDEX|KEY 索引名 (属性名 【(长度)】 【ASC|DESC】)
```

在上述语句中，INDEX 或 KEY 关键字用来指定创建普通索引，“索引名”参数用来指定所创建索引名，“属性名”参数用来指定索引所关联的字段的名称，“长度”参数用来指定索引的长度，“ASC”参数用来指定为升序排序，“DESC”参数用来指定为降序排序。

【实例 6-3】 执行 SQL 语句 ALTER TABLE，在数据库 company 中，在表 t_dept 的 deptno 字段上创建普通索引。具体步骤如下：

（1）执行 SQL 语句 USE，选择数据库 company，并通过 SQL 语句 DESC 查看该数据库中已经存在的表 t_dept 信息，具体 SQL 语句如下：

```
USE company;
```

和

```
DESC t_dept;
```

【运行效果】 执行上面的 SQL 语句，其结果如图 6.9 和图 6.10 所示。

```
mysql> #选择数据库#
mysql> USE company;
```

图 6.9　选择数据库

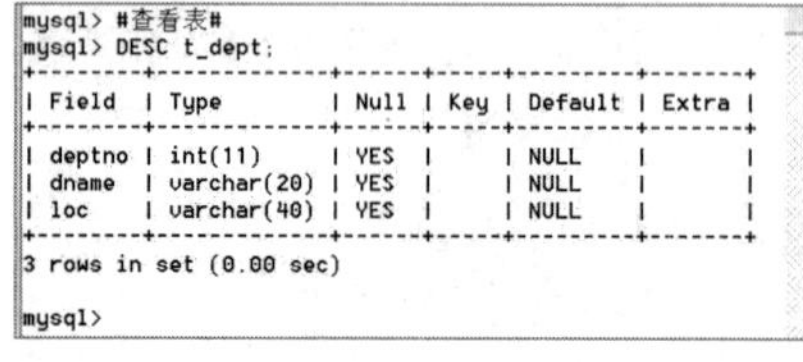

```
mysql> #查看表#
mysql> DESC t_dept;
+--------+-------------+------+-----+---------+-------+
| Field  | Type        | Null | Key | Default | Extra |
+--------+-------------+------+-----+---------+-------+
| deptno | int(11)     | YES  |     | NULL    |       |
| dname  | varchar(20) | YES  |     | NULL    |       |
| loc    | varchar(40) | YES  |     | NULL    |       |
+--------+-------------+------+-----+---------+-------+
3 rows in set (0.00 sec)

mysql>
```

图 6.10　查看表信息

（2）执行 SQL 语句 ALTER TABLE，在表 t_dept 中创建关联字段 deptno 的普通索引对象 index_deptno，具体 SQL 语句如下：

```
ALTER TABLE t_dept
    ADD INDEX index_deptno(deptno);
```

【代码说明】 在上述语句中创建关联表 t_dept 中字段 deptno 的普通索引 index_deptno。

【运行效果】 执行上面的 SQL 语句，其结果如图 6.11 所示。

（3）为了校验数据库表 t_dept 中索引是否创建成功，执行 SQL 语句 SHOW CREATE TABLE，具体 SQL 语句如下：

```
SHOW CREATE TABLE t_dept \G
```

【运行效果】执行上面的 SQL 语句，其结果如图 6.12 所示。

```
mysql> #创建索引#
mysql> ALTER TABLE t_dept
    -> ADD INDEX index_deptno(deptno);
Query OK, 4 rows affected (1.06 sec)
Records: 4  Duplicates: 0  Warnings: 0

mysql>
```

图 6.11　创建索引对象 index_deptno

```
mysql> #查询表#
mysql> SHOW CREATE TABLE t_dept \G
*************************** 1. row ***************************
       Table: t_dept
Create Table: CREATE TABLE `t_dept` (
  `deptno` int(11) DEFAULT NULL,
  `dname` varchar(20) DEFAULT NULL,
  `loc` varchar(40) DEFAULT NULL,
  KEY `index_deptno` (`deptno`)
) ENGINE=InnoDB DEFAULT CHARSET=gbk
1 row in set (0.00 sec)

mysql>
```

图 6.12　查看表信息

执行结果显示，已经在数据库表 t_dept 上创建了一个名为 index_deptno 的索引，其所关联的字段为 deptno。

6.2.2　创建和查看唯一索引

所谓唯一索引，就是在创建索引时，限制索引的值必须是唯一的。通过该类型的索引可以更快速地查询某条记录。在 MySQL 中，根据创建索引方式，可以分为自动索引和手动索引两种。

所谓自动索引，是指在数据库表里设置完整性约束时，该表会被系统自动创建索引。所谓手动索引，是指手动在表上创建索引。当设置表中的某个字段设置主键或唯一完整性约束时，系统就会自动创建关联该字段的唯一索引。

1．创建表时创建唯一索引

查看帮助文档发现，在 MySQL 数据库管理系统中创建唯一索引通过 SQL 语句 UNIQUE INDEX 来实现，其语法形式如下：

```
CREATE TABLE table_name (
     属性名 数据类型,
     属性名 数据类型,
     ……
     属性名 数据类型,
     UNIQUE INDEX|KEY 【索引名】(属性名 1 【(长度)】 【ASC|DESC】)
);
```

在上述语句中，比创建普通索引多了一个 SQL 关键字 UNIQUE，其中 UNIQUE INDEX 或 UNIQUE KEY 表示创建唯一索引。

【实例 6-4】执行 SQL 语句 UNIQUE INDEX，在数据库 company 中，在表 t_dept 的 deptno 字段上创建唯一索引。具体步骤如下：

（1）执行 SQL 语句 USE，选择数据库 company，具体 SQL 语句如下：

```
USE company;
```

【运行效果】执行上面的 SQL 语句，其结果如图 6.13 所示。

```
mysql> #选择数据库#
mysql> USE company;
```

图 6.13　选择数据库

（2）执行 SQL 语句 UNIQUE INDEX，在创建表 t_dept 时，在字段 deptno 上创建唯一索引，具体 SQL 语句如下：

```
CREATE TABLE t_dept(
    deptno INT UNIQUE,
    dname VARCHAR(20),
    loc VARCHAR(40),
    UNIQUE INDEX index_deptno(deptno)
);
```

【代码说明】在上述语句中，创建表 t_dept 的同时设置了关于字段 deptno 的唯一索引对象 index_deptno。

【运行效果】执行上面的 SQL 语句，其结果如图 6.14 所示。

（3）为了校验数据库表 t_dept 中索引是否创建成功，执行 SQL 语句 SHOW CREATE TABLE，具体 SQL 语句如下：

```
SHOW CREATE TABLE t_dept \G
```

【运行效果】执行上面的 SQL 语句，其结果如图 6.15 所示。

```
mysql> #创建表#
mysql> CREATE TABLE t_dept(
    ->  deptno INT UNIQUE,
    ->  dname VARCHAR(20),
    ->  loc VARCHAR(40),
    ->  UNIQUE INDEX index_deptno(deptno)
    -> );
Query OK, 0 rows affected (0.55 sec)

mysql>
```

图 6.14　创建表 t_dept

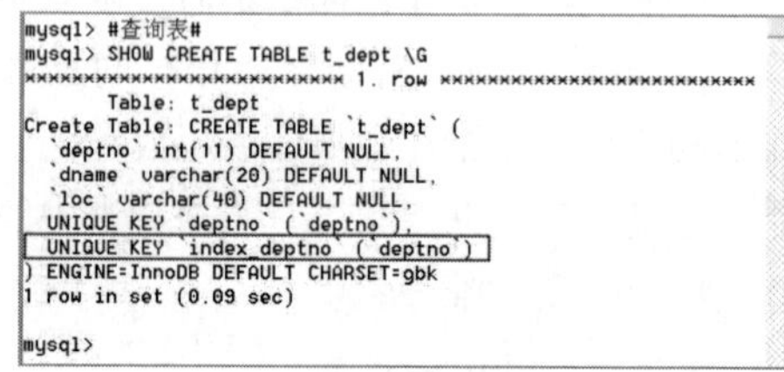

图 6.15　查询表信息

执行结果显示，已经在数据库表 t_dept 上创建了一个名为 index_deptno 的唯一索引，其所关联的字段为 deptno。

（4）为了校验数据库表 t_dept 中索引是否被使用，执行 SQL 语句 EXPLAIN，具体 SQL 语句如下：

```
EXPLAIN
    SELECT * FROM t_dept WHERE deptno=10 \G
```

【运行效果】执行上面的 SQL 语句，其结果如图 6.16 所示。

执行结果显示，possible_keys 和 key 字段处的值都为所创建的索引名 index_deptno，则说明该索引已经存在，而且已经开始启用。

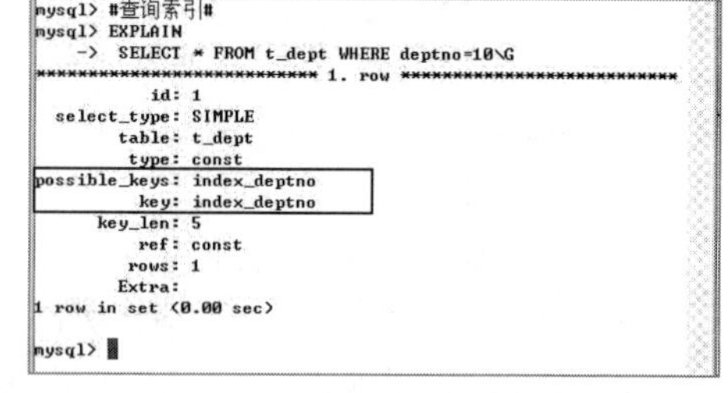

图 6.16　查询索引是否被启用

2. 在已经存在的表上创建唯一索引

查看帮助文档发现，在 MySQL 数据库管理系统中创建唯一索引除了通过 SQL 语句 UNIQUE INDEX 来实现外，还可以通过 SQL 语句 CREATE UNIQUE INDEX 来实现，其语法形式如下：

```
CREATE UNIQUE INDEX 索引名
    ON 表名（属性名 【(长度)】 【ASC|DESC】)
```

在上述语句中，CREATE UNIQUE INDEX 关键字用来创建唯一索引。

【实例 6-5】执行 SQL 语句 INDEX，在数据库 company 中已经创建好的表 t_dept 上，创建关联字段 deptno 的唯一索引。具体步骤如下：

（1）执行 SQL 语句 USE，选择数据库 company，并通过 SQL 语句 DESC 查看该数据库中已经存在的表 t_dept 信息，具体 SQL 语句如下：

```
USE company;
```

和

```
DESC t_dept;
```

【运行效果】执行上面的 SQL 语句，其结果如图 6.17 和图 6.18 所示。

```
mysql> #选择数据库#
mysql> USE company;
```

图 6.17　选择数据库

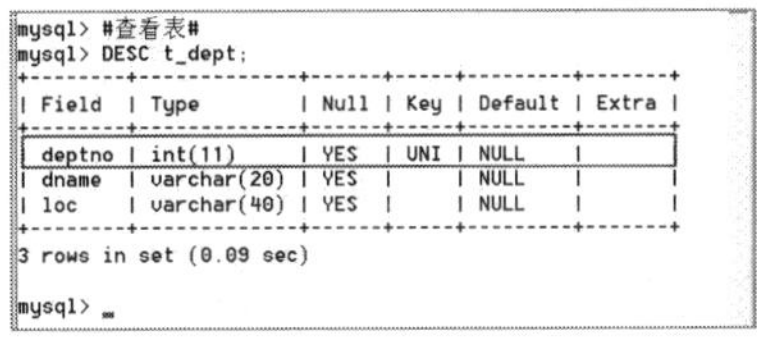

图 6.18　查看表信息

（2）执行 SQL 语句 CREATE UNIQUE INDEX，在表 t_dept 中创建关联字段 deptno 的唯一索引对象 index_deptno，具体 SQL 语句如下：

```
CREATE UNIQUE INDEX index_deptno
    ON t_dept (deptno);
```

【代码说明】在上述语句中创建关联表 t_dept 中字段 deptno 的唯一索引 index_deptno。

【运行效果】执行上面的 SQL 语句，其结果如图 6.19 所示。

（3）为了校验数据库表 t_dept 中唯一索引是否创建成功，执行 SQL 语句 SHOW CREATE TABLE，具体 SQL 语句如下：

```
SHOW CREATE TABLE t_dept \G
```

【运行效果】执行上面的 SQL 语句，其结果如图 6.20 所示。

```
mysql> #创建索引#
mysql> CREATE UNIQUE INDEX index_deptno
    -> ON t_dept (deptno);
Query OK, 4 rows affected (0.31 sec)
Records: 4  Duplicates: 0  Warnings: 0

mysql>
```

图 6.19　创建索引

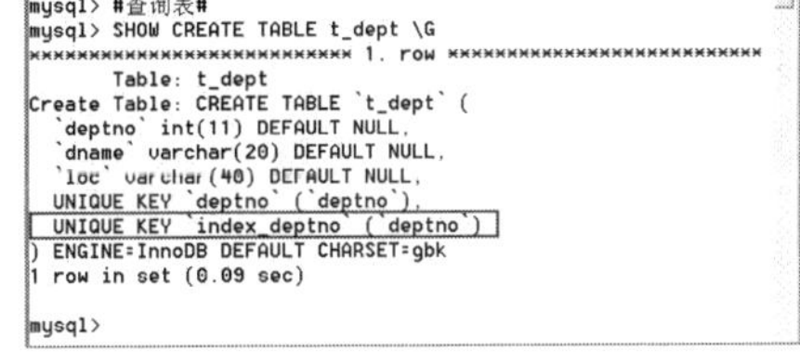

图 6.20　查看表信息

执行结果显示，已经在数据库表 t_dept 上创建了一个名为 index_deptno 的唯一索引，其所关联的字段为 deptno。

3. 通过 SQL 语句 ALTER TABLE 创建唯一索引

除了用上述两种方式来创建唯一索引外，在 MySQL 数据库管理系统中创建唯一索引还可以通过 SQL 语句 ALTER 来实现，其语法形式如下：

```
ALTER TABLE table_name
```

```
ADD UNIQUE INDEX|KEY 索引名（属性名 【(长度)】 【ASC|DESC】)
```

在上述语句中，UNIQUE INDEX 或 KEY 关键字用来指定创建唯一索引，“索引名”参数用来指定所创建索引名，“属性名”参数用来指定索引所关联的字段的名称，“长度”参数用来指定索引的长度，“ASC”参数用来指定为升序排序，“DESC”参数用来指定为降序排序。

【实例 6-6】执行 SQL 语句 ALTER TABLE，在数据库 company 中，在表 t_dept 的 deptno 字段上创建唯一索引。具体步骤如下：

（1）执行 SQL 语句 USE，选择数据库 company，并通过 SQL 语句 DESC 查看该数据库中已经存在的表 t_dept 信息，具体 SQL 语句如下：

```
USE company;
```

和

```
DESC t_dept;
```

【运行效果】执行上面的 SQL 语句，其结果如图 6.21 和图 6.22 所示。

```
mysql> #选择数据库#
mysql> USE company;
```

图 6.21　选择数据库

```
mysql> #查看表#
mysql> DESC t_dept;
+--------+-------------+------+-----+---------+-------+
| Field  | Type        | Null | Key | Default | Extra |
+--------+-------------+------+-----+---------+-------+
| deptno | int(11)     | YES  |     | NULL    |       |
| dname  | varchar(20) | YES  |     | NULL    |       |
| loc    | varchar(40) | YES  |     | NULL    |       |
+--------+-------------+------+-----+---------+-------+
3 rows in set (0.00 sec)

mysql>
```

图 6.22　查看表信息

（2）执行 SQL 语句 ALTER TABLE，在表 t_dept 中创建关联字段 deptno 的唯一索引对象 index_deptno，具体 SQL 语句如下：

```
ALTER TABLE t_dept
    ADD UNIQUE INDEX index_deptno(deptno);
```

【代码说明】在上述语句中创建关联表 t_dept 中字段 deptno 的唯一索引 index_deptno。

【运行效果】执行上面的 SQL 语句，其结果如图 6.23 所示。

（3）为了校验数据库表 t_dept 中索引是否创建成功，执行 SQL 语句 SHOW CREATE TABLE，具体 SQL 语句如下：

```
SHOW CREATE TABLE t_dept \G
```

【运行效果】执行上面的 SQL 语句，其结果如图 6.24 所示。

执行结果显示，已经在数据库表 t_dept 上创建了一个名为 index_deptno 索引，其所关联的字段为 deptno。

```
mysql> #创建索引#
mysql> ALTER TABLE t_dept
    -> ADD UNIQUE INDEX index_deptno(deptno);
Query OK, 4 rows affected (0.31 sec)
Records: 4  Duplicates: 0  Warnings: 0

mysql>
```

图 6.23　创建索引对象 index_deptno

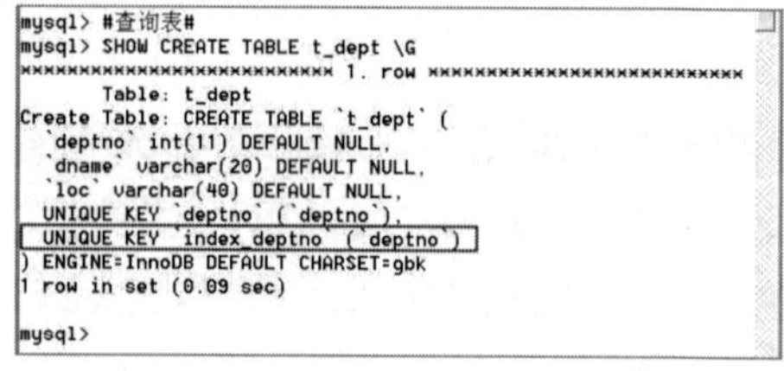

```
mysql> #查询表#
mysql> SHOW CREATE TABLE t_dept \G
*************************** 1. row ***************************
       Table: t_dept
Create Table: CREATE TABLE `t_dept` (
  `deptno` int(11) DEFAULT NULL,
  `dname` varchar(20) DEFAULT NULL,
  `loc` varchar(40) DEFAULT NULL,
  UNIQUE KEY `deptno` (`deptno`),
  UNIQUE KEY `index_deptno` (`deptno`)
) ENGINE=InnoDB DEFAULT CHARSET=gbk
1 row in set (0.09 sec)

mysql>
```

图 6.24　查看表信息

6.2.3　创建和查看全文索引

全文索引主要关联在数据类型为 CHAR、VARCHAR 和 TEXT 的字段上，以便能够更加快速地查询数据量较大的字符串类型的字段。

MySQL 从 3.23.23 版本开始支持全文索引，只能在存储引擎为 MyISAM 的数据库表上创建全文索引。在默认情况下，全文索引的搜索执行方式为不区分大小写，如果全文索引所关联的字段为二进制数据类型，则以区分大小写的搜索方式执行。

1．创建表时创建全文索引

查看帮助文档发现，在 MySQL 数据库管理系统中创建全文索引通过 SQL 语句 FULLTEXT INDEX 来实现，其语法形式如下：

```
CREATE TABLE table_name (
      属性名 数据类型,
      属性名 数据类型,
      ……
      属性名 数据类型,
      FULLTEXT INDEX|KEY 【索引名】(属性名1 【(长度)】 【ASC|DESC】)
);
```

在上述语句中比创建普通索引多了一个 SQL 关键字 FULLTEXT，其中 FULLTEXT INDEX 或 FULLTEXT KEY 表示创建全文索引。

【实例 6-7】执行 SQL 语句 FULLTEXT INDEX，在数据库 company 中，在表 t_dept 的 loc 字段上创建全文索引。具体步骤如下：

（1）执行 SQL 语句 USE，选择数据库 company，具体 SQL 语句如下：

```
USE company;
```

【运行效果】执行上面的 SQL 语句，其结果如图 6.25 所示。

（2）执行 SQL 语句 FULLTEXT INDEX，在创建表 t_dept 时，在字段 loc 上创建全文索引，具体 SQL 语句如下：

```
CREATE TABLE t_dept(
     deptno INT,
     dname VARCHAR(20),
     loc VARCHAR(40),
     FULLTEXT INDEX index_loc(loc)
) ENGINE=MyISAM;
```

【代码说明】在上述语句中创建关联表 t_dept 中字段 loc 的全文索引 index_loc。

【运行效果】执行上面的 SQL 语句，其结果如图 6.26 所示。

```
mysql> #选择数据库#
mysql> USE company;
```

图 6.25　选择数据库

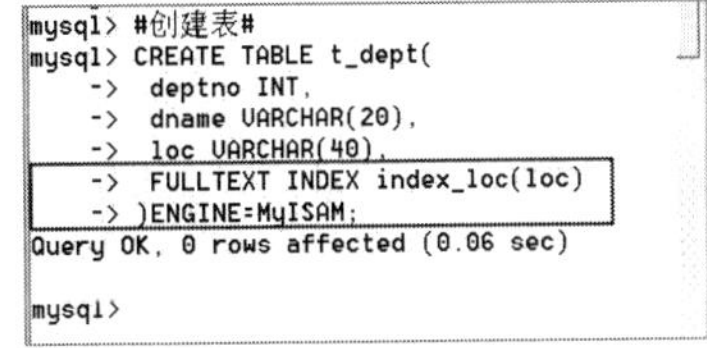

```
mysql> #创建表#
mysql> CREATE TABLE t_dept(
    -> deptno INT,
    -> dname VARCHAR(20),
    -> loc VARCHAR(40),
    -> FULLTEXT INDEX index_loc(loc)
    -> )ENGINE=MyISAM;
Query OK, 0 rows affected (0.06 sec)

mysql>
```

图 6.26　创建索引

（3）为了校验数据库表 t_dept 中全文索引是否创建成功，执行 SQL 语句 SHOW CREATE TABLE，具体 SQL 语句如下：

```
SHOW CREATE TABLE t_dept \G
```

【运行效果】执行上面的 SQL 语句，其结果如图 6.27 所示。

执行结果显示，已经在数据库表 t_dept 上创建了一个名为 index_loc 的全文索引，其所关联的字段为 loc。

（4）为了校验数据库表 t_dept 中索引是否被使用，执行 SQL 语句 EXPLAIN，具体 SQL 语句如下：

```
EXPLAIN
    SELECT * FROM t_dept WHERE dname='cjgong';
```

【运行效果】执行上面的 SQL 语句，其结果如图 6.28 所示。

```
mysql> #查询表#
mysql> SHOW CREATE TABLE t_dept \G
*************************** 1. row ***************************
       Table: t_dept
Create Table: CREATE TABLE `t_dept` (
  `deptno` int(11) DEFAULT NULL,
  `dname` varchar(20) DEFAULT NULL,
  `loc` varchar(40) DEFAULT NULL,
  FULLTEXT KEY `index_loc` (`loc`)
) ENGINE=MyISAM DEFAULT CHARSET=gbk
1 row in set (0.00 sec)

mysql> _
```

图 6.27　查看表信息

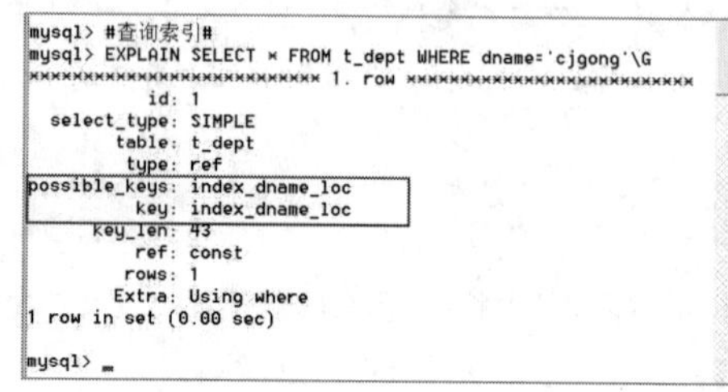

```
mysql> #查询索引#
mysql> EXPLAIN SELECT * FROM t_dept WHERE dname='cjgong'\G
*************************** 1. row ***************************
           id: 1
  select_type: SIMPLE
        table: t_dept
         type: ref
possible_keys: index_dname_loc
          key: index_dname_loc
      key_len: 43
          ref: const
         rows: 1
        Extra: Using where
1 row in set (0.00 sec)

mysql> _
```

图 6.28　查看索引是否被启用

执行结果显示，possible_keys 和 key 字段处的值都为所创建的索引名 index_dname_loc，则说明该索引已经存在，而且已经开始启用。

2．在已经存在的表上创建全文索引

查看帮助文档发现，在 MySQL 数据库管理系统中创建全文索引除了通过 SQL 语句 FULLTEXT INDEX 来实现外，还可以通过 SQL 语句 CREATE FULLTEXT INDEX 来实现，其语法形式如下：

```
CREATE FULLTEXT INDEX 索引名
    ON 表名 (属性名 【(长度)】 【ASC|DESC】)
```

在上述语句中，CREATE FULLTEXT INDEX 关键字表示用来创建全文索引。

【实例 6-8】执行 SQL 语句 INDEX，在数据库 company 中已经创建好的表 t_dept 上，创建关联字段 loc 的全文索引。具体步骤如下：

（1）执行 SQL 语句 USE，选择数据库 company，并通过 SQL 语句 DESC 查看该数据库中已经存在的表 t_dept 信息，具体 SQL 语句如下：

```
USE company;
```

然后查看已经存在表 t_dept 的定义信息，具体 SQL 语句如下：

```
DESC t_dept;
```

【运行效果】执行上面的 SQL 语句，其结果如图 6.29 和图 6.30 所示。

```
mysql> #选择数据库#
mysql> USE company;
```

图 6.29　选择数据库

```
mysql> #查询表#
mysql> DESC t_dept;
+--------+-------------+------+-----+---------+-------+
| Field  | Type        | Null | Key | Default | Extra |
+--------+-------------+------+-----+---------+-------+
| deptno | int(11)     | YES  |     | NULL    |       |
| dname  | varchar(20) | YES  |     | NULL    |       |
| loc    | varchar(40) | YES  |     | NULL    |       |
+--------+-------------+------+-----+---------+-------+
3 rows in set (0.01 sec)

mysql> _
```

图 6.30　查看表定义

（2）执行 SQL 语句 CREATE FULLTEXT INDEX，在表 t_dept 中创建关联字段 loc 的全文索引对象 index_deptno，具体 SQL 如下：

```
CREATE FULLTEXT INDEX index_loc
    ON t_dept (loc);
```

【代码说明】在上述语句中创建了关联表 t_dept 中字段 loc 的全文索引 index_loc。

【运行效果】执行上面的 SQL 语句，其结果如图 6.31 所示。

（3）为了校验数据库表 t_dept 中全文索引是否创建成功，执行 SQL 语句 SHOW CREATE TABLE，具体 SQL 语句内容如下：

```
SHOW CREATE TABLE t_dept \G
```

【运行效果】执行上面的 SQL 语句，其结果如图 6.32 所示。

```
mysql> #创建索引#
mysql> CREATE FULLTEXT INDEX index_loc
    -> ON t_dept (loc);
Query OK, 0 rows affected (0.14 sec)
Records: 0  Duplicates: 0  Warnings: 0

mysql>
```

图 6.31　创建索引

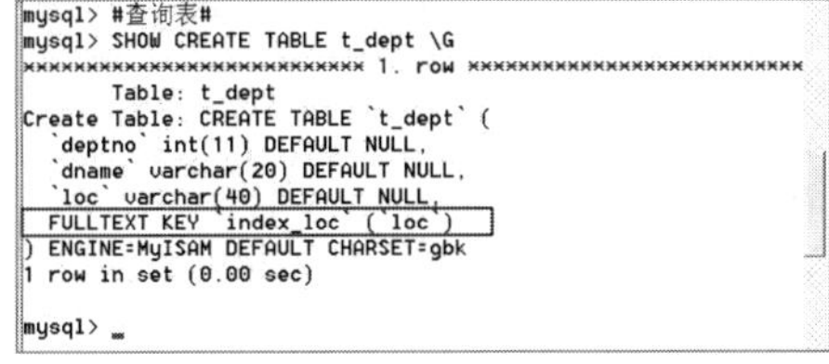

图 6.32　查看表信息

执行结果显示，已经在数据库表 t_dept 上创建了一个名为 index_loc 的全文索引，其所关联的字段为 loc。

3. 通过 SQL 语句 ALTER TABLE 创建全文索引

除了上述两种方式来创建全文索引外，在 MySQL 数据库管理系统中创建全文索引还可以通过 SQL 语句 ALTER 来实现，其语法形式如下：

```
ALTER TABLE table_name
    ADD FULLTEXT INDEX|KEY 索引名 (属性名 【(长度)】 【ASC|DESC】)
```

在上述语句中，FULLTEXT INDEX 或 KEY 关键字用来指定创建全文索引，“索引名”参数用来指定所创建索引名，“属性名”参数用来指定索引所关联的字段的名称，“长度”参数用来指定索引的长度，“ASC”参数用来指定为升序排序，“DESC”参数用来指定为降序排序。

【实例 6-9】执行 SQL 语句 ALTER TABLE，在数据库 company 中，在表 t_dept 的 loc 字段上创建全文索引。具体步骤如下：

（1）执行 SQL 语句 USE，选择数据库 company，并通过 SQL 语句 DESC 查看该数据库中已经存在的表 t_dept 信息，具体 SQL 语句如下：

```
USE company;
```

和

```
DESC t_dept;
```

【运行效果】执行上面的 SQL 语句，其结果如图 6.33 和图 6.34 所示。

```
mysql> #选择数据库#
mysql> USE company;
```

图 6.33　选择数据库

```
mysql> #查看表#
mysql> DESC t_dept;
+--------+-------------+------+-----+---------+-------+
| Field  | Type        | Null | Key | Default | Extra |
+--------+-------------+------+-----+---------+-------+
| deptno | int(11)     | YES  |     | NULL    |       |
| dname  | varchar(20) | YES  |     | NULL    |       |
| loc    | varchar(40) | YES  |     | NULL    |       |
+--------+-------------+------+-----+---------+-------+
3 rows in set (0.00 sec)

mysql>
```

图 6.34　查看表信息

（2）执行 SQL 语句 ALTER TABLE，在表 t_dept 中创建关联字段 loc 的全文索引对象 index_loc，具体 SQL 语句如下：

```
ALTER TABLE t_dept
    ADD FULLTEXT INDEX index_loc(loc);
```

【代码说明】在上述语句中创建了关联表 t_dept 中字段 loc 的全文索引 index_loc。

【运行效果】执行上面的 SQL 语句，其结果如图 6.35 所示。

（3）为了校验数据库表 t_dept 中索引是否创建成功，执行 SQL 语句 SHOW CREATE TABLE，具体 SQL 语句如下：

```
SHOW CREATE TABLE t_dept \G
```

【运行效果】执行上面的 SQL 语句，其结果如图 6.36 所示。

```
mysql> #创建索引#
mysql> ALTER TABLE t_dept
    -> ADD FULLTEXT INDEX index_loc(loc);
Query OK, 4 rows affected (0.24 sec)
Records: 4  Duplicates: 0  Warnings: 0

mysql>
```

图 6.35　创建索引对象 index_loc

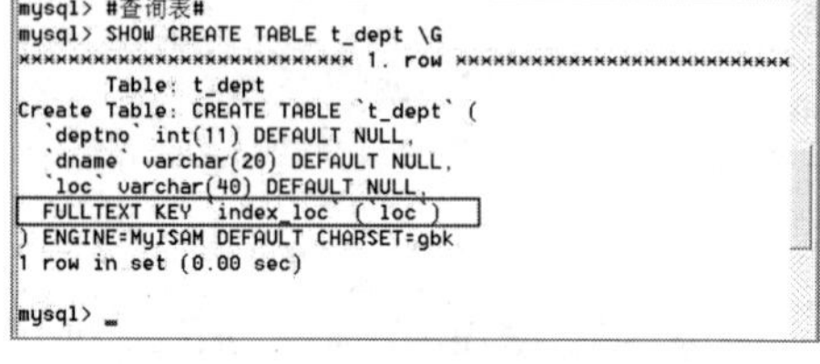

```
mysql> #查询表#
mysql> SHOW CREATE TABLE t_dept \G
*************************** 1. row ***************************
       Table: t_dept
Create Table: CREATE TABLE `t_dept` (
  `deptno` int(11) DEFAULT NULL,
  `dname` varchar(20) DEFAULT NULL,
  `loc` varchar(40) DEFAULT NULL,
  FULLTEXT KEY `index_loc` (`loc`)
) ENGINE=MyISAM DEFAULT CHARSET=gbk
1 row in set (0.00 sec)

mysql> _
```

图 6.36　查看表信息

执行结果显示，已经在数据库表 t_dept 上创建了一个名为 index_loc 的索引，其所关联的字段为 loc。

6.2.4　创建和查看多列索引

所谓多列索引，是指在创建索引时，所关联的字段不是一个字段，而是多个字段。虽然可以通过所关联的字段进行查询，但是只有查询条件中使用了所关联字段中的第一个字段，多列索引才会被使用。

1．创建表时创建多列索引

查看帮助文档发现，在 MySQL 数据库管理系统中创建全文索引是通过 SQL 语句 INDEX 来实现的，其语法形式如下：

```
CREATE TABLE table_name (
    属性名 数据类型,
    属性名 数据类型,
    ……
    属性名 数据类型,
    INDEX|KEY 【索引名】 (属性名 1 【(长度)】 【ASC|DESC】,
                         ……
                         属性名 n 【(长度)】 【ASC|DESC】)
);
```

在上述语句中创建索引时，所关联的字段至少大于一个字段。

【实例 6-10】 执行 SQL 语句 INDEX，在数据库 company 中，在表 t_dept 的 dname 和 loc 字段上创建多列索引。具体步骤如下：

（1）执行 SQL 语句 USE，选择数据库 company，具体 SQL 语句如下：

```
USE company;
```

【运行效果】 执行上面的 SQL 语句，其结果如图 6.37 所示。

（2）执行 SQL 语句 INDEX，在创建表 t_dept 时，在 dname 和 loc 字段上创建多列索引，具体 SQL 语句如下：

```
CREATE TABLE t_dept(
    deptno INT,
    dname VARCHAR(20),
    loc VARCHAR(40),
    KEY index_dname_loc(dname,loc)
);
```

【代码说明】 在上述语句中，创建表 t_dept 的同时设置了关于字段 deptno 和 loc 的多列索引对象 index_dname_loc。

【运行效果】 执行上面的 SQL 语句，其结果如图 6.38 所示。

```
mysql> #选择数据库#
mysql> USE company;
```

图 6.37　选择数据库

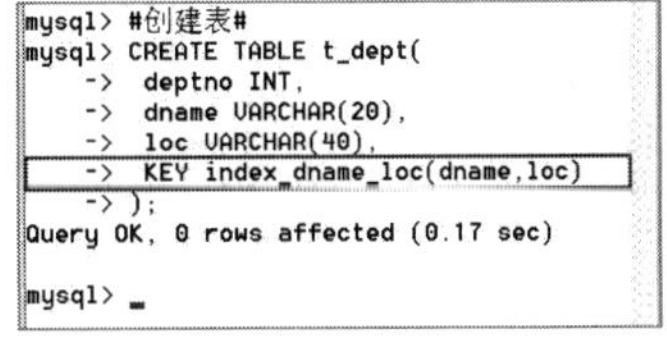

图 6.38　创建索引

（3）为了校验数据库表 t_dept 中多列索引是否创建成功，执行 SQL 语句 SHOW CREATE TABLE，具体 SQL 语句如下：

```
SHOW CREATE TABLE t_dept \G
```

【运行效果】 执行上面的 SQL 语句，其结果如图 6.39 所示。

执行结果显示，已经在数据库表 t_dept 上创建了一个名为 index_dname_loc 的多列索引，其所关联的字段为 dname 和 loc。

（4）为了校验数据库表 t_dept 中索引是否被使用，执行 SQL 语句 EXPLAIN，具体 SQL 语句如下：

```
EXPLAIN
     SELECT * FROM t_dept WHERE dname='cjgong'/G
```

【运行效果】执行上面的 SQL 语句，其结果如图 6.40 所示。

```
mysql> #查询表#
mysql> SHOW CREATE TABLE t_dept \G
*************************** 1. row ***************************
       Table: t_dept
Create Table: CREATE TABLE `t_dept` (
  `deptno` int(11) DEFAULT NULL,
  `dname` varchar(20) DEFAULT NULL,
  `loc` varchar(40) DEFAULT NULL,
  KEY `index_dname_loc` (`dname`,`loc`)
) ENGINE=InnoDB DEFAULT CHARSET=gbk
1 row in set (0.00 sec)

mysql>
```

图 6.39　查看表信息

```
mysql> #查询索引#
mysql> EXPLAIN SELECT * FROM t_dept WHERE dname='cjgong'\G
*************************** 1. row ***************************
           id: 1
  select_type: SIMPLE
        table: t_dept
         type: ref
possible_keys: index_dname_loc
          key: index_dname_loc
      key_len: 43
          ref: const
         rows: 1
        Extra: Using where
1 row in set (0.00 sec)

mysql> _
```

图 6.40　查看索引是否被启用

执行结果显示，possible_keys 和 key 字段处的值都为所创建的索引名 index_dname_loc，则说明该索引已经存在，而且已经开始启用。

2．在已经存在的表上创建多列索引

查看帮助文档发现，在 MySQL 数据库管理系统中创建全文索引，除了可以在创建表时实现外，还可以为已经存在的表设置全文索引，其语法形式如下：

```
CREATE INDEX 索引名
     ON 表名(属性名 【(长度)】 【ASC|DESC】,
               ……
               属性名n 【(长度)】 【ASC|DESC】
)
```

在上述语句中比创建普通索引多关联了几个字段。

【实例 6-11】执行 SQL 语句 CREATE INDEX，在数据库 company 中，在表 t_dept 的 dname 和 loc 字段上创建多列索引。具体步骤如下：

（1）执行 SQL 语句 USE，选择数据库 company，并通过 SQL 语句 DESC 查看该数据库中已经存在的表 t_dept 信息，具体 SQL 语句如下：

```
USE company;
```

然后查看已经存在表 t_dept 的定义信息，具体 SQL 语句如下：

```
DESC t_dept;
```

【运行效果】执行上面的 SQL 语句，其结果如图 6.41 和图 6.42 所示。

```
mysql> #选择数据库#
mysql> USE company;
```

图 6.41　选择数据库

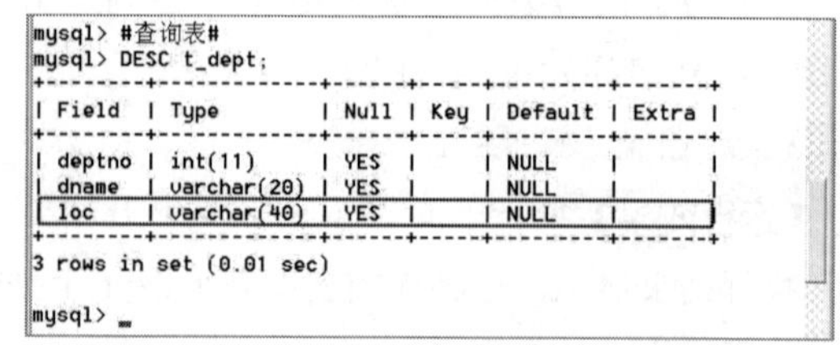

```
mysql> #查询表#
mysql> DESC t_dept;
+--------+-------------+------+-----+---------+-------+
| Field  | Type        | Null | Key | Default | Extra |
+--------+-------------+------+-----+---------+-------+
| deptno | int(11)     | YES  |     | NULL    |       |
| dname  | varchar(20) | YES  |     | NULL    |       |
| loc    | varchar(40) | YES  |     | NULL    |       |
+--------+-------------+------+-----+---------+-------+
3 rows in set (0.01 sec)

mysql> _
```

图 6.42　查看表信息

（2）执行 SQL 语句 CREATE INDEX，在表 t_dept 中创建关联字段 dname 和 loc 的多列索引对象 index_dname_loc，具体 SQL 语句如下：

```
CREATE INDEX index_dname_loc
    ON t_dept (dname,loc);
```

在上述语句中创建了关联表 t_dept 中字段 dname 和 loc 的多列索引 index_dname_loc。

【运行效果】执行上面的 SQL 语句，其结果如图 6.43 所示。

（3）为了校验数据库表 t_dept 中索引是否创建成功，执行 SQL 语句 SHOW CREATE TABLE，具体 SQL 语句如下：

```
SHOW CREATE TABLE t_dept \G
```

【运行效果】执行上面的 SQL 语句，其结果如图 6.44 所示。

```
mysql> #创建索引#
mysql> CREATE INDEX index_dname_loc
    -> ON t_dept (dname,loc);
Query OK, 0 rows affected (0.42 sec)
Records: 0  Duplicates: 0  Warnings: 0

mysql> _
```

图 6.43　创建索引

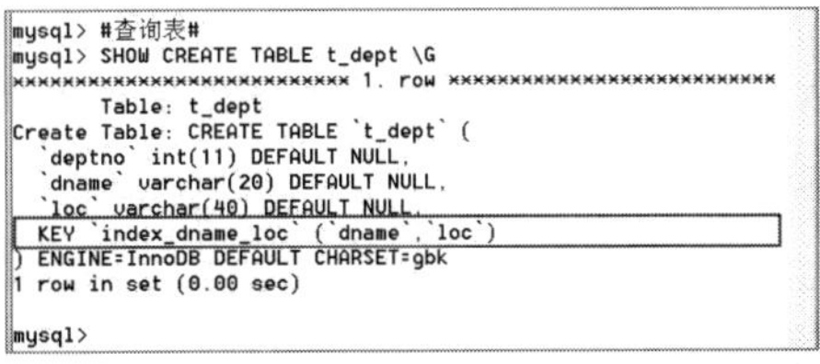

```
mysql> #查询表#
mysql> SHOW CREATE TABLE t_dept \G
*************************** 1. row ***************************
       Table: t_dept
Create Table: CREATE TABLE `t_dept` (
  `deptno` int(11) DEFAULT NULL,
  `dname` varchar(20) DEFAULT NULL,
  `loc` varchar(40) DEFAULT NULL,
  KEY `index_dname_loc` (`dname`,`loc`)
) ENGINE=InnoDB DEFAULT CHARSET=gbk
1 row in set (0.00 sec)

mysql>
```

图 6.44　查看表信息

执行结果显示，已经在数据库表 t_dept 上创建了一个名为 index_dname_loc 的多列索引，其所关联的字段为 dname 和 loc。

3．通过 SQL 语句 ALTER TABLE 创建多列索引

除了用上述两种方式来创建多列索引外，在 MySQL 数据库管理系统中创建多列索引还可以通过 SQL 语句 ALTER 来实现，其语法形式如下：

```
ALTER TABLE table_name
    ADD  INDEX|KEY 索引名 (属性名 【(长度)】 【ASC|DESC】,
                          ……
                          属性名n 【(长度)】 【ASC|DESC】
)
```

在上述语句中，INDEX 或 KEY 关键字用来指定创建索引，由于所涉及的字段为多个，所以创建为多列索引。

【实例 6-12】执行 SQL 语句 ALTER TABLE，在数据库 company 中，在表 t_dept 的 deptno 字段上创建多列索引。具体步骤如下：

（1）执行 SQL 语句 USE，选择数据库 company，并通过 SQL 语句 DESC 查看该数据库中已经存在的表 t_dept 信息，具体 SQL 语句如下：

```
USE company;
```

然后查看已经存在表 t_dept 的定义信息，具体 SQL 语句如下：

```
DESC t_dept;
```

【运行效果】执行上面的 SQL 语句，其结果如图 6.45 和图 6.46 所示。

```
mysql> #选择数据库#
mysql> USE company;
```

图 6.45　选择数据库

```
mysql> #查询表#
mysql> DESC t_dept;
+--------+-------------+------+-----+---------+-------+
| Field  | Type        | Null | Key | Default | Extra |
+--------+-------------+------+-----+---------+-------+
| deptno | int(11)     | YES  |     | NULL    |       |
| dname  | varchar(20) | YES  |     | NULL    |       |
| loc    | varchar(40) | YES  |     | NULL    |       |
+--------+-------------+------+-----+---------+-------+
3 rows in set (0.01 sec)

mysql> _
```

图 6.46　查看表信息

（2）执行 SQL 语句 CREATE INDEX，在表 t_dept 中创建关联字段 dname 和 loc 的多列索引对象 index_dname_loc，具体 SQL 语句如下：

```
ALTER TABLE t_dept
    ADD INDEX index_dname_loc(dname,loc);
```

在上述语句中创建了关联表 t_dept 中字段 dname 和 loc 的多列索引 index_dname_loc。

【运行效果】执行上面的 SQL 语句，其结果如图 6.47 所示。

（3）为了校验数据库表 t_dept 中索引是否创建成功，执行 SQL 语句 SHOW CREATE TABLE，具体 SQL 语句如下：

```
SHOW CREATE TABLE t_dept \G
```

【运行效果】执行上面的 SQL 语句，其结果如图 6.48 所示。

```
mysql> #创建索引#
mysql> ALTER TABLE t_dept
    -> ADD INDEX index_dname_loc(dname,loc);
Query OK, 4 rows affected (0.11 sec)
Records: 4  Duplicates: 0  Warnings: 0

mysql>
```

图 6.47　创建索引

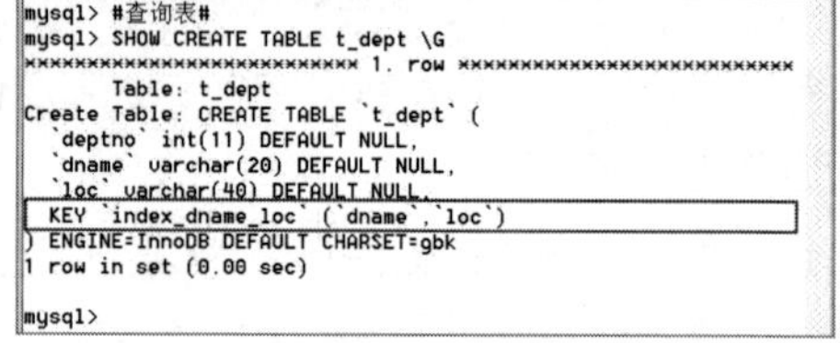

```
mysql> #查询表#
mysql> SHOW CREATE TABLE t_dept \G
*************************** 1. row ***************************
       Table: t_dept
Create Table: CREATE TABLE `t_dept` (
  `deptno` int(11) DEFAULT NULL,
  `dname` varchar(20) DEFAULT NULL,
  `loc` varchar(40) DEFAULT NULL,
  KEY `index_dname_loc` (`dname`,`loc`)
) ENGINE=InnoDB DEFAULT CHARSET=gbk
1 row in set (0.00 sec)

mysql>
```

图 6.48　查看表信息

执行结果显示，已经在数据库表 t_dept 上创建了一个名为 index_dname_loc 的多列索引，其所关联的字段为 dname 和 loc。

6.2.5　通过 SQLyog 客户端软件来创建索引

在学习 MySQL 数据库阶段，可以通过 MySQL 数据库服务器自带的工具“MySQL Command Line Client”来创建索引，该工具可以帮助大家尽快掌握关于创建索引的语法。但是在数据库开发阶段，用户一般采用客户端软件 SQLyog 来创建索引。

下面将通过一个具体的实例来说明如何通过 MySQL 客户端软件 SQLyog 创建索引。

【实例 6-13】在数据库 company 里，为数据库表对象 t_dept 创建各种类型的索引。具体步骤如下：

（1）首先连接数据库管理系统，然后单击 company→“表”→“t_dept”→“索引”节点前的加号，进入关于数据库 company 表 t_dept 的索引节点中，如图 6.49 所示。

（2）在“对象资源管理器”窗口中，右击“索引”节点，然后选择“创建索引”命令，则会打开“t_dept”窗口，如图 6.50 所示。该窗口中主要分为两部分，上部分为表的详细信息，下部分可以设置索引对象的信息。

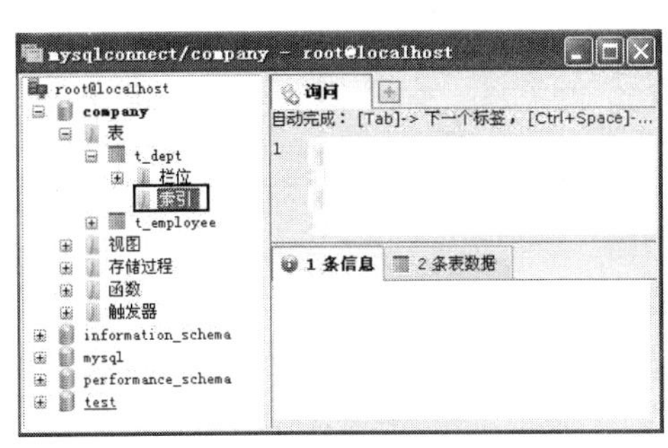

图 6.49　进入“索引”节点

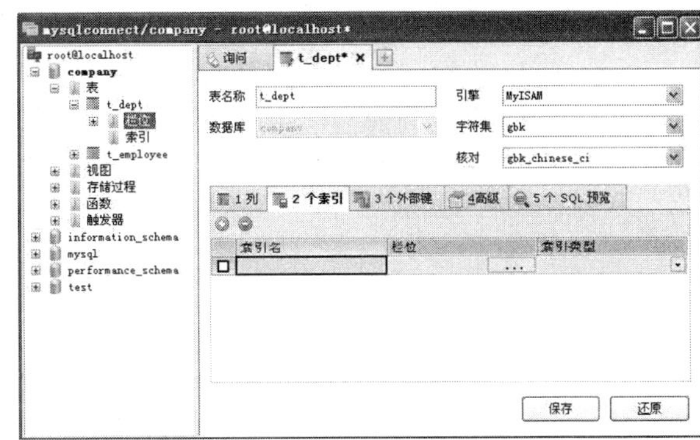

图 6.50　“t_dept”窗口

（3）如果想创建普通索引对象 index_deptno，具体设置信息如图 6.51 所示。当确认所填写的信息无误后，单击“保存”按钮，弹出确认对话框，如图 6.52 所示，在该对话框中单击“确定”按钮即可实现该索引对象的创建。

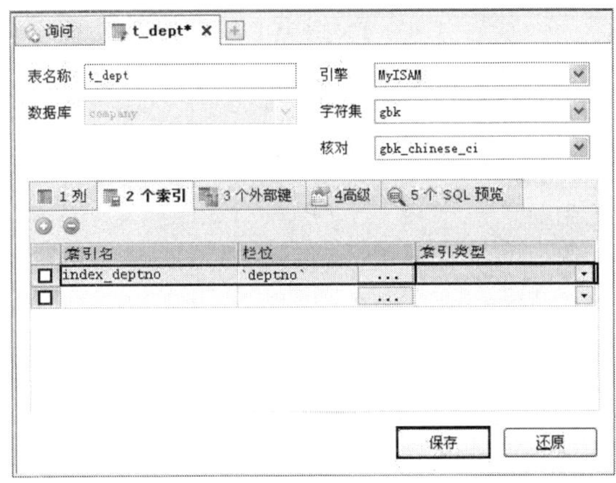

图 6.51　创建普通索引对象 index_deptno

图 6.52　确认对话框

（4）在“对象资源管理器”窗口中选择 company→“表”→“t_dept”→“索引”节点，然后单击“刷新”按钮，则会在“索引”节点中显示索引对象 index_deptno，如图 6.53 所示。

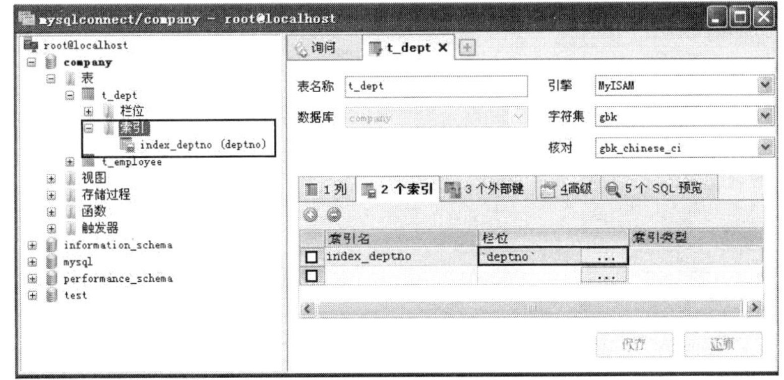

图 6.53　查看索引对象

（5）如果想创建唯一索引对象 index_deptno，具体设置信息如图 6.54 所示。当确认所填写的信息无误后，单击“保存”按钮，弹出确认对话框，如图 6.55 所示，在该对话框中单击“确定”按钮即可实现该索引对象的创建。

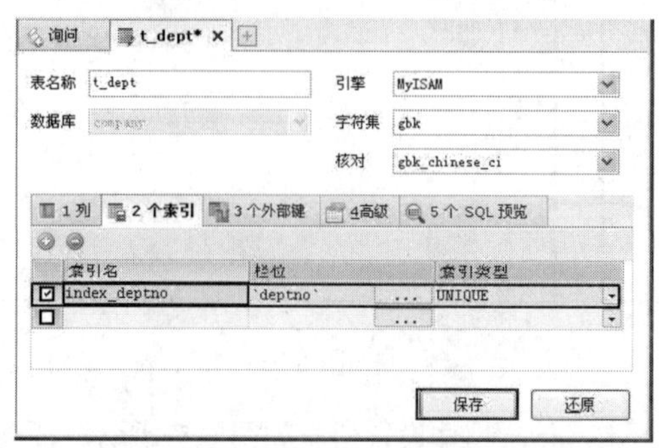

图 6.54　创建普通索引对象 index_deptno

图 6.55　确认对话框

（6）在“对象资源管理器”窗口中选择 company→“表”→“t_dept”→“索引”节点，然后单击“刷新”按钮，则会在“索引”节点中显示索引对象 index_deptno，如图 6.56 所示。

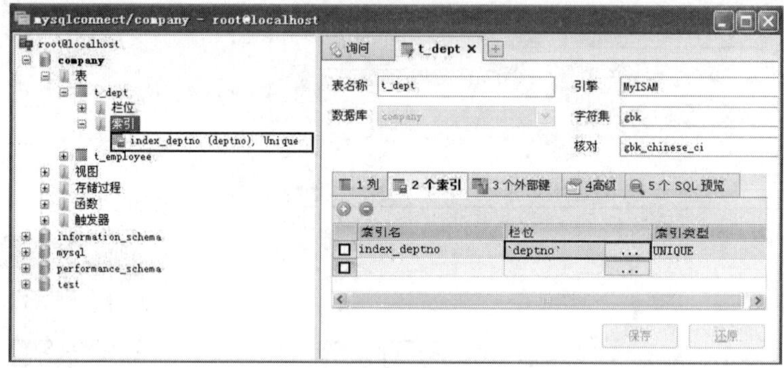

图 6.56　查看索引对象

（7）如果想创建全文索引对象 index_loc，具体设置信息如图 6.57 所示。当确认所填写的信息无误后，单击“保存”按钮弹出确认对话框，如图 6.58 所示，在该对话框中单击“确定”按钮即可实现该索引对象的创建。

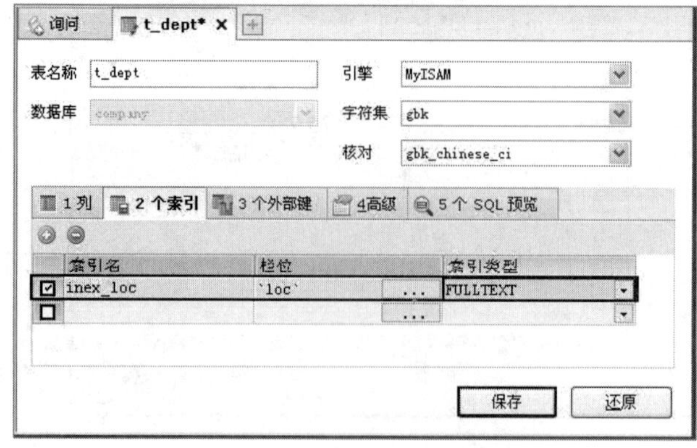

图 6.57　创建普通索引对象 index_loc

图 6.58　确认对话框

（8）在“对象资源管理器”窗口中选择 company→“表”→“t_dept” →“索引”节点，然后单击“刷新”按钮，则会在“索引”节点中显示索引对象 index_loc，如图 6.59 所示。

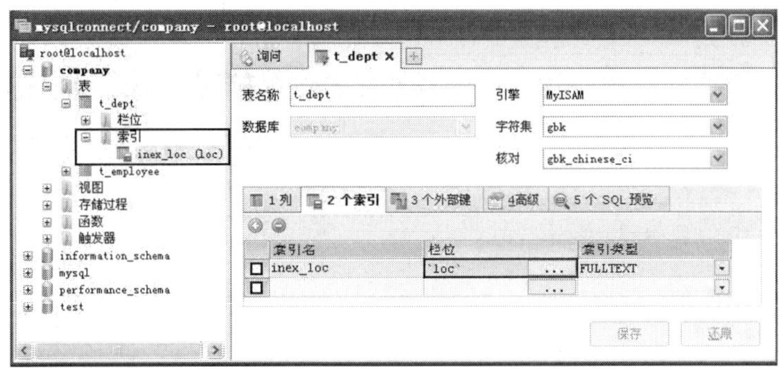

图 6.59　查看索引对象

（9）如果想创建多列索引对象 index_dname_loc，具体设置信息如图 6.60 所示。当确认所填写的信息无误后，单击“保存”按钮，弹出确认对话框，如图 6.61 所示，在该对话框中单击“确定”按钮即可实现该索引对象的创建。

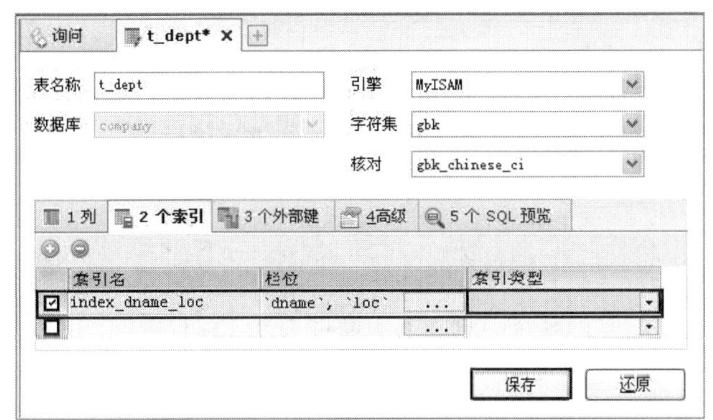

图 6.60　创建普通索引对象 index_dname_loc

图 6.61　确认对话框

（10）在“对象资源管理器”窗口中选择 company→“表”→“t_dept”→“索引”节点，然后单击“刷新”按钮，则会在“索引”节点中显示索引对象 index_dname_loc，如图 6.62 所示。

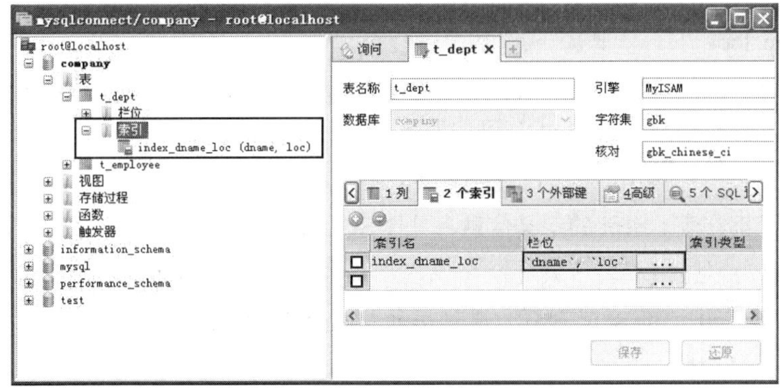

图 6.62　查看索引对象

通过上述步骤，可以在数据库 company 里为表对象 t_dept 创建各种索引对象。对于 SQLyog 工具，除了可以通过以上步骤（向导方式）创建各种索引外，还可以在“询问”窗口中输入创建索引的 SQL 语句，然后单击工具栏中的“执行查询”（）按钮，则可以实现索引的创建，如图 6.63 所示。

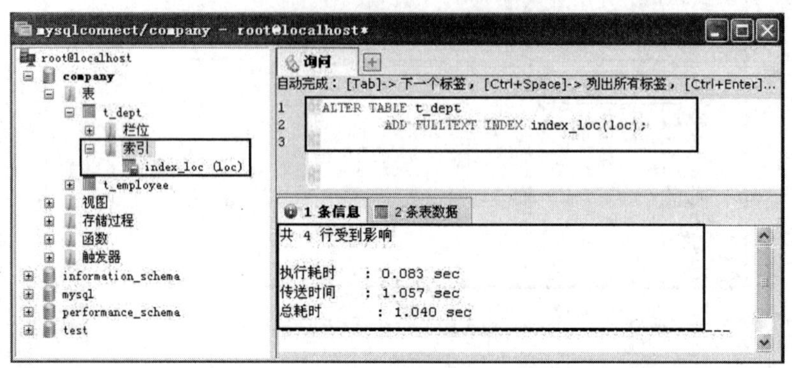

图 6.63　执行 SQL 语句

6.3　删除索引

索引的操作包括创建索引、查看索引和删除索引。所谓删除索引，就是删除表中已经创建的索引。之所以要删除索引，是由于这些索引会降低表的更新速度，影响数据库的性能，本节将详细介绍如何删除索引。

6.3.1　删除索引的语法形式

查看帮助文档发现，在 MySQL 数据库管理系统中删除索引通过 SQL 语句 DROP IINDEX 来实现，其语法形式如下：

```
DROP INDEX index_name
    ON table_name
```

在上述语句中，index_name 参数表示所要删除的索引名字，table_name 参数表示所要删除索引所在的表对象。

【实例 6-14】执行 SQL 语句 DROP INDEX，在数据库 company 里删除表对象 t_dept 中的索引对象 index_dname_loc。具体步骤如下：

（1）执行 SQL 语句 USE，选择数据库 company，并通过 SQL 语句 SHOW CREATE TABLE 查看该数据库中表 t_dept 信息，具体 SQL 语句如下：

```
USE company;
```

然后查看已经存在表 t_dept 的定义信息，具体 SQL 语句如下：

```
SHOW CREATE TABLE t_dept \G
```

【运行效果】执行上面的 SQL 语句，其结果如图 6.64 和图 6.65 所示。

```
mysql> #选择数据库#
mysql> USE company;
```

图 6.64　选择数据库

```
mysql> #查询表#
mysql> SHOW CREATE TABLE t_dept \G
*************************** 1. row ***************************
       Table: t_dept
Create Table: CREATE TABLE `t_dept` (
  `deptno` int(11) DEFAULT NULL,
  `dname` varchar(20) DEFAULT NULL,
  `loc` varchar(40) DEFAULT NULL,
  KEY `index_dname_loc` (`dname`,`loc`)
) ENGINE=InnoDB DEFAULT CHARSET=gbk
1 row in set (0.00 sec)

mysql>
```

图 6.65　查看表信息

（2）为了校验数据库表 t_dept 中索引是否被使用，执行 SQL 语句 EXPLAIN，具体 SQL 语句如下：

```
EXPLAIN
    SELECT * FROM t_dept WHERE dname='cjgong'\G
```

【运行效果】执行上面的 SQL 语句，其结果如图 6.66 所示。

（3）执行 SQL 语句 DROP INDEX，删除索引对象 index_dname_loc，具体 SQL 语句如下：

```
DROP INDEX index_dname_loc
    ON t_dept;
```

【运行效果】执行上面的 SQL 语句，其结果如图 6.67 所示。

```
mysql> #查询索引#
mysql> EXPLAIN SELECT * FROM t_dept WHERE dname='cjgong'\G
*************************** 1. row ***************************
           id: 1
  select_type: SIMPLE
        table: t_dept
         type: ref
possible_keys: index_dname_loc
          key: index_dname_loc
      key_len: 43
          ref: const
         rows: 1
        Extra: Using where
1 row in set (0.00 sec)

mysql> _
```

图 6.66　查看索引是否被启用

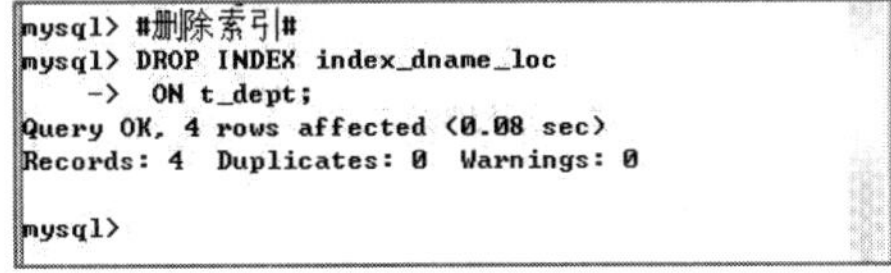

```
mysql> #删除索引#
mysql> DROP INDEX index_dname_loc
    -> ON t_dept;
Query OK, 4 rows affected (0.08 sec)
Records: 4  Duplicates: 0  Warnings: 0

mysql>
```

图 6.67　删除索引

（4）为了校验数据库 company 中是否还存在索引对象 index_dname_loc，执行 SQL 语句 SHOW CREATE TABLE，具体 SQL 语句如下：

```
SHOW CREATE TABLE t_dept \G
```

【运行效果】执行上面的 SQL 语句，其结果如图 6.68 所示。

```
mysql> #查看表#
mysql> SHOW CREATE TABLE t_dept \G
*************************** 1. row ***************************
       Table: t_dept
Create Table: CREATE TABLE `t_dept` (
  `deptno` int(11) default NULL,
  `dname` varchar(20) default NULL,
  `loc` varchar(40) default NULL
) ENGINE=MyISAM DEFAULT CHARSET=gbk
1 row in set (0.00 sec)

mysql>
```

图 6.68　查看表

执行结果显示，t_dept 表已经不存在索引对象 index_dname_loc。

6.3.2　通过 SQLyog 软件删除索引

在客户端软件 SQLyog 中，不仅可以通过在“询问”窗口中执行 DROP INDEX 语句来删除索引，而且还可以通过向导来实现，具体步骤如下：

（1）在“对象资源管理器”窗口中，单击 company→“表”→“t_dept”→“索引”节点前的加号，然后右击“index_dname_loc”节点，从弹出的快捷菜单中选择“删除索引”命令，如图 6.69 所示。

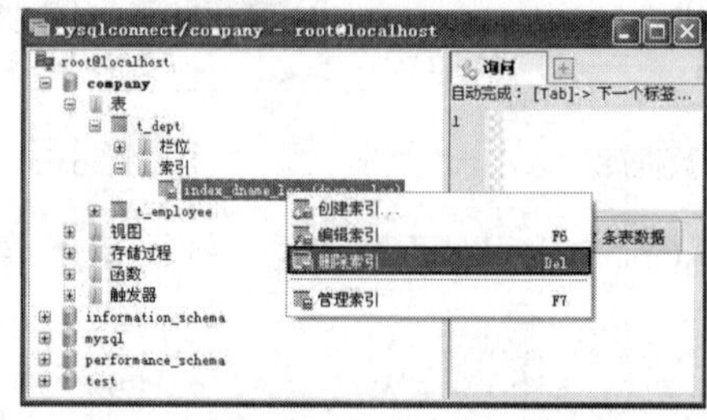

图 6.69 选择“删除索引”命令

（2）弹出对话框来确定是否删除索引，如图 6.70 所示。单击“是”按钮后，这时“对象资源管理器”窗口的 company→“表”→“t_dept”中的索引节点里就没有任何索引对象，如图 6.71 所示。

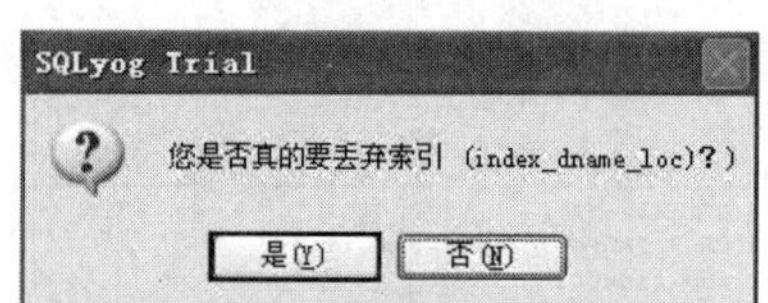

图 6.70 确认删除索引对象

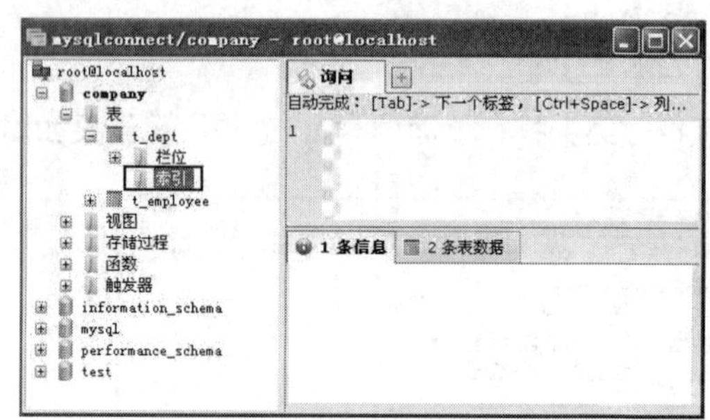

图 6.71 删除索引成功

通过上述步骤，即可成功删除索引对象。

6.4 小 结

本章主要介绍 MySQL 软件关于索引的操作，分别从数据库对象索引的基本概念和操作两方面介绍。其中前者主要介绍为什么要使用索引对象，而后者主要介绍了创建索引操作、查看索引操作和删除索引操作，详细讲解了普通索引、唯一索引、全文索引和多列索引等各种类型索引的相关操作。为了让读者掌握这些操作，分别通过 SQL 语句和 SQLyog 客户端软件这两种方式来介绍。

通过对本章的学习，读者不仅会掌握数据库对象索引的基本概念，而且还会熟练掌握索引的各种操作。

第 7 章 视图的操作

数据库技术经历多年的发展，其功能已经远远不再是存储和管理数据这么简单，特别是最新版本的 MySQL 5.5 数据库，即可通过很多易用的特性来提高用户体验和帮助企业节约资源。本节将详细介绍 MySQL 提供的一个新特性——视图（VIEW），通过对视图的操作不仅可以实现查询的简化，而且还会提高安全性。

通过本节的学习，可以掌握如下内容:

- 视图的相关概念
- 视图的基本操作：创建、查看、更新和删除

7.1 为什么使用视图

通过前面章节的知识可以发现，数据库中关于数据的查询有时非常复杂，例如表连接、子查询等，这种查询会让程序员感到非常痛苦，因为它的逻辑太复杂、编写语句比较多。当这种查询需要重复使用时，则不会每次都能编写正确，从而降低了数据库的实用性。

在具体操作表之前，有时候要求只能操作部分字段，而不是全部字段。例如，在公司中员工的工资一般是保密的，如果因为程序员一时疏忽向查询中多写入了关于“工资”的字段，则会让员工的“工资”显示给所有能够查看该查询结果的人，这时就需要限制程序员操作的字段。

为了提高复杂 SQL 语句的复用性和表操作的安全性，MySQL 数据库管理系统提供了视图特性。所谓视图，本质上是一种虚拟表，其内容与真实的表相似，包含一系列带有名称的列和行数据。但是，视图并不在数据库中以存储数据值的形式存在。行和列数据来自定义视图的查询所引用基本表，并且在具体引用视图时动态生成。

视图使程序员只关心感兴趣的某些特定数据和他们所负责的特定任务。这样程序员只能看到视图中所定义的数据，而不是视图所引用表中的数据，从而提高数据库中数据的安全性。

视图的特点如下：

- 视图的列可以来自于不同的表，是表的抽象和在逻辑意义上建立的新关系。
- 视图是由基本表（实表）产生的表（虚表）。
- 视图的建立和删除不影响基本表。
- 对视图内容的更新（添加、删除和修改）直接影响基本表。

- 当视图来自多个基本表时，不允许添加和删除数据。

注意：MySQL 数据库管理系统从 5.0.1 版本开始提供视图新特性。

7.2 创建视图

视图的操作包括创建视图、查看视图、删除视图和修改视图。本节将详细介绍如何创建视图。在创建视图时，首先要确保拥有 CREATE VIEW 的权限，并且同时确保对创建视图所引用的表也具有相应的权限。

7.2.1 创建视图的语法形式

虽然视图可以被看成是一种虚拟表，但是其在物理上是不存在的，即数据库管理系统没有专门的位置为视图存储数据。根据视图的概念可以发现其数据来源于查询语句，因此创建视图的语法为：

```
create view view_name
    AS 查询语句
```

和创建表一样，视图名不能和表名、也不能和其他的视图名重名。根据上述语法可以发现，视图的功能实际上就是封装了复杂的查询语句。下面将通过一个具体的实例来说明如何创建视图。

【实例 7-1】在数据库 view 中，由水果产物表 t_product 创建出隐藏价格字段 price 的视图 view_selectproduct。关于水果产物的表中数据如图 7.1 所示。

（1）执行 SQL 语句 USE，选择数据库 view，具体 SQL 语句如下：

```
USE view;
```

【运行效果】执行上面的 SQL 语句，其结果如图 7.2 所示。

```
mysql> #查询表数据#
mysql> SELECT *
    -> FROM t_product;
+----+--------+-------+
| id | name   | price |
+----+--------+-------+
|  1 | apple  |   6.5 |
|  2 | banana |   4.5 |
|  3 | orange |   1.5 |
|  4 | pear   |   2.5 |
+----+--------+-------+
4 rows in set (0.00 sec)

mysql>
```

图 7.1 水果产物表

```
mysql> #选择数据库#
mysql> USE view;
Database changed
mysql> 
```

图 7.2 选择数据库

（2）选择进入数据库 view 后，执行 SQL 语句 CREATE VIEW，创建视图对象 view_selectproduct，具体创建语句如下：

```
CREATE VIEW view_selectproduct
    AS
        SELECT id,name
            FROM t_product;
```

【代码说明】在上述代码中创建一个名为 view_selectproduct 的视图，通过对代码的观察可以发现，实际上代码里写的是一个表查询语句，只不过是把这个查询语句封装起来重新起了一个别名，以便以后可以重复使用。

注意：在 SQL 语句命名规范中，视图一般以 view_xxx 或者 v_xxx 的样式来命名。

【运行效果】 执行上面的查询语句，其结果如图 7.3 所示。

```
mysql> #创建视图#
mysql> CREATE VIEW view_selectproduct
    -> AS
    ->          SELECT id,name
    ->                    FROM t_product;
Query OK, 0 rows affected (0.03 sec)

mysql>
```

图 7.3　创建视图

（3）创建完视图后，即可进行查询视图操作，那么如何使用视图呢？其实非常简单，可以将视图当作表一样来执行查询操作，具体查询语句如下：

```
SELECT *
    FROM view_selectproduct;
```

【运行效果】 执行上面的查询语句，其结果如图 7.4 所示。

通过执行查询结果可以发现，虽然查询视图和查询表格很相似，但是视图可以实现信息的隐藏。同时，如果想在多个地方重复实现该功能，只需查询视图，而不需要每次都编写视图所封装的详细查询语句。

最后，关于该实例的整体执行过程如图 7.5 所示。

```
mysql> #查询视图#
mysql> SELECT *
    -> FROM view_selectproduct;
+----+--------+
| id | name   |
+----+--------+
|  1 | apple  |
|  2 | banana |
|  3 | orange |
|  4 | pear   |
+----+--------+
4 rows in set (0.05 sec)

mysql>
```

图 7.4　查询视图

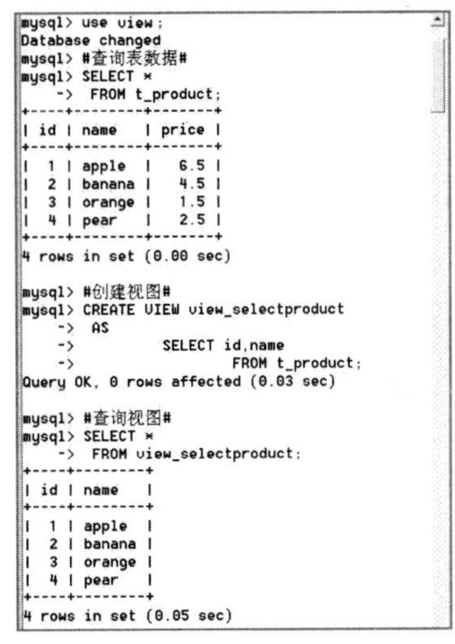

```
mysql> use view;
Database changed
mysql> #查询表数据#
mysql> SELECT *
    -> FROM t_product;
+----+--------+-------+
| id | name   | price |
+----+--------+-------+
|  1 | apple  |   6.5 |
|  2 | banana |   4.5 |
|  3 | orange |   1.5 |
|  4 | pear   |   2.5 |
+----+--------+-------+
4 rows in set (0.00 sec)

mysql> #创建视图#
mysql> CREATE VIEW view_selectproduct
    -> AS
    ->          SELECT id,name
    ->                   FROM t_product;
Query OK, 0 rows affected (0.03 sec)

mysql> #查询视图#
mysql> SELECT *
    -> FROM view_selectproduct;
+----+--------+
| id | name   |
+----+--------+
|  1 | apple  |
|  2 | banana |
|  3 | orange |
|  4 | pear   |
+----+--------+
4 rows in set (0.05 sec)
```

图 7.5　运行过程

7.2.2　通过 SQLyog 软件创建视图

在学习 MySQL 数据库阶段，可以通过 MySQL 数据库服务器自带的工具“MySQL Command Line Client”来创建视图，该工具可以帮助大家尽快掌握关于视图的语法。但是在数据库开发阶段，程序员一般通过客户端软件 SQLyog 来创建视图。

下面将通过一个具体的实例来说明如何通过 MySQL 数据库服务器客户端软件 SQLyog 来创建视图。

【实例 7-2】 与实例 7-1 一样，由水果产物表 t_product 创建出隐藏价格字段 price 的视图 view_selectproduct。

（1）在“对象资源管理器”窗口中，单击数据库 view 节点前的加号，然后右击“视图”节点，在弹出的快捷菜单中选择“创建视图”命令，如图 7.6 所示。

（2）在弹出的“Create View”对话框中输入视图名，如 view_selectproduct，如图 7.7 所示。

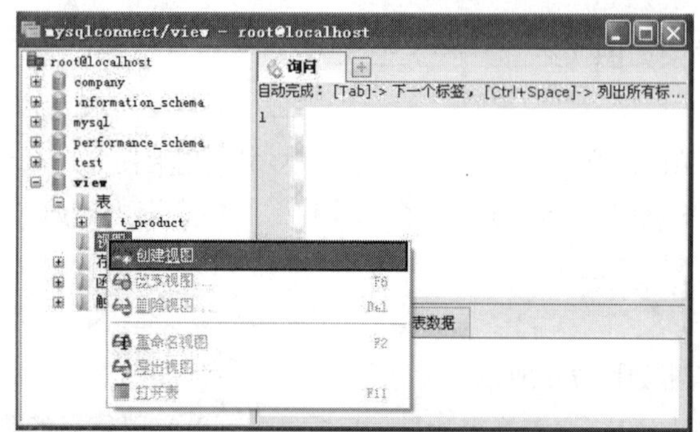

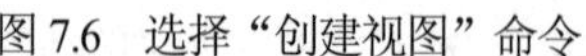

图 7.6 选择“创建视图”命令

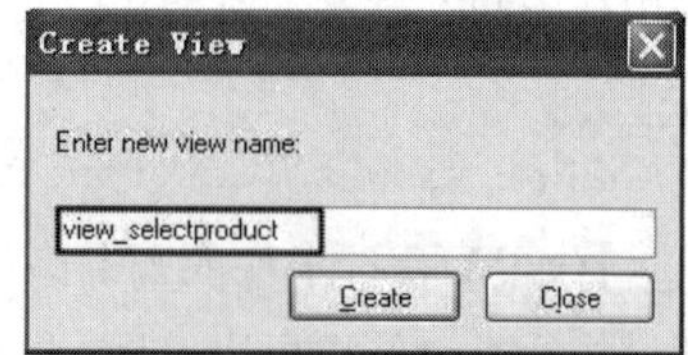

图 7.7 输入视图名

（3）在出现的“视图编辑器”中（见图 7.8）修改关于视图 view_selectproduct 的代码如下：

```
DROP VIEW IF EXISTS 'view'. 'view_selectproduct';
CREATE VIEW 'view'. 'view_selectproduct'
    AS
        SELECT id,name
            FROM t_product;
```

（4）执行上述代码，“对象资源管理器”就会创建出名为 view_selectproduct 的视图，如图 7.9 所示。

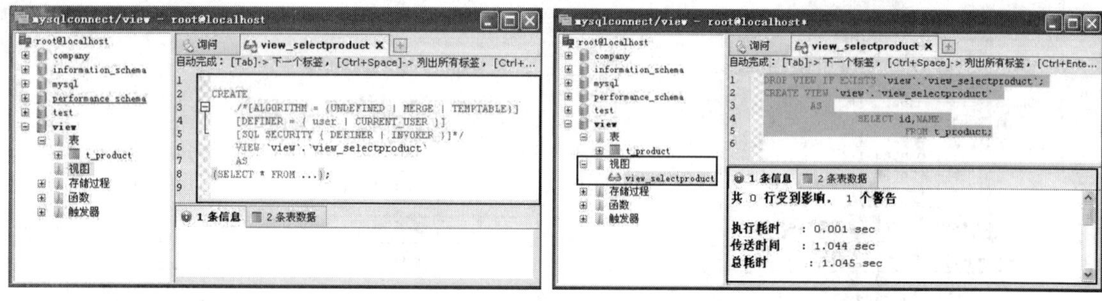

图 7.8 “view_selectproduct”代码模板

图 7.9 创建视图成功

经过上述步骤，可以在 SQLyog 软件中成功创建视图对象。

7.2.3 创建各种视图

由于视图的功能实际上是封装查询语句，那么是不是任何形式的查询语句都可以封装在视图里呢？本节将通过具体实例详细介绍各种形式的视图。

【实例 7-3】在数据库 view 中，存在分别表示学生和组的表 t_student 和 t_group，关于学生表中数据如图 7.10 所示，关于组表中数据如图 7.11 所示。

```
mysql> #查看表t_student数据#
mysql> SELECT *
    -> FROM t_student;
+----+---------+------+----------+
| id | name    | sex  | group_id |
+----+---------+------+----------+
|  1 | cjgong1 | M    |        1 |
|  2 | cjgong2 | M    |        1 |
|  3 | cjgong3 | M    |        2 |
|  4 | cjgong4 | W    |        2 |
|  5 | cjgong5 | w    |        2 |
|  6 | cjgong6 | W    |        2 |
|  7 | cjgong7 | M    |        3 |
|  8 | cjgong8 | W    |        3 |
|  9 | cjogng9 | W    |        4 |
+----+---------+------+----------+
9 rows in set (0.02 sec)

mysql>
```

图 7.10　学生表信息

```
mysql> #查看表t_group数据#
mysql> SELECT *
    -> FROM t_group;
+----+---------+
| id | name    |
+----+---------+
|  1 | group_1 |
|  2 | group_2 |
|  3 | group_3 |
|  4 | group_4 |
|  5 | group_5 |
+----+---------+
5 rows in set (0.00 sec)

mysql>
```

图 7.11　组表信息

（1）封装实现查询常量语句的视图，即所谓的常量视图，具体语句如下：

```
CREATE VIEW view_test1
    AS
        SELECT 3.1415926;
```

【运行效果】查询视图 view_test1，其结果如图 7.12 所示。

（2）封装使用聚合函数（SUM、MIN、MAX、COUNT 等）查询语句的视图，具体语句如下：

```
CREATE VIEW view_test2
    AS
        SELECT COUNT(name)
            FROM t_student;
```

【运行效果】查询视图 view_test2，其结果如图 7.13 所示。

```
mysql> #创建常量视图#
mysql> CREATE VIEW view_test1
    -> AS
    >          SELECT 3.1415926;
Query OK, 0 rows affected (0.01 sec)

mysql> #查询视图#
mysql> SELECT *
    -> FROM view_test1;
+-----------+
| 3.1415926 |
+-----------+
| 3.1415926 |
+-----------+
1 row in set (0.02 sec)

mysql>
```

图 7.12　查询视图 view_test1

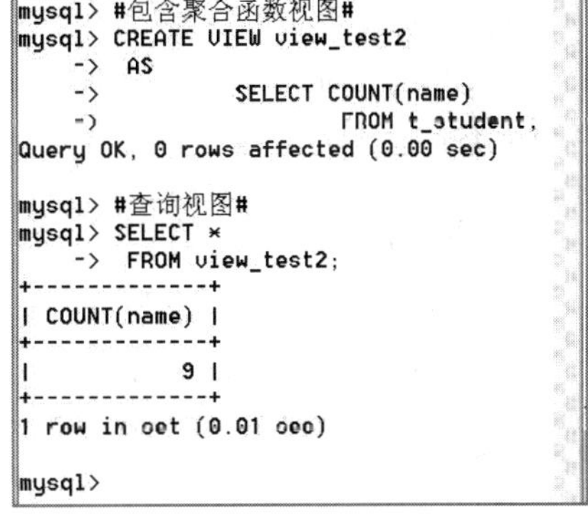

```
mysql> #包含聚合函数视图#
mysql> CREATE VIEW view_test2
    -> AS
    ->          SELECT COUNT(name)
    ->          FROM t_student;
Query OK, 0 rows affected (0.00 sec)

mysql> #查询视图#
mysql> SELECT *
    -> FROM view_test2;
+-------------+
| COUNT(name) |
+-------------+
|           9 |
+-------------+
1 row in set (0.01 sec)

mysql>
```

图 7.13　查询视图 view_test2

（3）封装了实现排序功能（ORDER BY）查询语句的视图，具体语句如下：

```
CREATE VIEW view_test3
    As
        SELECT name
            FROM t_student
                ORDER BY id DESC;
```

【运行效果】查询视图 view_test3，其结果如图 7.14 所示。

（4）封装了实现表内连接查询语句的视图，具体语句如下：

```
CREATE VIEW view_test4
    AS
        SELECT s.name
            FROM t_student as s,t_group as g
                WHERE s.group_id=g.id AND g.id=2;
```

【运行效果】查询视图 view_test4，其结果如图 7.15 所示。

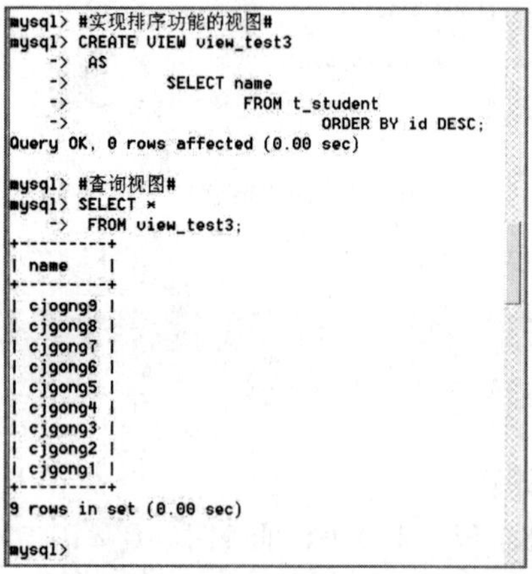

```
mysql> #实现排序功能的视图#
mysql> CREATE VIEW view_test3
    -> AS
    ->         SELECT name
    ->                 FROM t_student
    ->                         ORDER BY id DESC;
Query OK, 0 rows affected (0.00 sec)

mysql> #查询视图#
mysql> SELECT *
    -> FROM view_test3;
+---------+
| name    |
+---------+
| cjogng9 |
| cjgong8 |
| cjgong7 |
| cjgong6 |
| cjgong5 |
| cjgong4 |
| cjgong3 |
| cjgong2 |
| cjgong1 |
+---------+
9 rows in set (0.00 sec)

mysql>
```

图 7.14　查询视图 view_test3

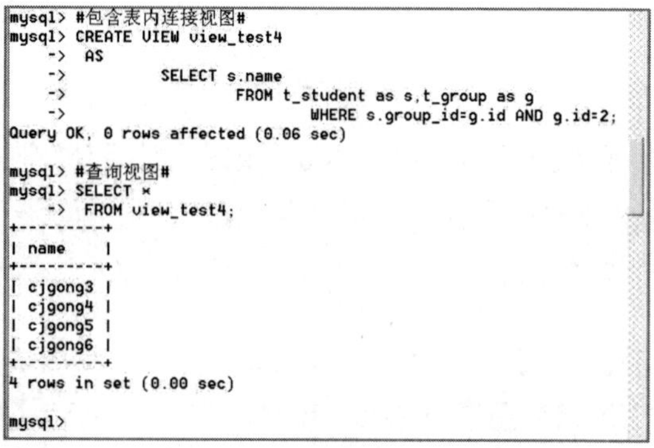

```
mysql> #包含表内连接视图#
mysql> CREATE VIEW view_test4
    -> AS
    ->         SELECT s.name
    ->                 FROM t_student as s,t_group as g
    ->                         WHERE s.group_id=g.id AND g.id=2;
Query OK, 0 rows affected (0.06 sec)

mysql> #查询视图#
mysql> SELECT *
    -> FROM view_test4;
+---------+
| name    |
+---------+
| cjgong3 |
| cjgong4 |
| cjgong5 |
| cjgong6 |
+---------+
4 rows in set (0.00 sec)

mysql>
```

图 7.15　查询视图 view_test4

（5）封装了实现表外连接（LEFT JOIN 和 RIGHT JOIN）查询语句的视图，具体语句如下：

```
CREATE VIEW view_test5
    AS
        SELECT s.name
            FROM t_student as s LEFT JOIN t_group as g ON s.group_id=g.id
                WHERE g.id=2;
```

【运行效果】查询视图 view_test5，其结果如图 7.16 所示。

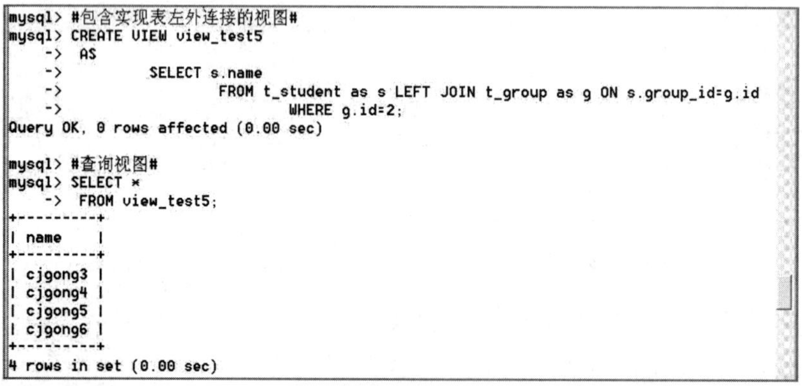

```
mysql> #包含实现表左外连接的视图#
mysql> CREATE VIEW view_test5
    -> AS
    ->         SELECT s.name
    ->                 FROM t_student as s LEFT JOIN t_group as g ON s.group_id=g.id
    ->                         WHERE g.id=2;
Query OK, 0 rows affected (0.00 sec)

mysql> #查询视图#
mysql> SELECT *
    -> FROM view_test5;
+---------+
| name    |
+---------+
| cjgong3 |
| cjgong4 |
| cjgong5 |
| cjgong6 |
+---------+
4 rows in set (0.00 sec)
```

图 7.16　查询视图 view_test5

（6）封装了实现子查询相关查询语句的视图，具体语句如下：

```
CREATE VIEW view_test6
    AS
        SELECT s.name
```

```
        FROM t_student AS s
            WHERE s.group_id IN (SELECT id FROM t_group);
```

【运行效果】查询视图 view_test6，其结果如图 7.17 所示。

```
mysql> #包含实现子查询的视图#
mysql> CREATE VIEW view_test6
    ->  AS
    ->          SELECT s.name
    ->                  FROM t_student AS s
    ->                          WHERE s.group_id IN (SELECT id FROM t_group);
Query OK, 0 rows affected (0.01 sec)

mysql> #查询视图#
mysql> SELECT *
    ->  FROM view_test6;
+---------+
| name    |
+---------+
| cjgong1 |
| cjgong2 |
| cjgong3 |
| cjgong4 |
| cjgong5 |
| cjgong6 |
| cjgong7 |
| cjgong8 |
| cjogng9 |
+---------+
9 rows in set (0.00 sec)

mysql>
```

图 7.17　查询视图 view_test6

（7）封装了实现记录联合（UNION 和 UNION ALL）查询语句的视图，具体语句如下：

```
CREATE VIEW view_test7
    AS
        SELECT id,name FROM t_student
        UNION ALL
        SELECT id,name FROM t_group;
```

【运行效果】查询视图 view_test7，其结果如图 7.18 所示。

```
mysql> #包含实现记录联合的视图#
mysql> CREATE VIEW view_test7
    ->  AS
    ->          SELECT id,name FROM t_student
    ->          UNION ALL
    ->          SELECT id,name FROM t_group;
Query OK, 0 rows affected (0.08 sec)

mysql> #查询视图#
mysql> SELECT *
    ->  FROM view_test7;
+----+---------+
| id | name    |
+----+---------+
|  1 | cjgong1 |
|  2 | cjgong2 |
|  3 | cjgong3 |
|  4 | cjgong4 |
|  5 | cjgong5 |
|  6 | cjgong6 |
|  7 | cjgong7 |
|  8 | cjgong8 |
|  9 | cjogng9 |
|  1 | group_1 |
|  2 | group_2 |
|  3 | group_3 |
|  4 | group_4 |
|  5 | group_5 |
+----+---------+
14 rows in set (0.09 sec)
```

图 7.18　查询视图 view_test7

7.3 查看视图

创建完视图后，经常需要查看视图信息。那么如何在 MySQL 数据库管理系统中查看视图呢？查看帮助文档，可以发现有许多可以实现查看视图的语句，例如，SHOW TABLES、SHOW TABLE STATUS、SHOW CREATE VIEW 等。如果要使用这些语句，首先要确保拥有 SHOW VIEW 的权限。为了便于讲解，本节将通过各种语句来查看实例 7-1 由水果产物表 t_product 创建出隐藏价格字段 price 的视图 view_selectproduct。

7.3.1 SHOW TABLES 语句查看视图名

从 MySQL 5.1 版本开始，执行 SHOW TABLES 语句时不仅会显示表的名字，同时也会显示出视图的名字。

下面演示通过 SHOW TABLES 语句查看数据库 view 中视图和表的功能，具体语句如下：

```
USE view;
SHOW TABLES;
```

【代码说明】 在上述代码中，首先选择进入数据库 view，然后查看该数据库里的所有表名和视图名。

【运行效果】 执行上述语句，其结果如图 7.19 所示。

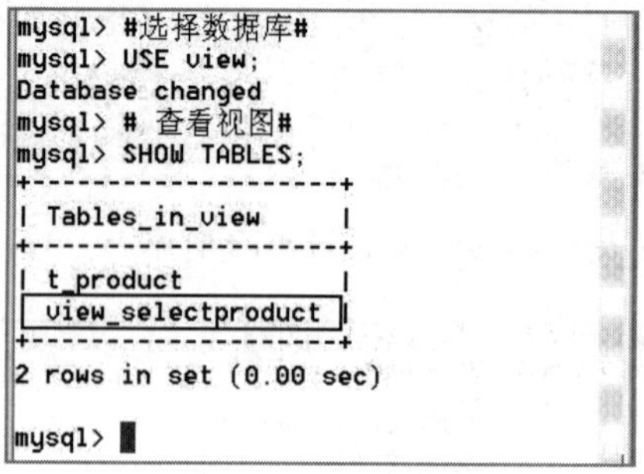

```
mysql> #选择数据库#
mysql> USE view;
Database changed
mysql> # 查看视图#
mysql> SHOW TABLES;
+--------------------+
| Tables_in_view     |
+--------------------+
| t_product          |
| view_selectproduct |
+--------------------+
2 rows in set (0.00 sec)

mysql>
```

图 7.19 显示视图名称

7.3.2 SHOW TABLE STATUS 语句查看视图详细信息

与 SHOW TABLE 语句一样，SHOW TABLE STATUS 语句不仅会显示表的详细信息，同时也会显示视图的详细信息。查看帮助文档，可以发现 SHOW TABLE STATUS 语句的语法如下：

```
SHOW TABLE STATUS 【FROM db_name】【LIKE 'pattern'】
```

在上述语句中，参数 db_name 用来设置数据库，关键字 SHOW TABLE STATUS 表示将显示所设置数据库里表和视图的详细信息。

【实例 7-4】 下面演示 SHOW TABLE 语句的功能，用来实现查看名为 view_selectproduct 视图的详细信息，具体步骤如下：

（1）执行 SHOW TABLE 语句，查看 view 数据库里视图和表的详细信息，具体语句如下：

```
SHOW TABLE STATUS
     FROM view \G
```

【代码说明】上述代码用来实现查看 view 数据库里所有表和视图的详细信息。

【运行效果】执行上述语句，其结果如图 7.20 所示。

```
mysql> #查看视图详细信息#
mysql> SHOW TABLE STATUS
    -> FROM view \G
*************************** 1. row ***************************
           Name: t_product
         Engine: InnoDB
        Version: 10
     Row_format: Compact
           Rows: 4
 Avg_row_length: 4096
    Data_length: 16384
Max_data_length: 0
   Index_length: 0
      Data_free: 0
 Auto_increment: NULL
    Create_time: 2012-06-03 16:45:37
    Update_time: NULL
     Check_time: NULL
      Collation: gbk_chinese_ci
       Checksum: NULL
 Create_options:
        Comment: InnoDB free: 3072 kB
*************************** 2. row ***************************
```

```
           Name: view_selectproduct
         Engine: NULL
        Version: NULL
     Row_format: NULL
           Rows: NULL
 Avg_row_length: NULL
    Data_length: NULL
Max_data_length: NULL
   Index_length: NULL
      Data_free: NULL
 Auto_increment: NULL
    Create_time: NULL
    Update_time: NULL
     Check_time: NULL
      Collation: NULL
       Checksum: NULL
 Create_options: NULL
        Comment: VIEW
2 rows in set (0.00 sec)

mysql>
```

图 7.20　查看表和视图

SHOW TABLE STATUS 语句返回表示表和视图各种信息的各种字段。查看帮助文档，可以发现各字段含义如表 7.1 所示。

表 7.1　SHOW TABLE STATUS 返回字段含义

字 段 名	含　义
Name	表和视图的名
Engine	表的存储引擎（在 MySQL 4.1.2 之前，用 Type 表示）
Version	表的.frm 文件的版本号
Row_format	表的行存储格式
Rows	表中行的数目
Avg_row_length	表中行平均行长度
Data_length	表数据文件的长度
Max_data_length	表数据文件的最大长度
Index_length	表索引文件的长度
Data_free	表被整序后，但是未使用的字节的数目
Auto_increment	表中下一个 AUTO_INCREMENT 值
Create_time	表的创建时间
Update_time	表的最后一次更新时间
Check_time	表的最后一次检查时间
Collation	表的字符集
Checksum	表的活性校验
Create_options	表的额外选项
Comment	表的注解

（2）执行 SHOW TABLE 语句，查看名为 view_selectproduct 视图的详细信息，具体语句如下：

```
SHOW TABLE STATUS
    FROM view
        LIKE "view_selectproduct" \G
```

【代码说明】上述代码用来实现查看视图对象 view_selectproduct 的详细信息。

【运行效果】执行上述语句，其结果如图 7.21 所示。

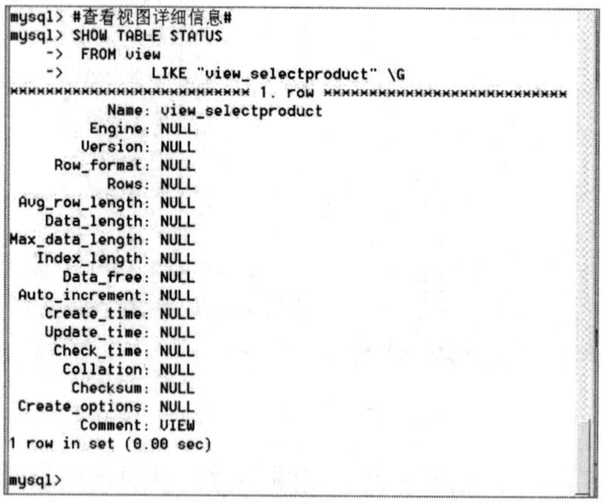

```
mysql> #查看视图详细信息#
mysql> SHOW TABLE STATUS
    ->   FROM view
    ->          LIKE "view_selectproduct" \G
*************************** 1. row ***************************
           Name: view_selectproduct
         Engine: NULL
        Version: NULL
     Row_format: NULL
           Rows: NULL
 Avg_row_length: NULL
    Data_length: NULL
Max_data_length: NULL
   Index_length: NULL
      Data_free: NULL
 Auto_increment: NULL
    Create_time: NULL
    Update_time: NULL
     Check_time: NULL
      Collation: NULL
       Checksum: NULL
 Create_options: NULL
        Comment: VIEW
1 row in set (0.00 sec)

mysql>
```

图 7.21　查看视图详细信息

通过为关键字 SHOW TABLE 设置 LIKE 参数，可以查看某一个具体表或视图的详细信息。

7.3.3　SHOW CREATE VIEW 语句查看视图定义信息

如果想查看关于视图的定义信息，可以通过语句 SHOW CREATE VIEW 来实现。查看帮助文档，可以发现 SHOW CREATE VIEW 语句的语法如下：

```
SHOW CREATE VIEW viewname
```

在上述语句中，viewname 参数表示所要查看定义信息的视图名称。

【实例 7-5】下面演示 SHOW CREATE VIEW 语句功能，用来实现查看名为 view_selectproduct 视图的定义信息，具体步骤如下：

（1）执行 SQL 语句 USE，选择数据库 view，具体 SQL 语句如下：

```
USE view;
```

【运行效果】执行上面的 SQL 语句，其结果如图 7.22 所示。

（2）选择进入数据库 view 后，执行 SQL 语句 SHOW CREATE VIEW，查看名为 view_selectproduct 视图的定义信息，具体 SQL 语句如下：

```
SHOW CREATE VIEW view_selectproduct \G
```

【代码说明】在上述 SQL 语句中，通过关键字 SHOW CREATE VIEW 查看视图对象 view_selectproduct 的定义信息。

【运行效果】执行上述语句，其结果如图 7.23 所示。

根据执行结果可以发现 SHOW CREATE VIEW 语句返回两个字段，分别为表示视图名的 View 字段和关于视图定义的“Create View”字段。

```
mysql> #选择数据库#
mysql> USE view;
Database changed
mysql>
```

图 7.22　选择数据库

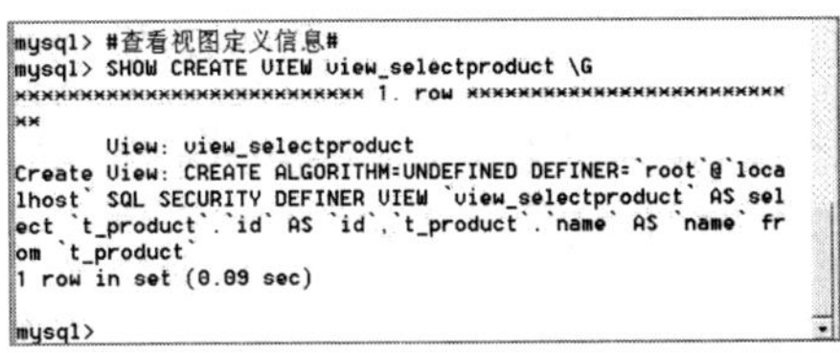

```
mysql> #查看视图定义信息#
mysql> SHOW CREATE VIEW view_selectproduct \G
*************************** 1. row ***************************
       View: view_selectproduct
Create View: CREATE ALGORITHM=UNDEFINED DEFINER=`root`@`localhost` SQL SECURITY DEFINER VIEW `view_selectproduct` AS select `t_product`.`id` AS `id`,`t_product`.`name` AS `name` from `t_product`
1 row in set (0.09 sec)

mysql>
```

图 7.23　查看视图定义信息

7.3.4　DESCRIBE | DESC 语句查看视图设计信息

如果想查看关于视图的设计信息，可以通过语句 DESCRIBE 或 DESC 来实现。查看帮助文档，可以发现 DESCRIBE 和 DESC 语句的语法如下：

```
DESCRIBE | DESC viewname
```

在上述语句中，viewname 参数表示所要查看设计信息的视图名称。

【实例 7-6】下面演示 DESCRIBE 语句功能，用来实现查看名为 view_selectproduct 视图的设计信息，具体步骤如下：

（1）执行 SQL 语句 USE，选择数据库 view，具体 SQL 语句如下：

```
USE view;
```

【运行效果】执行上面的 SQL 语句，其结果如图 7.24 所示。

（2）选择进入数据库 view 后，执行 SQL 语句 DESCRIBE，查看名为 view_selectproduct 视图的设计信息，具体 SQL 语句如下：

```
DESCRIBE view_selectproduct;
```

【代码说明】在上述语句中，实现了查看视图对象 view_selectproduct 的设计信息。

【运行效果】执行上述语句，其结果如图 7.25 所示。

```
mysql> #选择数据库#
mysql> USE view;
Database changed
mysql>
```

图 7.24　选择数据库

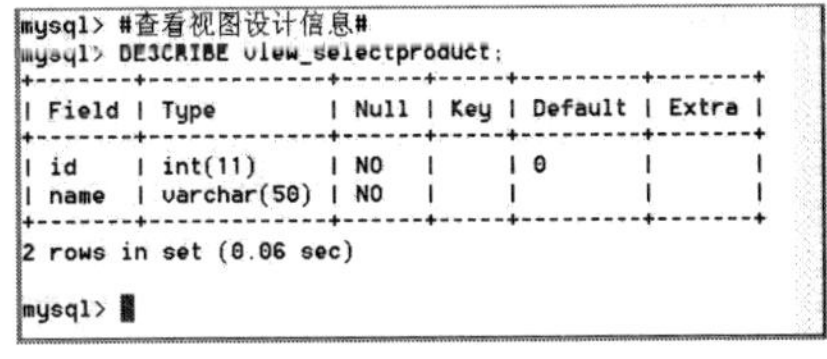

```
mysql> #查看视图设计信息#
mysql> DESCRIBE view_selectproduct;
+-------+-------------+------+-----+---------+-------+
| Field | Type        | Null | Key | Default | Extra |
+-------+-------------+------+-----+---------+-------+
| id    | int(11)     | NO   |     | 0       |       |
| name  | varchar(50) | NO   |     |         |       |
+-------+-------------+------+-----+---------+-------+
2 rows in set (0.06 sec)

mysql>
```

图 7.25　查看视图设计信息

（3）由于 DESC 语句是 DESCRIBE 语句的缩写，所以查看 view_selectproduct 视图设计信息的 SQL 语句，可以改写成如下语句：

```
DESC view_selectproduct;
```

【运行效果】执行上述语句，其结果如图 7.26 所示。

通过运行效果，可以发现关键字 DESCRIBE 和 DESC 的执行效果一样。

```
mysql> #查看视图设计信息#
mysql> DESC view_selectproduct;
+-------+-------------+------+-----+---------+-------+
| Field | Type        | Null | Key | Default | Extra |
+-------+-------------+------+-----+---------+-------+
| id    | int(11)     | NO   |     | 0       |       |
| name  | varchar(50) | NO   |     |         |       |
+-------+-------------+------+-----+---------+-------+
2 rows in set (0.03 sec)

mysql>
```

图 7.26　显示视图设计信息

7.3.5　通过系统表查看视图信息

当 MySQL 数据库安装成功后，会自动创建系统数据库 information_schema。在该数据库中存在一个包含视图信息的表格 views，可以通过查看表格

views 来查看所有视图的相关信息。

【实例 7-7】 下面演示通过查看系统表 information_schema.views 来查看视图对象 view_selectproduct 相关信息的功能，具体步骤如下：

（1）执行 SQL 语句 USE，选择数据库 information_schema，具体 SQL 语句如下：

```
USE information_schema;
```

【运行效果】 执行上面的 SQL 语句，其结果如图 7.27 所示。

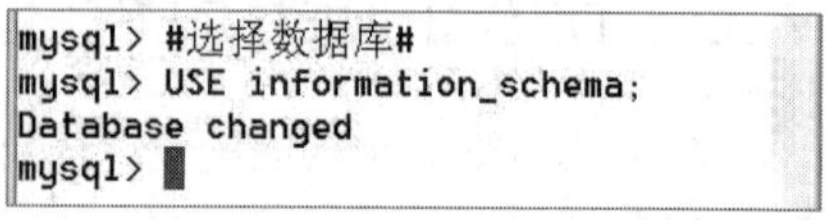

```
mysql> #选择数据库#
mysql> USE information_schema;
Database changed
mysql>
```

图 7.27　选择数据库

（2）选择进入数据库 information_schema 后，执行 SQL 语句 SELECT 查询表 views 里的数据信息。具体 SQL 语句如下：

```
SELECT *
    FROM views
        WHERE table_name='view_selectproduct' \G
```

【代码说明】 在上述 SQL 语句中的查询表 views 里，字段 table_name 值为 view_selectproduct 的数据信息。

【运行效果】 执行上述语句，其结果如图 7.28 所示。

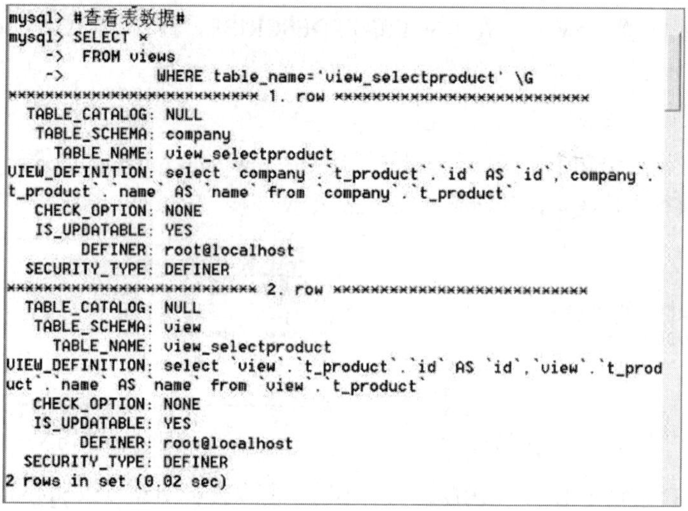

```
mysql> #查看表数据#
mysql> SELECT *
    ->   FROM views
    ->          WHERE table_name='view_selectproduct' \G
*************************** 1. row ***************************
  TABLE_CATALOG: NULL
   TABLE_SCHEMA: company
     TABLE_NAME: view_selectproduct
VIEW_DEFINITION: select `company`.`t_product`.`id` AS `id`,`company`.`
t_product`.`name` AS `name` from `company`.`t_product`
   CHECK_OPTION: NONE
   IS_UPDATABLE: YES
        DEFINER: root@localhost
  SECURITY_TYPE: DEFINER
*************************** 2. row ***************************
  TABLE_CATALOG: NULL
   TABLE_SCHEMA: view
     TABLE_NAME: view_selectproduct
VIEW_DEFINITION: select `view`.`t_product`.`id` AS `id`,`view`.`t_prod
uct`.`name` AS `name` from `view`.`t_product`
   CHECK_OPTION: NONE
   IS_UPDATABLE: YES
        DEFINER: root@localhost
  SECURITY_TYPE: DEFINER
2 rows in set (0.02 sec)
```

图 7.28　查看表格 view 数据

7.3.6　SQLyog 查看视图信息

为了能够尽快掌握查看视图的各种语句，需要尽可多地使用 MySQL 数据库服务器自带的工具“MySQL Command Line Client”来查看视图信息，但是客户端软件 SQLyog 可以更容易、更简单地查看视图各种信息。

【实例 7-8】 在客户端软件 SQLyog 中，不仅可以通过在“询问”窗口中运行各种查看视图语句来查看视图，而且还可以通过查看视图对象来查看视图的各种信息，具体步骤如下：

（1）在“对象资源管理器”窗口中，选中视图对象 view_selectproduct，如图 7.29 所示。

图 7.29　选择视图对象 view_selectproduct

（2）然后选择菜单“工具”→“信息”（见图 7.30），打开“信息”窗口，在该窗口中默认会通过 HTML 格式显示视图对象 view_selectproduct 的信息（见图 7.31），也可以通过选择“文本/详细”单选按钮以文本格式显示视图对象 view_selectproduct 的信息，如图 7.32 所示。

图 7.30　选择“信息”菜单

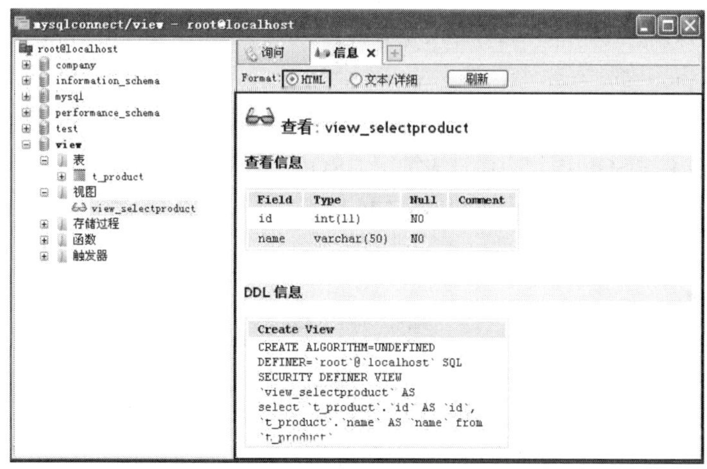

图 7.31　关于视图对象 view_selectproduct 的信息

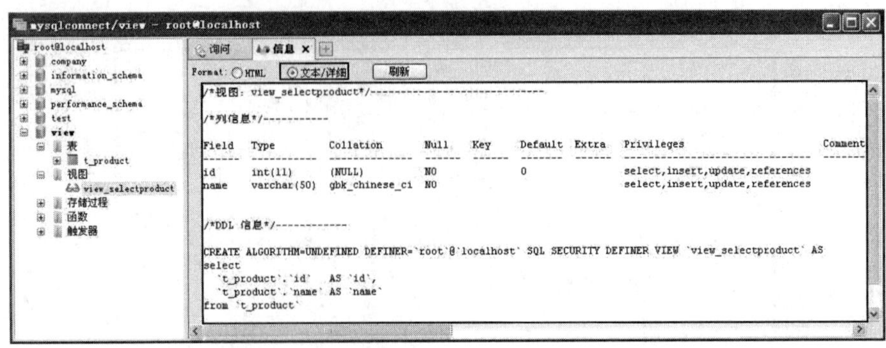

图 7.32　关于视图对象 view_selectproduct 的信息

7.4　删除视图

视图的操作包括创建视图、查看视图、删除视图和修改视图。本节将详细介绍如何删除视图。在删除视图时，首先要确保拥有 DROP VIEW 的权限。

7.4.1　删除视图的语法形式

查看帮助文档可以发现，通过 DROP VIEW 语句可以一次删除一个或者多个视图，关于删除视图的语法如下：

```
DROP VIEW view_name 【,view_name】…
```

在上述语句中，view_name 参数表示所要删除视图的名称。

【实例 7-9】下面演示 DROP VIEW 语句功能，用来实现删除视图对象 view_selectproduct，具体步骤如下：

（1）执行 SQL 语句 USE，选择数据库 view，具体 SQL 语句如下：

```
USE view;
```

【运行效果】执行上面的 SQL 语句，其结果如图 7.33 所示。

（2）选择进入数据库 view 后，执行 SQL 语句 DROP VIEW，删除名为 view_selectproduct 的视图对象，具体 SQL 语句如下：

```
DROP VIEW view_selectproduct;
```

【代码说明】在上述 SQL 语句中通过关键字 DROP VIEW 实现删除视图功能。

【运行效果】执行上述语句，其结果如图 7.34 所示。

图 7.33　选择数据库

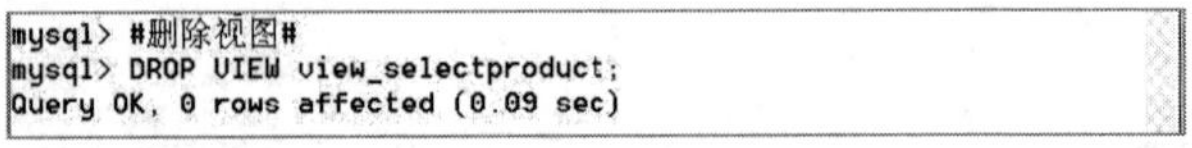

```
mysql> #删除视图#
mysql> DROP VIEW view_selectproduct;
Query OK, 0 rows affected (0.09 sec)
```

图 7.34　删除一个视图

（3）为了检验数据库 view 中是否还存在视图对象 view_selectproduct，执行 SQL 语句 SELECT，具体 SQL 语句内容如下：

```
SELECT *
    FROM view_selectproduct;
```

【运行效果】执行上面的 SQL 语句，其结果如图 7.35 所示。

```
mysql> #查询视图#
mysql> SELECT *
    -> FROM view_selectproduct;
ERROR 1146 (42S02): Table 'view.view_selectproduct' doesn't exist
```

图 7.35　查询视图

执行结果显示，view_selectproduct 视图已经不存在，则表示删除视图 view_selectproduct 成功。

（4）对于 DROP VIEW 语句，除了一次可以删除一个视图外，而且还可以一次删除多个视图。一次同时删除视图对象 view_selectproduct1 和 view_selectproduct2 的 SQL 语句如下：

```
DROP VIEW view_selectproduct1, view_selectproduct2;
```

【运行效果】执行上述语句，其结果如图 7.36 所示。

```
mysql> DROP VIEW view_selectproduct1,view_selectproduct2;
Query OK, 0 rows affected (0.05 sec)

mysql> SELECT *
    ->          FROM view_selectproduct1;
ERROR 1146 (42S02): Table 'view.view_selectproduct1' doesn't exist
mysql> SELECT *
    ->          FROM view_selectproduct2;
ERROR 1146 (42S02): Table 'view.view_selectproduct2' doesn't exist
```

图 7.36　删除两个视图

执行结果显示，view_selectproduct1 和 view_selectproduct2 这两个视图已经不存在，删除成功。

7.4.2　通过 SQLyog 软件删除视图

在客户端软件 SQLyog 中，不仅可以通过在“询问”窗口中执行 DROP VIEW 语句来删除视图，而且还可以通过向导来实现，具体步骤如下：

（1）在“对象资源管理器”窗口中，单击数据库 view 中 Views 节点前的加号，然后右击“view_selectproduct”节点，从弹出的快捷菜单中选择“删除视图”命令，如图 7.37 所示。

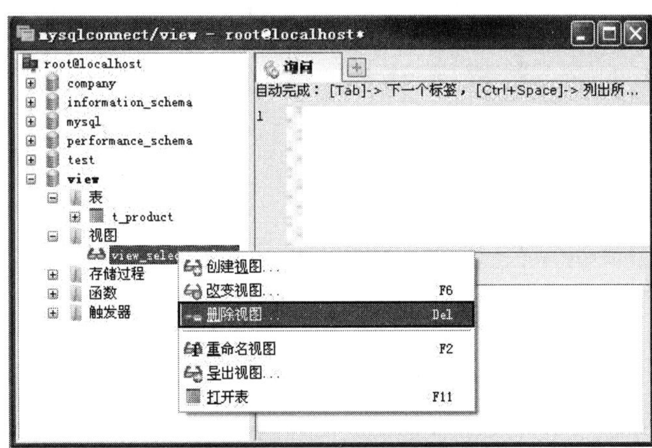

图 7.37　选择“删除视图”命令

（2）弹出对话框来确定是否删除视图，如图 7.38 所示。单击“是”按钮后，这时“对象资源管理器”窗口数据库 view 中 Views 里就没有任何视图对象，如图 7.39 所示。

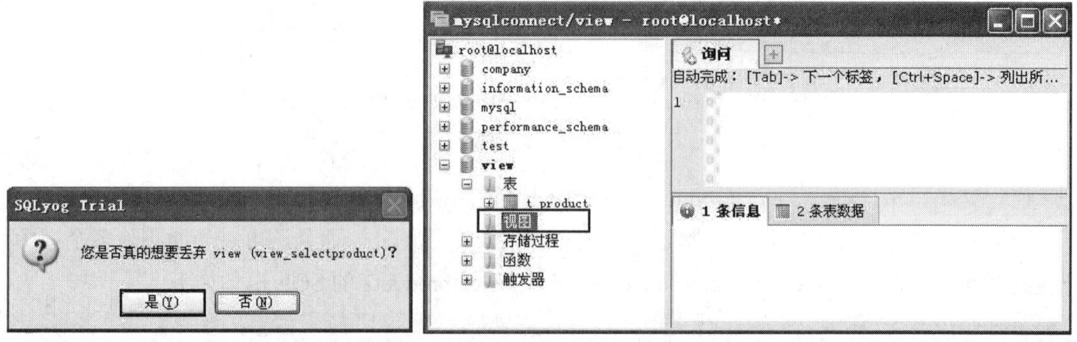

图 7.38　确认窗口　　　　　　　　　图 7.39　查看视图对象

通过上述步骤，即可在 SQLyog 软件中成功删除视图对象。

7.5　修改视图

对于已经创建好的视图，当使用一段时间后，就会需要进行一些结构上的修改，即视图的修改操作。查看帮助文档可以发现，除了可以使用 ALTER 语句实现修改视图外，还可以通过 CREATE OR REPLACE VIEW 语句来修改视图。

7.5.1　CREATE OR REPLACE VIEW 语句修改视图

对于已经创建好的表，尤其是已经有大量数据的表。通过先删除，然后再按照新的表定义重建表方式来修改表时，需要做许多额外的工作，例如数据的重新加载等。可是对于视图来说，由于其是“虚表”，并没有存储数据，所以完全可以通过该方式来修改视图。

【实例 7-10】对于实例 7-1 创建的视图 view_selectproduct，使用一段时间后，又需要在视图 view_selectproduct 中将表示编号的字段 id 也隐藏掉。实现该实例的具体步骤如下：

（1）执行 SQL 语句 USE，选择数据库 view，具体 SQL 语句如下：

```
USE view;
```

【运行效果】执行上面的 SQL 语句，其结果如图 7.40 所示。

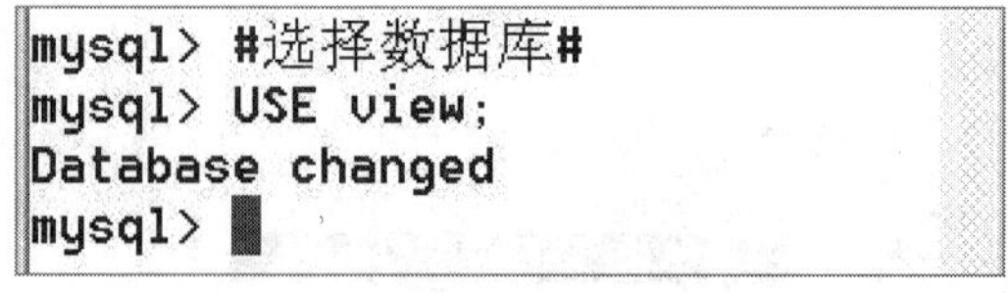

图 7.40　选择数据库

（2）为了实现新需求功能，可以再重新创建视图 view_selectproduct，具体语句如下：

```
CREATE VIEW view_selectproduct
    AS
```

```
        SELECT name
            FROM t_product;
```

【代码说明】在上述语句中，主要用来实现创建视图对象 view_selectproduct。

【运行效果】执行上述语句，其结果如图 7.41 所示。

```
mysql> #创建视图#
mysql> CREATE VIEW view_selectproduct
    -> AS
    ->          SELECT name
    ->                  FROM t_product;
ERROR 1050 (42S01): Table 'view_selectproduct' already exists
mysql>
```

图 7.41　再次创建执行结果

通过执行查询结果可以发现，虽然再次创建视图的语句没有任何语法错误，但是会出现视图已经存在的错误。这同时也证明在创建视图时，视图名不能重复。

（3）为了解决上述问题，可以先删除视图 view_selectproduct，然后再重新创建视图只显示名字字段的视图 view_selectproduct。具体实现语句如下：

```
DROP VIEW view_selectproduct;
CREATE VIEW view_selectproduct
    AS
        SELECT name
            FROM t_product;
```

【代码说明】在上述语句中，首先实现删除视图对象 view_selectproduct，然后再重新创建实现新需求功能的视图对象 view_selectproduct。

【运行效果】执行上述语句，其结果如图 7.42 所示。

（4）最后查看视图 view_selectproduct，具体语句如下：

```
SELECT *
    FROM view_selectproduct;
```

【运行效果】执行上述语句，其结果如图 7.43 所示。

```
mysql> #删除视图#
mysql> DROP VIEW view_selectproduct;
Query OK, 0 rows affected (0.11 sec)

mysql> #重新创建视图#
mysql> CREATE VIEW view_selectproduct
    -> AS
    ->          SELECT name
    ->                  FROM t_product;
Query OK, 0 rows affected (0.14 sec)

mysql>
```

图 7.42　先删除再创建结果

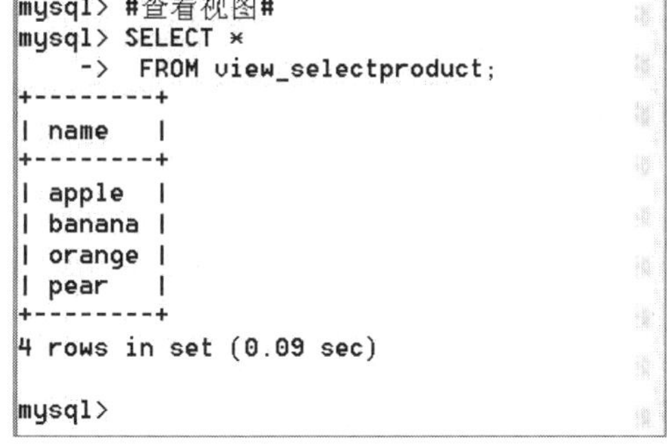

```
mysql> #查看视图#
mysql> SELECT *
    -> FROM view_selectproduct;
+--------+
| name   |
+--------+
| apple  |
| banana |
| orange |
| pear   |
+--------+
4 rows in set (0.09 sec)

mysql>
```

图 7.43　查看视图

通过执行查询视图结果可以发现，先删除视图 view_selectproduct，然后再次创建只查询名字字段的视图 view_selectproduct，完全可以实现本实例的要求。

但是如果每次修改视图，都是先删除视图，然后再次创建一个同名的视图，则显得非常麻烦。

于是 MySQL 为了便于用户修改视图，提供了可以实现替换的创建视图语法，此时关于创建视图的完整语法为：

```
create OR REPLACE view view_name
as 查询语句
```

【实例 7-11】通过上述语句创建视图后，如果需要更改视图时，则不需要先删除再创建，MySQL 会自动进行删除和重建功能。这时如果重新实现实例 7-10 时，就不需要太复杂，具体步骤如下：

（1）执行 SQL 语句 USE，选择数据库 view，具体 SQL 语句如下：

```
USE view;
```

【运行效果】执行上面的 SQL 语句，其结果如图 7.44 所示。

图 7.44　选择数据库

（2）执行 SQL 语句 CREATE OR REPLACE VIEW，替换视图对象 view_selectproduct，具体 SQL 语句如下：

```
CREATE OR REPLACE VIEW view_selectproduct
    AS
        SELECT name
            FROM t_product;
```

【运行效果】执行上述语句，其结果如图 7.45 所示。

（3）最后查看视图 view_selectproduct，具体语句如下：

```
SELECT *
    FROM view_selectproduct;
```

【运行效果】执行上述语句，其结果如图 7.46 所示。

```
mysql> #替换已经存在视图对象#
mysql> CREATE OR REPLACE VIEW view_selectproduct
    -> AS
    ->          SELECT name
    ->                  FROM t_product;
Query OK, 0 rows affected (0.03 sec)

mysql>
```

图 7.45　修改视图

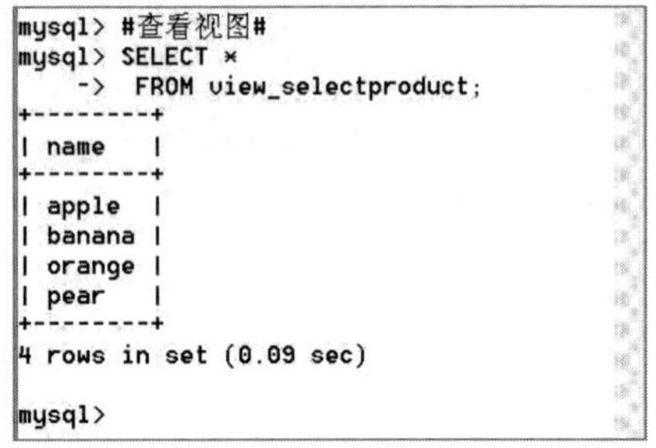

图 7.46　查看视图

通过执行结果可以发现，SQL 语句“CREATE OR REPLACE VIEW”完全可以实现修改视图功能。

7.5.2　ALTER 语句修改视图

与修改表一样，ALTER 语句也可以修改视图，查看帮助文档，可以发现修改视图的语法如下：

```
ALTER VIEW viewname
    as 查询语句
```

在上述语句中，参数 viewname 用来设置修改视图的名称。

【实例 7-12】下面演示 ALTER VIEW 语句功能，用来实现修改视图 view_selectproduct 功能，具体步骤如下：

（1）执行 SQL 语句 USE，选择数据库 view，具体 SQL 语句如下：

```
USE view;
```

【运行效果】执行上面的 SQL 语句，其结果如图 7.47 所示。

（2）执行 SQL 语句 ALTER VIEW，实现修改视图 view_selectproduct 功能，具体语句如下：

```
ALTER VIEW view_selectproduct
    AS
        SELECT name
            FROM t_product;
```

【运行效果】执行上述语句，其结果如图 7.48 所示。

```
mysql> #选择数据库#
mysql> USE view;
Database changed
mysql> 
```

图 7.47　选择数据库

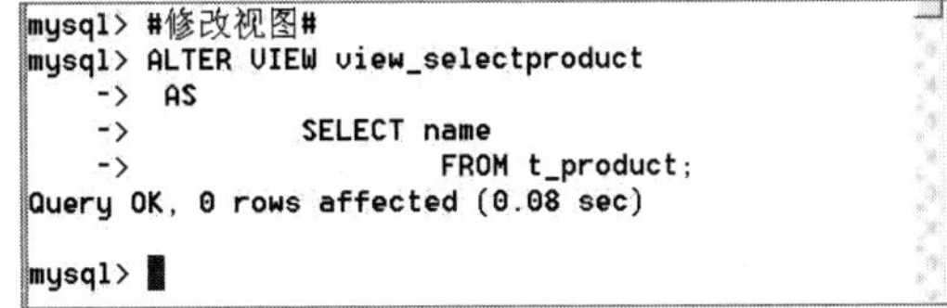

```
mysql> #修改视图#
mysql> ALTER VIEW view_selectproduct
    -> AS
    ->          SELECT name
    ->                  FROM t_product;
Query OK, 0 rows affected (0.08 sec)

mysql> 
```

图 7.48　修改视图

（3）最后查看视图 view_selectproduct，具体语句如下：

```
SELECT *
    FROM view_selectproduct;
```

【运行效果】执行上述语句，其结果如图 7.49 所示。

```
mysql> #查看视图#
mysql> SELECT *
    -> FROM view_selectproduct;
+--------+
| name   |
+--------+
| apple  |
| banana |
| orange |
| pear   |
+--------+
4 rows in set (0.09 sec)

mysql>
```

图 7.49　查看视图

通过执行结果可以发现，SQL 语句“ALTER VIEW”完全可以实现修改视图功能。

7.5.3　通过 SQLyog 软件修改视图

在客户端软件 SQLyog 中，不仅可以通过在“询问”窗口中执行 ALTER VIEW 语句来修改视图，而且还可以通过向导来实现，具体步骤如下：

（1）在“对象资源管理器”窗口中，单击数据库 view 中 Views 节点前的加号，然后右击“view_selectproduct”节点，在弹出的快捷菜单中选择“改变视图”命令，如图 7.50 所示。

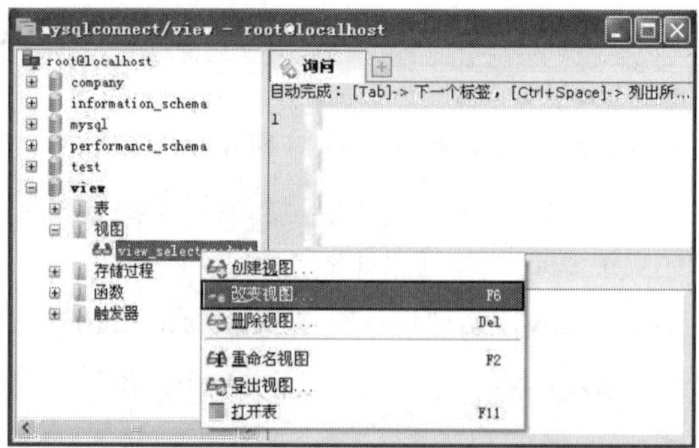

图 7.50 选择“改变视图”命令

（2）打开关于视图 view_selectproduct 的代码窗口，如图 7.51 所示。

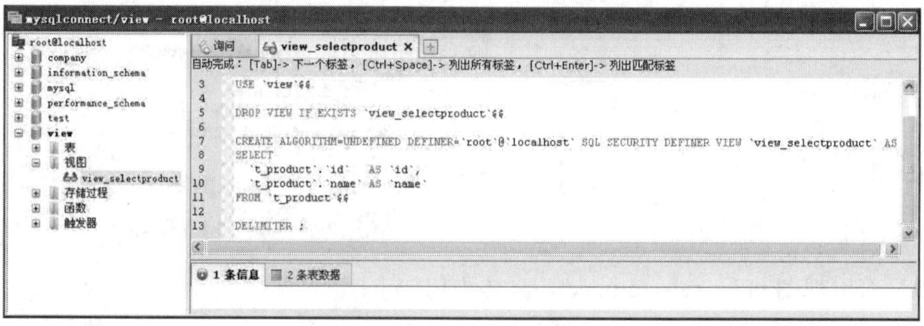

图 7.51 查看视图代码

（3）在视图 view_selectproduct 的代码窗口里，修改代码如下：

```
    DELIMITER $$
    USE 'view'$$
    DROP VIEW IF EXISTS 'view_selectproduct'$$
    CREATE ALGORITHM=UNDEFINED DEFINER='root'@'localhost' SQL SECURITY DEFINER VIEW
'view_selectproduct' AS
    SELECT
      't_product'. 'id' AS 'id',
      't_product'. 'name' AS 'name'
    FROM 't_product'$$
    DELIMITER ;
```

（4）最后单击“执行所有的查询”按钮（），出现如图 7.52 所示的执行结果就表示修改视图成功。最后查看视图 view_selectproduct，运行结果如图 7.53 所示。

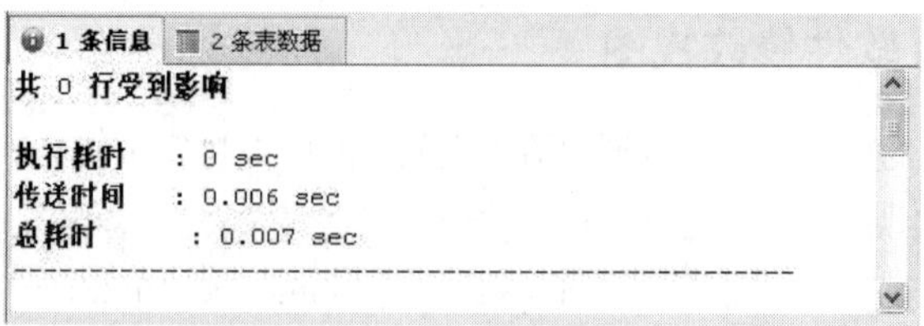

图 7.52 修改视图成功

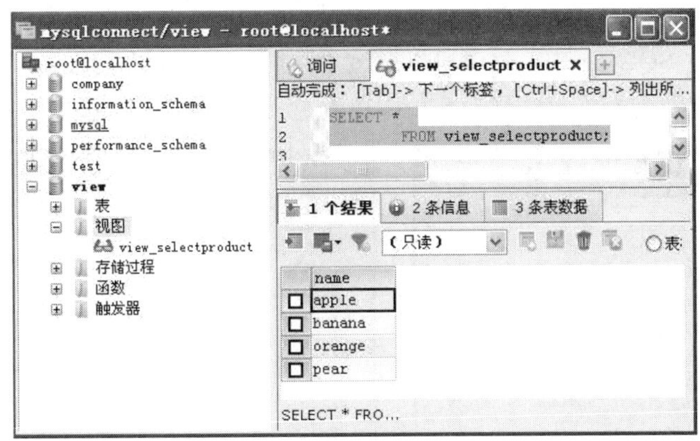

图 7.53　检索视图 view_selectproduct

通过上述步骤，即可成功在 SQLyog 软件里修改视图。

7.6　利用视图操作基本表

在 MySQL 中可以通过视图检索基本表数据，这是视图最基本的应用，除此之外还可以通过视图修改基本表中的数据。

7.6.1　检索（查询）数据

通过视图查询数据，与通过表进行查询完全相同，只不过通过视图查询比表更安全、更简单、实用。在具体使用时，只需把表名换成视图名即可。

下面将演示一个具体实例，即检索实例 7-1 中的视图对象 view_selectproduct，具体语句如下：

```
SELECT *
    FROM view_selectproduct;
```

【运行效果】执行上述语句，其结果如图 7.54 所示。

通过客户端软件 SQLyog 更容易检索数据，具体步骤如下：

（1）在“对象资源管理器”窗口中，单击数据库 view 中 Views 节点前的加号，然后单击“view_selectproduct”节点，如图 7.55 所示。

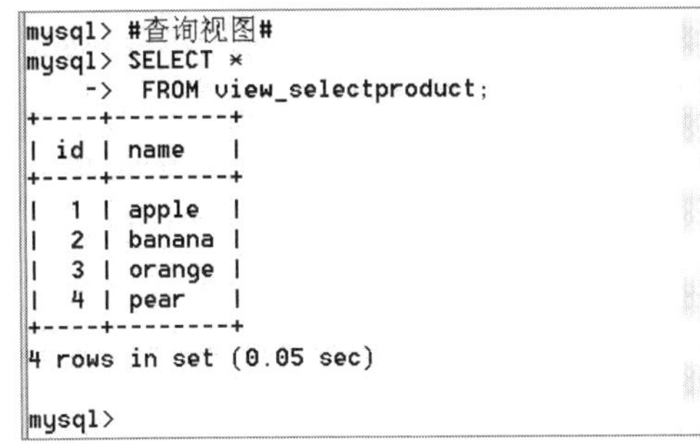

图 7.54　查询视图

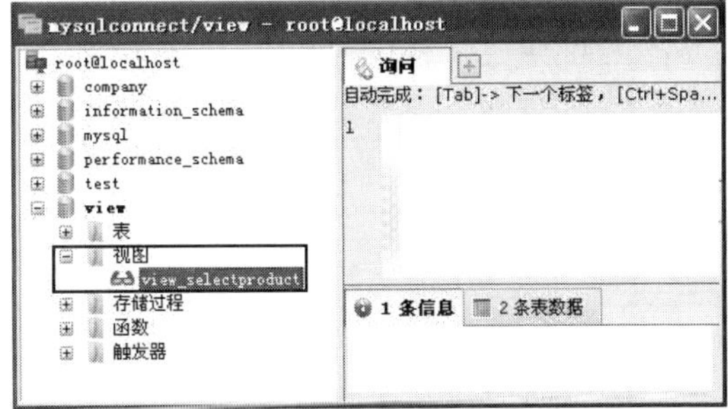

图 7.55　选择“view_selectproduct”视图

（2）单击“数据”窗口，这时就会在该窗口中显示出所检索的数据，如图 7.56 所示。

（3）在客户端软件 SQLyog 中，除了可以通过“数据”窗口来检索数据，还可以在“询问”视图中执行检索数据语句，然后在“结果”窗口中查看检索到的数据，如图 7.57 所示。

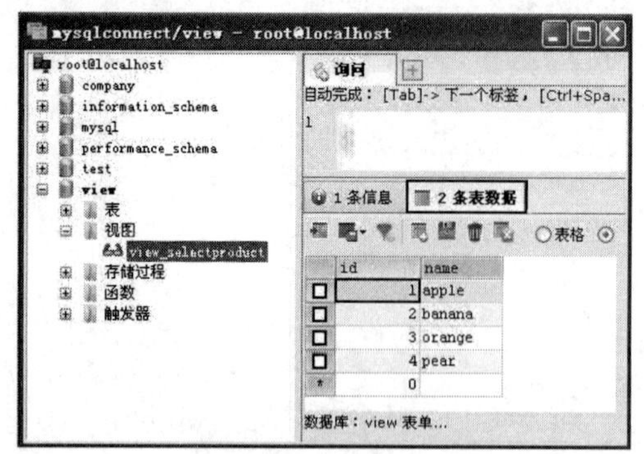

图 7.56　检索数据

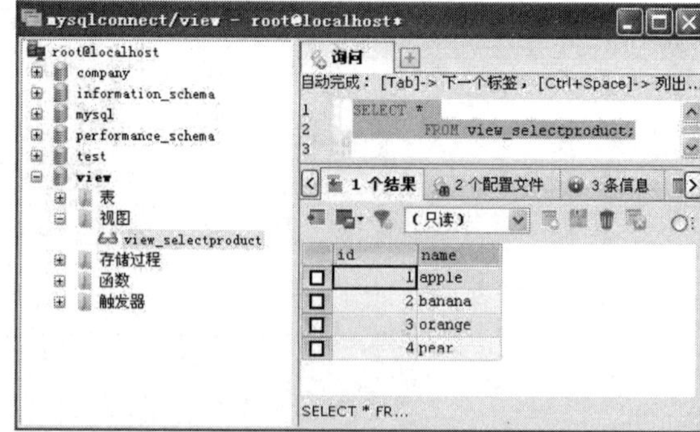

图 7.57　检索数据

7.6.2　利用视图操作基本表数据

通过前面章节的知识可以知道，不仅可以对视图进行查询数据，而且还可以对视图进行更新（增加、删除和更新）数据操作。由于视图是“虚表”，所以对视图数据进行的更新操作，实际上是对其基本表数据进行更新操作。在具体更新视图数据时，需要注意以下两点：

- 对视图数据进行添加、删除直接影响基本表。
- 视图来自于多个基本表时，不允许添加和删除数据。

在数据库 view 中，由水果产物表 t_product 创建出查询所有字段的视图 view_product。查询视图 view_product，执行结果如图 7.58 所示。

1．添加数据操作

【实例 7-13】通过视图 view_product 添加一条新的数据，各列的值分别为 11、PEAR4、12.3、2，具体语句如下：

```
INSERT INTO view_product (id,name,price,order_id)
    VALUES(11,'PEAR4',12.3,2);
```

【运行效果】执行上面的查询语句后，查询表 t_product 的数据如图 7.59 所示。

```
mysql> SELECT *
    ->          FROM t_product;
+----+---------+-------+----------+
| id | name    | price | order_id |
+----+---------+-------+----------+
|  1 | apple1  |   6.5 |        1 |
|  2 | banana1 |   4.5 |        1 |
|  3 | orange1 |   1.5 |        1 |
|  4 | pear1   |   2.5 |        1 |
|  5 | apple2  |   4.5 |        1 |
|  6 | apple3  |   4.9 |        2 |
|  7 | banana2 |   5.9 |        2 |
|  8 | banana3 |  10.3 |        3 |
|  9 | pear2   |  12.2 |        3 |
| 10 | pear3   |  11.2 |        3 |
+----+---------+-------+----------+
10 rows in set (0.00 sec)
```

图 7.58　检索数据

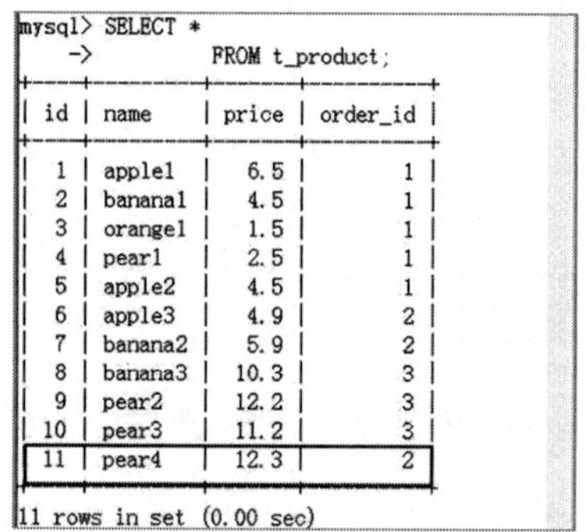

```
mysql> SELECT *
    ->          FROM t_product;
+----+---------+-------+----------+
| id | name    | price | order_id |
+----+---------+-------+----------+
|  1 | apple1  |   6.5 |        1 |
|  2 | banana1 |   4.5 |        1 |
|  3 | orange1 |   1.5 |        1 |
|  4 | pear1   |   2.5 |        1 |
|  5 | apple2  |   4.5 |        1 |
|  6 | apple3  |   4.9 |        2 |
|  7 | banana2 |   5.9 |        2 |
|  8 | banana3 |  10.3 |        3 |
|  9 | pear2   |  12.2 |        3 |
| 10 | pear3   |  11.2 |        3 |
| 11 | pear4   |  12.3 |        2 |
+----+---------+-------+----------+
11 rows in set (0.00 sec)
```

图 7.59　添加数据成功

注意：在上述语句中，由于 VALUSE 后的数据常量与视图中的列一一对应，所以视图名 view_product 后的列名可以不写，语句可以改写成如下：

```
INSERT INTO view_product
    VALUES(11,'PEAR4',12.3,2);
```

2. 删除数据操作

【实例 7-14】通过视图 view_product 删除名称为 apple1 的数据，具体语句如下：

```
DELETE FROM view_product
    WHERE name='apple1';
```

【运行效果】执行上面的查询语句后，查询表 t_product 的数据如图 7.60 所示。

3. 更新数据操作

【实例 7-15】将视图 view_product 中名称为 pear1 水果的价格修改为 3.5，具体语句如下：

```
UPDATE view_product
    set price=3.5
        WHERE name='pear1';
```

【运行效果】执行上面的查询语句后，查询表 t_product 的数据如图 7.61 所示。

```
mysql> SELECT *
    ->            FROM t_product;
+----+---------+-------+----------+
| id | name    | price | order_id |
+----+---------+-------+----------+
|  2 | banana1 |   4.5 |        1 |
|  3 | orange1 |   1.5 |        1 |
|  4 | pear1   |   2.5 |        1 |
|  5 | apple2  |   4.5 |        1 |
|  6 | apple3  |   4.9 |        2 |
|  7 | banana2 |   5.9 |        2 |
|  8 | banana3 |  10.3 |        3 |
|  9 | pear2   |  12.2 |        3 |
| 10 | pear3   |  11.2 |        3 |
| 11 | pear4   |  12.3 |        2 |
+----+---------+-------+----------+
10 rows in set (0.00 sec)
```

图 7.60　删除数据成功

```
mysql> SELECT *
    ->            FROM t_product;
+----+---------+-------+----------+
| id | name    | price | order_id |
+----+---------+-------+----------+
|  2 | banana1 |   4.5 |        1 |
|  3 | orange1 |   1.5 |        1 |
|  4 | pear1   |   3.5 |        1 |
|  5 | apple2  |   4.5 |        1 |
|  6 | apple3  |   4.9 |        2 |
|  7 | banana2 |   5.9 |        2 |
|  8 | banana3 |  10.3 |        3 |
|  9 | pear2   |  12.2 |        3 |
| 10 | pear3   |  11.2 |        3 |
| 11 | pear4   |  12.3 |        2 |
+----+---------+-------+----------+
10 rows in set (0.00 sec)
```

图 7.61　更新数据成功

7.7　小　结

本节介绍在 MySQL 数据库管理系统中关于视图的操作，主要包含视图的创建、视图的查看、视图删除、视图修改和关于数据的操作。在具体介绍这些操作时，除了详细介绍针对视图的 SQL 语句外，而且还介绍了客户端软件 SQLyog 针对视图的这些操作。

通过对本章的学习，读者不仅将掌握数据库对象视图的基本概念，而且还会对视图进行各种熟练操作。

第 8 章　触发器的操作

在 MySQL 数据库中，数据库对象表是存储和操作数据的逻辑结构，而本章所要介绍的数据库对象触发器则用来实现由一些表事件触发的某个操作，是与数据库对象表关联最紧密的数据库对象之一。在数据库系统中，当执行表事件时，则会激活触发器，从而执行其包含的操作。

触发器的操作包含创建触发器、查看触发器和删除触发器，这些操作同样也是数据库管理中最基本、最重要的操作。

通过本节的学习，可以掌握在数据库中操作触发器，内容包含：

- 触发器的相关概念
- 触发器的基本操作：创建、查看和删除触发器

8.1　为什么使用触发器

触发器（TRIGGER）是 MySQL 的数据库对象之一，该对象与编程语言中的函数非常类似，都需要声明、执行等。但是触发器的执行不是由程序调用，也不是由手工启动，而是由事件来触发、激活从而实现执行。

那么为什么要使用数据库对象触发器呢？在具体开发项目时，经常会遇到如下实例：

- 在学生表中拥有字段学生名字，字段学生总数，每当添加一条关于学生记录时，学生的总数就必须同时改变。
- 在顾客信息表中拥有字段顾客名字，字段顾客的电话和字段顾客的地址缩写，每当添加一条关于顾客记录时，都需要检查电话号码格式是否正确，顾客地址缩写是否正确。

上述实例虽然所需实现的业务逻辑不同，但是它们也有共同之处，即都需要在表发生更改时，自动进行一些处理。这时即可使用触发器处理数据库对象，例如，对于第一个实例，可以创建一个触发器对象，每次添加一条学生记录时，就执行一次计算学生总数的操作，这样即可保证每次添加一条学生记录后，学生总数与学生记录数一致。查看帮助文档，可以发现 MySQL 软件在触发如下语句时，就会自动执行所设置的操作：

- DELETE 语句。
- INSERT 语句。
- UPDATE 语句。

其他 SQL 语句则不会激活触发器。在具体应用中，之所以会经常使用触发器数据库对象，是由于该对象能够加强数据库表中数据的完整性约束和业务规则等。从 MySQL 5 软件才开始支持触发器数据库对象，所以本书的内容适用于 MySQL 5 或更高级的版本。

在 SQLyog 客户端工具的“对象资源管理器”中，每个数据库节点下都拥有一个树形路径结构，如图 8.1 所示。其实每个具体数据库节点下的每个子节点中都会存在数据库对象触发器。

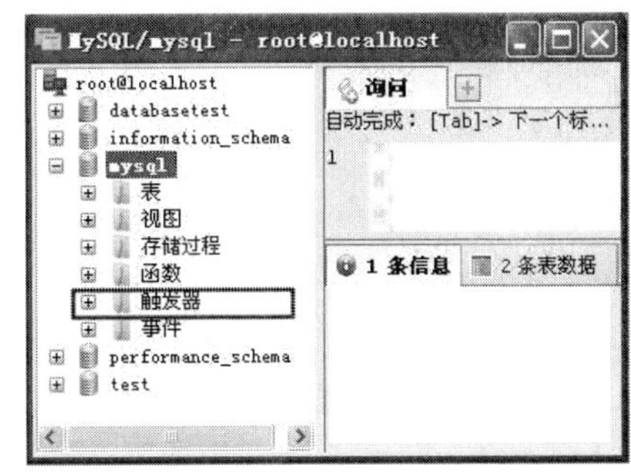

图 8.1　触发器对象

8.2　创建触发器

触发器的操作包括创建触发器、查看触发器及删除触发器。本节将详细介绍如何创建触发器。按照激活触发器时所执行的语句数目，可以将触发器分为“一个执行语句的触发器”和“多个执行语句的触发器”。

8.2.1　创建有一条执行语句的触发器

查看帮助文档发现，在 MySQL 中创建触发器通过 SQL 语句 CREATE TRIGGER 来实现，其语法形式如下：

```
create trigger trigger_name
    BEFORE|AFTER trigger_EVENT
        ON TABLE_NAME FOR EACH ROW trigger_STMT
```

在上述语句中，trigger_name 参数表示所要创建的触发器名字，在具体创建触发器时，触发器标识符不能与已经存在的触发器重复。除了上述要求外，建议触发器名命名（标识符）为 trigger_xxx 或者 tri_xxx；BEFORE 和 AFTER 参数指定了触发器执行的时间，其中前者是指在触发器事件之前执行触发器语句，后者是指在触发器事件之后执行触发器语句；trigger_EVENT 参数表示触发事件，即触发器执行条件，包含 DELETE、INSERT 和 UPDATE 语句；TABLE_NAME 参数表示触发事件操作表的名字；FOR EACH ROW 参数表示任何一条记录上的操作满足触发事件都会触发该触发器；trigger_STMT 参数表示激活触发器后被执行的语句。

下面将通过一个具体实例来说明如何创建触发器。

【实例 8-1】执行 SQL 语句 CREATE TRIGGER，在数据库 company 中存在两个表对象：部门表（t_dept）和日记表（t_diary），创建触发器实现向部门表中插入记录时，就会在插入之前向日记表中插入当前时间，具体步骤如下：

（1）执行 SQL 语句 DESC，查看数据库 company 中部门表（t_dept）和日记表（t_diary）的信息，具体 SQL 语句如下：

```
DESC t_dept;
```

和

```
DESC t_diary;
```

【运行效果】执行上面的 SQL 语句，其结果如图 8.2 所示和如图 8.3 所示。

```
mysql> #查询表#
mysql> DESC t_dept;
+--------+-------------+------+-----+---------+-------+
| Field  | Type        | Null | Key | Default | Extra |
+--------+-------------+------+-----+---------+-------+
| deptno | int(11)     | YES  |     | NULL    |       |
| dname  | varchar(20) | YES  |     | NULL    |       |
| loc    | varchar(40) | YES  |     | NULL    |       |
+--------+-------------+------+-----+---------+-------+
3 rows in set (0.02 sec)

mysql>
```

图 8.2　表 t_dept 信息

```
mysql> #查询表#
mysql> DESC t_diary;
+-----------+-------------+------+-----+---------+----------------+
| Field     | Type        | Null | Key | Default | Extra          |
+-----------+-------------+------+-----+---------+----------------+
| diaryno   | int(11)     | NO   | PRI | NULL    | auto_increment |
| tablename | varchar(20) | YES  |     | NULL    |                |
| diarytime | datetime    | YES  |     | NULL    |                |
+-----------+-------------+------+-----+---------+----------------+
3 rows in set (0.00 sec)

mysql>
```

图 8.3　表 t_ diary 信息

（2）执行 SQL 语句 CREATE TRIGGER，创建触发器 tri_diarytime，具体 SQL 语句如下：

```
CREATE TRIGGER tri_diarytime
    BEFORE INSERT
        ON t_dept FOR EACH ROW
            INSERT INTO t_diary VALUES(NULL,'t_dept',now());
```

【代码说明】上述语句创建了触发器 tri_diarytime，当向部门表中插入任意一条记录时，就会在插入操作之前向表 t_diary 中插入当前时间记录。

【运行效果】执行上面的 SQL 语句，其结果如图 8.4 所示。

（3）为了校验数据库 company 中触发器 tri_diarytime 的功能，可以向表 t_dept 中插入一条记录，然后查看表 t_diary 中是否执行插入当前时间操作。具体 SQL 语句如下：

```
INSERT INTO t_dept VALUES(1,'cjgongdept','ShangXi');
SELECT *
    FROM t_diary;
```

【代码说明】在上述语句中，首先向表 t_dept 中插入一条数据记录，然后查看表 t_diary 中数据记录。

【运行效果】执行上面的 SQL 语句，其结果分别如图 8.5 和图 8.6 所示。

```
mysql> #创建触发器#
mysql> CREATE TRIGGER tri_diarytime
    ->   BEFORE INSERT
    ->          ON t_dept FOR EACH ROW
    ->                 INSERT INTO t_diary VALUES(NULL,'t_dept',now());
Query OK, 0 rows affected (0.14 sec)

mysql> _
```

图 8.4　创建触发器 tri_diarytime

```
mysql> #向表t_dept中插入一条记录#
mysql> INSERT INTO t_dept VALUES(1,'cjgongdept','ShangXi');
Query OK, 1 row affected (0.06 sec)

mysql> _
```

图 8.5　激活触发器

执行结果显示，在向表 t_dept 中插入记录之前，会向表 t_diary 中插入当前时间，从而可以发现 tri_diarytime 触发器创建成功。

（4）对于初级用户，当创建触发器时，经常会发生如图 8.7 所示的错误。之所以不能正确创建触发器“tri_diarytime”，是因为该触发器已经存在。

```
mysql> #看表t_diary中记录#
mysql> SELECT * FROM t_diary;
+---------+-----------+---------------------+
| diaryno | tablename | diarytime           |
+---------+-----------+---------------------+
|       1 | t_dept    | 2012-04-16 09:50:09 |
+---------+-----------+---------------------+
1 row in set (0.00 sec)

mysql> _
```

图 8.6　触发器执行语句运行效果

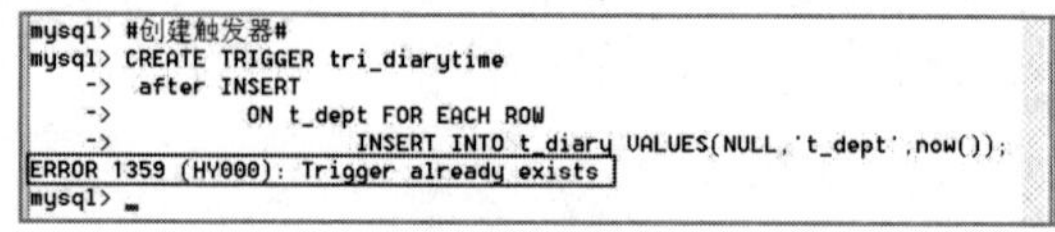

```
mysql> #创建触发器#
mysql> CREATE TRIGGER tri_diarytime
    ->   after INSERT
    ->         ON t_dept FOR EACH ROW
    ->              INSERT INTO t_diary VALUES(NULL,'t_dept',now());
ERROR 1359 (HY000): Trigger already exists
mysql> _
```

图 8.7　创建触发器出错

8.2.2 创建包含多条执行语句的触发器

查看帮助文档发现，在 MySQL 中创建触发器通过 SQL 语句 CREATE TRIGGER 来实现，其语法形式如下：

```
create trigger trigger_name
    BEFORE|AFTER trigger_EVENT
        ON TABLE_NAME FOR EACH ROW
            BEGIN
            trigger_STMT
            END
```

在上述语句中，比“只有一条执行语句的触发器”语法多出来两个关键字 BEGIN 和 END，在这两个关键字之间是所要执行的多个执行语句的内容，执行语句之间用分号隔开。

在 MySQL 软件中，一般情况下用“;”符号作为语句的结束符号，可是在创建触发器时，需要用到“;”符号作为执行语句的结束符号。为了解决该问题，可以使用关键字 DELIMITER 语句，例如“DELIMITER$$”，可以用来实现将结束符号设置成“$$”。

下面将通过一个具体的实例来说明如何创建包含多条执行语句的触发器。

【实例 8-2】执行 SQL 语句 CREATE TRIGGER，在数据库 company 中存在两个表对象：部门表（t_dept）和日记表（t_diary），创建触发器实现当向部门表中插入记录时，就会在插入之后向日记表中插入两条记录，具体步骤如下：

（1）执行 SQL 语句 DESC，查看数据库 company 中部门表（t_dept）和日记表（t_diary）的信息，具体 SQL 语句如下：

```
DESC t_dept;
```

和

```
DESC t_diary;
```

【运行效果】执行上面的 SQL 语句，其结果如图 8.8 所示和图 8.9 所示。

```
mysql> #查询表#
mysql> DESC t_dept;
+--------+-------------+------+-----+---------+-------+
| Field  | Type        | Null | Key | Default | Extra |
+--------+-------------+------+-----+---------+-------+
| deptno | int(11)     | YES  |     | NULL    |       |
| dname  | varchar(20) | YES  |     | NULL    |       |
| loc    | varchar(40) | YES  |     | NULL    |       |
+--------+-------------+------+-----+---------+-------+
3 rows in set (0.02 sec)

mysql>
```

图 8.8 表 t_dept 信息

```
mysql> #查询表#
mysql> DESC t_diary;
+-----------+-------------+------+-----+---------+----------------+
| Field     | Type        | Null | Key | Default | Extra          |
+-----------+-------------+------+-----+---------+----------------+
| diaryno   | int(11)     | NO   | PRI | NULL    | auto_increment |
| tablename | varchar(20) | YES  |     | NULL    |                |
| diarytime | datetime    | YES  |     | NULL    |                |
+-----------+-------------+------+-----+---------+----------------+
3 rows in set (0.00 sec)

mysql>
```

图 8.9 表 t_ diary 信息

（2）执行 SQL 语句 CREATE TRIGGER，创建触发器 tri_diarytime2，具体 SQL 语句如下：

```
DELIMITER $$
CREATE TRIGGER tri_diarytime2
    AFTER INSERT
        ON t_dept FOR EACH ROW
            BEGIN
                INSERT INTO t_diary VALUES(NULL,'t_dept',now());
                INSERT INTO t_diary VALUES(NULL,'t_dept',now());
            END
```

```
                $$
DELIMITER ;
```

【代码说明】在上述语句中，首先通过“DELIMITER $$”语句设置结束符号为“$$”，然后在关键字 BEGIN 和 END 之间编写了执行语句列表，最后通过“DELIMITER ;”语句将结束符号还原成默认结束符号“;”。

【运行效果】执行上面的 SQL 语句，其结果如图 8.10 所示。

```
mysql> #创建触发器#
mysql> DELIMITER $$
mysql> CREATE TRIGGER tri_diarytime2
    ->  AFTER INSERT
    ->          ON t_dept FOR EACH ROW
    ->                  BEGIN
    ->                          INSERT INTO t_diary VALUES(NULL,'t_dept',now());
    ->                          INSERT INTO t_diary VALUES(NULL,'t_dept',now());
    ->                  END
    ->                  $$
Query OK, 0 rows affected (0.19 sec)

mysql> DELIMITER ;
mysql>
```

图 8.10　创建触发器 tri_diarytime2

（3）为了校验数据库 company 中触发器 tri_diarytime2 的功能，可以向表 t_dept 中插入一条记录，然后查看表 t_diary 中是否执行插入当前时间操作。具体 SQL 语句如下：

```
INSERT INTO t_dept VALUES(2,'cjgongdept','ShangXi');
SELECT * FROM t_diary;
```

【代码说明】在上述语句中，首先向表 t_dept 中插入一条数据记录，然后查看表 t_diary 中数据记录。

【运行效果】执行上面的 SQL 语句，其结果分别如图 8.11 和图 8.12 所示。

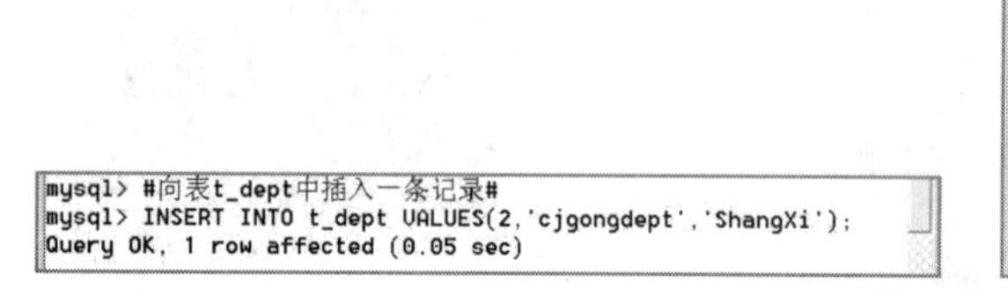

图 8.11　激活触发器

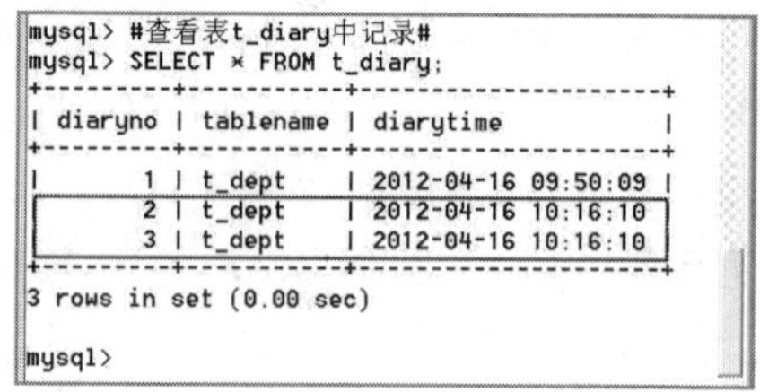

图 8.12　触发器执行语句运行效果

执行结果显示，在向表 t_dept 中插入记录之后，会向表 tri_diarytime 中插入两条记录，从而可以发现 tri_diarytime2 触发器创建成功。

8.2.3　通过 SQLyog 客户端软件来创建触发器

通过 MySQL 数据库服务器自带的工具“MySQL Command Line Client”来创建触发器，虽然高效、灵活，但是对于初级用户比较困难，需要掌握 SQL 语句。在具体实践中，用户可以通过客户端软件 SQLyog 来创建触发器。

下面将通过一个具体的实例来说明如何通过客户端软件 SQLyog 创建触发器。

【实例 8-3】与实例 8-2 一样，在数据库 company 中创建触发器对象 tri_diarytime2。

（1）连接数据库服务器，在“对象资源管理器”窗口中将显示 MySQL 数据库管理系统中所有的数据库，其中数据库 company 中存在两个表：表示部门的表 t_dept 和表示日记表 t_diary；同时触

发器节点里已经存在一个触发器 tri_diarytime，具体信息如图 8.13 所示。

（2）右击“对象资源管理器”窗口中的“触发器”节点，在弹出的快捷菜单中选择“创建触发/器”命令，如图 8.14 所示。

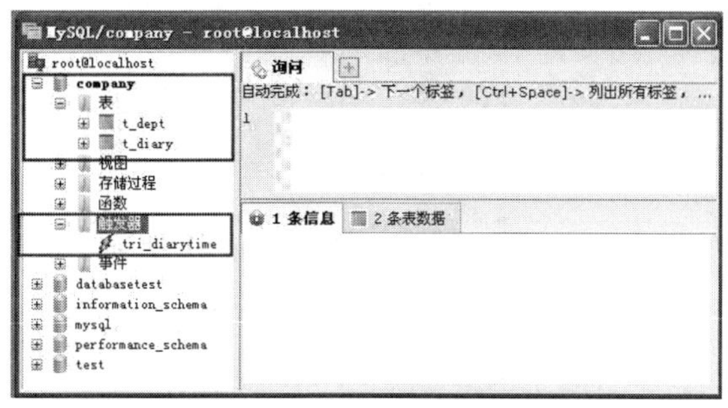

图 8.13　连接 MySQL 数据库管理系统

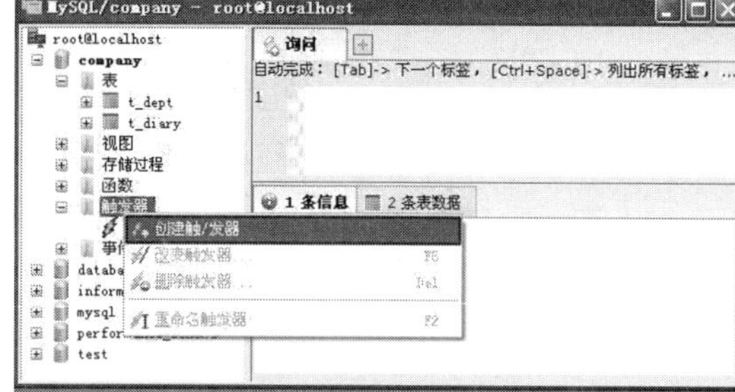

图 8.14　创建触发器命令

（3）弹出“Create Trigger”对话框，设置“输入新触发器名称”文本框名为 tri_diarytime2，然后单击“创建”按钮，创建触发器 tri_diarytime2，具体设置信息如图 8.15 所示。

（4）数据库触发器 tri_diarytime2 创建成功后，弹出关于触发器设计模板的“tri_diarytime2”窗口，具体信息如图 8.16 所示。

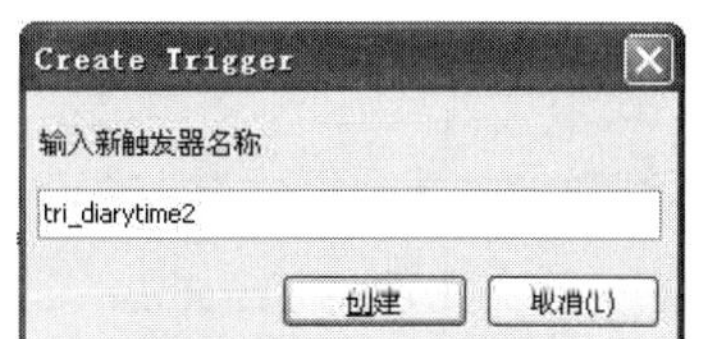

图 8.15　创建数据库

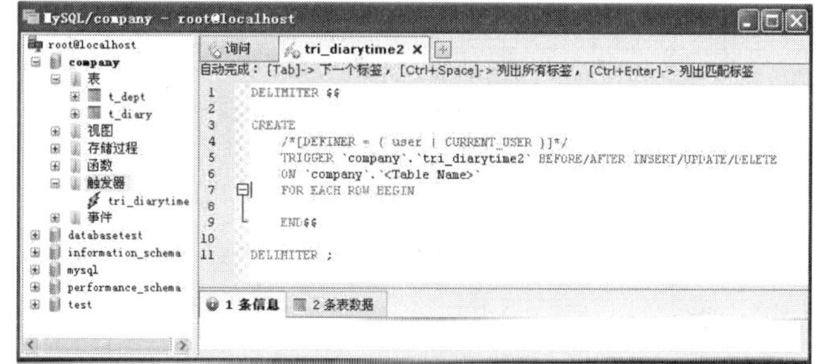

图 8.16　触发器设计模板

（5）在“tri_diarytime2”设计模板窗口中，修改内容如图 8.17 所示，然后单击工具栏中的“执行查询”（ ）按钮，执行 SQL 语句。

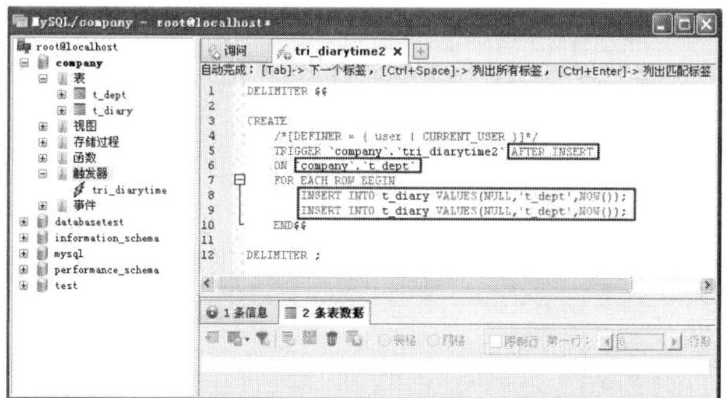

图 8.17　修改触发器设计模板

（6）数据库创建成功后，不仅会在“信息”窗口显示相关信息，而且单击工具栏中的“刷新对象浏览器”（ ）按钮，会在“对象资源管理器”窗口中显示出新建的数据库，如图 8.18 所示。

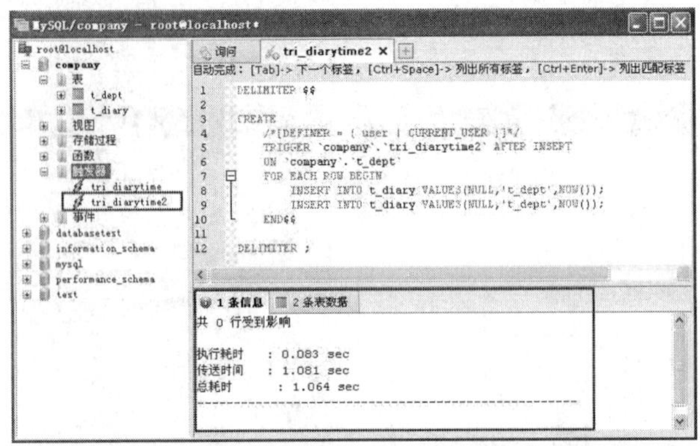

图 8.18　触发器创建成功

通过上述步骤，即可在 SQLyog 客户端工具中的 company 数据库中创建触发器 tri_diarytime2 成功。

8.3　查看触发器

触发器的操作包括创建触发器、查看触发器及删除触发器。本节将详细介绍如何查看触发器。在 MySQL 软件中可以通过两种方式来查看触发器，分别为通过 SHOW TRIGGERS 语句和通过查看系统表 triggers 实现。

8.3.1　通过 SHOW TRIGGERS 语句查看触发器

对于初级用户，当创建触发器时，除了经常会发生“ERROR 1359 (HY000): Trigger already exists”错误之外，还会发生如图 8.19 所示的错误。

```
mysql> DELIMITER ;
mysql> #创建触发器#
mysql> DELIMITER $$
mysql> CREATE TRIGGER tri_diarytime2
    ->  AFTER INSERT
    ->          ON t_dept FOR EACH ROW
    ->                  BEGIN
    ->                          INSERT INTO t_diary VALUES(NULL,'t_dept',now());
    ->                          INSERT INTO t_diary VALUES(NULL,'t_dept',now());
    ->                  END
    ->                  $$
ERROR 1235 (42000): This version of MySQL doesn't yet support 'multiple triggers with the same
action time and event for one table'
mysql> DELIMITER ;
mysql> _
```

图 8.19　创建触发器出错

之所以不能正确创建触发器“tri_diarytime2”，除了因为该触发器已经存在外，还因为在 MySQL 软件中，MySQL 对于具有相同触发程序动作时间和事件的给定表，不能有两个触发器。因此对于有经验的用户，在创建触发器之前，需要查看 MySQL 软件中是否已经存在该标识符的触发器和触发器的相关事件。

那么如何查看 MySQL 软件中已经存在的触发器呢？查看帮助文档可以发现，在 MySQL 软件中查看已经存在的触发器，通过 SQL 语句 SHOW TRIGGERS 来实现，其语法形式如下：

```
SHOW TRIGGERS \G
```

【运行效果】执行上面的 SQL 语句，其结果如图 8.20 所示。

```
mysql> #查询触发器#
mysql> SHOW TRIGGERS \G
*************************** 1. row ***************************
             Trigger: tri_diarytime
               Event: INSERT
               Table: t_dept
           Statement: INSERT INTO t_diary VALUES(NULL,'t_dept',now())
              Timing: BEFORE
             Created: NULL
            sql_mode: STRICT_TRANS_TABLES,NO_AUTO_CREATE_USER,NO_ENGINE_SUBSTITUTION
             Definer: root@localhost
character_set_client: gbk
collation_connection: gbk_chinese_ci
  Database Collation: gbk_chinese_ci
*************************** 2. row ***************************
             Trigger: tri_diarytime2
               Event: INSERT
               Table: t_dept
           Statement: BEGIN
        INSERT INTO t_diary VALUES(NULL,'t_dept',now());
        INSERT INTO t_diary VALUES(NULL,'t_dept',now());
    END
              Timing: AFTER
             Created: NULL
            sql_mode:
             Definer: root@localhost
character_set_client: utf8
collation_connection: utf8_general_ci
  Database Collation: gbk_chinese_ci
2 rows in set (0.01 sec)

mysql> _
```

图 8.20　显示触发器

通过执行 SQL 结果可以发现，执行完“SHOW TRIGGERS”语句后，会显示一个列表。在该列表中会显示出所有触发器的信息。其中 Trigger 参数表示触发器的名称；Event 参数表示触发器的激活事件；Table 参数表示触发器对象触发事件所操作的表；Statement 参数表示触发器激活时所执行的语句；Timing 参数表示触发器所执行的时间；其他参数不重要，现阶段不需要掌握。

8.3.2　通过查看系统表 triggers 实现查看触发器

在 MySQL 软件中，在系统数据库 information_schema 中存在一个存储所有触发器信息的系统表 triggers，因此查询该表格的记录也可以实现查看触发器功能。关于系统表 triggers 的表结构如图 8.21 所示。

```
mysql> #查询表结构#
mysql> DESC triggers;
+----------------------------+---------------+------+-----+---------+-------+
| Field                      | Type          | Null | Key | Default | Extra |
+----------------------------+---------------+------+-----+---------+-------+
| TRIGGER_CATALOG            | varchar(512)  | NO   |     |         |       |
| TRIGGER_SCHEMA             | varchar(64)   | NO   |     |         |       |
| TRIGGER_NAME               | varchar(64)   | NO   |     |         |       |
| EVENT_MANIPULATION         | varchar(6)    | NO   |     |         |       |
| EVENT_OBJECT_CATALOG       | varchar(512)  | NO   |     |         |       |
| EVENT_OBJECT_SCHEMA        | varchar(64)   | NO   |     |         |       |
| EVENT_OBJECT_TABLE         | varchar(64)   | NO   |     |         |       |
| ACTION_ORDER               | bigint(4)     | NO   |     | 0       |       |
| ACTION_CONDITION           | longtext      | YES  |     | NULL    |       |
| ACTION_STATEMENT           | longtext      | NO   |     | NULL    |       |
| ACTION_ORIENTATION         | varchar(9)    | NO   |     |         |       |
| ACTION_TIMING              | varchar(6)    | NO   |     |         |       |
| ACTION_REFERENCE_OLD_TABLE | varchar(64)   | YES  |     | NULL    |       |
| ACTION_REFERENCE_NEW_TABLE | varchar(64)   | YES  |     | NULL    |       |
| ACTION_REFERENCE_OLD_ROW   | varchar(3)    | NO   |     |         |       |
| ACTION_REFERENCE_NEW_ROW   | varchar(3)    | NO   |     |         |       |
| CREATED                    | datetime      | YES  |     | NULL    |       |
| SQL_MODE                   | varchar(8192) | NO   |     |         |       |
| DEFINER                    | varchar(77)   | NO   |     |         |       |
| CHARACTER_SET_CLIENT       | varchar(32)   | NO   |     |         |       |
| COLLATION_CONNECTION       | varchar(32)   | NO   |     |         |       |
| DATABASE_COLLATION         | varchar(32)   | NO   |     |         |       |
+----------------------------+---------------+------+-----+---------+-------+
22 rows in set (0.02 sec)

mysql> _
```

图 8.21　系统表 triggers 结构

通过系统表 triggers 的结构可以发现该表提供触发器的所有详细信息。

【实例 8-4】 执行 SQL 语句 SELECT，查询数据库 company 中触发器对象，具体步骤如下：

（1）执行 SQL 语句 USE，选择数据库 information_schema，具体 SQL 语句如下：

```
USE information_schema;
```

【运行效果】 执行上面的 SQL 语句，其结果如图 8.22 所示。

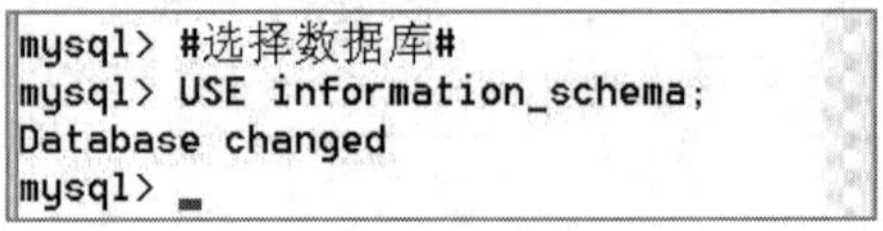

```
mysql> #选择数据库#
mysql> USE information_schema;
Database changed
mysql> _
```

图 8.22　选择数据库

（2）执行 SQL 语句 SELECT，查看系统表 triggers 中的所有记录，具体 SQL 语句如下：

```
SELECT * FROM triggers \G
```

【代码说明】 关于查询语句的具体语法后面章节会详细介绍。

【运行效果】 执行上面的 SQL 语句，其结果如图 8.23 所示。

（3）执行结果显示了 MySQL 软件中所有的触发器对象的详细信息，除了显示所有触发器对象外，还可以查询指定触发器的详细信息，具体 SQL 语句如下：

```
SELECT * FROM TRIGGERS WHERE TRIGGER_NAME='tri_diarytime2' \G
```

【代码说明】 关于查询语句的具体语法后面章节会详细介绍。

【运行效果】 执行上面的 SQL 语句，其执行结果如图 8.24 所示。

```
mysql> #查询表triggers#
mysql> SELECT * FROM triggers \G
*************************** 1. row ***************************
           TRIGGER_CATALOG: def
            TRIGGER_SCHEMA: company
              TRIGGER_NAME: tri_diarytime
        EVENT_MANIPULATION: INSERT
      EVENT_OBJECT_CATALOG: def
       EVENT_OBJECT_SCHEMA: company
        EVENT_OBJECT_TABLE: t_dept
              ACTION_ORDER: 0
          ACTION_CONDITION: NULL
          ACTION_STATEMENT: INSERT INTO t_diary VALUES(NULL,'t_dept',now())
        ACTION_ORIENTATION: ROW
             ACTION_TIMING: BEFORE
ACTION_REFERENCE_OLD_TABLE: NULL
ACTION_REFERENCE_NEW_TABLE: NULL
  ACTION_REFERENCE_OLD_ROW: OLD
  ACTION_REFERENCE_NEW_ROW: NEW
                   CREATED: NULL
                  SQL_MODE: STRICT_TRANS_TABLES,NO_AUTO_CREATE_USER,NO_ENGINE_SUBSTITUTION
                   DEFINER: root@localhost
      CHARACTER_SET_CLIENT: gbk
      COLLATION_CONNECTION: gbk_chinese_ci
        DATABASE_COLLATION: gbk_chinese_ci
```

```
*************************** 2. row ***************************
           TRIGGER_CATALOG: def
            TRIGGER_SCHEMA: company
              TRIGGER_NAME: tri_diarytime2
        EVENT_MANIPULATION: INSERT
      EVENT_OBJECT_CATALOG: def
       EVENT_OBJECT_SCHEMA: company
        EVENT_OBJECT_TABLE: t_dept
              ACTION_ORDER: 0
          ACTION_CONDITION: NULL
          ACTION_STATEMENT: BEGIN
        INSERT INTO t_diary VALUES(NULL,'t_dept',now());
        INSERT INTO t_diary VALUES(NULL,'t_dept',now());
    END
        ACTION_ORIENTATION: ROW
             ACTION_TIMING: AFTER
ACTION_REFERENCE_OLD_TABLE: NULL
ACTION_REFERENCE_NEW_TABLE: NULL
  ACTION_REFERENCE_OLD_ROW: OLD
  ACTION_REFERENCE_NEW_ROW: NEW
                   CREATED: NULL
                  SQL_MODE:
                   DEFINER: root@localhost
      CHARACTER_SET_CLIENT: utf8
      COLLATION_CONNECTION: utf8_general_ci
        DATABASE_COLLATION: gbk_chinese_ci
2 rows in set (0.09 sec)

mysql>
```

图 8.23　MySQL 所有触发器对象

```
mysql> #查询触发器#
mysql> SELECT * FROM TRIGGERS WHERE TRIGGER_NAME='tri_diarytime2'\G
*************************** 1. row ***************************
           TRIGGER_CATALOG: def
            TRIGGER_SCHEMA: company
              TRIGGER_NAME: tri_diarytime2
        EVENT_MANIPULATION: INSERT
      EVENT_OBJECT_CATALOG: def
       EVENT_OBJECT_SCHEMA: company
        EVENT_OBJECT_TABLE: t_dept
              ACTION_ORDER: 0
          ACTION_CONDITION: NULL
          ACTION_STATEMENT: BEGIN
        INSERT INTO t_diary VALUES(NULL,'t_dept',now());
        INSERT INTO t_diary VALUES(NULL,'t_dept',now());
    END
        ACTION_ORIENTATION: ROW
             ACTION_TIMING: AFTER
ACTION_REFERENCE_OLD_TABLE: NULL
ACTION_REFERENCE_NEW_TABLE: NULL
  ACTION_REFERENCE_OLD_ROW: OLD
  ACTION_REFERENCE_NEW_ROW: NEW
                   CREATED: NULL
                  SQL_MODE:
                   DEFINER: root@localhost
      CHARACTER_SET_CLIENT: utf8
      COLLATION_CONNECTION: utf8_general_ci
        DATABASE_COLLATION: gbk_chinese_ci
1 row in set (0.11 sec)

mysql>
```

图 8.24　触发器 tri_diarytime2 信息

执行结果显示了所指定触发器对象 tri_diarytime2 的详细信息，与前面的方式相比，使用起来更加方便、灵活。

对于 MySQL 软件用户来说，很少使用语句“SHOW TRIGGERS”和语句“SELECT * FROM triggers \G”来查询触发器的详细信息，因为在 MySQL 软件中，随着时间的推移，数据库对象触发器肯定会增多，如果查询所有触发器的详细信息，将显示许多信息，不便于找到所需的触发器的信息。

8.3.3　通过 SQLyog 客户端软件来查看触发器

通过 MySQL 数据库服务器自带的工具“MySQL Command Line Client”来查看触发器，虽然高效、灵活，但是对于初级用户比较困难，需要掌握 SQL 语句。在具体实践中，用户可以通过 MySQL 客户端软件 SQLyog 来查看触发器。

对于 MySQL 客户端软件 SQLyog，除了可以在“询问”对话框中执行 SHOW TRIGGERS 语句和 SELECT 语句来实现查询触发器详细信息外，还可以通过操作“对象资源管理器”来实现。具体步骤如下：

（1）连接数据库服务器，在“对象资源管理器”窗口中将显示 MySQL 数据库管理系统中所有的数据库，单击数据库 company 节点，将显示属于该数据库的所有数据库对象，具体信息如图 8.25 所示。

（2）单击数据库 company 中的“触发器”节点，将显示关于该数据库的所有触发器对象（tri_diarytime 和 tri_diarytime2），如图 8.26 所示。

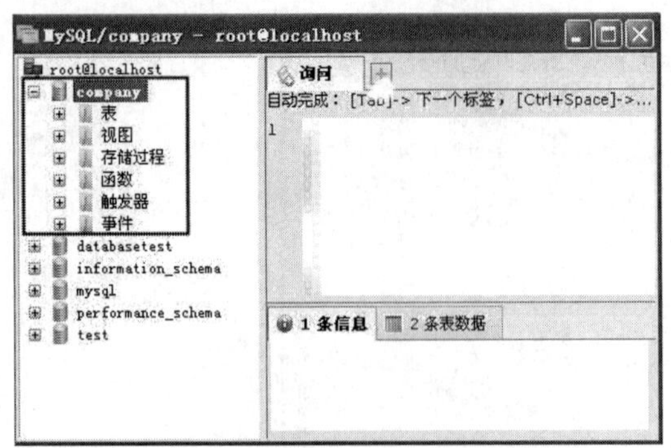

图 8.25　数据库 company 所有数据库对象

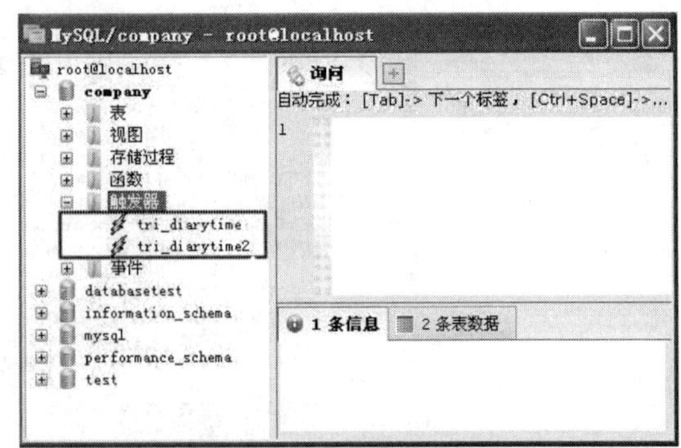

图 8.26　查看触发器

（3）如果想查看触发器 tri_diarytime 的定义信息，只需在“对象资源管理器”窗口中右击选择该触发器对象，然后在弹出的快捷菜单中选择“改变触发器”命令，如图 8.27 所示，弹出该触发器对象定义信息的窗口，如图 8.28 所示。

通过上述步骤，即可在 SQLyog 客户端工具中查看触发器对象和这些对象的定义信息。

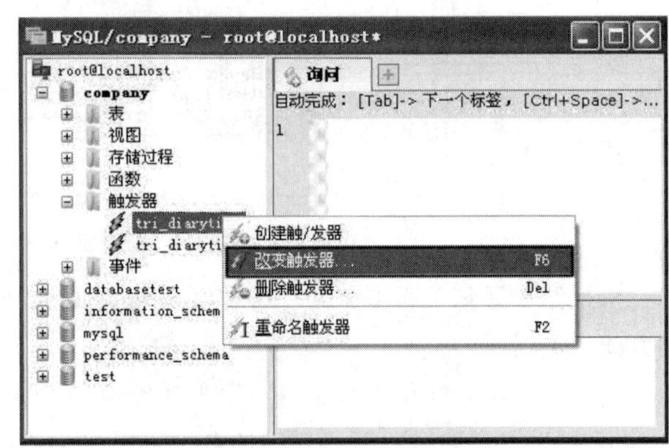

图 8.27　选择触发器对象

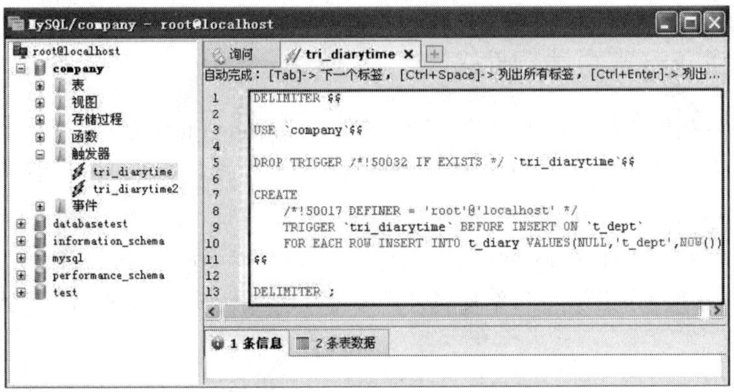

图 8.28　触发器定义信息

8.4　删除触发器

触发器的操作包括创建触发器、查看触发器以及删除触发器。本节将详细介绍如何删除触发器。在 MySQL 软件中可以通过两种方式来删除触发器，分别为通过 DROP TRIGGER 语句和通过工具实现删除触发器。

8.4.1　通过 DROP TRIGGER 语句删除触发器

查看帮助文档可以发现，在 MySQL 中删除触发器通过 SQL 语句 DROP TRIGGER 来实现，其语法形式如下：

```
DROP TRIGGER trigger_name
```

在上述语句中，trigger_name 参数表示所要删除的触发器名称。

【实例 8-5】执行 SQL 语句 DDROP TRIGGER 删除触发器，在 company 数据库中删除触发器对象 tri_diarytime。具体步骤如下：

（1）执行 SQL 语句 USE，选择数据库 company，具体语句如下：

```
USE company;
```

【运行效果】执行上面的 SQL 语句，其结果如图 8.29 所示。

```
mysql> #选择数据库#
mysql> USE company;
```

图 8.29　选择数据库

（2）选择进入数据库 company 后，执行 SQL 语句 DROP TRIGGER，删除名为 tri_diarytime 的视图对象，具体 SQL 语句如下：

```
DROP TRIGGER tri_diarytime;
```

【代码说明】在上述 SQL 语句中通过关键字 DROP TRIGGER 实现删除触发器功能。

【运行效果】执行上述语句，其结果如图 8.30 所示。

（3）为了检验数据库 view 中是否还存在触发器对象 tri_diarytime，执行 SQL 语句 SHOW TRIGGERS，具体 SQL 语句如下：

```
SHOW TRIGGERS \G
```

【运行效果】执行上面的 SQL 语句，其结果如图 8.31 所示。

```
mysql> #删除触发器#
mysql> DROP TRIGGER tri_diarytime;
Query OK, 0 rows affected (0.00 sec)

mysql>
```

图 8.30　删除触发器

```
mysql> #查询触发器对象#
mysql> SHOW TRIGGERS \G
Empty set (0.00 sec)

mysql>
```

图 8.31　查询触发器

执行结果显示，没有任何触发器对象，则表示删除视图 tri_diarytime 成功。

8.4.2　通过工具来删除触发器

在客户端软件 SQLyog 中，不仅可以通过在“询问”窗口中执行 DROP TRIGGER 语句来删除触发器，而且还可以通过向导来实现，具体步骤如下：

（1）在“对象资源管理器”窗口中，单击数据库 company 中“触发器”节点前的加号，然后右击“tri_diarytime”节点，在弹出的快捷菜单中选择“删除触发器”命令，如图 8.32 所示。

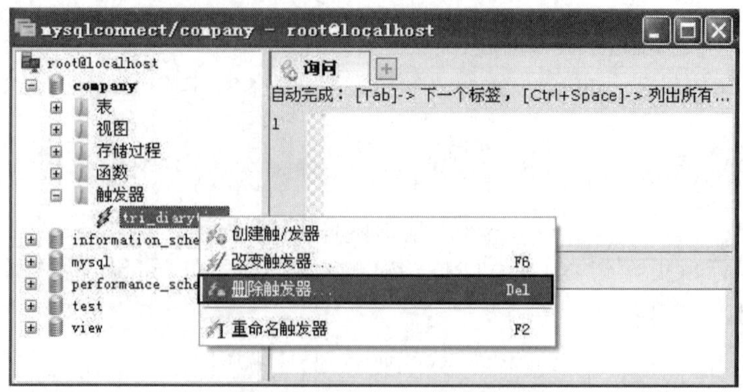

图 8.32　选择“删除触发器”命令

（2）弹出对话框来确定是否删除触发器，如图 8.33 所示。单击“是”按钮后，这时“对象资源管理器”窗口数据库 company 中“触发器”里就没有任何触发器对象，如图 8.34 所示。

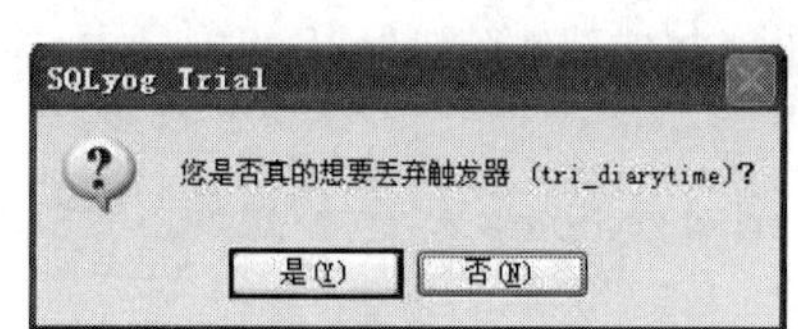

图 8.33　确认窗口

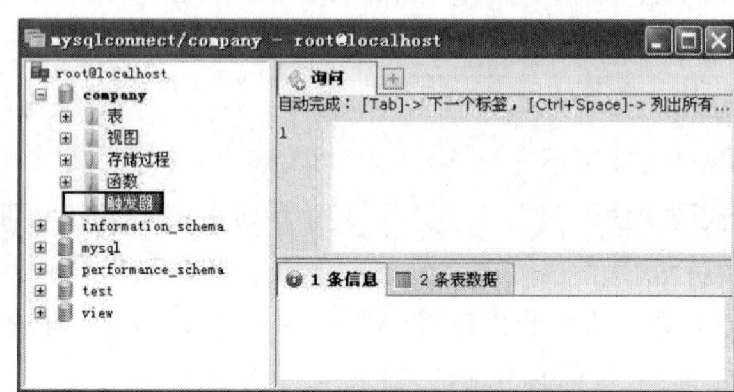

图 8.34　查看视图对象

通过上述步骤，即可在 SQLyog 软件中成功删除触发器对象。

8.5　小　结

本章介绍了在 MySQL 数据库管理系统中关于触发器的操作，主要包含触发器的创建、触发器的查看以及触发器删除的操作。在具体介绍这些操作时，除了详细介绍针对触发器的 SQL 语句外，还介绍了客户端软件 SQLyog 的操作。

通过对本章的学习，读者不仅可以掌握数据库对象触发器的基本概念，而且还可以对触发器进行各种熟练操作。

第 9 章　数据的操作

通过前面章节的内容可以发现，数据库是存储数据库对象的仓库，而数据库基本对象——表，则用来实现存储数据。在 MySQL 软件中关于数据的操作（CRUD），包含插入数据记录操作（CREATE）、查询数据记录（READ）、更新数据记录操作（UPDATE）和删除数据记录操作（DELETE）。

在 MySQL 软件中，可以通过 SQL 语句中的 DML 语句来实现数据的操作，其中通过 INSERT 语句来实现数据插入，通过 UPDATE 语句来实现数据的更新和通过 DELETE 语句实现数据删除，至于查询数据语句将在第 10 章讲解。

通过本节的学习，可以掌握在 MySQL 软件中关于数据的操作，内容包含:

- 插入数据记录
- 更新数据记录
- 删除数据记录

9.1　插入数据记录

插入数据记录是数据操作中最常见的操作，该操作可以实现向表中增加新的数据记录。在 MySQL 软件中可以通过“INSERT INTO”语句来实现插入数据记录，该 SQL 语句可以通过如下四种方式使用：

（1）插入完整数据记录。

（2）插入数据记录一部分。

（3）插入多条数据记录。

（4）插入查询结果。

9.1.1　插入完整数据记录

查看帮助文档发现，在 MySQL 中插入完整的记录通过 SQL 语句“INSERT INTO”来实现，其语法形式如下：

```
INSERT INTO table_name(field1,field2,field3,……fieldn)
    VALUES(value1,value2,value3……valuen)
```

在上述语句中，参数 table_name 表示所要插入完整记录的表名，参数 fieldn 表示表中的字段名字，参数 valuen 表示所要插入的数值。最后参数 fieldn 与参数 valuen 一一对应。

【实例 9-1】执行 SQL 语句 INSERT INTO，向数据库 company 中的部门表（t_dept）插入一条完整数据记录，其值分别为 1、cjgongdept1 和 shangxi1，具体步骤如下：

（1）执行 SQL 语句 DESCRIBE，查看数据库 company 中部门表（t_dept）的信息，具体 SQL 语句如下：

```
DESCRIBE t_dept;
```

【运行效果】执行上面的 SQL 语句，其结果如图 9.1 所示。

（2）执行 SQL 语句 INSERT INTO，插入完整数据记录，具体 SQL 语句如下：

```
INSERT INTO t_dept(deptno,dname,loc)
    VALUES(1,'cjgong1','shangxi1');
```

【代码说明】在上述语句中实现插入完整数据记录，其值为 1、cjgongdept1 和 shangxi1。

【运行效果】执行上面的 SQL 语句，其结果如图 9.2 所示。

```
mysql> #查看表定义#
mysql> DESCRIBE t_dept;
+--------+-------------+------+-----+---------+-------+
| Field  | Type        | Null | Key | Default | Extra |
+--------+-------------+------+-----+---------+-------+
| deptno | int(11)     | YES  |     | NULL    |       |
| dname  | varchar(20) | YES  |     | NULL    |       |
| loc    | varchar(40) | YES  |     | NULL    |       |
+--------+-------------+------+-----+---------+-------+
3 rows in set (0.01 sec)

mysql>
```

图 9.1　表 t_dept 信息

```
mysql> # 插入数据记录#
mysql>  INSERT INTO t_dept(deptno,dname,loc)
    ->  VALUES(1,'cjgong1','shangxi1');
Query OK, 1 row affected (0.06 sec)

mysql> _
```

图 9.2　插入数据记录

注意：由于表 t_dept 中包含 3 个字段，所以插入的值也应该是 3 个。同时所插入的值的类型也应该与字段类型一致，即字段 dname 和 loc 的数据类型为字符串，因此所插入的值 cjgongdept 和 shangxi 需要加上单引号（'）表示字符串。

（3）为了校验部门表（t_dept）中数据记录是否插入成功，可以通过 SQL 语句 SELECT 来实现。具体 SQL 语句如下：

```
SELECT *
    FROM t_dept;
```

【运行效果】执行上面的 SQL 语句，其结果如图 9.3 所示。

```
mysql> #查询表格数据记录#
mysql> SELECT *
    -> FROM t_dept;
+--------+---------+----------+
| deptno | dname   | loc      |
+--------+---------+----------+
|      1 | cjgong1 | shangxi1 |
+--------+---------+----------+
1 row in set (0.00 sec)

mysql>
```

图 9.3　查询表格数据记录

执行结果显示，表 t_dept 的记录值 1、cjgongdept1 和 shangxi1 已经插入成功。

查看帮助文档可以发现，在 MySQL 中插入完整的记录除了可以使用上面的语法外，还可以省略字段参数，其语法形式如下：

```
INSERT INTO table_name
    VALUES(value1,value2,value3……valuen)
```

在上述语句中，参数 table_name 表示所要插入完整记录的表名，参数 valuen 表示所要插入的数值，参数 valuen 的个数与表中字段数相一致，即所插入的数值会与表中字段一一对应。

【实例 9-2】与实例 9-1 一样，向数据库 company 中的部门表（t_dept）插入一条完整数据记录，其值分别为 2、cjgong2 和 shangxi2，具体步骤如下：

（1）执行 SQL 语句 INSERT INTO，插入完整数据记录，具体 SQL 语句如下：

```
INSERT INTO t_dept
    VALUES(2,'cjgong2','shangxi2');
```

【代码说明】在上述语句中实现插入完整数据记录，其值为 2、cjgong2 和 shangxi2。

【运行效果】执行上面的 SQL 语句，其结果如图 9.4 所示。

（2）为了校验部门表（t_dept）中数据记录是否插入成功，可以通过 SQL 语句 SELECT 来实现。具体 SQL 语句如下：

```
SELECT *
    FROM t_dept;
```

【运行效果】执行上面的 SQL 语句，其结果如图 9.5 所示。

```
mysql> #插入数据记录#
mysql> INSERT INTO t_dept
    ->  VALUES(2,'cjgong2','shangxi2');
Query OK, 1 row affected (0.05 sec)

mysql> _
```

图 9.4　插入数据记录

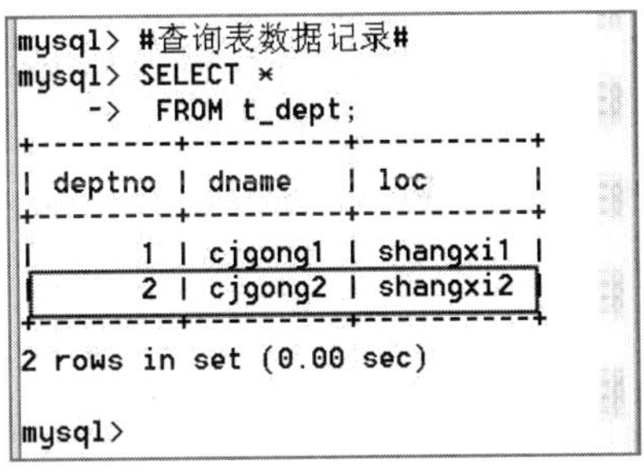

图 9.5　查询表数据记录

执行结果显示，表 t_dept 的记录值 2、cjgong2 和 shangxi2 已经插入成功。在具体实现插入完整数据记录时，到底选择哪种语法形式呢？

如果表中的字段比较多，可以使用省略字段参数的语法比较简单，但是此时程序阅读性比较差，灵活性比较差，即数据值顺序必须与字段顺序一致。当使用另一种语法形式时，数据值的顺序可以随意调整，只要与所写字段顺序一致即可。

9.1.2　插入数据记录一部分

插入数据记录时除了可以插入完整数据记录，还可以插入指定字段的部分数据记录，在 MySQL 中插入数据记录一部分通过 SQL 语句“INSERT INTO”来实现，其语法形式如下：

```
INSERT INTO table_name(field1,field2,field3,……fieldn)
    VALUES(value1,value2,value3……valuen)
```

在上述语句中，参数 fieldn 表示表中部分的字段名字，参数 valuen 表示所要插入部分数值。最后参数 fieldn 与参数 valuen 一一对应。

【实例 9-3】执行 SQL 语句 INSERT INTO，向数据库 company 中的部门表（t_dept）插入一条部分数据记录，其中字段 dname 的值为 cjgong1 和字段 loc 的值为 shangxi1，具体步骤如下：

（1）执行 SQL 语句 DESC，查看数据库 company 中部门表（t_dept）的信息，具体 SQL 语句如下：

```
DESC t_dept;
```

【运行效果】执行上面的 SQL 语句，其结果如图 9.6 所示。

注意：根据执行 SQL 语句的结果可以发现，字段 deptno 为主键，并且由 MySQL 软件控制实现自动增加约束。

（2）执行 SQL 语句 INSERT INTO，插入完整数据记录，具体 SQL 语句如下：

```
INSERT INTO t_dept(dname,loc)
    VALUES('cjgong1','shangxi1');
```

【代码说明】在上述语句中实现插入完整数据记录，其值为 cjgong1 和 shangxi1。

【运行效果】执行上面的 SQL 语句，其结果如图 9.7 所示。

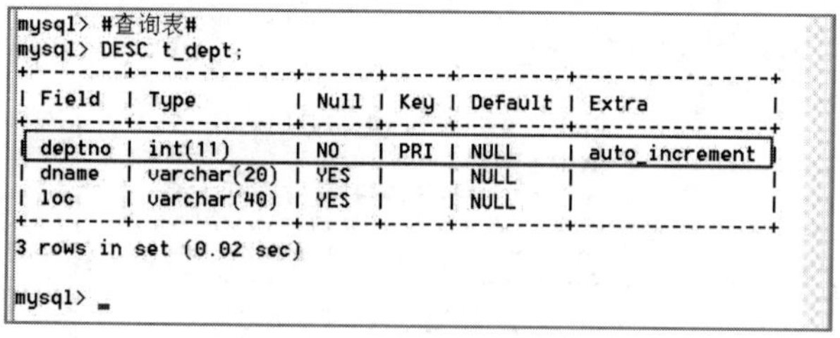

```
mysql> #查询表#
mysql> DESC t_dept;
+--------+-------------+------+-----+---------+----------------+
| Field  | Type        | Null | Key | Default | Extra          |
+--------+-------------+------+-----+---------+----------------+
| deptno | int(11)     | NO   | PRI | NULL    | auto_increment |
| dname  | varchar(20) | YES  |     | NULL    |                |
| loc    | varchar(40) | YES  |     | NULL    |                |
+--------+-------------+------+-----+---------+----------------+
3 rows in set (0.02 sec)

mysql> _
```

图 9.6　表 t_dept 信息

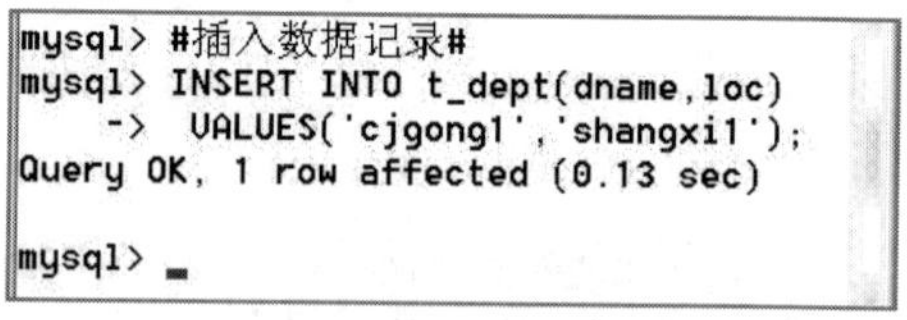

```
mysql> #插入数据记录#
mysql> INSERT INTO t_dept(dname,loc)
    -> VALUES('cjgong1','shangxi1');
Query OK, 1 row affected (0.13 sec)

mysql> _
```

图 9.7　插入数据记录

注意：在实现插入部分数据记录时，所插入数值的个数必须与所需插入数值的字段个数相同，顺序一致。

（3）为了校验部门表（t_dept）中数据记录是否插入成功，可以通过 SQL 语句 SELECT 来实现。具体 SQL 语句如下：

```
SELECT *
    FROM t_dept;
```

【运行效果】执行上面的 SQL 语句，其结果如图 9.8 所示。

执行结果显示，表 t_dept 的记录值 cjgong1 和 shangxi1 不仅插入成功，而且该记录中没有数值插入的字段已由“自动增加”约束生成值。

在具体开发中，除了“自动增加”约束的字段不需要插入数值外，具有“默认值”约束的字段也不需要插入数值。因为对于没有插入值的字段，MySQL 软件会为其插入默认值，而这个默认值是在创建表时设置的。

```
mysql> #查询表数据记录#
mysql> SELECT *
    -> FROM t_dept;
+--------+---------+----------+
| deptno | dname   | loc      |
+--------+---------+----------+
|      1 | cjgong1 | shangxi1 |
+--------+---------+----------+
1 row in set (0.00 sec)

mysql> _
```

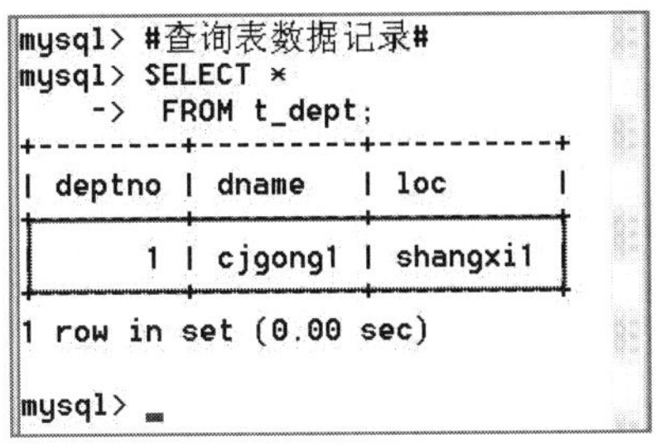

图 9.8　查询表数据记录

【实例 9-4】执行 SQL 语句 INSERT INTO，向数据库 company 中的部门表（t_dept）插入一条部分数据记录，其中字段 dname 的值为 cjgongdept1，具体步骤如下：

（1）执行 SQL 语句 DESC，查看数据库 company 中部门表（t_dept）的信息，具体 SQL 语句如下：

```
DESC t_dept;
```

【运行效果】执行上面的 SQL 语句，其结果如图 9.9 所示。

注意：根据执行 SQL 语句的结果可以发现，字段 deptno 为主键，并且由 MySQL 软件控制实现自动增加约束。

（2）执行 SQL 语句 INSERT INTO，插入一条部分数据记录，具体 SQL 语句如下：

```
INSERT INTO t_dept(dname)
    VALUES('cjgongdept1');
```

【代码说明】在上述语句中实现插入部分数据记录，其中字段 dname 的值为 cjgongdept1。

【运行效果】执行上面的 SQL 语句，其结果如图 9.10 所示。

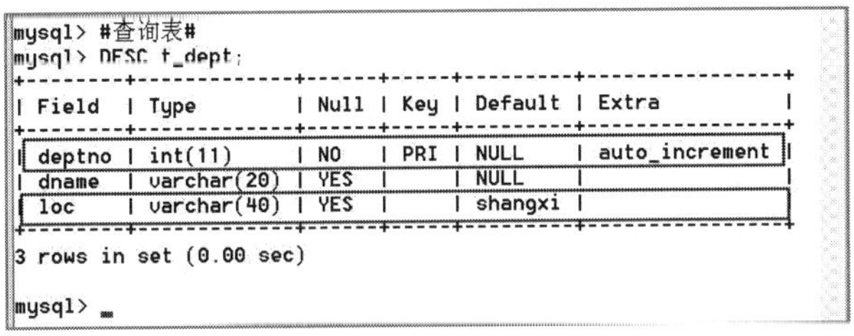

```
mysql> #查询表#
mysql> DESC t_dept;
+--------+-------------+------+-----+---------+----------------+
| Field  | Type        | Null | Key | Default | Extra          |
+--------+-------------+------+-----+---------+----------------+
| deptno | int(11)     | NO   | PRI | NULL    | auto_increment |
| dname  | varchar(20) | YES  |     | NULL    |                |
| loc    | varchar(40) | YES  |     | shangxi |                |
+--------+-------------+------+-----+---------+----------------+
3 rows in set (0.00 sec)

mysql> _
```

图 9.9　表 t_dept 信息

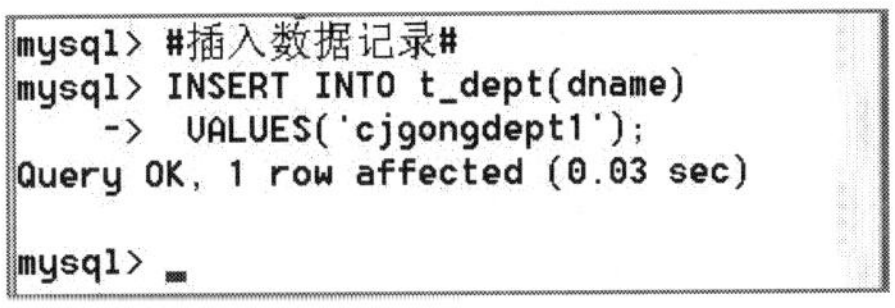

```
mysql> #插入数据记录#
mysql> INSERT INTO t_dept(dname)
    -> VALUES('cjgongdept1');
Query OK, 1 row affected (0.03 sec)

mysql> _
```

图 9.10　插入数据记录

注意：在实现插入部分数据记录时，所插入数值的个数必须与所需插入数值的字段个数相同，顺序一致。

（3）为了校验部门表（t_dept）中数据记录是否插入成功，可以通过 SQL 语句 SELECT 来实现。具体 SQL 语句如下：

```
SELECT *
    FROM t_dept;
```

【运行效果】执行上面的 SQL 语句，其结果如图 9.11 所示。

```
mysql> #查询表数据记录#
mysql> SELECT *
    -> FROM t_dept;
+--------+-------------+---------+
| deptno | dname       | loc     |
+--------+-------------+---------+
|      1 | cjgongdept1 | shangxi |
+--------+-------------+---------+
1 row in set (0.00 sec)

mysql> _
```

图 9.11　查看表数据记录

执行结果显示，表 t_dept 的记录值 cjgongdept1 不仅插入成功，而且该记录中没有数值插入的字段已由“自动增加”约束插入值 1 和“默认”约束插入值 shangxi。

9.1.3　插入多条数据记录

在具体插入数据记录时，除了可以一次插入一条数据记录外，而且还可以实现一次插入多条数据记录。在具体实现一次插入多条数据记录时，同样可以分为一次插入多条完整数据记录和一次插入多条部分数据记录。

1．插入多条完整数据记录

查看帮助文档发现，在 MySQL 中插入多条完整的记录通过 SQL 语句“INSERT INTO”来实现，其语法形式如下：

```
INSERT INTO table_name(field1,field2,field3,…fieldn)
    VALUES(value11,value21,value31…valuen1),
           (value12,value22,value32…valuen2),
           (value13,value23,value33…valuen3),
           ……
           (value1m,value2m,value3m…valuenm)
```

在上述语句中，与插入完整数据记录语法相比多了参数 m，该参数表示一次插入 m 条完整数据记录。在具体使用时，只要记录中数值与字段参数 field 相对应即可，即字段参数 field 顺序可以与表的字段顺序不一致。

除了上述语法外，还有另一种语法形式，如下所示：

```
INSERT INTO table_name
    VALUES(value11,value21,value31…valuen1),
           (value12,value22,value32…valuen2),
           (value13,value23,value33…valuen3),
           ……
           (value1m,value2m,value3m…valuenm)
```

在上述语句中，虽然没有字段参数 field，但是却可以正确插入多条完整数据记录，不过每条数据记录中的数值顺序必须与表中字段的顺序一致。

【实例 9-5】 执行 SQL 语句 INSERT INTO，向数据库 company 中的部门表（t_dept）一次插入多条完整数据记录，其值分别为（1，cjgongdept1，shangxi1）、（2，cjgongdept2，shangxi2）、（3，cjgongdept3，shangxi3）、（4，cjgongdept4，shangxi4）和（5，cjgongdept5，shangxi5），具体步骤如下：

（1）执行 SQL 语句 DESC，查看数据库 company 中部门表（t_dept）的信息，具体 SQL 语句如下：

```
DESCRIBE t_dept;
```

【运行效果】执行上面的 SQL 语句，其结果如图 9.12 所示。

```
mysql> #查看表定义#
mysql> DESCRIBE t_dept;
+--------+-------------+------+-----+---------+-------+
| Field  | Type        | Null | Key | Default | Extra |
+--------+-------------+------+-----+---------+-------+
| deptno | int(11)     | YES  |     | NULL    |       |
| dname  | varchar(20) | YES  |     | NULL    |       |
| loc    | varchar(40) | YES  |     | NULL    |       |
+--------+-------------+------+-----+---------+-------+
3 rows in set (0.01 sec)

mysql>
```

图 9.12　表 t_dept 信息

（2）执行 SQL 语句 INSERT INTO，插入完整数据记录，具体 SQL 语句如下：

```
INSERT INTO t_dept
    VALUES (1,'cjgongdept1','shangxi1'),
           (2,'cjgongdept2','shangxi2'),
           (3,'cjgongdept3','shangxi3'),
           (4,'cjgongdept4','shangxi4'),
           (5,'cjgongdept5','shangxi5');
```

【代码说明】在上述语句中实现一次插入 5 条完整数据记录。

【运行效果】执行上面的 SQL 语句，其结果如图 9.13 所示。

（3）为了校验部门表（t_dept）中数据记录是否插入成功，可以通过 SQL 语句 SELECT 来实现。具体 SQL 语句如下：

```
SELECT *
    FROM t_dept;
```

【运行效果】执行上面的 SQL 语句，其结果如图 9.14 所示。

```
mysql> #插入数据记录#
mysql> INSERT INTO t_dept
    -> VALUES(1,'cjgongdept1','shangxi1'),
    ->              (2,'cjgongdept2','shangxi2'),
    ->              (3,'cjgongdept3','shangxi3'),
    ->              (4,'cjgongdept4','shangxi4'),
    ->              (5,'cjgongdept5','shangxi5');
Query OK, 5 rows affected (0.11 sec)
Records: 5  Duplicates: 0  Warnings: 0

mysql> _
```

图 9.13　插入数据记录

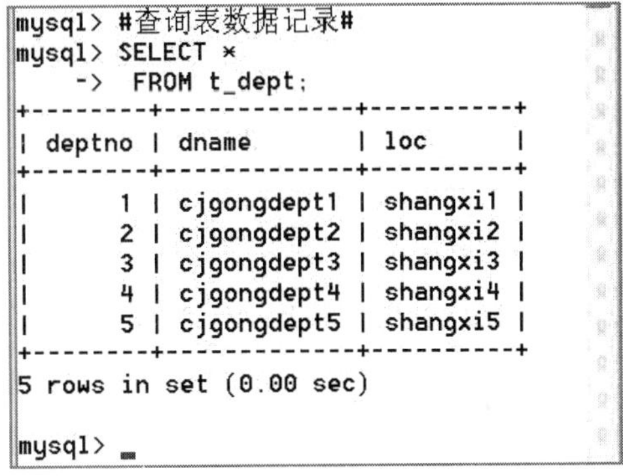

```
mysql> #查询表数据记录#
mysql> SELECT *
    -> FROM t_dept;
+--------+-------------+----------+
| deptno | dname       | loc      |
+--------+-------------+----------+
|      1 | cjgongdept1 | shangxi1 |
|      2 | cjgongdept2 | shangxi2 |
|      3 | cjgongdept3 | shangxi3 |
|      4 | cjgongdept4 | shangxi4 |
|      5 | cjgongdept5 | shangxi5 |
+--------+-------------+----------+
5 rows in set (0.00 sec)

mysql> _
```

图 9.14　查询表数据记录

执行结果显示，表 t_dept 的 5 条数据记录插入成功。

2．插入多条部分数据记录

查看帮助文档发现，在 MySQL 中插入多条部分记录通过 SQL 语句“INSERT INTO”来实现，其语法形式如下：

```
INSERT INTO table_name(field1,field2,field3,…fieldn)
    VALUES(value11,value21,value31…valuen1),
           (value12,value22,value32…valuen2),
           (value13,value23,value33…valuen3),
           ……
           (value1m,value2m,value3m…valuenm)
```

在上述语句中，参数 fieldn 表示表中部分的字段名字，记录（value11,value21,value31…valuen1）表示所要插入第一条记录部分数值，记录（value1m,value2m,value3m…valuenm）表示所要插入第 m 条记录部分数值，在具体应用时参数 fieldn 与参数 valuen 应一一对应。

【实例 9-6】执行 SQL 语句 INSERT INTO，向数据库 company 中的部门表（t_dept）插入多条部分数据记录，其中字段 dname 和字段 loc 的值为（cjgongdept1，shangxi1）、（cjgongdept2，shangxi2）、（cjgongdept3，shangxi3）、（cjgongdept4，shangxi4）和（cjgongdept5，shangxi5），具体步骤如下：

（1）执行 SQL 语句 DESC，查看数据库 company 中部门表（t_dept）的信息，具体 SQL 语句如下：

```
DESC t_dept;
```

【运行效果】执行上面的 SQL 语句，其结果如图 9.15 所示。

注意：根据执行 SQL 语句的结果可以发现，字段 deptno 为主键，并且由 MySQL 软件控制实现自动增加约束。

（2）执行 SQL 语句 INSERT INTO，插入完整数据记录，具体 SQL 语句如下：

```
INSERT INTO t_dept(dname,loc)
    VALUES  ('cjgongdept1','shangxi1'),
            ('cjgongdept2','shangxi2'),
            ('cjgongdept3','shangxi3'),
            ('cjgongdept4','shangxi4'),
            ('cjgongdept5','shangxi5');
```

【代码说明】在上述语句中实现插入五条部分数据记录。

【运行效果】执行上面的 SQL 语句，其结果如图 9.16 所示。

```
mysql> #查询表#
mysql> DESC t_dept;
+--------+-------------+------+-----+---------+----------------+
| Field  | Type        | Null | Key | Default | Extra          |
+--------+-------------+------+-----+---------+----------------+
| deptno | int(11)     | NO   | PRI | NULL    | auto_increment |
| dname  | varchar(20) | YES  |     | NULL    |                |
| loc    | varchar(40) | YES  |     | NULL    |                |
+--------+-------------+------+-----+---------+----------------+
3 rows in set (0.02 sec)

mysql> _
```

图 9.15　表 t_dept 信息

```
mysql> #插入表数据记录#
mysql> INSERT INTO t_dept(dname,loc)
    -> VALUES('cjgongdept1','shangxi1'),
    ->             ('cjgongdept2','shangxi2'),
    ->             ('cjgongdept3','shangxi3'),
    ->             ('cjgongdept4','shangxi4'),
    ->             ('cjgongdept5','shangxi5');
Query OK, 5 rows affected (0.05 sec)
Records: 5  Duplicates: 0  Warnings: 0

mysql>
```

图 9.16　插入表数据记录

注意：在实现插入部分数据记录时，所插入数值的个数必须与所需插入数值的字段个数相同，顺序一致。

（3）为了校验部门表（t_dept）中数据记录是否插入成功，可以通过 SQL 语句 SELECT 来实现。具体 SQL 语句如下：

```
SELECT *
    FROM t_dept;
```

【运行效果】执行上面的 SQL 语句，其结果如图 9.17 所示。

```
mysql> #查询表数据记录#
mysql> SELECT *
    -> FROM t_dept;
+--------+-------------+----------+
| deptno | dname       | loc      |
+--------+-------------+----------+
|      1 | cjgongdept1 | shangxi1 |
|      2 | cjgongdept2 | shangxi2 |
|      3 | cjgongdept3 | shangxi3 |
|      4 | cjgongdept4 | shangxi4 |
|      5 | cjgongdept5 | shangxi5 |
+--------+-------------+----------+
5 rows in set (0.00 sec)

mysql> _
```

图 9.17　查询表数据记录

执行结果显示，表 t_dept 的 5 条数据记录不仅插入成功，而且该记录中没有数值插入的字段已由“自动增加”约束生成值。

9.1.4　插入查询结果

在 MySQL 软件中，通过 SQL 语句“INSERT INTO”除了可以将数据值插入表中外，而且还可以实现将另一个表中的查询结果插入表中，从而实现表数据值的复制功能。查看帮助文档发现其语法形式如下：

```
INSERT INTO table_name1(field11,field12,field13,…field1n)
    SELECT (field21,field22,field23,…field2n)
        FROM table_name2
            WHERE …
```

在上述语句中，参数 table_name1 表示所要插入数值的表，参数 table_name2 表示所要插入数值是从哪个表查询出来，参数（field11,field12,field13…field1n）表示表 table_name1 中所要插入值的字段，参数（field21,field22,field23… field2n）表示表 table_name2 所查询值的字段。

注意：在具体使用上述语法时，参数（field11,field12,field13…field1n）与参数（field21,field22,field23…field2n）的个数与类型必须一致。

【实例 9-7】执行 SQL 语句 INSERT INTO，向数据库 company 中的部门表（t_dept）插入表 t_loader 中关于字段 dname 和 loc 的查询结果，具体步骤如下：

（1）执行 SQL 语句 DESC，查看数据库 company 中部门表（t_dept）和领导表（t_loader）的信息，具体 SQL 语句如下：

```
DESC t_dept;
```

和

```
DESC t_loader;
```

【运行效果】执行上面的 SQL 语句，其结果如图 9.18 和图 9.19 所示。

```
mysql> #查询表#
mysql> DESC t_dept;
+--------+-------------+------+-----+---------+----------------+
| Field  | Type        | Null | Key | Default | Extra          |
+--------+-------------+------+-----+---------+----------------+
| deptno | int(11)     | NO   | PRI | NULL    | auto_increment |
| dname  | varchar(20) | YES  |     | NULL    |                |
| loc    | varchar(40) | YES  |     | NULL    |                |
+--------+-------------+------+-----+---------+----------------+
3 rows in set (0.02 sec)

mysql> _
```

图 9.18　表 t_dept 信息

```
mysql> #查询表#
mysql> DESC t_loader;
+-------+-------------+------+-----+---------+-------+
| Field | Type        | Null | Key | Default | Extra |
+-------+-------------+------+-----+---------+-------+
| id    | int(11)     | YES  |     | NULL    |       |
| name  | varchar(20) | YES  |     | NULL    |       |
| dname | varchar(20) | YES  |     | NULL    |       |
| loc   | varchar(40) | YES  |     | NULL    |       |
+-------+-------------+------+-----+---------+-------+
4 rows in set (0.00 sec)

mysql> _
```

图 9.19　表 t_loader 信息

（2）执行 SQL 语句 SELECT，查看数据库 company 中领导表（t_loader）中的数据记录，具体 SQL 语句如下：

```
SELECT *
    FROM t_loader;
```

【运行效果】执行上面的 SQL 语句，其结果如图 9.20 所示。

（3）执行 SQL 语句 INSERT INTO，插入查询结果的数据记录，具体 SQL 语句如下：

```
INSERT INTO t_dept(dname,loc)
    SELECT dname,loc
        FROM t_loader;
```

【代码说明】在上述语句中实现插入查询结果的数据记录。

【运行效果】执行上面的 SQL 语句，其结果如图 9.21 所示。

```
mysql> #查询表数据记录#
mysql> SELECT *
    -> FROM t_loader;
+------+---------+-------+----------+
| id   | name    | dname | loc      |
+------+---------+-------+----------+
|    1 | cjgong1 | dept1 | shangxi1 |
|    2 | cjgong2 | dept2 | NULL     |
|    3 | cjgong3 | dept3 | shangxi3 |
|    4 | cjgong4 | dept4 | shangxi4 |
|    5 | cjgong5 | dept5 | shangxi5 |
+------+---------+-------+----------+
5 rows in set (0.00 sec)

mysql>
```

图 9.20　表 t_loader 中的信息

```
mysql> #插入数据记录#
mysql> INSERT INTO t_dept(dname,loc)
    ->   SELECT dname,loc
    ->           FROM t_loader;
Query OK, 5 rows affected (0.08 sec)
Records: 5  Duplicates: 0  Warnings: 0

mysql> _
```

图 9.21　插入数据记录

注意：所插入值表 t_dept 中的字段 dname 和字段 loc，与所查询表 t_loader 中字段 dname 和字段 loc 的类型必须一致。

（4）为了校验部门表（t_dept）中数据记录是否插入成功，可以通过 SQL 语句 SELECT 来实现。具体 SQL 语句如下：

```
SELECT *
    FROM t_dept;
```

【运行效果】执行上面的 SQL 语句，其结果如图 9.22 所示。

```
mysql> #查询表数据记录#
mysql> SELECT *
    ->  FROM t_dept;
+--------+-------+----------+
| deptno | dname | loc      |
+--------+-------+----------+
|      1 | dept1 | shangxi1 |
|      2 | dept2 | NULL     |
|      3 | dept3 | shangxi3 |
|      4 | dept4 | shangxi4 |
|      5 | dept5 | shangxi5 |
+--------+-------+----------+
5 rows in set (0.00 sec)

mysql> _
```

图 9.22　查询表数据记录

执行结果显示，查询结果数据记录值已经成功插入表 t_dept 中。

9.1.5　通过工具来插入数据记录

在学习 MySQL 数据库阶段，可以通过 MySQL 软件自带的工具“MySQL Command Line Client”来插入数据记录，该工具可以帮助大家尽快掌握关于插入数据记录的语法。但是在数据库开发阶段，程序员一般通过客户端软件 SQLyog 来插入数据记录。

下面将通过一个具体的实例来说明如何通过 MySQL 软件客户端软件 SQLyog 来插入数据记录。

【实例 9-8】与实例 9-1 功能一样，通过 MySQL 软件客户端软件 SQLyog，向数据库 company 中的部门表（t_dept）插入一条数据记录，其值分别为 1、cjgongdept1 和 shangxi1，具体步骤如下：

（1）连接 MySQL 软件，在对象资源管理器窗口中选择 company 数据库，然后单击“表”节点，这时就会显示出该数据库中的表格，如图 9.23 所示。

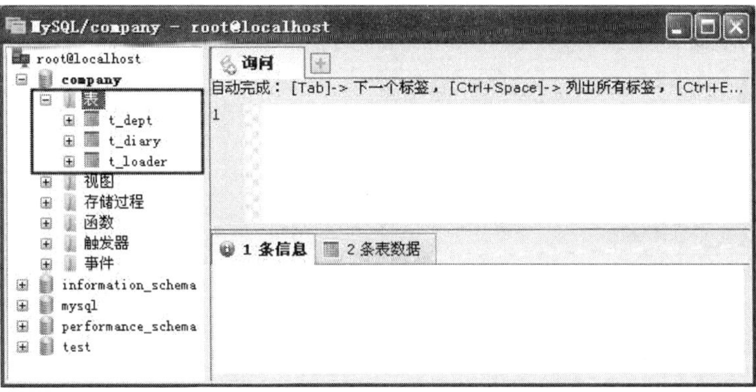

图 9.23　表列表

（2）在对象资源管理器窗口中右击 company 数据库中的表 t_dept，然后选择“打开表”命令，如图 9.24 所示。

（3）在打开的表数据窗口中，可以直接输入表数据，如图 9.25 所示。例如，如果想插入数值（1，cjgongdept1，shangxi1），可以直接输入这些数值，然后单击保存按钮（💾），即可实现该数据记录值的插入，如图 9.26 所示。

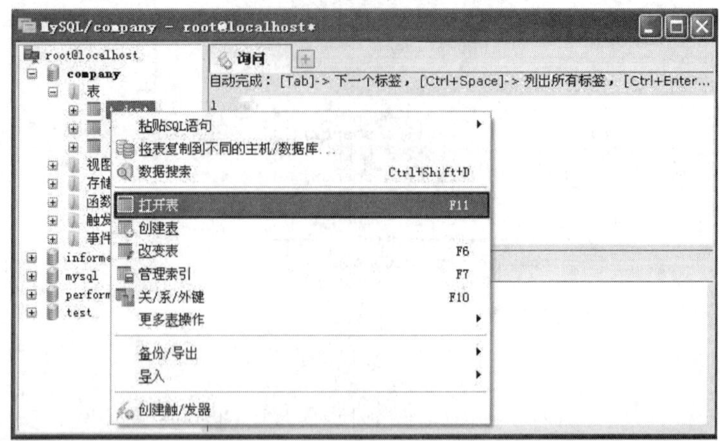

图 9.24 “打开表”命令

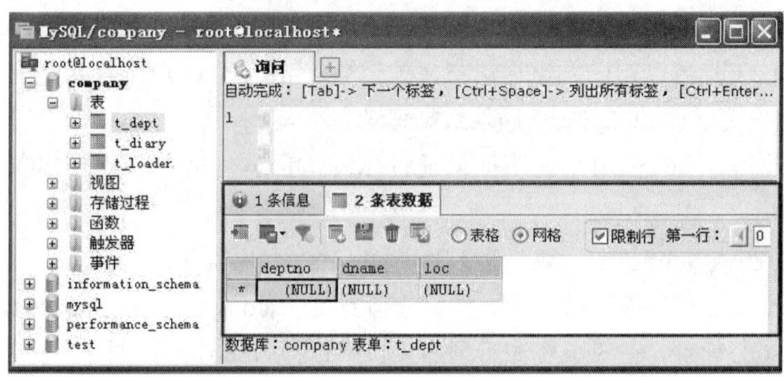

图 9.25 表数据窗口

图 9.26 插入数据记录

（4）为了校验部门表（t_dept）中数据记录是否插入成功，可以单击表数据窗口中的“刷新”按钮，如果插入数据记录成功，则会在“表数据”窗口显示出数据记录，如图 9.27 所示。

注意： 如果所要插入的数据记录比较多，而没有多余行进行操作，这时可以单击“插入新行”按钮（ ）新增一个新行，然后再进行插入数据记录的操作，插入新行之前如图 9.28 所示，插入新行后如图 9.29 所示。

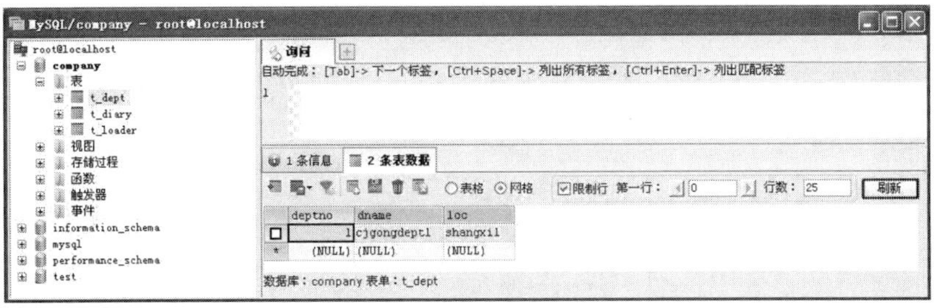

图 9.27 查看表数据记录

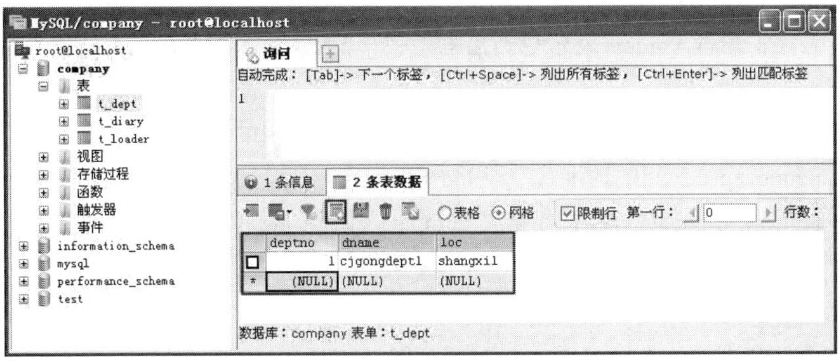

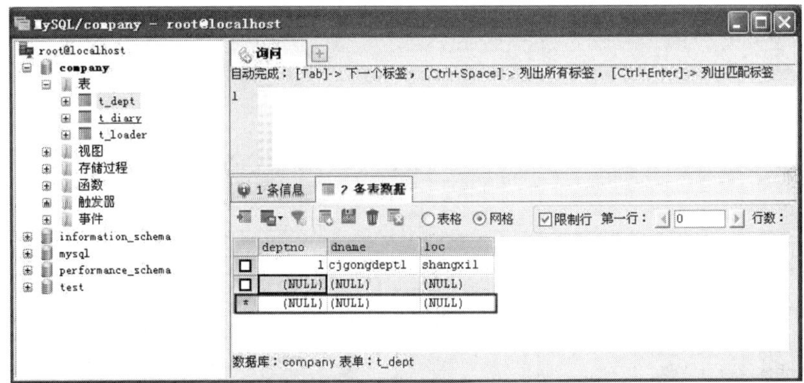

图 9.28 插入新行之前

图 9.29 插入新行之后

通过上述记录，可以实现插入数据记录功能。

9.2 更新数据记录

更新数据记录是数据操作中最常见的操作，该操作可以更新表中已经存在数据记录中的值。在 MySQL 软件中可以通过 UPDATE 语句来实现插入数据记录，该 SQL 语句可以通过如下几种方式使用：

- 更新特定数据记录。
- 更新所有数据记录。

9.2.1 更新特定数据记录

查看帮助文档发现，在 MySQL 中更新特定数据记录通过 SQL 语句 UPDATE 来实现，其语法形式如下：

```
UPDATE table_name
    SET field1=value1,
        field2=value2,
        field3=value3,
    WHERE CONDITION
```

在上述语句中，参数 table_name 表示所要更新数据记录的表名，参数 field 表示表中所要更新数值的字段名字，参数 valuen 表示更新后的数值，参数 CONDITION 指定更新满足条件的特定数据记录。

【实例 9-9】执行 SQL 语句 UPDATE，在数据库 company 中的部门表（t_dept）中，使名称（字段 dname）为 cjgongdept1 部门的地址（字段 loc）由 shangxi1 更新成 shangxi2，具体步骤如下：

（1）执行 SQL 语句 DESC，查看数据库 company 中部门表（t_dept）的信息，具体 SQL 语句如下：

```
DESCRIBE t_dept;
```

【运行效果】执行上面的 SQL 语句，其结果如图 9.30 所示。

（2）执行 SQL 语句 SELECT，查询表中所有数据记录，具体 SQL 语句如下：

```
SELECT *
    FROM t_dept;
```

【运行效果】执行上面的 SQL 语句，其结果如图 9.31 所示。

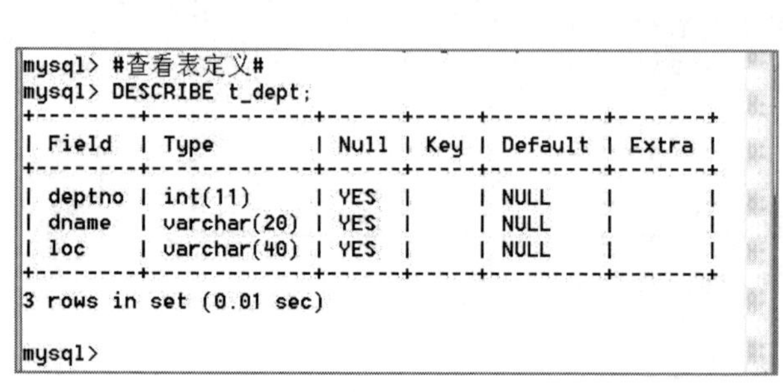

```
mysql> #查看表定义#
mysql> DESCRIBE t_dept;
+--------+-------------+------+-----+---------+-------+
| Field  | Type        | Null | Key | Default | Extra |
+--------+-------------+------+-----+---------+-------+
| deptno | int(11)     | YES  |     | NULL    |       |
| dname  | varchar(20) | YES  |     | NULL    |       |
| loc    | varchar(40) | YES  |     | NULL    |       |
+--------+-------------+------+-----+---------+-------+
3 rows in set (0.01 sec)

mysql>
```

图 9.30　表 t_dept 信息

```
mysql> #查询表数据记录#
mysql> SELECT *
    ->  FROM t_dept;
+--------+-------------+----------+
| deptno | dname       | loc      |
+--------+-------------+----------+
|      1 | cjgongdept1 | shangxi1 |
|      2 | cjgongdept2 | shangxi2 |
|      3 | cjgongdept3 | shangxi3 |
|      4 | cjgongdept4 | shangxi4 |
|      5 | cjgongdept5 | shangxi5 |
+--------+-------------+----------+
5 rows in set (0.00 sec)

mysql> _
```

图 9.31　查询表数据记录

（3）执行 SQL 语句 UPDEATE，更新数据记录，具体 SQL 语句如下：

```
UPDATE t_dept
    SET loc='shangxi2'
    WHERE dname='cjgongdept1';
```

【运行效果】执行上面的 SQL 语句，其结果如图 9.32 所示。

（4）为了校验部门表（t_dept）中数据记录是否更新成功，可以通过 SQL 语句 SELECT 来实现。具体 SQL 语句如下：

```
SELECT *
    FROM t_dept;
```

【运行效果】执行上面的 SQL 语句，其结果如图 9.33 所示。

```
mysql> #更新数据记录#
mysql> UPDATE t_dept
    -> SET loc='shangxi2'
    -> WHERE dname='cjgongdept1';
Query OK, 1 row affected (0.05 sec)
Rows matched: 1  Changed: 1  Warnings: 0

mysql> _
```

图 9.32　更新数据记录

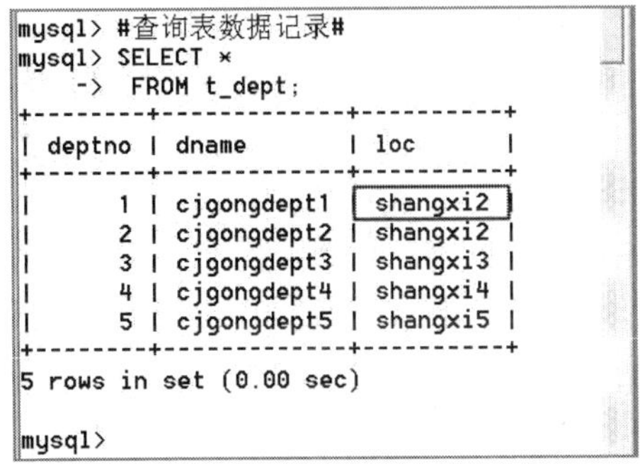

```
mysql> #查询表数据记录#
mysql> SELECT *
    -> FROM t_dept;
+--------+-------------+----------+
| deptno | dname       | loc      |
+--------+-------------+----------+
|      1 | cjgongdept1 | shangxi2 |
|      2 | cjgongdept2 | shangxi2 |
|      3 | cjgongdept3 | shangxi3 |
|      4 | cjgongdept4 | shangxi4 |
|      5 | cjgongdept5 | shangxi5 |
+--------+-------------+----------+
5 rows in set (0.00 sec)

mysql>
```

图 9.33　查询表数据记录

执行结果显示，名字叫 cjongdept1 的部门，其地址已经更新成 shangxi2。

9.2.2　更新所有数据记录

查看帮助文档发现，在 MySQL 中更新所有数据记录通过 SQL 语句“UPDATE”来实现，其语法形式如下：

```
UPDATE table_name
    SET field1=value1,
        field2=value2,
        field3=value3,
    WHERE CONDITION
```

在上述语句中，为了更新所有的数据记录，参数 CONDITION 需要满足表 table_name 中所有的数据记录或者无关键字 WHERE 语句。

【实例 9-10】执行 SQL 语句 UPDATE，在数据库 company 中的部门表（t_dept）中，使所有数据记录中部门地址（字段 loc）都更新成 shangxi8，具体步骤如下：

（1）执行 SQL 语句 DESC，查看数据库 company 中部门表（t_dept）的信息，具体 SQL 语句如下：

```
DESCRIBE t_dept;
```

【运行效果】执行上面的 SQL 语句，其结果如图 9.34 所示。

```
mysql> #查看表定义#
mysql> DESCRIBE t_dept;
+--------+-------------+------+-----+---------+-------+
| Field  | Type        | Null | Key | Default | Extra |
+--------+-------------+------+-----+---------+-------+
| deptno | int(11)     | YES  |     | NULL    |       |
| dname  | varchar(20) | YES  |     | NULL    |       |
| loc    | varchar(40) | YES  |     | NULL    |       |
+--------+-------------+------+-----+---------+-------+
3 rows in set (0.01 sec)

mysql>
```

图 9.34　表 t_dept 信息

（2）执行 SQL 语句 SELECT，查询表中所有数据记录，具体 SQL 语句如下：

```
SELECT *
    FROM t_dept;
```

【运行效果】执行上面的 SQL 语句，其结果如图 9.35 所示。

（3）执行 SQL 语句 UPDEATE，更新数据记录，具体 SQL 语句如下：

```
UPDATE t_dept
    SET loc='shangxi8'
    WHERE deptno<6;
```

【运行效果】执行上面的 SQL 语句，其结果如图 9.36 所示。

```
mysql> #查询表数据记录#
mysql> SELECT *
    -> FROM t_dept;
+--------+-------------+----------+
| deptno | dname       | loc      |
+--------+-------------+----------+
|      1 | cjgongdept1 | shangxi1 |
|      2 | cjgongdept2 | shangxi2 |
|      3 | cjgongdept3 | shangxi3 |
|      4 | cjgongdept4 | shangxi4 |
|      5 | cjgongdept5 | shangxi5 |
+--------+-------------+----------+
5 rows in set (0.00 sec)

mysql> _
```

图 9.35　查询表数据记录

```
mysql> #更新数据记录#
mysql> UPDATE t_dept
    -> SET loc='shangxi8'
    -> WHERE deptno<6;
Query OK, 5 rows affected (0.05 sec)
Rows matched: 5  Changed: 5  Warnings: 0

mysql> _
```

图 9.36　更新数据记录

注意：为了实现更新所有数据记录，表 t_dept 中的所有记录都应该满足条件 deptno<6，即由于表 t_dept 中 deptno 的最大值为 5，所以完全满足条件。

（4）为了校验部门表（t_dept）中数据记录是否更新成功，可以通过 SQL 语句 SELECT 来实现。具体 SQL 语句如下：

```
SELECT *
    FROM t_dept;
```

【运行效果】执行上面的 SQL 语句，其结果如图 9.37 所示。

执行结果显示，所有数据记录的地址已经更新成 shangxi8。

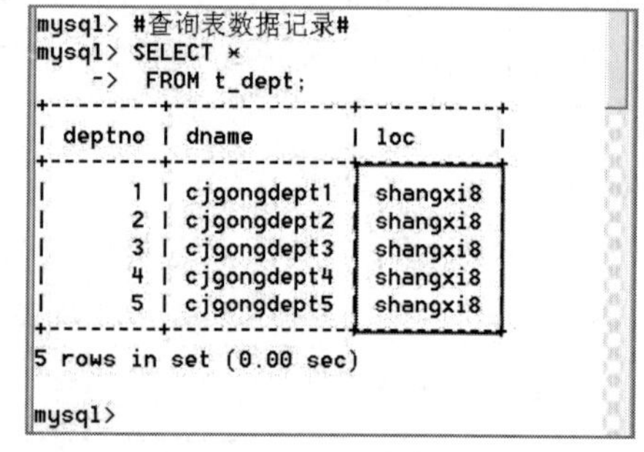
```
mysql> #查询表数据记录#
mysql> SELECT *
    -> FROM t_dept;
+--------+-------------+----------+
| deptno | dname       | loc      |
+--------+-------------+----------+
|      1 | cjgongdept1 | shangxi8 |
|      2 | cjgongdept2 | shangxi8 |
|      3 | cjgongdept3 | shangxi8 |
|      4 | cjgongdept4 | shangxi8 |
|      5 | cjgongdept5 | shangxi8 |
+--------+-------------+----------+
5 rows in set (0.00 sec)

mysql>
```

图 9.37　查看表数据记录

（5）在具体执行 SQL 语句 UPDEATE 时，如果没有关于关键字 WHERE 的语句，将更新所有的数据记录，具体 SQL 语句如下：

```
UPDATE t_dept
    SET loc='shangxi9';
```

【运行效果】执行上面的 SQL 语句，其结果如图 9.38 所示。

注意：如果在更新语句中，没有关键字 WHERE 语句，则将更新表中所有的数据记录。

（6）为了校验部门表（t_dept）中数据记录是否更新成功，可以通过 SQL 语句 SELECT 来实现。

具体 SQL 语句如下：

```
SELECT *
    FROM t_dept;
```

【运行效果】执行上面的 SQL 语句，其结果如图 9.39 所示。

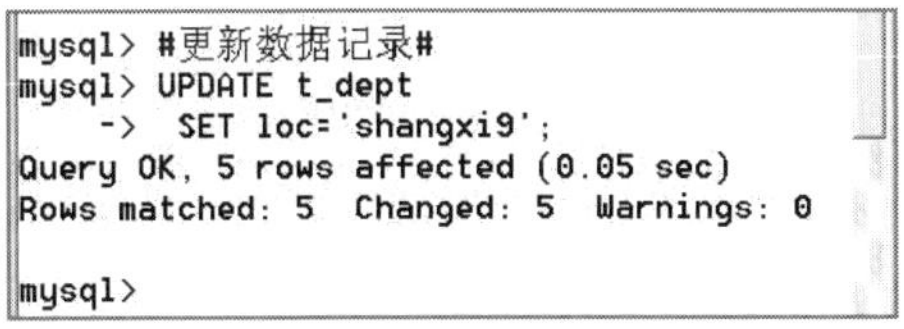

```
mysql> #更新数据记录#
mysql> UPDATE t_dept
    -> SET loc='shangxi9';
Query OK, 5 rows affected (0.05 sec)
Rows matched: 5  Changed: 5  Warnings: 0

mysql>
```

图 9.38　更新数据记录

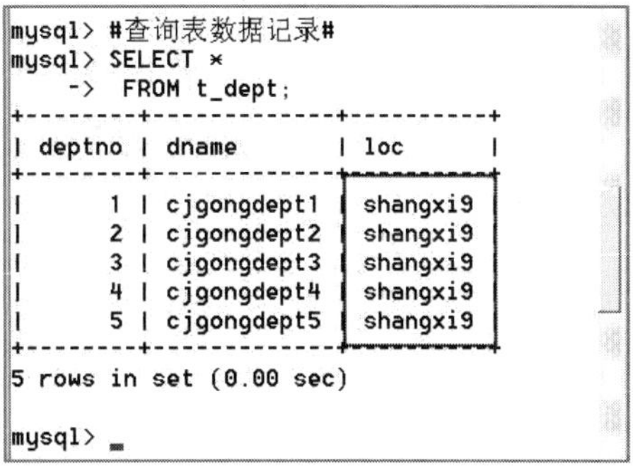

图 9.39　查询表数据记录

执行结果显示，所有数据记录的地址已经更新成 shangxi9。

9.2.3　通过工具来更新数据记录

在学习 MySQL 数据库阶段，可以通过 MySQL 软件自带的工具“MySQL Command Line Client”来更新数据记录，该工具可以帮助大家尽快掌握关于更新数据记录的语法。但是在数据库开发阶段，程序员一般通过客户端软件 SQLyog 来更新数据记录。

下面将通过一个具体的实例说明如何通过 MySQL 软件客户端软件 SQLyog 来插入数据记录。

【实例 9-11】与实例 9-9 的功能一样，通过 MySQL 软件客户端软件 SQLyog，在数据库 company 中的部门表（t_dept）中，使名称（字段 dname）为 cjgongdept1 部门的地址（字段 loc）由 shangxi1 更新成 shangxi2，具体步骤如下：

（1）连接 MySQL 软件，在对象资源管理器窗口中选择 company 数据库，然后单击“表”节点，这时就会显示出该数据库中的表格，如图 9.40 所示。

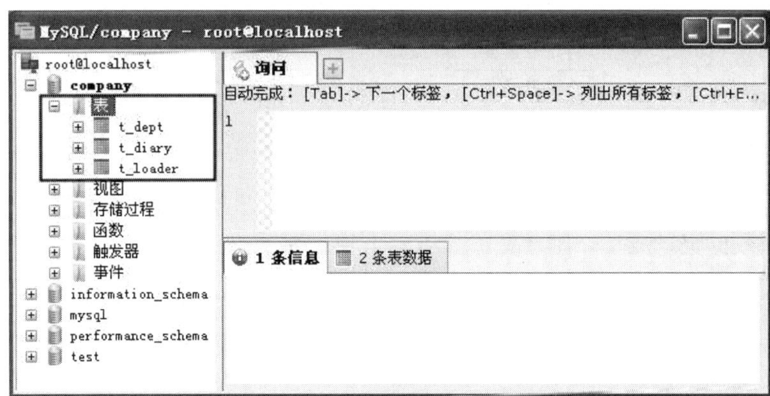

图 9.40　表列表

（2）在对象资源管理器窗口中右击 company 数据库中的表 t_dept，然后选择“打开表”命令，如图 9.41 所示。

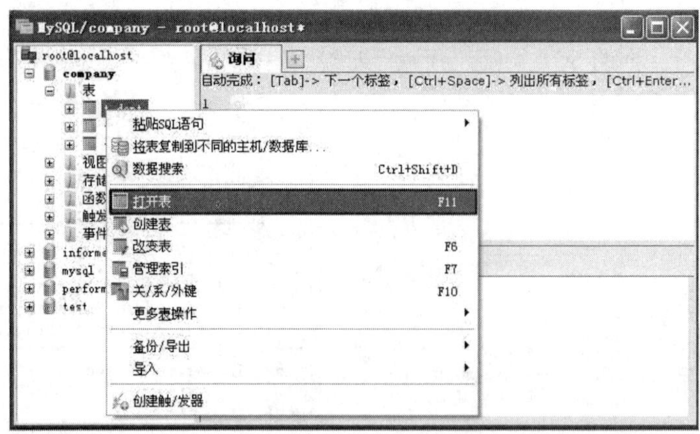

图 9.41　“打开表”命令

（3）在打开的表数据窗口中，会显示该表所包含的所有数据记录，如图 9.42 所示。然后查找字段 dname 值为 cjgongdept1 的数据记录，找到后双击该数据记录中字段为 loc 的表格，使其处于编辑状态，同时修改该表格内容为 shangxi2，如图 9.43 所示。最后单击保存按钮（ ），则可以实现该数据记录值的更新，如图 9.44 所示。

图 9.42　“表数据”窗口

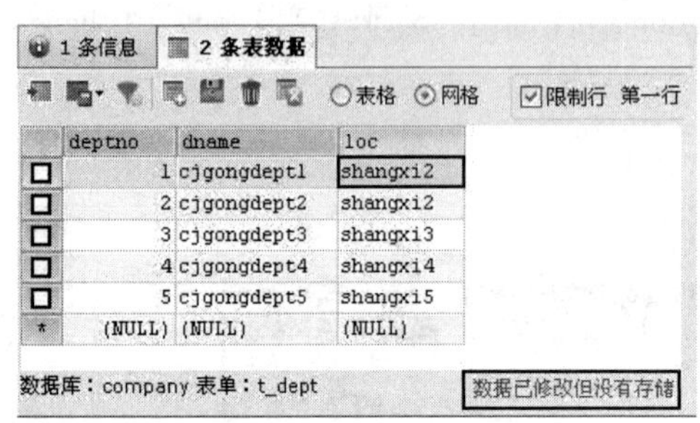

图 9.43　处于“编辑”状态

图 9.44　数据记录值更新

（4）为了校验部门表（t_dept）中数据记录是否更新成功，可以单击“表数据”窗口中的“刷新”按钮，如果更新数据记录成功，则会在“表数据”窗口显示出更新后数据值，如图 9.45 所示。

注意：如果所要更新的数据记录比较多，可以先修改所要的记录，最后再单击“保存”按钮（ ）。

通过上述步骤，可以实现更新数据记录功能。

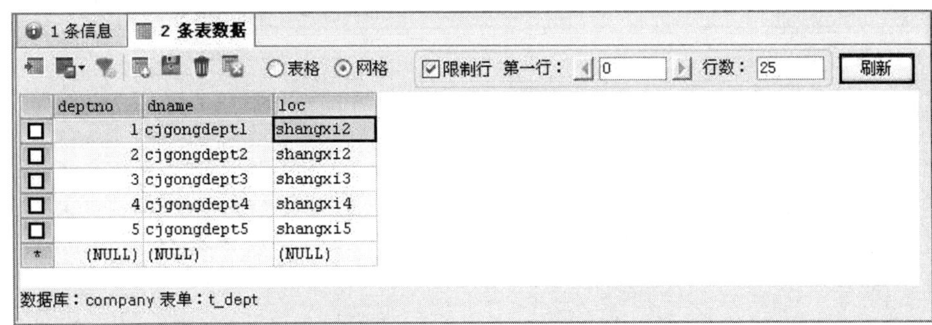

图 9.45　查看表数据记录

9.3　删除数据记录

删除数据记录是数据操作中最常见的操作，该操作可以删除表中已经存在的数据记录。在 MySQL 软件中可以通过 DELETE 语句来实现删除数据记录，该 SQL 语句可以通过如下几种方式使用：

- 删除特定数据记录。
- 删除所有数据记录。

9.3.1　删除特定数据记录

查看帮助文档发现，在 MySQL 中删除特定数据记录通过 SQL 语句“DELETE FROM”来实现，其语法形式如下：

```
DELETE FROM table_name
    WHERE CONDITION
```

在上述语句中，参数 table_name 表示所要删除数据记录的表名，参数 CONDITION 指定删除满足条件的特定数据记录。

【实例 9-12】执行 SQL 语句 DELETE，在数据库 company 的部门表（t_dept）中，删除名称（字段 dname）为 cjgongdept1 的部门，具体步骤如下：

（1）执行 SQL 语句 DESC，查看数据库 company 中部门表（t_dept）的信息，具体 SQL 语句如下：

```
DESCRIBE t_dept;
```

【运行效果】执行上面的 SQL 语句，其结果如图 9.46 所示。

（2）执行 SQL 语句 SELECT，查询表中所有数据记录，具体 SQL 语句如下：

```
SELECT *
    FROM t_dept;
```

【运行效果】执行上面的 SQL 语句，其结果如图 9.47 所示。

```
mysql> #查看表定义#
mysql> DESCRIBE t_dept;
+--------+-------------+------+-----+---------+-------+
| Field  | Type        | Null | Key | Default | Extra |
+--------+-------------+------+-----+---------+-------+
| deptno | int(11)     | YES  |     | NULL    |       |
| dname  | varchar(20) | YES  |     | NULL    |       |
| loc    | varchar(40) | YES  |     | NULL    |       |
+--------+-------------+------+-----+---------+-------+
3 rows in set (0.01 sec)

mysql>
```

图 9.46　表 t_dept 信息

```
mysql> #查询表数据记录#
mysql> SELECT *
    -> FROM t_dept;
+--------+-------------+----------+
| deptno | dname       | loc      |
+--------+-------------+----------+
|      1 | cjgongdept1 | shangxi1 |
|      2 | cjgongdept2 | shangxi2 |
|      3 | cjgongdept3 | shangxi3 |
|      4 | cjgongdept4 | shangxi4 |
|      5 | cjgongdept5 | shangxi5 |
+--------+-------------+----------+
5 rows in set (0.00 sec)

mysql> _
```

图 9.47　查询表数据记录

（3）执行 SQL 语句 DELETE FROM，更新删除数据记录，具体 SQL 语句如下：

```
DELETE FROM t_dept
    WHERE dname='cjgongdept1';
```

【运行效果】执行上面的 SQL 语句，其结果如图 9.48 所示。

（4）为了校验部门表（t_dept）中数据记录是否删除成功，可以通过 SQL 语句 SELECT 来实现。具体 SQL 语句如下：

```
SELECT *
    FROM t_dept;
```

【运行效果】执行上面的 SQL 语句，其结果如图 9.49 所示。

```
mysql> #删除数据记录#
mysql> DELETE FROM t_dept
    -> WHERE dname='cjgongdept1';
Query OK, 1 row affected (0.05 sec)

mysql> _
```

图 9.48　删除数据记录

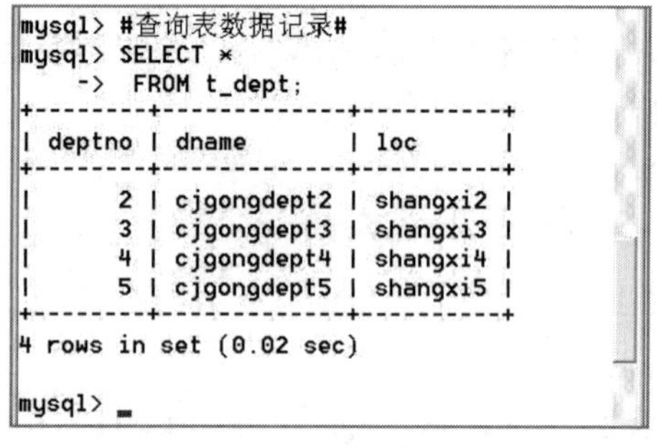

```
mysql> #查询表数据记录#
mysql> SELECT *
    -> FROM t_dept;
+--------+-------------+----------+
| deptno | dname       | loc      |
+--------+-------------+----------+
|      2 | cjgongdept2 | shangxi2 |
|      3 | cjgongdept3 | shangxi3 |
|      4 | cjgongdept4 | shangxi4 |
|      5 | cjgongdept5 | shangxi5 |
+--------+-------------+----------+
4 rows in set (0.02 sec)

mysql> _
```

图 9.49　查询表数据记录

执行结果显示，名字（字段 dname）叫 cjongdept1 的部门记录已经被删除。

9.3.2　删除所有数据记录

查看帮助文档发现，在 MySQL 中更新所有数据记录通过 SQL 语句“DELETE FROM”来实现，其语法形式如下：

```
DELETE FROM table_name
    WHERE CONDITION
```

在上述语句中，为了删除所有的数据记录，参数 CONDITION 需要满足表 table_name 中所有的数据记录或者无关键字 WHERE 语句。

【实例 9-13】执行 SQL 语句 DELETE FROM，在数据库 company 中的部门表（t_dept）中，删

除所有表中数据记录，具体步骤如下：

（1）执行 SQL 语句 DESC，查看数据库 company 中部门表（t_dept）的信息，具体 SQL 语句如下：

```
DESCRIBE t_dept;
```

【运行效果】执行上面的 SQL 语句，其结果如图 9.50 所示。

（2）执行 SQL 语句 SELECT，查询表中所有数据记录，具体 SQL 语句如下：

```
SELECT *
    FROM t_dept;
```

【运行效果】执行上面的 SQL 语句，其结果如图 9.51 所示。

```
mysql> #查看表定义#
mysql> DESCRIBE t_dept;
+--------+-------------+------+-----+---------+-------+
| Field  | Type        | Null | Key | Default | Extra |
+--------+-------------+------+-----+---------+-------+
| deptno | int(11)     | YES  |     | NULL    |       |
| dname  | varchar(20) | YES  |     | NULL    |       |
| loc    | varchar(40) | YES  |     | NULL    |       |
+--------+-------------+------+-----+---------+-------+
3 rows in set (0.01 sec)

mysql>
```

图 9.50　表 t_dept 信息

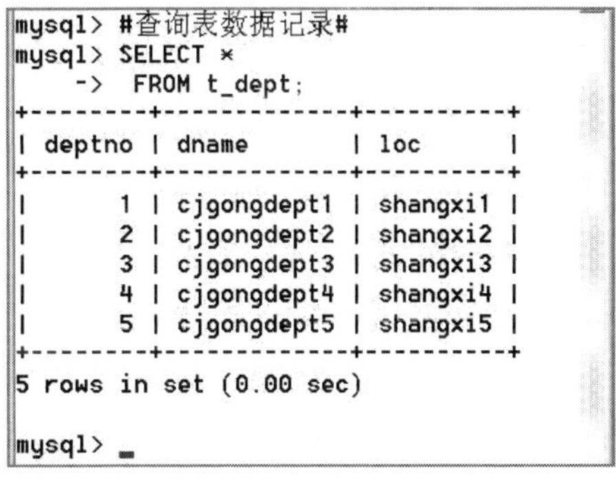

```
mysql> #查询表数据记录#
mysql> SELECT *
    -> FROM t_dept;
+--------+-------------+----------+
| deptno | dname       | loc      |
+--------+-------------+----------+
|      1 | cjgongdept1 | shangxi1 |
|      2 | cjgongdept2 | shangxi2 |
|      3 | cjgongdept3 | shangxi3 |
|      4 | cjgongdept4 | shangxi4 |
|      5 | cjgongdept5 | shangxi5 |
+--------+-------------+----------+
5 rows in set (0.00 sec)

mysql>
```

图 9.51　查询表数据记录

（3）执行 SQL 语句 DELETE FROM，删除所有数据记录，具体 SQL 语句如下：

```
DELETE FROM t_dept
    WHERE deptno<6;
```

【运行效果】执行上面的 SQL 语句，其结果如图 9.52 所示。

注意：为了实现更新所有数据记录，表 t_dept 中的所有记录都应该满足条件 deptno<6，即由于表 t_dept 中 deptno 的最大值为 5，所以完全满足条件。

（4）为了校验部门表（t_dept）中数据记录是否更新成功，可以通过 SQL 语句 SELECT 来实现。具体 SQL 语句如下：

```
SELECT *
    FROM t_dept;
```

【运行效果】执行上面的 SQL 语句，其结果如图 9.53 所示。

```
mysql> #删除数据记录#
mysql> DELETE FROM t_dept
    -> WHERE deptno<6;
Query OK, 5 rows affected (0.14 sec)

mysql>
```

图 9.52　删除数据记录

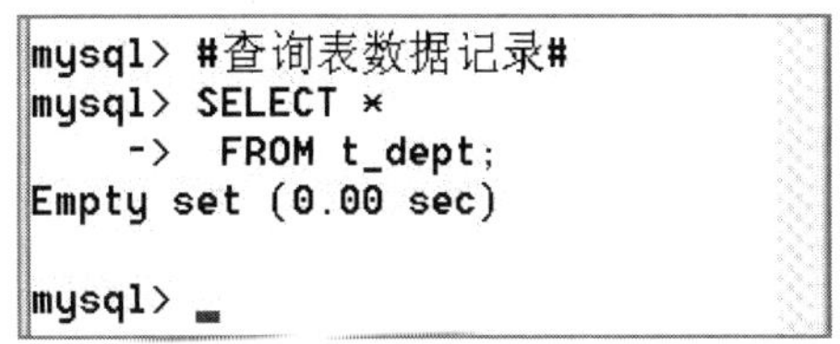

```
mysql> #查询表数据记录#
mysql> SELECT *
    -> FROM t_dept;
Empty set (0.00 sec)

mysql>
```

图 9.53　查询表数据记录

执行结果显示，所有数据记录已经全部被删除。

（5）在具体执行 SQL 语句 DELETE FROM 时，如果没有关于关键字 WHERE 的语句，将更新所有的数据记录，具体 SQL 语句如下：

```
DELETE FROM t_dept
```

【运行效果】执行上面的 SQL 语句，其结果如图 9.54 所示。

注意：如果在删除语句中，没有关键字 WHERE 语句，则将删除表中所有的数据记录。

（6）为了校验部门表（t_dept）中数据记录是否更新成功，可以通过 SQL 语句 SELECT 来实现。具体 SQL 语句如下：

```
SELECT *
    FROM t_dept;
```

【运行效果】执行上面的 SQL 语句，其结果如图 9.55 所示。

```
mysql> #删除数据记录#
mysql> DELETE FROM t_dept;
Query OK, 5 rows affected (0.05 sec)

mysql> _
```

图 9.54　删除数据记录

图 9.55　查询表数据记录

执行结果显示，所有数据记录已经全部被删除。

9.3.3　通过工具来删除数据记录

在学习 MySQL 数据库阶段，可以通过 MySQL 软件自带的工具“MySQL Command Line Client”来删除数据记录，该工具可以帮助大家尽快掌握关于删除数据记录的语法。但是在数据库开发阶段，程序员一般通过客户端软件 SQLyog 来删除数据记录。

下面将通过一个具体的实例来说明如何通过 MySQL 软件客户端软件 SQLyog 来删除数据记录。

【实例 9-14】与实例 9-12 功能一样，通过 MySQL 软件客户端软件 SQLyog，在数据库 company 的部门表（t_dept）中，删除名称（字段 dname）为 cjgongdept1 的部门，具体步骤如下：

（1）连接 MySQL 软件，在对象资源管理器窗口中选择 company 数据库，然后单击“表”节点，这时就会显示出该数据库中的表格，如图 9.56 所示。

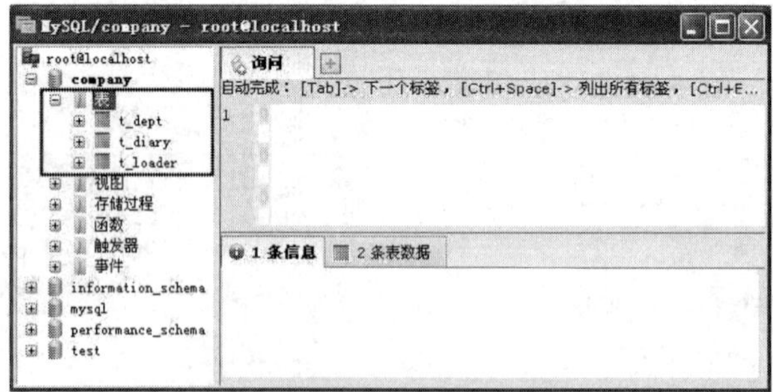

图 9.56　表列表

（2）在对象资源管理器窗口中右击 company 数据库中的表 t_dept，然后选择“打开表”命令，如图 9.57 所示。

（3）在打开的表数据窗口中，会显示出该表所包含的所有数据记录，如图 9.58 所示。然后查找字段 dname 值为 cjgongdept1 的数据记录，找到后单击关于该数据记录的复选框，使该数据记录被选中，如图 9.59 所示。

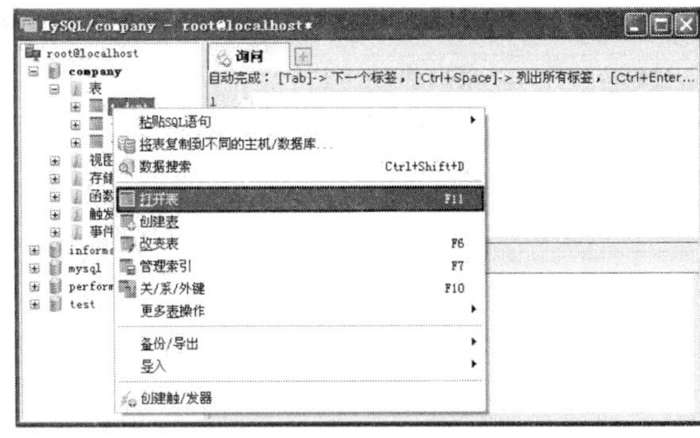

图 9.57　“打开表”命令

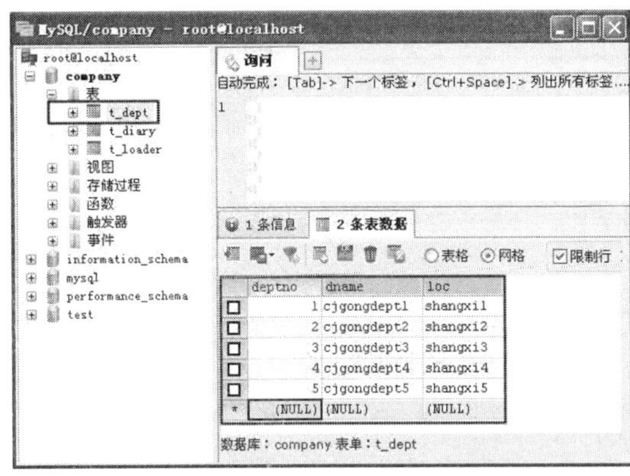

图 9.58　表数据窗口

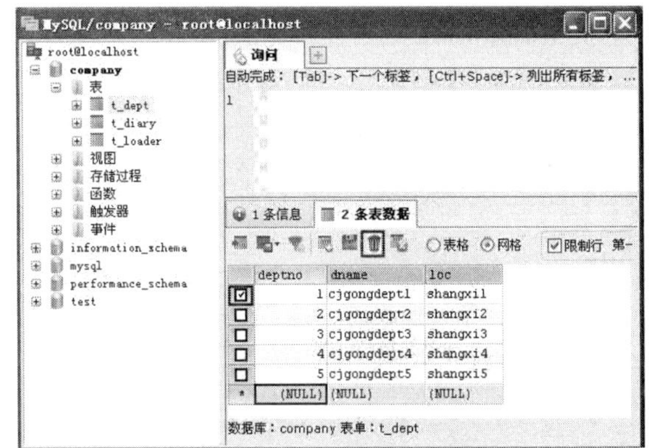

图 9.59　处于“选中”状态

（4）如果想删除处于选中状态的记录，可以单击“删除”按钮（🗑），这时就会出现删除确认窗口，如图 9.60 所示，单击“是”按钮则会实现数据记录的删除。

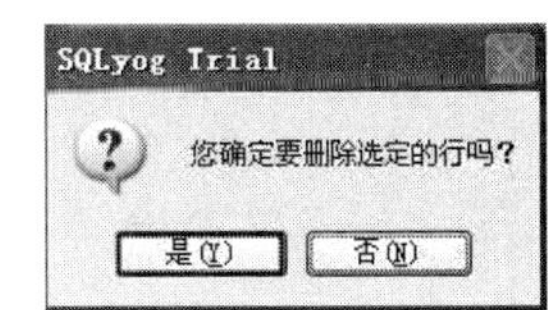

图 9.60　删除确认窗口

（5）为了校验部门表（t_dept）中数据记录是否删除成功，可以单击“表数据”窗口中的“刷新”按钮，如果删除数据记录成功，则在“表数据”窗口不会显示出所删除的数据记录，如图 9.61 所示。

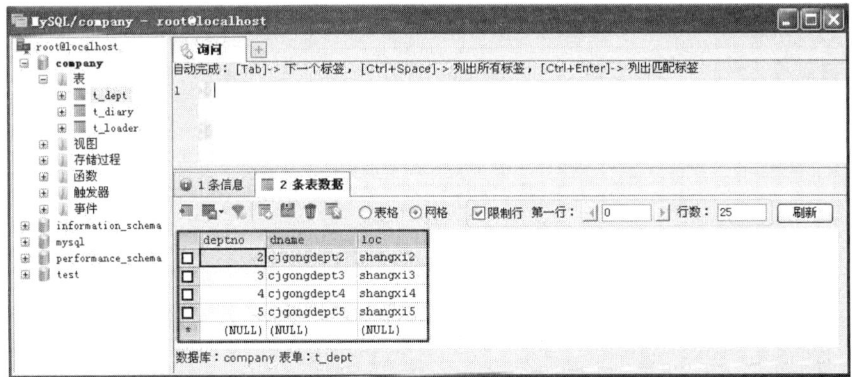

图 9.61　删除记录成功

注意：如果所要删除的数据记录比较多，可以先选中所有需要删除的数据记录，然后再单击“删除”按钮（🗑），这时就会把所有选中的数据记录全部删除。

通过上述步骤，可以实现删除数据记录功能。

9.4 小 结

本章介绍了 MySQL 软件中关于数据的操作，主要包含数据的插入、数据的更新以及数据的删除等。在具体介绍这些操作时，除了详细介绍针对数据的 SQL 语句外，还介绍了客户端软件 SQLyog 针对数据的这些操作。

通过对本章的学习，读者将能够在 MySQL 软件里进行数据的各种操作。

第 10 章　单表数据记录查询

在 MySQL 软件中关于数据的操作（CRUD），包括插入数据记录操作（CREATE）、查询数据记录操作（READ）、更新数据记录操作（UPDATE）和删除数据记录操作（DELETE）。第 9 章已经详细介绍了关于数据的 CUD 操作，本章将详细介绍关于数据的 R 操作，即查询数据记录操作。

通过本节的学习，可以掌握在 MySQL 软件中查询数据记录操作，内容包含：

- 简单数据记录查询
- 条件数据记录查询
- 排序数据记录查询
- 限制数据记录查询数量
- 统计函数和分组数据记录查询

为了便于讲解，本章所涉及的查询数据记录操作，都是针对于数据库 company 中表示雇员信息的表 t_employee，关于雇员表（t_employee）的结构如图 10.1 所示，关于雇员表（t_employee）的所有数据记录如图 10.2 所示。

```
mysql> #查看表结构#
mysql> DESC t_employee;
+----------+--------------+------+-----+---------+-------+
| Field    | Type         | Null | Key | Default | Extra |
+----------+--------------+------+-----+---------+-------+
| empno    | int(11)      | YES  |     | NULL    |       |
| ename    | varchar(20)  | YES  |     | NULL    |       |
| job      | varchar(40)  | YES  |     | NULL    |       |
| MGR      | int(11)      | YES  |     | NULL    |       |
| Hiredate | date         | YES  |     | NULL    |       |
| sal      | double(10,2) | YES  |     | NULL    |       |
| comm     | double(10,2) | YES  |     | NULL    |       |
| deptno   | int(11)      | YES  |     | NULL    |       |
+----------+--------------+------+-----+---------+-------+
8 rows in set (0.17 sec)

mysql> _
```

图 10.1　表 t_employee 信息

empno	ename	job	MGR	Hiredate	sal	comm	deptno
7369	SMITH	CLERK	7902	1981-03-12	800.00	NULL	20
7499	ALLEN	SALESMAN	7698	1982-03-12	1600.00	300.00	30
7521	WARD	SALESMAN	7698	1983-03-12	1250.00	500.00	30
7566	JONES	MANAGER	7839	1981-03-12	2975.00	NULL	20
7654	MARTIN	SALESMAN	7698	1981-03-12	1250.00	1400.00	30
7698	BLAKE	MANAGER	7839	1981-03-12	2850.00	NULL	30
7782	CLARK	MANAGER	7839	1985-03-12	2450.00	NULL	10
7788	SCOTT	ANALYST	7566	1981-03-12	3000.00	NULL	20
7839	KING	PRESIDENT	NULL	1981-03-12	5000.00	NULL	10
7844	TURNER	SALESMAN	[illegible]	[illegible]	1500.00	0.00	30
7876	ADAMS	CLERK	7788	1998-03-12	1100.00	NULL	20
7900	JAMES	CLERK	7698	1997-03-12	950.00	NULL	30
7902	FORD	ANALYST	7566	0000-00-00	3000.00	NULL	20
7934	MILLER	CLERK	7782	1981-03-12	1300.00	NULL	10

图 10.2　表 t_employee 数据记录

10.1　简单数据记录查询

查询数据记录，是指从数据库对象表中获取所要求的数据记录。该操作不仅是 MySQL 软件中数据的基本操作之一，而且还是使用频率最高、最重要的数据操作。MySQL 软件提供了各种不同方式的数据查询方法，以满足用户各种不同的需求。

查看帮助文档发现，在 MySQL 中数据查询通过 SQL 语句 SELECT 来实现，简单数据查询语法形式如下：

```
SELECT field1 field2 …fieldn
    FROM table_name
```

在上述语句中，参数 fieldn 表示所要查询的字段名字，参数 table_name 表示所要查询数据记录的表名。实现简单数据记录查询的 SQL 语句可以通过如下几种方式使用：

- 简单数据查询。
- 避免重复数据查询。
- 实现数学四则运算数据查询。
- 设置显示格式数据查询。

10.1.1 简单数据查询

在 MySQL 软件中可以通过 SELECT 语句来实现简单数据查询，该 SQL 语句可以通过如下几种方式使用：

- 查询所有字段数据。
- 查询指定字段数据。

1. 查询所有字段数据

下面将通过一个具体的实例来说明如何实现查询所有字段数据。

【实例 10-1】 执行 SQL 语句 SELECT，在数据库 company 中，查询雇员表（t_employee）中所有字段的数据，具体步骤如下：

（1）执行 SQL 语句 USE，选择数据库 company，具体 SQL 语句如下：

```
USE company;
```

【运行效果】 执行上面的 SQL 语句，其结果如图 10.3 所示。

（2）执行 SQL 语句 SELECT，查询所有字段数据，具体 SQL 语句如下：

```
SELECT empno,ename,job,MGR,Hiredate,sal,comm,deptno
    FROM t_employee;
```

【代码说明】 在上述语句中，由于要查询所有字段的数据，所以关键字 SELECT 后面的字段列表包含了表中所有字段。

【运行效果】 执行上面的 SQL 语句，其结果如图 10.4 所示。

```
mysql> #选择数据库#
mysql> USE company;
Database changed
mysql>
```

图 10.3 选择数据库 company

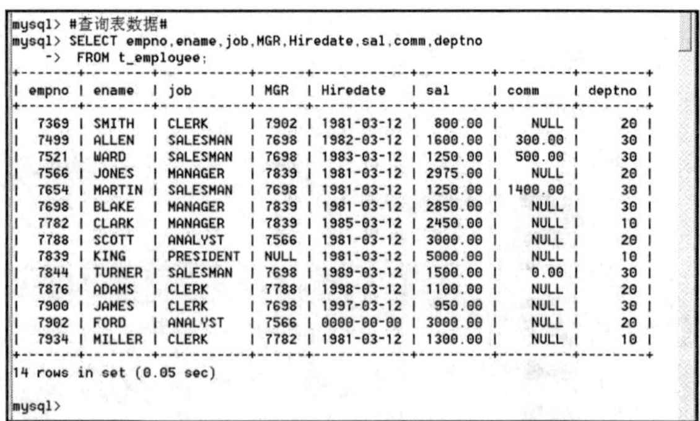

```
mysql> #查询表数据#
mysql> SELECT empno,ename,job,MGR,Hiredate,sal,comm,deptno
    ->  FROM t_employee;
```

empno	ename	job	MGR	Hiredate	sal	comm	deptno
7369	SMITH	CLERK	7902	1981-03-12	800.00	NULL	20
7499	ALLEN	SALESMAN	7698	1982-03-12	1600.00	300.00	30
7521	WARD	SALESMAN	7698	1983-03-12	1250.00	500.00	30
7566	JONES	MANAGER	7839	1981-03-12	2975.00	NULL	20
7654	MARTIN	SALESMAN	7698	1981-03-12	1250.00	1400.00	30
7698	BLAKE	MANAGER	7839	1981-03-12	2850.00	NULL	30
7782	CLARK	MANAGER	7839	1985-03-12	2450.00	NULL	10
7788	SCOTT	ANALYST	7566	1981-03-12	3000.00	NULL	20
7839	KING	PRESIDENT	NULL	1981-03-12	5000.00	NULL	10
7844	TURNER	SALESMAN	7698	1989-03-12	1500.00	0.00	30
7876	ADAMS	CLERK	7788	1998-03-12	1100.00	NULL	20
7900	JAMES	CLERK	7698	1997-03-12	950.00	NULL	30
7902	FORD	ANALYST	7566	0000-00-00	3000.00	NULL	20
7934	MILLER	CLERK	7782	1981-03-12	1300.00	NULL	10

```
14 rows in set (0.05 sec)

mysql>
```

图 10.4 查询表数据

执行结果显示，实现了查询所有字段数据。这种方式比较灵活，如果需要改变字段显示的顺序，只需调整 SELECT 关键字后面的字段列表顺序即可。

（3）调整 SELECT 关键字后面的字段顺序，使 empno 字段在最后一列显示，具体 SQL 语句如下：

```
SELECT ename,job,MGR,Hiredate,sal,comm,deptno,empno
    FROM t_employee;
```

【代码说明】在上述语句中，由于要设置字段显示顺序，所以需要调整 SELECT 关键字后面的字段列表顺序。

【运行效果】执行上面的 SQL 语句，其结果如图 10.5 所示。

```
mysql> #查询表数据#
mysql> SELECT ename,job,MGR,Hiredate,sal,comm,deptno,empno
    -> FROM t_employee;
+--------+-----------+------+------------+---------+---------+--------+-------+
| ename  | job       | MGR  | Hiredate   | sal     | comm    | deptno | empno |
+--------+-----------+------+------------+---------+---------+--------+-------+
| SMITH  | CLERK     | 7902 | 1981-03-12 |  800.00 |    NULL |     20 |  7369 |
| ALLEN  | SALESMAN  | 7698 | 1982-03-12 | 1600.00 |  300.00 |     30 |  7499 |
| WARD   | SALESMAN  | 7698 | 1983-03-12 | 1250.00 |  500.00 |     30 |  7521 |
| JONES  | MANAGER   | 7839 | 1981-03-12 | 2975.00 |    NULL |     20 |  7566 |
| MARTIN | SALESMAN  | 7698 | 1981-03-12 | 1250.00 | 1400.00 |     30 |  7654 |
| BLAKE  | MANAGER   | 7839 | 1981-03-12 | 2850.00 |    NULL |     30 |  7698 |
| CLARK  | MANAGER   | 7839 | 1985-03-12 | 2450.00 |    NULL |     10 |  7782 |
| SCOTT  | ANALYST   | 7566 | 1981-03-12 | 3000.00 |    NULL |     20 |  7788 |
| KING   | PRESIDENT | NULL | 1981-03-12 | 5000.00 |    NULL |     10 |  7839 |
| TURNER | SALESMAN  | 7698 | 1989-03-12 | 1500.00 |    0.00 |     30 |  7844 |
| ADAMS  | CLERK     | 7788 | 1998-03-12 | 1100.00 |    NULL |     20 |  7876 |
| JAMES  | CLERK     | 7698 | 1997-03-12 |  950.00 |    NULL |     30 |  7900 |
| FORD   | ANALYST   | 7566 | 0000-00-00 | 3000.00 |    NULL |     20 |  7902 |
| MILLER | CLERK     | 7782 | 1981-03-12 | 1300.00 |    NULL |     10 |  7934 |
+--------+-----------+------+------------+---------+---------+--------+-------+
14 rows in set (0.16 sec)

mysql>
```

图 10.5　查询表数据

执行结果显示，不仅实现了查询所有字段数据，而且还调整 empno 字段在最后一列显示。

2. “*”符号的使用

查询所有字段数据，除了使用上面的方式外，还可以通过符号“*”来实现，具体语法形式如下：

```
SELECT *
    FROM table_name
```

在上述语句中，符号“*”可以表示参数 table_name 表中的所有字段。

【实例 10-2】与实例 10-1 一样，查询雇员表（t_employee）中所有字段的数据，具体步骤如下：

（1）执行 SQL 语句 USE，选择数据库 company，具体 SQL 语句如下：

```
USE company;
```

【运行效果】执行上面的 SQL 语句，其结果如图 10.6 所示。

（2）执行 SQL 语句 SELECT，查询所有字段数据，具体 SQL 语句如下：

```
SELECT *
    FROM t_employee;
```

【代码说明】在上述语句中，通过设置关键字 SELECT 后面的内容为“*”符号，以实现查询所有字段数据记录。

【运行效果】执行上面的 SQL 语句，其结果如图 10.7 所示。

```
mysql> #选择数据库#
mysql> USE company;
Database changed
mysql>
```

图 10.6　选择数据库 company

```
mysql> #查询表数据#
mysql> SELECT *
    -> FROM t_employee;
+-------+--------+-----------+------+------------+---------+---------+--------+
| empno | ename  | job       | MGR  | Hiredate   | sal     | comm    | deptno |
+-------+--------+-----------+------+------------+---------+---------+--------+
|  7369 | SMITH  | CLERK     | 7902 | 1981-03-12 |  800.00 |    NULL |     20 |
|  7499 | ALLEN  | SALESMAN  | 7698 | 1982-03-12 | 1600.00 |  300.00 |     30 |
|  7521 | WARD   | SALESMAN  | 7698 | 1983-03-12 | 1250.00 |  500.00 |     30 |
|  7566 | JONES  | MANAGER   | 7839 | 1981-03-12 | 2975.00 |    NULL |     20 |
|  7654 | MARTIN | SALESMAN  | 7698 | 1981-03-12 | 1250.00 | 1400.00 |     30 |
|  7698 | BLAKE  | MANAGER   | 7839 | 1981-03-12 | 2850.00 |    NULL |     30 |
|  7782 | CLARK  | MANAGER   | 7839 | 1985-03-12 | 2450.00 |    NULL |     10 |
|  7788 | SCOTT  | ANALYST   | 7566 | 1981-03-12 | 3000.00 |    NULL |     20 |
|  7839 | KING   | PRESIDENT | NULL | 1981-03-12 | 5000.00 |    NULL |     10 |
|  7844 | TURNER | SALESMAN  | 7698 | 1989-03-12 | 1500.00 |    0.00 |     30 |
|  7876 | ADAMS  | CLERK     | 7788 | 1998-03-12 | 1100.00 |    NULL |     20 |
|  7900 | JAMES  | CLERK     | 7698 | 1997-03-12 |  950.00 |    NULL |     30 |
|  7902 | FORD   | ANALYST   | 7566 | 0000-00-00 | 3000.00 |    NULL |     20 |
|  7934 | MILLER | CLERK     | 7782 | 1981-03-12 | 1300.00 |    NULL |     10 |
+-------+--------+-----------+------+------------+---------+---------+--------+
14 rows in set (0.00 sec)

mysql> _
```

图 10.7　查询表数据

与上一种方式相比，“*”符号方式优势比较明显，即可以用该符号代替表中的所有字段。但是这种方式不够灵活，只能够按照表中字段的固定顺序进行显示，不能够随便改变字段的显示顺序。

3．查询指定字段数据

查询所有字段数据，需要在关键字 SELECT 后指定包含所有字段的列表或者符号“*”。如果需要查询指定字段数据，只需修改关键字 SELECT 后的字段列表为指定字段即可。

下面将通过一个具体的实例来说明如何实现查询指定字段数据。

【实例 10-3】执行 SQL 语句 SELECT，在数据库 company 中，查询雇员表（t_employee）中 empno、ename 和 sal 字段的数据，具体步骤如下：

（1）执行 SQL 语句 USE，选择数据库 company，具体 SQL 语句如下：

```
USE company;
```

【运行效果】执行上面的 SQL 语句，其结果如图 10.8 所示。

```
mysql> #选择数据库#
mysql> USE company;
Database changed
mysql>
```

图 10.8　选择数据库 company

（2）执行 SQL 语句 SELECT，查询所指定字段数据，具体 SQL 语句如下：

```
SELECT empno,ename,sal
    FROM t_employee;
```

【代码说明】在上述语句中，设置关键字 SELECT 后面的内容为部分字段列表，以实现查询指定字段数据记录。

【运行效果】执行上面的 SQL 语句，其结果如图 10.9 所示。

执行结果显示，查询到指定 empno、ename 和 sal 字段的数据，显示数据的顺序与 SELECT 关键字后的字段顺序一致。

（3）调整 SELECT 关键字后面所指定字段顺序，使 ename 字段在最后一列显示，具体 SQL 语句如下：

```
SELECT empno,sal,ename
    FROM t_employee;
```

【运行效果】执行上面的 SQL 语句，其结果如图 10.10 所示。

```
mysql> #查询表数据#
mysql> SELECT empno,ename,sal
    -> FROM t_employee;
+-------+--------+---------+
| empno | ename  | sal     |
+-------+--------+---------+
|  7369 | SMITH  |  800.00 |
|  7499 | ALLEN  | 1600.00 |
|  7521 | WARD   | 1250.00 |
|  7566 | JONES  | 2975.00 |
|  7654 | MARTIN | 1250.00 |
|  7698 | BLAKE  | 2850.00 |
|  7782 | CLARK  | 2450.00 |
|  7788 | SCOTT  | 3000.00 |
|  7839 | KING   | 5000.00 |
|  7844 | TURNER | 1500.00 |
|  7876 | ADAMS  | 1100.00 |
|  7900 | JAMES  |  950.00 |
|  7902 | FORD   | 3000.00 |
|  7934 | MILLER | 1300.00 |
+-------+--------+---------+
14 rows in set (0.00 sec)

mysql>
```

图 10.9　查询表数据

```
mysql> #查询表数据#
mysql> SELECT empno,sal,ename
    -> FROM t_employee;
+-------+---------+--------+
| empno | sal     | ename  |
+-------+---------+--------+
|  7369 |  800.00 | SMITH  |
|  7499 | 1600.00 | ALLEN  |
|  7521 | 1250.00 | WARD   |
|  7566 | 2975.00 | JONES  |
|  7654 | 1250.00 | MARTIN |
|  7698 | 2850.00 | BLAKE  |
|  7782 | 2450.00 | CLARK  |
|  7788 | 3000.00 | SCOTT  |
|  7839 | 5000.00 | KING   |
|  7844 | 1500.00 | TURNER |
|  7876 | 1100.00 | ADAMS  |
|  7900 |  950.00 | JAMES  |
|  7902 | 3000.00 | FORD   |
|  7934 | 1300.00 | MILLER |
+-------+---------+--------+
14 rows in set (0.00 sec)

mysql> _
```

图 10.10　查询表数据

执行结果显示，不仅实现了查询所有字段数据，而且还调整 ename 字段在最后一列显示。

（4）如果 SELECT 关键字后面的字段，不包含在所查询的表中时，MySQL 软件则会报错。例如，在数据库 company 中，查询雇员表（t_employee）中 empno1、ename 和 sal 字段的数据，具体 SQL 语句如下：

```
SELECT empno1,sal,ename
    FROM t_employee;
```

【运行效果】执行上面的 SQL 语句，其结果如图 10.11 所示。

执行结果显示，由于 empno1 字段不存在于表 t_employee 字段中，所以 MySQL 软件会出现“ERROR 1054 (42S22): Unknown column 'empno1' in 'field list'”错误提示信息。

10.1.2　避免重复数据查询——DISTINCT

当在 MySQL 软件中执行简单数据查询时，有时会显示出重复数据。为了实现查询不重复的数据，MySQL 软件提供了关键字——DISTINCT。

下面将通过一个具体的实例来说明如何实现查询不重复数据。

【实例 10-4】执行 SQL 语句 SELECT，在数据库 company 中查询雇员表（t_employee）中字段 job 的数据，同时实现去除重复数据，具体步骤如下：

（1）执行 SQL 语句 USE，选择数据库 company，具体 SQL 语句如下：

```
USE company;
```

【运行效果】执行上面的 SQL 语句，其结果如图 10.12 所示。

```
mysql> #查询表数据#
mysql> SELECT empno1,sal,ename
    -> FROM t_employee;
ERROR 1054 (42S22): Unknown column 'empno1' in 'field list'
mysql>
```

图 10.11　查询表数据

```
mysql> #选择数据库#
mysql> USE company;
Database changed
mysql>
```

图 10.12　选择数据库 company

（2）执行 SQL 语句 SELECT，查询字段 job 数据，具体 SQL 语句如下：

```
SELECT job
```

```
    FROM t_employee;
```

【代码说明】在上述语句中，设置关键字 SELECT 后面的内容为字段 job，以实现查询指定字段 job 数据记录。

【运行效果】执行上面的 SQL 语句，其结果如图 10.13 所示。

（3）执行结果显示，查询到数据里有许多重复的数据。为了避免查询到重复的数据，可以执行 SQL 语句关键字 DISTINCT，关于该关键字的语法如下：

```
SELECT DISTINCT field1 field2 …fieldn
    FROM table_name
```

在上述语句中，关键字 DISTINCT 去除掉重复的数据。关于去除重复 job 字段数据的具体 SQL 语句如下：

```
SELECT DISTINCT job
    FROM t_employee;
```

【代码说明】在上述语句中，为了去除掉重复的数据，通过关键字 DISTINCT 修饰关键字 SELECT 后面的字段 job 内容，以避免查询到重复的数据记录。

【运行效果】执行上面的 SQL 语句，其结果如图 10.14 所示。

```
mysql> #查询表数据#
mysql> SELECT job
    -> FROM t_employee;
+-----------+
| job       |
+-----------+
| CLERK     |
| SALESMAN  |
| SALESMAN  |
| MANAGER   |
| SALESMAN  |
| MANAGER   |
| MANAGER   |
| ANALYST   |
| PRESIDENT |
| SALESMAN  |
| CLERK     |
| CLERK     |
| ANALYST   |
| CLERK     |
+-----------+
14 rows in set (0.00 sec)

mysql>
```

图 10.13　查询表数据

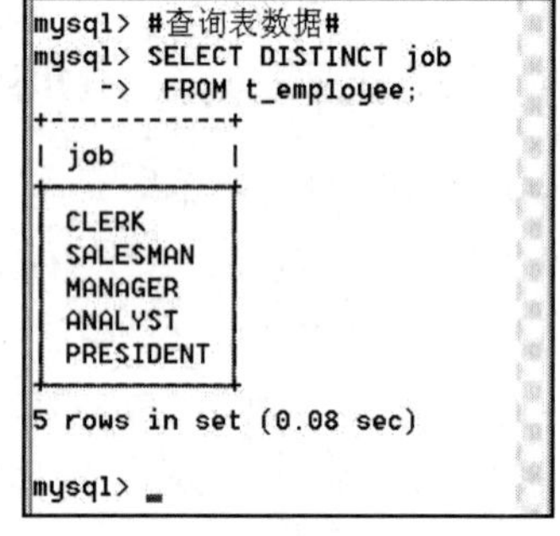

图 10.14　查询表数据

执行结果显示，与图 10.13 的查询表数据结果相比，关键字 DISTINCT 已经去除掉了重复的数据。

10.1.3　实现数学四则运算数据查询

当在 MySQL 软件中执行简单数据查询时，有时会需要实现数学四则运算（加+、减 - 、乘*和除/），该软件所支持的四则运算符如表 10.1 所示。

表 10.1　MySQL 支持的关系运算符

运 算 符	描　述
+	加法
-	减法
*	乘法
/（DIV）	除法
%（MOD）	求余

下面将通过一个具体的实例来说明如何实现查询实现四则运算数据。

【实例 10-5】执行 SQL 语句 SELECT，在数据库 company 中查询雇员表（t_employee）中每个雇员的年薪，具体步骤如下：

（1）执行 SQL 语句 DESC，查看数据库 company 中雇员表（t_employee）的信息，具体 SQL 语句如下：

```
DESC t_employee;
```

【运行效果】执行上面的 SQL 语句，其结果如图 10.15 所示。

（2）执行 SQL 语句 SELECT，查询字段 ename 和 sal 数据，由于字段 sal 表示每月的工资，所以在具体查询字段 sal 的值时需要进行简单的四则运算，具体 SQL 语句如下：

```
SELECT ename, sal*12
    FROM t_employee;
```

【代码说明】在上述语句中，通过表达式“sal*12”来查询年薪。

【运行效果】执行上面的 SQL 语句，其结果如图 10.16 所示。

```
mysql> #查看表结构#
mysql> DESC t_employee;
+----------+--------------+------+-----+---------+-------+
| Field    | Type         | Null | Key | Default | Extra |
+----------+--------------+------+-----+---------+-------+
| empno    | int(11)      | YES  |     | NULL    |       |
| ename    | varchar(20)  | YES  |     | NULL    |       |
| job      | varchar(40)  | YES  |     | NULL    |       |
| MGR      | int(11)      | YES  |     | NULL    |       |
| Hiredate | date         | YES  |     | NULL    |       |
| sal      | double(10,2) | YES  |     | NULL    |       |
| comm     | double(10,2) | YES  |     | NULL    |       |
| deptno   | int(11)      | YES  |     | NULL    |       |
+----------+--------------+------+-----+---------+-------+
8 rows in set (0.17 sec)

mysql> _
```

图 10.15　表 t_employee 信息

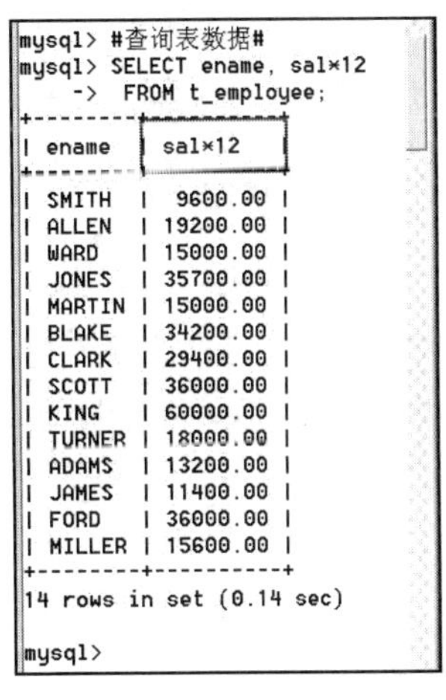

```
mysql> #查询表数据#
mysql> SELECT ename, sal*12
    -> FROM t_employee;
+--------+----------+
| ename  | sal*12   |
+--------+----------+
| SMITH  |  9600.00 |
| ALLEN  | 19200.00 |
| WARD   | 15000.00 |
| JONES  | 35700.00 |
| MARTIN | 15000.00 |
| BLAKE  | 34200.00 |
| CLARK  | 29400.00 |
| SCOTT  | 36000.00 |
| KING   | 60000.00 |
| TURNER | 18000.00 |
| ADAMS  | 13200.00 |
| JAMES  | 11400.00 |
| FORD   | 36000.00 |
| MILLER | 15600.00 |
+--------+----------+
14 rows in set (0.14 sec)

mysql>
```

图 10.16　查询表数据

（3）执行结果显示，已经查询到每个雇员的年薪。但是显示的查询字段为“sal*12”，不方便用户浏览。在 MySQL 软件中，提供了一种机制来实现修改字段名，具体语法形式如下：

```
SELECT field1 [AS] otherfield1,field2 [AS] otherfield2,…fieldn [AS] otherfieldn
    FROM table_name
```

在上述语句中，参数 field 为字段原来的名字，参数 otherfield 为字段新的名字。之所以要为字段设置新的名字，是为了让显示结果更加直观，更加人性化。

为了便于用户浏览所查询到数据，设置“sal*12”字段为 yearsalary，具体 SQL 语句如下：

```
SELECT ename, sal*12 yearsalary
    FROM t_employee;
```

或者为

```
SELECT ename, sal*12 AS yearsalary
    FROM t_employee;
```

【运行效果】执行上面的 SQL 语句，其结果如图 10.17 和图 10.18 所示。

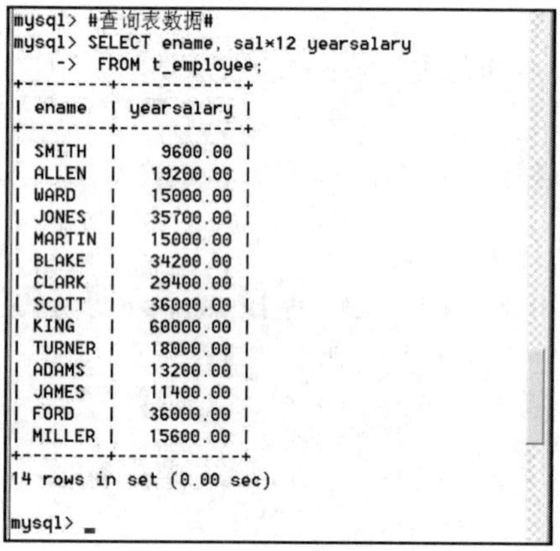

```
mysql> #查询表数据#
mysql> SELECT ename, sal*12 yearsalary
    -> FROM t_employee;
+--------+------------+
| ename  | yearsalary |
+--------+------------+
| SMITH  |    9600.00 |
| ALLEN  |   19200.00 |
| WARD   |   15000.00 |
| JONES  |   35700.00 |
| MARTIN |   15000.00 |
| BLAKE  |   34200.00 |
| CLARK  |   29400.00 |
| SCOTT  |   36000.00 |
| KING   |   60000.00 |
| TURNER |   18000.00 |
| ADAMS  |   13200.00 |
| JAMES  |   11400.00 |
| FORD   |   36000.00 |
| MILLER |   15600.00 |
+--------+------------+
14 rows in set (0.00 sec)

mysql> _
```

图 10.17　查询表数据

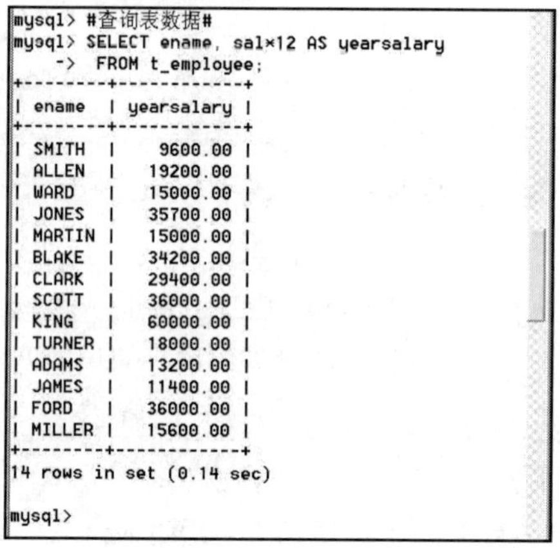

```
mysql> #查询表数据#
mysql> SELECT ename, sal*12 AS yearsalary
    -> FROM t_employee;
+--------+------------+
| ename  | yearsalary |
+--------+------------+
| SMITH  |    9600.00 |
| ALLEN  |   19200.00 |
| WARD   |   15000.00 |
| JONES  |   35700.00 |
| MARTIN |   15000.00 |
| BLAKE  |   34200.00 |
| CLARK  |   29400.00 |
| SCOTT  |   36000.00 |
| KING   |   60000.00 |
| TURNER |   18000.00 |
| ADAMS  |   13200.00 |
| JAMES  |   11400.00 |
| FORD   |   36000.00 |
| MILLER |   15600.00 |
+--------+------------+
14 rows in set (0.14 sec)

mysql>
```

图 10.18　查询表数据

与图 10.16 的查询表数据结果相比，这些 SQL 语句执行结果已非常方便用户浏览数据。本节主要介绍数据查询语法，对于算术运算符只是简单介绍，关于其详细内容将在第 13 章进行介绍。

10.1.4　设置显示格式数据查询

在 MySQL 软件中执行简单数据查询时，有时需要设置显示格式，以方便用户浏览所查询到的数据。下面将通过一个具体的实例来演示如何实现设置数据的显示格式。

【实例 10-6】执行 SQL 语句 SELECT，在数据库 company 中查询雇员表（t_employee）中每个雇员的年薪，同时以固定的格式（ename 雇员的年薪为：sal）显示查询到数据，具体步骤如下：

（1）执行 SQL 语句 DESC，查看数据库 company 中雇员表（t_employee）的信息，具体 SQL 语句如下：

```
DESC t_employee;
```

【运行效果】执行上面的 SQL 语句，其结果如图 10.19 所示。

（2）在 MySQL 软件中提供函数 CONCAT()来连接字符串，从而实现设置显示数据的格式，设置数据显示格式的 SQL 语句如下：

```
SELECT CONCAT(ename,'雇员的年薪为: ',sal*12) yearsalary
    FROM t_employee;
```

【代码说明】在上述语句中，通过函数 CONCAT()合并字符串和字段值，以设置字段的显示格式。

注意：本节主要介绍数据查询语法，对于函数 CONCAT()只是简单介绍，关于其详细内容将在第 14 章进行介绍。

【运行效果】执行上面的 SQL 语句，其结果如图 10.20 所示。

```
mysql> #查看表结构#
mysql> DESC t_employee;
+----------+--------------+------+-----+---------+-------+
| Field    | Type         | Null | Key | Default | Extra |
+----------+--------------+------+-----+---------+-------+
| empno    | int(11)      | YES  |     | NULL    |       |
| ename    | varchar(20)  | YES  |     | NULL    |       |
| job      | varchar(40)  | YES  |     | NULL    |       |
| MGR      | int(11)      | YES  |     | NULL    |       |
| Hiredate | date         | YES  |     | NULL    |       |
| sal      | double(10,2) | YES  |     | NULL    |       |
| comm     | double(10,2) | YES  |     | NULL    |       |
| deptno   | int(11)      | YES  |     | NULL    |       |
+----------+--------------+------+-----+---------+-------+
8 rows in set (0.17 sec)

mysql> _
```

图 10.19　表 t_employee 信息

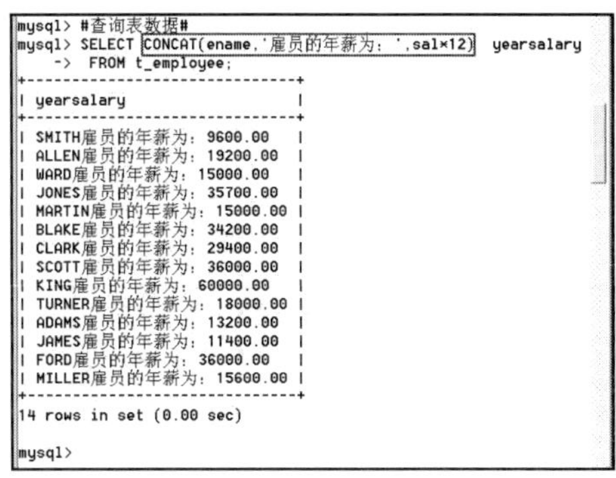

```
mysql> #查询表数据#
mysql> SELECT CONCAT(ename,'雇员的年薪为：',sal*12) yearsalary
    ->  FROM t_employee;
+------------------------------+
| yearsalary                   |
+------------------------------+
| SMITH雇员的年薪为：9600.00    |
| ALLEN雇员的年薪为：19200.00   |
| WARD雇员的年薪为：15000.00    |
| JONES雇员的年薪为：35700.00   |
| MARTIN雇员的年薪为：15000.00  |
| BLAKE雇员的年薪为：34200.00   |
| CLARK雇员的年薪为：29400.00   |
| SCOTT雇员的年薪为：36000.00   |
| KING雇员的年薪为：60000.00    |
| TURNER雇员的年薪为：18000.00  |
| ADAMS雇员的年薪为：13200.00   |
| JAMES雇员的年薪为：11400.00   |
| FORD雇员的年薪为：36000.00    |
| MILLER雇员的年薪为：15600.00  |
+------------------------------+
14 rows in set (0.00 sec)

mysql>
```

图 10.20　查询表数据

执行结果显示，已经设置所查询到数据用固定的格式显示，并同时为字段设置名字为 yearsalary，以方便用户浏览数据。

10.2　条件数据记录查询

在简单查询中可以查询所有记录相关字段数据，但是在具体应用中，用户并不需要查询所有数据记录，而只需根据限制条件来查询一部分数据记录。

查看帮助文档发现，在 MySQL 软件中数据查询通过 SQL 语句 SELECT 来实现，同时通过关键字 WHERE 对所查询到的数据记录进行过滤，条件数据查询语法形式如下：

```
SELECT field1 field2 …fieldn
    FROM table_name
        WHERE CONDITION
```

在上述语句中通过参数 CONDITION 对数据进行条件查询。关于条件数据查询语句可以包含如下功能：

- 带关系运算符和逻辑运算符的条件数据查询。
- 带 BETWEEN AND 关键字的条件数据查询。
- 带 IS NULL 关键字的条件数据查询。
- 带 IN 关键字的条件数据查询。
- 带 LIKE 关键字的条件数据查询。

10.2.1　带关系运算符和逻辑运算符的条件数据查询

在 MySQL 软件中，可以通过关系运算符和逻辑运算符来编写“条件表达式”，该软件所支持的关系运算符如表 10.2 所示，该软件所支持的逻辑运算符如表 10.3 所示。

表 10.2　MySQL 支持的比较运算符

运 算 符	描　述
>	大于
<	小于
=	等于
!= (<>)	不等于
>=	大于等于
<=	小于等于

表 10.3　MySQL 支持的逻辑运算符

运 算 符	描　述
AND (&&)	逻辑与
OR (||)	逻辑或
XOR	逻辑异或
NOT (!)	逻辑非

1．单条件数据查询

下面将通过一个具体的实例来说明如何实现查询实现单“条件表达式”条件数据查询。

【实例 10-7】执行 SQL 语句 SELECT，在数据库 company 中查询雇员表（t_employee）中从事“CLERK”工作的雇员，具体步骤如下：

（1）执行 SQL 语句 USE，选择数据库 company，具体 SQL 语句如下：

```
USE company;
```

【运行效果】执行上面的 SQL 语句，其结果如图 10.21 所示。

（2）执行 SQL 语句 SELECT，通过设置条件“job='CLERK'”来查询从事 CLERK 工作的雇员姓名，具体 SQL 语句如下：

```
SELECT ename
    FROM t_employee
        WHERE job='CLERK';
```

【代码说明】在上述语句中，设置查询条件为“job='CLERK'”表达式。

【运行效果】执行上面的 SQL 语句，其结果如图 10.22 所示。

```
mysql> #选择数据库#
mysql> USE company;
Database changed
mysql>
```

图 10.21　选择数据库 company

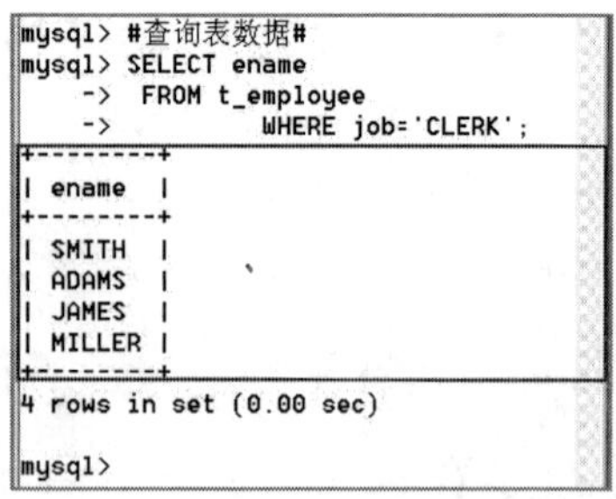

图 10.22　查询表数据

（3）执行结果显示，已经查询到“CLERK”工作的雇员。既然在 MySQL 软件中不区分大小写，那么到底有哪些可以不区分大小写呢？其中关键字、各种标识符和数据记录都不区分大小写，例如下面 SQL 语句也可以实现相应功能：

```
select ENAME
    from T_EMPLOYEE
        where JOB='clerk';
```

【运行效果】执行上面的 SQL 语句，其结果如图 10.23 所示。

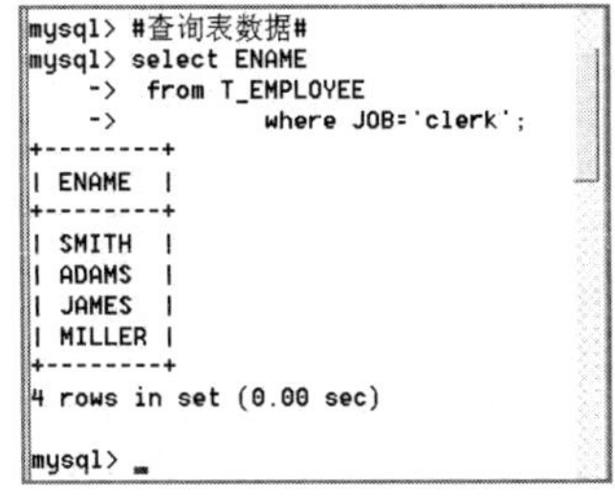

图 10.23　查询表数据

与前面的 SQL 语句实例相比，虽然关键字、标识符和表数据记录值的大小写正好相反，但是查询结果却相同。

2．多条件数据查询

在上述具体应用中，WHERE 关键字后面的条件表达式是一个字段的=比较表达式，除了该运算符外，还可以使用“>”、“<”、“>=”、“<=”和“！=”符号来创建该条件表达式。不过在具体应用中，有时候所查询的数据需要符合多个条件，在 MySQL 软件中通过逻辑运算符来进行多条件联合查询。

下面通过一个具体的实例来说明如何实现查询实现“多条件表达式”条件数据查询。

【实例 10-8】执行 SQL 语句 SELECT，在数据库 company 中查询雇员表（t_employee）中从事“CLERK”工作并且工资大于 800 的雇员，具体步骤如下：

（1）执行 SQL 语句 USE，选择数据库 company，具体 SQL 语句如下：

```
USE company;
```

【运行效果】执行上面的 SQL 语句，其结果如图 10.24 所示。

（2）执行 SQL 语句 SELECT，通过设置条件为“job='CLERK'”和“sal>800”来查询从事 CLERK 工作并且工资大于 800 的雇员姓名，具体 SQL 语句如下：

```
SELECT ename
    FROM t_employee
        WHERE job='CLERK'&&sal>800;
```

【代码说明】在上述语句中，通过“&&”符号连接查询条件“job='CLERK'”表达式和“sal>800”表达式。

【运行效果】执行上面的 SQL 语句，其结果如图 10.25 所示。

图 10.24　选择数据库 company

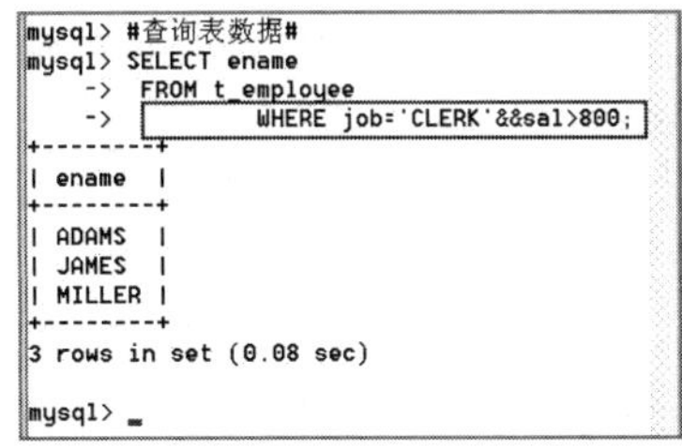

图 10.25　查询表数据

在上述具体应用中，WHERE 关键字后面为两个条件表达式，这两个表达式分别为=表达式和>

表达式，这两个表达式通过逻辑运算符&&来进行连接。由于 AND 与&&符号作用相同，上述 SQL 语句可以修改成如下：

```
SELECT ename
    FROM t_employee
        WHERE job='CLERK' AND sal>800;
```

在 MySQL 软件中所支持的逻辑运算符除了符号“&&”外，还可以通过“||”或者 XOR 符号连接多个条件表达式进行联合查询。

10.2.2 带 BETWEEN AND 关键字的范围查询

MySQL 软件提供了关键字 BETWEEN AND，用来实现判断字段的数值是否在指定范围内的条件查询。关于该关键字的具体语法形式如下：

```
SELECT field1 field2 …fieldn
    FROM table_name
        WHERE field BETWEEN VALUE1 AND VALUE2
```

在上述语句中，通过关键字 BETWEEN 和 AND 来设置字段 field 的取值范围，如果字段 field 的值在所指定的范围内，则满足查询条件，该记录就会被查询出来；否则不会被查询出来。

BETWEEN minvalue AND maxvalue，表示的是一个范围间的判断过程。这些关键字操作符只针对数字类型。

1. 符合范围的数据记录查询

下面将通过一个具体的实例来说明如何实现查询符合范围的数据记录。

【实例 10-9】执行 SQL 语句 SELECT，在数据库 company 中查询雇员表（t_employee）中工资在 1 000 到 2 000 的雇员，具体步骤如下：

（1）执行 SQL 语句 USE，选择数据库 company，具体 SQL 语句如下：

```
USE company;
```

【运行效果】执行上面的 SQL 语句，其结果如图 10.26 所示。

（2）执行 SQL 语句 SELECT，通过关键字 BETWEEN 和 AND 设置查询范围，以实现查询工资值 1 000 和 2 000 之间的雇员，具体 SQL 语句如下：

```
SELECT ename
    FROM t_employee
        WHERE sal BETWEEN 1000 AND 2000;
```

【代码说明】在上述语句中，通过关键字 BETWEEN 和 AND 实现范围的查找。

【运行效果】执行上面的 SQL 语句，其结果如图 10.27 所示。

```
mysql> #选择数据库#
mysql> USE company;
Database changed
mysql>
```

图 10.26 选择数据库 company

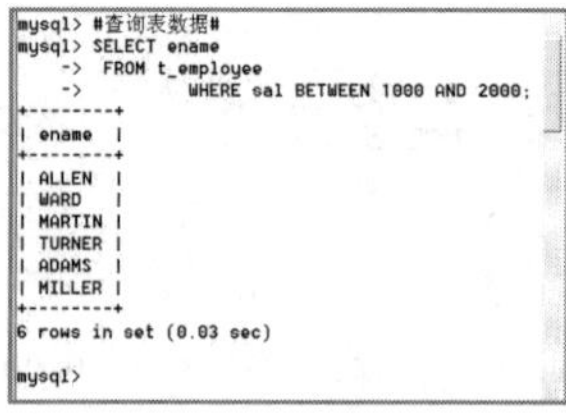

```
mysql> #查询表数据#
mysql> SELECT ename
    -> FROM t_employee
    ->         WHERE sal BETWEEN 1000 AND 2000;
+--------+
| ename  |
+--------+
| ALLEN  |
| WARD   |
| MARTIN |
| TURNER |
| ADAMS  |
| MILLER |
+--------+
6 rows in set (0.03 sec)

mysql>
```

图 10.27 查询表数据

2．不符合范围的数据记录查询

下面将通过一个具体的实例来说明如何实现查询不符合范围的数据记录。

【实例 10-10】执行 SQL 语句 SELECT，在数据库 company 中查询雇员表（t_employee）中工资不在 1 000 到 2 000 的雇员，具体步骤如下：

（1）执行 SQL 语句 USE，选择数据库 company，具体 SQL 语句如下：

```
USE company;
```

【运行效果】执行上面的 SQL 语句，其结果如图 10.28 所示。

（2）执行 SQL 语句 SELECT，通过关键字 NOT 设置非查询范围条件，具体 SQL 语句如下：

```
SELECT ename
    FROM t_employee
        WHERE sal NOT BETWEEN 1000 AND 2000;
```

【代码说明】在上述语句中，通过关键字 NOT BETWEEN 和 AND 实现非范围的查找。

【运行效果】执行上面的 SQL 语句，其结果如图 10.29 所示。

图 10.28　选择数据库 company

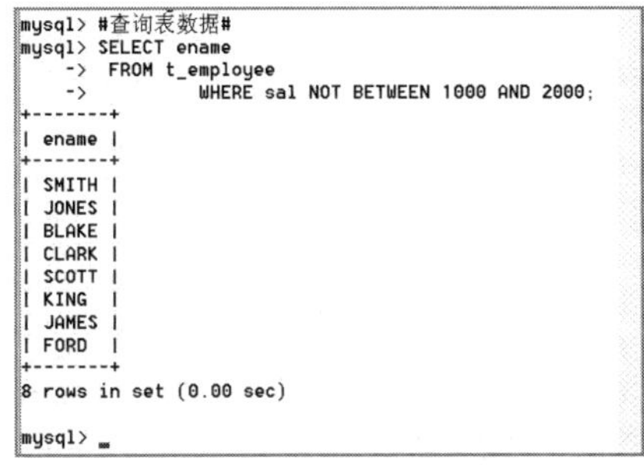

图 10.29　查询表数据

10.2.3　带 IS NULL 关键字的空值查询

MySQL 软件提供了关键字 IS NULL，用来实现判断字段的数值是否为空的条件查询。关于该关键字的具体语法形式如下：

```
SELECT field1 field2 …fieldn
    FROM table_name
        WHERE field IS NULL;
```

在上述语句中，通过关键字 IS NULL 来判断字段 field 的值是否为空，如果字段 field 的值为 NULL，则满足查询条件，该记录就会被查询出来；否则不会被查询出来。在具体实现该应用时，一定要注意空值与空字符串和 0 的区别。

1．空值数据记录查询

下面通过一个具体的实例来说明如何实现查询空值的数据记录。

【实例 10-11】执行 SQL 语句 SELECT，在数据库 company 中查询雇员表（t_employee）中所有不领取奖金的雇员，具体步骤如下：

（1）执行 SQL 语句 USE，选择数据库 company，具体 SQL 语句如下：

```
USE company;
```

【运行效果】执行上面的 SQL 语句，其结果如图 10.30 所示。

（2）执行 SQL 语句 SELECT，通过关键字 IS NULL 设置空值条件，以实现查询不领取奖金的雇员，具体 SQL 语句如下：

```
SELECT ename
    FROM t_employee
        WHERE sal IS NULL;
```

【代码说明】在上述语句中，通过关键字 IS NULL 设置空值判断。

【运行效果】执行上面的 SQL 语句，其结果如图 10.31 所示。

```
mysql> #选择数据库#
mysql> USE company;
Database changed
mysql>
```

图 10.30　选择数据库 company

```
mysql >  #查询表数据#
mysql >  SELECT ename
    -> FROM t_employee
    -> WHERE sal IS NULL;
+--------+
| ename  |
+--------+
| SCOTT  |
| MILLER |
+--------+
2 rows in set (0.00 sec)
```

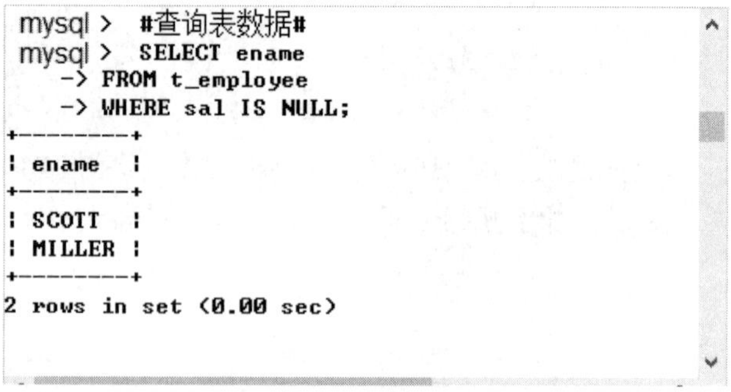

图 10.31　查询表数据

2. 不是空值数据记录查询

下面通过一个具体的实例来说明如何实现查询不是空值的数据记录。

【实例 10-12】执行 SQL 语句 SELECT，在数据库 company 中查询雇员表（t_employee）中所有领取奖金的雇员，具体步骤如下：

（1）执行 SQL 语句 USE，选择数据库 company，具体 SQL 语句如下：

```
USE company;
```

【运行效果】执行上面的 SQL 语句，其结果如图 10.32 所示。

（2）执行 SQL 语句 SELECT，通过关键字 IS NOT NULL 设置非空值查询条件，以实现查询领取奖金的雇员，具体 SQL 语句如下：

```
SELECT ename
    FROM t_employee
        WHERE comm IS NOT NULL;
```

【代码说明】在上述语句中，通过关键字 IS NOT NULL 设置非空值判断。

```
mysql> #选择数据库#
mysql> USE company;
Database changed
mysql>
```

图 10.32　选择数据库 company

【运行效果】执行上面的 SQL 语句，其结果如图 10.33 所示。

（3）执行 SQL 语句 SELECT，通过“非逻辑运算”设置非空值查询条件，以实现查询领取奖金的雇员，具体 SQL 语句如下：

```
SELECT ename
    FROM t_employee
```

```
        WHERE NOT comm IS NULL;
```

【代码说明】在上述语句中，通过非逻辑运算符设置非空值判断。

【运行效果】执行上面的 SQL 语句，其结果如图 10.34 所示。

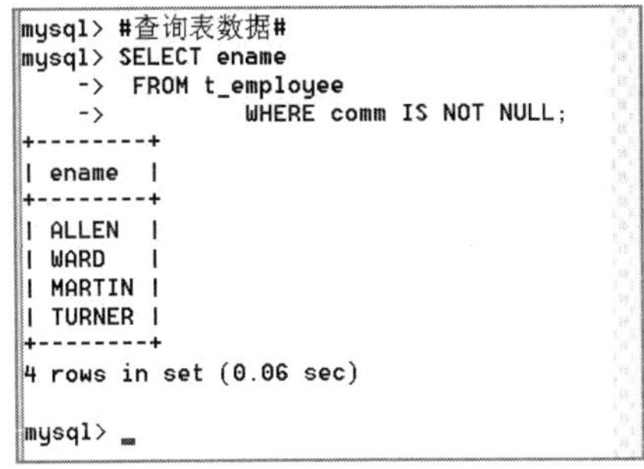
```
mysql> #查询表数据#
mysql> SELECT ename
    -> FROM t_employee
    ->          WHERE comm IS NOT NULL;
+--------+
| ename  |
+--------+
| ALLEN  |
| WARD   |
| MARTIN |
| TURNER |
+--------+
4 rows in set (0.06 sec)

mysql> _
```

图 10.33　查询表数据

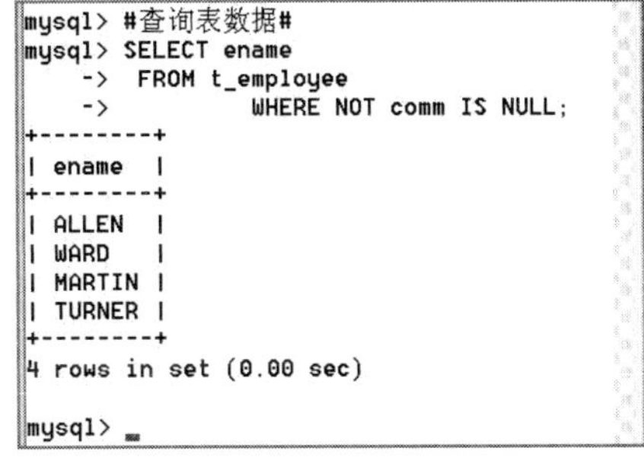
```
mysql> #查询表数据#
mysql> SELECT ename
    -> FROM t_employee
    ->          WHERE NOT comm IS NULL;
+--------+
| ename  |
+--------+
| ALLEN  |
| WARD   |
| MARTIN |
| TURNER |
+--------+
4 rows in set (0.00 sec)

mysql> _
```

图 10.34　查询表数据记录

10.2.4　带 IN 关键字的集合查询

MySQL 软件提供了关键字 IN，用来实现判断字段的数值是否在指定集合中的条件查询。关于该关键字的具体语法形式如下：

```
SELECT field1 field2 …fieldn
    FROM table_name
        WHERE field IN (value1,value2,value3…,valuen);
```

在上述语句中，参数 valuen 表示集合中的值，通过关键字 IN 来判断字段 field 的值是否在集合(value1,value2,value3…valuen)中，如果字段 field 的值在集合中，则满足查询条件，该记录就会被查询出来；否则不会被查询出来。

1．在集合中数据记录查询

下面通过一个具体的实例来说明如何实现在集合中数据记录查询。

【实例 10-13】执行 SQL 语句 SELECT，在数据库 company 的雇员表（t_employee）中，查询雇员编号为 7521、7782、7566 和 7788 的雇员，具体步骤如下：

（1）执行 SQL 语句 USE，选择数据库 company，具体 SQL 语句如下：

```
USE company;
```

【运行效果】执行上面的 SQL 语句，其结果如图 10.35 所示。

（2）执行 SQL 语句 SELECT，通过“或逻辑运算”连接各个等值表达式，以实现查询雇员编号为 7521、7782、7566 和 7788 的雇员，具体 SQL 语句如下：

```
SELECT ename
    FROM t_employee
        WHERE empno=7521 or empno=7782 or empno=7566 or empno=7788;
```

【代码说明】在上述语句中，通过 or 逻辑运算符设置条件。

【运行效果】执行上面的 SQL 语句，其结果如图 10.36 所示。

```
mysql> #选择数据库#
mysql> USE company;
Database changed
mysql>
```

图 10.35　选择数据库 company

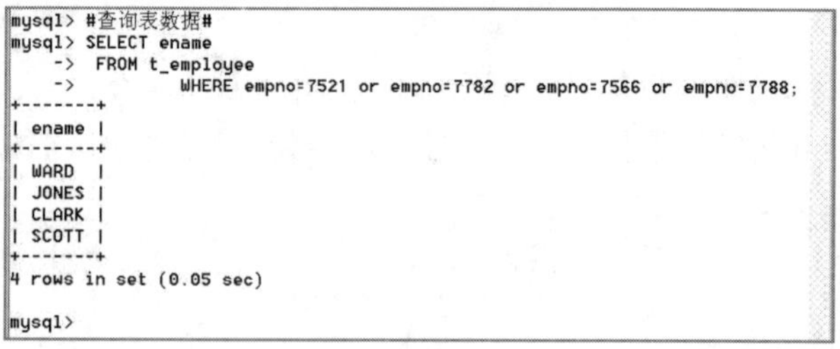

```
mysql> #查询表数据#
mysql> SELECT ename
    ->  FROM t_employee
    ->          WHERE empno=7521 or empno=7782 or empno=7566 or empno=7788;
+-------+
| ename |
+-------+
| WARD  |
| JONES |
| CLARK |
| SCOTT |
+-------+
4 rows in set (0.05 sec)

mysql>
```

图 10.36　查询表数据

（3）执行 SQL 语句 SELECT，通过关键字 IN 设置集合查询条件，以实现查询雇员编号为 7521、7782、7566 和 7788 的雇员，具体 SQL 语句如下：

```
SELECT ename
    FROM t_employee
        WHERE empno IN (7521,7782,7566,7788);
```

【代码说明】在上述语句中，通过 IN 关键字设置条件。

【运行效果】执行上面的 SQL 语句，其结果如图 10.37 所示。

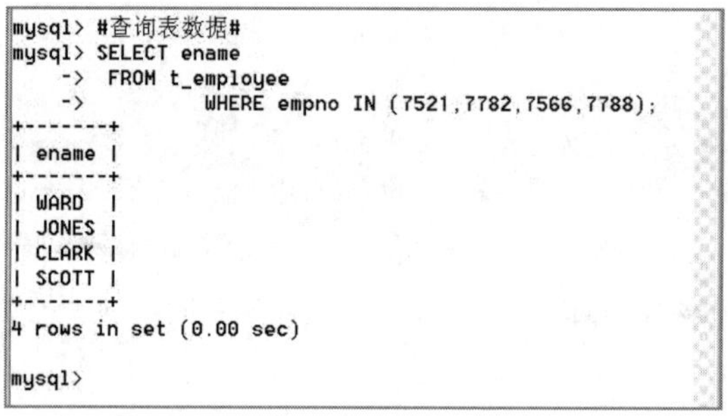

```
mysql> #查询表数据#
mysql> SELECT ename
    ->  FROM t_employee
    ->          WHERE empno IN (7521,7782,7566,7788);
+-------+
| ename |
+-------+
| WARD  |
| JONES |
| CLARK |
| SCOTT |
+-------+
4 rows in set (0.00 sec)

mysql>
```

图 10.37　查询表数据记录

2．不在集合中数据记录查询

下面通过一个具体的实例来说明如何实现查询不是空值的数据记录。

【实例 10-14】执行 SQL 语句 SELECT，在数据库 company 的雇员表（t_employee）中，查询雇员编号不为 7521、7782、7566 和 7788 的雇员，具体步骤如下：

（1）执行 SQL 语句 USE，选择数据库 company，具体 SQL 语句如下：

```
USE company;
```

【运行效果】执行上面的 SQL 语句，其结果如图 10.38 所示。

（2）执行 SQL 语句 SELECT，通过关键字 NOT IN 设置集合查询条件，以实现查询雇员编号不为 7521、7782、7566 和 7788 的雇员，具体 SQL 语句如下：

```
SELECT ename
    FROM t_employee
        WHERE empno NOT IN (7521,7782,7566,7788);
```

【代码说明】在上述语句中，通过关键字段 NOT IN 设置条件。

【运行效果】执行上面的 SQL 语句，其结果如图 10.39 所示。

```
mysql> #选择数据库#
mysql> USE company;
Database changed
mysql>
```

图 10.38　选择数据库 company

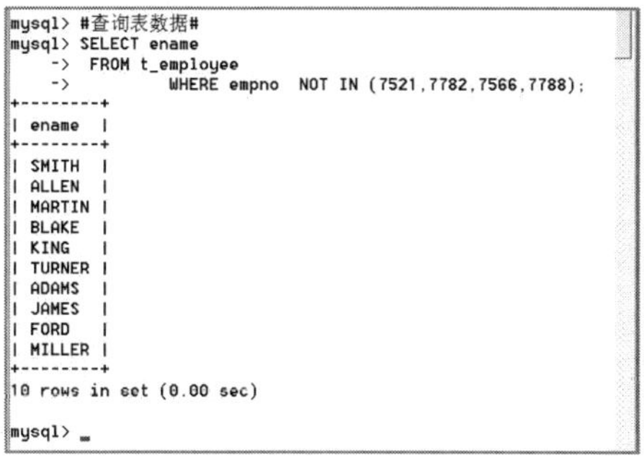

```
mysql> #查询表数据#
mysql> SELECT ename
    ->  FROM t_employee
    ->          WHERE empno  NOT IN (7521,7782,7566,7788);
+--------+
| ename  |
+--------+
| SMITH  |
| ALLEN  |
| MARTIN |
| BLAKE  |
| KING   |
| TURNER |
| ADAMS  |
| JAMES  |
| FORD   |
| MILLER |
+--------+
10 rows in set (0.00 sec)

mysql> _
```

图 10.39　查询表数据

（3）执行 SQL 语句 SELECT，通过“非逻辑运算”设置集合查询条件，以实现查询雇员编号不为 7521、7782、7566 和 7788 的雇员，具体 SQL 语句如下：

```
SELECT ename
    FROM t_employee
        WHERE NOT empno IN (7521,
7782,7566,7788);
```

【代码说明】在上述语句中，通过非逻辑运算符设置条件。

【运行效果】执行上面的 SQL 语句，其结果如图 10.40 所示。

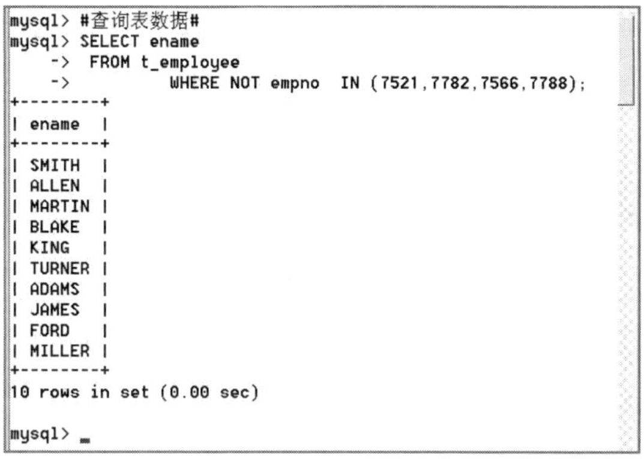

```
mysql> #查询表数据#
mysql> SELECT ename
    ->  FROM t_employee
    ->          WHERE NOT empno  IN (7521,7782,7566,7788);
+--------+
| ename  |
+--------+
| SMITH  |
| ALLEN  |
| MARTIN |
| BLAKE  |
| KING   |
| TURNER |
| ADAMS  |
| JAMES  |
| FORD   |
| MILLER |
+--------+
10 rows in set (0.00 sec)

mysql> _
```

图 10.40　查询表数据记录

3．关于集合查询注意点

在具体使用关键字 IN 时，查询的集合中如果存在 NULL，则不会影响查询；如果使用关键字 NOT IN，查询的集合中如果存在 NULL，则不会有任何的查询结果。

【实例 10-15】下面将通过一个具体的实例来说明关键字 IN 的注意点，具体步骤如下：

（1）执行 SQL 语句 USE，选择数据库 company，具体 SQL 语句如下：

```
USE company;
```

【运行效果】执行上面的 SQL 语句，其结果如图 10.41 所示。

（2）执行 SQL 语句 SELECT，与实例 10-13 相比，关键字 IN 所操作的集合中包含了 NULL 值，具体 SQL 语句如下：

```
SELECT ename
    FROM t_employee
        WHERE empno IN (7521,7782,7566,7788,NULL);
```

【代码说明】在上述语句中，关键字 IN 所操作的集合中包含了 NULL 值。

【运行效果】执行上面的 SQL 语句，其结果如图 10.42 所示。与图 10.37 相比，可以发现对于关键字 IN，当查询的集合中如果存在 NULL，不会影响查询结果。

```
mysql> #选择数据库#
mysql> USE company;
Database changed
mysql>
```

图 10.41　选择数据库 company

```
mysql> #查询表数据#
mysql> SELECT ename
    ->   FROM t_employee
    ->         WHERE empno IN (7521,7782,7566,7788,NULL);
+-------+
| ename |
+-------+
| WARD  |
| JONES |
| CLARK |
| SCOTT |
+-------+
4 rows in set (0.00 sec)

mysql>
```

图 10.42　查询表数据

（3）执行 SQL 语句 SELECT，与实例 10-14 相比，关键字 NOT IN 所操作的集合中包含了 NULL 值，具体 SQL 语句如下：

```
SELECT ename
    FROM t_employee
        WHERE empno NOT IN (7521,7782,7566,7788,NULL);
```

【代码说明】在上述语句中，关键字 NOT IN 所操作的集合中包含了 NULL 值。

【运行效果】执行上面的 SQL 语句，其结果如图 10.43 所示。与图 10.39 相比，可以发现对于关键字 NOT IN，当查询的集合中如果存在 NULL，不会查询到任何结果。

```
mysql> #查询表数据#
mysql> SELECT ename
    ->   FROM t_employee
    ->         WHERE empno NOT IN (7521,7782,7566,7788,NULL);
Empty set (0.00 sec)

mysql>
```

图 10.43　查询表数据

10.2.5　带 LIKE 关键字的模糊查询

上面所介绍的条件数据查询中，WHERE 关键字后面的表达式都是针对已经知道数据值进行查询操作，但是这种查询操作并不适合任何情况。例如，查询雇员名字中包含文本“cjgon”的所有雇员，此时利用比较操作符（=）肯定不行，这时就需要通过通配符来实现模糊查询。

注意：所谓通配符，主要用来实现匹配部分值的特殊字符。

MySQL 软件提供了关键字 LIKE，用来实现判断字段的值是否与指定的值相匹配。关于该关键字的具体语法形式如下：

```
SELECT field1 field2 …fieldn
    FROM table_name
        WHERE field LIKE value;
```

在上述语句中，参数 value 表示所匹配的字符串值，通过关键字 LIKE 来判断字段 field 的值是否与 value 字符串相匹配，如果字段 field 的值与 value 相匹配，则满足查询条件，该记录就会被查询出来；否则不会被查询出来。

对于字符串在 MySQL 软件，必须加上单引号（‘ ’）或者双引号（“ ”）。由于关键字 LIKE 可以实现模糊查询，所以该关键字后面的字符串参数除了可以是一个完整的字符串外，还可以包含通配符。LIKE 关键字支持的通配符如下：

- “_”通配符，该通配符值能匹配单个字符。

- “%”通配符，该通配符值可以匹配任意长度的字符串，既可以是 0 个字符，1 个字符，也可以是很多个字符。

1．带有“%”通配符的查询

下面通过一个具体的实例来说明如何实现带有“%”通配符的模糊查询。

【实例 10-16】执行 SQL 语句 SELECT，在数据库 company 的雇员表（t_employee）中，查询雇员名中以字母 A 开头的全部雇员，具体步骤如下：

（1）执行 SQL 语句 USE，选择数据库 company，具体 SQL 语句如下：

```
USE company;
```

【运行效果】执行上面的 SQL 语句，其结果如图 10.44 所示。

（2）执行 SQL 语句 LIKE，查询字段 ename 中以字母 A 开头的数据记录，具体 SQL 语句如下：

```
SELECT ename
    FROM t_employee
        WHERE ename LIKE 'A%';
```

【代码说明】在上述语句中，设置关键字 LIKE 的通配符表达式为 A%。

【运行效果】执行上面的 SQL 语句，其结果如图 10.45 所示。

```
mysql> #选择数据库#
mysql> USE company;
Database changed
mysql>
```

图 10.44　选择数据库 company

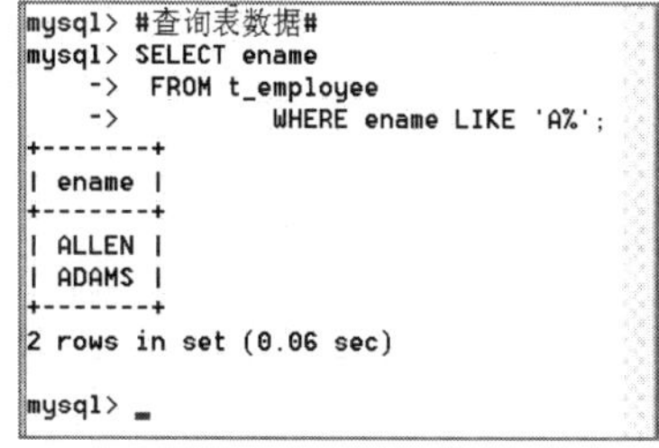

图 10.45　查询表数据

执行结果显示，实现了查询所有名字里以字母 A 开头的雇员。

（3）由于在 MySQL 软件中不区分大小写，所以上述 SQL 语句可以修改成如下：

```
SELECT ename
    FROM t_employee
        WHERE ename LIKE 'a%';
```

【代码说明】在上述语句中，设置关键字 LIKE 的通配符表达式为 a%。

【运行效果】执行上面的 SQL 语句，其结果如图 10.46 所示。

执行结果显示，MySQL 软件不仅对于关键字不区分大小写，对于字段数据记录也不区分大小写。

（4）如果想查询不是以字母 A 开头的全部雇员，可以执行逻辑非运算符（NOT 或 !），具体 SQL 语句如下：

```
SELECT ename
    FROM t_employee
        WHERE NOT ename LIKE 'A%';
```

【代码说明】在上述语句中，通过非逻辑运算符设置条件。

【运行效果】执行上面的 SQL 语句，其结果如图 10.47 所示。

```
mysql> #查询表数据#
mysql> SELECT ename
    -> FROM t_employee
    ->          WHERE ename LIKE 'a%';
+--------+
| ename |
+--------+
| ALLEN |
| ADAMS |
+--------+
2 rows in set (0.00 sec)

mysql>
```

图 10.46　查询表数据

```
mysql> #查询表数据#
mysql> SELECT ename
    -> FROM t_employee
    ->          WHERE NOT ename LIKE 'A%';
+--------+
| ename  |
+--------+
| SMITH  |
| WARD   |
| JONES  |
| MARTIN |
| BLAKE  |
| CLARK  |
| SCOTT  |
| KING   |
| TURNER |
| JAMES  |
| FORD   |
| MILLER |
+--------+
12 rows in set (0.00 sec)

mysql> _
```

图 10.47　查询表数据记录

执行结果显示，数据库 company 的表 t_employee 中，所有名字里不是以字母 A 开头的雇员都被显示出来。

2. 带有“_”通配符的查询

下面将通过一个具体的实例来说明如何实现带有“_”通配符的模糊查询。

【实例 10-17】执行 SQL 语句 SELECT，在数据库 company 的雇员表（t_employee）中，查询雇员名中第 2 个字母是 A 的全部雇员，具体步骤如下：

（1）执行 SQL 语句 USE，选择数据库 company，具体 SQL 语句如下：

```
USE company;
```

【运行效果】执行上面的 SQL 语句，其结果如图 10.48 所示。

（2）执行 SQL 语句 LIKE，查询字段 ename 中第二个字母为 A 的数据记录，具体 SQL 语句如下：

```
SELECT ename
    FROM t_employee
        WHERE ename LIKE '_A%';
```

【代码说明】在上述语句中，设置关键字 LIKE 的通配符表达式为_A%。

【运行效果】执行上面的 SQL 语句，其结果如图 10.49 所示。

```
mysql> #选择数据库#
mysql> USE company;
Database changed
mysql>
```

图 10.48　选择数据库 company

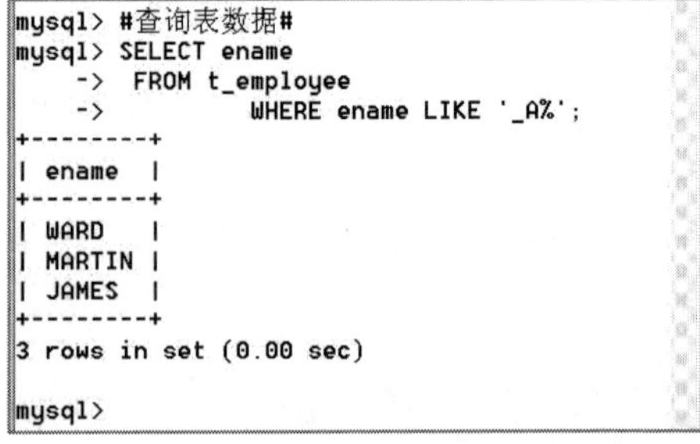

```
mysql> #查询表数据#
mysql> SELECT ename
    -> FROM t_employee
    ->          WHERE ename LIKE '_A%';
+--------+
| ename  |
+--------+
| WARD   |
| MARTIN |
| JAMES  |
+--------+
3 rows in set (0.00 sec)

mysql>
```

图 10.49　查询表数据

执行结果显示，数据库 company 的表 t_employee 中，所有名字中第二个字母为字符 A 的雇员都被显示出来。

（3）如果想查询第二个字母不是 A 字符的全部雇员，可以执行逻辑非运算符（NOT 或!），具体 SQL 语句如下：

```
SELECT ename
    FROM t_employee
        WHERE NOT ename LIKE '_A%';
```

【代码说明】在上述语句中，通过非逻辑运算符设置条件。

【运行效果】执行上面的 SQL 语句，其结果如图 10.50 所示。

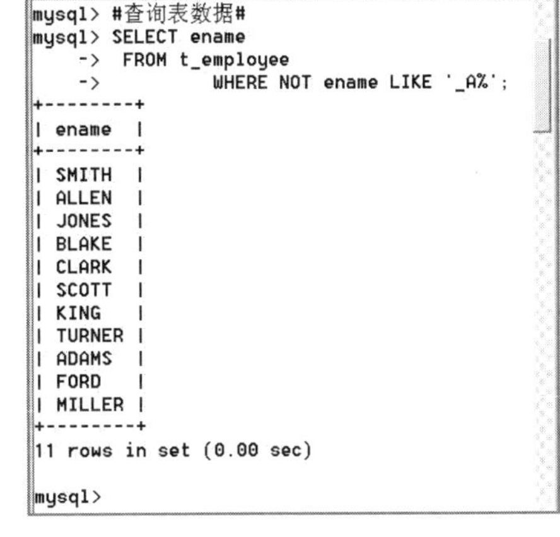

图 10.50　查询表数据记录

执行结果显示，数据库 company 的表 t_employee 中，第二个字母不是 A 字符的雇员都被显示出来。

3．带 LIKE 关键字的模糊查询注意点

在 MySQL 软件中，为了实现查找匹配字符串的数据记录，提供了 LINK 关键字；同时为了查找不匹配字符串的数据记录，提供了 NOT LINK 关键字。因此关于该关键字的具体语法形式修改如下：

```
SELECT field1 field2 …fieldn
    FROM table_name
        WHERE field 【NOT】 LIKE value;
```

在上述语句中加入了关键字 NOT，表示查找不匹配 value 的数据记录。

下面通过一个具体的实例来说明如何实现查询不匹配的数据记录。

【实例 10-18】执行 SQL 语句 SELECT，在数据库 company 的雇员表（t_employee）中，查询雇员名中不带有 A 字符的全部雇员，具体步骤如下：

（1）执行 SQL 语句 USE，选择数据库 company，具体 SQL 语句如下：

```
USE company;
```

【运行效果】执行上面的 SQL 语句，其结果如图 10.51 所示。

```
mysql> #选择数据库#
mysql> USE company;
Database changed
mysql>
```

图 10.51　选择数据库 company

（2）执行 SQL 语句 LIKE，查询字段 ename 中没有字母为 A 的数据记录，具体 SQL 语句如下：

```
SELECT ename
    FROM t_employee
        WHERE ename NOT LIKE '%A%';
```

【代码说明】在上述语句中，设置关键字 NOT LIKE 的通配符表达式为%A%。

【运行效果】执行上面的 SQL 语句，其结果如图 10.52 所示。

执行结果显示，数据库 company 的表 t_employee 中，所有名字中不包含字符 A 的雇员都被显示出来。

（3）其实该实例也可以通过逻辑非运算符（NOT 或！）来实现，具体 SQL 语句如下：

```
SELECT ename
    FROM t_employee
        WHERE NOT ename LIKE '%A%';
```

【代码说明】 在上述语句中，通过非逻辑运算符设置条件。

或者

```
SELECT ename
    FROM t_employee
        WHERE NOT ename  LIKE '%A%';
```

【代码说明】 在上述语句中，通过非逻辑运算符设置条件。

【运行效果】 执行上面的 SQL 语句，其结果如图 10.53 所示。

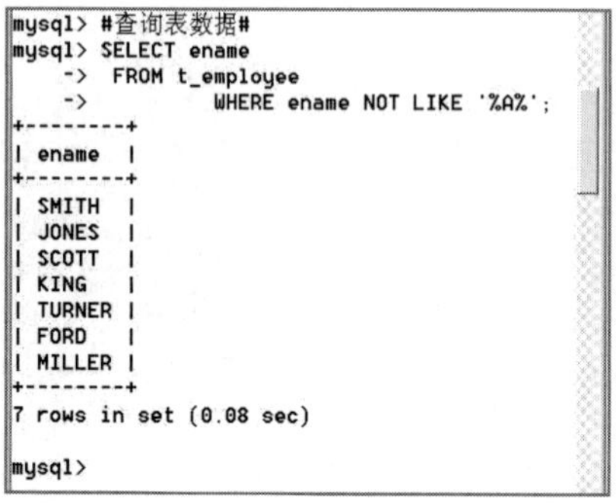

```
mysql> #查询表数据#
mysql> SELECT ename
    -> FROM t_employee
    ->          WHERE ename NOT LIKE '%A%';
+--------+
| ename  |
+--------+
| SMITH  |
| JONES  |
| SCOTT  |
| KING   |
| TURNER |
| FORD   |
| MILLER |
+--------+
7 rows in set (0.08 sec)

mysql>
```

图 10.52　查询表数据

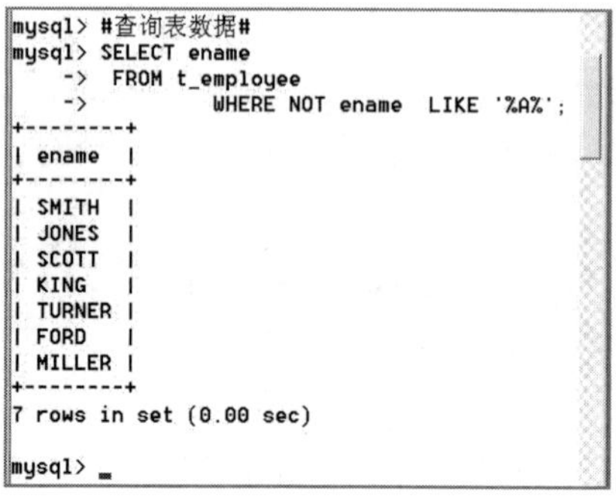

```
mysql> #查询表数据#
mysql> SELECT ename
    -> FROM t_employee
    ->          WHERE NOT ename  LIKE '%A%';
+--------+
| ename  |
+--------+
| SMITH  |
| JONES  |
| SCOTT  |
| KING   |
| TURNER |
| FORD   |
| MILLER |
+--------+
7 rows in set (0.00 sec)

mysql> _
```

图 10.53　查询表数据记录

执行结果显示，在 MySQL 软件中如果需要实现不匹配功能，除了可以使用关键字“NOT LIKE”外，还可以使用逻辑运算符（NOT 或!）。

查看帮助文档可以发现，LIKE 关键字除了可以操作字符串类型数据外，还可以操作其他任意的数据类型。

【实例 10-19】 执行 SQL 语句 SELECT，在数据库 company 的雇员表（t_employee）中，查询工资中带有数字 5 的全部雇员，具体步骤如下：

（1）执行 SQL 语句 USE，选择数据库 company，具体 SQL 语句如下：

```
USE company;
```

【运行效果】 执行上面的 SQL 语句，其结果如图 10.54 所示。

```
mysql> #选择数据库#
mysql> USE company;
Database changed
mysql>
```

图 10.54　选择数据库 company

（2）执行 SQL 语句 LIKE，查询字段 ename 中没有字母为 A 的数据记录，具体 SQL 语句如下：

```
SELECT ename
    FROM t_employee
        WHERE sal  LIKE '%5%';
```

【代码说明】在上述语句中，设置关键字 LIKE 的通配符表达式为%5%，即该表达式中包含数字。

【运行效果】执行上面的 SQL 语句，其结果如图 10.55 所示。

执行结果显示，数据库 company 的表 t_employee 中，所有工资中包含数字 5 的雇员都被显示出来。

对于 LIKE 关键字，如果匹配“%%”则表示查询所有数据记录。例如，具体 SQL 语句如下：

```
SELECT ename
    FROM t_employee
        WHERE sal  LIKE '%%';
```

【代码说明】在上述语句中，设置关键字 LIKE 的通配符表达式为%%，即查询所有数据记录。

【运行效果】执行上面的 SQL 语句，表示查询表 t_employee 中所有数据记录，其结果如图 10.56 所示。

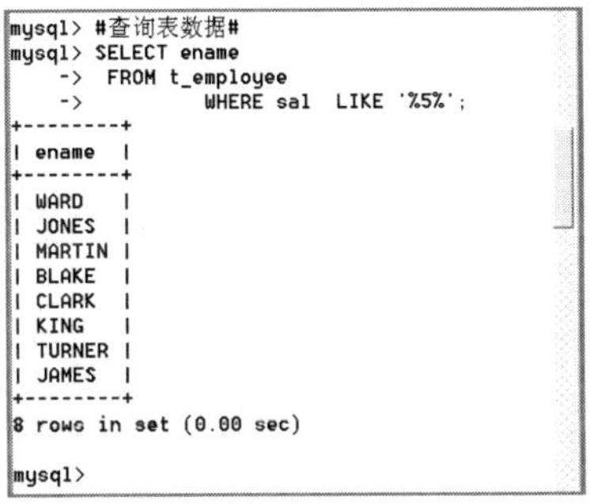

```
mysql> #查询表数据#
mysql> SELECT ename
    ->  FROM t_employee
    ->          WHERE sal  LIKE '%5%';
+--------+
| ename  |
+--------+
| WARD   |
| JONES  |
| MARTIN |
| BLAKE  |
| CLARK  |
| KING   |
| TURNER |
| JAMES  |
+--------+
8 rows in set (0.00 sec)

mysql>
```

图 10.55　查询表数据

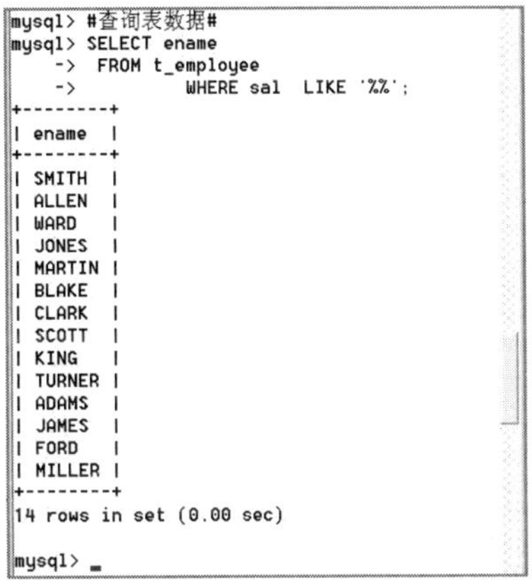

```
mysql> #查询表数据#
mysql> SELECT ename
    ->  FROM t_employee
    ->          WHERE sal  LIKE '%%';
+--------+
| ename  |
+--------+
| SMITH  |
| ALLEN  |
| WARD   |
| JONES  |
| MARTIN |
| BLAKE  |
| CLARK  |
| SCOTT  |
| KING   |
| TURNER |
| ADAMS  |
| JAMES  |
| FORD   |
| MILLER |
+--------+
14 rows in set (0.00 sec)

mysql> _
```

图 10.56　查询表数据记录

10.3　排序数据记录查询

通过条件数据查询，虽然可以查询到符合用户需求的数据记录，但是查询到的数据记录在默认情况下都是按照数据记录最初添加到表中的顺序来显示。默认的查询结果顺序并不能满足用户的需求，于是 MySQL 软件提供了关键字 ORDER BY 来设置查询结果的顺序。

查看帮助文档发现，在 MySQL 软件中排序数据查询结果通过 SQL 语句 ORDER BY 来实现，其具体语法形式如下：

```
SELECT field1 field2 …fieldn
    FROM table_name
        WHERE CONDITION
            ORDER BY fileldm1 [ASC|DESC][,fileldm2 [ASC|DESC],]
```

在上述语句中，通过参数 fieldm 表示按照该字段进行排序，参数 ASC 表示按升序的顺序进行排序，参数 DESC 表示按照降序的顺序进行排序。在默认情况下按照 ASC（升序）进行排序，还可以在关键字 ORDER BY 后面设置多个不同的字段进行排序。

关于排序数据查询结果语句包含如下功能：

- 按照单字段排序。

● 按照多字段排序。

10.3.1 按照单字段排序

MySQL 软件中如果想实现按照单字段进行排序，关键字 ORDER BY 后面将只有一个字段，将来查询结果在显示时将按照该字段进行排序。

1. 升序排序

下面通过一个具体的实例来说明如何按照单个字段对查询结果进行升序排序。

【实例 10-20】执行 SQL 语句 SELECT，在数据库 company 的雇员表（t_employee）中，查询所有雇员，同时按照字段 sal（工资）对查询结果进行升序排序，具体步骤如下：

（1）执行 SQL 语句 USE，选择数据库 company，具体 SQL 语句如下：

```
USE company;
```

【运行效果】执行上面的 SQL 语句，其结果如图 10.57 所示。

```
mysql> #选择数据库#
mysql> USE company;
Database changed
mysql>
```

图 10.57 选择数据库 company

（2）执行 SQL 语句 ORDER BY，按照字段 sal 的值对该表的所有数据记录进行升序排序，具体 SQL 语句如下：

```
SELECT *
    FROM t_employee
        ORDER BY sal ASC;
```

【代码说明】在上述语句中，设置关键字 ORDER BY 的操作字段为 sal，同时通过关键字 ASC 设置为升序排序。

【运行效果】执行上面的 SQL 语句，其结果如图 10.58 所示。

```
mysql> #查询表数据#
mysql> SELECT *
    -> FROM t_employee
    ->          ORDER BY sal ASC;
+-------+--------+-----------+------+------------+---------+---------+--------+
| empno | ename  | job       | MGR  | Hiredate   | sal     | comm    | deptno |
+-------+--------+-----------+------+------------+---------+---------+--------+
|  7369 | SMITH  | CLERK     | 7902 | 1981-03-12 |  800.00 |    NULL |     20 |
|  7900 | JAMES  | CLERK     | 7698 | 1997-03-12 |  950.00 |    NULL |     30 |
|  7876 | ADAMS  | CLERK     | 7788 | 1998-03-12 | 1100.00 |    NULL |     20 |
|  7521 | WARD   | SALESMAN  | 7698 | 1983-03-12 | 1250.00 |  500.00 |     30 |
|  7654 | MARTIN | SALESMAN  | 7698 | 1981-03-12 | 1250.00 | 1400.00 |     30 |
|  7934 | MILLER | CLERK     | 7782 | 1981-03-12 | 1300.00 |    NULL |     10 |
|  7844 | TURNER | SALESMAN  | 7698 | 1989-03-12 | 1500.00 |    0.00 |     30 |
|  7499 | ALLEN  | SALESMAN  | 7698 | 1982-03-12 | 1600.00 |  300.00 |     30 |
|  7782 | CLARK  | MANAGER   | 7839 | 1985-03-12 | 2450.00 |    NULL |     10 |
|  7698 | BLAKE  | MANAGER   | 7839 | 1981-03-12 | 2850.00 |    NULL |     30 |
|  7566 | JONES  | MANAGER   | 7839 | 1981-03-12 | 2975.00 |    NULL |     20 |
|  7902 | FORD   | ANALYST   | 7566 | 0000-00-00 | 3000.00 |    NULL |     20 |
|  7788 | SCOTT  | ANALYST   | 7566 | 1981-03-12 | 3000.00 |    NULL |     20 |
|  7839 | KING   | PRESIDENT | NULL | 1981-03-12 | 5000.00 |    NULL |     10 |
+-------+--------+-----------+------+------------+---------+---------+--------+
14 rows in set (0.09 sec)

mysql>
```

图 10.58 查询表数据

执行结果显示，数据库 company 的表 t_employee 中，所有查询结果都是按照字段 sal 的值从小到大进行排序的。

（3）由于在 MySQL 软件中关键字 ORDER BY 默认就是升序排序，所以上述 SQL 语句可以修改如下：

```
SELECT *
    FROM t_employee
        ORDER BY sal;
```

【代码说明】在上述语句中，虽然没有设置排序顺序，但是默认为 ASC 升序排序。

【运行效果】执行上面的 SQL 语句，其结果如图 10.59 所示。

```
mysql> #查询表数据#
mysql> SELECT *
    ->  FROM t_employee
    ->          ORDER BY sal;
+-------+--------+-----------+------+------------+---------+---------+--------+
| empno | ename  | job       | MGR  | Hiredate   | sal     | comm    | deptno |
+-------+--------+-----------+------+------------+---------+---------+--------+
|  7369 | SMITH  | CLERK     | 7902 | 1981-03-12 |  800.00 |    NULL |     20 |
|  7900 | JAMES  | CLERK     | 7698 | 1997-03-12 |  950.00 |    NULL |     30 |
|  7876 | ADAMS  | CLERK     | 7788 | 1998-03-12 | 1100.00 |    NULL |     20 |
|  7521 | WARD   | SALESMAN  | 7698 | 1983-03-12 | 1250.00 |  500.00 |     30 |
|  7654 | MARTIN | SALESMAN  | 7698 | 1981-03-12 | 1250.00 | 1400.00 |     30 |
|  7934 | MILLER | CLERK     | 7782 | 1981-03-12 | 1300.00 |    NULL |     10 |
|  7844 | TURNER | SALESMAN  | 7698 | 1989-03-12 | 1500.00 |    0.00 |     30 |
|  7499 | ALLEN  | SALESMAN  | 7698 | 1982-03-12 | 1600.00 |  300.00 |     30 |
|  7782 | CLARK  | MANAGER   | 7839 | 1985-03-12 | 2450.00 |    NULL |     10 |
|  7698 | BLAKE  | MANAGER   | 7839 | 1981-03-12 | 2850.00 |    NULL |     30 |
|  7566 | JONES  | MANAGER   | 7839 | 1981-03-12 | 2975.00 |    NULL |     20 |
|  7902 | FORD   | ANALYST   | 7566 | 0000-00-00 | 3000.00 |    NULL |     20 |
|  7788 | SCOTT  | ANALYST   | 7566 | 1981-03-12 | 3000.00 |    NULL |     20 |
|  7839 | KING   | PRESIDENT | NULL | 1981-03-12 | 5000.00 |    NULL |     10 |
+-------+--------+-----------+------+------------+---------+---------+--------+
14 rows in set (0.00 sec)

mysql>
```

图 10.59　查询表数据

执行结果显示，MySQL 软件中关键字 ORDER BY 默认的排序顺序为升序。

2. 降序排序

下面通过一个具体的实例来说明如何按照单个字段对查询结果进行降序排序。

【实例 10-21】执行 SQL 语句 SELECT，在数据库 company 的雇员表（t_employee）中，查询所有雇员，同时按照字段 mgr（领导编号）对查询结果进行降序排序，具体步骤如下：

（1）执行 SQL 语句 USE，选择数据库 company，具体 SQL 语句如下：

```
USE company;
```

【运行效果】执行上面的 SQL 语句，其结果如图 10.60 所示。

```
mysql> #选择数据库#
mysql> USE company;
Database changed
mysql>
```

图 10.60　选择数据库 company

（2）执行 SQL 语句 ORDER BY，按照字段 sal 的值对该表的所有数据记录进行升序排序，具体 SQL 语句如下：

```
SELECT *
    FROM t_employee
        ORDER BY mgr DESC;
```

【代码说明】在上述语句中，设置关键字 ORDER BY 的操作字段为 mgr，同时通过关键字 DESC 设置为降序排序。

【运行效果】执行上面的 SQL 语句，其结果如图 10.61 所示。

```
mysql> #查询表数据#
mysql> SELECT *
    -> FROM t_employee
    ->         ORDER BY mgr DESC;
+-------+--------+-----------+------+------------+---------+---------+--------+
| empno | ename  | job       | MGR  | Hiredate   | sal     | comm    | deptno |
+-------+--------+-----------+------+------------+---------+---------+--------+
|  7369 | SMITH  | CLERK     | 7902 | 1981-03-12 |  800.00 |    NULL |     20 |
|  7566 | JONES  | MANAGER   | 7839 | 1981-03-12 | 2975.00 |    NULL |     20 |
|  7782 | CLARK  | MANAGER   | 7839 | 1985-03-12 | 2450.00 |    NULL |     10 |
|  7698 | BLAKE  | MANAGER   | 7839 | 1981-03-12 | 2850.00 |    NULL |     30 |
|  7876 | ADAMS  | CLERK     | 7788 | 1998-03-12 | 1100.00 |    NULL |     20 |
|  7934 | MILLER | CLERK     | 7782 | 1981-03-12 | 1300.00 |    NULL |     10 |
|  7654 | MARTIN | SALESMAN  | 7698 | 1981-03-12 | 1250.00 | 1400.00 |     30 |
|  7521 | WARD   | SALESMAN  | 7698 | 1983-03-12 | 1250.00 |  500.00 |     30 |
|  7844 | TURNER | SALESMAN  | 7698 | 1989-03-12 | 1500.00 |    0.00 |     30 |
|  7499 | ALLEN  | SALESMAN  | 7698 | 1982-03-12 | 1600.00 |  300.00 |     30 |
|  7900 | JAMES  | CLERK     | 7698 | 1997-03-12 |  950.00 |    NULL |     30 |
|  7902 | FORD   | ANALYST   | 7566 | 0000-00-00 | 3000.00 |    NULL |     20 |
|  7788 | SCOTT  | ANALYST   | 7566 | 1981-03-12 | 3000.00 |    NULL |     20 |
|  7839 | KING   | PRESIDENT | NULL | 1981-03-12 | 5000.00 |    NULL |     10 |
+-------+--------+-----------+------+------------+---------+---------+--------+
14 rows in set (0.00 sec)

mysql> _
```

图 10.61　查询表数据

执行结果显示，数据库 company 的表 t_employee 中，所有查询结果都是按照字段 mgr 的值从大到小进行排序。

注意：在 MySQL 软件中，如果字段的值为空值（NULL），则该值为最小值，因此在降序排序中将最后显示（最后一行）；在升序排序中则将最先显示（第一行）。

10.3.2　按照多字段排序

在实例 10-20 中，由于字段 mgr 中存在值相同的数据记录，因此字段值为 7 698 的数据记录顺序没有实际意义。为了解决该问题，可以按照多字段进行排序。具体运行过程中，首先按照第一个字段进行排序，如果遇到值相同的字段则会按照第二个字段进行排序，依此类推。

下面通过一个具体的实例来说明如何按照多字段对查询结果进行排序。

【实例 10-22】执行 SQL 语句 SELECT，在数据库 company 的雇员表（t_employee）中，查询所有雇员，首先按照字段 sal（工资）对查询结果进行升序排序，然后再按照字段 hiredate（雇佣日期）进行降序排序，具体步骤如下：

（1）执行 SQL 语句 USE，选择数据库 company，具体 SQL 语句如下：

```
USE company;
```

【运行效果】执行上面的 SQL 语句，其结果如图 10.62 所示。

（2）执行 SQL 语句 ORDER BY，首先按照字段 sal 的值对该表的所有数据记录进行升序排序，然后按照字段 hiredate 的值进行降序排序，具体 SQL 语句如下：

```
SELECT *
    FROM t_employee
        ORDER BY sal ASC,
                  hiredate DESC;
```

【代码说明】在上述语句中，不仅设置关键字 ORDER BY 的操作字段为 mgr，排序顺序为 ASC；而且还设置了操作字段为 hiredate，排序顺序为 DESC。

【运行效果】执行上面的 SQL 语句，其结果如图 10.63 所示。

```
mysql> #选择数据库#
mysql> USE company;
Database changed
mysql>
```

图 10.62　选择数据库 company

```
mysql> #查询表数据#
mysql> SELECT *
    ->  FROM t_employee
    ->          ORDER BY  sal ASC,
    ->                       hiredate DESC;
+-------+--------+-----------+------+------------+---------+---------+--------+
| empno | ename  | job       | MGR  | Hiredate   | sal     | comm    | deptno |
+-------+--------+-----------+------+------------+---------+---------+--------+
|  7369 | SMITH  | CLERK     | 7902 | 1981-03-12 |  800.00 |    NULL |     20 |
|  7900 | JAMES  | CLERK     | 7698 | 1997-03-12 |  950.00 |    NULL |     30 |
|  7876 | ADAMS  | CLERK     | 7788 | 1998-03-12 | 1100.00 |    NULL |     20 |
|  7521 | WARD   | SALESMAN  | 7698 | 1983-03-12 | 1250.00 |  500.00 |     30 |
|  7654 | MARTIN | SALESMAN  | 7698 | 1981-03-12 | 1250.00 | 1400.00 |     30 |
|  7934 | MILLER | CLERK     | 7782 | 1981-03-12 | 1300.00 |    NULL |     10 |
|  7844 | TURNER | SALESMAN  | 7698 | 1989-03-12 | 1500.00 |    0.00 |     30 |
|  7499 | ALLEN  | SALESMAN  | 7698 | 1982-03-12 | 1600.00 |  300.00 |     30 |
|  7782 | CLARK  | MANAGER   | 7839 | 1985-03-12 | 2450.00 |    NULL |     10 |
|  7698 | BLAKE  | MANAGER   | 7839 | 1981-03-12 | 2850.00 |    NULL |     30 |
|  7566 | JONES  | MANAGER   | 7839 | 1981-03-12 | 2975.00 |    NULL |     20 |
|  7788 | SCOTT  | ANALYST   | 7566 | 1981-03-12 | 3000.00 |    NULL |     20 |
|  7902 | FORD   | ANALYST   | 7566 | 0000-00-00 | 3000.00 |    NULL |     20 |
|  7839 | KING   | PRESIDENT | NULL | 1981-03-12 | 5000.00 |    NULL |     10 |
+-------+--------+-----------+------+------------+---------+---------+--------+
14 rows in set (0.09 sec)

mysql>
```

图 10.63　查询表数据

执行结果显示，数据库 company 的表 t_employee 中，所有查询结果都是先按照字段 sal 的值从小到大进行排序，当遇到值相同的数据记录，按照字段 hiredate 的值进行从大到小进行排序。

（3）由于在 MySQL 软件中关键字 ORDER BY 默认是升序排序，具体 SQL 语句如下：

```
SELECT *
    FROM t_employee
        ORDER BY  sal,
                  hiredate DESC;
```

【运行效果】执行上面的 SQL 语句，其结果如图 10.64 所示。

```
mysql> #查询表数据#
mysql> SELECT *
    ->  FROM t_employee
    ->          ORDER BY  sal,
    ->                       hiredate DESC;
+-------+--------+-----------+------+------------+---------+---------+--------+
| empno | ename  | job       | MGR  | Hiredate   | sal     | comm    | deptno |
+-------+--------+-----------+------+------------+---------+---------+--------+
|  7369 | SMITH  | CLERK     | 7902 | 1981-03-12 |  800.00 |    NULL |     20 |
|  7900 | JAMES  | CLERK     | 7698 | 1997-03-12 |  950.00 |    NULL |     30 |
|  7876 | ADAMS  | CLERK     | 7788 | 1998-03-12 | 1100.00 |    NULL |     20 |
|  7521 | WARD   | SALESMAN  | 7698 | 1983-03-12 | 1250.00 |  500.00 |     30 |
|  7654 | MARTIN | SALESMAN  | 7698 | 1981-03-12 | 1250.00 | 1400.00 |     30 |
|  7934 | MILLER | CLERK     | 7782 | 1981-03-12 | 1300.00 |    NULL |     10 |
|  7844 | TURNER | SALESMAN  | 7698 | 1989-03-12 | 1500.00 |    0.00 |     30 |
|  7499 | ALLEN  | SALESMAN  | 7698 | 1982-03-12 | 1600.00 |  300.00 |     30 |
|  7782 | CLARK  | MANAGER   | 7839 | 1985-03-12 | 2450.00 |    NULL |     10 |
|  7698 | BLAKE  | MANAGER   | 7839 | 1981-03-12 | 2850.00 |    NULL |     30 |
|  7566 | JONES  | MANAGER   | 7839 | 1981-03-12 | 2975.00 |    NULL |     20 |
|  7788 | SCOTT  | ANALYST   | 7566 | 1981-03-12 | 3000.00 |    NULL |     20 |
|  7902 | FORD   | ANALYST   | 7566 | 0000-00-00 | 3000.00 |    NULL |     20 |
|  7839 | KING   | PRESIDENT | NULL | 1981-03-12 | 5000.00 |    NULL |     10 |
+-------+--------+-----------+------+------------+---------+---------+--------+
14 rows in set (0.00 sec)

mysql>
```

图 10.64　查询表数据

10.4　限制数据记录查询数量

通过条件数据查询，虽然可以查询到符合用户需求的数据记录，但是有时所查询到的数据记录太多。对于这么多数据记录，如果全部显示则不符合实际需求，这时可以通过 MySQL 软件提供的关键字 LIMIT 来限制查询结果的数量。

查看帮助文档发现，在 MySQL 软件中限制数据查询结果数量通过 SQL 语句 LIMIT 来实现，其具体语法形式如下：

```
SELECT field1 field2 …fieldn
    FROM table_name
```

```
        WHERE CONDITION
            LIMIT OFFSET_START,ROW_COUNT
```

在上述语句中，通过关键字 LIMIT 来限制数据查询结果数量，其中参数 OFFSET_START 表示数据记录的起始偏移量，参数 ROW_COUNT 表示显示的行数。

根据是否指定初始位置（起始偏移量），关于限制数据查询结果数量语句可以分成如下两类：

- 不指定初始位置方式。
- 指定初始位置方式。

10.4.1 不指定初始位置

对于 MySQL 软件提供的关键字 LIMIT，如果不指定初始位置，默认值为 0，表示从第一条记录开始显示。具体语法形式如下：

```
LIMIT row_count
```

上述 SQL 语句表示显示 row_count 条数据查询结果数量，如果 ROW_COUNT 值小于查询结果的总数量，将会从第一条数据记录开始，显示 ROW_COUNT 条数据记录；如果 ROW_COUNT 值大于查询结果的总数量，将会显示所有查询结果。

1. 显示记录数小于查询结果

下面通过一个具体的实例来说明当显示记录数小于查询结果的限制操作。

【实例 10-23】 执行 SQL 语句 SELECT，在数据库 company 的雇员表（t_employee）中，查询不领奖金（字段 comm）的所有雇员，同时对查询结果只显示两条记录，具体步骤如下：

（1）执行 SQL 语句 USE，选择数据库 company，具体 SQL 语句如下：

```
USE company;
```

【运行效果】 执行上面的 SQL 语句，其结果如图 10.65 所示。

```
mysql> #选择数据库#
mysql> USE company;
Database changed
mysql>
```

图 10.65　选择数据库 company

（2）执行 SQL 语句 LIMIT，查询字段 comm 值为 NULL 的数据记录，最后只显示两条查询结果，具体 SQL 语句如下：

```
SELECT *
    FROM t_employee
    WHERE comm is NULL
    LIMIT 2;
```

【代码说明】 在上述语句中，设置查询数据条件为“comm is NULL”，最后通过关键字 LIMIT 设置显示数据记录数目为 2。

【运行效果】 执行上面的 SQL 语句，其结果如图 10.66 所示。

```
mysql> #查询表数据#
mysql> SELECT *
    ->  FROM t_employee
    ->  WHERE comm is NULL
    ->  LIMIT 2;
+-------+-------+---------+------+------------+---------+------+--------+
| empno | ename | job     | MGR  | Hiredate   | sal     | comm | deptno |
+-------+-------+---------+------+------------+---------+------+--------+
|  7369 | SMITH | CLERK   | 7902 | 1981-03-12 |  800.00 | NULL |     20 |
|  7566 | JONES | MANAGER | 7839 | 1981-03-12 | 2975.00 | NULL |     20 |
+-------+-------+---------+------+------------+---------+------+--------+
2 rows in set (0.00 sec)

mysql>
```

图 10.66　查询表数据

执行结果显示，数据库 company 的表 t_employee 中，虽然字段 comm 值为 NULL 的数据记录有 10 条，但是由于使用了关键字 LIMIT，所以显示结果只有 2 条。

2. 显示记录数大于查询结果

对于实例 10-23，符合字段 comm 值为 NULL 的数据记录有 10 条，如果这时设置关键字 LIMIT 的 ROW_COUNT 参数大于 10 时，会产生什么效果？

修改 SQL 语句如下：

```
SELECT *
    FROM t_employee
    WHERE comm is NULL
    LIMIT 11;
```

【代码说明】 在上述语句中，通过关键字 LIMIT 设置显示数据记录数目为 11。

【运行效果】 执行上面的 SQL 语句，其结果如图 10.67 所示。

```
mysql> #查询表数据#
mysql> SELECT *
    ->  FROM t_employee
    ->  WHERE comm is NULL
    ->  LIMIT 11;
+-------+--------+-----------+------+------------+---------+------+--------+
| empno | ename  | job       | MGR  | Hiredate   | sal     | comm | deptno |
+-------+--------+-----------+------+------------+---------+------+--------+
|  7369 | SMITH  | CLERK     | 7902 | 1981-03-12 |  800.00 | NULL |     20 |
|  7566 | JONES  | MANAGER   | 7839 | 1981-03-12 | 2975.00 | NULL |     20 |
|  7698 | BLAKE  | MANAGER   | 7839 | 1981-03-12 | 2850.00 | NULL |     30 |
|  7782 | CLARK  | MANAGER   | 7839 | 1985-03-12 | 2450.00 | NULL |     10 |
|  7788 | SCOTT  | ANALYST   | 7566 | 1981-03-12 | 3000.00 | NULL |     20 |
|  7839 | KING   | PRESIDENT | NULL | 1981-03-12 | 5000.00 | NULL |     10 |
|  7876 | ADAMS  | CLERK     | 7788 | 1998-03-12 | 1100.00 | NULL |     20 |
|  7900 | JAMES  | CLERK     | 7698 | 1997-03-12 |  950.00 | NULL |     30 |
|  7902 | FORD   | ANALYST   | 7566 | 0000-00-00 | 3000.00 | NULL |     20 |
|  7934 | MILLER | CLERK     | 7782 | 1981-03-12 | 1300.00 | NULL |     10 |
+-------+--------+-----------+------+------------+---------+------+--------+
10 rows in set (0.11 sec)

mysql>
```

图 10.67　查询表数据

执行结果显示，虽然要求显示的查询结果数量为 10，但是查询结果总数才是 10，所以只会将所有查询结果显示出来。

10.4.2　指定初始位置

LIMIT 关键字经常被应用在分页系统中，对于第一页的数据记录，可以通过不指定初始位置来实现，但是对于第二页等其他页面则必须指定初始位置（OFFSET_START），否则将无法实现分页功能。除此之外，LIMIT 关键字还经常与 ORDER BY 关键字一起使用，即先对查询结果进行排序，然后显示其中部分数据记录。

下面通过一个具体的实例来说明指定初始位置的限制操作。

【实例 10-24】执行 SQL 语句 SELECT，在数据库 company 的雇员表（t_employee）中，查询不领奖金（字段 comm）的所有雇员，然后对排序结果根据入职时间（字段 hiredate）进行从早到晚排序同时分两次进行显示，第一次从第 1 条记录开始显示，共显示 5 条记录；第二次从第 6 条记录开始显示，共显示 5 条记录。具体步骤如下：

（1）执行 SQL 语句 USE，选择数据库 company，具体 SQL 语句如下：

```
USE company;
```

【运行效果】执行上面的 SQL 语句，其结果如图 10.68 所示。

```
mysql> #选择数据库#
mysql> USE company;
Database changed
mysql>
```

图 10.68　选择数据库 company

（2）执行 SQL 语句 LIMIT，实现第一次操作，即从第一条记录开始显示，共显示 5 条记录，具体 SQL 语句如下：

```
SELECT *
    FROM t_employee
    WHERE comm is NULL
    ORDER BY hiredate LIMIT 0,5;
```

【代码说明】在上述语句中，设置查询数据条件为“comm is NULL”，最后通过关键字 LIMIT 设置显示数据记录数目为 5，从第 1 条记录开始。

【运行效果】执行上面的 SQL 语句，其结果如图 10.69 所示。

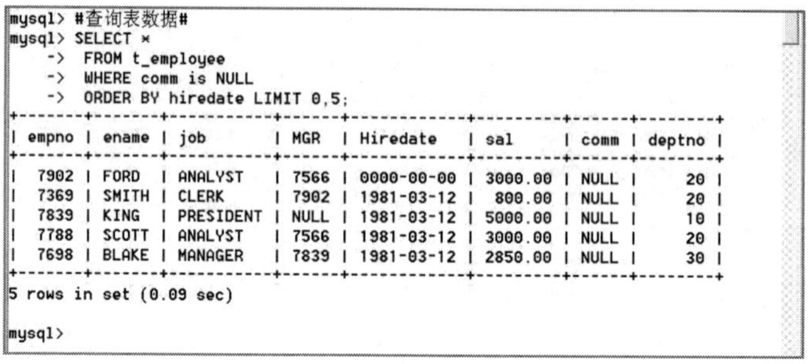

```
mysql> #查询表数据#
mysql> SELECT *
    -> FROM t_employee
    -> WHERE comm is NULL
    -> ORDER BY hiredate LIMIT 0,5;
+-------+-------+-----------+------+------------+---------+------+--------+
| empno | ename | job       | MGR  | Hiredate   | sal     | comm | deptno |
+-------+-------+-----------+------+------------+---------+------+--------+
|  7902 | FORD  | ANALYST   | 7566 | 0000-00-00 | 3000.00 | NULL |     20 |
|  7369 | SMITH | CLERK     | 7902 | 1981-03-12 |  800.00 | NULL |     20 |
|  7839 | KING  | PRESIDENT | NULL | 1981-03-12 | 5000.00 | NULL |     10 |
|  7788 | SCOTT | ANALYST   | 7566 | 1981-03-12 | 3000.00 | NULL |     20 |
|  7698 | BLAKE | MANAGER   | 7839 | 1981-03-12 | 2850.00 | NULL |     30 |
+-------+-------+-----------+------+------------+---------+------+--------+
5 rows in set (0.09 sec)

mysql>
```

图 10.69　查询表数据

执行结果显示，数据库 company 的表 t_employee 中，首先按照字段 hiredate 值从早到晚进行排序，然后只显示查询结果的前 5 条数据记录。

（3）在 MySQL 软件中，由于关键字 LIMIT 中参数 OFFSET_START 的值默认为 0，所以上述 SQL 语句可以修改如下：

```
SELECT *
    FROM t_employee
    WHERE comm is NULL
    ORDER BY hiredate LIMIT 5;
```

【代码说明】在上述语句中，设置查询数据条件为“comm is NULL”，最后通过关键字 LIMIT

设置显示数据记录数目为 5，从默认第 1 条记录开始。

【运行效果】执行上面的 SQL 语句，其结果如图 10.70 所示。

```
mysql> #查询表数据#
mysql> SELECT *
    -> FROM t_employee
    -> WHERE comm is NULL
    -> ORDER BY hiredate LIMIT 5;
+-------+-------+-----------+------+------------+---------+------+--------+
| empno | ename | job       | MGR  | Hiredate   | sal     | comm | deptno |
+-------+-------+-----------+------+------------+---------+------+--------+
|  7902 | FORD  | ANALYST   | 7566 | 0000-00-00 | 3000.00 | NULL |     20 |
|  7369 | SMITH | CLERK     | 7902 | 1981-03-12 |  800.00 | NULL |     20 |
|  7839 | KING  | PRESIDENT | NULL | 1981-03-12 | 5000.00 | NULL |     10 |
|  7788 | SCOTT | ANALYST   | 7566 | 1981-03-12 | 3000.00 | NULL |     20 |
|  7698 | BLAKE | MANAGER   | 7839 | 1981-03-12 | 2850.00 | NULL |     30 |
+-------+-------+-----------+------+------------+---------+------+--------+
5 rows in set (0.00 sec)

mysql>
```

图 10.70　查询表数据

执行结果显示，上述两段 SQL 语句的显示结果相同。

（4）执行 SQL 语句 LIMIT，实现第二次操作，即从第 6 条记录开始显示，共显示 5 条记录，具体 SQL 语句如下：

```
SELECT *
    FROM t_employee
    WHERE comm is NULL
    ORDER BY hiredate LIMIT 5,5;
```

【代码说明】在上述语句中，设置查询数据条件为“comm is NULL”，最后通过关键字 LIMIT 设置显示数据记录数目为 5，从第 6 条记录开始。

【运行效果】执行上面的 SQL 语句，其结果如图 10.71 所示。

```
mysql> #查询表数据#
mysql> SELECT *
    -> FROM t_employee
    -> WHERE comm is NULL
    -> ORDER BY hiredate LIMIT 5,5;
+-------+--------+---------+------+------------+---------+------+--------+
| empno | ename  | job     | MGR  | Hiredate   | sal     | comm | deptno |
+-------+--------+---------+------+------------+---------+------+--------+
|  7566 | JONES  | MANAGER | 7839 | 1981-03-12 | 2975.00 | NULL |     20 |
|  7934 | MILLER | CLERK   | 7782 | 1981-03-12 | 1300.00 | NULL |     10 |
|  7782 | CLARK  | MANAGER | 7839 | 1985-03-12 | 2450.00 | NULL |     10 |
|  7900 | JAMES  | CLERK   | 7698 | 1997-03-12 |  950.00 | NULL |     30 |
|  7876 | ADAMS  | CLERK   | 7788 | 1998-03-12 | 1100.00 | NULL |     20 |
+-------+--------+---------+------+------------+---------+------+--------+
5 rows in set (0.02 sec)

mysql>
```

图 10.71　查询表数据

执行结果显示，数据库 company 的表 t_employee 中，首先对查询结果根据字段 hiredate 进行从早到晚排序，然后从第 6 条记录开始显示，共显示了 5 条记录。

10.5　统计函数和分组数据记录查询

在 MySQL 软件中，很多情况下都需要进行一些统计汇总操作，比如，统计整个公司的人数或者统计整个部门的人数，这时候就会用到该软件所支持的统计函数，它们分别为：

- COUNT()函数：该统计函数实现统计表中记录的条数。

- AVG()函数：该统计函数实现计算字段值的平均值。
- SUM()函数：该统计函数实现计算字段值的总和。
- MAX()函数：该统计函数实现查询字段值的最大值。
- MIN()函数：该统计函数实现查询字段值的最小值。

在具体应用中，统计函数经常与分组一起使用。在具体讲解分组之前，先了解什么情况下才能分组，例如以下需求。

- 对于公司里的所有雇员，首先分成两组：男性和女性，然后分别统计各组中的人数，即统计男雇员和女雇员的数量。
- 对于公司里的所有雇员，首先分成两组：18 岁以下和 18 岁以上，然后分别统计各组中的人数，即统计小于 18 岁雇员和大于 18 岁雇员的数量。
- 对于公司里的所有雇员，首先分成两组：东北地区和西北地区，然后分别统计各组中的人数，即统计东北地区雇员和西北地区雇员的数量。

上述要求之所以能够分组，是因为表中关于这些字段上的值会存在重复的内容，例如，按照性别分组时，字段性别的值肯定要有重复（男和女）；按照年龄分组，字段年龄的值肯定在一定数值范围内有重复（小于 18 和大于 18），例如，按照地区分组，字段地区的值肯定也会有重复。根据上述内容，可以发现当数据值有重复才可以进行分组。

注意：虽然数据值没有重复也可以进行分组，但是不建议使用，因为一条数据记录也可以分成一组，但是没有任何实际意义。

10.5.1 MySQL 支持的统计函数

在 MySQL 软件中，为了实现统计功能专门提供了 5 个统计函数，查看帮助文档可以发现，利用统计函数的查询语法形式如下：

```
SELECT function(field)
    FROM table_name
        WHERE CONDITION
```

在上述语句中利用统计函数 function 来统计关于字段 field 的值。

1. 统计数据记录条数

统计函数 COUNT()用来实现统计数据记录条数，可以用来确定表中记录的条数或符合特定条件的记录的条数。可以通过以下两种方式来实现该统计函数。

- COUNT(*)使用方式：这种方式可以实现对表中记录进行统计，不管表字段中包含的是 NULL 值还是非 NULL 值。
- COUNT(field)使用方式：这种方式可以实现对指定字段的记录进行统计，在具体统计时将忽略 NULL 值。

下面通过一个具体的实例来说明统计函数 COUNT()的使用方法。

【实例 10-25】执行 SQL 语句 SELECT，在数据库 company 的雇员表（t_employee）中，统计雇员人数。具体步骤如下：

（1）执行 SQL 语句 USE，选择数据库 company，具体 SQL 语句如下：

```
USE company;
```

【运行效果】执行上面的 SQL 语句，其结果如图 10.72 所示。

（2）利用统计函数 COUNT()对雇员记录进行统计，具体 SQL 语句如下：

```
SELECT COUNT(*) number
    FROM t_employee;
```

【代码说明】在上述语句中，通过统计函数 COUNT()获取雇员的人数。

【运行效果】执行上面的 SQL 语句，其结果如图 10.73 所示。

```
mysql> #选择数据库#
mysql> USE company;
Database changed
mysql>
```

图 10.72　选择数据库 company

```
mysql> #统计雇员人数#
mysql> SELECT COUNT(*) number
    -> FROM t_employee;
+--------+
| number |
+--------+
|     14 |
+--------+
1 row in set (0.00 sec)

mysql> _
```

图 10.73　统计雇员人数

执行结果显示，数据库 company 的表 t_employee 中一共有 14 条记录，即表示有 14 个雇员。

（3）在具体使用统计函数 COUNT()时，除了可以操作符号“*”外，而且还可以操作相应字段。例如，如果想实现统计领奖金的雇员人数，可通过如下 SQL 语句来实现：

```
SELECT COUNT(comm) number
    FROM t_employee;
```

【代码说明】在上述语句中，设置统计函数 COUNT()的参数为字段 com，统计领取奖金的雇员人数。

【运行效果】执行上面的 SQL 语句，其结果如图 10.74 所示。

执行结果显示，数据库 company 的表 t_employee 中字段 comm 的值除了 NULL 外，只有 4 条记录有值，分别为 300.00、500.00、1 400.00 和 0.00。虽然 COUNT(comm)在具体运行时，忽略了值为 NULL 的数据记录，但是却没有忽略值为 0 的数据记录，不符合实际需求。

（4）为了实现统计领奖金的雇员人数，需要统计特定条件的记录的条数，具体 SQL 语句如下：

```
SELECT COUNT(comm) number
    FROM t_employee
    WHERE NOT comm=0;
```

【代码说明】在上述语句中，由于奖金数（字段 comm）有的值为 0，也算是没有领取奖金，所以设置查询条件为“NOT comm=0”。

【运行效果】执行上面的 SQL 语句，其结果如图 10.75 所示。

```
mysql> #统计领取奖金人数#
mysql> SELECT COUNT(comm) number
    -> FROM t_employee;
+--------+
| number |
+--------+
|      4 |
+--------+
1 row in set (0.00 sec)

mysql>
```

图 10.74　查询表数据

```
mysql> #统计领取奖金人数#
mysql> SELECT COUNT(comm) number
    -> FROM t_employee
    -> WHERE NOT comm=0;
+--------+
| number |
+--------+
|      3 |
+--------+
1 row in set (0.00 sec)

mysql> _
```

图 10.75　查询表数据

执行结果显示，数据库 company 的表 t_employee 中领取奖金的人数为 3，领取奖金数分别为 300.00、500.00 和 1 400.00。

2. 统计计算平均值

统计函数 AVG()首先用来实现统计计算特定字段值之和，然后求得该字段的平均值。该函数可以用来计算指定字段的平均值或符合特定条件的指定字段的平均值，与 COUNT()统计函数相比，该统计函数只有一种使用方式：

AVG(field)使用方式：该种方式可以实现对指定字段的平均值进行计算，在具体统计时将忽略 NULL 值。

下面通过一个具体的实例来说明统计函数 AVG()的使用方法。

【实例 10-26】执行 SQL 语句 SELECT，在数据库 company 的雇员表（t_employee）中，计算领取奖金雇员的平均奖金数。具体步骤如下：

（1）执行 SQL 语句 USE，选择数据库 company，具体 SQL 语句如下：

```
USE company;
```

【运行效果】执行上面的 SQL 语句，其结果如图 10.76 所示。

（2）利用统计函数 AVG()计算雇员领取奖金的平均值，具体 SQL 语句如下：

```
SELECT AVG(comm) average
    FROM t_employee;
```

【代码说明】在上述语句中，通过统计函数 AVG()获取雇员领取奖金的平均值。

【运行效果】执行上面的 SQL 语句，其结果如图 10.77 所示。

```
mysql> #选择数据库#
mysql> USE company;
Database changed
mysql>
```

图 10.76　选择数据库 company

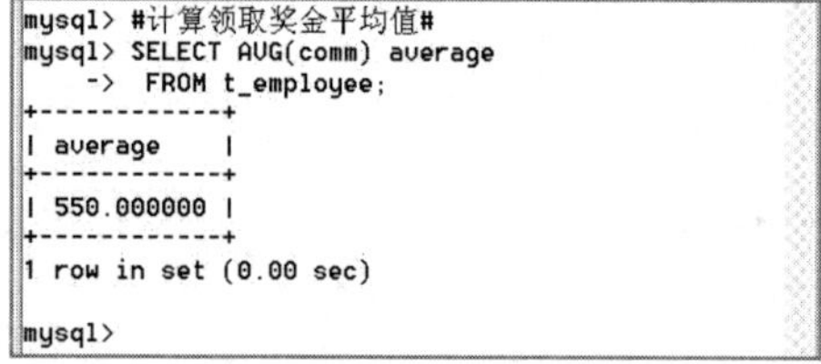
```
mysql> #计算领取奖金平均值#
mysql> SELECT AVG(comm) average
    -> FROM t_employee;
+------------+
| average    |
+------------+
| 550.000000 |
+------------+
1 row in set (0.00 sec)

mysql>
```

图 10.77　查询表数据

执行结果显示，获取到的平均值为 550。数据库 company 的表 t_employee 中字段 comm 的值除了 NULL 外，只有 4 条记录有值，分别为 300.00、500.00、1 400.00 和 0.00。虽然 COUNT(comm)在具体运行时，忽略了值为 NULL 的数据记录，但是却没有忽略值为 0 的数据记录，不符合实际需求。

（3）为了计算关于奖金的平均值，需要计算特定条件记录的奖金平均值，具体 SQL 语句如下：

```
SELECT AVG(comm) average
    FROM t_employee
    WHERE NOT comm=0;
```

【代码说明】在上述语句中，由于奖金数（字段 comm）有的值为 0，也算是没有领取奖金，所以设置查询条件为“NOT comm=0”。

【运行效果】执行上面的 SQL 语句，其结果如图 10.78 所示。

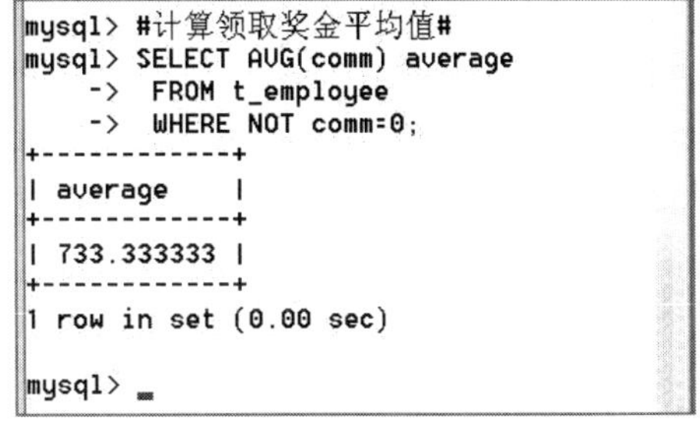
```
mysql> #计算领取奖金平均值#
mysql> SELECT AVG(comm) average
    ->   FROM t_employee
    ->   WHERE NOT comm=0;
+------------+
| average    |
+------------+
| 733.333333 |
+------------+
1 row in set (0.00 sec)

mysql>
```

图 10.78　查询表数据记录

执行结果显示，数据库 company 的表 t_employee 中领取奖金的人数为 3，领取奖金数分别为 300.00、500.00、1 400.00，因此平均值为 733.333333。

3．统计计算求和

统计函数 SUM()用来实现统计数据计算求和，该函数可以用来计算指定字段值之和或符合特定条件的指定字段值之和，与 COUNT()统计函数相比，该统计函数也只有一种使用方式：

SUM(field)使用方式：该种方式可以实现计算指定字段值之和，在具体统计时将忽略 NULL 值。

下面通过一个具体的实例来说明统计函数 SUM()的使用方法。

【实例 10-27】执行 SQL 语句 SELECT，在数据库 company 的雇员表（t_employee）中，计算雇员的工资（字段 sal）总和。具体步骤如下：

（1）执行 SQL 语句 USE，选择数据库 company，具体 SQL 语句如下：

```
USE company;
```

【运行效果】执行上面的 SQL 语句，其结果如图 10.79 所示。

（2）利用统计函数 SUM()计算雇员领取工资的总和，具体 SQL 语句如下：

```
SELECT SUM(sal) sumvalue
    FROM t_employee;
```

【代码说明】在上述语句中，通过指定统计函数 SUM()的参数为 sal 获取雇员领取工资的总和。

【运行效果】执行上面的 SQL 语句，其结果如图 10.80 所示。

```
mysql> #选择数据库#
mysql> USE company;
Database changed
mysql>
```

图 10.79　选择数据库 company

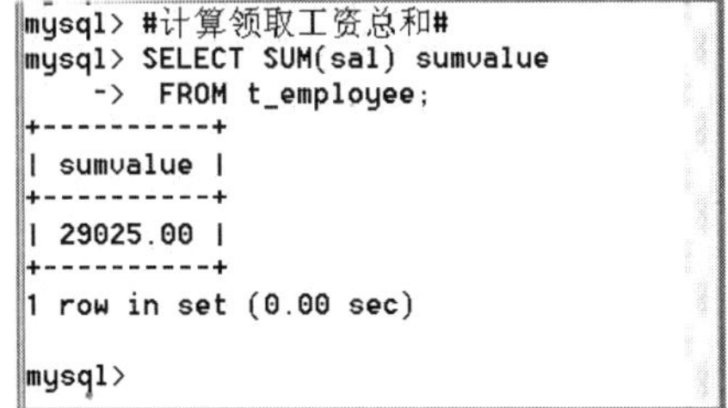
```
mysql> #计算领取工资总和#
mysql> SELECT SUM(sal) sumvalue
    ->   FROM t_employee;
+----------+
| sumvalue |
+----------+
| 29025.00 |
+----------+
1 row in set (0.00 sec)

mysql>
```

图 10.80　查询表数据

执行结果显示，领取工资总和为 29 025。数据库 company 的表 t_employee 中一共有 14 条记录，关于字段 sal 的每一条记录的值都算入总和。

（3）在具体运行 SUM()统计函数时，会忽略 NULL 值，因此也可以统计雇员领取奖金总和，具体 SQL 语句如下：

```
SELECT SUM(comm) sumvalue
    FROM t_employee;
```

【代码说明】在上述语句中，通过指定统计函数 SUM()的参数为 comm 获取雇员领取奖金的总和。

【运行效果】执行上面的 SQL 语句，其结果如图 10.81 所示。

执行结果显示，计算到的总和为 2 200.00。数据库 company 的表 t_employee 中字段 comm 的值除了 NULL 外，只有 4 条记录有值，分别为 300.00、500.00、1 400.00 和 0.00。虽然 SUM(comm)在具体运行时，忽略了值为 NULL 的数据记录，但是却没有忽略值为 0 的数据记录，虽然运行结果没有错，但是具体运行过程不符合实际需求。

（4）为了计算领取奖金的总和，需要计算特定条件记录的奖金总和，具体 SQL 语句如下：

```
SELECT SUM(comm) sumvalue
    FROM t_employee
    WHERE NOT comm=0;
```

【代码说明】在上述语句中，由于奖金数（字段 comm）有的为 0 值，也算是没有领取奖金，所以设置查询条件为“NOT comm=0”。

【运行效果】执行上面的 SQL 语句，其结果如图 10.82 所示。

```
mysql> #统计奖金总和#
mysql> SELECT SUM(comm) sumvalue
    -> FROM t_employee;
+-----------+
| sumvalue |
+-----------+
|  2200.00 |
+-----------+
1 row in set (0.01 sec)

mysql> _
```

图 10.81　查询表数据

图 10.82　查询表数据记录

执行结果显示，数据库 company 的表 t_employee 中领取奖金的人数为 3，领取奖金数分别为 300.00、500.00、1 400.00，因此总和为 2 200.00。

4．统计计算最大值和最小值

统计函数 MAX()和 MIN()用来实现统计数据计算求最大值和最小值，这些函数可以用来计算指定字段值中的最大值和最小值或符合特定条件的指定字段值中的最大值和最小值，与 COUNT()统计函数相比，这些统计函数也只有一种使用方式。

MAX(field)使用方式：这种方式可以实现计算指定字段值中的最大值，在具体统计时将忽略 NULL 值。

MIN(field)使用方式：这种方式可以实现计算指定字段值中的最小值，在具体统计时将忽略 NULL 值。

下面通过一个具体的实例来说明统计函数 MAX()和 MIN()的使用方法。

【实例 10-28】执行 SQL 语句 SELECT，在数据库 company 的雇员表（t_employee）中，计算雇员领取工资（字段 sal）的最大值和最小值。具体步骤如下：

（1）执行 SQL 语句 USE，选择数据库 company，具体 SQL 语句如下：

```
USE company;
```

【运行效果】执行上面的 SQL 语句，其结果如图 10.83 所示。

```
mysql> #选择数据库#
mysql> USE company;
Database changed
mysql>
```

图 10.83　选择数据库 company

（2）利用统计函数 MAX()和 MIN()获取雇员领取工资的最大值和最小值，具体 SQL 语句如下：

```
SELECT MAX(sal) maxval,MIN(sal) minval
    FROM t_employee;
```

【代码说明】在上述语句中，通过统计函数 MAX()获取雇员领取工资的最大值，通过统计函数 MIN()获取雇员领取工资的最小值。

【运行效果】执行上面的 SQL 语句，其结果如图 10.84 所示。

执行结果显示，领取工资中最多的值为 5 000.00，领取工资中最少的值为 800.00。数据库 company 的表 t_employee 中一共有 14 条记录，关于字段 sal 的每一条记录都会被统一。

（3）在具体运行 MAX()和 MIN()统计函数时，会忽略 NULL 值，因此也可以统计雇员领取奖金的最大值和最小值，具体 SQL 语句如下：

```
SELECT MAX(comm) maxval,MIN(comm) minval
    FROM t_employee;
```

【代码说明】在上述语句中，通过统计函数 MAX()获取雇员领取奖金的最大值，通过统计函数 MIN()获取雇员领取奖金的最小值。

【运行效果】执行上面的 SQL 语句，其结果如图 10.85 所示。

```
mysql> #统计最大值和最小值#
mysql> SELECT MAX(sal) maxval,MIN(sal) minval
    -> FROM t_employee;
+---------+--------+
| maxval  | minval |
+---------+--------+
| 5000.00 | 800.00 |
+---------+--------+
1 row in set (0.00 sec)

mysql>
```

图 10.84　查询表数据

```
mysql> #统计最大值和最小值#
mysql> SELECT MAX(comm) maxval,MIN(comm) minval
    -> FROM t_employee;
+---------+--------+
| maxval  | minval |
+---------+--------+
| 1400.00 |   0.00 |
+---------+--------+
1 row in set (0.00 sec)

mysql>
```

图 10.85　查询表数据

执行结果显示，计算到的领取奖金最多值为 1 400.00，领取奖金最少值为 0.00。数据库 company 的表 t_employee 中字段 comm 的值除了 NULL 外，只有 4 条记录有值，分别为 300.00、500.00、1 400.00 和 0.00。即 MAX()和 MIN()统计函数在具体运行过程中，忽略了值为 NULL 的数据记录。但是却没有忽略值为 0 的数据记录，虽然运行结果没有错，但是具体运行过程不符合实际需求。

（4）当在计算领取奖金的最大值和最小值时，值为 0 的不参与运行，这时就需要计算特定条件记录的最大值和最小值，具体 SQL 语句如下：

```
SELECT MAX(comm) maxval,MIN(comm) minval
    FROM t_employee
    WHERE NOT comm=0;
```

【代码说明】在上述语句中，由于奖金数（字段 comm）有的值为 0，也算是没有领取奖金，所以设置查询条件为“NOT comm=0”。

【运行效果】执行上面的 SQL 语句，其结果如图 10.86 所示。

```
mysql> #统计最大值和最小值#
mysql> SELECT MAX(comm) maxval,MIN(comm) minval
    -> FROM t_employee
    -> WHERE NOT comm=0;
+---------+--------+
| maxval  | minval |
+---------+--------+
| 1400.00 | 300.00 |
+---------+--------+
1 row in set (0.00 sec)

mysql>
```

图 10.86　查询表数据

执行结果显示，数据库 company 的表 t_employee 中领取奖金的人数其实为 3 个，领取奖金数分别为 300.00、500.00、1 400.00，因此最大值为 1 400.00，最小值为 300.00。

10.5.2　关于统计函数注意点

对于 MySQL 软件所支持的统计函数，如果所操作的表中没有任何数据记录，则 COUNT()函数返回数据 0，而其他函数则返回 NULL。

【实例 10-29】 执行 SQL 语句 SELECT，在数据库 company 的雇员表（t_employee）中，按照部门号（字段 deptno）对所有雇员进行分组。具体步骤如下：

（1）执行 SQL 语句 USE，选择数据库 company，具体 SQL 语句如下：

```
USE company;
```

【运行效果】执行上面的 SQL 语句，其结果如图 10.87 所示。

```
mysql> #选择数据库#
mysql> USE company;
Database changed
mysql>
```

图 10.87　选择数据库 company

（2）执行相应 SQL 语句，显示表 t_dept 的结构和该表的数据记录，具体 SQL 语句如下：

```
DESC t_dept;
SELECT *
    FROM t_dept;
```

【运行效果】执行上面的 SQL 语句，其结果如图 10.88 和图 10.89 所示。

```
mysql> #显示表结构#
mysql> DESC t_dept;
+--------+-------------+------+-----+---------+-------+
| Field  | Type        | Null | Key | Default | Extra |
+--------+-------------+------+-----+---------+-------+
| deptno | int(11)     | YES  |     | NULL    |       |
| dname  | varchar(20) | YES  |     | NULL    |       |
| loc    | varchar(40) | YES  |     | NULL    |       |
+--------+-------------+------+-----+---------+-------+
3 rows in set (0.09 sec)

mysql>
```

图 10.88　查询表数据

图 10.89　查询表数据记录

执行结果显示表 t_dept 中没有任何数据记录。

（3）利用统计函数 COUNT()统计部门数，具体 SQL 语句如下：

```
SELECT COUNT(deptno) number
    FROM t_dept;
```

【运行效果】执行上面的 SQL 语句，其结果如图 10.90 所示。

由于表 t_dept 中没有任何数据记录，所以执行结果显示的值为 0。

（4）利用统计函数 AVG()、SUM()、MAX()、MIN()统计部门数据记录，具体 SQL 语句如下：

```
SELECT AVG(deptno) average,SUM(deptno) summer,MAX(deptno) maxval,MIN(deptno)
minval
    FROM t_dept;
```

【运行效果】执行上面的 SQL 语句，其结果如图 10.91 所示。

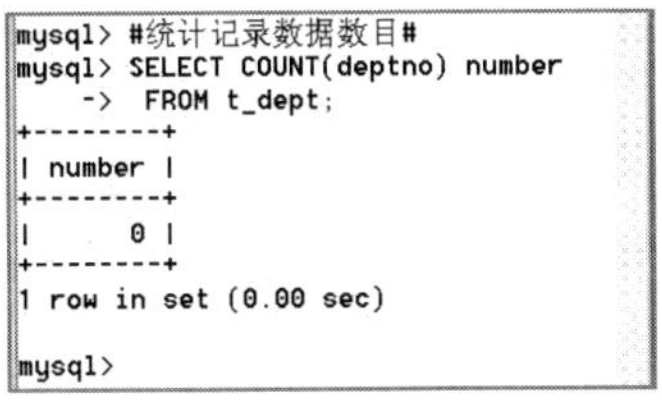

```
mysql> #统计记录数据数目#
mysql> SELECT COUNT(deptno) number
    -> FROM t_dept;
+--------+
| number |
+--------+
|      0 |
+--------+
1 row in set (0.00 sec)

mysql>
```

图 10.90　查询表数据

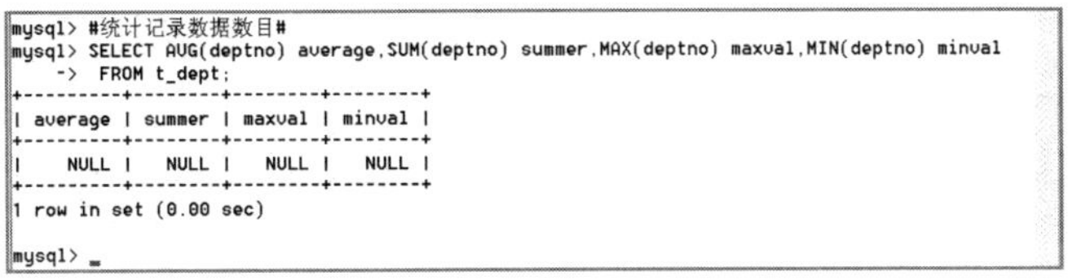

```
mysql> #统计记录数据数目#
mysql> SELECT AVG(deptno) average,SUM(deptno) summer,MAX(deptno) maxval,MIN(deptno) minval
    -> FROM t_dept;
+---------+--------+--------+--------+
| average | summer | maxval | minval |
+---------+--------+--------+--------+
|    NULL |   NULL |   NULL |   NULL |
+---------+--------+--------+--------+
1 row in set (0.00 sec)

mysql> _
```

图 10.91　查询表数据记录

由于表 t_dept 中没有任何数据记录，所以执行结果显示的值为 NULL。

10.5.3　分组数据查询——简单分组查询

MySQL 软件提供了 5 个统计函数来帮助用户统计数据，使用户很方便地实现对记录进行统计数、计算和、计算平均数、计算最大值和计算最小值，而不需要查询所有数据。

在具体使用统计函数时，都是针对表中所有记录数或指定特定条件（WHERE 子句）的数据记录进行统计计算。但是在现实应用中，经常会把所有数据记录进行分组，然后再对这些分组后的数据记录进行统计计算。

查看帮助文档发现，在 MySQL 软件中分组通过 SQL 语句 GROUP BY 来实现，分组数据查询语法形式如下：

```
SELECT function()
    FROM table_name
        WHERE CONDITION
        GROUP BY field;
```

在上述语句中，通过参数 field 对数据记录进行分组。

注意：在具体进行分组查询时，分组所依据的字段上的值一定要具有重复值，否则将没有任何实际意义。

下面通过一个具体的实例来演示关键字 GROUP BY 的使用方法。

【实例 10-30】执行 SQL 语句 SELECT，在数据库 company 的雇员表（t_employee）中，按照部门号（字段 deptno）对所有雇员进行分组。具体步骤如下：

（1）执行 SQL 语句 USE，选择数据库 company，具体 SQL 语句如下：

```
USE company;
```

【运行效果】执行上面的 SQL 语句，其结果如图 10.92 所示。

（2）执行 SQL 语句 GROUP BY，对所有数据记录进行分组，具体 SQL 语句如下：

```
SELECT *
    FROM t_employee
    GROUP BY deptno;
```

【代码说明】在上述语句中，设置关键字 GROUP BY 的字段为 deptno，即表示通过字段 deptno 的值进行分组。

【运行效果】执行上面的 SQL 语句，其结果如图 10.93 所示。

```
mysql> #选择数据库#
mysql> USE company;
Database changed
mysql>
```

图 10.92　选择数据库 company

```
mysql> #简单分组#
mysql> SELECT *
    -> FROM t_employee
    -> GROUP BY deptno;
+-------+-------+----------+------+------------+---------+--------+--------+
| empno | ename | job      | MGR  | Hiredate   | sal     | comm   | deptno |
+-------+-------+----------+------+------------+---------+--------+--------+
|  7782 | CLARK | MANAGER  | 7839 | 1985-03-12 | 2450.00 |   NULL |     10 |
|  7369 | SMITH | CLERK    | 7902 | 1981-03-12 |  800.00 |   NULL |     20 |
|  7499 | ALLEN | SALESMAN | 7698 | 1982-03-12 | 1600.00 | 300.00 |     30 |
+-------+-------+----------+------+------------+---------+--------+--------+
3 rows in set (0.09 sec)

mysql>
```

图 10.93　查询表数据

执行结果只显示了三条记录，由于数据库 company 的表 t_employee 中字段 deptno 的值分别为 10、20 和 30，所以首先将所有数据记录按照这三个值分成三组，然后再显示每组中的一条记录。

（3）在具体关键字 GROUP BY 时，如果所针对的字段没有重复值将会发生什么情况，按照雇员编号（字段 empno）分组的 SQL 语句如下：

```
SELECT *
    FROM t_employee
    GROUP BY empno;
```

【代码说明】在上述语句中，设置关键字 GROUP BY 的字段为 empno，但是在表 t_employee 中该字段的值没有任何重复值。

【运行效果】执行上面的 SQL 语句，其结果如图 10.94 所示。

```
mysql> #简单分组#
mysql> SELECT *
    -> FROM t_employee
    -> GROUP BY empno;
+-------+--------+-----------+------+------------+---------+---------+--------+
| empno | ename  | job       | MGR  | Hiredate   | sal     | comm    | deptno |
+-------+--------+-----------+------+------------+---------+---------+--------+
|  7369 | SMITH  | CLERK     | 7902 | 1981-03-12 |  800.00 |    NULL |     20 |
|  7499 | ALLEN  | SALESMAN  | 7698 | 1982-03-12 | 1600.00 |  300.00 |     30 |
|  7521 | WARD   | SALESMAN  | 7698 | 1983-03-12 | 1250.00 |  500.00 |     30 |
|  7566 | JONES  | MANAGER   | 7839 | 1981-03-12 | 2975.00 |    NULL |     20 |
|  7654 | MARTIN | SALESMAN  | 7698 | 1981-03-12 | 1250.00 | 1400.00 |     30 |
|  7698 | BLAKE  | MANAGER   | 7839 | 1981-03-12 | 2850.00 |    NULL |     30 |
|  7782 | CLARK  | MANAGER   | 7839 | 1985-03-12 | 2450.00 |    NULL |     10 |
|  7788 | SCOTT  | ANALYST   | 7566 | 1981-03-12 | 3000.00 |    NULL |     20 |
|  7839 | KING   | PRESIDENT | NULL | 1981-03-12 | 5000.00 |    NULL |     10 |
|  7844 | TURNER | SALESMAN  | 7698 | 1989-03-12 | 1500.00 |    0.00 |     30 |
|  7876 | ADAMS  | CLERK     | 7788 | 1998-03-12 | 1100.00 |    NULL |     20 |
|  7900 | JAMES  | CLERK     | 7698 | 1997-03-12 |  950.00 |    NULL |     30 |
|  7902 | FORD   | ANALYST   | 7566 | 0000-00-00 | 3000.00 |    NULL |     20 |
|  7934 | MILLER | CLERK     | 7782 | 1981-03-12 | 1300.00 |    NULL |     10 |
+-------+--------+-----------+------+------------+---------+---------+--------+
14 rows in set (0.00 sec)

mysql> _
```

图 10.94　查询表数据

执行结果会显示所有数据记录，由于数据库 company 的表 t_employee 中字段 empno 的值没有一个重复，所以首先将每一条记录分成一组，然后再显示每组中的一条记录。该分组查询与没有分组查询的查询结果一样，所以没有任何实际意义。

10.5.4　分组数据查询——实现统计功能分组查询

MySQL 软件如果只实现简单的分组查询，是没有任何实际意义的。因为关键字 GROUP BY 单独使用时，默认查询出每个分组中随机的一条记录，具有很大的不确定性。查询帮助文档后可以发现，分组关键字建议与统计函数一起使用。

如果想显示每个分组中的字段，可以通过函数 GROUP_CONCAT()来实现，该函数可以实现显示每个分组中的指定字段值，函数的具体语法形式如下：

```
SELECT GROUP_CONCAT(field)
    FROM table_name
        WHERE CONDITION
        GROUP BY field;
```

在上述语句中会显示出每个数组中的字段值。

下面将通过一个具体的实例来说明函数 GROUP_CONCAT()和统计函数的使用方法。

【实例 10-31】执行 SQL 语句 SELECT，在数据库 company 的雇员表（t_employee）中，按照部门号（字段 deptno）对所有雇员进行分组，同时显示出每组中的雇员名（字段 ename）和每组中雇员的个数。具体步骤如下：

（1）执行 SQL 语句 USE，选择数据库 company，具体 SQL 语句如下：

```
USE company;
```

【运行效果】执行上面的 SQL 语句，其结果如图 10.95 所示。

（2）执行 SQL 语句 GROUP_CONCAT()，显示每个分组中所指定的字段值，具体 SQL 语句如下：

```
SELECT deptno,GROUP_CONCAT(ename) enames
    FROM t_employee
    GROUP BY deptno;
```

【代码说明】在上述语句中，设置关键字 GROUP BY 的字段为 deptno，同时通过函数 GROUP_CONCAT()获取每组中所指定参数的记录元素。

【运行效果】执行上面的 SQL 语句，其结果如图 10.96 所示。

```
mysql> #选择数据库#
mysql> USE company;
Database changed
mysql>
```

图 10.95　选择数据库 company

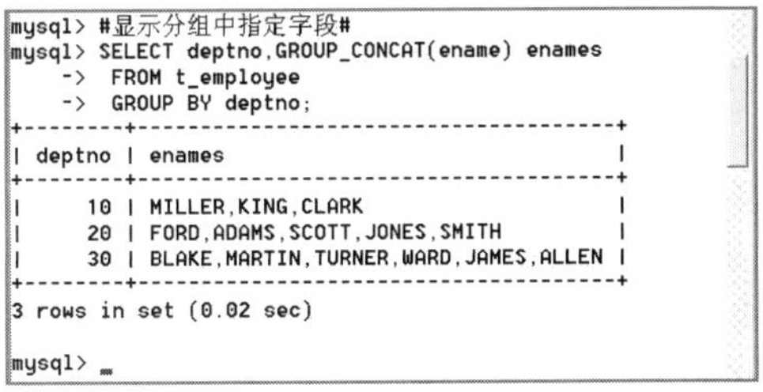

```
mysql> #显示分组中指定字段#
mysql> SELECT deptno,GROUP_CONCAT(ename) enames
    ->  FROM t_employee
    ->  GROUP BY deptno;
+--------+---------------------------------------+
| deptno | enames                                |
+--------+---------------------------------------+
|     10 | MILLER,KING,CLARK                     |
|     20 | FORD,ADAMS,SCOTT,JONES,SMITH          |
|     30 | BLAKE,MARTIN,TURNER,WARD,JAMES,ALLEN  |
+--------+---------------------------------------+
3 rows in set (0.02 sec)

mysql> _
```

图 10.96　查询表数据

执行结果分为三组，字段 deptno 取值为 10、20、30 记录各为一组。同时通过函数 GROUP_CONCAT()显示出每组中的雇员名字（字段 ename）。

（3）执行统计函数 COUNT()，显示每个分组中雇员的个数，具体 SQL 语句如下：

```
SELECT deptno,GROUP_CONCAT(ename) enames,COUNT(ename) number
    FROM t_employee
    GROUP BY deptno;
```

【代码说明】在上述语句中，设置关键字 GROUP BY 的字段为 deptno，通过统计函数 COUNT()统计每组中的记录数。

【运行效果】执行上面的 SQL 语句，其结果如图 10.97 所示。

```
mysql> #显示分组中指定字段和个数#
mysql> SELECT deptno,GROUP_CONCAT(ename) enames,COUNT(ename) number
    -> FROM t_employee
    -> GROUP BY deptno;
+--------+--------------------------------------+--------+
| deptno | enames                               | number |
+--------+--------------------------------------+--------+
|     10 | MILLER,KING,CLARK                    |      3 |
|     20 | FORD,ADAMS,SCOTT,JONES,SMITH         |      5 |
|     30 | BLAKE,MARTIN,TURNER,WARD,JAMES,ALLEN |      6 |
+--------+--------------------------------------+--------+
3 rows in set (0.00 sec)

mysql>
```

图 10.97　查询表数据

执行结果分为三组，同时通过统计函数 COUNT()统计每组中雇员（字段 ename）的人数。

10.5.5　分组数据查询——实现多个字段分组查询

在 MySQL 软件中使用关键字 GROUP BY 时，其子句除了可以是一个字段外，还可以是多个字段，即可以按多个字段进行分组。多字段分组数据查询语法形式如下：

```
SELECT GROUP_CONCAT(field),function(field)
    FROM table_name
        WHERE CONDITION
        GROUP BY field1,field2,……fileldn;
```

在上述语句中，首先会按照字段 field1 进行分组，然后针对每组按照字段 field2 进行分组，依此类推。

下面通过一个具体的实例来说明多字段分组的使用方法。

【实例 10-32】执行 SQL 语句 SELECT，在数据库 company 的雇员表（t_employee）中，首先按照部门号（字段 deptno）对所有雇员进行分组，然后按照雇佣日期（字段 hiredate）对每组进行分组，同时显示出每组中的雇员名（字段 ename）和个数。具体步骤如下：

（1）执行 SQL 语句 USE，选择数据库 company，具体 SQL 语句如下：

```
USE company;
```

【运行效果】执行上面的 SQL 语句，其结果如图 10.98 所示。

（2）执行 SQL 语句 GROUP BY，按照字段 deptno 进行分组，具体 SQL 语句如下：

```
SELECT deptno
    FROM t_employee
    GROUP BY deptno;
```

【代码说明】在上述语句中，设置关键字 GROUP BY 的字段为 deptno，即通过部门编号进行分组。

【运行效果】执行上面的 SQL 语句，其结果如图 10.99 所示。

```
mysql> #选择数据库#
mysql> USE company;
Database changed
mysql>
```

图 10.98　选择数据库 company

```
mysql> #进行分组查询#
mysql> SELECT deptno
    ->  FROM t_employee
    ->  GROUP BY deptno;
+--------+
| deptno |
+--------+
|     10 |
|     20 |
|     30 |
+--------+
3 rows in set (0.00 sec)

mysql> _
```

图 10.99　查询表数据

执行结果分为三组，字段 deptno 取值为 10、20、30 的记录各为一组。

（3）执行 SQL 语句 GROUP BY，按照字段 deptno 和 hiredate 进行分组，具体 SQL 语句如下：

```
SELECT deptno,hiredate
    FROM t_employee
    GROUP BY deptno,hiredate;
```

【代码说明】在上述语句中，不仅设置关键字 GROUP BY 的字段为 deptno，同时还增加了一个字段 hiredate。

【运行效果】执行上面的 SQL 语句，其结果如图 10.100 所示。

```
mysql> #进行分组查询#
mysql> SELECT deptno,hiredate
    ->  FROM t_employee
    ->  GROUP BY deptno,hiredate;
+--------+------------+
| deptno | hiredate   |
+--------+------------+
|     10 | 1981-03-12 |
|     10 | 1985-03-12 |
|     20 | 0000-00-00 |
|     20 | 1981-03-12 |
|     20 | 1998-03-12 |
|     30 | 1981-03-12 |
|     30 | 1982-03-12 |
|     30 | 1983-03-12 |
|     30 | 1989-03-12 |
|     30 | 1997-03-12 |
+--------+------------+
10 rows in set (0.00 sec)

mysql>
```

图 10.100　查询表数据

执行结果首先按照字段 deptno 分为三组，字段 deptno 取值为 10、20、30 的记录各为一组。然后针对每组按照字段 hiredate 进行分组，即第一组分成两组，第二组分成三组，第三组分成五组。

（4）执行 SQL 语句 GROUP_CONCAT()和统计函数 COUNT()，显示每个分组中雇员名称和雇员个数，具体 SQL 语句如下：

```
SELECT deptno,hiredate,GROUP_CONCAT(ename) enames,COUNT(ename)
    FROM t_employee
    GROUP BY deptno,hiredate;
```

【代码说明】 在上述语句中，不仅通过函数 GROUP_CONCAT()获取每组中的记录元素，而且还通过统计函数 COUNT()统计每组中的记录数。

【运行效果】 执行上面的 SQL 语句，其结果如图 10.101 所示。

```
mysql> #进行分组查询#
mysql> SELECT deptno,hiredate,GROUP_CONCAT(ename) enames,COUNT(ename)
    -> FROM t_employee
    -> GROUP BY deptno,hiredate;
+--------+------------+--------------------+--------------+
| deptno | hiredate   | enames             | COUNT(ename) |
+--------+------------+--------------------+--------------+
|     10 | 1981-03-12 | MILLER,KING        |            2 |
|     10 | 1985-03-12 | CLARK              |            1 |
|     20 | 0000-00-00 | FORD               |            1 |
|     20 | 1981-03-12 | SCOTT,JONES,SMITH  |            3 |
|     20 | 1998-03-12 | ADAMS              |            1 |
|     30 | 1981-03-12 | BLAKE,MARTIN       |            2 |
|     30 | 1982-03-12 | ALLEN              |            1 |
|     30 | 1983-03-12 | WARD               |            1 |
|     30 | 1989-03-12 | TURNER             |            1 |
|     30 | 1997-03-12 | JAMES              |            1 |
+--------+------------+--------------------+--------------+
10 rows in set (0.00 sec)

mysql>
```

图 10.101 查询表数据

执行结果不仅分为 10 组，同时还通过语句 GROUP_CONCAT()和统计函数 COUNT()显示每组中雇员（字段 ename）的名字和人数。

10.5.6 分组数据查询——实现 HAVING 子句限定分组查询

在 MySQL 软件中如果想实现对分组进行条件限制，决不能通过关键字 WHERE 来实现，因为该关键字主要用来实现条件限制数据记录。为了解决上述问题，MySQL 软件专门提供了关键字 HAVINGL 来实现条件限制分组数据记录。关于 HAVING 关键字查询语法形式如下：

```
SELECT function(field)
    FROM table_name
        WHERE CONDITION
        GROUP BY field1,field2,…fileldn
        HAVING CONTITION;
```

在上述语句中，通过关键字 HAVING 来指定分组后的条件。

下面通过一个具体的实例来说明关键字 HAVING 的使用方法。

【实例 10-33】 执行 SQL 语句 SELECT，在数据库 company 的雇员表（t_employee）中，首先按照部门号（字段 deptno）对所有雇员进行分组，然后显示平均工资高于 2 000 的雇员名字，具体步骤如下：

（1）执行 SQL 语句 USE，选择数据库 company，具体 SQL 语句如下：

```
USE company;
```

【运行效果】 执行上面的 SQL 语句，其结果如图 10.102 所示。

（2）执行 SQL 语句 GROUP BY，按照字段 deptno 进行分组，具体 SQL 语句如下：

```
SELECT deptno
    FROM t_employee
    GROUP BY deptno;
```

【代码说明】在上述语句中，设置关键字 GROUP BY 的字段为 deptno，即通过部门编号进行分组。

【运行效果】执行上面的 SQL 语句，其结果如图 10.103 所示。

```
mysql> #选择数据库#
mysql> USE company;
Database changed
mysql>
```

图 10.102　选择数据库 company

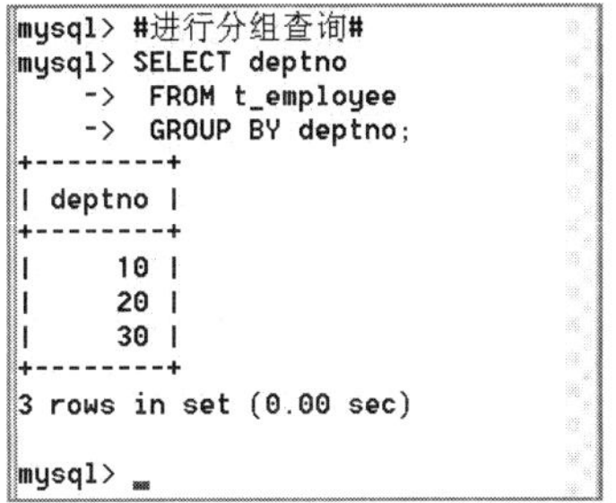

```
mysql> #进行分组查询#
mysql> SELECT deptno
    -> FROM t_employee
    -> GROUP BY deptno;
+--------+
| deptno |
+--------+
|     10 |
|     20 |
|     30 |
+--------+
3 rows in set (0.00 sec)

mysql> _
```

图 10.103　查询表数据

执行结果分为三组，字段 deptno 取值为 10、20、30 的记录各为一组。

（3）执行统计函数 AVG()，显示每组中的平均工资，具体 SQL 语句如下：

```
SELECT deptno,AVG(sal) average
    FROM t_employee
    GROUP BY deptno;
```

【代码说明】在上述语句中，通过统计函数 AVG()获取每个部门的平均工资。

【运行效果】执行上面的 SQL 语句，其结果如图 10.104 所示。

```
mysql> #进行分组查询#
mysql> SELECT deptno,AVG(sal) average
    -> FROM t_employee
    -> GROUP BY deptno;
+--------+-------------+
| deptno | average     |
+--------+-------------+
|     10 | 2916.666667 |
|     20 | 2175.000000 |
|     30 | 1566.666667 |
+--------+-------------+
3 rows in set (0.00 sec)

mysql>
```

图 10.104　查询表数据

执行结果显示，不仅按照字段 deptno 分为三组，而且还显示出每组的平均工资。

（4）执行 SQL 语句 HAVING、GROUP_CONCAT()和统计函数 COUNT()，显示出平均工资大于 2 000 的每个分组中雇员名称和雇员个数，具体 SQL 语句如下：

```
SELECT deptno,AVG(sal) average,GROUP_CONCAT(ename) enames,COUNT(ename) number
    FROM t_employee
    GROUP BY deptno
    HAVING AVG(sal)>2000;
```

【代码说明】在上述语句中，不仅通过统计函数 AVG()获取每个部门的平均工资，而且还通过函数 GROUP_CONCAT()显示出每个部门的雇员名和通过函数 COUNT()统计出每个部门雇员人数。最后通过关键字 HAVING 进行条件的限制。

【运行效果】 执行上面的 SQL 语句，其结果如图 10.105 所示。

```
mysql> #进行分组查询#
mysql> SELECT deptno,AVG(sal) average,GROUP_CONCAT(ename) enames,COUNT(ename) number
    -> FROM t_employee
    -> GROUP BY deptno
    -> HAVING AVG(sal)>2000;
+--------+-------------+------------------------------+--------+
| deptno | average     | enames                       | number |
+--------+-------------+------------------------------+--------+
|     10 | 2916.666667 | MILLER,KING,CLARK            |      3 |
|     20 | 2175.000000 | FORD,ADAMS,SCOTT,JONES,SMITH |      5 |
+--------+-------------+------------------------------+--------+
2 rows in set (0.00 sec)

mysql> _
```

图 10.105　查询表数据

执行结果显示出平均工资大于 2 000 的两组，同时通过语句 GROUP_CONCAT()和统计函数 COUNT()显示每组中雇员（字段 ename）的名字和人数。

10.6　小　结

本章主要介绍在 MySQL 软件中关于单表数据的查询操作，从简单数据记录查询、条件数据记录查询、排序数据记录查询、限制数据记录查询数量，以及统计函数和分组数据记录查询五方面进行介绍。对于简单数据记录查询，详细讲解了简单数据查询操作、避免重复数据查询、实现数学四则运算数据查询和设置显示格式数据查询操作；对于条件数据记录查询，详细讲解了带关系运算符和逻辑运算符的条件数据查询、带 BETWEEN AND 关键字的范围查询、带 IS NULL 关键字的空值查询、带 IN 关键字的集合查询和带 LIKE 关键字的模糊查询操作；对于排序数据记录查询，详细介绍了按照单字段排序和按照多字段排序操作；对于限制数据记录查询数量，详细介绍了不指定初始位置和指定初始位置的查询操作；对于统计函数和分组数据记录查询，详细介绍了 MySQL 软件所支持的统计函数和各种分组数据记录查询，主要包含简单分组查询、实现统计功能分组查询、实现多个字段分组查询和实现 HAVING 子句限定分组查询。

通过本章的学习，读者已经能够熟练掌握在 MySQL 软件中对单表数据的操作。第 11 章将介绍 MySQL 软件中对具有关联关系多表数据的操作内容。

第 11 章　多表数据记录查询

第 10 章详细介绍了单表查询，即在关键字 WHERE 子句中只涉及一张表。在具体应用中，经常需要实现在一个查询语句中显示多张表的数据，这就是所谓的多表数据记录连接查询，简称连接查询。

MySQL 软件也支持连接查询，在具体实现连接查询操作时，首先将两个或两个以上的表按照某个条件连接起来，然后再查询到所要求的数据记录。查看帮助文档可以发现，连接查询分为内连接查询和外连接查询。

在具体应用中，如果需要实现多表数据记录查询，一般不使用连接查询，因为该操作效率比较低。于是 MySQL 软件又提供了连接查询的替代操作——子查询操作。

本章将详细介绍内连接查询、外连接查询和子查询。为了便于讲解，本章只讲解两个表间的连接查询。

通过本节的学习，可以掌握在数据库中连接查询操作和子查询操作，内容包含:

- 关系数据的各种操作
- 内连接查询
- 外连接查询
- 子查询

11.1　关系数据操作

在连接查询中，首先需要对两张或两张以上表进行连接操作。连接操作是关系数据操作中专门用于数据库操作的关系运算。本节将详细介绍关系数据操作中传统的运算——并（UNION）、笛卡儿积（CARTESIAN PRODUCT）和专门针对数据库操作的运算——连接（JOIN）。

11.1.1　并（UNION）

在 SQL 语言中存在一种关系数据操作，叫作并操作。“并”就是把具有相同字段数目和字段类型的表合并到一起。举个详细的例子，存在两张表分别为表示计算机系学生的表（t_cstudent）和表示音乐系学生的表（t_mstudent），它们的数据记录分别如图 11.1 和图 11.2 所示，这两张表并操作后的数据记录如图 11.3 所示。

name	sex
ccjgong1	男
ccjgong2	女
ccjgong3	男
ccjgong4	女
ccjgong5	女
cmcjgong	男

图 11.1　表 t_cstudent 的数据记录

name	sex
cmcjgong	男
mcjgong1	女
mcjgong2	男
mcjgong3	男
mcjgong4	女
mcjgong5	女

图 11.2　表 t_mstudent 的数据记录

name	sex
ccjgong1	男
ccjgong2	女
ccjgong3	男
ccjgong4	女
ccjgong5	女
cmcjgong	男
mcjgong1	女
mcjgong2	男
mcjgong3	男
mcjgong4	女
mcjgong5	女

图 11.3　并操作后的数据记录

通过并操作的返回结果可以发现，把两张表的数据记录合并在一起，即并新关系的字段数为 2（表 t_cstudent 字段数或表 t_mstudent 字段数）；而并新关系的记录数为 6（表 t_cstudent 记录数）+6（表 t_mstudent 记录数）-1（表 t_cstudent 和表 t_mstudent 重复记录数）=11。

11.1.2　笛卡儿积（CARTESIAN PRODUCT）

在 SQL 语言中存在一种关系数据操作，叫作笛卡儿积操作。笛卡儿积就是没有连接条件表关系返回的结果。举个详细的例子，存在两张表，分别为表示部门的表（t_dept）和表示雇员的表（t_employee），它们的数据记录分别如图 11.4 和图 11.5 所示，这两张表的笛卡儿积的数据记录如图 11.6 所示。

deptno	dname	loc
10	ACCOUNTING	NEW YORK
20	RESEARCH	DALLAS
30	SALES	CHICAGO
40	OPERATIONS	BOSTON

图 11.4　表 t_dept 的数据记录

empno	ename	job	MGR	Hiredate	sal	comm
7369	SMITH	CLERK	7902	1981-03-12	800.00	NULL
7499	ALLEN	SALESMAN	7698	1982-03-12	1600.00	300.00
7521	WARD	SALESMAN	7698	1983-03-12	1250.00	500.00
7566	JONES	MANAGER	7839	1981-03-12	2975.00	NULL
7654	MARTIN	SALESMAN	7698	1981-03-12	1250.00	1400.00
7698	BLAKE	MANAGER	7839	1981-03-12	2850.00	NULL
7782	CLARK	MANAGER	7839	1985-03-12	2450.00	NULL
7788	SCOTT	ANALYST	7566	1981-03-12	3000.00	NULL
7839	KING	PRESIDENT	NULL	1981-03-12	5000.00	NULL
7844	TURNER	SALESMAN	7698	1989-03-12	1500.00	0.00
7876	ADAMS	CLERK	7788	1998-03-12	1100.00	NULL
7900	JAMES	CLERK	7698	1997-03-12	950.00	NULL
7902	FORD	ANALYST	7566	0000-00-00	3000.00	NULL
7934	MILLER	CLERK	7782	1981-03-12	1300.00	NULL

图 11.5　表 t_employee 的数据记录

deptno	dname	loc	empno	ename	job	MGR	Hiredate	sal	comm
10	ACCOUNTING	NEW YORK	7369	SMITH	CLERK	7902	1981-03-12	800.00	NULL
20	RESEARCH	DALLAS	7369	SMITH	CLERK	7902	1981-03-12	800.00	NULL
30	SALES	CHICAGO	7369	SMITH	CLERK	7902	1981-03-12	800.00	NULL
40	OPERATIONS	BOSTON	7369	SMITH	CLERK	7902	1981-03-12	800.00	NULL
10	ACCOUNTING	NEW YORK	7499	ALLEN	SALESMAN	7698	1982-03-12	1600.00	300.00
20	RESEARCH	DALLAS	7499	ALLEN	SALESMAN	7698	1982-03-12	1600.00	300.00
30	SALES	CHICAGO	7499	ALLEN	SALESMAN	7698	1982-03-12	1600.00	300.00
40	OPERATIONS	BOSTON	7499	ALLEN	SALESMAN	7698	1982-03-12	1600.00	300.00
10	ACCOUNTING	NEW YORK	7521	WARD	SALESMAN	7698	1983-03-12	1250.00	500.00
20	RESEARCH	DALLAS	7521	WARD	SALESMAN	7698	1983-03-12	1250.00	500.00
30	SALES	CHICAGO	7521	WARD	SALESMAN	7698	1983-03-12	1250.00	500.00
40	OPERATIONS	BOSTON	7521	WARD	SALESMAN	7698	1983-03-12	1250.00	500.00
10	ACCOUNTING	NEW YORK	7566	JONES	MANAGER	7839	1981-03-12	2975.00	NULL
20	RESEARCH	DALLAS	7566	JONES	MANAGER	7839	1981-03-12	2975.00	NULL
30	SALES	CHICAGO	7566	JONES	MANAGER	7839	1981-03-12	2975.00	NULL
40	OPERATIONS	BOSTON	7566	JONES	MANAGER	7839	1981-03-12	2975.00	NULL
10	ACCOUNTING	NEW YORK	7654	MARTIN	SALESMAN	7698	1981-03-12	1250.00	1400.00
20	RESEARCH	DALLAS	7654	MARTIN	SALESMAN	7698	1981-03-12	1250.00	1400.00
30	SALES	CHICAGO	7654	MARTIN	SALESMAN	7698	1981-03-12	1250.00	1400.00
40	OPERATIONS	BOSTON	7654	MARTIN	SALESMAN	7698	1981-03-12	1250.00	1400.00
10	ACCOUNTING	NEW YORK	7698	BLAKE	MANAGER	7839	1981-03-12	2850.00	NULL
20	RESEARCH	DALLAS	7698	BLAKE	MANAGER	7839	1981-03-12	2850.00	NULL
30	SALES	CHICAGO	7698	BLAKE	MANAGER	7839	1981-03-12	2850.00	NULL
40	OPERATIONS	BOSTON	7698	BLAKE	MANAGER	7839	1981-03-12	2850.00	NULL
10	ACCOUNTING	NEW YORK	7782	CLARK	MANAGER	7839	1985-03-12	2450.00	NULL

图 11.6　笛卡儿积的数据记录

20	RESEARCH	DALLAS	7782	CLARK	MANAGER	7839	1985-03-12	2450.00	NULL
30	SALES	CHICAGO	7782	CLARK	MANAGER	7839	1985-03-12	2450.00	NULL
40	OPERATIONS	BOSTON	7782	CLARK	MANAGER	7839	1985-03-12	2450.00	NULL
10	ACCOUNTING	NEW YORK	7788	SCOTT	ANALYST	7566	1981-03-12	3000.00	NULL
20	RESEARCH	DALLAS	7788	SCOTT	ANALYST	7566	1981-03-12	3000.00	NULL
30	SALES	CHICAGO	7788	SCOTT	ANALYST	7566	1981-03-12	3000.00	NULL
40	OPERATIONS	BOSTON	7788	SCOTT	ANALYST	7566	1981-03-12	3000.00	NULL
10	ACCOUNTING	NEW YORK	7839	KING	PRESIDENT	NULL	1981-03-12	5000.00	NULL
20	RESEARCH	DALLAS	7839	KING	PRESIDENT	NULL	1981-03-12	5000.00	NULL
30	SALES	CHICAGO	7839	KING	PRESIDENT	NULL	1981-03-12	5000.00	NULL
40	OPERATIONS	BOSTON	7839	KING	PRESIDENT	NULL	1981-03-12	5000.00	NULL
10	ACCOUNTING	NEW YORK	7844	TURNER	SALESMAN	7698	1989-03-12	1500.00	0.00
20	RESEARCH	DALLAS	7844	TURNER	SALESMAN	7698	1989-03-12	1500.00	0.00
30	SALES	CHICAGO	7844	TURNER	SALESMAN	7698	1989-03-12	1500.00	0.00
40	OPERATIONS	BOSTON	7844	TURNER	SALESMAN	7698	1989-03-12	1500.00	0.00
10	ACCOUNTING	NEW YORK	7876	ADAMS	CLERK	7788	1998-03-12	1100.00	NULL
20	RESEARCH	DALLAS	7876	ADAMS	CLERK	7788	1998-03-12	1100.00	NULL
30	SALES	CHICAGO	7876	ADAMS	CLERK	7788	1998-03-12	1100.00	NULL
40	OPERATIONS	BOSTON	7876	ADAMS	CLERK	7788	1998-03-12	1100.00	NULL
10	ACCOUNTING	NEW YORK	7900	JAMES	CLERK	7698	1997-03-12	950.00	NULL
20	RESEARCH	DALLAS	7900	JAMES	CLERK	7698	1997-03-12	950.00	NULL
30	SALES	CHICAGO	7900	JAMES	CLERK	7698	1997-03-12	950.00	NULL
40	OPERATIONS	BOSTON	7900	JAMES	CLERK	7698	1997-03-12	950.00	NULL
10	ACCOUNTING	NEW YORK	7902	FORD	ANALYST	7566	0000-00-00	3000.00	NULL
20	RESEARCH	DALLAS	7902	FORD	ANALYST	7566	0000-00-00	3000.00	NULL
30	SALES	CHICAGO	7902	FORD	ANALYST	7566	0000-00-00	3000.00	NULL
40	OPERATIONS	BOSTON	7902	FORD	ANALYST	7566	0000-00-00	3000.00	NULL
10	ACCOUNTING	NEW YORK	7934	MILLER	CLERK	7782	1981-03-12	1300.00	NULL
20	RESEARCH	DALLAS	7934	MILLER	CLERK	7782	1981-03-12	1300.00	NULL
30	SALES	CHICAGO	7934	MILLER	CLERK	7782	1981-03-12	1300.00	NULL
40	OPERATIONS	BOSTON	7934	MILLER	CLERK	7782	1981-03-12	1300.00	NULL

图 11.6　笛卡儿积的数据记录（续）

通过笛卡儿积的返回结果可以发现，前 3 个字段来自于表 t_dept，后 7 个字段来自于表 t_employee，即笛卡儿积新关系的字段数为 3（表 t_dept 字段数）+7（表 t_employee 字段数）=10；而该笛卡儿积新关系的记录数为 4（表 t_dept 记录数）×14（表 t_employee 记录数）=56。

11.1.3　内连接（INNER JOIN）

为了便于用户的操作，专门提供了一种针对数据库操作的运算——连接（JOIN）。所谓连接就是在表关系的笛卡儿积数据记录中，按照相应字段值的比较条件进行选择生成一个新的关系。连接又分为内连接（INNER JOIN）、外连接（OUTER JOIN）、交叉连接（CROSS JOIN）。

所谓内连接（INNER JOIN），就是在表关系的笛卡儿积数据记录中，保留表关系中所有匹配的数据记录，舍弃不匹配的数据记录。按照匹配的条件可以分成自然连接、等值连接和不等连接。

为了便于讲解，本节将通过表示部门的表（t_dept）和表示雇员的表（t_employee）这两张表来讲解各种内连接，这两张表的数据记录分别如图 11.7 和图 11.8 所示。

deptno	dname	loc
10	ACCOUNTING	NEW YORK
20	RESEARCH	DALLAS
30	SALES	CHICAGO
40	OPERATIONS	BOSTON

图 11.7　表 t_dept 的数据记录

empno	ename	job	MGR	Hiredate	sal	comm	deptno
7369	SMITH	CLERK	7902	1981-03-12	800.00	NULL	20
7499	ALLEN	SALESMAN	7698	1982-03-12	1600.00	300.00	30
7521	WARD	SALESMAN	7698	1983-03-12	1250.00	500.00	30
7566	JONES	MANAGER	7839	1981-03-12	2975.00	NULL	20
7654	MARTIN	SALESMAN	7698	1981-03-12	1250.00	1400.00	30
7698	BLAKE	MANAGER	7839	1981-03-12	2850.00	NULL	30
7782	CLARK	MANAGER	7839	1985-03-12	2450.00	NULL	10
7788	SCOTT	ANALYST	7566	1981-03-12	3000.00	NULL	20
7839	KING	PRESIDENT	NULL	1981-03-12	5000.00	NULL	10
7844	TURNER	SALESMAN	7698	1989-03-12	1500.00	0.00	30
7876	ADAMS	CLERK	7788	1998-03-12	1100.00	NULL	20
7900	JAMES	CLERK	7698	1997-03-12	950.00	NULL	30
7902	FORD	ANALYST	7566	0000-00-00	3000.00	NULL	20
7934	MILLER	CLERK	7782	1981-03-12	1300.00	NULL	10

图 11.8　表 t_employee 的数据记录

1. 自然连接（NATURAL JOIN）

在 SQL 语言中存在一种关系数据操作，叫作自然连接。自然连接操作就是表关系的笛卡儿积中，首先根据表关系中相同名称的字段自动进行记录匹配，然后去掉重复的字段。举个详细的例子，存在两张表，分别为表示部门的表（t_dept）和表示雇员的表（t_employee），求这两张表自然连接后的数据记录如图 11.9 所示。

deptno	dname	loc	empno	ename	job	mgr	hiredate	sal	comm
20	RESEARCH	DALLAS	7369	SMITH	CLERK	7902	1981-03-12	800.00	NULL
30	SALES	CHICAGO	7499	ALLEN	SALESMAN	7698	1982-03-12	1600.00	300.00
30	SALES	CHICAGO	7521	WARD	SALESMAN	7698	1983-03-12	1250.00	500.00
20	RESEARCH	DALLAS	7566	JONES	MANAGER	7839	1981-03-12	2975.00	NULL
30	SALES	CHICAGO	7654	MARTIN	SALESMAN	7698	1981-03-12	1250.00	1400.00
30	SALES	CHICAGO	7698	BLAKE	MANAGER	7839	1981-03-12	2850.00	NULL
10	ACCOUNTING	NEW YORK	7782	CLARK	MANAGER	7839	1985-03-12	2450.00	NULL
20	RESEARCH	DALLAS	7788	SCOTT	ANALYST	7566	1981-03-12	3000.00	NULL
10	ACCOUNTING	NEW YORK	7839	KING	PRESIDENT	NULL	1981-03-12	5000.00	NULL
30	SALES	CHICAGO	7844	TURNER	SALESMAN	7698	1989-03-12	1500.00	0.00
20	RESEARCH	DALLAS	7876	ADAMS	CLERK	7788	1998-03-12	1100.00	NULL
30	SALES	CHICAGO	7900	JAMES	CLERK	7698	1997-03-12	950.00	NULL
20	RESEARCH	DALLAS	7902	FORD	ANALYST	7566	0000-00-00	3000.00	NULL
10	ACCOUNTING	NEW YORK	7934	MILLER	CLERK	7782	1981-03-12	1300.00	NULL

图 11.9　自然连接数据记录

通过自然连接的返回结果可以发现，第 1 个字段为去除重复的字段，第 2 个和第 3 个字段来自于表 t_dept，后 7 个字段来自于表 t_employee，即自然连接新关系的字段数为 1（去除重复字段)+2（表 t_dept 字段数）+7（表 t_employee 字段数）=10；而该自然连接新关系的记录数为 4（表 t_dept 记录数）×14（表 t_employee 记录数）−42（两表相同字段 deptno 的值不相等记录数）=14。

通过如图 11.9 所示的数据操作结果，可以发现自然连接关系数据操作的特点如下：

- 在具体执行自然连接时，会自动判断相同名称的字段，然后进行数据值的匹配。
- 在执行完自然连接的新关系中，虽然可以指定包含哪些字段，但是不能指定执行过程中的匹配条件，即哪些字段的值进行匹配。
- 在执行自然连接的新关系中，执行过程中所匹配的字段名只有一个，即会去掉重复字段。

2. 等值连接

在 SQL 语言中存在一种关系数据操作，叫作等值连接，所谓等值连接操作就是表关系的笛卡儿积中，选择所匹配字段值相等（=符号）的数据记录。举个详细的例子，存在两张表分别为表示部门的表（t_dept）和表示雇员的表（t_employee），求这两张表的等值连接的数据记录如图 11.10 所示。

deptno	dname	loc	empno	ename	job	mgr	hiredate	sal	comm	deptno
20	RESEARCH	DALLAS	7369	SMITH	CLERK	7902	1981-03-12	800.00	NULL	20
30	SALES	CHICAGO	7499	ALLEN	SALESMAN	7698	1982-03-12	1600.00	300.00	30
30	SALES	CHICAGO	7521	WARD	SALESMAN	7698	1983-03-12	1250.00	500.00	30
20	RESEARCH	DALLAS	7566	JONES	MANAGER	7839	1981-03-12	2975.00	NULL	20
30	SALES	CHICAGO	7654	MARTIN	SALESMAN	7698	1981-03-12	1250.00	1400.00	30
30	SALES	CHICAGO	7698	BLAKE	MANAGER	7839	1981-03-12	2850.00	NULL	30
10	ACCOUNTING	NEW YORK	7782	CLARK	MANAGER	7839	1985-03-12	2450.00	NULL	10
20	RESEARCH	DALLAS	7788	SCOTT	ANALYST	7566	1981-03-12	3000.00	NULL	20
10	ACCOUNTING	NEW YORK	7839	KING	PRESIDENT	NULL	1981-03-12	5000.00	NULL	10
30	SALES	CHICAGO	7844	TURNER	SALESMAN	7698	1989-03-12	1500.00	0.00	30
20	RESEARCH	DALLAS	7876	ADAMS	CLERK	7788	1998-03-12	1100.00	NULL	20
30	SALES	CHICAGO	7900	JAMES	CLERK	7698	1997-03-12	950.00	NULL	30
20	RESEARCH	DALLAS	7902	FORD	ANALYST	7566	0000-00-00	3000.00	NULL	20
10	ACCOUNTING	NEW YORK	7934	MILLER	CLERK	7782	1981-03-12	1300.00	NULL	10

图 11.10　等值连接数据记录

通过等值连接的返回结果可以发现，前三个字段来自于表 t_dept，后 8 个字段来自于表 t_employee，即等值连接新关系的字段数为 3（表 t_dept 字段数）+8（表 t_employee 字段数）=11；而该等值连接新关系的记录数为 4（表 t_dept 记录数）×14（表 t_employee 记录数）−42（两表字段 deptno 的值不相等记录数）=14。

通过如图 11.10 所示的数据操作结果，可以发现与自然连接相比，等值连接关系数据操作需要在执行过程中用“符号=”指定匹配条件，在新关系中不会去掉重复字段。

3．不等连接

在 SQL 语言中存在一种关系数据操作，叫作不等连接。不等连接操作就是表关系的笛卡儿积中，选择所匹配字段值不相等（!=符号）的数据记录。举个详细的例子，存在两张表，分别为表示部门的表（t_dept）和表示雇员的表（t_employee），求这两张表的不等连接的数据记录如图 11.11 所示。

deptno	dname	loc	empno	ename	job	MGR	Hiredate	sal	comm	deptno
10	ACCOUNTING	NEW YORK	7369	SMITH	CLERK	7902	1981-03-12	800.00	NULL	20
30	SALES	CHICAGO	7369	SMITH	CLERK	7902	1981-03-12	800.00	NULL	20
40	OPERATIONS	BOSTON	7369	SMITH	CLERK	7902	1981-03-12	800.00	NULL	20
10	ACCOUNTING	NEW YORK	7499	ALLEN	SALESMAN	7698	1982-03-12	1600.00	300.00	30
20	RESEARCH	DALLAS	7499	ALLEN	SALESMAN	7698	1982-03-12	1600.00	300.00	30
40	OPERATIONS	BOSTON	7499	ALLEN	SALESMAN	7698	1982-03-12	1600.00	300.00	30
10	ACCOUNTING	NEW YORK	7521	WARD	SALESMAN	7698	1983-03-12	1250.00	500.00	30
20	RESEARCH	DALLAS	7521	WARD	SALESMAN	7698	1983-03-12	1250.00	500.00	30
40	OPERATIONS	BOSTON	7521	WARD	SALESMAN	7698	1983-03-12	1250.00	500.00	30
10	ACCOUNTING	NEW YORK	7566	JONES	MANAGER	7839	1981-03-12	2975.00	NULL	20
30	SALES	CHICAGO	7566	JONES	MANAGER	7839	1981-03-12	2975.00	NULL	20
40	OPERATIONS	BOSTON	7566	JONES	MANAGER	7839	1981-03-12	2975.00	NULL	20
10	ACCOUNTING	NEW YORK	7654	MARTIN	SALESMAN	7698	1981-03-12	1250.00	1400.00	30
20	RESEARCH	DALLAS	7654	MARTIN	SALESMAN	7698	1981-03-12	1250.00	1400.00	30
40	OPERATIONS	BOSTON	7654	MARTIN	SALESMAN	7698	1981-03-12	1250.00	1400.00	30
10	ACCOUNTING	NEW YORK	7698	BLAKE	MANAGER	7839	1981-03-12	2850.00	NULL	30
20	RESEARCH	DALLAS	7698	BLAKE	MANAGER	7839	1981-03-12	2850.00	NULL	30
40	OPERATIONS	BOSTON	7698	BLAKE	MANAGER	7839	1981-03-12	2850.00	NULL	30
20	RESEARCH	DALLAS	7782	CLARK	MANAGER	7839	1985-03-12	2450.00	NULL	10
30	SALES	CHICAGO	7782	CLARK	MANAGER	7839	1985-03-12	2450.00	NULL	10
40	OPERATIONS	BOSTON	7782	CLARK	MANAGER	7839	1985-03-12	2450.00	NULL	10
10	ACCOUNTING	NEW YORK	7788	SCOTT	ANALYST	7566	1981-03-12	3000.00	NULL	20
30	SALES	CHICAGO	7788	SCOTT	ANALYST	7566	1981-03-12	3000.00	NULL	20
40	OPERATIONS	BOSTON	7788	SCOTT	ANALYST	7566	1981-03-12	3000.00	NULL	20
20	RESEARCH	DALLAS	7839	KING	PRESIDENT	NULL	1981-03-12	5000.00	NULL	10
30	SALES	CHICAGO	7839	KING	PRESIDENT	NULL	1981-03-12	5000.00	NULL	10
40	OPERATIONS	BOSTON	7839	KING	PRESIDENT	NULL	1981-03-12	5000.00	NULL	10
10	ACCOUNTING	NEW YORK	7844	TURNER	SALESMAN	7698	1989-03-12	1500.00	0.00	30
20	RESEARCH	DALLAS	7844	TURNER	SALESMAN	7698	1989-03-12	1500.00	0.00	30
40	OPERATIONS	BOSTON	7844	TURNER	SALESMAN	7698	1989-03-12	1500.00	0.00	30
10	ACCOUNTING	NEW YORK	7876	ADAMS	CLERK	7788	1998-03-12	1100.00	NULL	20
30	SALES	CHICAGO	7876	ADAMS	CLERK	7788	1998-03-12	1100.00	NULL	20
40	OPERATIONS	BOSTON	7876	ADAMS	CLERK	7788	1998-03-12	1100.00	NULL	20
10	ACCOUNTING	NEW YORK	7900	JAMES	CLERK	7698	1997-03-12	950.00	NULL	30
20	RESEARCH	DALLAS	7900	JAMES	CLERK	7698	1997-03-12	950.00	NULL	30
40	OPERATIONS	BOSTON	7900	JAMES	CLERK	7698	1997-03-12	950.00	NULL	30
10	ACCOUNTING	NEW YORK	7902	FORD	ANALYST	7566	0000-00-00	3000.00	NULL	20
30	SALES	CHICAGO	7902	FORD	ANALYST	7566	0000-00-00	3000.00	NULL	20
40	OPERATIONS	BOSTON	7902	FORD	ANALYST	7566	0000-00-00	3000.00	NULL	20
20	RESEARCH	DALLAS	7934	MILLER	CLERK	7782	1981-03-12	1300.00	NULL	10
30	SALES	CHICAGO	7934	MILLER	CLERK	7782	1981-03-12	1300.00	NULL	10
40	OPERATIONS	BOSTON	7934	MILLER	CLERK	7782	1981-03-12	1300.00	NULL	10

图 11.11　不等连接数据记录

通过不等值连接的返回结果可以发现，前三个字段来自于表 t_dept，后 8 个字段来自于表 t_employee，即等值连接新关系的字段数为 3（表 t_dept 字段数）+8（表 t_employee 字段数）=11；而该不等值连接新关系的记录数为 4（表 t_dept 记录数）×14（表 t_employee 记录数）-14（两表字段 deptno 的值相等记录数）=42。

通过如图 11.11 所示的数据操作结果，可以发现与自然连接相比，不等连接关系数据操作需要在执行过程中用符号!=指定匹配条件，在新关系中不会去掉重复字段。

11.1.4　外连接（OUTER JOIN）

所谓外连接（OUTER JOIN），就是在表关系的笛卡儿积数据记录中，不仅保留表关系中所有匹配的数据记录，而且还会保留部分不匹配的数据记录。按照保留不匹配条件数据记录来源可以分为左外连接（LEFT OUTER JOIN）、右外连接（RIGHT OUTER JOIN）和全外连接（FULL OUTER JOIN）。

为了便于讲解，本节将通过表示部门的表（t_dept）和表示雇员的表（t_employee）的两张表来讲解各种外连接，这两张表的数据记录分别如图 11.12 和图 11.13 所示。

deptno	dname	loc
10	ACCOUNTING	NEW YORK
20	RESEARCH	DALLAS
30	SALES	CHICAGO
40	OPERATIONS	BOSTON

图 11.12　表 t_dept 的数据记录

empno	ename	job	MGR	Hiredate	sal	comm	deptno
7369	SMITH	CLERK	7902	1981-03-12	800.00	NULL	20
7499	ALLEN	SALESMAN	7698	1982-03-12	1600.00	300.00	30
7521	WARD	SALESMAN	7698	1983-03-12	1250.00	500.00	30
7566	JONES	MANAGER	7839	1981-03-12	2975.00	NULL	20
7654	MARTIN	SALESMAN	7698	1981-03-12	1250.00	1400.00	30
7698	BLAKE	MANAGER	7839	1981-03-12	2850.00	NULL	30
7782	CLARK	MANAGER	7839	1985-03-12	2450.00	NULL	10
7788	SCOTT	ANALYST	7566	1981-03-12	3000.00	NULL	20
7839	KING	PRESIDENT	NULL	1981-03-12	5000.00	NULL	10
7844	TURNER	SALESMAN	7698	1989-03-12	1500.00	0.00	30
7876	ADAMS	CLERK	7788	1998-03-12	1100.00	NULL	20
7900	JAMES	CLERK	7698	1997-03-12	950.00	NULL	30
7902	FORD	ANALYST	7566	0000-00-00	3000.00	NULL	20
7934	MILLER	CLERK	7782	1981-03-12	1300.00	NULL	10
7999	cjgong	CLERK	7782	1981-03-12	5200.00	NULL	50

图 11.13　表 t_employee 的数据记录

1．左外连接

在 SQL 语言中存在一种关系数据操作，叫作左外连接，所谓左外连接操作就是表关系的笛卡儿积中，除了选择相匹配的数据记录，还包含关联左边表中不匹配的数据记录。举个详细的例子，存在两张表，分别为表示部门的表（t_dept）和表示雇员的表（t_employee），求部门表左外关联雇员表的数据记录如图 11.14 所示。

deptno	dname	loc	empno	ename	job	MGR	Hiredate	sal	comm	deptno
10	ACCOUNTING	NEW YORK	7782	CLARK	MANAGER	7839	1985-03-12	2450.00	NULL	10
10	ACCOUNTING	NEW YORK	7839	KING	PRESIDENT	NULL	1981-03-12	5000.00	NULL	10
10	ACCOUNTING	NEW YORK	7934	MILLER	CLERK	7782	1981-03-12	1300.00	NULL	10
20	RESEARCH	DALLAS	7369	SMITH	CLERK	7902	1981-03-12	800.00	NULL	20
20	RESEARCH	DALLAS	7566	JONES	MANAGER	7839	1981-03-12	2975.00	NULL	20
20	RESEARCH	DALLAS	7788	SCOTT	ANALYST	7566	1981-03-12	3000.00	NULL	20
20	RESEARCH	DALLAS	7876	ADAMS	CLERK	7788	1998-03-12	1100.00	NULL	20
20	RESEARCH	DALLAS	7902	FORD	ANALYST	7566	0000-00-00	3000.00	NULL	20
30	SALES	CHICAGO	7499	ALLEN	SALESMAN	7698	1982-03-12	1600.00	300.00	30
30	SALES	CHICAGO	7521	WARD	SALESMAN	7698	1983-03-12	1250.00	500.00	30
30	SALES	CHICAGO	7654	MARTIN	SALESMAN	7698	1981-03-12	1250.00	1400.00	30
30	SALES	CHICAGO	7698	BLAKE	MANAGER	7839	1981-03-12	2850.00	NULL	30
30	SALES	CHICAGO	7844	TURNER	SALESMAN	7698	1989-03-12	1500.00	0.00	30
30	SALES	CHICAGO	7900	JAMES	CLERK	7698	1997-03-12	950.00	NULL	30
40	OPERATIONS	BOSTON	NULL	NULL	NULL	NULL	NULL	NULL	NULL	NULL

图 11.14　左外连接数据记录表

通过左外连接的返回结果可以发现，前 3 个字段来自于表 t_dept，后 8 个字段来自于表 t_employee，即等值连接新关系的字段数为 3（表 t_dept 字段数）+8（表 t_employee 字段数）=11；而该左外连接新关系的记录数为 4（表 t_dept 记录数）×14（表 t_employee 记录数）−42（两表字段 deptno 的值不相等记录数）+1（左表 t_dept 中未匹配记录数）=15。

2．右外连接

在 SQL 语言中存在一种关系数据操作，叫作右外连接。右外连接操作就是表关系的笛卡儿积中，除了选择相匹配（相等）的数据记录，还包含关联右边表中不匹配的数据记录。举个详细的例子，存在两张表，分别为表示部门的表（t_dept）和表示雇员的表（t_employee），求部门表右外关联雇员表的数据记录如图 11.15 所示。

empno	ename	job	MGR	Hiredate	sal	comm	deptno
7369	SMITH	CLERK	7902	1981-03-12	800.00	NULL	20
7499	ALLEN	SALESMAN	7698	1982-03-12	1600.00	300.00	30
7521	WARD	SALESMAN	7698	1983-03-12	1250.00	500.00	30
7566	JONES	MANAGER	7839	1981-03-12	2975.00	NULL	20
7654	MARTIN	SALESMAN	7698	1981-03-12	1250.00	1400.00	30
7698	BLAKE	MANAGER	7839	1981-03-12	2850.00	NULL	30
7782	CLARK	MANAGER	7839	1985-03-12	2450.00	NULL	10
7788	SCOTT	ANALYST	7566	1981-03-12	3000.00	NULL	20
7839	KING	PRESIDENT	NULL	1981-03-12	5000.00	NULL	10
7844	TURNER	SALESMAN	7698	1989-03-12	1500.00	0.00	30
7876	ADAMS	CLERK	7788	1998-03-12	1100.00	NULL	20
7900	JAMES	CLERK	7698	1997-03-12	950.00	NULL	30
7902	FORD	ANALYST	7566	0000-00-00	3000.00	NULL	20
7934	MILLER	CLERK	7782	1981-03-12	1300.00	NULL	10
7999	cjgong	CLERK	7782	1981-03-12	5200.00	NULL	50

图 11.15　右连接数据记录

通过右外连接的返回结果可以发现，前 3 个字段来自于表 t_dept，后 8 个字段来自于表 t_employee，即等值连接新关系的字段数为 3（表 t_dept 字段数）+8（表 t_employee 字段数）=11；而该右外连接新关系的记录数为 4（表 t_dept 记录数）×14（表 t_employee 记录数）-42（两表字段 deptno 的值不相等记录数）+1（右表 t_employee 中未匹配记录数）=15。

3．全外连接

在 SQL 语言中存在一种关系数据操作，叫作全外连接。全外连接操作就是表关系的笛卡儿积中，除了选择相匹配（相等）的数据记录，还包含关联左右两边表中不匹配的数据记录。举个详细的例子，存在两张表，分别为表示部门的表（t_dept）和表示雇员的表（t_employee），求部门表全外关联雇员表后的数据记录。

通过全外连接操作的定义可以知道，前 3 个字段来自于表 t_dept，后 8 个字段来自于表 t_employee，即全外连接新关系的字段数为 3（表 t_dept 字段数）+8（表 t_employee 字段数）=11；而该全外连接新关系的记录数为 4（表 t_dept 记录数）×14（表 t_employee 记录数）-42（两表字段 deptno 的值不相等记录数）+2（左表 t_dept 中未匹配记录数和右表 t_employee 中未匹配记录数）=16。

在连接操作中，除了内连接和外连接外，还存在一种名叫交叉连接（CROSS JOIN）的连接操作。交叉连接，其实就是表关系笛卡儿积后数据记录，不需要任何匹配条件，有时候该操作的结果没有任何实际意义。

11.2　内连接查询

在 MySQL 软件中可以通过两种语法形式来实现连接查询，一种方式在 FROM 子句中利用逗号(,)区分多个表，在 WHERE 子句中通过逻辑表达式来实现匹配条件，从而实现表的连接，这是早期 MySQL 软件连接的语法形式；另一种是 ANSI 连接语法形式，在 FROM 子句中使用“JOIN…ON”关键字，而连接条件写在关键字 ON 子句中，MySQL 软件推荐使用 ANSI 语法形式的连接。

查看帮助文档发现，在 MySQL 中内连接数据查询通过 SQL 语句“INNER JOIN…ON”来实现，语法形式如下：

```
SELECT field1 field2 …fieldn
    FROM join_tablename1 INNER JOIN join_tablename2 【INNER JOIN join_tablenamen】
    ON join_condition
```

在上述语句中，参数 fieldn 表示所要查询的字段名字，来源于所连接的表 join_tablename1 和 join_tablename2，关键字 INNER JOIN 表示表进行内连接，参数 join_condition 表示进行匹配的条件。

按照匹配情况，内连接查询可以分为如下两类：

- 等值连接。
- 不等连接。

为了便于讲解，本节所涉及的内关联查询数据记录操作，都是针对于数据库 company 中表示部门信息的表 t_dept 和表示雇员信息的表 t_employee，关于部门表（t_dept）的所有数据记录如图 11.16 所示，关于雇员表（t_employee）的所有数据记录如图 11.17 所示。

deptno	dname	loc
10	ACCOUNTING	NEW YORK
20	RESEARCH	DALLAS
30	SALES	CHICAGO
40	OPERATIONS	BOSTON

图 11.16　表 t_dept 信息

empno	ename	job	MGR	Hiredate	sal	comm	deptno
7369	SMITH	CLERK	7902	1981-03-12	800.00	NULL	20
7499	ALLEN	SALESMAN	7698	1982-03-12	1600.00	300.00	30
7521	WARD	SALESMAN	7698	1983-03-12	1250.00	500.00	30
7566	JONES	MANAGER	7839	1981-03-12	2975.00	NULL	20
7654	MARTIN	SALESMAN	7698	1981-03-12	1250.00	1400.00	30
7698	BLAKE	MANAGER	7839	1981-03-12	2850.00	NULL	30
7782	CLARK	MANAGER	7839	1985-03-12	2450.00	NULL	10
7788	SCOTT	ANALYST	7566	1981-03-12	3000.00	NULL	20
7839	KING	PRESIDENT	NULL	1981-03-12	5000.00	NULL	10
7844	TURNER	SALESMAN	7698	1989-03-12	1500.00	0.00	30
7876	ADAMS	CLERK	7788	1998-03-12	1100.00	NULL	20
7900	JAMES	CLERK	7698	1997-03-12	950.00	NULL	30
7902	FORD	ANALYST	7566	0000-00-00	3000.00	NULL	20
7934	MILLER	CLERK	7782	1981-03-12	1300.00	NULL	10

图 11.17　表 t_employee 数据记录

11.2.1　自连接

内连接查询中存在一种特殊的等值连接——自连接，所谓自连接就是指表与其自身进行连接，下面通过一个具体的实例来说明如何实现自连接。

【实例 11-1】 执行 SQL 语句“INNER JOIN...ON”，在数据库 company 中，查询每个雇员的姓名、职位、领导姓名。

【实例分析】

为了实现上述要求，需要经过如下步骤来分析。

（1）确定需要查询的表和所查询字段的来源

根据需求需要查询两张表雇员表（t_employee）和领导表（t_employee），前者需要查询出雇员的姓名和职位；后者需要查询出领导的姓名。

注意： *由于表 t_employee 综合了雇员和领导的信息，所以表 t_employee 既是雇员表也是领导表。*

（2）确定关联匹配条件

t_employee.mgr（雇员表的领导编号）=t_employee.empno（领导表的领导编号）

【实现步骤】

（1）执行 SQL 语句 USE，选择数据库 company，具体 SQL 语句如下：

```
USE company;
```

【运行效果】 执行上面的 SQL 语句，其结果如图 11.18 所示。

（2）执行 SQL 语句 SELECT，查询每一位雇员的姓名和职位，具体 SQL 语句如下：

```
SELECT e.ename employeename,e.job
    FROM t_employee e;
```

【运行效果】执行上面的 SQL 语句，其结果如图 11.19 所示。

```
mysql> #选择数据库#
mysql> USE company;
Database changed
mysql>
```

图 11.18　选择数据库 company

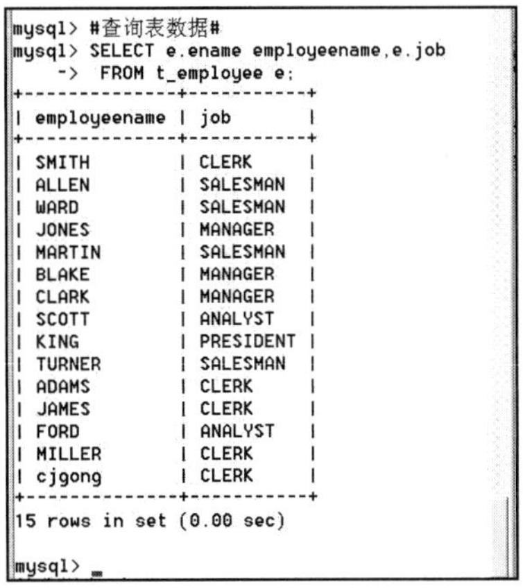

```
mysql> #查询表数据#
mysql> SELECT e.ename employeename,e.job
    -> FROM t_employee e;
+--------------+-----------+
| employeename | job       |
+--------------+-----------+
| SMITH        | CLERK     |
| ALLEN        | SALESMAN  |
| WARD         | SALESMAN  |
| JONES        | MANAGER   |
| MARTIN       | SALESMAN  |
| BLAKE        | MANAGER   |
| CLARK        | MANAGER   |
| SCOTT        | ANALYST   |
| KING         | PRESIDENT |
| TURNER       | SALESMAN  |
| ADAMS        | CLERK     |
| JAMES        | CLERK     |
| FORD         | ANALYST   |
| MILLER       | CLERK     |
| cjgong       | CLERK     |
+--------------+-----------+
15 rows in set (0.00 sec)

mysql> _
```

图 11.19　查询表数据

执行结果成功显示出关于雇员的姓名和职位。

（3）修改上述 SQL 语句，为查询中引入领导表，同时添加一条消除笛卡儿积的匹配条件，具体 SQL 语句如下：

```
SELECT e.ename employeename,e.job,l.ename loadername
    FROM t_employee e INNER JOIN t_employee l
        ON e.mgr=l.empno;
```

【代码说明】在上述语句中，设置笛卡儿积的匹配条件为“e.mgr=l.empno”表达式。

【运行效果】执行上面的 SQL 语句，其结果如图 11.20 所示。

（4）上述 SQL 语句采用 ANSI 连接语法形式，通过“SELECT FROM WHERE”关键字也可以实现，具体 SQL 语句如下：

```
SELECT e.ename employeename,e.job,L.ename loadername
    FROM t_employee e , t_employee l
    WHERE e.mgr=l.empno;
```

【代码说明】在上述语句中，为 WHERE 关键字设置匹配条件“e.mgr=l.empno”。

【运行效果】执行上面的 SQL 语句，其结果如图 11.21 所示。

执行结果显示，虽然 SQL 语句内容不同，但是执行结果却一致，即在 MySQL 软件中两种方式的 SQL 语句执行效果是一致的。

当表的名称特别长时，直接使用表名很不方便，或者在实现表自连操作时，直接使用表名没办法区分表。为了解决这些问题，在 MySQL 软件中，提供了一种机制来为表取别名机制，具体语法形式如下：

```
SELECT field1,field2,…fieldn [AS] otherfieldn
    FROM table_name1 [AS] other_table_name1,…table_namen [AS] other_table_namen
```

在上述语句中，参数 table_name 为表原来的名字，参数 other_table_name 为表新的名字。之所以要为表设置新的名字，是为了让 SQL 语句代码更加直观，更加人性化，和实现更加复杂的功能。

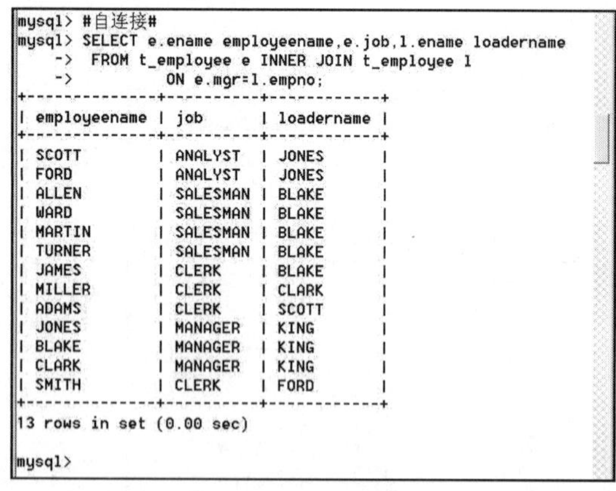

```
mysql> #自连接#
mysql> SELECT e.ename employeename,e.job,l.ename loadername
    -> FROM t_employee e INNER JOIN t_employee l
    ->           ON e.mgr=l.empno;
+--------------+----------+------------+
| employeename | job      | loadername |
+--------------+----------+------------+
| SCOTT        | ANALYST  | JONES      |
| FORD         | ANALYST  | JONES      |
| ALLEN        | SALESMAN | BLAKE      |
| WARD         | SALESMAN | BLAKE      |
| MARTIN       | SALESMAN | BLAKE      |
| TURNER       | SALESMAN | BLAKE      |
| JAMES        | CLERK    | BLAKE      |
| MILLER       | CLERK    | CLARK      |
| ADAMS        | CLERK    | SCOTT      |
| JONES        | MANAGER  | KING       |
| BLAKE        | MANAGER  | KING       |
| CLARK        | MANAGER  | KING       |
| SMITH        | CLERK    | FORD       |
+--------------+----------+------------+
13 rows in set (0.00 sec)

mysql>
```

图 11.20　自连接

```
mysql> #自连接#
mysql> SELECT e.ename employeename,e.job,L.ename loadername
    -> FROM t_employee e , t_employee l
    -> WHERE e.mgr=l.empno;
+--------------+----------+------------+
| employeename | job      | loadername |
+--------------+----------+------------+
| SCOTT        | ANALYST  | JONES      |
| FORD         | ANALYST  | JONES      |
| ALLEN        | SALESMAN | BLAKE      |
| WARD         | SALESMAN | BLAKE      |
| MARTIN       | SALESMAN | BLAKE      |
| TURNER       | SALESMAN | BLAKE      |
| JAMES        | CLERK    | BLAKE      |
| MILLER       | CLERK    | CLARK      |
| ADAMS        | CLERK    | SCOTT      |
| JONES        | MANAGER  | KING       |
| BLAKE        | MANAGER  | KING       |
| CLARK        | MANAGER  | KING       |
| SMITH        | CLERK    | FORD       |
+--------------+----------+------------+
13 rows in set (0.02 sec)

mysql>
```

图 11.21　自连接

于是实例 11-1 中的 SQL 语句代码如下：

```
SELECT e.ename employeename,e.job
    FROM t_employee e;
```

可以修改为：

```
SELECT e.ename employeename,e.job
    FROM t_employee AS e;
```

11.2.2　等值连接

内连接查询中的等值连接，就是在关键字 ON 后的匹配条件中通过等于关系运算符（=）来实现等值条件。

下面将通过一个具体的实例来说明如何实现等值连接。

【实例 11-2】 执行 SQL 语句“INNER JOIN…ON”，在数据库 company 中，查询每个雇员的编号、姓名、职位、部门名称、位置。

【实例分析】

为了实现上述要求，需要经过如下步骤进行分析。

（1）确定需要查询的表和所查询字段的来源

根据要求需要查询两张表：部门表（t_dept）和雇员表（t_employee），前者需要查询出部门的名称和位置，后者需要查询出雇员的编号、姓名和职位。

（2）确定关联匹配条件

```
t_dept.deptno=t_employee_deptno
```

【实现步骤】

（1）执行 SQL 语句 USE，选择数据库 company，具体 SQL 语句如下：

```
USE company;
```

【运行效果】 执行上面的 SQL 语句，其结果如图 11.22 所示。

（2）执行 SQL 语句 SELECT，查询每一位雇员的编号、姓名和职位，具体 SQL 语句如下：

```
SELECT e.empno,e.ename,e.job
    FROM t_employee e;
```

【运行效果】执行上面的 SQL 语句，其结果如图 11.23 所示。

```
mysql> #选择数据库#
mysql> USE company;
Database changed
mysql>
```

图 11.22　选择数据库 company

```
mysql> #查询表数据#
mysql> SELECT e.empno,e.ename,e.job
    ->  FROM t_employee e;
+-------+--------+-----------+
| empno | ename  | job       |
+-------+--------+-----------+
|  7369 | SMITH  | CLERK     |
|  7499 | ALLEN  | SALESMAN  |
|  7521 | WARD   | SALESMAN  |
|  7566 | JONES  | MANAGER   |
|  7654 | MARTIN | SALESMAN  |
|  7698 | BLAKE  | MANAGER   |
|  7782 | CLARK  | MANAGER   |
|  7788 | SCOTT  | ANALYST   |
|  7839 | KING   | PRESIDENT |
|  7844 | TURNER | SALESMAN  |
|  7876 | ADAMS  | CLERK     |
|  7900 | JAMES  | CLERK     |
|  7902 | FORD   | ANALYST   |
|  7934 | MILLER | CLERK     |
|  7999 | cjgong | CLERK     |
+-------+--------+-----------+
15 rows in set (0.01 sec)

mysql>
```

图 11.23　查询表数据

执行结果成功显示出关于雇员的编号、姓名和职位。

（3）修改上述 SQL 语句，为查询中引入部门表，同时添加一条消除笛卡儿积的匹配条件，具体 SQL 语句如下：

```
SELECT e.empno,e.ename,e.job,d.dname,d.loc
    FROM t_employee e INNER JOIN t_dept d
        ON e.deptno=d.deptno;
```

【运行效果】执行上面的 SQL 语句，其结果如图 11.24 所示。

执行结果成功显示出关于雇员的编号、姓名、职位、部门名称和位置。

（4）上述 SQL 语句采用 ANSI 连接语法形式，通过“SELECT FROM WHERE”关键字也可以实现，具体 SQL 语句如下：

```
SELECT e.empno,e.ename,e.job,d.dname,d.loc
    FROM t_employee e,t_dept d
    WHERE e.deptno=d.deptno;
```

【运行效果】执行上面的 SQL 语句，其结果如图 11.25 所示。

执行结果显示，虽然 SQL 语句内容不同，但是执行结果一致，即在 MySQL 软件中两种方式的 SQL 语句执行效果是一致。

上述实例中，连接的表都是两个，下面通过一个具体的实例来说明如何实现多表（三张表）等值连接。

```
mysql> #等值连接#
mysql> SELECT e.empno,e.ename,e.job,d.dname,d.loc
    -> FROM t_employee e INNER JOIN t_dept d
    ->           ON e.deptno=d.deptno;
+-------+--------+-----------+------------+----------+
| empno | ename  | job       | dname      | loc      |
+-------+--------+-----------+------------+----------+
|  7369 | SMITH  | CLERK     | RESEARCH   | DALLAS   |
|  7499 | ALLEN  | SALESMAN  | SALES      | CHICAGO  |
|  7521 | WARD   | SALESMAN  | SALES      | CHICAGO  |
|  7566 | JONES  | MANAGER   | RESEARCH   | DALLAS   |
|  7654 | MARTIN | SALESMAN  | SALES      | CHICAGO  |
|  7698 | BLAKE  | MANAGER   | SALES      | CHICAGO  |
|  7782 | CLARK  | MANAGER   | ACCOUNTING | NEW YORK |
|  7788 | SCOTT  | ANALYST   | RESEARCH   | DALLAS   |
|  7839 | KING   | PRESIDENT | ACCOUNTING | NEW YORK |
|  7844 | TURNER | SALESMAN  | SALES      | CHICAGO  |
|  7876 | ADAMS  | CLERK     | RESEARCH   | DALLAS   |
|  7900 | JAMES  | CLERK     | SALES      | CHICAGO  |
|  7902 | FORD   | ANALYST   | RESEARCH   | DALLAS   |
|  7934 | MILLER | CLERK     | ACCOUNTING | NEW YORK |
+-------+--------+-----------+------------+----------+
14 rows in set (0.02 sec)

mysql>
```

图 11.24　等值连接

```
mysql> #等值连接#
mysql> SELECT e.empno,e.ename,e.job,d.dname,d.loc
    -> FROM t_employee e ,t_dept d
    -> WHERE e.deptno=d.deptno;
+-------+--------+-----------+------------+----------+
| empno | ename  | job       | dname      | loc      |
+-------+--------+-----------+------------+----------+
|  7369 | SMITH  | CLERK     | RESEARCH   | DALLAS   |
|  7499 | ALLEN  | SALESMAN  | SALES      | CHICAGO  |
|  7521 | WARD   | SALESMAN  | SALES      | CHICAGO  |
|  7566 | JONES  | MANAGER   | RESEARCH   | DALLAS   |
|  7654 | MARTIN | SALESMAN  | SALES      | CHICAGO  |
|  7698 | BLAKE  | MANAGER   | SALES      | CHICAGO  |
|  7782 | CLARK  | MANAGER   | ACCOUNTING | NEW YORK |
|  7788 | SCOTT  | ANALYST   | RESEARCH   | DALLAS   |
|  7839 | KING   | PRESIDENT | ACCOUNTING | NEW YORK |
|  7844 | TURNER | SALESMAN  | SALES      | CHICAGO  |
|  7876 | ADAMS  | CLERK     | RESEARCH   | DALLAS   |
|  7900 | JAMES  | CLERK     | SALES      | CHICAGO  |
|  7902 | FORD   | ANALYST   | RESEARCH   | DALLAS   |
|  7934 | MILLER | CLERK     | ACCOUNTING | NEW YORK |
+-------+--------+-----------+------------+----------+
14 rows in set (0.00 sec)

mysql>
```

图 11.25　等值连接

【实例 11-3】执行 SQL 语句“INNER JOIN…ON”，在数据库 company 中，查询每个雇员的编号、姓名、基本工资、职位、领导的姓名、部门名称和位置。

【实例分析】

为了实现上述要求，需要经过如下步骤来分析。

（1）确定需要查询的表和所查询字段的来源

根据要求需要查询三张表：部门表（t_dept）、雇员表（t_employee）和领导表（t_employee），分别查询如下字段。

- 雇员表：雇员的编号、姓名、基本工资和职位。
- 领导表：领导的姓名。
- 部门表：部门的名称和位置。

（2）确定关联匹配条件

领导表连接部门表匹配条件：t_employee.deptno=t_dept.deptno；

雇员表连接领导表匹配条件：t_employee.mgr=t_employee.deptno。

【实现步骤】

（1）执行 SQL 语句 USE，选择数据库 company，具体 SQL 语句如下：

```
USE company;
```

【运行效果】执行上面的 SQL 语句，其结果如图 11.26 所示。

```
mysql> #选择数据库#
mysql> USE company;
Database changed
mysql>
```

图 11.26　选择数据库 company

（2）执行 SQL 语句 SELECT，查询每一位雇员的编号、姓名、基本工资和职位，具体 SQL 语句如下：

```
SELECT e.empno,e.ename employeename,e.sal,e.job
    FROM t_employee e;
```

【运行效果】执行上面的 SQL 语句，其结果如图 11.27 所示。

执行结果成功显示出关于雇员的编号、姓名、基本工资和职位。

（3）修改上述 SQL 语句，为查询中引入领导表，同时添加一条消除笛卡儿积的匹配条件，具体 SQL 语句如下：

```
SELECT e.empno,e.ename employeename,e.sal,e.job,l.ename loadername
    FROM t_employee e INNER JOIN t_employee l
        ON e.mgr=l.empno;
```

【运行效果】执行上面的 SQL 语句，其结果如图 11.28 所示。

```
mysql> #查询表数据#
mysql> SELECT e.empno,e.ename employeename,e.sal,e.job
    -> FROM t_employee e;
+-------+--------------+---------+-----------+
| empno | employeename | sal     | job       |
+-------+--------------+---------+-----------+
|  7369 | SMITH        |  800.00 | CLERK     |
|  7499 | ALLEN        | 1600.00 | SALESMAN  |
|  7521 | WARD         | 1250.00 | SALESMAN  |
|  7566 | JONES        | 2975.00 | MANAGER   |
|  7654 | MARTIN       | 1250.00 | SALESMAN  |
|  7698 | BLAKE        | 2850.00 | MANAGER   |
|  7782 | CLARK        | 2450.00 | MANAGER   |
|  7788 | SCOTT        | 3000.00 | ANALYST   |
|  7839 | KING         | 5000.00 | PRESIDENT |
|  7844 | TURNER       | 1500.00 | SALESMAN  |
|  7876 | ADAMS        | 1100.00 | CLERK     |
|  7900 | JAMES        |  950.00 | CLERK     |
|  7902 | FORD         | 3000.00 | ANALYST   |
|  7934 | MILLER       | 1300.00 | CLERK     |
+-------+--------------+---------+-----------+
14 rows in set (0.00 sec)

mysql>
```

图 11.27　查询表数据

```
mysql> #等值连接#
mysql> SELECT e.empno,e.ename employeename,e.sal,e.job,l.ename loadername
    -> FROM t_employee e INNER JOIN t_employee l
    ->         ON e.mgr=l.empno;
+-------+--------------+---------+----------+------------+
| empno | employeename | sal     | job      | loadername |
+-------+--------------+---------+----------+------------+
|  7788 | SCOTT        | 3000.00 | ANALYST  | JONES      |
|  7902 | FORD         | 3000.00 | ANALYST  | JONES      |
|  7499 | ALLEN        | 1600.00 | SALESMAN | BLAKE      |
|  7521 | WARD         | 1250.00 | SALESMAN | BLAKE      |
|  7654 | MARTIN       | 1250.00 | SALESMAN | BLAKE      |
|  7844 | TURNER       | 1500.00 | SALESMAN | BLAKE      |
|  7900 | JAMES        |  950.00 | CLERK    | BLAKE      |
|  7934 | MILLER       | 1300.00 | CLERK    | CLARK      |
|  7876 | ADAMS        | 1100.00 | CLERK    | SCOTT      |
|  7566 | JONES        | 2975.00 | MANAGER  | KING       |
|  7698 | BLAKE        | 2850.00 | MANAGER  | KING       |
|  7782 | CLARK        | 2450.00 | MANAGER  | KING       |
|  7369 | SMITH        |  800.00 | CLERK    | FORD       |
+-------+--------------+---------+----------+------------+
13 rows in set (0.00 sec)

mysql>
```

图 11.28　等值连接

执行结果成功显示出关于雇员的编号、姓名、基本工资、职位和职位领导的姓名。

（4）修改上述 SQL 语句，为查询中引入部门表，同时添加一条消除笛卡儿积的匹配条件，具体 SQL 语句如下：

```
SELECT e.empno,e.ename employeename,e.sal,e.job,l.ename loadername,d.dname,d.loc
    FROM t_employee e INNER JOIN t_employee l ON e.mgr=l.empno
                      INNER JOIN t_dept d ON l.deptno=d.deptno;
```

【运行效果】执行上面的 SQL 语句，其结果如图 11.29 所示。

```
mysql> #等值连接#
mysql> SELECT e.empno,e.ename employeename,e.sal,e.job,l.ename loadername,d.dname,d.loc
    -> FROM t_employee e INNER JOIN t_employee l ON e.mgr=l.empno
    ->                   INNER JOIN t_dept d ON l.deptno=d.deptno;
+-------+--------------+---------+----------+------------+------------+----------+
| empno | employeename | sal     | job      | loadername | dname      | loc      |
+-------+--------------+---------+----------+------------+------------+----------+
|  7788 | SCOTT        | 3000.00 | ANALYST  | JONES      | RESEARCH   | DALLAS   |
|  7902 | FORD         | 3000.00 | ANALYST  | JONES      | RESEARCH   | DALLAS   |
|  7499 | ALLEN        | 1600.00 | SALESMAN | BLAKE      | SALES      | CHICAGO  |
|  7521 | WARD         | 1250.00 | SALESMAN | BLAKE      | SALES      | CHICAGO  |
|  7654 | MARTIN       | 1250.00 | SALESMAN | BLAKE      | SALES      | CHICAGO  |
|  7844 | TURNER       | 1500.00 | SALESMAN | BLAKE      | SALES      | CHICAGO  |
|  7900 | JAMES        |  950.00 | CLERK    | BLAKE      | SALES      | CHICAGO  |
|  7934 | MILLER       | 1300.00 | CLERK    | CLARK      | ACCOUNTING | NEW YORK |
|  7876 | ADAMS        | 1100.00 | CLERK    | SCOTT      | RESEARCH   | DALLAS   |
|  7566 | JONES        | 2975.00 | MANAGER  | KING       | ACCOUNTING | NEW YORK |
|  7698 | BLAKE        | 2850.00 | MANAGER  | KING       | ACCOUNTING | NEW YORK |
|  7782 | CLARK        | 2450.00 | MANAGER  | KING       | ACCOUNTING | NEW YORK |
|  7369 | SMITH        |  800.00 | CLERK    | FORD       | RESEARCH   | DALLAS   |
+-------+--------------+---------+----------+------------+------------+----------+
13 rows in set (0.00 sec)

mysql>
```

图 11.29　等值连接

执行结果成功显示出关于雇员的编号、姓名、基本工资、职位、职位领导的姓名、部门名称和位置。

（5）上述 SQL 语句采用 ANSI 连接语法形式，通过“SELECT FROM WHERE”关键字也可以实现，具体 SQL 语句如下：

```
SELECT e.empno,e.ename employeename,e.sal,e.job,l.ename loadername,d.dname,d.loc
    FROM t_employee e , t_employee l,t_dept d
    WHERE e.mgr=l.empno AND l.deptno=d.deptno;
```

【运行效果】执行上面的 SQL 语句其结果如图 11.30 所示。

```
mysql> #等值连接#
mysql> SELECT e.empno,e.ename employeename,e.sal,e.job,l.ename loadername,d.dname,d.loc
    -> FROM t_employee e , t_employee l,t_dept d
    -> WHERE e.mgr=l.empno AND l.deptno=d.deptno;
+-------+--------------+---------+----------+------------+------------+----------+
| empno | employeename | sal     | job      | loadername | dname      | loc      |
+-------+--------------+---------+----------+------------+------------+----------+
|  7788 | SCOTT        | 3000.00 | ANALYST  | JONES      | RESEARCH   | DALLAS   |
|  7902 | FORD         | 3000.00 | ANALYST  | JONES      | RESEARCH   | DALLAS   |
|  7499 | ALLEN        | 1600.00 | SALESMAN | BLAKE      | SALES      | CHICAGO  |
|  7521 | WARD         | 1250.00 | SALESMAN | BLAKE      | SALES      | CHICAGO  |
|  7654 | MARTIN       | 1250.00 | SALESMAN | BLAKE      | SALES      | CHICAGO  |
|  7844 | TURNER       | 1500.00 | SALESMAN | BLAKE      | SALES      | CHICAGO  |
|  7900 | JAMES        |  950.00 | CLERK    | BLAKE      | SALES      | CHICAGO  |
|  7934 | MILLER       | 1300.00 | CLERK    | CLARK      | ACCOUNTING | NEW YORK |
|  7876 | ADAMS        | 1100.00 | CLERK    | SCOTT      | RESEARCH   | DALLAS   |
|  7566 | JONES        | 2975.00 | MANAGER  | KING       | ACCOUNTING | NEW YORK |
|  7698 | BLAKE        | 2850.00 | MANAGER  | KING       | ACCOUNTING | NEW YORK |
|  7782 | CLARK        | 2450.00 | MANAGER  | KING       | ACCOUNTING | NEW YORK |
|  7369 | SMITH        |  800.00 | CLERK    | FORD       | RESEARCH   | DALLAS   |
+-------+--------------+---------+----------+------------+------------+----------+
13 rows in set (0.02 sec)

mysql>
```

图 11.30　等值连接

执行结果显示，虽然 SQL 语句内容不同，但执行结果却一致，即在 MySQL 软件中两种方式的 SQL 语句执行效果是一致的。

11.2.3　不等连接

内连接查询中的不等连接，就是在关键字 ON 后的匹配条件中通过除了等于关系运算符来实现不等条件外，可以使用的关系运算符包含“>”、“>=”、“<”、“<=”和“!=”等运算符号。

下面将通过一个具体的实例来说明如何实现不等连接

【实例 11-4】执行 SQL 语句“INNER JOIN…ON”，在数据库 company 中，查询雇员编号大于其领导编号的每个雇员的姓名、职位、领导姓名。

【实例分析】

为了实现上述要求，需要经过如下步骤来分析。

（1）确定需要查询的表和所查询字段的来源

根据要求需要查询两张表雇员表（t_employee）和领导表（t_employee），前者需要查询出雇员的姓名和职位；后者需要查询到领导的姓名。

（2）确定关联匹配条件

t_employee.mgr（雇员表的领导编号）=t_employee.empno（领导表的领导编号）。

t_employee.empno（雇员表的雇员编号）>t_employee.empno（领导表的领导编号）。

【实现步骤】

（1）执行 SQL 语句 USE，选择数据库 company，具体 SQL 语句如下：

```
USE company;
```

【运行效果】执行上面的 SQL 语句，其结果如图 11.31 所示。

（2）执行 SQL 语句 SELECT，查询每一位雇员的姓名和职位，具体 SQL 语句如下：

```
SELECT e.ename employeename,e.job
    FROM t_employee e;
```

【运行效果】执行上面的 SQL 语句，其结果如图 11.32 所示。

```
mysql> #选择数据库#
mysql> USE company;
Database changed
mysql>
```

图 11.31 选择数据库 company

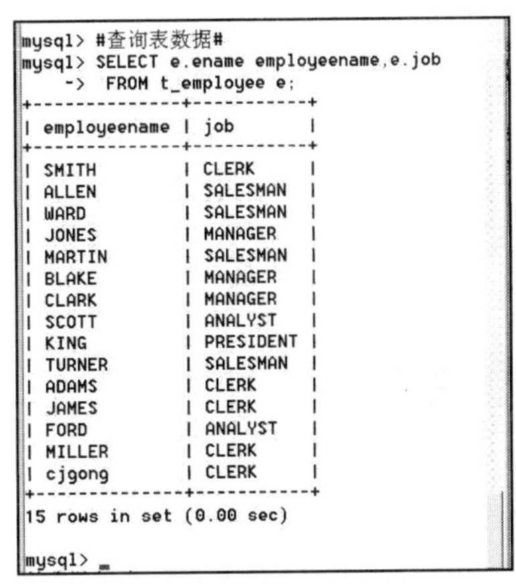
```
mysql> #查询表数据#
mysql> SELECT e.ename employeename,e.job
    -> FROM t_employee e;
+--------------+-----------+
| employeename | job       |
+--------------+-----------+
| SMITH        | CLERK     |
| ALLEN        | SALESMAN  |
| WARD         | SALESMAN  |
| JONES        | MANAGER   |
| MARTIN       | SALESMAN  |
| BLAKE        | MANAGER   |
| CLARK        | MANAGER   |
| SCOTT        | ANALYST   |
| KING         | PRESIDENT |
| TURNER       | SALESMAN  |
| ADAMS        | CLERK     |
| JAMES        | CLERK     |
| FORD         | ANALYST   |
| MILLER       | CLERK     |
| cjgong       | CLERK     |
+--------------+-----------+
15 rows in set (0.00 sec)

mysql> _
```

图 11.32 查询表数据

执行结果成功显示出关于雇员的姓名和职位。

（3）修改上述 SQL 语句，为查询中引入领导表，同时添加一条消除笛卡儿积的匹配条件，具体 SQL 语句如下：

```
SELECT e.ename employeename,e.job,l.ename loadername
    FROM t_employee e INNER JOIN t_employee l
        ON e.mgr=l.empno AND e.empno>l.empno;
```

【运行效果】执行上面的 SQL 语句，其结果如图 11.33 所示。

执行结果成功显示出关于雇员的姓名、职位和领导姓名。

（4）上述 SQL 语句采用 ANSI 连接语法形式，通过“SELECT FROM WHERE”关键字也可以实现，具体 SQL 语句如下：

```
SELECT e.ename employeename,e.job,L.ename loadername
    FROM t_employee e , t_employee l
    WHERE e.mgr=l.empno AND e.empno>l.empno;
```

【运行效果】执行上面的 SQL 语句，其结果如图 11.34 所示。

执行结果显示，虽然 SQL 语句内容不同，但是执行结果却一致，即在 MySQL 软件中两种方式的 SQL 语句执行效果是一致的。

```
mysql> #不等连接#
mysql> SELECT e.ename employeename,e.job,l.ename loadername
    -> FROM t_employee e INNER JOIN t_employee l
    ->          ON e.mgr=l.empno AND e.empno>l.empno;
+--------------+----------+------------+
| employeename | job      | loadername |
+--------------+----------+------------+
| SCOTT        | ANALYST  | JONES      |
| FORD         | ANALYST  | JONES      |
| TURNER       | SALESMAN | BLAKE      |
| JAMES        | CLERK    | BLAKE      |
| MILLER       | CLERK    | CLARK      |
| ADAMS        | CLERK    | SCOTT      |
+--------------+----------+------------+
6 rows in set (0.16 sec)

mysql>
```

图 11.33　不等连接

```
mysql> #不等连接#
mysql> SELECT e.ename employeename,e.job,L.ename loadername
    -> FROM t_employee e , t_employee l
    -> WHERE e.mgr=l.empno AND e.empno>l.empno;
+--------------+----------+------------+
| employeename | job      | loadername |
+--------------+----------+------------+
| SCOTT        | ANALYST  | JONES      |
| FORD         | ANALYST  | JONES      |
| TURNER       | SALESMAN | BLAKE      |
| JAMES        | CLERK    | BLAKE      |
| MILLER       | CLERK    | CLARK      |
| ADAMS        | CLERK    | SCOTT      |
+--------------+----------+------------+
6 rows in set (0.00 sec)

mysql>
```

图 11.34　不等连接

11.3　外连接查询

在 MySQL 软件中外连接查询会返回所操作表中至少一个表的所有数据记录，查看帮助文档发现，在 MySQL 中数据查询通过 SQL 语句“OUTER JOIN…ON”来实现，外连接数据查询语法形式如下：

```
SELECT field1 field2 …fieldn
    FROM join_tablename1 LEFT|RIGHT|FULL [OUTER] JOIN join_tablename2
    ON join_condition
```

在上述语句中，参数 fieldn 表示所要查询的字段名字，来源于所连接的表 join_tablename1 和 join_tablename2，关键字 OUTER JOIN 表示表进行外连接，参数 join_condition 表示进行匹配的条件。

按照外连接关键字，外连接查询可以分为如下三类：

- 左外连接。
- 右外连接。
- 全外连接。

为了便于讲解，本节所涉及的外关联查询数据记录操作，都是针对于数据库 company 中表示部门信息的表 t_dept 和表示雇员信息的表 t_employee，关于部门表（t_dept）的数据记录如图 11.35 所示，关于雇员表（t_employee）的所有数据记录如图 11.36 所示。

```
+--------+------------+----------+
| deptno | dname      | loc      |
+--------+------------+----------+
|     10 | ACCOUNTING | NEW YORK |
|     20 | RESEARCH   | DALLAS   |
|     30 | SALES      | CHICAGO  |
|     40 | OPERATIONS | BOSTON   |
+--------+------------+----------+
```

图 11.35　表 t_dept 数据记录

```
+-------+--------+-----------+------+------------+---------+---------+--------+
| empno | ename  | job       | MGR  | Hiredate   | sal     | comm    | deptno |
+-------+--------+-----------+------+------------+---------+---------+--------+
|  7369 | SMITH  | CLERK     | 7902 | 1981-03-12 |  800.00 |    NULL |     20 |
|  7499 | ALLEN  | SALESMAN  | 7698 | 1982-03-12 | 1600.00 |  300.00 |     30 |
|  7521 | WARD   | SALESMAN  | 7698 | 1983-03-12 | 1250.00 |  500.00 |     30 |
|  7566 | JONES  | MANAGER   | 7839 | 1981-03-12 | 2975.00 |    NULL |     20 |
|  7654 | MARTIN | SALESMAN  | 7698 | 1981-03-12 | 1250.00 | 1400.00 |     30 |
|  7698 | BLAKE  | MANAGER   | 7839 | 1981-03-12 | 2850.00 |    NULL |     30 |
|  7782 | CLARK  | MANAGER   | 7839 | 1985-03-12 | 2450.00 |    NULL |     10 |
|  7788 | SCOTT  | ANALYST   | 7566 | 1981-03-12 | 3000.00 |    NULL |     20 |
|  7839 | KING   | PRESIDENT | NULL | 1981-03-12 | 5000.00 |    NULL |     10 |
|  7844 | TURNER | SALESMAN  | 7698 | 1989-03-12 | 1500.00 |    0.00 |     30 |
|  7876 | ADAMS  | CLERK     | 7788 | 1998-03-12 | 1100.00 |    NULL |     20 |
|  7900 | JAMES  | CLERK     | 7698 | 1997-03-12 |  950.00 |    NULL |     30 |
|  7902 | FORD   | ANALYST   | 7566 | 0000-00-00 | 3000.00 |    NULL |     20 |
|  7934 | MILLER | CLERK     | 7782 | 1981-03-12 | 1300.00 |    NULL |     10 |
|  7999 | cjgong | CLERK     | 7782 | 1981-03-12 | 5200.00 |    NULL |     50 |
+-------+--------+-----------+------+------------+---------+---------+--------+
```

图 11.36　表 t_employee 数据记录

11.3.1　左外连接

外连接查询中的左外连接，就是指新关系中执行匹配条件时，以关键字 LEFT JOIN 左边的表为参考表。

下面将通过一个具体的实例来说明如何实现左外连接。

【实例 11-5】执行 SQL 语句“LEFT JOIN…ON”，在数据库 company 中，查询每个雇员的姓名、职位、领导姓名。由于名为 KING 的雇员位于公司最高位，所以没有领导信息，本实例中要显示出名为 KING 雇员的信息。

【实例分析】

为了实现上述要求，需要经过如下步骤来分析。

（1）确定需要查询的表和所查询字段的来源

根据要求需要查询两张表雇员表（t_employee）和领导表（t_employee），前者需要查询出雇员的姓名和职位；后者需要查询到领导的姓名。

（2）确定关联匹配条件

t_employee.mgr（雇员表的领导编号）=t_employee.empno（领导表的领导编号）。

【实现步骤】

（1）执行 SQL 语句 USE，选择数据库 company，具体 SQL 语句如下：

```
USE company;
```

【运行效果】执行上面的 SQL 语句，其结果如图 11.37 所示。

（2）执行 SQL 语句 SELECT，查询每一位雇员的姓名和职位，具体 SQL 语句如下：

```
SELECT e.ename employeename,e.job
    FROM t_employee e;
```

【运行效果】执行上面的 SQL 语句，其结果如图 11.38 所示。

```
mysql> #选择数据库#
mysql> USE company;
Database changed
mysql>
```

图 11.37　选择数据库 company

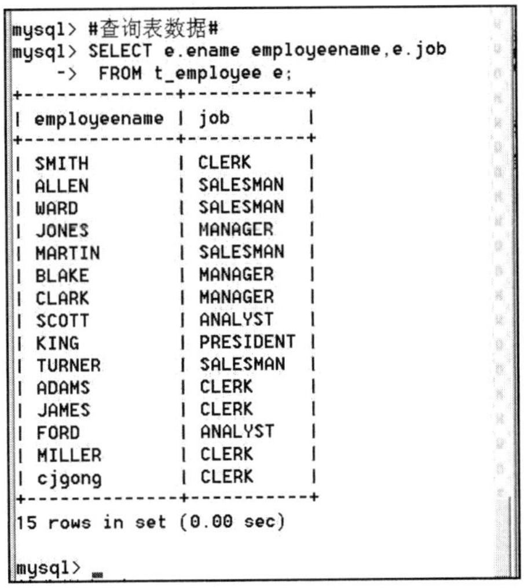

```
mysql> #查询表数据#
mysql> SELECT e.ename employeename,e.job
    ->   FROM t_employee e;
+--------------+-----------+
| employeename | job       |
+--------------+-----------+
| SMITH        | CLERK     |
| ALLEN        | SALESMAN  |
| WARD         | SALESMAN  |
| JONES        | MANAGER   |
| MARTIN       | SALESMAN  |
| BLAKE        | MANAGER   |
| CLARK        | MANAGER   |
| SCOTT        | ANALYST   |
| KING         | PRESIDENT |
| TURNER       | SALESMAN  |
| ADAMS        | CLERK     |
| JAMES        | CLERK     |
| FORD         | ANALYST   |
| MILLER       | CLERK     |
| cjgong       | CLERK     |
+--------------+-----------+
15 rows in set (0.00 sec)

mysql> _
```

图 11.38　查询表数据

执行结果成功显示出关于雇员的姓名和职位。

（3）修改上述 SQL 语句，为查询中引入领导表，同时添加一条消除笛卡儿积的匹配条件，具体 SQL 语句如下：

```
SELECT e.ename employeename,e.job,l.ename loadername
    FROM t_employee e LEFT JOIN t_employee l
        ON e.mgr=l.empno;
```

【运行效果】执行上面的 SQL 语句，其结果如图 11.39 所示。

执行结果成功显示出关于雇员的姓名、职位和其领导姓名，同时还显示出姓名为 KING 雇员的相应信息。由于雇员 KING 没有领导，所以该记录中领导名（字段 loadername）的值为 NULL。

（4）修改上述 SQL 语句为等值连接的内连接，具体 SQL 语句如下：

```
SELECT e.ename employeename,e.job,l.ename loadername
    FROM t_employee e INNER JOIN t_employee l
        ON e.mgr=l.empno;
```

【运行效果】执行上面的 SQL 语句，其结果如图 11.40 所示。

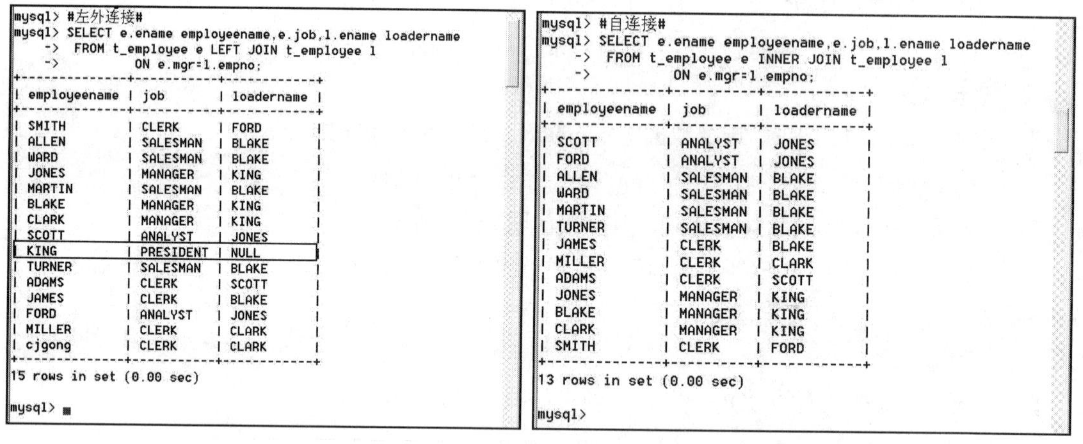

```
mysql> #左外连接#
mysql> SELECT e.ename employeename,e.job,l.ename loadername
    ->  FROM t_employee e LEFT JOIN t_employee l
    ->          ON e.mgr=l.empno;
+--------------+-----------+------------+
| employeename | job       | loadername |
+--------------+-----------+------------+
| SMITH        | CLERK     | FORD       |
| ALLEN        | SALESMAN  | BLAKE      |
| WARD         | SALESMAN  | BLAKE      |
| JONES        | MANAGER   | KING       |
| MARTIN       | SALESMAN  | BLAKE      |
| BLAKE        | MANAGER   | KING       |
| CLARK        | MANAGER   | KING       |
| SCOTT        | ANALYST   | JONES      |
| KING         | PRESIDENT | NULL       |
| TURNER       | SALESMAN  | BLAKE      |
| ADAMS        | CLERK     | SCOTT      |
| JAMES        | CLERK     | BLAKE      |
| FORD         | ANALYST   | JONES      |
| MILLER       | CLERK     | CLARK      |
| cjgong       | CLERK     | CLARK      |
+--------------+-----------+------------+
15 rows in set (0.00 sec)

mysql>
```

图 11.39　左外连接

```
mysql> #自连接#
mysql> SELECT e.ename employeename,e.job,l.ename loadername
    ->  FROM t_employee e INNER JOIN t_employee l
    ->          ON e.mgr=l.empno;
+--------------+----------+------------+
| employeename | job      | loadername |
+--------------+----------+------------+
| SCOTT        | ANALYST  | JONES      |
| FORD         | ANALYST  | JONES      |
| ALLEN        | SALESMAN | BLAKE      |
| WARD         | SALESMAN | BLAKE      |
| MARTIN       | SALESMAN | BLAKE      |
| TURNER       | SALESMAN | BLAKE      |
| JAMES        | CLERK    | BLAKE      |
| MILLER       | CLERK    | CLARK      |
| ADAMS        | CLERK    | SCOTT      |
| JONES        | MANAGER  | KING       |
| BLAKE        | MANAGER  | KING       |
| CLARK        | MANAGER  | KING       |
| SMITH        | CLERK    | FORD       |
+--------------+----------+------------+
13 rows in set (0.00 sec)

mysql>
```

图 11.40　等值连接

执行结果显示，虽然等值连接 SQL 语句也显示出雇员的相应信息，但是没有显示出雇员为 KING 的信息。

11.3.2　右外连接

外连接查询中的右外连接，是指新关系中执行匹配条件时，以关键字 RIGHT JOIN 右边的表为参考表。

下面通过一个具体的实例来说明如何实现右外连接。

【实例 11-6】 执行 SQL 语句“RIGHT JOIN...ON”，在数据库 company 中，查询每个雇员的编号、姓名、职位、部门名称、位置。由于名为 cjgong 的雇员所存在的部门编号 50 在部门表中不存在，所以该雇员信息没有部门信息，本实例中要显示出名为 cjgong 雇员的信息。

【实例分析】

为了实现上述要求，需要经过如下步骤来分析。

（1）确定需要查询的表和所查询字段的来源

根据要求需要查询两张表：部门表（t_dept）和雇员表（t_employee），前者需要查询出部门的名称和位置；后者需要查询出雇员的编号、姓名、职位。

（2）确定关联匹配条件

```
t_dept.deptno=t_employee_deptno
```

【实现步骤】

（1）执行 SQL 语句 USE，选择数据库 company，具体 SQL 语句如下：

```
USE company;
```

【运行效果】执行上面的 SQL 语句，其结果如图 11.41 所示。

（2）执行 SQL 语句 SELECT，查询每一位雇员的编号、姓名、职位，具体 SQL 语句如下：

```
SELECT e.empno,e.ename,e.job
    FROM t_employee e;
```

【运行效果】执行上面的 SQL 语句，其结果如图 11.42 所示。

```
mysql> #选择数据库#
mysql> USE company;
Database changed
mysql>
```

图 11.41　选择数据库 company

```
mysql> #查询表数据#
mysql> SELECT e.empno,e.ename,e.job
    -> FROM t_employee e;
+-------+--------+-----------+
| empno | ename  | job       |
+-------+--------+-----------+
|  7369 | SMITH  | CLERK     |
|  7499 | ALLEN  | SALESMAN  |
|  7521 | WARD   | SALESMAN  |
|  7566 | JONES  | MANAGER   |
|  7654 | MARTIN | SALESMAN  |
|  7698 | BLAKE  | MANAGER   |
|  7782 | CLARK  | MANAGER   |
|  7788 | SCOTT  | ANALYST   |
|  7839 | KING   | PRESIDENT |
|  7844 | TURNER | SALESMAN  |
|  7876 | ADAMS  | CLERK     |
|  7900 | JAMES  | CLERK     |
|  7902 | FORD   | ANALYST   |
|  7934 | MILLER | CLERK     |
|  7999 | cjgong | CLERK     |
+-------+--------+-----------+
15 rows in set (0.01 sec)

mysql> _
```

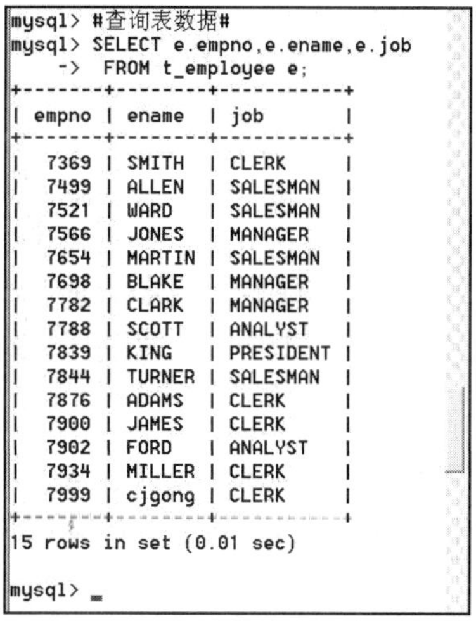

图 11.42　查询表数据

执行结果成功显示出关于雇员的编号、姓名和职位。

（3）修改上述 SQL 语句，为查询中引入部门表，同时添加一条消除笛卡儿积的匹配条件，具体 SQL 语句如下：

```
SELECT e.empno,e.ename,e.job,d.dname,d.loc
    FROM t_dept d RIGHT JOIN t_employee e
        ON e.deptno=d.deptno;
```

【运行效果】执行上面的 SQL 语句，其结果如图 11.43 所示。

执行结果成功显示出关于雇员的编号、姓名、职位和其部门名称和地址，同时还显示出姓名为 cjgong 雇员的相应信息。由于雇员 cjgong 所在部门在部门表中没有相应信息，所以该记录中部门名称（字段 dname）和部门地址（字段 loc）的值为 NULL。

（4）修改上述 SQL 语句为等值连接的内连接，具体 SQL 语句如下：

```
SELECT e.empno,e.ename,e.job,d.dname,d.loc
    FROM t_employee e,t_dept d
    WHERE e.deptno=d.deptno;
```

【运行效果】执行上面的 SQL 语句，其结果如图 11.44 所示。

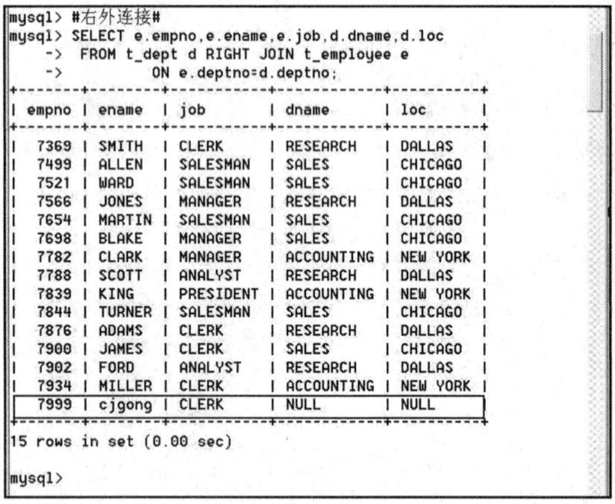

```
mysql> #右外连接#
mysql> SELECT e.empno,e.ename,e.job,d.dname,d.loc
    ->   FROM t_dept d RIGHT JOIN t_employee e
    ->           ON e.deptno=d.deptno;
+-------+--------+-----------+------------+----------+
| empno | ename  | job       | dname      | loc      |
+-------+--------+-----------+------------+----------+
|  7369 | SMITH  | CLERK     | RESEARCH   | DALLAS   |
|  7499 | ALLEN  | SALESMAN  | SALES      | CHICAGO  |
|  7521 | WARD   | SALESMAN  | SALES      | CHICAGO  |
|  7566 | JONES  | MANAGER   | RESEARCH   | DALLAS   |
|  7654 | MARTIN | SALESMAN  | SALES      | CHICAGO  |
|  7698 | BLAKE  | MANAGER   | SALES      | CHICAGO  |
|  7782 | CLARK  | MANAGER   | ACCOUNTING | NEW YORK |
|  7788 | SCOTT  | ANALYST   | RESEARCH   | DALLAS   |
|  7839 | KING   | PRESIDENT | ACCOUNTING | NEW YORK |
|  7844 | TURNER | SALESMAN  | SALES      | CHICAGO  |
|  7876 | ADAMS  | CLERK     | RESEARCH   | DALLAS   |
|  7900 | JAMES  | CLERK     | SALES      | CHICAGO  |
|  7902 | FORD   | ANALYST   | RESEARCH   | DALLAS   |
|  7934 | MILLER | CLERK     | ACCOUNTING | NEW YORK |
|  7999 | cjgong | CLERK     | NULL       | NULL     |
+-------+--------+-----------+------------+----------+
15 rows in set (0.00 sec)

mysql>
```

图 11.43 右外连接

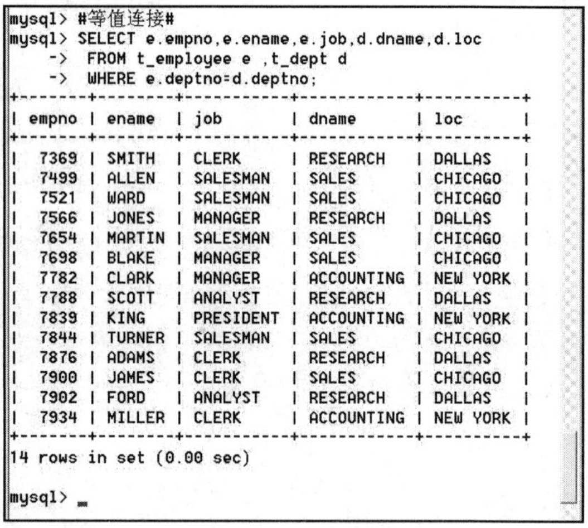

```
mysql> #等值连接#
mysql> SELECT e.empno,e.ename,e.job,d.dname,d.loc
    ->   FROM t_employee e ,t_dept d
    ->   WHERE e.deptno=d.deptno;
+-------+--------+-----------+------------+----------+
| empno | ename  | job       | dname      | loc      |
+-------+--------+-----------+------------+----------+
|  7369 | SMITH  | CLERK     | RESEARCH   | DALLAS   |
|  7499 | ALLEN  | SALESMAN  | SALES      | CHICAGO  |
|  7521 | WARD   | SALESMAN  | SALES      | CHICAGO  |
|  7566 | JONES  | MANAGER   | RESEARCH   | DALLAS   |
|  7654 | MARTIN | SALESMAN  | SALES      | CHICAGO  |
|  7698 | BLAKE  | MANAGER   | SALES      | CHICAGO  |
|  7782 | CLARK  | MANAGER   | ACCOUNTING | NEW YORK |
|  7788 | SCOTT  | ANALYST   | RESEARCH   | DALLAS   |
|  7839 | KING   | PRESIDENT | ACCOUNTING | NEW YORK |
|  7844 | TURNER | SALESMAN  | SALES      | CHICAGO  |
|  7876 | ADAMS  | CLERK     | RESEARCH   | DALLAS   |
|  7900 | JAMES  | CLERK     | SALES      | CHICAGO  |
|  7902 | FORD   | ANALYST   | RESEARCH   | DALLAS   |
|  7934 | MILLER | CLERK     | ACCOUNTING | NEW YORK |
+-------+--------+-----------+------------+----------+
14 rows in set (0.00 sec)

mysql> _
```

图 11.44 等值连接

执行结果显示，虽然等值连接 SQL 语句也显示出雇员和该雇员相关部门的相应信息，但是没有显示出雇员为 cjgong 的信息。

11.4 合并查询数据记录

在 MySQL 软件中通过关键字 UNION 来实现并操作，即可以通过其将多个 SELECT 语句的查询结果合并在一起组成新的关系。查看帮助文档发现，在 MySQL 软件中实现查询数据记录合并通过 SQL 语句 UNION 来实现，具体语法形式如下：

```
SELECT field1 field2 …fieldn
    FROM tablename1
UNION | UNION ALL
SELECT field1 field2 …fieldn
    FROM tablename2
UNION | UNION ALL
SELECT field1 field2 …fieldn
    FROM tablename3
……
```

上述语句中存在多个查询数据记录语句，每个查询数据记录语句之间使用关键字 UNION 或 UNION ALL 进行连接。

为了便于讲解，本节所涉及的并操作，都是针对于数据库 company 中计算机系学生的表 t_cstudent 和表示音乐系学生的表 t_mstudent，关于计算机系学生表（t_cstudent）的所有数据记录如图 11.45 所示，关于音乐系学生的表（t_mstudent）的所有数据记录如图 11.46 所示。

```
+-----------+------+
| name      | sex  |
+-----------+------+
| ccjgong1  | 男   |
| ccjgong2  | 女   |
| ccjgong3  | 男   |
| ccjgong4  | 女   |
| ccjgong5  | 女   |
| cmcjgong  | 男   |
+-----------+------+
```

图 11.45　计算机系学生表数据记录

```
+-----------+------+
| name      | sex  |
+-----------+------+
| cmcjgong  | 男   |
| mcjgong1  | 女   |
| mcjgong2  | 男   |
| mcjgong3  | 男   |
| mcjgong4  | 女   |
| mcjgong5  | 女   |
+-----------+------+
```

图 11.46　音乐系学生表数据记录

1. 带有关键字 UNION 的合并操作

关键字 UNION 会把查询结果集直接合并在一起，同时将会去掉重复数据记录，下面将通过一个具体的实例来说明如何使用关键字 UNION。

【实例 11-7】执行 SQL 语句 SELECT，在数据库 company 中，合并计算机系学生和音乐系学生的数据记录信息，具体步骤如下：

（1）执行 SQL 语句 USE，选择数据库 company，具体 SQL 语句如下：

```
USE company;
```

【运行效果】执行上面的 SQL 语句，其结果如图 11.47 所示。

（2）执行 SQL 语句 UNION，合并查询数据记录，具体 SQL 语句如下：

```
SELECT *
    FROM t_cstudent
UNION
SELECT *
    FROM t_mstudent;
```

【运行效果】执行上面的 SQL 语句，其结果如图 11.48 所示。

```
mysql> #选择数据库#
mysql> USE company;
Database changed
mysql>
```

图 11.47　选择数据库 company

```
mysql> #合并查询数据记录结果#
mysql> SELECT *
    ->  FROM t_cstudent
    -> UNION
    -> SELECT *
    ->  FROM t_mstudent;
+-----------+------+
| name      | sex  |
+-----------+------+
| ccjgong1  | 男   |
| ccjgong2  | 女   |
| ccjgong3  | 男   |
| ccjgong4  | 女   |
| ccjgong5  | 女   |
| cmcjgong  | 男   |
| mcjgong1  | 女   |
| mcjgong2  | 男   |
| mcjgong3  | 男   |
| mcjgong4  | 女   |
| mcjgong5  | 女   |
+-----------+------+
11 rows in set (0.02 sec)

mysql>
```

图 11.48　并操作

执行结果成功显示出合并后的数据记录，同时去掉重复数据记录，使新关系里没有任何重复的数据记录。

2. 带关键字 UNION ALL 的合并操作

关键字 UNION ALL 会把查询结果集直接合并在一起,下面通过一个具体的实例来说明如何使用关键字 UNION。

【实例 11-8】 执行 SQL 语句 SELECT，在数据库 company 中，合并计算机系学生和音乐系学生的数据记录信息，具体步骤如下：

（1）执行 SQL 语句 USE，选择数据库 company，具体 SQL 语句如下：

```
USE company;
```

【运行效果】 执行上面的 SQL 语句，其结果如图 11.49 所示。

（2）执行 SQL 语句 UNION ALL，合并查询数据记录，具体 SQL 语句如下：

```
SELECT *
    FROM t_cstudent
UNION ALL
SELECT *
    FROM t_mstudent;
```

【运行效果】 执行上面的 SQL 语句，其结果如图 11.50 所示。

```
mysql> #选择数据库#
mysql> USE company;
Database changed
mysql>
```

图 11.49 选择数据库 company

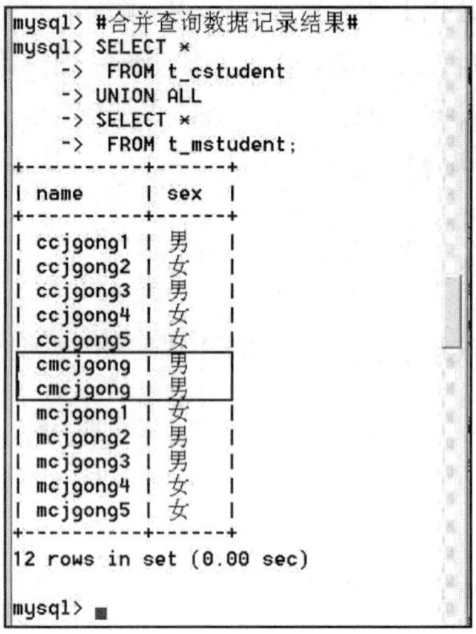

```
mysql> #合并查询数据记录结果#
mysql> SELECT *
    ->  FROM t_cstudent
    -> UNION ALL
    -> SELECT *
    ->  FROM t_mstudent;
+----------+------+
| name     | sex  |
+----------+------+
| ccjgong1 | 男   |
| ccjgong2 | 女   |
| ccjgong3 | 男   |
| ccjgong4 | 女   |
| ccjgong5 | 女   |
| cmcjgong | 男   |
| cmcjgong | 男   |
| mcjgong1 | 女   |
| mcjgong2 | 男   |
| mcjgong3 | 男   |
| mcjgong4 | 女   |
| mcjgong5 | 女   |
+----------+------+
12 rows in set (0.00 sec)

mysql>
```

图 11.50 并操作

执行结果成功显示出合并后的数据记录，但是没有去掉重复数据记录，即新关系里存在重复的数据记录。

11.5 子 查 询

在 MySQL 软件中虽然可以通过连接查询实现多表查询数据记录，但却不建议使用。这是因为连接查询的性能很差。因此出现了连接查询的替代者子查询。在具体开发应用中，MySQL 软件推荐使用子查询来实现多表查询数据记录。

11.5.1　为什么使用子查询

为了讲解清楚"为什么使用子查询"这个问题，需要从多表查询数据记录操作的开发经验开始。在日常开发中，用户经常会接触到查询多表数据记录操作，例如，需要查询部门表 t_dept 和雇员表 t_employee 的数据记录。

对于新手，直接会执行如下 SQL 语句进行查询：

```
SELECT *
    FROM t_dept t,t_employee l
    WHERE  t.deptno=l.deptno;
```

上述 SQL 语句在执行过程中，首先会对两个表进行笛卡儿积操作，然后再选取符合匹配条件的数据记录。进行笛卡儿积操作时，会生成两个数表数据记录数的乘积条数据记录，如果这两张表的数据记录比较大，则在进行笛卡儿积操作时会造成死机。

对于有经验的用户，首先会通过统计函数查看操作表笛卡儿积后的数据记录数，然后再进行多表查询。因此多表查询一般会经过如下步骤：

（1）通过统计函数（COUNT()）查询所关联表笛卡儿积后的数据记录数，具体 SQL 语句如下：

```
SELECT COUNT(*)
    FROM t_dept t,t_employee l
```

（2）如果查询到的数据记录数 MySQL 软件可以接受，然后再进行多表连接查询，否则就应该考虑通过其他方式来实现。

那么如果查询到笛卡儿积后的数据记录数远远大于 MySQL 软件可以接受的范围，如何实现多表查询呢？为了解决该问题，MySQL 软件提供了子查询来实现多表查询。

所谓子查询，就是指在一个查询之中嵌套了其他的若干查询，即在一个 SELECT 查询语句的 WHERE 或 FROM 子句中包含另一个 SELECT 查询语句。在查询语句中，外层 SELECT 查询语句称为主查询，WHERE 子句中的 SELECT 查询语句被称为子查询，也被称为嵌套查询。

通过子查询可以实现多表查询，该查询语句中可能包含 IN、ANY、ALL 和 EXISTS 等关键字，除此之外还可能包含比较运算符。理论上子查询可以出现在查询语句的任意位置，但是在实际开发中，子查询经常出现在 WHERE 和 FROM 子句中。

- WHERE 子句中的子查询：该位置处的子查询一般返回单行单列、多行单列、单行多列数据记录。
- FROM 子句中的子查询：该位置处的子查询一般返回多行多列数据记录，可以当作一张临时表。

11.5.2　返回结果为单行单列和单行多列子查询

当子查询的返回结果为单行单列数据记录时，该子查询语句一般在主查询语句的 WHERE 子句里，通常会包含比较运算符号（">"、"<"、"="、"!="等）。

1．返回结果为单行单列子查询

下面将通过一个具体的实例来说明如何实现返回结果为单行单列子查询。

【实例 11-9】执行 SQL 语句 SELECT，在数据库 company 中，查询雇员表（t_employee）中工

资比 SMITH 还要高的全部雇员信息，具体步骤如下：

（1）执行 SQL 语句 USE，选择数据库 company，具体 SQL 语句如下：

```
USE company;
```

【运行效果】执行上面的 SQL 语句，其结果如图 11.51 所示。

（2）执行 SQL 语句 SELECT，查询名为 SMITH 雇员的工资，具体 SQL 语句如下：

```
SELECT sal
    FROM t_employee
    WHERE ename='SMITH';
```

【运行效果】执行上面的 SQL 语句，其结果如图 11.52 所示。

```
mysql> #选择数据库#
mysql> USE company;
Database changed
mysql>
```

图 11.51　选择数据库 company

```
mysql> #查询表数据#
mysql> SELECT sal
    ->  FROM t_employee
    ->  WHERE ename='SMITH';
+---------+
| sal     |
+---------+
| 800.00 |
+---------+
1 row in set (0.00 sec)

mysql>
```

图 11.52　查询表数据

执行结果成功显示出 SMITH 雇员的工资为 800。

（3）由于上述 SQL 语句返回单行单列，所以可以在主查询 WHERE 关键字子句中出现。编写主查询实现本实例需求，具体 SQL 语句如下：

```
SELECT *
    FROM t_employee
    WHERE sal>(
        SELECT sal
            FROM t_employee
            WHERE ename='SMITH');
```

【运行效果】执行上面的 SQL 语句，其结果如图 11.53 所示。

```
mysql> #子查询#
mysql> SELECT *
    ->  FROM t_employee
    ->  WHERE sal>(
    ->          SELECT sal
    ->                  FROM t_employee
    ->                  WHERE ename='SMITH');
+-------+--------+-----------+------+------------+---------+---------+--------+
| empno | ename  | job       | MGR  | Hiredate   | sal     | comm    | deptno |
+-------+--------+-----------+------+------------+---------+---------+--------+
|  7499 | ALLEN  | SALESMAN  | 7698 | 1982-03-12 | 1600.00 |  300.00 |     30 |
|  7521 | WARD   | SALESMAN  | 7698 | 1983-03-12 | 1250.00 |  500.00 |     30 |
|  7566 | JONES  | MANAGER   | 7839 | 1981-03-12 | 2975.00 |    NULL |     20 |
|  7654 | MARTIN | SALESMAN  | 7698 | 1981-03-12 | 1250.00 | 1400.00 |     30 |
|  7698 | BLAKE  | MANAGER   | 7839 | 1981-03-12 | 2850.00 |    NULL |     30 |
|  7782 | CLARK  | MANAGER   | 7839 | 1985-03-12 | 2450.00 |    NULL |     10 |
|  7788 | SCOTT  | ANALYST   | 7566 | 1981-03-12 | 3000.00 |    NULL |     20 |
|  7839 | KING   | PRESIDENT | NULL | 1981-03-12 | 5000.00 |    NULL |     10 |
|  7844 | TURNER | SALESMAN  | 7698 | 1989-03-12 | 1500.00 |    0.00 |     30 |
|  7876 | ADAMS  | CLERK     | 7788 | 1998-03-12 | 1100.00 |    NULL |     20 |
|  7900 | JAMES  | CLERK     | 7698 | 1997-03-12 |  950.00 |    NULL |     30 |
|  7902 | FORD   | ANALYST   | 7566 | 0000-00-00 | 3000.00 |    NULL |     20 |
|  7934 | MILLER | CLERK     | 7782 | 1981-03-12 | 1300.00 |    NULL |     10 |
|  7999 | cjgong | CLERK     | 7782 | 1981-03-12 | 5200.00 |    NULL |     50 |
+-------+--------+-----------+------+------------+---------+---------+--------+
14 rows in set (0.00 sec)

mysql>
```

图 11.53　子查询数据记录

执行结果成功显示出工资比 SMITH 还要高的全部雇员信息。

2. 单行多列子查询

WHERE 子句中的子查询除了是返回单行单列的数据记录外，还可以是返回单行多列的数据记录，不过这种子查询很少出现。

下面通过一个具体的实例来说明如何实现返回结果为单行多列子查询。

【实例 11-10】 执行 SQL 语句 SELECT，在数据库 company 中，查询雇员表（t_employee）中工资和职位与 SMITH 一样的全部雇员信息，具体步骤如下：

（1）执行 SQL 语句 USE，选择数据库 company，具体 SQL 语句如下：

```
USE company;
```

【运行效果】 执行上面的 SQL 语句，其结果如图 11.54 所示。

（2）执行 SQL 语句 SELECT，查询名为 SMITH 雇员的工资和职位，具体 SQL 语句如下：

```
SELECT sal,job
    FROM t_employee
    WHERE ename='SMITH';
```

【运行效果】 执行上面的 SQL 语句，其结果如图 11.55 所示。

```
mysql> #选择数据库#
mysql> USE company;
Database changed
mysql>
```

图 11.54　选择数据库 company

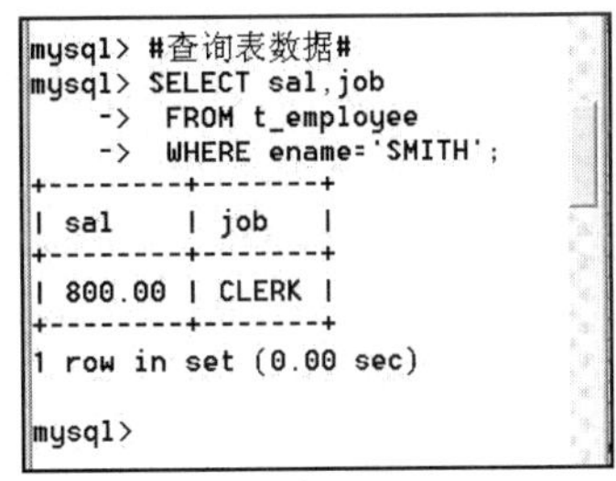

```
mysql> #查询表数据#
mysql> SELECT sal,job
    ->  FROM t_employee
    ->  WHERE ename='SMITH';
+---------+-------+
| sal     | job   |
+---------+-------+
| 800.00  | CLERK |
+---------+-------+
1 row in set (0.00 sec)

mysql>
```

图 11.55　查询表数据

执行结果成功显示出 SMITH 雇员的姓名和职位。

（3）由于上述 SQL 语句返回单行多列，所以可以在主查询的 WHERE 关键字子句中出现。编写主查询实现本实例需求，具体 SQL 语句如下：

```
SELECT ename,sal,job
    FROM t_employee
    WHERE (sal,job)=(
        SELECT sal,job
            FROM t_employee
            WHERE ename='SMITH');
```

【运行效果】 执行上面的 SQL 语句，其结果如图 11.56 所示。

执行结果成功显示出与 SMITH 的工资和职位一样的全部雇员信息。

```
mysql> #子查询#
mysql> SELECT ename,sal,job
    ->  FROM t_employee
    ->  WHERE (sal,job)=(
    ->          SELECT sal,job
    ->                  FROM t_employee
    ->                  WHERE ename='SMITH');
+-------+--------+-------+
| ename | sal    | job   |
+-------+--------+-------+
| SMITH | 800.00 | CLERK |
+-------+--------+-------+
1 row in set (0.09 sec)

mysql>
```

图 11.56　子查询

11.5.3 返回结果为多行单列子查询

当子查询的返回结果为多行单列数据记录时，该子查询语句一般会在主查询语句的 WHERE 子句里出现，通常会包含 IN、ANY、ALL、EXISTS 等关键字。

1．带有关键字 IN 的子查询

当主查询的条件是子查询的查询结果中时，可以通过关键字 IN 来进行判断。相反如果想实现主查询的条件不是子查询的查询结果中时，可以通过关键字 NOT IN 来进行判断。

下面通过一个具体的实例来说明如何实现带有关键字 IN 和 NOT IN 的子查询。

【实例 11-11】执行 SQL 语句 SELECT，在数据库 company 中，查询雇员表（t_employee）中的数据记录，这些数据记录的部门编号（字段 deptno）必须在部门表（t_deptno）中出现，具体步骤如下：

（1）执行 SQL 语句 USE，选择数据库 company，具体 SQL 语句如下：

```
USE company;
```

【运行效果】执行上面的 SQL 语句，其结果如图 11.57 所示。

（2）执行 SQL 语句 SELECT，查询部门表 t_dept 中所有部门的编号（字段 deptno），具体 SQL 语句如下：

```
SELECT deptno
    FROM t_dept;
```

【运行效果】执行上面的 SQL 语句，其结果如图 11.58 所示。

```
mysql> #选择数据库#
mysql> USE company;
Database changed
mysql>
```

图 11.57　选择数据库 company

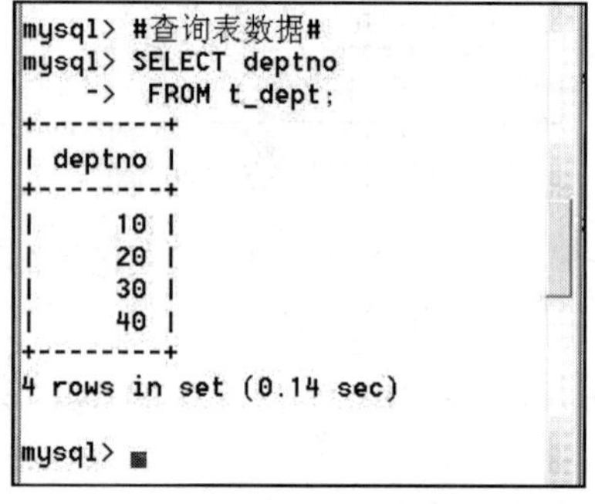

```
mysql> #查询表数据#
mysql> SELECT deptno
    ->  FROM t_dept;
+--------+
| deptno |
+--------+
|     10 |
|     20 |
|     30 |
|     40 |
+--------+
4 rows in set (0.14 sec)

mysql>
```

图 11.58　查询表数据

执行结果成功显示出关于部门的所有编号。

（3）由于上述 SQL 语句返回多行单列，所以可以在主查询的 WHERE 关键字子句中出现。编写主查询实现本实例需求，具体 SQL 语句如下：

```
SELECT *
    FROM t_employee
    WHERE deptno IN (
        SELECT deptno
            FROM t_dept
);
```

【运行效果】执行上面的 SQL 语句，其结果如图 11.59 所示。

```
mysql> #子查询#
mysql> SELECT *
    -> FROM t_employee
    -> WHERE deptno IN (
    ->         SELECT deptno
    ->                 FROM t_dept
    -> );
+-------+--------+-----------+------+------------+---------+---------+--------+
| empno | ename  | job       | MGR  | Hiredate   | sal     | comm    | deptno |
+-------+--------+-----------+------+------------+---------+---------+--------+
|  7369 | SMITH  | CLERK     | 7902 | 1981-03-12 |  800.00 |    NULL |     20 |
|  7499 | ALLEN  | SALESMAN  | 7698 | 1982-03-12 | 1600.00 |  300.00 |     30 |
|  7521 | WARD   | SALESMAN  | 7698 | 1983-03-12 | 1250.00 |  500.00 |     30 |
|  7566 | JONES  | MANAGER   | 7839 | 1981-03-12 | 2975.00 |    NULL |     20 |
|  7654 | MARTIN | SALESMAN  | 7698 | 1981-03-12 | 1250.00 | 1400.00 |     30 |
|  7698 | BLAKE  | MANAGER   | 7839 | 1981-03-12 | 2850.00 |    NULL |     30 |
|  7782 | CLARK  | MANAGER   | 7839 | 1985-03-12 | 2450.00 |    NULL |     10 |
|  7788 | SCOTT  | ANALYST   | 7566 | 1981-03-12 | 3000.00 |    NULL |     20 |
|  7839 | KING   | PRESIDENT | NULL | 1981-03-12 | 5000.00 |    NULL |     10 |
|  7844 | TURNER | SALESMAN  | 7698 | 1989-03-12 | 1500.00 |    0.00 |     30 |
|  7876 | ADAMS  | CLERK     | 7788 | 1998-03-12 | 1100.00 |    NULL |     20 |
|  7900 | JAMES  | CLERK     | 7698 | 1997-03-12 |  950.00 |    NULL |     30 |
|  7902 | FORD   | ANALYST   | 7566 | 0000-00-00 | 3000.00 |    NULL |     20 |
|  7934 | MILLER | CLERK     | 7782 | 1981-03-12 | 1300.00 |    NULL |     10 |
+-------+--------+-----------+------+------------+---------+---------+--------+
14 rows in set (0.09 sec)

mysql>
```

图 11.59　子查询

执行结果成功显示出各个部门中关于雇员的详细信息，但是由于雇员 cjgong 所在的部门（字段 deptno 的值为 50）不在部门表中，所以没有显示出该雇员的详细信息。

（4）如果想通过子查询来查询关于雇员 cjgong 的详细信息，可以通过如下 SQL 语句来实现：

```
SELECT *
    FROM t_employee
    WHERE deptno NOT IN (
        SELECT deptno
            FROM t_dept
);
```

【运行效果】执行上面的 SQL 语句，其结果如图 11.60 所示。

```
mysql> #子查询#
mysql> SELECT *
    -> FROM t_employee
    -> WHERE deptno NOT IN (
    ->         SELECT deptno
    ->                 FROM t_dept
    -> );
+-------+--------+-------+------+------------+---------+------+--------+
| empno | ename  | job   | MGR  | Hiredate   | sal     | comm | deptno |
+-------+--------+-------+------+------------+---------+------+--------+
|  7999 | cjgong | CLERK | 7782 | 1981-03-12 | 5200.00 | NULL |     50 |
+-------+--------+-------+------+------------+---------+------+--------+
1 row in set (0.02 sec)

mysql>
```

图 11.60　子查询

执行结果成功显示出关于雇员 cjgong 的详细信息。

2．带有关键字 ANY 的子查询

关键字 ANY 用来表示主查询的条件为满足子查询返回查询结果中任意一条数据记录，该关键字有三种匹配方式，分别如下。

- =ANY：其功能与关键字 IN 一样；
- >ANY（>=ANY）：比子查询中返回数据记录中最小的还要大于（大于等于）数据记录；

- <ANY（<=ANY）：比子查询中返回数据记录中最大的还要小于（小于等于）数据记录。

下面通过一个具体的实例来说明如何实现带有关键字 ANY 的子查询。

【实例 11-12】 执行 SQL 语句 SELECT，在数据库 company 中，查询雇员表（t_employee）中的雇员的姓名（字段 ename）和工资（字段 sal），这些雇员的工资不低于职位（字段 job）为 MANAGER 的工资具体步骤如下：

（1）执行 SQL 语句 USE，选择数据库 company，具体 SQL 语句如下：

```
USE company;
```

【运行效果】 执行上面的 SQL 语句，其结果如图 11.61 所示。

（2）执行 SQL 语句 SELECT，查询雇员表 t_employee 中关于职位为 MANAGER 的工资，具体 SQL 语句如下：

```
SELECT sal
    FROM t_employee
    WHERE job='MANAGER';
```

【运行效果】 执行上面的 SQL 语句，其结果如图 11.62 所示。

```
mysql> #选择数据库#
mysql> USE company;
Database changed
mysql>
```

图 11.61　选择数据库 company

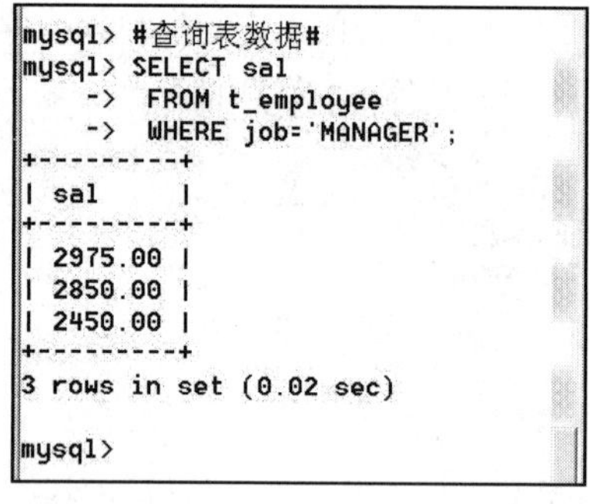

图 11.62　查询表数据

执行结果成功显示出关于职位为 MANAGER 的雇员的工资信息。

（3）由于上述 SQL 语句返回多行单列，所以可以在主查询的 WHERE 关键字子句中出现。编写主查询实现本实例需求，具体 SQL 语句如下：

```
SELECT ename,sal
    FROM t_employee
    WHERE sal>ANY(
    SELECT sal
        FROM t_employee
        WHERE job='MANAGER'
);
```

【运行效果】 执行上面的 SQL 语句，其结果如图 11.63 所示。

执行结果成功显示工资不低于职位为 MANAGER 工资的雇员的姓名和工资，通过图 11.62 可以发现职位为 MANAGER 的最低工资为 2 450，所以只要工资高于该值的雇员都符合要求。

（4）如果想查询工资待遇为职位 MANAGER 或该职位以上的雇员姓名和工资，可以通过如下 SQL 语句实现：

```
SELECT ename,sal
    FROM t_employee
    WHERE sal>=ANY(
    SELECT sal
        FROM t_employee
        WHERE job='MANAGER'
);
```

【运行效果】执行上面的 SQL 语句，其结果如图 11.64 所示。

```
mysql> #子查询#
mysql> SELECT ename,sal
    -> FROM t_employee
    -> WHERE sal>ANY(
    -> SELECT sal
    ->           FROM t_employee
    ->           WHERE job='MANAGER'
    -> );
+--------+---------+
| ename  | sal     |
+--------+---------+
| JONES  | 2975.00 |
| BLAKE  | 2850.00 |
| SCOTT  | 3000.00 |
| KING   | 5000.00 |
| FORD   | 3000.00 |
| cjgong | 5200.00 |
+--------+---------+
6 rows in set (0.00 sec)

mysql>
```

图 11.63　子查询

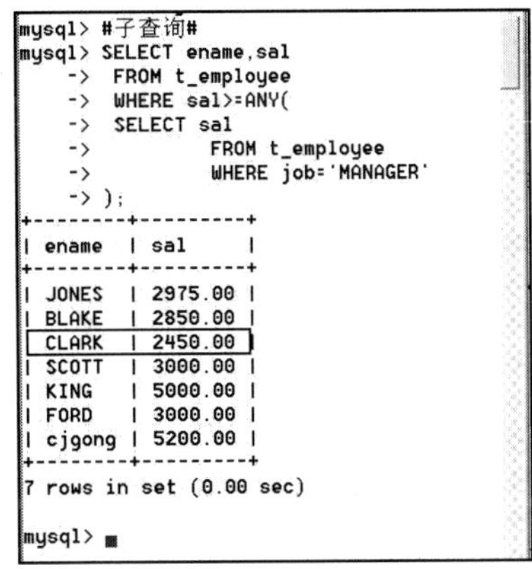

```
mysql> #子查询#
mysql> SELECT ename,sal
    -> FROM t_employee
    -> WHERE sal>=ANY(
    -> SELECT sal
    ->           FROM t_employee
    ->           WHERE job='MANAGER'
    -> );
+--------+---------+
| ename  | sal     |
+--------+---------+
| JONES  | 2975.00 |
| BLAKE  | 2850.00 |
| CLARK  | 2450.00 |
| SCOTT  | 3000.00 |
| KING   | 5000.00 |
| FORD   | 3000.00 |
| cjgong | 5200.00 |
+--------+---------+
7 rows in set (0.00 sec)

mysql>
```

图 11.64　子查询

执行结果成功显示工资待遇为职位 MANAGER 或该职位以上的雇员姓名和工资，与图 11.63 相比名为 CLARK 的雇员信息也被显示出来。

3. 带有关键字 ALL 的子查询

关键字 ALL 用来表示主查询的条件为满足子查询返回查询结果中所有数据记录，该关键字有以下两种匹配方式。

- >ALL（>=ALL）：比子查询中返回数据记录中最大的还要大于（大于等于）数据记录；
- <ALL（<=ALL）：比子查询中返回数据记录中最小的还要小于（大于等于）数据记录。

下面通过一个具体的实例来说明如何实现带有关键字 ALL 的子查询。

【实例 11-13】执行 SQL 语句 SELECT，于数据库 company 中，查询雇员表（t_employee）中的雇员的姓名（字段 ename）和工资（字段 sal），这些雇员的工资高于职位（字段 job）为 MANAGER 的工资具体步骤如下：

（1）执行 SQL 语句 USE，选择数据库 company，具体 SQL 语句如下：

```
USE company;
```

【运行效果】执行上面的 SQL 语句，其结果如图 11.65 所示。

（2）执行 SQL 语句 SELECT，查询雇员表 t_employee 中关于职位为 MANAGER 的工资，具体 SQL 语句如下：

```
SELECT sal
    FROM t_employee
    WHERE job='MANAGER';
```

【运行效果】执行上面的 SQL 语句，其结果如图 11.66 所示。

图 11.65　选择数据库 company

```
mysql> #查询表数据#
mysql> SELECT sal
    ->  FROM t_employee
    ->  WHERE job='MANAGER';
+---------+
| sal     |
+---------+
| 2975.00 |
| 2850.00 |
| 2450.00 |
+---------+
3 rows in set (0.02 sec)

mysql>
```

图 11.66　查询表数据

执行结果成功显示出关于职位为 MANAGER 的雇员的工资信息。

（3）由于上述 SQL 语句返回多行单列，所以可以在主查询的 WHERE 关键字子句中出现。编写主查询实现本实例需求，具体 SQL 语句如下：

```
SELECT ename,sal
    FROM t_employee
    WHERE sal>ALL(
    SELECT sal
        FROM t_employee
        WHERE job='MANAGER'
);
```

【运行效果】执行上面的 SQL 语句，其结果如图 11.67 所示。

执行结果成功显示工资高于职位为 MANAGER 工资的雇员的姓名和工资，通过图 11.66 可以发现职位为 MANAGER 的最高工资为 2 975，所以只要工资高于该值的雇员都符合要求。

（4）如果想查询雇员工资待遇为职位 MANAGER 中最大值或该职位以上的工资，可以通过如下 SQL 语句实现：

```
SELECT ename,sal
    FROM t_employee
    WHERE sal>=ALL(
    SELECT sal
        FROM t_employee
        WHERE job='MANAGER'
);
```

【运行效果】执行上面的 SQL 语句，其结果如图 11.68 所示。

执行结果成功显示工资待遇为职位 MANAGER 中最大值或该职位以上的雇员姓名和工资，与图 11.67 相比名为 JONES 的雇员信息也被显示出来。

```
mysql> #子查询#
mysql> SELECT ename,sal
    -> FROM t_employee
    -> WHERE sal>ALL(
    -> SELECT sal
    ->           FROM t_employee
    ->           WHERE job='MANAGER'
    -> );
+--------+---------+
| ename  | sal     |
+--------+---------+
| SCOTT  | 3000.00 |
| KING   | 5000.00 |
| FORD   | 3000.00 |
| cjgong | 5200.00 |
+--------+---------+
4 rows in set (0.00 sec)

mysql>
```

图 11.67　子查询

```
mysql> #子查询#
mysql> SELECT ename,sal
    -> FROM t_employee
    -> WHERE sal>=ALL(
    -> SELECT sal
    ->           FROM t_employee
    ->           WHERE job='MANAGER'
    -> );
+--------+---------+
| ename  | sal     |
+--------+---------+
| JONES  | 2975.00 |
| SCOTT  | 3000.00 |
| KING   | 5000.00 |
| FORD   | 3000.00 |
| cjgong | 5200.00 |
+--------+---------+
5 rows in set (0.00 sec)

mysql>
```

图 11.68　子查询

4．带有关键字 EXISTS 的子查询

关键字 EXISTS 是一个布尔类型，当返回结果集时为 TRUE，不能返回结果集时为 FALSE。查询时 EXISTS 对外表采用遍历方式逐条查询，每次查询都会比较 EXISTS 的条件语句，当 EXISTS 里的条件语句返回记录行时则条件为真，此时返回当前遍历到的记录；反之，如果 EXISTS 里的条件语句不能返回记录行，则丢弃当前遍历到的记录。

下面通过一个具体的实例来说明如何实现带有关键字 EXISTS 和 NOT EXISTS 的子查询。

【实例 11-14】 执行 SQL 语句 SELECT，在数据库 company 中查询部门表（t_dept）中的字段部门编号（deptno）和部门名字（depname），如该部门没有员工，则显示该部门，具体步骤如下：

（1）执行 SQL 语句 USE，选择数据库 company，具体 SQL 语句如下：

```
USE company;
```

【运行效果】 执行上面的 SQL 语句，其结果如图 11.69 所示。

（2）执行 SQL 语句 SELECT，查询雇员表 t_employee 和部门表 t_dept，条件为雇员表中的部门编号等于部门表中的部门编号，具体 SQL 语句如下：

```
SELECT *
      FROM t_employee a,t_dept c
      WHERE a.deptno=c.deptno
```

【运行效果】 执行上面的 SQL 语句，其结果如图 11.70 所示。

```
mysql> #选择数据库#
mysql> USE company;
Database changed
mysql>
```

图 11.69　选择数据库 company

```
mysql> SELECT *
    ->      FROM t_employee a,t_dept c
    ->      WHERE a.deptno=c.deptno;
+-------+--------+----------+--------+-------+--------+-----------+
| ename | sal    | job      | deptno | empno | deptno | depname   |
+-------+--------+----------+--------+-------+--------+-----------+
| JONES | 2500.0 | MANAGER  |     10 |  7566 |     10 | deptname1 |
| SMITH |  800.0 | CLERK    |     20 |  7369 |     20 | deptname2 |
| ALLEN | 1600.0 | SALESMAN |     30 |  7499 |     30 | deptname3 |
| WARD  | 1600.0 | SALESMAN |     30 |  7521 |     30 | deptname3 |
+-------+--------+----------+--------+-------+--------+-----------+
4 rows in set (0.00 sec)
```

图 11.70　查询表数据

执行结果成功显示出关于雇员表中的部门编号等于部门表中的部门编号的记录。

（3）由于上述 SQL 语句返回多行单列，所以可以在主查询的 WHERE 关键字子句中出现。编写主查询实现本实例需求，具体 SQL 语句如下：

```
SELECT *
    FROM t_dept c
    WHERE NOT EXISTS(
          SELECT *
          FROM t_employee
          WHERE deptno=c.deptno);
```

【运行效果】执行上面的 SQL 语句，其结果如图 11.71 所示，成功显示出没有雇员的部门编号和名称。

```
mysql> SELECT *
    ->     FROM t_dept c
    ->     WHERE NOT EXISTS(
    ->           SELECT *
    ->           FROM t_employee
    ->           WHERE deptno=c.deptno);
+--------+-----------+
| deptno | depname   |
+--------+-----------+
|     40 | deptname4 |
+--------+-----------+
1 row in set (0.00 sec)
```

图 11.71　子查询

（4）如需显示出有雇员的部门编号和名称，则可以使用以下 SQL 语句查询：

```
SELECT *
    FROM t_dept c
    WHERE EXISTS(
          SELECT *
          FROM t_employee
          WHERE deptno=c.deptno);
```

【运行效果】执行上面的 SQL 语句，其结果如图 11.72 所示，成功显示出有雇员的部门编号和名称。

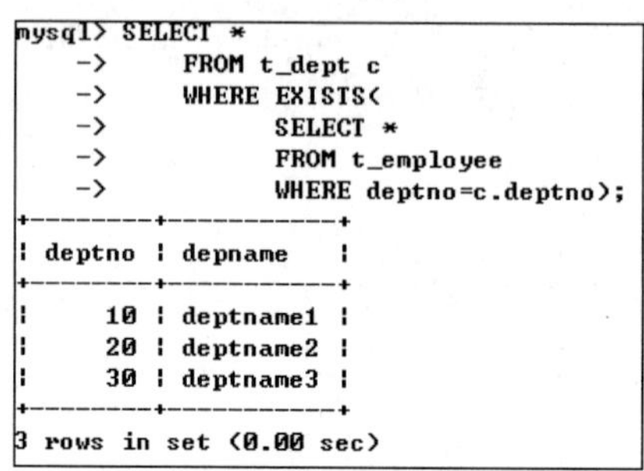

```
mysql> SELECT *
    ->     FROM t_dept c
    ->     WHERE EXISTS(
    ->           SELECT *
    ->           FROM t_employee
    ->           WHERE deptno=c.deptno);
+--------+-----------+
| deptno | depname   |
+--------+-----------+
|     10 | deptname1 |
|     20 | deptname2 |
|     30 | deptname3 |
+--------+-----------+
3 rows in set (0.00 sec)
```

图 11.72　子查询

该查询首先遍历部门表 t_dept 中的记录，如遍历到第一条记录，然后把部门编号（t_deptno）传给子查询，当子查询有返回结果时，条件为真，此时打印出遍历的第一条记录，然后依次遍历其他记录，判断方法类似。

11.5.4　返回结果为多行多列子查询

当子查询的返回结果为多行多列数据记录时，该子查询语句一般会在主查询语句的 FROM 子句里，被当作一张临时表的方式来处理。

下面通过一个具体的实例来说明如何实现返回结果为多行多列子查询，同时理解子查询的优势。

【实例 11-15】 执行 SQL 语句 SELECT，在数据库 company 中，查询雇员表（t_employee）中各部门的部门号、部门名称、部门地址、雇员人数和平均工资，具体步骤如下：

（1）执行 SQL 语句 USE，选择数据库 company，具体 SQL 语句如下：

```
USE company;
```

【运行效果】 执行上面的 SQL 语句，其结果如图 11.73 所示。

```
mysql> #选择数据库#
mysql> USE company;
Database changed
mysql>
```

图 11.73　选择数据库 company

（2）通过内连接来实现本实例的查询需求，具体 SQL 语句如下：

```
SELECT d.deptno,d.dname,d.loc,COUNT(e.empno) number,AVG(e.sal) average
    FROM t_employee e INNER JOIN t_dept d
    ON e.deptno=d.deptno
    GROUP BY d.deptno DESC,d.dname,d.loc;
```

【运行效果】 执行上面的 SQL 语句，其结果如图 11.74 所示。

执行结果成功显示出各部门的部门号、部门名称、部门地址、雇员人数和平均工资。在具体运行过程中，关于笛卡儿积的数据记录数，可以通过如下 SQL 语句来实现：

```
SELECT COUNT(*) number
    FROM t_employee e, t_dept d ;
```

【运行效果】 执行上面的 SQL 语句，其结果如图 11.75 所示。

```
mysql> #内连接查询#
mysql> SELECT d.deptno,d.dname,d.loc,COUNT(e.empno) number,AVG(e.sal) average
    -> FROM t_employee e INNER JOIN t_dept d
    -> ON e.deptno=d.deptno
    -> GROUP BY d.deptno DESC,d.dname,d.loc;
+--------+------------+----------+--------+-------------+
| deptno | dname      | loc      | number | average     |
+--------+------------+----------+--------+-------------+
|     30 | SALES      | CHICAGO  |      6 | 1566.666667 |
|     20 | RESEARCH   | DALLAS   |      5 | 2175.000000 |
|     10 | ACCOUNTING | NEW YORK |      3 | 2916.666667 |
+--------+------------+----------+--------+-------------+
3 rows in set (0.00 sec)

mysql>
```

图 11.74　查询表数据

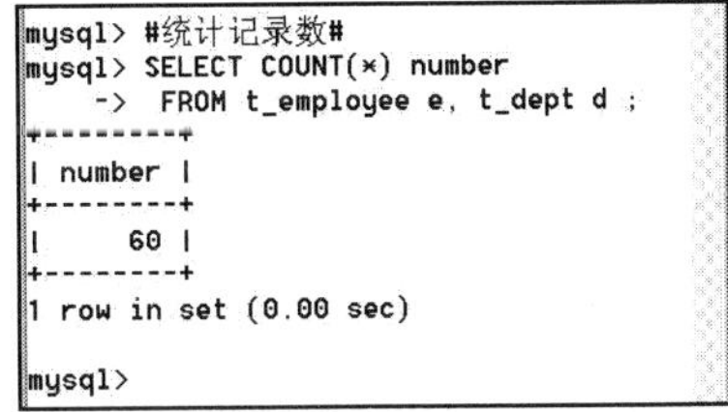

```
mysql> #统计记录数#
mysql> SELECT COUNT(*) number
    -> FROM t_employee e, t_dept d ;
+--------+
| number |
+--------+
|     60 |
+--------+
1 row in set (0.00 sec)

mysql>
```

图 11.75　查询表数据记录

（3）通过子连接来实现本实例需求，由于子查询返回的结果为多行多列，所以该子查询在主查询 FROM 关键字子句里，具体 SQL 语句如下：

```
SELECT d.deptno,d.dname,d.loc,number,average
    FROM t_dept d Inner JOIN (
        SELECT deptno dno,COUNT(empno) number,AVG(sal) average
            FROM t_employee
            GROUP BY deptno DESC) employee
    ON d.deptno=employee.dno;
```

【运行效果】 执行上面的 SQL 语句，其结果如图 11.76 所示。

执行结果成功显示出各部门的部门号、部门名称、部门地址、雇员人数和平均工资。在具体运行过程中，关于笛卡儿积的数据记录数，可以通过如下 SQL 语句来实现：

```
SELECT COUNT(*) number
    FROM t_dept d ,(
        SELECT deptno dno,COUNT(empno) number,AVG(sal) average
            FROM t_employee
            GROUP BY deptno) employee;
```

【运行效果】执行上面的 SQL 语句，其结果如图 11.77 所示。

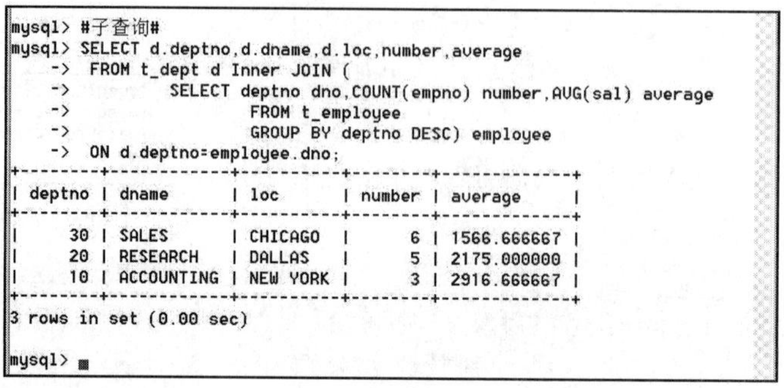

```
mysql> #子查询#
mysql> SELECT d.deptno,d.dname,d.loc,number,average
    ->  FROM t_dept d Inner JOIN (
    ->          SELECT deptno dno,COUNT(empno) number,AVG(sal) average
    ->                  FROM t_employee
    ->                  GROUP BY deptno DESC) employee
    ->  ON d.deptno=employee.dno;
+--------+------------+----------+--------+-------------+
| deptno | dname      | loc      | number | average     |
+--------+------------+----------+--------+-------------+
|     30 | SALES      | CHICAGO  |      6 | 1566.666667 |
|     20 | RESEARCH   | DALLAS   |      5 | 2175.000000 |
|     10 | ACCOUNTING | NEW YORK |      3 | 2916.666667 |
+--------+------------+----------+--------+-------------+
3 rows in set (0.00 sec)

mysql>
```

图 11.76　查询表数据

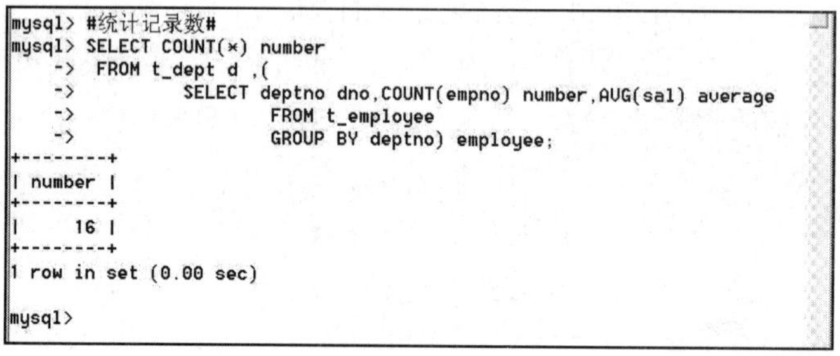

```
mysql> #统计记录数#
mysql> SELECT COUNT(*) number
    ->  FROM t_dept d ,(
    ->          SELECT deptno dno,COUNT(empno) number,AVG(sal) average
    ->                  FROM t_employee
    ->                  GROUP BY deptno) employee;
+--------+
| number |
+--------+
|     16 |
+--------+
1 row in set (0.00 sec)

mysql>
```

图 11.77　查询数据记录

与内连接方式查询相比，子查询方式所操作的数据记录数目为 31=15（子查询中统计的数据记录）+16（笛卡儿积的数据记录数），远远小于 60，因此子查询的执行效率高。

11.6　小　结

本章主要介绍在 MySQL 软件中关于多表数据记录查询，分别从关系数据操作中的传统运算和多表连接查询操作两方面介绍。其中前者主要介绍了并运算、笛卡儿积运算、内连接运算和外连接运算的基本原理；而后者主要介绍了内连接查询、外连接查询和子查询的 SQL 语句实现。对于内连接查询，详细介绍了自连接查询、等值连接查询和不等值连接查询；对于外连接查询，详细介绍了左外连接查询和右连接查询，同时还详细介绍了合并查询数据记录操作；对于子查询，详细介绍了返回结果为单行单列和单行多列子查询、返回结果为多行单列子查询和返回结果为多行多列子查询。为了让读者掌握这些操作，分别通过 ANSI 和“SELECT…FROM…WHERE”这两种语法方式来介绍。

通过对本章的学习，读者不仅掌握关系数据操作中的传统运算，而且还能通过 SQL 语句实现多表连接查询。

第 12 章　使用 MySQL 运算符

每个程序员都知道运算符的重要性，即可用其来连接各种类型的操作数组成表达式。MySQL 软件支持多种运算符以实现各种需求的表达式。为了方便用户使用，MySQL 软件还提供了算术运算符、比较运算符、逻辑运算符和位运算符等。

在 MySQL 软件中，通过运算符不仅可以操作各种类型数值，还可以更加灵活地使用表中的字段。通过本节的学习，可以掌握在 MySQL 软件使用各种常用运算符，内容包含:

- 算术运算符
- 比较运算符
- 逻辑运算符
- 位运算符

12.1　为什么要使用运算符

对于数据库中表对象，随着字段的设置，该对象中存储数据的意义已经确定。但是通过运算符可以获取另外含义的数据。例如，雇员表中存在一个 sal 字段，该字段表示雇员的每月工资。如果用户想获取雇员的年薪，而该表中没有表示雇员年薪的字段，这时就需要进行计算，即用工资乘以 12 来计算年薪。

通过上述描述，可以发现 MySQL 软件所提供的运算符可以直接对表中数据或字段进行运算，进而可以实现用户新的需求，从而增强 MySQL 软件的功能。

虽然每种数据库软件都支持 SQL 语句，但是每种数据库却拥有各自所支持的运算符。如果想使用数据库软件，除了需要会使用 SQL 语句外，还需要掌握各种运算符。MySQL 软件提供的运算符包含算术运算符、比较运算符、逻辑运算符和位运算符四类。下面将详细介绍这些运算符。

12.2　使用算术运算符

算术运算符是常用运算符之一，同时也是 MySQL 用户必须要掌握的运算符之一。在 MySQL 软件中，算术运算符包含加、减、乘、除、求模运算，灵活地使用算术运算符，是衡量 MySQL 用户水平高低的标准之一。

查看帮助文件，MySQL 软件所支持的算术运算符如表 12.1 所示。

表 12.1　MySQL 软件所支持的算术运算符

运　算　符	描　　述	表达式形式
+	加法	x1+x2+x3+…+xn
—	减法	x1 − x2 − x3 − … − xn
*	乘法	x1*x2*x3*…*xn
/（DIV）	除法	x1/x2/x3/…/xn x1 DIV x2 DIV x3 DIV…DIV xn
%（MOD）	求余	x1%x2%x3%…%xn x1 MOD x2 MOD x3 MOD…MOD xn

【实例 12-1】下面通过一个具体实例演示各种算术运算符的使用，具体步骤如下：

（1）执行 SQL 语句 SELECT，获取各种算术运算后的结果，具体 SQL 语句如下：

```
SELECT 6+4 加法操作,
    6-4 减法操作,
    6*4 乘法操作,
    6/2 除法操作,
    6 DIV 2 除法操作,
    6%4 求模操作,
    6 MOD 4 求模操作;
```

【运行效果】执行上面的 SQL 语句，其结果如图 12.1 所示。

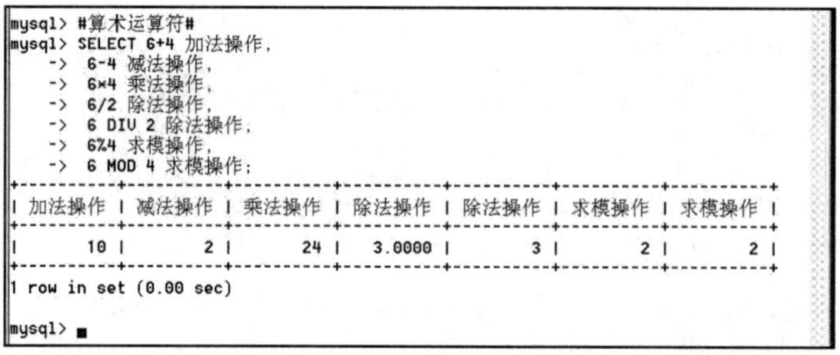

```
mysql> #算术运算符#
mysql> SELECT 6+4 加法操作,
    -> 6-4 减法操作,
    -> 6*4 乘法操作,
    -> 6/2 除法操作,
    -> 6 DIV 2 除法操作,
    -> 6%4 求模操作,
    -> 6 MOD 4 求模操作;
+----------+----------+----------+----------+----------+----------+----------+
| 加法操作 | 减法操作 | 乘法操作 | 除法操作 | 除法操作 | 求模操作 | 求模操作 |
+----------+----------+----------+----------+----------+----------+----------+
|       10 |        2 |       24 |   3.0000 |        3 |        2 |        2 |
+----------+----------+----------+----------+----------+----------+----------+
1 row in set (0.00 sec)

mysql>
```

图 12.1　使用算术运算符

执行结果显示，6 加 4 后的结果为 10，6 减 4 后的结果为 2，6 乘 4 后的结果为 24，6 除 2 后的结果为 3，6 模 4 后的结果为 2。

注意：所有的算术运算符都可以同时运算多个操作数，但是除运算符（/和 DIV）和求模运算符（%和 MOD）的操作数最好是两个。

（2）算术运算符，除了可以直接操作数值外，还可以操作表中的字段，计算雇员的年薪，具体 SQL 语句如下：

```
SELECT ename 雇员,sal  月工资,sal*12 年薪
    FROM t_employee;
```

【运行效果】执行上面的 SQL 语句，其结果如图 12.2 所示。

执行结果显示，成功查询出每个雇员的年薪。

（3）对于 MySQL 软件中除运算符（/和 DIV）和求模运算符（%和 MOD），如果除数为 0 将是非法运算，返回结果为 NULL。具体 SQL 语句如下：

```
SELECT 6/0 除法操作,
     6 DIV 0 除法操作,
     6%0 求模操作,
     6 MOD 0 求模操作;
```

【运行效果】执行上面的 SQL 语句，其结果如图 12.3 所示。

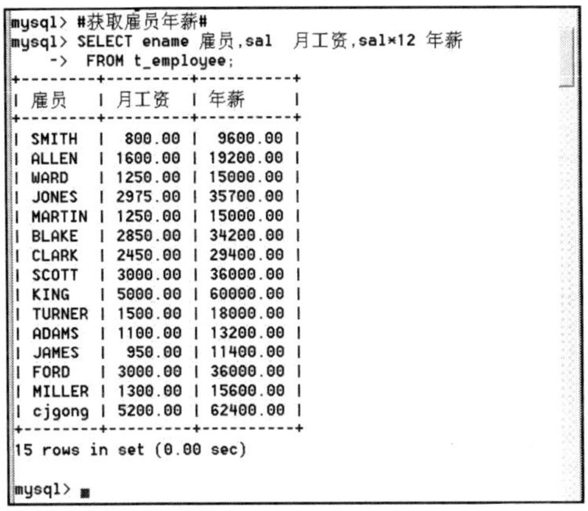

```
mysql> #获取雇员年薪#
mysql> SELECT ename 雇员,sal  月工资,sal*12 年薪
    -> FROM t_employee;
+--------+---------+----------+
| 雇员   | 月工资  | 年薪     |
+--------+---------+----------+
| SMITH  |  800.00 |  9600.00 |
| ALLEN  | 1600.00 | 19200.00 |
| WARD   | 1250.00 | 15000.00 |
| JONES  | 2975.00 | 35700.00 |
| MARTIN | 1250.00 | 15000.00 |
| BLAKE  | 2850.00 | 34200.00 |
| CLARK  | 2450.00 | 29400.00 |
| SCOTT  | 3000.00 | 36000.00 |
| KING   | 5000.00 | 60000.00 |
| TURNER | 1500.00 | 18000.00 |
| ADAMS  | 1100.00 | 13200.00 |
| JAMES  |  950.00 | 11400.00 |
| FORD   | 3000.00 | 36000.00 |
| MILLER | 1300.00 | 15600.00 |
| cjgong | 5200.00 | 62400.00 |
+--------+---------+----------+
15 rows in set (0.00 sec)

mysql>
```

图 12.2　获取年薪

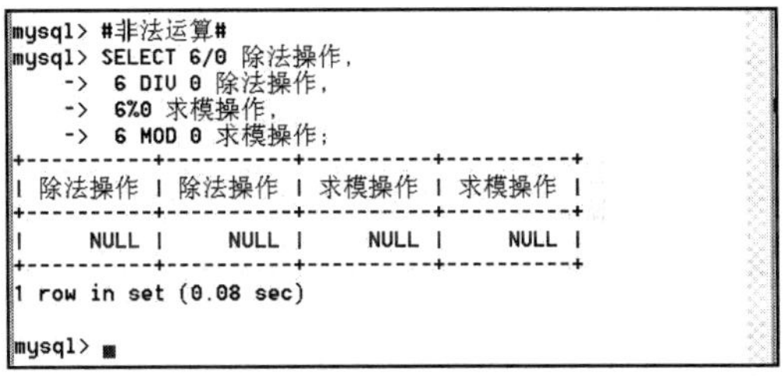

```
mysql> #非法运算#
mysql> SELECT 6/0 除法操作,
    -> 6 DIV 0 除法操作,
    -> 6%0 求模操作,
    -> 6 MOD 0 求模操作;
+----------+----------+----------+----------+
| 除法操作 | 除法操作 | 求模操作 | 求模操作 |
+----------+----------+----------+----------+
|     NULL |     NULL |     NULL |     NULL |
+----------+----------+----------+----------+
1 row in set (0.08 sec)

mysql>
```

图 12.3　算术运算中非法运算

执行结果显示，当除数为 0 时将返回 NULL 结果。

12.3　使用比较运算符

比较运算符也是常用运算符之一，同时也是 MySQL 用户必须要掌握的运算符之一。在 MySQL 软件中，比较运算符包含常用比较运算符和实现特殊功能比较运算符，同样的，灵活地使用比较运算符，也是衡量 MySQL 用户水平高低的标准之一。

查看帮助文件，MySQL 软件所支持的比较运算符如表 12.2 所示。

表 12.2　MySQL 软件所支持的算术运算符

运　算　符	描　　述	表达式形式
>	大于	x1>x2
<	小于	x1<x2
= <=>	等于	x1=x2 x1<=>x2
!=(<>)	不等于	x1!=x2 x1<>x2
>=	大于等于	x1>=x2
<=	小于等于	x1<=x2

续表

运　算　符	描　　述	表达式形式
BETWEEN AND	存在于指定范围	x1 BETWEEN m AND n
IS NULL	为空	x1 IS NULL
IN	存在于指定集合	x1 IN(value1,value2,value3…valuen)
LIKE	通配符匹配	x1 LIKE expression
REGEXP	正则表达式匹配	x1 REGEXP regularexpression

12.3.1　常用比较运算符

常用比较运算符包含实现相等比较的运算符“=”和“<=>”，实现不相等比较的运算符“！=”和“< >”，实现大于或大于等于比较的运算符“>”和“>=”，实现小于和小于等于比较的运算符“<”和“<=”。

【实例 12-2】下面通过一个具体实例演示常用比较运算符的使用，具体步骤如下：

（1）执行带有“=”和“<=>”比较运算符的 SQL 语句 SELECT，来理解这些比较运算符的作用，具体 SQL 语句如下：

```
SELECT 1=1   数值比较,
    'cjgong'='cjgong' 字符串比较,
    1+2=3+3 表达式比较,
    1<=>1   数值比较,
    'cjgong'<=>'cjgong' 字符串比较,
    1+2<=>3+3 表达式比较;
```

【运行效果】执行上面的 SQL 语句，其结果如图 12.4 所示。

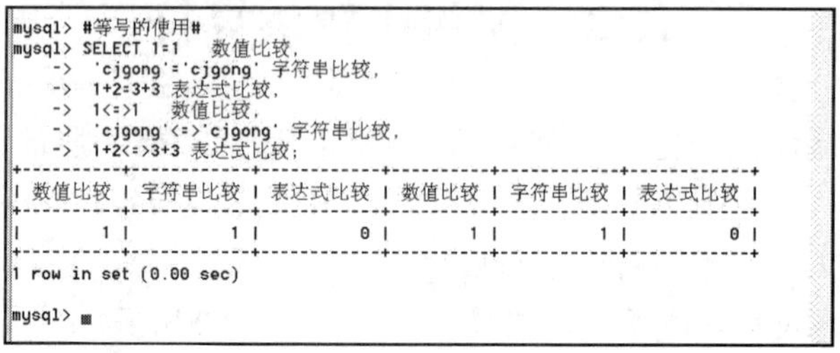

```
mysql> #等号的使用#
mysql> SELECT 1=1   数值比较,
    ->  'cjgong'='cjgong' 字符串比较,
    ->  1+2=3+3 表达式比较,
    ->  1<=>1   数值比较,
    ->  'cjgong'<=>'cjgong' 字符串比较,
    ->  1+2<=>3+3 表达式比较;
+----------+------------+------------+----------+------------+------------+
| 数值比较 | 字符串比较 | 表达式比较 | 数值比较 | 字符串比较 | 表达式比较 |
+----------+------------+------------+----------+------------+------------+
|        1 |          1 |          0 |        1 |          1 |          0 |
+----------+------------+------------+----------+------------+------------+
1 row in set (0.00 sec)

mysql>
```

图 12.4　使用“=”和“<=>”比较运算符

执行结果显示，“=”和“<=>”比较运算符可以判断数值、字符串和表达式等是否相等。如果相等则返回 1；否则返回 0。

（2）“=”和“<=>”比较运算符在比较字符串是否相等时，依据字符的 ASCII 码来进行判断。前者不能操作 NULL（空值），而后者却可以，执行操作 NULL 的 SQL 语句，具体内容如下：

```
SELECT NULL<=>NULL '<=>符号效果',
    NULL=NULL '=符号效果';
```

【运行效果】执行上面的 SQL 语句，其结果如图 12.5 所示。

执行结果显示，由于比较运算符“=”不能操作 NULL，因此 NULL=NULL 的结果为 NULL 而不是 1，而比较运算符“<=>”却可以进行操作，因此结果为 1。

（3）与“=”和“<=>”比较运算符正好相反，符号“< >”和“! =”用来判断数值、字符串和表达式等是否不相等。如果不相等则返回 1；否则返回 0。执行带有“! =”和“< >”比较运算符的 SQL 语句 SELECT 来理解该比较运算符的作用，具体 SQL 语句如下：

```
SELECT 1<>1   数值比较,
     'cjgong'<>'cjgong' 字符串比较,
     1+2<>3+3 表达式比较,
     1!=1   数值比较,
     'cjgong'!='cjgong' 字符串比较,
     1+2!=3+3 表达式比较;
```

【运行效果】执行上面的 SQL 语句，其结果如图 12.6 所示。

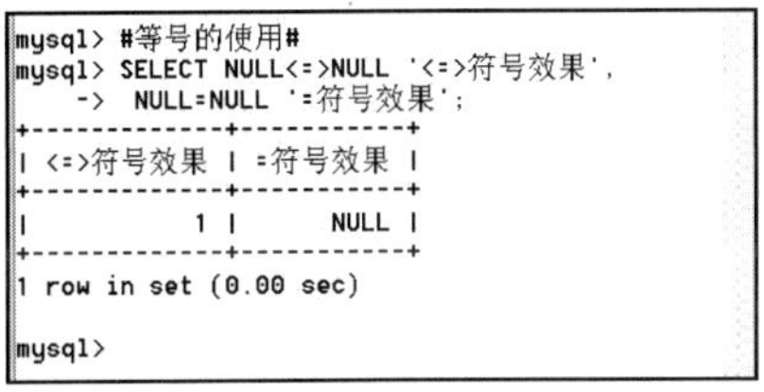

```
mysql> #等号的使用#
mysql> SELECT NULL<=>NULL '<=>符号效果',
    -> NULL=NULL '=符号效果';
+--------------+-----------+
| <=>符号效果 | =符号效果 |
+--------------+-----------+
|            1 |      NULL |
+--------------+-----------+
1 row in set (0.00 sec)

mysql>
```

图 12.5　“=”和“<=>”的区别

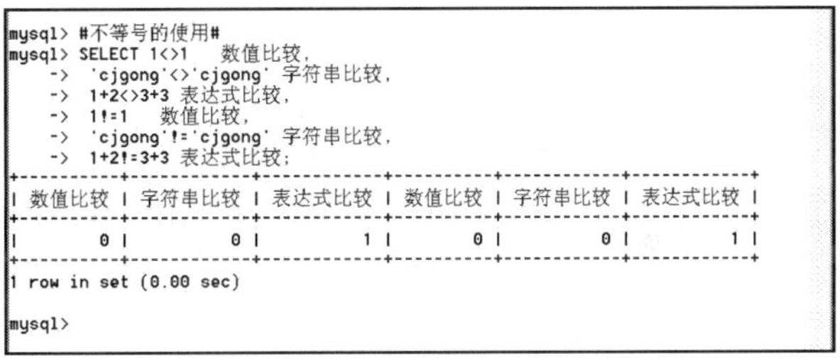

```
mysql> #不等号的使用#
mysql> SELECT 1<>1    数值比较,
    -> 'cjgong'<>'cjgong' 字符串比较,
    -> 1+2<>3+3 表达式比较,
    -> 1!=1    数值比较,
    -> 'cjgong'!='cjgong' 字符串比较,
    -> 1+2!=3+3 表达式比较;
+----------+------------+------------+----------+------------+------------+
| 数值比较 | 字符串比较 | 表达式比较 | 数值比较 | 字符串比较 | 表达式比较 |
+----------+------------+------------+----------+------------+------------+
|        0 |          0 |          1 |        0 |          0 |          1 |
+----------+------------+------------+----------+------------+------------+
1 row in set (0.00 sec)

mysql>
```

图 12.6　使用“! =”和“<=>”比较运算符

执行结果显示，“! =”和“< >”比较运算符主要判断数值、字符串和表达式等是否不相等。

注意：与“=”和“<=>”比较运算符相比，“! =”和“< >”这两个比较运算符不能操作 NULL（空值）。

（4）执行带有“>”、“>=”、“<”和“<=”比较运算符的 SQL 语句 SELECT 来理解该比较运算符的作用，具体 SQL 语句如下：

```
SELECT 1>=1   数值比较,
     'cjgong'>='cjgocg' 字符串比较,
     1+2>=3+3 表达式比较,
     1>1   '>符号使用',
     'cjgong'<='cjgocg' as'<=符号使用',
     1+2<3+3 '<符号使用';
```

【运行效果】执行上面的 SQL 语句，其结果如图 12.7 所示。

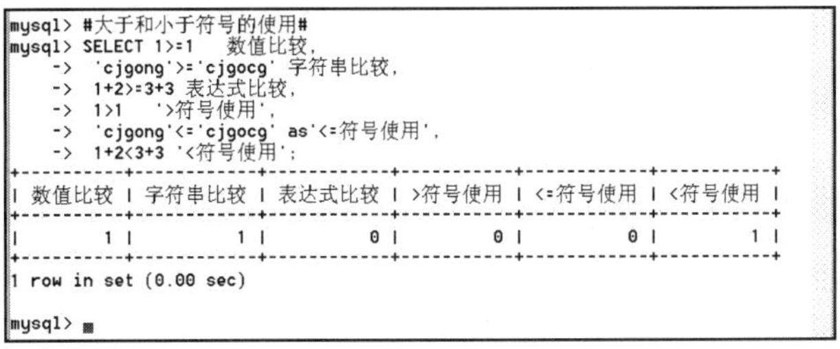

```
mysql> #大于和小于符号的使用#
mysql> SELECT 1>=1    数值比较,
    -> 'cjgong'>='cjgocg' 字符串比较,
    -> 1+2>=3+3 表达式比较,
    -> 1>1    '>符号使用',
    -> 'cjgong'<='cjgocg' as'<=符号使用',
    -> 1+2<3+3 '<符号使用';
+----------+------------+------------+-----------+------------+-----------+
| 数值比较 | 字符串比较 | 表达式比较 | >符号使用 | <=符号使用 | <符号使用 |
+----------+------------+------------+-----------+------------+-----------+
|        1 |          1 |          0 |         0 |          0 |         1 |
+----------+------------+------------+-----------+------------+-----------+
1 row in set (0.00 sec)

mysql>
```

图 12.7　使用大于和小于比较运算符

执行结果显示，“>”、“>=”、“<”和“<=”比较运算符主要判断数值、字符串和表达式等的相关比较，如果表达式成立则返回 1，否则将返回 0。

注意：“>”、“>=”、“<”和“<=”比较运算符也不能操作 NULL（空值）。

12.3.2 实现特殊功能比较运算符

实现特殊功能比较运算符包含实现判断是否存在于指定范围的 BETWEEN AND，实现判断是否为空的 IS NULL，判断是否存在指定集合的 IN，实现通配符匹配的 LIKE 和实现正则表达式匹配的 REGEXP。

由于绝大多数比较运算符（除了 REGEXP 外）在第 11 章都详细介绍过，所以本节只介绍 REGEXP（正则表达式）比较运算符。

所谓正则表达式，就是通过模式去匹配一类字符串。MySQL 软件支持的模式字符如表 12.3 所示。

表 12.3 MySQL 支持的模式字符

模式字符	含 义
^	匹配字符串的开始部分
$	匹配字符串的结束部分
.	匹配字符串中的任意一个字符
[字符集合]	匹配字符集合中的任意一个字符
[^字符集合]	匹配字符集合外的任意一个字符
str1|str2|str3	匹配 str1、str2 和 str3 中的任意一个字符串
*	匹配字符，包含 0 个和 1 个
+	匹配字符，包含 1 个
字符串{N}	字符串出现 N 次
字符串（M,N）	字符串出现至少 M 次，最多 N 次

【实例 12-3】下面通过一个具体实例演示正则表达式的经典应用，具体步骤如下：

（1）执行带有“^”模式字符的 SQL 语句 SELECT，实现比较是否以特定字符或字符串开头，具体 SQL 语句如下：

```
SELECT 'cjgong' REGEXP '^c' 特定字符开头,
    'cjgongcjgong' REGEXP '^cjgong' 特定字符串开头;
```

【运行效果】执行上面的 SQL 语句，其结果如图 12.8 所示。

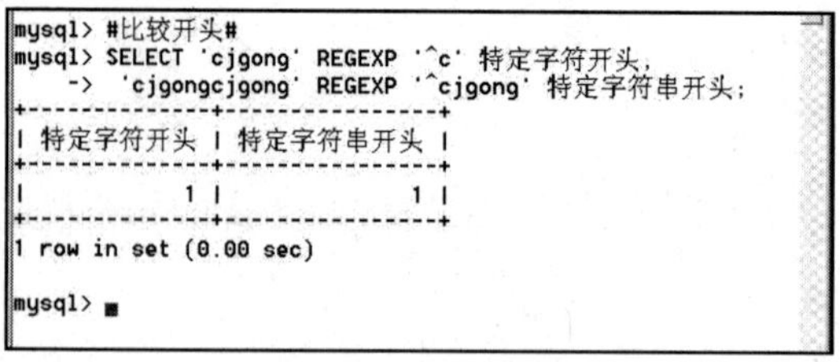

```
mysql> #比较开头#
mysql> SELECT 'cjgong' REGEXP '^c' 特定字符开头,
    -> 'cjgongcjgong' REGEXP '^cjgong' 特定字符串开头;
+--------------+----------------+
| 特定字符开头 | 特定字符串开头 |
+--------------+----------------+
|            1 |              1 |
+--------------+----------------+
1 row in set (0.00 sec)

mysql> ■
```

图 12.8 查询表数据

执行结果显示，通过模式字符“^”可以比较是否以特定字符或字符串开头。如果相符合则返回 1；否则返回 0。

（2）执行带有“$”模式字符的 SQL 语句 SELECT，实现比较是否以特定字符或字符串结尾，具体 SQL 语句如下：

```
SELECT 'cjgong' REGEXP 'g$' 特定字符结尾,
     'cjgongcjgong' REGEXP 'cjgong$' 特定字符串结尾;
```

【运行效果】执行上面的 SQL 语句，其结果如图 12.9 所示。

执行结果显示，通过模式字符“$”可以比较是否以特定字符或字符串结尾。如果相符合则返回 1；否则返回 0。

（3）执行带有“.”模式字符的 SQL 语句 SELECT，实现比较是否包含固定数目的任意字符，具体 SQL 语句如下：

```
SELECT 'cjgong' REGEXP '^c...g$' 匹配 4 个任意字符
```

【运行效果】执行上面的 SQL 语句，其结果如图 12.10 所示。

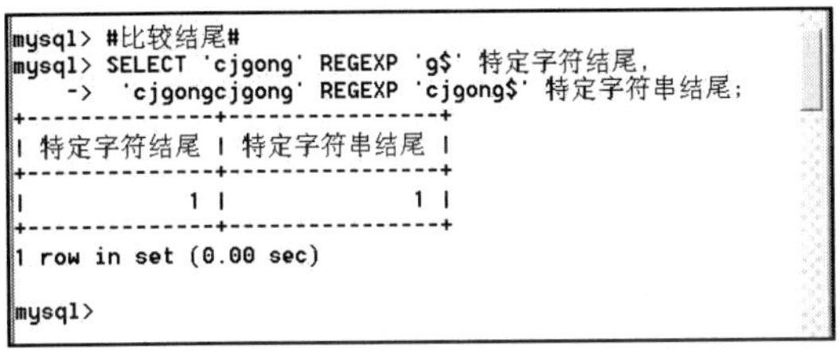

```
mysql> #比较结尾#
mysql> SELECT 'cjgong' REGEXP 'g$' 特定字符结尾,
    -> 'cjgongcjgong' REGEXP 'cjgong$' 特定字符串结尾;
+--------------+----------------+
| 特定字符结尾 | 特定字符串结尾 |
+--------------+----------------+
|            1 |              1 |
+--------------+----------------+
1 row in set (0.00 sec)

mysql>
```

图 12.9　查询表数据

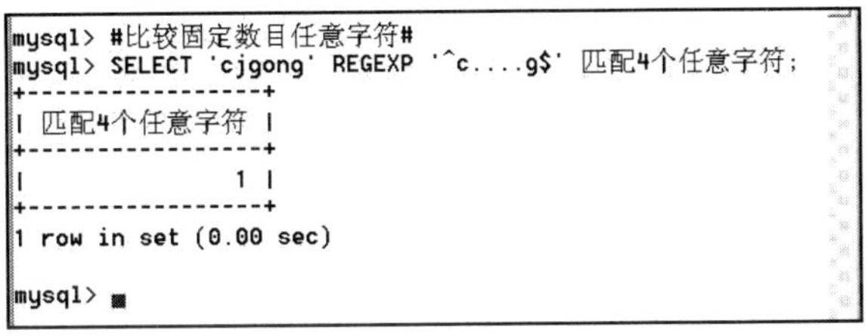

```
mysql> #比较固定数目任意字符#
mysql> SELECT 'cjgong' REGEXP '^c....g$' 匹配4个任意字符;
+-----------------+
| 匹配4个任意字符 |
+-----------------+
|               1 |
+-----------------+
1 row in set (0.00 sec)

mysql>
```

图 12.10　查询表数据

执行结果显示，通过模式字符“.”可以比较是否以包含一个任意字符。如果相符合则返回 1；否则返回 0。

（4）执行带有“[]”和“[^]”模式字符的 SQL 语句 SELECT，可以实现比较是否包含指定字符中任意一个和指定字符外任意一个，具体 SQL 语句如下：

```
SELECT 'cjgong' REGEXP '[abc]'  指定字符中字符,
     'cjgong' REGEXP '[a-zA-Z]' 指定字符中的集合区间,
     'cjgong' REGEXP '[^abc]' 指定字符外字符,
     'cjgong' REGEXP '[^a-zA-Z0-9]' 指定字符外集合区间;
```

【运行效果】执行上面的 SQL 语句，其结果如图 12.11 所示。

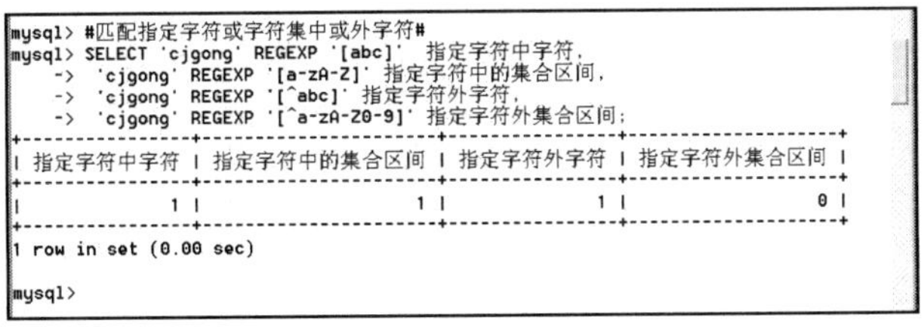

```
mysql> #匹配指定字符或字符集中或外字符#
mysql> SELECT 'cjgong' REGEXP '[abc]'  指定字符中字符,
    -> 'cjgong' REGEXP '[a-zA-Z]' 指定字符中的集合区间,
    -> 'cjgong' REGEXP '[^abc]' 指定字符外字符,
    -> 'cjgong' REGEXP '[^a-zA-Z0-9]' 指定字符外集合区间;
+----------------+----------------------+----------------+--------------------+
| 指定字符中字符 | 指定字符中的集合区间 | 指定字符外字符 | 指定字符外集合区间 |
+----------------+----------------------+----------------+--------------------+
|              1 |                    1 |              1 |                  0 |
+----------------+----------------------+----------------+--------------------+
1 row in set (0.00 sec)

mysql>
```

图 12.11　查询表数据

执行结果显示，通过模式字符“[]”和“[^]”可以匹配指定的字符中和字符外的任意一个字符。如果相符则返回 1；否则返回 0。

注意：在“[]”模式字符中，如果需要匹配多个字符中的任意一个时，多个字符间不需要用逗号（“,”）隔开。如果需要匹配一个集合，经常通过字符“-”隔开，例如，a-z 表示从 a～z 的所有字母，A-Z 表示从 A～Z 的所有字母，0-9 表示从 0～9 的所有数字。集合与集合之间也不需要用逗号（“,”）隔开。

（5）执行带有“*”和“+”模式字符的 SQL 语句 SELECT，可以实现比较是否包含多个指定字符，具体 SQL 语句如下：

```
SELECT 'cjgong' REGEXP 'a*g',
     'cjgong' REGEXP 'a+g';
```

【运行效果】执行上面的 SQL 语句，其结果如图 12.12 所示。

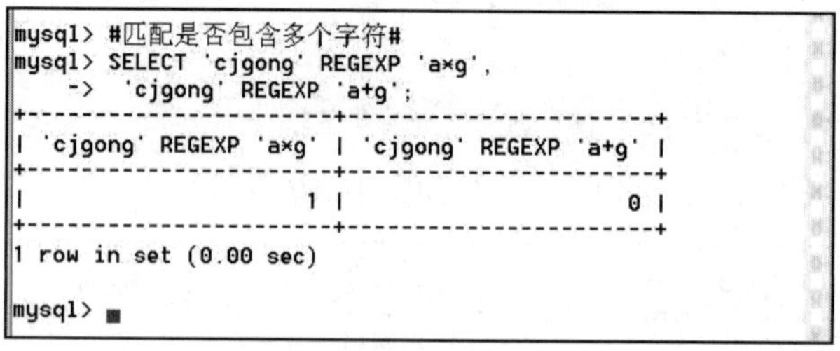

```
mysql> #匹配是否包含多个字符#
mysql> SELECT 'cjgong' REGEXP 'a*g',
    ->  'cjgong' REGEXP 'a+g';
+-----------------------+-----------------------+
| 'cjgong' REGEXP 'a*g' | 'cjgong' REGEXP 'a+g' |
+-----------------------+-----------------------+
|                     1 |                     0 |
+-----------------------+-----------------------+
1 row in set (0.00 sec)

mysql> ■
```

图 12.12　查询表数据

执行结果显示，通过模式字符“*”和“+”可以匹配字符 g 之前是否有多个字符 a，不过前者可以表示 0 个或任意一个字符，而后者至少表示一个字符。因此显示结果分别为 1 和 0。

（6）执行带有“|”模式字符的 SQL 语句 SELECT，可以实现比较是否包含指定字符串中任意一个字符串，具体 SQL 语句如下：

```
SELECT 'cjgong' REGEXP 'cjg'  指定单个字符串,
     'cjgong' REGEXP 'cjc|cjgc' 指定多个字符串;
```

【运行效果】执行上面的 SQL 语句，其结果如图 12.13 所示。

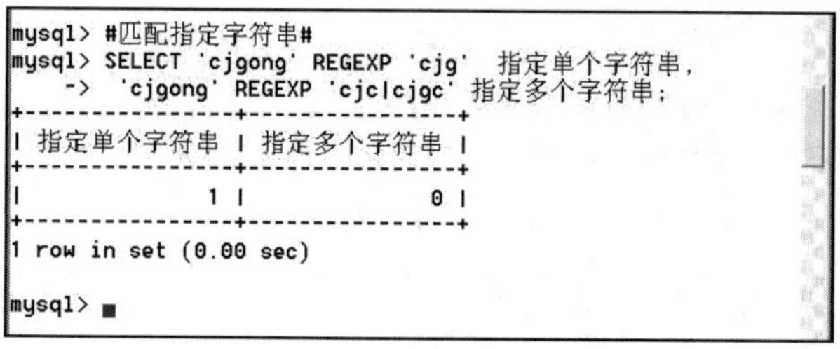

```
mysql> #匹配指定字符串#
mysql> SELECT 'cjgong' REGEXP 'cjg'  指定单个字符串,
    ->  'cjgong' REGEXP 'cjc|cjgc' 指定多个字符串;
+----------------+----------------+
| 指定单个字符串 | 指定多个字符串 |
+----------------+----------------+
|              1 |              0 |
+----------------+----------------+
1 row in set (0.00 sec)

mysql> ■
```

图 12.13　查询表数据

执行结果显示，通过模式字符“|”可以匹配指定的任意一个字符串，如果只有一个字符串，则不需要模式字符“|”。如果相符合则返回 1；否则返回 0。

注意：当指定多个字符串时，需要用“|”模式字符进行隔开，每个字符串与“|”之间不能有空格。因为 MySQL 软件会将空格也当作一个字符。

（7）执行带有“{M}”或“{M,N}”模式字符的 SQL 语句 SELECT，可以实现比较是否包含多个指定字符串，具体 SQL 语句如下：

```
SELECT 'cccjgong' REGEXP 'c{3}' 匹配 3 个 c,
     'cccjgongg' REGEXP 'g{2}' 匹配 2 个 g,
     'cgong'  REGEXP 'cj{1,2}' 至少 1 个最多 2 个,
     'cjcjgong'  REGEXP 'cj{1,2}' 至少 1 个最多 2 个;
```

【运行效果】 执行上面的 SQL 语句，其结果如图 12.14 所示。

执行结果显示，c{3}表示字符串 c 连续出现 3 次，cj{1,2}表示字符串 cj 至少出现 1 次，最多连接出现 3 次。

通过上述内容可以发现，正则表达式的功能非常强大，使用正则表达式可以灵活地设置字符串匹配的条件。

```
mysql> #匹配是否包含多个字符串#
mysql> SELECT 'cccjgong' REGEXP 'c{3}' 匹配3个c,
    -> 'cccjgongg' REGEXP 'g{2}' 匹配2个g,
    -> 'cgong'  REGEXP 'cj{1,2}' 至少1个最多2个,
    ->          'cjcjgong'  REGEXP 'cj{1,2}' 至少1个最多2个;
+----------+----------+----------------+----------------+
| 匹配3个c | 匹配2个g | 至少1个最多2个 | 至少1个最多2个 |
+----------+----------+----------------+----------------+
|        1 |        1 |              0 |              1 |
+----------+----------+----------------+----------------+
1 row in set (0.00 sec)

mysql>
```

图 12.14　查询表数据

12.4　使用逻辑运算符

逻辑运算符也是常用运算符之一，同时也是 MySQL 用户必须要掌握运算符之一。在 MySQL 软件中，逻辑运算符包含与、或、非、和异或运算，灵活地使用逻辑运算符，是衡量 MySQL 用户的标准之一。

查看帮助文件，MySQL 软件所支持的逻辑运算符如表 12.4 所示。

表 12.4　MySQL 软件所支持的逻辑运算符

运　算　符	描　　述	表达式形式
AND(&&)	与	x1 AND x2
OR(||)	或	x1 OR x2
NOT (!)	非	NOT x1
XOR	异或	x1 XOR x2

【实例 12-4】 下面通过一个具体实例演示各种逻辑运算符的使用，具体步骤如下：

（1）执行带有“&&”或者“AND”逻辑运算符的 SQL 语句 SELECT，来理解这些逻辑运算符的作用，具体 SQL 语句如下：

```
SELECT 3 AND 4,
     0 AND 4,
     0 AND NULL,
     3 AND NULL,
     3 && 4,
```

```
        0 && 4,
        0 && NULL,
        3 && NULL;
```

【运行效果】 执行上面的 SQL 语句，其结果如图 12.15 所示。

执行结果显示，逻辑运算符中这两个 AND 与&&符号作用一样，所有操作数不为 0 且不为 NULL（空值）时，结果返回 1；存在任何一个操作数为 0 时，返回结果为 0；存在任意一个操作数为 NULL 且没有操作数为 0 时，返回结果为 NULL。

注意： AND 与&&符号可以有多个操作数同时进行与运算，例如 3AND4AND5。

```
mysql> #带有AND和&&的运算#
mysql> SELECT 3 AND 4,
    ->  0 AND 4,
    ->  0 AND NULL,
    ->  3 AND NULL,
    ->  3 && 4,
    ->  0 && 4,
    ->  0 && NULL,
    ->  3 && NULL;
+---------+---------+------------+------------+--------+--------+-----------+-----------+
| 3 AND 4 | 0 AND 4 | 0 AND NULL | 3 AND NULL | 3 && 4 | 0 && 4 | 0 && NULL | 3 && NULL |
+---------+---------+------------+------------+--------+--------+-----------+-----------+
|       1 |       0 |          0 |       NULL |      1 |      0 |         0 |      NULL |
+---------+---------+------------+------------+--------+--------+-----------+-----------+
1 row in set (0.00 sec)

mysql>
```

图 12.15　使用算术运算符

（2）执行带有“||”或者“OR”逻辑运算符的 SQL 语句 SELECT，来理解这些逻辑运算符的作用，具体 SQL 语句如下：

```
    SELECT 3 OR 4,
     0 OR 4,
     0 OR 0,
     0 OR NULL,
     3 OR NULL,
     3 || 4,
     0 || 4,
     0 || 0,
     0 || NULL,
     3 || NULL\G
```

【运行效果】 执行上面的 SQL 语句，其结果如图 12.16 所示。

```
mysql> #带有OR和||的运算#
mysql> SELECT 3 OR 4,
    ->  0 OR 4,
    ->  0 OR 0,
    ->  0 OR NULL,
    ->  3 OR NULL,
    ->  3 || 4,
    ->  0 || 4,
    ->  0 || 0,
    ->  0 || NULL,
    ->  3 || NULL\G
*************************** 1. row *****
   3 OR 4: 1
   0 OR 4: 1
   0 OR 0: 0
0 OR NULL: NULL
3 OR NULL: 1
   3 || 4: 1
   0 || 4: 1
   0 || 0: 0
0 || NULL: NULL
3 || NULL: 1
1 row in set (0.00 sec)

mysql>
```

图 12.16　使用算术运算符

执行结果显示，逻辑运算符中这两个 OR 与||符号作用一样，所有操作数中存在任何一个操作数不为 0，结果返回 1；所有操作数中不包含非 0 的数字，但包含 NULL（空值），结果返回 NULL；所有操作数都为 0，结果返回 0。

注意：OR 与||符号可以有多个操作数同时进行与运算，例如 3OR4OR5。

（3）执行带有“!”或者“NOT”逻辑运算符的 SQL 语句 SELECT，来理解这些逻辑运算符的作用，具体 SQL 语句如下：

```
SELECT NOT 3,
    NOT 0,
    NOT NULL,
    !3,
    !0,
    !NULL;
```

【运行效果】执行上面的 SQL 语句，其结果如图 12.17 所示。

```
mysql> #带有NOT和!的运算#
mysql> SELECT NOT 3,
    -> NOT 0,
    -> NOT NULL,
    -> !3,
    -> !0,
    -> !NULL;
+-------+-------+----------+----+----+-------+
| NOT 3 | NOT 0 | NOT NULL | !3 | !0 | !NULL |
+-------+-------+----------+----+----+-------+
|     0 |     1 |     NULL |  0 |  1 |  NULL |
+-------+-------+----------+----+----+-------+
1 row in set (0.00 sec)

mysql>
```

图 12.17　使用算术运算符

执行结果显示，逻辑运算符中这两个 NOT 与!符号作用一样，同时也是逻辑运算符中唯一的单操作数运算符。如果操作数为非 0 数字，结果返回 0；如果操作数为 0，结果返回 1；如果操作数为 NULL（空值），结果返回 NULL。

（4）执行带有“XOR”逻辑运算符的 SQL 语句 SELECT，来理解这些逻辑运算符的作用，具体 SQL 语句如下：

```
SELECT 3 XOR 4,
    0 XOR 0,
    NULL XOR NULL,
    0 XOR 4,
    0 XOR NULL,
    3 XOR NULL;
```

【运行效果】执行上面的 SQL 语句，其结果如图 12.18 所示。

```
mysql> #带有XOR的运算#
mysql> SELECT 3 XOR 4,
    -> 0 XOR 0,
    -> NULL XOR NULL,
    -> 0 XOR 4,
    -> 0 XOR NULL,
    -> 3 XOR NULL;
+---------+---------+---------------+---------+------------+------------+
| 3 XOR 4 | 0 XOR 0 | NULL XOR NULL | 0 XOR 4 | 0 XOR NULL | 3 XOR NULL |
+---------+---------+---------------+---------+------------+------------+
|       0 |       0 |          NULL |       1 |       NULL |       NULL |
+---------+---------+---------------+---------+------------+------------+
1 row in set (0.00 sec)

mysql>
```

图 12.18　使用算术运算符

执行结果显示，对于逻辑运算符 XOR，如果操作数中包含 NULL（空值），结果返回 NULL；如果操作数同为 0 数字或者同为非 0 数字，结果返回 0；如果一个操作数为 0 而另一个操作数不为 0，结果返回 1。

注意：XOR 符号可以有多个操作数同时进行与运算，例如 3XOR4XOR5。

12.5 使用位运算符

位运算符也是常用运算符之一，同时也是 MySQL 用户必须要掌握的运算符之一。在 MySQL 软件中，位运算符包含按位与、按位或、按位取反、按位异或、按位左移和按位右移运算，灵活地使用位运算符，是衡量 MySQL 用户的标准之一。

查看帮助文件，MySQL 软件所支持的位运算符如表 12.5 所示。

表 12.5 MySQL 软件所支持的逻辑运算符

<table>
<tr><th>运　算　符</th><th>描　　述</th><th>表达式形式</th></tr>
<tr><td>&</td><td>按位与</td><td>x1 &x2</td></tr>
<tr><td>|</td><td>按位或</td><td>x1 | x2</td></tr>
<tr><td>~</td><td>按位取反</td><td>~ x1</td></tr>
<tr><td>^</td><td>按位异或</td><td>x1 ^ x2</td></tr>
<tr><td><<</td><td>按位左移</td><td>x1 << x2</td></tr>
<tr><td>>></td><td>按位右移</td><td>x1 >> x2</td></tr>
</table>

【实例 12-5】下面通过具体实例演示各种算术运算符的使用，具体步骤如下：

（1）执行带有“&”位运算符的 SQL 语句 SELECT，来理解该位运算符的作用，具体 SQL 语句如下：

```
SELECT 5&6 , BIN(5&6) 二进制数,
    4&5&6,BIN(4&5&6) 二进制数;
```

【运行效果】执行上面的 SQL 语句，其结果如图 12.19 所示。

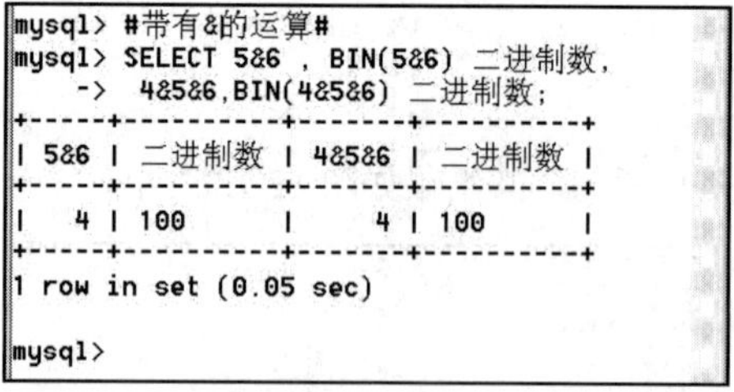

图 12.19 使用算术运算符

执行结果显示，由于 5 的二进制数为 101，6 的二进制数为 110，这两个二进制数对应位上进行与运算结果为 100，转换成十进制数为 4。当二进制数为 100（4）与二进制数 101（5）进行与运算

结果为 100，然后再与 110（6）进行与运算结果为 100，转换成十进制数为 4。

通过执行结果可以发现，所谓按位与，MySQL 软件在具体运行时，首先把操作数由十进制数转换成二进制数，然后按位进行与操作，即 1 与 1 为 1，其他为 0，最后将与后的结果转换成十进制数。

注意：&符号可以有多个操作数同时进行按位与运算，例如 3&4&5，在具体运算时按照从左到右的顺序依次计算。

（2）执行带有“|”位运算符的 SQL 语句 SELECT，来理解该位运算符的作用，具体 SQL 语句如下：

```
SELECT 5|6 , BIN(5|6) 二进制数,
    4|5|6,BIN(4|5|6) 二进制数;
```

【运行效果】执行上面的 SQL 语句，其结果如图 12.20 所示。

```
mysql> #带有|的运算#
mysql> SELECT 5|6 , BIN(5|6) 二进制数,
    -> 4|5|6,BIN(4|5|6) 二进制数;
+-----+----------+-------+----------+
| 5|6 | 二进制数 | 4|5|6 | 二进制数 |
+-----+----------+-------+----------+
|   7 | 111      |     7 | 111      |
+-----+----------+-------+----------+
1 row in set (0.00 sec)

mysql>
```

图 12.20　使用算术运算符

执行结果显示，由于 5 的二进制数为 101，6 的二进制数为 110，这两个二进制数对应位上进行或运算结果为 111，转换成十进制数为 7。当二进制数为 100（4）与二进制数 101（5）进行或运算结果为 101，然后再与 110（6）进行或运算结果为 111，转换成十进制数为 7。

通过执行结果可以发现，所谓按位或，MySQL 软件在具体运行时，首先把操作数由十进制数转换成二进制数，然后按位进行或操作，即 1 与任何数或运算的结果为 1，0 与 0 运算的结果为 0，最后将与后的结果转换成十进制数。

注意：“|”符号可以有多个操作数同时进行按位与运算，例如 3|4|5，在具体运算时按照从左到右的顺序依次计算。

（3）执行带有“~”位运算符的 SQL 语句 SELECT，来理解该位运算符的作用，具体 SQL 语句如下：

```
SELECT ~4,BIN(~4) 二进制数;
```

【运行效果】执行上面的 SQL 语句，其结果如图 12.21 所示。

```
mysql> #带有~的运算#
mysql> SELECT ~4,BIN(~4) 二进制数;
+----------------------+------------------------------------------------------------------+
| ~4                   | 二进制数                                                         |
+----------------------+------------------------------------------------------------------+
| 18446744073709551611 | 1111111111111111111111111111111111111111111111111111111111111011 |
+----------------------+------------------------------------------------------------------+
1 row in set (0.14 sec)

mysql>
```

图 12.21　使用算术运算符

执行结果显示,“~”位运算符中唯一的单操作数位运算符。虽然 4 的二进制数为 100,但是 MySQL 软件中用 8 个字节（64 位）表示产量，于是需要在 100 二进制数前面用 0 补足 64 位，将该二进制数对应位上进行取反运算结果为前 61 位为 1 而最后三位为 011，转换成十进制数为 18 446 744 073 709 551 611。

通过执行结果可以发现，所谓按位取反，MySQL 软件在具体运行时，首先把操作数由十进制数转换成二进制数，然后按位进行取反操作，即 1 取反运算的结果为 0，0 取反运算的结果为 1，最后将与后的结果转换成十进制数。

（4）执行带有“^”位运算符的 SQL 语句 SELECT，来理解该位运算符的作用，具体 SQL 语句如下：

```
SELECT 4^5,BIN(4^5) 二进制数;
```

【运行效果】执行上面的 SQL 语句，其结果如图 12.22 所示。

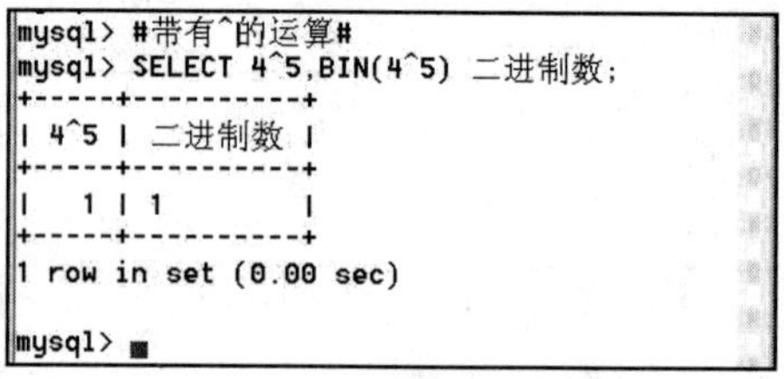

```
mysql> #带有^的运算#
mysql> SELECT 4^5,BIN(4^5) 二进制数;
+-----+----------+
| 4^5 | 二进制数 |
+-----+----------+
|   1 | 1        |
+-----+----------+
1 row in set (0.00 sec)

mysql>
```

图 12.22　使用算术运算符

执行结果显示，由于 4 的二进制数为 100，5 的二进制数为 101，这两个二进制数对应位上进行异或运算结果为 001，转换成十进制数为 1。

通过执行结果可以发现，所谓按位或，MySQL 软件在具体运行时，首先把操作数由十进制数转换成二进制数，然后按位进行异或操作，即相同的数异或后的结果为 0，不同的数异或后的结果为 0，最后将与后的结果转换成十进制数。

注意：“^”符号可以有多个操作数同时进行按位与运算，例如 3^4^5，在具体运算时按照从左到右的顺序依次计算。

（5）执行带有“<<”和“>>”位运算符的 SQL 语句 SELECT 来理解这些运算符的作用，具体 SQL 语句如下：

```
SELECT  BIN(5)二进制数,
     5<<4,BIN(5<<4) 二进制数,
     5>>1,BIN(5>>1) 二进制数;
```

【运行效果】执行上面的 SQL 语句，其结果如图 12.23 所示。

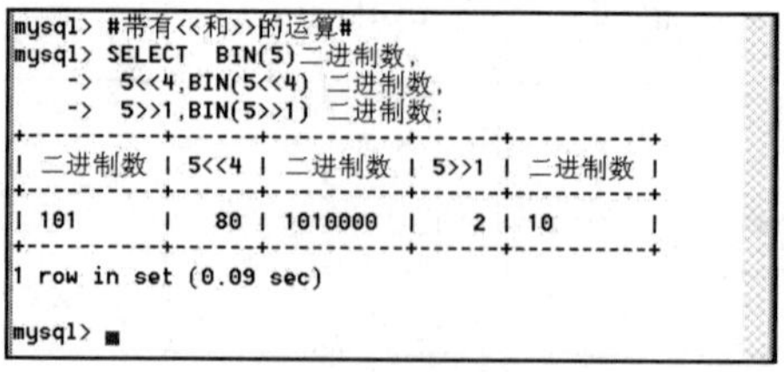

```
mysql> #带有<<和>>的运算#
mysql> SELECT  BIN(5)二进制数,
    ->   5<<4,BIN(5<<4) 二进制数,
    ->   5>>1,BIN(5>>1) 二进制数;
+----------+------+----------+------+----------+
| 二进制数 | 5<<4 | 二进制数 | 5>>1 | 二进制数 |
+----------+------+----------+------+----------+
| 101      |   80 | 1010000  |    2 | 10       |
+----------+------+----------+------+----------+
1 row in set (0.09 sec)

mysql>
```

图 12.23　使用算术运算符

执行结果显示，由于 5 的二进制数为 101，当向左移动 4 位后运算结果为 1010000，转换成十进制数为 80。当向右移动 1 位后运算结果为 10，转换成十进制数为 2。

通过执行结果可以发现，所谓按位左移和右移，MySQL 软件在具体运行时，首先把操作数由十进制数转换成二进制数，如果向左移则右边补 0，如果向右移则左边补 0，最后将移动后的结果转换成十进制数。

12.6　小　结

本章主要介绍在 MySQL 软件中关于运算符的使用，分别从运算符的基本概念和使用两方面介绍。其中前者主要介绍为什么要使用运算符，而后者则主要介绍了各种常用运算符，包含算术运算符、比较运算符、逻辑运算符和位运算符。

通过对本章的学习，读者可以掌握各种常用运算符的使用。

第 13 章 使用 MySQL 常用函数

每个程序员都知道函数的重要性，即丰富的函数往往能使程序员的工作事半功倍。MySQL 软件支持各种函数以方便用户使用，分别为操作字符串的函数、操作数值的函数、操作日期的函数、获取系统信息的函数等。

在 MySQL 软件中，函数不仅可以出现在 SELECT 语句及其子句中，而且还可以出现在 UPDATE、DELETE 语句中。通过本节的学习，可以掌握在 MySQL 软件使用常用函数，内容包含：

- 关于字符串函数;
- 关于数值函数;
- 关于日期和时间函数;
- 关于系统信息函数。

13.1 使用字符串函数

虽然每种数据库软件都支持 SQL 语句，但是每种数据库却拥有各自所支持的函数。如果想使用数据库软件，除了需要会使用 SQL 语句外，还需要掌握函数。MySQL 软件中常用的函数包含字符串函数、数值函数、日期函数和系统信息函数。

- 字符串函数：该类函数主要用于处理字符串。
- 数值函数：该类函数主要用于处理数字。
- 日期函数：该类函数主要用于处理日期和事件。
- 系统信息函数：该类函数主要用于获取 MySQL 软件的系统信息。

注意：能运行在多个系统上的代码具有可移植性，在数据库软件中，多数 SQL 语句是可移植的，且可移植性比较强；而函数的移植性不强，主要是由于各种数据库软件都支持自己所特有的函数。因此许多 SQL 用户不认同使用数据库软件所特有的函数。

字符串函数是常用函数之一，是 MySQL 用户必须要掌握的函数之一。在 MySQL 软件中，字符串类型数据处理占了很大一部分，因此灵活地使用字符串函数，是衡量 MySQL 用户水平的标准之一。

查看帮助文件，MySQL 软件所支持的字符串函数如表 13.1 所示。

表 13.1　字符串函数

函　数	功　能
CANCAT(str1,str2,…strn)	连接字符串 str1、str2…、strn 为一个完整字符串
INSERT(str,x,y,instr)	将字符串 str 从第 x 位置开始，y 个字符长的子串替换为字符串 instr
LOWER(str)	将字符串 str 中所有字符变为小写
UPPER(str)	将字符串 str 中所有字符变为大写
LEFT(str,x)	返回字符串 str 中最左边的 x 个字符
RIGHT(str,x)	返回字符串 str 最右边的 x 个字符
LPAD(str,n,pad)	使用字符串 pad 对字符串 str 最左边进行填充，直到长度为 n 个字符长度
RPAD(str,n,pad)	使用字符串 pad 对字符串 str 最右边进行填充，直到长度为 n 个字符长度
LTRIM(str)	去掉字符串 str 左边的空格
RTRIM(str)	去掉字符串 str 右边的空格
REPEAT(str,x)	返回字符串 str 重复 x 次的结果
REPLACE(str,a,b)	使用字符串 b 替换字符串 str 中所有出现的字符串 a
STRCMP(str1,str2)	比较字符串 str1 和 str2
TRIM(str)	去掉字符串 str 行头和行尾的空格
SUBSTRING(str,x,y)	返回字符串 str 中从 x 位置起 y 个字符长度的字符串

下面将通过具体实例详细介绍字符串函数中常用的函数。

13.1.1　合并字符串函数 CONCAT()和 CONCAT_WS()

在 MySQL 软件中可以通过函数 CONCAT()和 CONCAT_WS()将传入的参数连接成为一个字符串。查看帮助文档，函数 CONCAT()的定义如下：

```
CONCAT(S1,S2,…SN)
```

上述函数会将传入的参数连接起来返回所合并的字符串类型数据。如果其中一个参数为 NULL，则返回值为 NULL。

【实例 13-1】下面通过一个具体实例演示函数 CONCAT()的使用，具体步骤如下：

（1）执行 SQL 函数 CONCAT()，实现字符串“My”、“S”和“QL”合并功能，具体 SQL 语句如下：

```
SELECT CONCAT('My','S','QL') 合并后字符串;
```

【运行效果】执行上面的 SQL 语句，其结果如图 13.1 所示。

执行结果显示，实现了传入字符串的合并功能，即将字符串“My”、“S”和“QL”合并成一个字符串“MySQL”返回。

（2）执行 SQL 函数 CONCAT()，实现字符串“My”、“S”、“QL”和 NULL 合并功能，具体 SQL 语句如下：

```
SELECT CONCAT('My','S','QL',NULL) 合并后字符串;
```

【运行效果】执行上面的 SQL 语句，其结果如图 13.2 所示。

```
mysql> #合并字符串#
mysql> SELECT CONCAT('My','S','QL') 合并后字符串;
+--------------+
| 合并后字符串 |
+--------------+
| MySQL        |
+--------------+
1 row in set (0.00 sec)

mysql>
```

图 13.1　查询表数据

```
mysql> #合并字符串#
mysql> SELECT CONCAT('My','S','QL',NULL) 合并后字符串;
+--------------+
| 合并后字符串 |
+--------------+
| NULL         |
+--------------+
1 row in set (0.00 sec)

mysql>
```

图 13.2　查询表数据

执行结果显示，当所传入的参数值中有一个值为 NULL，返回的结果值将为 NULL。

（3）执行 SQL 函数 CONCAT()，实现将当前时间（CURDATE()）和数值 12.34 合并功能，具体 SQL 语句如下：

```
SELECT CONCAT(CURDATE(),12.34) 合并后字符串;
```

【运行效果】执行上面的 SQL 语句，其结果如图 13.3 所示。

执行结果成功显示出关于日期（2012-05-02）和数值 12.34 合并后的字符串，即 CONCAT()函数不仅可以接受字符串参数，而且还可以接受其他类型参数。

```
mysql> #合并字符串#
mysql> SELECT CONCAT(CURDATE(),12.34) 合并后字符串;
+-----------------+
| 合并后字符串    |
+-----------------+
| 2012-05-0212.34 |
+-----------------+
1 row in set (0.08 sec)

mysql>
```

图 13.3　查询表数据

查看帮助文档，可以发现 CONCAT_WS()函数全称为 CONCAT With Separator，是 CONCAT()函数的特殊形式。函数 CONCAT_WS()的定义如下：

```
CONCAT_WS(SEP,S1,S2,…SN)
```

上述函数与 CONCAT()相比，多了一个表示分割符的 SEP 参数，即不仅将传入的其他参数连接起来，而且还会通过分割符将各个字符串分割开。分隔符可以是一个字符串，也可以是其他参数。如果分隔符为 NULL，则返回结果为 NULL。函数会忽略任何分隔符参数后的 NULL 值。

【实例 13-2】下面通过一个具体实例演示函数 CONCAT_WS()的使用，具体步骤如下：

（1）执行 SQL 函数 CONCAT_WS()，实现带有区号的电话功能，具体 SQL 语句如下：

```
SELECT CONCAT_WS('-','029',88461234) 合并后字符串;
```

【运行效果】执行上面的 SQL 语句，其结果如图 13.4 所示。

执行结果显示，实现了通过分隔符（-）将传入参数的隔开功能，即将字符串“029”和 88461234 合并成一个字符串，同时通过符号（-）将合并后的字符串分割。

（2）执行 SQL 函数 CONCAT_WS()，当分割符参数的值为 NULL 时，具体 SQL 语句如下：

```
SELECT CONCAT_WS(NULL,'029',88461234) 合并后字符串;
```

【运行效果】执行上面的 SQL 语句，其结果如图 13.5 所示。

```
mysql> #合并字符串#
mysql> SELECT CONCAT_WS('-','029',88461234) 合并后字符串;
+--------------+
| 合并后字符串 |
+--------------+
| 029-88461234 |
+--------------+
1 row in set (0.08 sec)

mysql>
```

图 13.4　查询表数据

```
mysql> #合并字符串#
mysql> SELECT CONCAT_WS(NULL,'029',88461234) 合并后字符串;
+--------------+
| 合并后字符串 |
+--------------+
| NULL         |
+--------------+
1 row in set (0.00 sec)

mysql>
```

图 13.5　查询表数据

执行结果显示，当所传入的第一个参数值为 NULL，返回的结果值将为 NULL，因此返回结果为 NULL。

（3）执行 SQL 函数 CONCAT_WS()，当分割符参数后值存在 NULL 时，具体 SQL 语句如下：

```
SELECT CONCAT_WS('-','029',NULL,88461234) 合并后字符串;
```

【运行效果】执行上面的 SQL 语句，其结果如图 13.6 所示。

```
mysql> #合并字符串#
mysql> SELECT CONCAT_WS('-','029',NULL,88461234) 合并后字符串;
+--------------+
| 合并后字符串 |
+--------------+
| 029-88461234 |
+--------------+
1 row in set (0.00 sec)

mysql>
```

图 13.6　查询表数据

执行结果显示，当所传入的参数（除第一个参数外）值中有 NULL，返回的结果值将忽略 NULL，因此返回结果为 029-88461234。

13.1.2　比较字符串大小函数 STRCMP()

在 MySQL 软件中可以通过函数 STRCMP()比较所传入的字符串对象。查看帮助文档，函数 STRCMP()的定义如下：

```
STRCMP(str1,str2)
```

上述函数用来比较字符串参数 str1 和 str2，如果参数 str1 大于 str2，则返回结果 1；如果参数 str1 小于 str2，则返回结果-1；如果参数 str1 等于 str2，则返回结果 0。

下面通过具体实例演示 STRCMP()函数的使用，具体步骤如下。

【实例 13-3】执行 SQL 语句的 STRCMP()函数，比较一些字符串，具体 SQL 语句如下：

```
SELECT STRCMP('abc','abd'),
    STRCMP('abc','abc'),
    STRCMP('abc','abb');
```

【运行效果】执行上面的 SQL 语句，其结果如图 13.7 所示。

```
mysql> #比较字符串#
mysql> SELECT STRCMP('abc','abd'),
    -> STRCMP('abc','abc'),
    -> STRCMP('abc','abb');
+---------------------+---------------------+---------------------+
| STRCMP('abc','abd') | STRCMP('abc','abc') | STRCMP('abc','abb') |
+---------------------+---------------------+---------------------+
|                  -1 |                   0 |                   1 |
+---------------------+---------------------+---------------------+
1 row in set (0.08 sec)

mysql>
```

图 13.7　比较字符串

执行结果显示，由于字符串“abc”小于字符串“abd”，所以返回结果为-1；由于字符串“abc”等于字符串“abc”，所以返回结果为 0；由于字符串“abc”大于字符串“abb”，所以返回结果为 1。

13.1.3　获取字符串长度函数 LENGTH()和字符数函数 CHAR_LENGTH()

在 MySQL 软件中可以通过 LENGTH()和 CHAR_LENGTH()函数获取字符串的长度。查看帮助文档，函数 LENGTH()的定义如下：

```
LENGTH(str)
```

上述函数会获取传入的参数 str 的长度。

函数 CHAR_LENGTH()的定义如下：

```
CHAR_LENGTH(str)
```

上述函数会获取传入的参数 str 的字符数。

【实例 13-4】下面通过具体实例演示 LENGTH()和 CHAR_LENGTH()函数的使用，具体步骤如下：

（1）执行 SQL 语句的 LENGTH()函数，计算英文字符串“MySQL”和中文字符串“常建功”的字节长度，具体 SQL 语句如下：

```
SELECT 'MySQL' 英文字符串,
    LENGTH('MySQL') 字符串字节长度,
    '常建功' 中文字符串,
    LENGTH('常建功') 字符串字节长度;
```

【运行效果】执行上面的 SQL 语句，其结果如图 13.8 所示。

```
mysql> #获取字符串的字节数#
mysql> SELECT 'MySQL' 英文字符串,
    -> LENGTH('MySQL') 字符串字节长度,
    -> '常建功' 中文字符串,
    -> LENGTH('常建功') 字符串字节长度;
+------------+----------------+------------+----------------+
| 英文字符串 | 字符串字节长度 | 中文字符串 | 字符串字节长度 |
+------------+----------------+------------+----------------+
| MySQL      |              5 | 常建功     |              6 |
+------------+----------------+------------+----------------+
1 row in set (0.00 sec)

mysql>
```

图 13.8 计算字节数

执行结果显示，获取传入字符串的长短，由于英文字符占一个字节，所以字符串“MySQL”的长度为 5；由于汉字字符占两个字节，所以字符串“常建功”的长度为 6。

（2）执行 SQL 语句的 CHAR_LENGTH()函数，计算英文字符串“MySQL”和中文字符串“常建功”的字符长度，具体 SQL 语句如下：

```
SELECT 'MySQL' 英文字符串,
    CHAR_LENGTH('MySQL') 字符串字符长度,
    '常建功' 中文字符串,
    CHAR_LENGTH('常建功') 字符串字符长度;
```

【运行效果】执行上面的 SQL 语句，其结果如图 13.9 所示。

```
mysql> #获取字符串的字符数#
mysql> SELECT 'MySQL' 英文字符串,
    -> CHAR_LENGTH('MySQL') 字符串字符长度,
    -> '常建功' 中文字符串,
    -> CHAR_LENGTH('常建功') 字符串字符长度;
+------------+----------------+------------+----------------+
| 英文字符串 | 字符串字符长度 | 中文字符串 | 字符串字符长度 |
+------------+----------------+------------+----------------+
| MySQL      |              5 | 常建功     |              3 |
+------------+----------------+------------+----------------+
1 row in set (0.02 sec)

mysql>
```

图 13.9 计算字符数

执行结果显示，获取传入字符串的字符数，即字符串“MySQL”的字符数为 5，字符串“常建功”的字符数为 3。

字符串“MySQL”共有 5 个字符，但是占有 6 个字节空间。这是因为每个字符串都会以\0 结束，结束符\0 也会占用一个字节空间。根据执行结果可以发现，LENGTH()与 CHAR_LENGTH()函数作用一样，会获取字符串的字符数，而不是所占空间的大小。

13.1.4　实现字母大小写转换函数 UPPER()和字符数函数 LOWER()

在 MySQL 软件中可以通过 UPPER()和 UCASE()函数实现将字符串的所有字母转换成大写字母。查看帮助文档，函数 UPPER()的定义如下：

```
UPPER(S)
```

上述函数会将所传入的字符串对象 S 中所有字母全部转换成大写字母。

关于实现字母大写转换函数除了 UPPER()函数外，还可以通过 UCASE()函数来实现，其具体定义如下：

```
UCASE(S)
```

下面通过具体实例演示 UPPER()的和 UCASE()函数的使用，具体步骤如下：

【实例 13-5】执行 SQL 语句的 UPPER()和 UCASE()函数，实现将字符串 mysql 中的所有小写字母转换成大写字母，具体 SQL 语句如下：

```
SELECT 'mysql' 字符串,
    UPPER('mysql') 转换后字符串,
    UCASE('mysql') 转换后字符串;
```

【运行效果】执行上面的 SQL 语句，其结果如图 13.10 所示。

```
mysql> #实现大写转换#
mysql> SELECT 'mysql' 字符串,
    -> UPPER('mysql') 转换后字符串,
    -> UCASE('mysql') 转换后字符串;
+--------+--------------+--------------+
| 字符串 | 转换后字符串 | 转换后字符串 |
+--------+--------------+--------------+
| mysql  | MYSQL        | MYSQL        |
+--------+--------------+--------------+
1 row in set (0.08 sec)

mysql>
```

图 13.10　实现大写字母转换

执行结果显示，将传入的字符串中所有的字母全部转换成大写字母，即返回的字符串为“MY SQL”。

与 UPPER()函数的作用相反，MySQL 软件提供 LOWER()和 LCASE()函数来实现将字符串中所有的字符转换成小写字母。查看帮助文档，UPPER()函数的定义如下：

```
LOWER(S)
```

上述函数会将所传入的字符串对象 S 中的所有字母全部转换成小写字母。

LCASE()函数的定义如下：

```
LCASE(S)
```

下面通过具体实例演示 LOWER()和 LCASE()函数的使用，具体步骤如下：

【实例 13-6】执行 SQL 语句的 LOWER()和 LCASE()函数，实现将字符串“MYSQL”中的所有大写字母转换成小写字母，具体 SQL 语句如下：

```
SELECT 'MYSQL' 字符串,
    LOWER('mysql') 转换后字符串,
    LCASE('mysql') 转换后字符串;
```

【运行效果】执行上面的 SQL 语句，其结果如图 13.11 所示。

```
mysql> #实现小写转换#
mysql> SELECT 'MYSQL' 字符串,
    -> LOWER('mysql') 转换后字符串,
    -> LCASE('mysql') 转换后字符串;
+--------+--------------+--------------+
| 字符串 | 转换后字符串 | 转换后字符串 |
+--------+--------------+--------------+
| MYSQL  | mysql        | mysql        |
+--------+--------------+--------------+
1 row in set (0.08 sec)

mysql>
```

图 13.11　实现小写字母转换

执行结果显示，将传入的字符串中的所有字母全部转成小写字母，即返回的字符串为“mysql”。

13.1.5　查找字符串

在 MySQL 软件中提供了丰富的函数去查找字符串的位置，分别为 FIND_IN_SET()函数、FIELD()函数、LOCATE()函数、POSITION()和 INSTR()函数，同时还提供了查找指定位置的字符串的函数 ELT()。

1．返回字符串位置的 FIND_IN_SET()函数

在 MySQL 软件中可以通过 FIND_IN_SET()函数获取相匹配字符串的位置。查看帮助文档，FIND_IN_SET()函数的定义如下：

```
FIND_IN_SET(str1,str2)
```

上述函数将会返回在字符串 str2 中与 str1 相匹配的字符串的位置，参数 str2 字符串中将包含若干个用逗号隔开的字符串。

下面通过一个具体实例演示 FIND_IN_SET()函数的使用，具体步骤如下。

【实例 13-7】执行 SQL 语句的 FIND_IN_SET()函数，查找与字符串“MySQL”相匹配的位置，具体 SQL 语句如下：

```
SELECT FIND_IN_SET('MySQL','oracle,sql server,MySQL') 位置;
```

【运行效果】执行上面的 SQL 语句，其结果如图 13.12 所示。

```
mysql> #查找匹配位置#
mysql> SELECT FIND_IN_SET('MySQL','oracle,sql server,MySQL') 位置;
+------+
| 位置 |
+------+
|    3 |
+------+
1 row in set (0.00 sec)

mysql>
```

图 13.12　返回位置

执行结果成功显示出关于字符串相匹配的位置。

2．返回指定字符串位置的 FIELD()函数

在 MySQL 软件中可以通过 FIELD()函数获取相匹配字符串的位置。查看帮助文档，FIELD()函数的定义如下：

```
FIELD(str,str1,str2…)
```

上述函数将会返回第一个与字符串 str 匹配的字符串的位置。

下面通过一个具体实例演示 FIELD()函数的使用，具体步骤如下。

【实例 13-8】执行 SQL 语句的 FIELD()函数，查找第一个与字符串“MySQL”相匹配的位置，具体 SQL 语句如下：

```
SELECT FIELD('MySQL','oracle','sql server','MySQL') 位置;
```

【运行效果】执行上面的 SQL 语句，其结果如图 13.13 所示。

```
mysql> #查找匹配位置#
mysql> SELECT FIELD('MySQL','oracle','sql server','MySQL') 位置;
+------+
| 位置 |
+------+
|    3 |
+------+
1 row in set (0.00 sec)

mysql> 
```

图 13.13　返回位置

执行结果成功显示出关于字符串相匹配的位置。

3．返回子字符串相匹配的开始位置

在 MySQL 软件中可以通过三个函数获取子字符串相匹配的开始位置，它们分别为 LOCATE()、POSITION()和 INSTR()函数。查看帮助文档，LOCATE()函数的定义如下：

```
LOCATE(str1,str)
```

上述函数将会返回参数 str 中字符串 str1 的开始位置。

其他两个函数定义如下：

```
POSITION(str1 IN str)
```

和

```
INSTR(str,str1)
```

下面通过具体实例演示 LOCATE()、POSITION()和 INSTR()函数的使用，具体步骤如下：

【实例 13-9】执行相应 SQL 语句的函数，查找相匹配的开始位置，具体 SQL 语句如下：

```
SELECT LOCATE('SQL','MySQL') 位置,
POSITION('SQL' IN 'MySQL') 位置,
INSTR('MySQL','SQL') 位置;
```

【运行效果】执行上面的 SQL 语句，其结果如图 13.14 所示。

执行结果成功显示出字符串相匹配的开始位置。

```
mysql> #查找匹配位置#
mysql> SELECT LOCATE('SQL','MySQL') 位置,
    -> POSITION('SQL' IN 'MySQL') 位置,
    -> INSTR('MySQL','SQL') 位置;
+------+------+------+
| 位置 | 位置 | 位置 |
+------+------+------+
|    3 |    3 |    3 |
+------+------+------+
1 row in set (0.00 sec)

mysql>
```

图 13.14　返回位置

4．返回指定位置的字符串的 ELT()函数

在 MySQL 软件中可以通过 ELT()函数获取指定位置的字符串。查看帮助文档，ELT()函数的定义如下：

```
ELT(n,str1,str2…)
```

上述函数将会返回第 n 个字符串。

下面通过具体实例演示 ELT()函数的使用，具体步骤如下：

【实例 13-10】 执行 SQL 语句的 ELT()函数，查找指定位置的字符串，具体 SQL 语句如下：

```
SELECT ELT(1,'MySQL','oracle','sql server') 第 1 个位置的字符串;
```

【运行效果】 执行上面的 SQL 语句，其结果如图 13.15 所示。

```
mysql> #查找指定位置的字符串#
mysql> SELECT ELT(1,'MySQL','oracle','sql server') 第1个位置的字符串;
+--------------------+
| 第1个位置的字符串  |
+--------------------+
| MySQL              |
+--------------------+
1 row in set (0.02 sec)

mysql>
```

图 13.15　返回指定位置字符串

执行结果成功显示出指定位置的字符串。

5．选择字符串的 MAKE_SET()函数

在 MySQL 软件中可以通过 MAKE_SET()函数获取字符串，查看帮助文档，MAKE_SET()函数的定义如下：

```
MAKE_SET(num,str1,str2…strn)
```

上述函数首先会将数值 num 转换成二进制数，然后按照二进制数从参数 str1，str2，…，strn 中选取相应的字符串。再通过二进制数来选择字符串时，按从左到右的顺序读取该值，如果值为 1 选择该字符串，否则将不选择该字符串。

下面通过一个具体实例来演示 MAKE_SET()函数的使用，具体步骤如下：

【实例 13-11】 执行 SQL 语句的 MAKE_SET()函数，获取相应字符串，具体 SQL 语句如下：

```
SELECT BIN(5) 二进制数,MAKE_SET(5,'MySQL','Oracle','SQL Server','PostgreSQL') 选取后的字符串;
        BIN(7) 二进制数,MAKE_SET(7,'MySQL','Oracle','SQL Server','PostgreSQL') 选取后的字符串;
```

【运行效果】执行上面的 SQL 语句，其结果如图 13.16 所示。

```
mysql> #选择字符串#
mysql> SELECT BIN(5) 二进制数,MAKE_SET(5,'MySQL','Oracle','SQL Server','PostgreSQL') 选取后的字符串,
    -> BIN(7) 二进制数,MAKE_SET(7,'MySQL','Oracle','SQL Server','PostgreSQL') 选取后的字符串;
+----------+------------------+----------+-------------------------+
| 二进制数 | 选取后的字符串   | 二进制数 | 选取后的字符串          |
+----------+------------------+----------+-------------------------+
| 101      | MySQL,SQL Server | 111      | MySQL,Oracle,SQL Server |
+----------+------------------+----------+-------------------------+
1 row in set (0.09 sec)

mysql>
```

图 13.16　查询表数据

由于数值 5 的二进制数为 101，所以选择第一个和第三个字符串，因此显示结果为 MySQL，SQL Server；数值 7 的二进制数为 111，所以选择第一个、第二个和第三个字符串，因此显示的字符串为 MySQL，Oracle，SQL Server。

13.1.6　从现有字符串中截取子字符串

MySQL 软件中提供了丰富的函数去实现截取子字符串功能，分别为 LEFT()函数、RIGHT()函数、SUBSTRING()和 MID()函数。

1．从左边或右边截取子字符串

在 MySQL 软件中可以通过 LEFT()函数获取字符串中从左边数的部分字符串，可以通过 RIGHT()函数获取字符串中从右边数的部分字符串。查看帮助文档，LEFT()函数的定义如下：

```
LEFT(str,num)
```

上述函数会返回字符串 str 中的包含前 num 个字母（从左边数）的字符串。

关于 RIGHT()函数的定义如下：

```
RIGHT(str,num)
```

上述函数会返回字符串 str 中的包含后 num 个字母（从右边数）的字符串。

下面通过具体实例演示 LEFT()和 RIGHT()函数的使用，具体步骤如下：

【实例 13-12】执行 SQL 语句的 LEFT()和 RIGHT()函数，获取字符串“mysql”中的前 2 个字母和后 3 个字母的字符串，具体 SQL 语句如下：

```
SELECT 'MySQL' 字符串, LEFT('MySQL',2) 前 2 个字符串,
    RIGHT('MySQL',3) 后 3 个字符串;
```

【运行效果】执行上面的 SQL 语句，其结果如图 13.17 所示。

```
mysql> #返回指定字符串#
mysql> SELECT 'MySQL' 字符串, LEFT('MySQL',2) 前2个字符串,
    -> RIGHT('MySQL',3) 后3个字符串;
+--------+-------------+-------------+
| 字符串 | 前2个字符串 | 后3个字符串 |
+--------+-------------+-------------+
| MySQL  | My          | SQL         |
+--------+-------------+-------------+
1 row in set (0.00 sec)

mysql>
```

图 13.17　截取子字符串

执行结果显示，分别返回字符串“My”和字符串“SQL”。

2. 截取指定位置和长度子字符串

在 MySQL 软件中可以通过 SUBSTRING()和 MID()函数截取指定位置和长度的子字符串，查看帮助文档，SUBSTRING()函数的定义如下：

```
SUBSTRING(str,num,len)
```

上述函数会返回字符串 str 中的第 num 个位置开始长度为 len 的子字符串。

关于 MID()函数的定义如下：

```
MID(str,num,len)
```

下面通过一个具体实例来演示 SUBSTRING()和 MID()函数的使用，具体步骤如下：

【实例 13-13】执行 SQL 语句的 SUBSTRING()和 MID()函数，获取字符串“oraclemysql”中的子字符串“mysql”，具体 SQL 语句如下：

```
SELECT 'oraclemysql' 字符串,
     SUBSTRING('oraclemysql',7,5) 截取子字符串,
     MID('oraclemysql',7,5) 截取子字符串;
```

【运行效果】执行上面的 SQL 语句，其结果如图 13.18 所示。

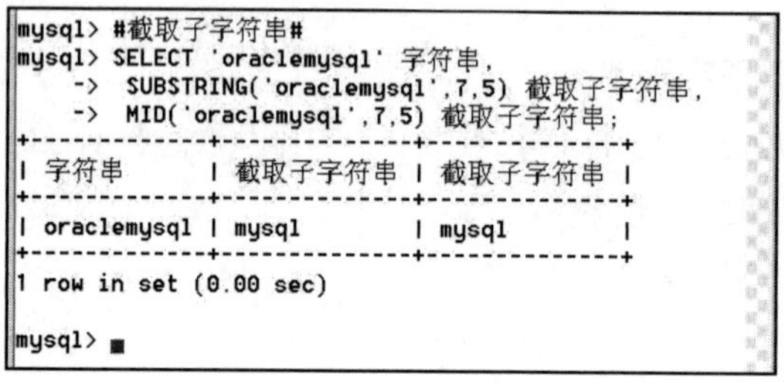

```
mysql> #截取子字符串#
mysql> SELECT 'oraclemysql' 字符串,
    ->  SUBSTRING('oraclemysql',7,5) 截取子字符串,
    ->  MID('oraclemysql',7,5) 截取子字符串;
+-------------+--------------+--------------+
| 字符串      | 截取子字符串 | 截取子字符串 |
+-------------+--------------+--------------+
| oraclemysql | mysql        | mysql        |
+-------------+--------------+--------------+
1 row in set (0.00 sec)

mysql>
```

图 13.18　截取子字符串

执行结果显示，成功截取传入的字符串中的子字符串 mysql。

13.1.7　去除字符串的首尾空格

MySQL 软件中提供了丰富的函数去实现去除字符串空格功能，分别为 LTRIM()函数、RTRIM()和 TRIM()函数。

1. 去除字符串开始处空格

在 MySQL 软件中可以通过 LTRIM()函数去掉字符串开始处的空格，查看帮助文档，LTRIM()函数的定义如下：

```
LTRIM(str)
```

上述函数会返回去掉开始处（左边）空格的字符串 str。

下面通过具体实例演示 LTRIM()函数的使用，具体步骤如下：

【实例 13-14】执行 SQL 语句的 LTRIM()函数，去除字符串“ MySQL ”左边的空格。在具体处理时，操作的字符串为“ MySQL ”，该字符串的左右两边各有一个空格。因为空格显示不太明显，所以在该字符串左右两边与字符‘-’连接起来。具体 SQL 语句如下：

```
SELECT  CONCAT('-',' MySQL ','-') 原来字符串,
     CHAR_LENGTH(CONCAT('-',' MySQL ','-'))  原来字符串长度,
```

```
    CONCAT('-',LTRIM(' MySQL '),'-') 处理后字符串,
    CHAR_LENGTH(CONCAT('-',LTRIM(' MySQL '),'-'))  处理后字符串长度;
```

【运行效果】执行上面的 SQL 语句，其结果如图 13.19 所示。

```
mysql> #去除左边空格#
mysql> SELECT  CONCAT('-',' MySQL ','-') 原来字符串,
    ->  CHAR_LENGTH(CONCAT('-',' MySQL ','-'))  原来字符串长度,
    ->  CONCAT('-',LTRIM(' MySQL '),'-') 处理后字符串,
    ->  CHAR_LENGTH(CONCAT('-',LTRIM(' MySQL '),'-'))  处理后字符串长度;
+-----------+----------------+------------+----------------+
| 原来字符串 | 原来字符串长度 | 处理后字符串 | 处理后字符串长度 |
+-----------+----------------+------------+----------------+
| - MySQL -  |              9 | -MySQL -   |              8 |
+-----------+----------------+------------+----------------+
1 row in set (0.00 sec)

mysql>
```

图 13.19　去除字符串左边空格

执行结果显示，能够正确去掉字符串“ MySQL ”左边的空格。

2. 去除字符串结束处空格

在 MySQL 软件中可以通过 RTRIM()函数去掉字符串结束处的空格，查看帮助文档，函数 RTRIM()的定义如下：

```
RTRIM(str)
```

上述函数会返回去掉结束处（右边）空格的字符串 str。

下面通过一个具体实例来演示 RTRIM()函数的使用，具体步骤如下：

【实例 13-15】执行 SQL 语句的 RTRIM()函数，去除字符串“ MySQL ”右边的空格，具体 SQL 语句如下：

```
SELECT  CONCAT('-',' MySQL ','-') 原来字符串,
    CHAR_LENGTH(CONCAT('-',' MySQL ','-'))  原来字符串长度,
    CONCAT('-',RTRIM(' MySQL '),'-') 处理后字符串,
    CHAR_LENGTH(CONCAT('-',RTRIM(' MySQL '),'-'))  处理后字符串长度;
```

【运行效果】执行上面的 SQL 语句，其结果如图 13.20 所示。

```
mysql> #去除右边空格#
mysql> SELECT  CONCAT('-',' MySQL ','-') 原来字符串,
    ->  CHAR_LENGTH(CONCAT('-',' MySQL ','-'))  原来字符串长度,
    ->  CONCAT('-',RTRIM(' MySQL '),'-') 处理后字符串,
    ->  CHAR_LENGTH(CONCAT('-',RTRIM(' MySQL '),'-'))  处理后字符串长度;
+-----------+----------------+------------+----------------+
| 原来字符串 | 原来字符串长度 | 处理后字符串 | 处理后字符串长度 |
+-----------+----------------+------------+----------------+
| - MySQL -  |              9 | - MySQL-   |              8 |
+-----------+----------------+------------+----------------+
1 row in set (0.00 sec)

mysql>
```

图 13.20　去除字符串右边空格

执行结果显示，能够正确去掉字符串“ MySQL ”右边的空格。

3. 去除字符串首尾空格

在 MySQL 软件中可以通过 TRIM()函数去掉字符串首尾空格，查看帮助文档，TRIM()函数的定义如下：

```
TRIM(str)
```

上述函数会返回去掉首尾空格的字符串 str。

下面通过一个具体实例来演示 TRIM()函数的使用，具体步骤如下：

【实例 13-16】执行 SQL 语句的 TRIM()函数，去除字符串“ MySQL ”首尾空格，具体 SQL 语句如下：

```
SELECT  CONCAT('-',' MySQL ','-') 原来字符串,
     CHAR_LENGTH(CONCAT('-',' MySQL ','-'))  原来字符串长度,
     CONCAT('-',TRIM(' MySQL '),'-') 处理后字符串,
     CHAR_LENGTH(CONCAT('-',TRIM(' MySQL '),'-'))  处理后字符串长度;
```

【运行效果】执行上面的 SQL 语句，其结果如图 13.21 所示。

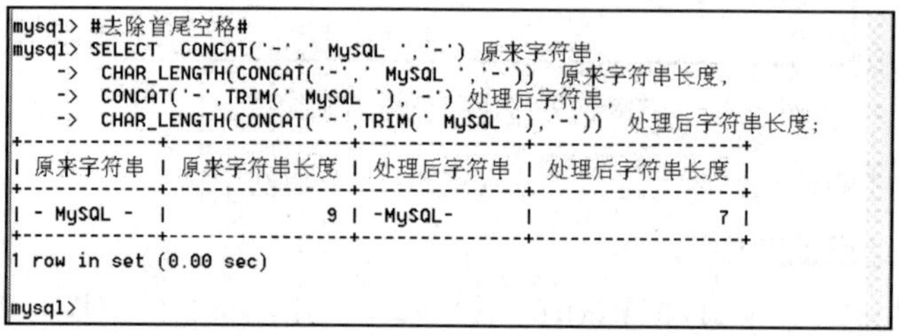

```
mysql> #去除首尾空格#
mysql> SELECT  CONCAT('-',' MySQL ','-') 原来字符串,
    ->   CHAR_LENGTH(CONCAT('-',' MySQL ','-'))  原来字符串长度,
    ->   CONCAT('-',TRIM(' MySQL '),'-') 处理后字符串,
    ->   CHAR_LENGTH(CONCAT('-',TRIM(' MySQL '),'-'))  处理后字符串长度;
+------------+----------------+--------------+------------------+
| 原来字符串 | 原来字符串长度 | 处理后字符串 | 处理后字符串长度 |
+------------+----------------+--------------+------------------+
| - MySQL -  |              9 | -MySQL-      |                7 |
+------------+----------------+--------------+------------------+
1 row in set (0.00 sec)

mysql>
```

图 13.21　去除字符串首尾空格

执行结果显示，能够正确去掉字符串“ MySQL ”首尾空格。

13.1.8　替换字符串

MySQL 软件中提供了丰富的函数去实现替换字符串功能，分别为 INSERT()和 REPLACE()函数。

1．使用 INSERT()函数

在 MySQL 软件中可以通过 INSERT()函数实现替换字符串功能。查看帮助文档，INSERT()函数的定义如下：

```
INSERT(str,pos,len,newstr))
```

上述函数会将字符串 str 中的 pos 位置开始长度为 len 的字符串用字符串 newstr 来替换。如果参数 pos 的值超过字符串长度，则返回值为原始字符串 str。如果 len 的长度大于原来字符串（str）中所剩字符串的长度，则从位置 pos 开始进行全部替换。若任何一个参数为 NULL，则返回值为 NULL。

下面通过一个具体实例来演示 INSERT()函数的使用，具体步骤如下：

【实例 13-17】（1）执行 SQL 语句的 INSERT()函数，实现字符串替换功能，具体 SQL 语句如下：

```
SELECT '这是MySQL数据库管理系统' 字符串,
     INSERT('这是MySQL数据库管理系统',3,5,'Oracle') 转换后字符串;
```

【运行效果】执行上面的 SQL 语句，其结果如图 13.22 所示。

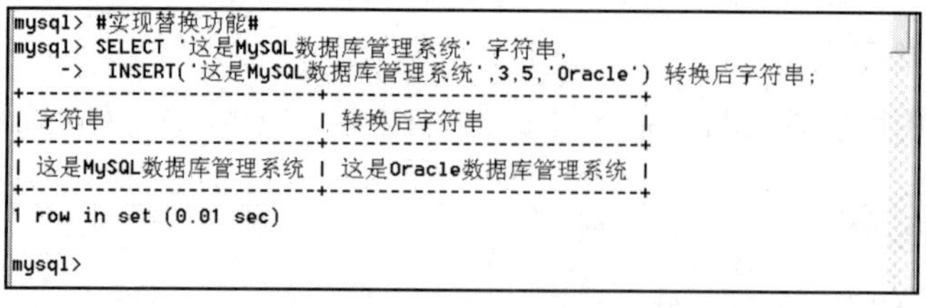

```
mysql> #实现替换功能#
mysql> SELECT '这是MySQL数据库管理系统' 字符串,
    ->   INSERT('这是MySQL数据库管理系统',3,5,'Oracle') 转换后字符串;
+-------------------------+--------------------------+
| 字符串                  | 转换后字符串             |
+-------------------------+--------------------------+
| 这是MySQL数据库管理系统 | 这是Oracle数据库管理系统 |
+-------------------------+--------------------------+
1 row in set (0.01 sec)

mysql>
```

图 13.22　查询表数据

执行结果显示，实现了将字符串“这是 MySQL 数据库管理系统”中的字符“MySQL”用字符“Oracle”字符串替换。

（2）执行 SQL 语句的 INSERT()函数，当替换的起始位置大于字符串长度，具体 SQL 语句如下：

```
SELECT '这是 MySQL 数据库管理系统' 字符串, CHAR_LENGTH('这是 MySQL 数据库管理系统') 字符串字符数,
         INSERT('这是 MySQL 数据库管理系统',16,15,'Oracle') 转换后字符串;
```

【运行效果】执行上面的 SQL 语句，其结果如图 13.23 所示。

```
mysql> #实现替换功能#
mysql> SELECT '这是MySQL数据库管理系统' 字符串, CHAR_LENGTH('这是MySQL数据库管理系统') 字符串字符数,
    -> INSERT('这是MySQL数据库管理系统',16,15,'Oracle') 转换后字符串;
+------------------------+------------+------------------------+
| 字符串                 | 字符串字符数 | 转换后字符串           |
+------------------------+------------+------------------------+
| 这是MySQL数据库管理系统 |         14 | 这是MySQL数据库管理系统 |
+------------------------+------------+------------------------+
1 row in set (0.00 sec)

mysql>
```

图 13.23　查询表数据

执行结果显示，当所传入的替换的起始位置大于字符串长度，将返回原字符串“这是 MySQL 数据库管理系统”。

（3）执行 SQL 语句的 INSERT()函数，当所要替换的长度大于原来字符串中所剩字符串的长度，则从起始位置开始进行全部替换，具体 SQL 语句如下：

```
SELECT '这是 MySQL 数据库管理系统' 字符串,CHAR_LENGTH('MySQL 数据库管理系统') 剩余字符数,
       INSERT('这是 MySQL 数据库管理系统',3,15,'Oracle') 转换后字符串;
```

【运行效果】执行上面的 SQL 语句，其结果如图 13.24 所示。

```
mysql> #实现替换功能#
mysql> SELECT '这是MySQL数据库管理系统' 字符串,CHAR_LENGTH('MySQL数据库管理系统') 剩余字符数,
    -> INSERT('这是MySQL数据库管理系统',3,15,'Oracle') 转换后字符串;
+------------------------+------------+--------------+
| 字符串                 | 剩余字符数 | 转换后字符串 |
+------------------------+------------+--------------+
| 这是MySQL数据库管理系统 |         12 | 这是Oracle   |
+------------------------+------------+--------------+
1 row in set (0.00 sec)

mysql>
```

图 13.24　查询表数据

执行结果显示，当所要替换的长度大于原来字符串中所剩字符串的长度，则从起始位置开始进行全部替换，将返回原字符串“这是 Oracle”。

2．使用 REPLACE()函数

在 MySQL 软件中除了提供 INSERT()函数外，还可以通过 REPLACE()函数来实现替换字符串功能。查看帮助文档，INSERT()函数的定义如下：

```
REPLACE(str,substr,newstr))
```

上述函数会将字符串 str 中的子字符串 substr 用字符串 newstr 来替换。

下面通过一个具体实例来演示 REPLACE()函数的使用，具体步骤如下：

【实例 13-18】（1）执行 SQL 语句的 REPLACE()函数，实现字符串替换功能，具体 SQL 语句如下：

```
SELECT '这是MySQL数据库管理系统' 原字符串,
    REPLACE('这是MySQL数据库管理系统','MySQL','Oracle') 替换后字符串;
```

【运行效果】执行上面的 SQL 语句，其结果如图 13.25 所示。

```
mysql> #实现替换功能#
mysql> SELECT '这是MySQL数据库管理系统' 原字符串,
    -> REPLACE('这是MySQL数据库管理系统','MySQL','Oracle') 替换后字符串;
+------------------------+-------------------------+
| 原字符串               | 替换后字符串            |
+------------------------+-------------------------+
| 这是MySQL数据库管理系统 | 这是Oracle数据库管理系统 |
+------------------------+-------------------------+
1 row in set (0.08 sec)

mysql>
```

图 13.25 实现替换功能

执行结果显示，实现了将字符串“这是 MySQL 数据库管理系统”中的字符“MySQL”用字符“Oracle”字符串替换。

上述字符串函数为用户最常用的函数，关于字符串的函数还有许多，感兴趣的读者可以查看相关资料继续学习。

13.2 使用数值函数

数值函数是常用函数之一，是 MySQL 用户必须掌握的函数之一。在 MySQL 软件中除了字符串类型外，数值处理也占了很大一部分，因此灵活地使用数值函数，是衡量 MySQL 用户的标准之一。

查看帮助文件，MySQL 软件所支持的常用数值函数如表 13.2 所示。

表 13.2 常用数值函数

函 数	功 能
ABS(x)	返回数值 x 的绝对值
CEIL(x)	返回大于或等于 x 的最小整数值
FLOOR(x)	返回小于或等于 x 的最大整数值
MOD(x,y)	返回 x 除以 y 的余数
RAND()	返回 0~1 内的随机数
ROUND(x,y)	返回数值 x 的四舍五入后有 y 位小数的数值
TRUNCATE(x,y)	返回数值 x 且截断为 y 位小数的数值

下面将通过具体实例详细介绍常用数值函数。

13.2.1 获取随机数

在具体应用中，有时需要获取随机数。在 MySQL 软件中，通过 RAND()和 RAND(x) 函数来获取随机数。上述两个函数都会返回 0～1 间的随机数，其中 RAND()函数返回的数是完全随机的，而 RAND(x)函数返回的随机数值是相同的。

下面通过一个具体实例来演示函数 RAND()和 RAND(x)的使用，具体步骤如下。

【实例 13-19】执行 SQL 语句的相应函数，获取当前日期和时间，具体 SQL 语句如下：

```
SELECT RAND(),RAND(),RAND(3),RAND(3);
```

【运行效果】执行上面的 SQL 语句，其结果如图 13.26 所示。

```
mysql> #获取随机数#
mysql> SELECT RAND(),RAND(),RAND(3),RAND(3);
+--------------------+---------------------+--------------------+--------------------+
| RAND()             | RAND()              | RAND(3)            | RAND(3)            |
+--------------------+---------------------+--------------------+--------------------+
| 0.5944555006869654 | 0.26352624805972563 | 0.9057697559760601 | 0.9057697559760601 |
+--------------------+---------------------+--------------------+--------------------+
1 row in set (0.00 sec)

mysql>
```

图 13.26　获取随机数

执行结果显示，每次运行 RAND()函数返回的结果都不一样。如果想获取值相同的随机数，可以通过执行带有相同参数值的 RAND()函数来实现。

13.2.2　获取整数的函数

在具体应用中，有时需要获取整数。在 MySQL 软件中，通过 CEIL()（CEILING()）和 FLOOR()函数实现获取整数操作。查看帮助文档，CEIL()函数的定义如下：

```
CEIL(x)
```

上述函数返回大于或等于数值 x 的最小整数。

FLOOR()函数的定义如下：

```
FLOOR(x)
```

上述函数返回小于或等于数值 x 的最大整数。

下面通过一个具体实例来演示 CEIL()和 CEIL()函数的使用，具体步骤如下：

【实例 13-20】执行 CEIL()和 CEILING()函数，获取整数数值，具体 SQL 语句如下：

```
SELECT CEIL(4.3),CEIL(-2.5),CEILING(4.3),CEILING(-2.5);
```

【运行效果】执行上面的 SQL 语句，其结果如图 13.27 所示。

```
mysql> #获取整数#
mysql> SELECT CEIL(4.3),CEIL(-2.5),CEILING(4.3),CEILING(-2.5);
+-----------+------------+--------------+---------------+
| CEIL(4.3) | CEIL(-2.5) | CEILING(4.3) | CEILING(-2.5) |
+-----------+------------+--------------+---------------+
|         5 |         -2 |            5 |            -2 |
+-----------+------------+--------------+---------------+
1 row in set (0.00 sec)

mysql>
```

图 13.27　获取整数

执行结果显示，CEIL()和 CEILING()函数会获取大于或等于数值的最小整数，显示结果分别为 5、-2、5 和-2。

下面通过一个具体实例来演示 FLOOR()函数的使用，具体步骤如下：

【实例 13-21】执行 FLOOR()函数，获取整数的数值，具体 SQL 语句如下：

```
SELECT FLOOR(4.3),FLOOR(-2.5);
```

【运行效果】执行上面的 SQL 语句，其结果如图 13.28 所示。

```
mysql> #获取整数#
mysql> SELECT FLOOR(4.3),FLOOR(-2.5);
+------------+-------------+
| FLOOR(4.3) | FLOOR(-2.5) |
+------------+-------------+
|          4 |          -3 |
+------------+-------------+
1 row in set (0.00 sec)

mysql> ■
```

图 13.28　获取整数

执行结果显示，FLOOR()函数会获取小于或等于数值的最大整数，显示结果分别为 4 和-3。

13.2.3　截取数值函数

在具体应用中，有时需要对数值的小数位数进行截取。在 MySQL 软件中，通过 TRUNCATE()函数实现截取操作。查看帮助文档，TRUNCATE()函数的定义如下：

```
TRUNCATE(x,y)
```

上述函数返回数值 x 保留到小数点后 y 位的值。

下面通过一个具体实例来演示 TRUNCATE()函数的使用，具体步骤如下：

【实例 13-22】 执行 TRUNCATE()函数，获取截取操作后的数值，具体 SQL 语句如下：

```
SELECT TRUNCATE(903.53567,2),TRUNCATE(903.53567,-1);
```

【运行效果】 执行上面的 SQL 语句，其结果如图 13.29 所示。

```
mysql> #获取截取后数值#
mysql> SELECT TRUNCATE(903.53567,2),TRUNCATE(903.53567,-1);
+-----------------------+------------------------+
| TRUNCATE(903.53567,2) | TRUNCATE(903.53567,-1) |
+-----------------------+------------------------+
|                903.53 |                    900 |
+-----------------------+------------------------+
1 row in set (0.09 sec)

mysql> ■
```

图 13.29　截取后数值

执行结果显示，TRUNCATE()函数会获取截取后数值，显示结果分别为 903.53 和 900。

13.2.4　四舍五入函数

在具体应用中，有时需要对数值进行四舍五入操作。在 MySQL 软件中，通过 ROUND()函数实现四舍五入操作。查看帮助文档，ROUND()函数的定义如下：

```
ROUND(x)
```

上述函数返回数值 x 经过四舍五入操作后的数值。

```
ROUND(x,y)
```

上述函数返回数值 x 保留到小数点后 y 位的值，在具体截取数值时需要进行四舍五入的操作。

下面通过一个具体实例来演示 ROUND()函数的使用，具体步骤如下：

【实例 13-23】 执行 ROUND()函数，获取四舍五入操作后的数值，具体 SQL 语句如下：

```
SELECT ROUND(903.53567),ROUND(-903.53567),
```

```
    ROUND(903.53567,2),ROUND(903.53567,-1);
```

【运行效果】执行上面的 SQL 语句，其结果如图 13.30 所示。

```
mysql> #获取四舍五入后数值#
mysql> SELECT ROUND(903.53567),ROUND(-903.53567),
    ->  ROUND(903.53567,2),ROUND(903.53567,-1);
+------------------+-------------------+--------------------+---------------------+
| ROUND(903.53567) | ROUND(-903.53567) | ROUND(903.53567,2) | ROUND(903.53567,-1) |
+------------------+-------------------+--------------------+---------------------+
|              904 |              -904 |             903.54 |                 900 |
+------------------+-------------------+--------------------+---------------------+
1 row in set (0.00 sec)

mysql>
```

图 13.30　四舍五入后数值

执行结果显示，ROUND()函数会获取四舍五入后的整数，显示结果分别为 904、-904、903.54 和 900。

上述数值函数为用户最常用的函数，关于数值函数还有许多，感兴趣的读者可以查看相关资料继续学习。

13.3　使用日期和时间函数

除了字符串函数和数值函数外，日期和时间函数也是常用函数之一，同时也是 MySQL 用户必须要掌握的函数之一。在 MySQL 软件中，日期和时间处理占了很大一部分，因此灵活地使用日期和时间函数，是衡量 MySQL 用户的标准之一。

查看帮助文件，MySQL 软件所支持的常用日期和时间函数如表 13.3 所示。

表 13.3　常用日期和时间函数

函　数	功　能
CURDATE()	获取当前日期
CURTIME()	获取当前时间
NOW()	获取当前的日期和时间
UNIX_TIMESTAMP(date)	获取日期 date 的 UNIX 时间戳
FROM_UNIXTIME()	获取 UNIX 时间戳的日期值
WEEK(date)	返回日期 date 为一年中的第几周
YEAR(date)	返回日期 date 的年份
HOUR(time)	返回时间 time 的小时值
MINUTE(time)	返回时间 time 的分钟值
MONTHNAME(date)	返回时间 time 的月份值

13.3.1　获取当前日期和时间的函数

在具体应用中，经常需要获取当前日期和时间。在 MySQL 软件中，不仅提供了获取当前日期和时间函数，而且还提供了获取当前日期的函数和当前时间的函数。下面将详细介绍实现这些功能的函数。

1. 获取当前日期和时间

在 MySQL 软件中可以通过 4 个函数获取当前日期和时间，它们分别为 NOW()，CURRENT_TIMESTAMP()，LOCALTIME()和 SYSDATE()函数。查看帮助文档，可以发现这 4 个函数不仅可以获取当前日期和时间，而且显示的格式也一样。不过在具体应用中，推荐使用 NOW()函数。

下面通过一个具体实例来演示NOW()、CURRENT_TIMESTAMP()、LOCALTIME()和SYSDATE()函数的使用，具体步骤如下：

【实例 13-24】执行 SQL 语句的相应函数，获取当前日期和时间，具体 SQL 语句如下：

```
SELECT NOW() now方式,CURRENT_TIMESTAMP() timestamp方式,
    LOCALTIME() localtime方式,SYSDATE() systemdate方式;
```

【运行效果】执行上面的 SQL 语句，其结果如图 13.31 所示。

```
mysql> #获取当前日期和时间#
mysql> SELECT NOW() now方式,CURRENT_TIMESTAMP() timestamp方式,
    -> LOCALTIME() localtime方式,SYSDATE() systemdate方式;
+---------------------+---------------------+---------------------+---------------------+
| now方式             | timestamp方式       | localtime方式       | systemdate方式      |
+---------------------+---------------------+---------------------+---------------------+
| 2012-05-02 16:19:56 | 2012-05-02 16:19:56 | 2012-05-02 16:19:56 | 2012-05-02 16:19:56 |
+---------------------+---------------------+---------------------+---------------------+
1 row in set (0.08 sec)

mysql>
```

图 13.31　获取当前日期和时间

执行结果显示，NOW()，CURRENT_TIMESTAMP()，LOCALTIME()和 SYSDATE()函数不仅成功获取当前时间，而且还以同一种格式显示日期和时间。

2. 获取当前日期

在 MySQL 软件中可以通过两个函数获取当前日期，它们分别为 CURDATE()和 CURRENT_DATE()函数。查看帮助文档，可以发现这两个函数不仅可以获取当前日期，而且显示的格式也一样。不过在具体应用中，推荐使用 CURDATE()函数。

下面通过一个具体实例来演示 CURDATE()和 CURRENT_DATE()函数的使用，具体步骤如下：

【实例 13-25】执行 SQL 语句的相应函数，获取当前日期，具体 SQL 语句如下：

```
SELECT CURDATE() curdate方式,
    CURRENT_DATE() current_date方式;
```

【运行效果】执行上面的 SQL 语句，其结果如图 13.32 所示。

```
mysql> #获取当前日期#
mysql> SELECT CURDATE() curdate方式,
    -> CURRENT_DATE() current_date方式;
+-------------+------------------+
| curdate方式 | current_date方式 |
+-------------+------------------+
| 2012-05-02  | 2012-05-02       |
+-------------+------------------+
1 row in set (0.00 sec)

mysql>
```

图 13.32　获取当前日期

执行结果显示，CURDATE()和 CURRENT_DATE()函数不仅成功获取当前日期，而且还以同一种格式显示日期。

3．获取当前时间

在 MySQL 软件中可以通过两个函数获取当前时间，它们分别为 CURTIME()和 CURRENT_TIME()函数。查看帮助文档，可以发现这两个函数不仅可以获取当前时间，而且显示的格式也一样。不过在具体应用中，推荐使用 CURTIME()函数。

下面通过一个具体实例来演示 CURTIME()和 CURRENT_TIME()函数的使用，具体步骤如下：

【实例 13-26】执行 SQL 语句的相应函数，获取当前时间，具体 SQL 语句如下：

```
SELECT CURTIME() curtime方式,
    CURRENT_TIME() current_time方式;
```

【运行效果】执行上面的 SQL 语句，其结果如图 13.33 所示。

```
mysql> #获取当前时间#
mysql> SELECT CURTIME() curtime方式,
    -> CURRENT_TIME() current_time方式;
+-------------+------------------+
| curtime方式 | current_time方式 |
+-------------+------------------+
| 16:29:59    | 16:29:59         |
+-------------+------------------+
1 row in set (0.00 sec)

mysql> 
```

图 13.33 获取当前时间

执行结果显示，CURTIME()和 CURRENT_TIME()函数不仅成功获取当前时间，而且还以同一种格式显示时间。

13.3.2 通过各种方式显示日期和时间

在具体应用中，可以通过各种方式来显示日期和时间，最常用的方式为 UNIX 和 UTC。本节将详细介绍显示日期和时间的这两种方式。

1．通过 UNIX 方式显示日期和时间

在 MySQL 软件中，可以使用 UNIX 方式显示时间。所谓 UNIX，是 Unix epoch、Unix time、POSIX time 或 Unix timestamp 的缩写，中文译为时间戳。根据 ISO—8601 规范，该方式将显示从 1970 年 1 月 1 日开始所经过的秒数。即一分钟表示为 UNIX 时间戳格式为：60 秒，一小时表示为 UNIX 时间戳格式为：3 600 秒；一天表示为 UNIX 时间戳为 86 400 秒。

MySQL 软件提供了 UNIX_TIMESTAMP()函数返回时间戳格式的时间，FROM_UNIXTIME()函数将时间戳格式时间转换成普通格式的时间。

【实例 13-27】执行 SQL 语句的相应函数，以 UNIX 格式显示时间，具体 SQL 语句如下：

```
SELECT NOW() 当前时间,
    UNIX_TIMESTAMP(NOW()) unix格式,
    FROM_UNIXTIME(UNIX_TIMESTAMP(NOW())) 普通格式;
```

【运行效果】执行上面的 SQL 语句，其结果如图 13.34 所示。

```
mysql> #以UNIX格式显示时间#
mysql> SELECT NOW() 当前时间,
    -> UNIX_TIMESTAMP(NOW()) unix格式,
    -> FROM_UNIXTIME(UNIX_TIMESTAMP(NOW())) 普通格式;
+---------------------+------------+---------------------+
| 当前时间            | unix格式   | 普通格式            |
+---------------------+------------+---------------------+
| 2012-05-02 16:49:00 | 1335948540 | 2012-05-02 16:49:00 |
+---------------------+------------+---------------------+
1 row in set (0.00 sec)

mysql>
```

图 13.34　通过 UNIX 格式显示日期和时间

执行结果显示，当前日期和时间的时间戳形式值为 1 335 948 540，同时通过 UNIXTIME()函数返回当前日期和时间时间戳的普通格式。

查看帮助文档可以发现，当 UNIX_TIMESTAMP()函数没有参数传入时，则会显示出当前日期和时间的时间戳形式；当 UNIX_TIMESTAMP()函数传入某个时间参数时，则会显示出所传入时间的时间戳形式。

【实例 13-28】执行 SQL 语句的相应函数，以 UNIX 格式显示当前时间，具体 SQL 语句如下：

```
SELECT NOW() 当前时间,
    UNIX_TIMESTAMP() unix 格式,
    UNIX_TIMESTAMP(NOW()) unix 格式;
```

【运行效果】执行上面的 SQL 语句，其结果如图 13.35 所示。

```
mysql> #以UNIX格式显示时间#
mysql> SELECT NOW() 当前时间,
    -> UNIX_TIMESTAMP() unix格式,
    -> UNIX_TIMESTAMP(NOW()) unix格式;
+---------------------+------------+------------+
| 当前时间            | unix格式   | unix格式   |
+---------------------+------------+------------+
| 2012-05-02 16:51:59 | 1335948719 | 1335948719 |
+---------------------+------------+------------+
1 row in set (0.00 sec)

mysql>
```

图 13.35　通过 UNIX 格式显示日期和时间

执行结果显示，UNIX_TIMESTAMP()和 UNIX_TIMESTAMP(NOW())函数将返回相同时间戳的值。

2．通过 UTC 方式显示日期和时间

在 MySQL 软件中，也可以使用 UTC 方式显示日期和时间。所谓 UTC，是 Universal Coordinated Time 的缩写，中文为国际协调时间。MySQL 软件提供了两个函数 UTC_DATE()和 UTC_TIME()来实现日期和时间的 UTC 格式显示。

【实例 13-29】执行 SQL 相应函数，以 UTC 格式显示当前时间，具体 SQL 语句如下：

```
SELECT NOW() 当前日期和时间,
    UTC_DATE() UTC 日期,
    UTC_TIME() UTC 时间;
```

【运行效果】执行上面的 SQL 语句，其结果如图 13.36 所示。

```
mysql> #以UTC格式显示时间#
mysql> SELECT NOW() 当前日期和时间,
    -> UTC_DATE() UTC日期,
    -> UTC_TIME() UTC时间;
+---------------------+------------+----------+
| 当前日期和时间        | UTC日期     | UTC时间   |
+---------------------+------------+----------+
| 2012-05-02 21:00:01 | 2012-05-02 | 13:00:01 |
+---------------------+------------+----------+
1 row in set (0.00 sec)

mysql>
```

图 13.36　通过 UTC 格式显示日期和时间

执行结果显示，UTC_DATE()函数返回的日期与当前日期相同，而该函数返回的时间却与当前时间相差几个时区。

13.3.3　获取日期和时间各部分值

在 MySQL 软件中，可以通过各种函数来获取当前日期和时间的各部分值，其中 YEAR()函数返回日期中的年份，QUARTER()函数返回日期属于第几个季度，MONTH()函数返回日期属于第几个月，WEEK()函数返回日期属于第几个星期，DAYOFMONTH()函数返回日期属于当前月的第几天，HOUR()函数返回时间的小时，MINUTE()函数返回时间的分钟，SECOND()函数返回时间的秒。

【实例 13-30】执行 SQL 相应函数，演示获取日期和时间各部分的功能，具体 SQL 语句如下：

```
SELECT NOW() 当前日期和时间,
    YEAR(NOW()) 年,
    QUARTER(NOW()) 季度,
    MONTH(NOW()) 月,
    WEEK(NOW())星期,
    DAYOFMONTH(NOW()) 天,
    HOUR(NOW()) 小时,
    MINUTE(NOW()) 分,
    SECOND(NOW()) 秒;
```

【运行效果】执行上面的 SQL 语句，其结果如图 13.37 所示。

```
mysql> #获取当前日期和时间的各部分#
mysql> SELECT NOW() 当前日期和时间,
    -> YEAR(NOW()) 年,
    -> QUARTER(NOW()) 季度,
    -> MONTH(NOW()) 月,
    -> WEEK(NOW())星期,
    -> DAYOFMONTH(NOW()) 天,
    -> HOUR(NOW()) 小时,
    -> MINUTE(NOW()) 分,
    -> SECOND(NOW()) 秒;
+---------------------+------+------+------+------+------+------+------+------+
| 当前日期和时间        | 年   | 季度 | 月   | 星期 | 天   | 小时 | 分   | 秒   |
+---------------------+------+------+------+------+------+------+------+------+
| 2012-05-03 09:55:43 | 2012 |    2 |    5 |   18 |    3 |    9 |   55 |   43 |
+---------------------+------+------+------+------+------+------+------+------+
1 row in set (0.00 sec)

mysql>
```

图 13.37　获取当前日期和时间的各部分值

执行结果显示，可以通过各种函数获取日期和时间的各部分值。

1．关于月的函数

对于 MySQL 软件提供的 MONTH()函数返回日期和时间中的月份，其取值范围为 1～12，如果是 1 月将返回值 1，如果是 2 月将返回 2，依此类推。在具体显示月份时，经常不需要显示月份值，而是需要显示月份的英文名字。为了实现该功能，MySQL 软件专门提供了 MONTHNAME()函数返回月份的英文名字。下面将通过一个具体的实例来演示 MONTH()和 MONTHNAME()函数的区别。

```
SELECT NOW() 当前日期和时间,
      MONTH(NOW()) 月,
      MONTHNAME(NOW()) 月;
```

【运行效果】执行上面的 SQL 语句，其结果如图 13.38 所示。

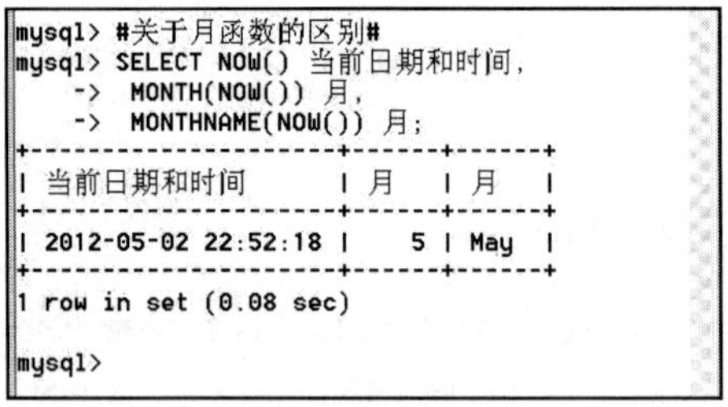

```
mysql> #关于月函数的区别#
mysql> SELECT NOW() 当前日期和时间,
    -> MONTH(NOW()) 月,
    -> MONTHNAME(NOW()) 月;
+---------------------+------+------+
| 当前日期和时间      | 月   | 月   |
+---------------------+------+------+
| 2012-05-02 22:52:18 |    5 | May  |
+---------------------+------+------+
1 row in set (0.08 sec)

mysql>
```

图 13.38　获取月值

执行结果显示，MONTH()函数返回数字表示的月份，MONTHNAME()函数返回了英文表示的月份。

2. 关于星期的函数

对于 MySQL 软件提供的 WEEK()和 WEEKOFYEAR()函数返回日期和时间中星期是当前年的第几个星期，其取值范围为 1～53。在具体显示星期时，经常不需要实现上述功能，而是需要显示该天是星期几或其的英文名字。为了实现该功能，MySQL 软件专门提供了三个函数，分别为 DAYNAME()函数、DAYOFWEEK()函数和 WEEKDAY()函数，它们的含义如下。

- DAYNAME()函数：返回日期和时间中星期的英文名。
- DAYOFWEEK()函数：返回日期和时间中星期是星期几，返回值的取值范围为 1～7。如果返回值是 1 则表示星期日；如果返回值是 2 则表示星期一，依此类推。
- WEEKDAY()函数：返回日期和时间中星期是星期几，返回值的取值范围为 0～6。如果返回值是 0 则表示星期一；如果返回值是 1 则表示星期二，依此类推。

下面通过一个具体的实例来演示 DAYNAME()、DAYOFWEEK()和 WEEKDAY()函数的区别。

```
SELECT NOW() 当前日期和时间,
      WEEK(NOW()) 年中第几个星期,
      WEEKOFYEAR(NOW()) 年中第几个星期,
      DAYNAME(NOW()) 星期,
      DAYOFWEEK(NOW())星期,
      WEEKDAY(NOW()) 星期;
```

【运行效果】执行上面的 SQL 语句，其结果如图 13.39 所示。

执行结果显示，WEEK()和 WEEKOFYEAR()函数返回值表示是本年第几个星期，DAYOFWEEK()和 WEEKDAY()函数返回数字表示的星期，DAYNAME()函数返回了英文表示的星期。

```
mysql> #获取当前日期和时间的星期部分#
mysql> SELECT NOW() 当前日期和时间,
    -> WEEK(NOW()) 年中第几个星期,
    -> WEEKOFYEAR(NOW()) 年中第几个星期,
    -> DAYNAME(NOW()) 星期,
    -> DAYOFWEEK(NOW())星期,
    -> WEEKDAY(NOW()) 星期;
+---------------------+----------------+----------------+----------+------+------+
| 当前日期和时间      | 年中第几个星期 | 年中第几个星期 | 星期     | 星期 | 星期 |
+---------------------+----------------+----------------+----------+------+------+
| 2012-05-03 10:20:25 |             18 |             18 | Thursday |    5 |    3 |
+---------------------+----------------+----------------+----------+------+------+
1 row in set (0.00 sec)

mysql>
```

图 13.39　获取星期值

3. 关于天的函数

对于 MySQL 软件提供的 DAYOFMONTH()函数返回日期属于当前月的第几天，再具体显示天，不仅需要显示属于当前月的第几天，有时候还需要显示属于当前年的第几天。为了实现该功能，MySQL 软件专门提供了 DAYOFYEAR()函数计算属于本年的第几天。下面通过一个具体的实例来演示 DAYOFMONTH()和 DAYOFYEAR()函数的区别。

```
SELECT NOW() 当前日期和时间,
     DAYOFYEAR(NOW()) 年中第几天,
     DAYOFMONTH(NOW()) 月中第几天;
```

【运行效果】执行上面的 SQL 语句，其结果如图 13.40 所示。

```
mysql> #获取当前日期和时间的天部分#
mysql> SELECT NOW() 当前日期和时间,
    -> DAYOFYEAR(NOW()) 年中第几天,
    -> DAYOFMONTH(NOW()) 月中第几天;
+---------------------+------------+------------+
| 当前日期和时间      | 年中第几天 | 月中第几天 |
+---------------------+------------+------------+
| 2012-05-03 10:27:54 |        124 |          3 |
+---------------------+------------+------------+
1 row in set (0.00 sec)

mysql>
```

图 13.40　获取天值

执行结果显示，DAYOFYEAR()函数返回值表示是本年第几天，DAYOFMONTH()函数返回值表示是本月第几天。

4. 获取指定值的 EXTRACT()函数

如果要获取日期和时间的各部分值，需要记住上述的各种函数，比较麻烦。于是 MySQL 软件又提供了一个 EXTRACT()函数来统一获取日期和时间的各部分值。查看帮助文档，EXTRACT()函数的定义如下：

```
EXTRACT(type FROM date)
```

上述函数会从日期和时间参数 date 中获取指定类型参数 type 的值。关于 type 参数的取值可以是 YEAR、MONTH、DAY、HOUR、MINUTE 和 SECOND。

下面通过一个具体的实例来演示 EXTRACT()函数的使用。

```
SELECT NOW() 当前日期和时间,
     EXTRACT(YEAR FROM NOW()) 年,
     EXTRACT(MONTH FROM NOW()) 月,
     EXTRACT(DAY FROM NOW()) 天,
     EXTRACT(HOUR FROM NOW()) 小时,
```

```
    EXTRACT(MINUTE FROM NOW()) 分,
    EXTRACT(SECOND FROM NOW()) 秒;
```

【运行效果】执行上面的 SQL 语句，其结果如图 13.41 所示。

```
mysql> #获取当前日期和时间的各部分#
mysql> SELECT NOW() 当前日期和时间,
    -> EXTRACT(YEAR FROM  NOW()) 年,
    -> EXTRACT(MONTH FROM  NOW()) 月,
    -> EXTRACT(DAY FROM  NOW()) 日,
    -> EXTRACT(HOUR FROM  NOW()) 小时,
    -> EXTRACT(MINUTE FROM  NOW()) 分,
    -> EXTRACT(SECOND FROM  NOW()) 秒;
+---------------------+------+------+------+------+------+------+
| 当前日期和时间      | 年   | 月   | 日   | 小时 | 分   | 秒   |
+---------------------+------+------+------+------+------+------+
| 2012-05-03 11:05:46 | 2012 |    5 |    3 |   11 |    5 |   46 |
+---------------------+------+------+------+------+------+------+
1 row in set (0.14 sec)

mysql>
```

图 13.41　查询表数据

执行结果显示，EXTRACT()函数可以获取日期和时间的各部分值。

13.3.4　计算日期和时间的函数

MySQL 软件中提供了计算日期和时间两种类型的函数，第一种类型为计算与默认日期和时间（0000 年 1 月 1 日）相互操作的函数；第二种类型为计算与指定日期和时间相互操作的函数。

1. 与默认日期和时间操作

MySQL 软件中提供了两个函数来实现与默认日期和时间的操作，分别为 TO_DAYS()和 FROM_DAYS()。它们的作用分别如下。

- TO_DAYS(date) 函数：该函数计算日期参数 date 与默认日期和时间（0000 年 1 月 1 日）之间相隔天数。
- FROM_DAYS(number) 函数：该函数计算从默认日期和时间（0000 年 1 月 1 日）开始经历 number 天后的日期和时间。

下面通过具体实例演示 TO_DAYS()和 FROM_DAYS()函数的使用，具体步骤如下：

【实例 13-31】执行 SQL 相应函数，获取当前日期和时间与默认日期和时间之间的间隔，具体 SQL 语句如下：

```
SELECT NOW() 当前日期和时间,
    TO_DAYS(NOW()) 相隔天数,
    FROM_DAYS(TO_DAYS(NOW())) 一段时间后日期和时间,
```

【运行效果】执行上面的 SQL 语句，其结果如图 13.42 所示。

```
mysql> #获取间隔天数#
mysql> SELECT NOW() 当前日期和时间,
    -> TO_DAYS(NOW()) 相隔天数,
    -> FROM_DAYS(TO_DAYS(NOW())) 一段时间后日期和时间;
+---------------------+----------+----------------------+
| 当前日期和时间      | 相隔天数 | 一段时间后日期和时间 |
+---------------------+----------+----------------------+
| 2012-05-05 17:45:12 |   734993 | 2012-05-05           |
+---------------------+----------+----------------------+
1 row in set (0.16 sec)

mysql>
```

图 13.42　计算间隔天数

执行结果显示，TO_DAYS()和 FROM_DAYS()函数实现与默认日期和时间的操作。在具体应用时，有时需要获取指定两个日期之间相隔的天数，这时就需要 MySQL 软件提供的 DATEDIFF()函数，该函数的具体定义如下：

```
DATEDIFF(date1,date2):
```

上述函数会返回日期参数 date1 与 date2 之间相隔的天数。

下面通过一个具体实例来演示 DATEDIFF()函数的使用，具体步骤如下：

【实例 13-32】执行 SQL 语句的相应函数，获取两个日期之间的相隔天数，具体 SQL 语句如下：

```
SELECT NOW() 当前日期和时间,
     DATEDIFF(NOW(),'2000-12-01') 相隔天数;
```

【运行效果】执行上面的 SQL 语句，其结果如图 13.43 所示。

```
mysql> #获取间隔天数#
mysql> SELECT NOW() 当前日期和时间,
    -> DATEDIFF(NOW(),'2000-12-01') 相隔天数;
+---------------------+----------+
| 当前日期和时间      | 相隔天数 |
+---------------------+----------+
| 2012-05-05 18:08:55 |     4173 |
+---------------------+----------+
1 row in set (0.08 sec)

mysql>
```

图 13.43　计算间隔天数

执行结果显示，DATEDIFF()函数返回所传入两个日期间隔的天数。

2. 与指定日期和时间操作

在 MySQL 软件中提供了两个函数来实现与指定日期操作，分别为 ADDDATE()和 SUBDATE()函数，它们的作用分别如下。

- ADDDATE(date,n)函数：该函数计算日期参数 date 加上 n 天后的日期。
- SUBDATE(date,n)函数：该函数计算日期参数 date 减去 n 天后的日期。

下面通过一个具体实例来演示 ADDDATE()和 SUBDATE()函数的使用，具体步骤如下：

【实例 13-33】执行 SQL 语句的相应函数，获取 5 天前后的日期，具体 SQL 语句如下：

```
SELECT CURDATE() 当前日期,
     ADDDATE(CURDATE(),5) '5 天后日期',
     SUBDATE(CURDATE(),5) '5 天前日期';
```

【运行效果】执行上面的 SQL 语句，其结果如图 13.44 所示。

```
mysql> #操作日期#
mysql> SELECT CURDATE() 当前日期,
    -> ADDDATE(CURDATE(),5) '5天后日期',
    -> SUBDATE(CURDATE(),5) '5天前日期';
+------------+------------+------------+
| 当前日期   | 5天后日期  | 5天前日期  |
+------------+------------+------------+
| 2012-05-03 | 2012-05-08 | 2012-04-28 |
+------------+------------+------------+
1 row in set (0.00 sec)

mysql>
```

图 13.44　计算 5 天前后的日期

执行结果显示，ADDDATE()函数返回指定天数后的日期，SUBDATE()函数返回指定天数前的日期。

查看帮助文档可以发现，ADDDATE()和 SUBDATE()函数除了可以接受上述参数外，还可以接受其他参数，具体定义如下：

```
ADDDATE(d,INTERVAL expr type)
```

上述函数返回日期参数 d 加上一段时间后的日期，表达式参数 expr 决定了时间的长度，参数 type 决定了所操作的对象。

```
SUBDATE(d,INTERVAL expr type)
```

上述函数返回日期参数 d 减去一段时间后的日期，表达式参数 expr 决定了时间的长度。参数 type 决定了所操作的对象。关于参数 type 的取值如表 13.4 所示。

表 13.4　参数 type 的值

type 的值	含　义	expr 表达式
YEAR	年	YY
MONTH	月	MM
DAY	日	DD
HOUR	小时	hh
MINUTE	分钟	mm
SECOND	秒	ss
YEAR_MONTH	年和月	YY 与 MM 之间用任意符号隔开
DAY_HOUR	日和小时	DD 与 hh 之间用任意符号隔开
DAY_MINUTE	日和分钟	DD 与 mm 之间用任意符号隔开
DAY_SECOND	日和秒	DD 与 ss 之间用任意符号隔开
HOUR_MINUTE	小时和分钟	hh 与 mm 之间用任意符号隔开
HOUR_SECOND	小时和秒	hh 与 ss 之间用任意符号隔开
MINUTE_SECOND	分钟和秒	mm 与 ss 之间用任意符号隔开

下面通过一个具体实例来演示带有表达式的 ADDDATE()和 SUBDATE()函数的使用，具体步骤如下：

【实例 13-34】执行 SQL 语句的相应函数，获取 2 年 3 个月后的日期，具体 SQL 语句如下：

```
Mysql> SELECT CURDATE() 当前日期,
    -> ADDDATE (CURDATE(),INTERUAL '2,3' YEAR_MONTH '2 年 3 个月后日期',
    -> SUBDATE (CURDATE(),INTERUAL '2,3' YEAR_MONTH '2 年 3 个月前日期';
```

【运行效果】执行上面的 SQL 语句，其结果如图 13.45 所示。

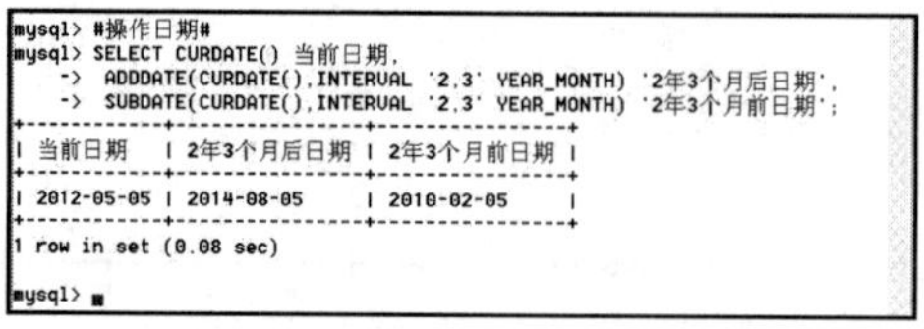

```
mysql> #操作日期#
mysql> SELECT CURDATE() 当前日期,
    ->  ADDDATE(CURDATE(),INTERUAL '2,3' YEAR_MONTH) '2年3个月后日期',
    ->  SUBDATE(CURDATE(),INTERUAL '2,3' YEAR_MONTH) '2年3个月前日期';
+------------+----------------+----------------+
| 当前日期   | 2年3个月后日期 | 2年3个月前日期 |
+------------+----------------+----------------+
| 2012-05-05 | 2014-08-05     | 2010-02-05     |
+------------+----------------+----------------+
1 row in set (0.08 sec)

mysql>
```

图 13.45　计算 2 年 3 个月前后的日期

执行结果显示，ADDDATE()函数返回指定时间长度后的日期，SUBDATE()函数返回指定时间长度前的日期。

在 MySQL 软件中，除了可以通过 ADDDATE()和 SUBDATE()函数来操作指定日期外，还可以通过 ADDTIME()和 SUBTIME()函数实现操作时间，它们的作用分别如下。

- 函数 ADDTIME(time,n)：该函数计算时间参数 time 加上 n 秒后的时间。
- 函数 SUBTIME(time,n)：该函数计算时间参数 time 减去 n 秒后的时间。

下面通过一个具体实例来演示 ADDDATE()和 SUBDATE()函数的使用，具体步骤如下：

【实例 13-35】 执行 SQL 语句的相应函数，获取 5 秒前后的时间，具体 SQL 语句如下：

```
SELECT CURTIME() 当前时间,
    ADDTIME(CURTIME(),5) '5 秒后时间',
    SUBTIME(CURTIME(),5) '5 秒前时间';
```

【运行效果】 执行上面的 SQL 语句，其结果如图 13.46 所示。

```
mysql> #操作时间#
mysql> SELECT CURTIME() 当前时间,
    -> ADDTIME(CURTIME(),5) '5秒后时间',
    -> SUBTIME(CURTIME(),5) '5秒前时间';
+----------+-----------+-----------+
| 当前时间 | 5秒后时间 | 5秒前时间 |
+----------+-----------+-----------+
| 12:57:27 | 12:57:32  | 12:57:22  |
+----------+-----------+-----------+
1 row in set (0.00 sec)

mysql>
```

图 13.46　计算 5 秒前后的时间

执行结果显示，ADDTIME()函数返回指定秒数后的时间，SUBTIME()函数返回指定秒数前的时间。

上述日期和时间函数为用户最常用的函数，关于日期和时间的函数还有许多，感兴趣的读者可以查看相关资料继续学习。

13.4　使用系统信息函数

除了上述各种函数外，系统信息函数也是 MySQL 用户必须要掌握的函数之一。在 MySQL 软件中通过系统信息函数可以获取关于数据库和数据库对象的各种信息。

查看帮助文件，MySQL 软件所支持的常用系统信息函数如表 13.5 所示。

表 13.5　常用系统信息函数

函　数	作　用
VERSION()	返回数据库的版本号
DATABASE()	返回当前数据库名
USER()	返回当前用户
LAST_INSERT_ID()	返回最近生成的 AUTO_INCREMENT 值

下面将通过具体实例详细介绍常用系统信息函数。

13.4.1 获取 MySQL 系统信息

在 MySQL 软件中如果想获取 MySQL 系统信息，可以通过各种函数来实现。在具体应用中，经常需要获取的系统信息有 MySQL 软件版本号，数据库名和连接数据库用户名。

下面通过一个具体实例来演示如何获取 MySQL 系统信息，具体步骤如下：

【实例 13-36】 执行 MySQL 软件相应函数，获取常用的系统信息，具体 SQL 语句如下：

```
SELECT
    VERSION() 版本号,
    DATABASE() 数据库名,
    USER() 用户名;
```

【运行效果】 执行上面的 SQL 语句，其结果如图 13.47 所示。

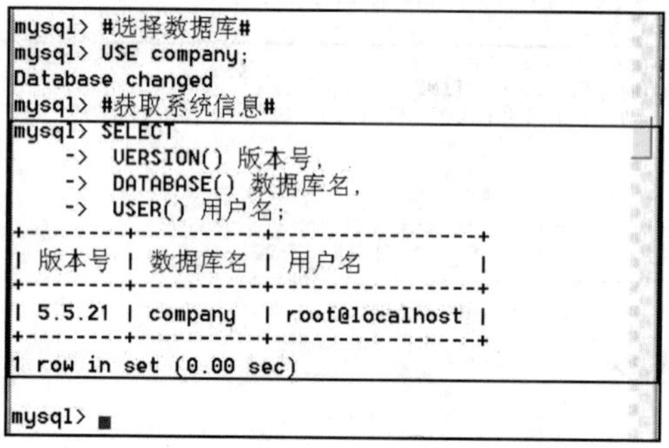

```
mysql> #选择数据库#
mysql> USE company;
Database changed
mysql> #获取系统信息#
mysql> SELECT
    -> VERSION() 版本号,
    -> DATABASE() 数据库名,
    -> USER() 用户名;
+--------+----------+----------------+
| 版本号 | 数据库名 | 用户名         |
+--------+----------+----------------+
| 5.5.21 | company  | root@localhost |
+--------+----------+----------------+
1 row in set (0.00 sec)

mysql>
```

图 13.47 获取系统信息

执行结果显示，VERSION()函数返回 MySQL 软件的版本号，DATABASE()函数返回所选择的数据库名，USER()函数返回连接数据库的用户名。

13.4.2 获取 AUTO_INCREMENT 约束的最后 ID 值

在 MySQL 软件中设计表时，经常会设置一个名为 ID 的字段，同时还会设置该字段为主键和自动增长（AUTO_INCREMENT）约束。在具体应用中，由于主键 ID 的值由 MySQL 软件来控制而不是用户来输入，所以有时需要查看最后生成的具有 AUTO_INCREMENT 约束字段的值。

为了实现上述功能，MySQL 软件专门提供了 LAST_INSERT_ID()函数。下面通过具体实例演示如何获取最后生成的具有 AUTO_INCREMENT 约束字段的值，具体步骤如下：

【实例 13-37】 执行 SQL 语句 CREATE TABLE，创建表 t_autoincrement，具体 SQL 语句如下：

```
CREATE TABLE t_autoincrement (
    ID INT(11) NOT NULL AUTO_INCREMENT UNIQUE
);
```

【运行效果】 执行上面的 SQL 语句，其结果如图 13.48 所示。

执行结果显示，已经成功创建了表 t_autoincrement，该表中只有一个名为 ID 的字段，字段 ID 为主键并具有自动增长的约束。

```
mysql> #创建表#
mysql> CREATE TABLE t_autoincrement (
    ->  ID INT(11) NOT NULL AUTO_INCREMENT UNIQUE
    -> );
Query OK, 0 rows affected (0.38 sec)

mysql>
```

图 13.48　创建表

为了便于测试，通过 SQL 语句 INSERT INTO 向表 t_autoincrement 中插入 4 条测试数据，具体 SQL 语句如下：

```
INSERT INTO t_autoincrement VALUES(NULL);
INSERT INTO t_autoincrement VALUES(NULL);
INSERT INTO t_autoincrement VALUES(NULL);
INSERT INTO t_autoincrement VALUES(NULL);
```

【运行效果】执行上面的 SQL 语句，其结果如图 13.49 所示。

执行结果显示，已经成功实现插入 4 条数据记录。

执行 SQL 语句中的 LAST_INSERT_ID()函数，获取自动增长最后生成的 ID 值，具体 SQL 语句如下：

```
SELECT LAST_INSERT_ID();
```

【运行效果】执行上面的 SQL 语句，其结果如图 13.50 所示。

```
mysql> #插入测试数据#
mysql> INSERT INTO t_autoincrement VALUES(NULL);
Query OK, 1 row affected (0.09 sec)

mysql> INSERT INTO t_autoincrement VALUES(NULL);
Query OK, 1 row affected (0.09 sec)

mysql> INSERT INTO t_autoincrement VALUES(NULL);
Query OK, 1 row affected (0.14 sec)

mysql> INSERT INTO t_autoincrement VALUES(NULL);
Query OK, 1 row affected (0.05 sec)

mysql>
```

图 13.49　插入数据记录

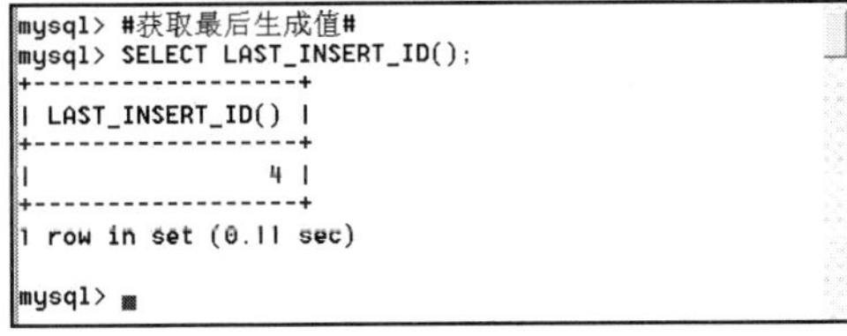

```
mysql> #获取最后生成值#
mysql> SELECT LAST_INSERT_ID();
+------------------+
| LAST_INSERT_ID() |
+------------------+
|                4 |
+------------------+
1 row in set (0.11 sec)

mysql>
```

图 13.50　获取最后生成值

执行结果显示，已经成功获取最后生成值。

上述系统信息函数为用户最常用的函数，关于系统信息函数还有许多，感兴趣的读者可以查看相关资料继续学习。

13.4.3　其他函数

MySQL 软件除了提供上述常用函数外，还提供了许多其他函数。它们分别为流程函数和实现特殊功能函数。

在具体应用中，用户可以通过流程函数实现条件选择，这样能够提高 SQL 语句执行效率。MySQL 软件支持的流程函数如表 13.6 所示。

表 13.6 流程函数

函 数	作 用
IF(value,t f)	如果 value 为真，返回 t，否则返回 f
IFNULL(value1,value2)	如果 value1 不为空返回 value1，否则返回 value2
CASE WHEN [value1] THEN[result1]...ELSE [default] END	如果 value1 为真，返回 result1，否则返回 default
CASE [expr]WHEN[value1] THEN[result1]… ELSE[default] END	如果 expr 等于 value1，返回 result1，否则返回 default

MySQL 软件还支持实现特殊功能的函数，如表 13.7 所示。

表 13.7 实现特殊功能的函数

函 数	作 用
PASSWORD(str)	实现对字符串 str 进行加密
FORMAT(x,n)	实现将数字 x 进行格式化，保留 n 位小数
INET_ATON(ip)	实现将 IP 地址转换成数字
INET_NTOA(x)	实现将数字转换成 IP
GET_LOCT(name,time)	创建一个持续时间为 time 的名为 name 的锁
RELEASE_LOCT(name)	为名为 name 的锁进行解锁
BENCHMARK(count,expr)	实现将表达式重复执行 count 次
CONVERT(s USING cs)	实现将字符串 s 的字符集变成 cs
CONVERT(x,type)	实现将 x 变成 type 类型

13.5 小 结

本章主要介绍在 MySQL 软件中关于函数的使用，详细介绍了字符串函数、数值函数、日期和时间函数及系统信息函数的相关操作。对于字符串函数，主要介绍了实现合并字符串功能的 CONCAT()和 CONCAT_WS()函数、实现比较字符串大小的 STRCMP()函数、实现获取字符串长度的 LENGTH()函数和字符数的 CHAR_LENGTH()函数、实现字母大小写转换的 UPPER()函数和字符数的 LOWER()函数、实现查找字符串函数、实现截取子字符串函数、实现去除字符串首尾空格函数、实现替换字符串函数；对于数值函数，主要介绍了获取随机数函数、获取整数函数、截取数值函数和四舍五入函数；对于日期和时间函数，主要介绍了获取当前日期和时间的函数、通过各种方式显示日期和时间函数、获取日期和时间各部分值以及计算日期和时间的函数。

通过对本章的学习，读者可以掌握常用函数的使用。

第 14 章 存储过程和函数的操作

在 MySQL 数据库中，数据库对象表是存储和操作数据的逻辑结构，而本章所要介绍的数据库对象存储过程和函数，则是用来实现将一组关于表操作的 SQL 语句代码当作一个整体来执行，也是与数据库对象表关联最紧密的数据库对象。在数据库系统中，当调用存储过程和函数时，则会执行这些对象中所设置的 SQL 语句组，从而实现相应的功能。

存储过程和函数的操作包含创建存储过程和函数、修改存储过程和函数及删除存储过程和函数，这些操作同样也是数据库管理中最基本、最重要的操作。

通过本节的学习，可以掌握在数据库中操作存储过程和函数，内容包含：

- 存储过程和函数的相关概念
- 存储过程和函数的基本操作：创建、查看、更新和删除
- 函数的基本操作：创建、查看、更新和删除

14.1 为什么使用存储过程和函数

通过前面章节的学习，用户不仅能够编写操作单表的单条 SQL 语句，而且还能够编写操作多表的 SQL 单条语句。但是针对表的一个完整操作往往不是单条 SQL 语句就可以实现的，而是需要一组 SQL 语句来实现。

例如，为了完成购买商品的订单处理，需要考虑如下的情形。

（1）在生成订单信息之前，首先需要查看商品库存中是否有相应的商品。

（2）如果商品库存中存在相应的商品，接着需要预定商品以防将该商品卖给他人，并且修改库存物品数量以反映正确的库存量。

（3）如果商品库存中不存在相应的商品，则需要向供应商订货。

对于上述一个完整操作，它显然不是单条 SQL 语句所能实现。因为实现这个完整操作需要编写针对许多表的多条 SQL 语句，此外在具体执行过程中，这些 SQL 语句的执行顺序也不是固定的，它会根据相应条件而发生变化。

在具体应用中，一个完整的操作会包含多条 SQL 语句，在执行过程中需要根据前面 SQL 语句的执行结果有选择地执行后面的 SQL 语句。为了解决该问题，MySQL 软件提供了数据库对象存储过程和函数。

存储过程和函数可以简单理解为一条或多条 SQL 语句的集合。查看帮助文档可以发现，存储过程和函数就是事先经过编译并存储在数据库中的一段 SQL 语句集合。

存储过程和函数有什么区别呢？这两者的区别主要在于函数必须有返回值，而存储过程则没有。存储过程的参数类型远远多于函数参数类型。

既然已经知道为什么要使用存储过程和函数，那么使用存储过程和函数有哪些优点和缺点呢？关于存储过程和函数的优点如下：

- 存储过程和函数允许标准组件式编程，提高了 SQL 语句的重用性、共享性和可移植性。
- 存储过程和函数能够实现较快的执行速度，能够减少网络流量。
- 存储过程和函数可以作为一种安全机制来利用。

上述优点可以概述成简单和高性能，不过在具体使用存储过程和函数时，也需要了解这些数据库对象的缺陷，分别为：

- 存储过程和函数的编写比单句 SQL 语句复杂，需要用户具有更高的技能和更丰富的经验。
- 在编写存储过程和函数时，需要创建这些数据库对象的权限。

14.2 创建存储过程和函数

存储过程和函数的操作包括创建存储过程和函数、查看存储过程和函数、更新存储过程和函数，以及删除存储过程和函数。本节将详细介绍如何创建存储过程和函数。

14.2.1 创建存储过程语法形式

查看帮助文档发现，在 MySQL 中创建存储过程通过 SQL 语句 CREATE PROCEDURE 来实现，其语法形式如下：

```
CREATE PROCEDURE procedure_name([procedure_parameter[,…]])
    [characteristic…] routine_body
```

在上述语句中，procedure_name 参数表示所要创建的存储过程名字，procedure_parameter 参数表示存储过程的参数，characteristic 参数表示存储过程的特性，routine_body 参数表示存储过程的 SQL 语句代码，可以用 BEGIN…END 来标志 SQL 语句的开始和结束。

注意：*在具体创建存储过程时，存储过程名不能与已经存在的存储过程名重名。除了上述要求外，推荐存储过程名命名（标识符）为 procedure_xxx 或者 proce_xxx;*

procedure_parameter 中每个参数的语法形式如下：

```
[IN|OUT|INOUT] parameter_name type
```

在上述语句中，每个参数由三部分组成，分别为输入/输出类型、参数名和参数类型。其中输入/输出类型有三种类型，分别为 IN：表示输入类型；OUT：表示输出类型；INOUT 表示输入/输出类型。parameter_name 表示参数名。type 表示参数类型，可以是 MySQL 软件所支持的任意一个数据类型。

characteristic 参数的取值为：

```
LANGUAGE SQL
|[NOT] DETERMINISTIC
|{CONTAINS SQL|NO SQL|READS SQL DATA|MODIFIES SQL DATA}
|SQL SECURITY {DEFINER|INVOKER}
|COMMENT 'string'
```

当 characteristic 参数的值为上述各个值时，分别表示：

- LANGUAGE SQL，表示存储过程的 routine_body 部分由 SQL 语言的语句组成，为 MySQL 软件所有默认的语句。
- [NOT] DETERMINISTIC，表示存储过程的执行结果是否确定。如果值为 DETERMINISTIC，表示执行结果是确定的。即每次执行存储过程时，如果输入相同的参数将得到相同的输出；如果值为 NOT DETERMINISTIC，表示执行结果不确定，即相同的输入可能得到不同的输出。默认值为 DETERMINISTIC。
- {CONTAINS SQL|NO SQL|READS SQL DATA|MODIFIES SQL DATA}，表示使用 SQL 语句的限制。如果值为 CONTAINS SQL 表示可以包含 SQL 语句，但不包含读或写数据的语句；如果值为 NO SQL 表示不包含 SQL 语句；如果值为 READS SQL DATA 表示包含读数据的语句；如果值为 MODIFIES SQL DATA 表示包含读数据的语句。默认值为 CONTAINS SQL。
- SQL SECURITY {DEFINER|INVOKER}，设置谁有权限来执行。如果值为 DEFINER，表示只有定义者自己才能够执行；如果值为 INVOKER 表示调用者可以执行。默认值为 DEFINER。
- COMMENT 'string'，表示注释语句。

14.2.2 创建函数语法形式

查看帮助文档发现，在 MySQL 中创建函数通过 SQL 语句 CREATE FUNCTION 来实现，其语法形式如下：

```
CREATE FUNCTION function _name([function_parameter[,…]])
    [characteristic…] routine_body
```

在上述语句中，function_name 参数表示所要创建的函数名字；function_parameter 参数表示函数的参数，characteristic 参数表示函数的特性，该参数的取值与存储过程中的取值相同。routine_body 参数表示函数的 SQL 语句代码，可以用 BEGIN…END 来表示 SQL 语句的开始和结束。

注意：*在具体创建函数时，函数名不能与已经存在的函数名重名。除了上述要求外，推荐函数名命名（标识符）为 function_xxx 或者 func_xxx。*

function_parameter 中每个参数的语法形式如下：

```
parameter_name type
```

在上述语句中，每个参数由两部分组成，分别为参数名和参数类型。parameter_name 表示参数名。type 表示参数类型，可以是 MySQL 软件所支持的任意一个数据类型。

14.2.3 创建简单的存储过程和函数

前面两节详细介绍了关于存储过程和函数的语法形式，本节将通过具体的实例来讲述如下应用存储过程和函数。

【实例 14-1】 执行 SQL 语句 CREATE PROCEDURE，在数据库 company 中，创建查询雇员表（t_employee）中所有雇员工资的存储过程，具体步骤如下：

（1）执行 SQL 语句 USE，选择数据库 company，具体 SQL 语句如下：

```
USE company;
```

【运行效果】 执行上面的 SQL 语句，其结果如图 14.1 所示。

（2）执行 SQL 语句 CREATE PROCEDURE，创建名为 proce_employee_sal 的存储过程，具体 SQL 语句如下：

```
DELIMITER $$
CREATE PROCEDURE proce_employee_sal ()
COMMENT'查询所有雇员的工资'
BEGIN
    SELECT sal
    FROM t_employee;
END$$
DELIMITER ;
```

【代码说明】 在上述代码中，创建了一个名为 proce_employee_sal 的存储过程，主要用来实现通过 SELECT 语句从 t_employee 表中查询 sal 字段值，实现查询雇员工资功能。

【运行效果】 执行上面的 SQL 语句，其结果如图 14.2 所示。

```
mysql> #选择数据库#
mysql> USE company;
Database changed
mysql>
```

图 14.1 选择数据库 company

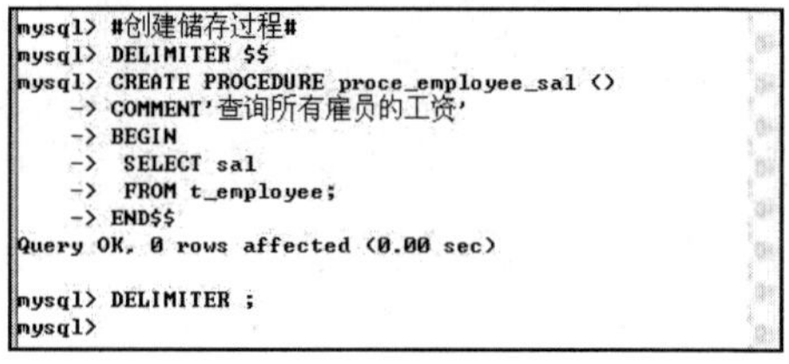

图 14.2 创建存储过程

执行结果没有显示任何错误，表示该存储过程对象 proce_employee_sal 已经创建成功。

通常在创建存储过程时，经常通过命令“DELIMITER $$”将 SQL 语句的结束符由“;”符号修改成“$$”。这主要是因为 SQL 语句中默认语句结束符为分号（;），即存储过程中的 SQL 语句也需要用分号来结束，当将结束符号修改成“$$”符号后就可以在执行过程中避免冲突。不过最后一定不要忘记通过命令“DELIMITER ;”将结束符号修改成 SQL 语句中默认的结束符号。

【实例 14-2】 执行 SQL 语句 CREATE FUNCTION，在数据库 company 中，创建查询雇员表（t_employee）中某个雇员工资的函数，具体步骤如下：

（1）执行 SQL 语句 USE，选择数据库 company，具体 SQL 语句如下：

```
USE company;
```

【运行效果】 执行上面的 SQL 语句，其结果如图 14.3 所示。

（2）执行 SQL 语句 CREATE FUNCTION，创建名为 func_employee_sal 的函数，具体 SQL 语句如下：

```
DELIMITER $$
CREATE FUNCTION func_employee_sal (empno INT(11))
    RETURNS DOUBLE(10,2)
COMMENT'查询某个雇员的工资'
BEGIN
    RETURN (SELECT sal
        FROM t_employee
        WHERE t_employee.empno=empno);
END$$
DELIMITER ;
```

【代码说明】在上述代码中，创建了一个名为 func_employee_sal 的函数，该函数拥有一个类型为 INT(11)名为 empno 的参数，返回值为 DOUBLE(10,2)类型。SELECT 语句从 t_employee 表中查询 empno 字段值等于所传入参数 empno 值的记录，同时并将该条记录的 sal 字段的值返回。

【运行效果】执行上面的 SQL 语句，其结果如图 14.4 所示。

```
mysql> #选择数据库#
mysql> USE company;
Database changed
mysql>
```

图 14.3　选择数据库 company

```
mysql> #创建函数#
mysql> DELIMITER $$
mysql> CREATE FUNCTION func_employee_sal (empno INT(11))
    -> RETURNS DOUBLE(10,2)
    -> COMMENT'查询某个雇员的工资'
    -> BEGIN
    -> RETURN (SELECT sal
    ->          FROM t_employee
    ->          WHERE t_employee.empno=empno);
    -> END$$
Query OK, 0 rows affected (0.00 sec)

mysql> DELIMITER ;
mysql>
```

图 14.4　创建函数

执行结果没有显示任何错误，表示该函数对象 func_employee_sal 已经创建成功。在具体创建函数时，与创建存储过程一样，也需要通过命令“DELIMITER $$”将 SQL 语句的结束符由“;”符号修改成“$$”，最后通过命令“DELIMITER ;”将结束符号修改成 SQL 语句中默认的结束符号。

14.2.4　通过工具来创建存储过程和函数

通过 MySQL 数据库服务器自带的工具“MySQL Command Line Client”来创建存储过程和函数，虽然高效、灵活，但是对于初级用户来说比较困难，需要掌握 SQL 语句。在具体实践中，用户可以通过客户端软件 SQLyog 来创建存储过程和函数。

下面将通过一个具体的实例来说明如何通过客户端软件 SQLyog 创建存储过程和函数。

【实例 14-3】与实例 14-1 和实例 14-2 一样，在数据库 company 中创建存储过程对象 proce_employee_sal 和函数 func_employee_sal。

（1）连接数据库服务器，在对象资源管理器窗口中将显示 MySQL 数据库管理系统中所有的数据库，其中数据库 company 中存在两个表：表示部门的表 t_dept 和表示日记表 t_diary；同时“存储过程”和“函数”节点里没有任何对象，具体信息如图 14.5 所示。

（2）右击对象资源管理器窗口中的“存储过程”节点，在弹出的菜单中选择“创建存储过程”命令，如图 14.6 所示。

（3）在弹出的 Create Procedure 对话框的“请输入新的程序名称”文本框中输入 proce_employee_sal，

然后单击“创建”按钮，创建存储过程对象 proce_employee_sal，具体设置信息如图 14.7 所示。

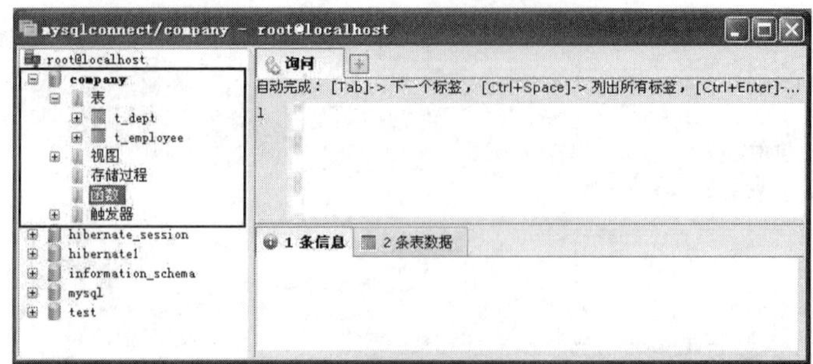

图 14.5　连接 MySQL 数据库管理系统

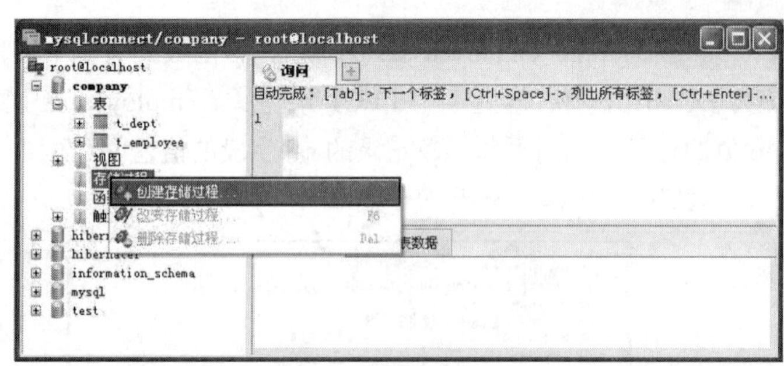

图 14.6　创建存储过程命令

图 14.7　创建存储过程

（4）当数据库存储过程对象 proce_employee_sal 创建成功后，弹出关于存储过程设计模板的 proce_employee_sal 窗口，具体信息如图 14.8 所示。

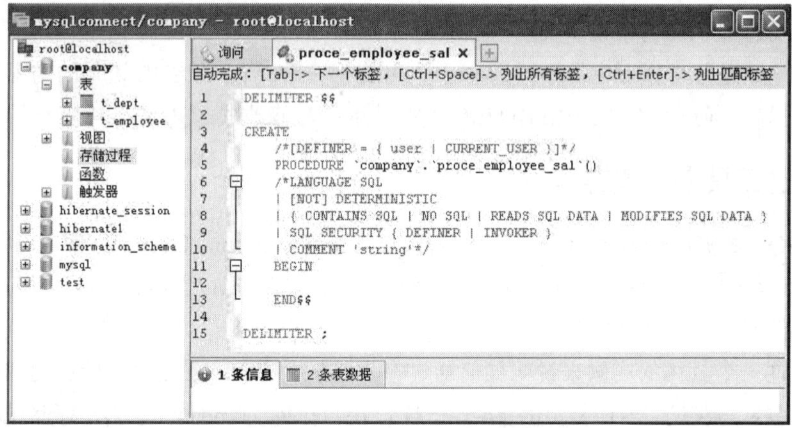

图 14.8　存储过程设计模板

（5）在 proce_employee_sal 设计模板窗口中，修改内容如图 14.9 所示，然后单击工具栏中的“执行查询”（）按钮，进行执行 SQL 语句。

（6）当存储过程创建成功后，不仅会在“信息”窗口显示相关信息，而且单击工具栏中的“刷新对象浏览器”（）按钮，会在“对象资源管理器”窗口中显示出新建的存储过程，如图 14.10 所示。

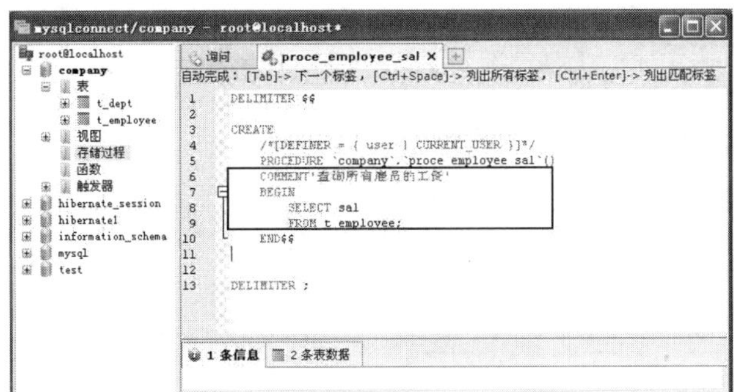

图 14.9　修改存储过程设计模板

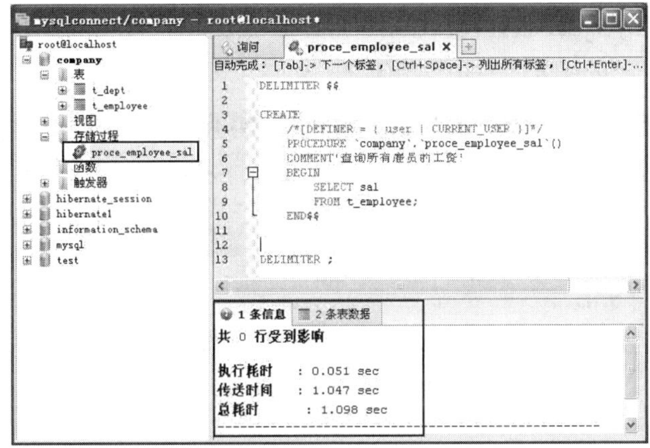

图 14.10　存储过程创建成功

通过上述步骤，则可以成功在 SQLyog 软件的 company 数据库中创建存储过程 proce_employee_sal。

（7）右击“对象资源管理器”窗口中的“函数”节点，在弹出的快捷菜单中选择“创建函数”命令，如图 14.11 所示。

（8）弹出 Create Function 对话框，在“输入新功能名称”文本框中输入 func_employee_sal，然后单击“创建”按钮，创建函数对象 func_employee_sal，具体设置信息如图 14.12 所示。

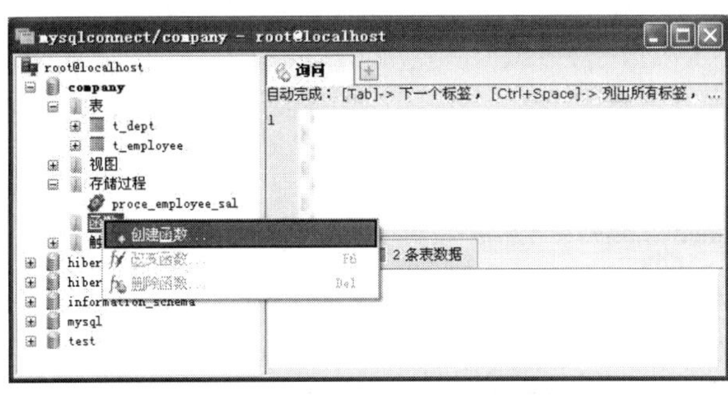

图 14.11　创建存储过程命令

图 14.12　创建函数

（9）当数据库函数对象 func_employee_sal 创建成功后，弹出关于函数设计模板的 func_employee_sal 窗口，具体信息如图 14.13 所示。

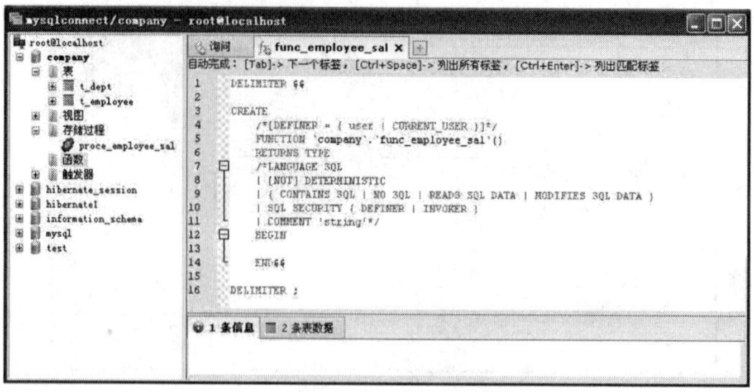

图 14.13　函数设计模板

（10）在 func_employee_sal 设计模板窗口中，修改内容如图 14.14 所示，然后单击工具栏中的“执行查询”（）按钮，进行执行 SQL 语句。

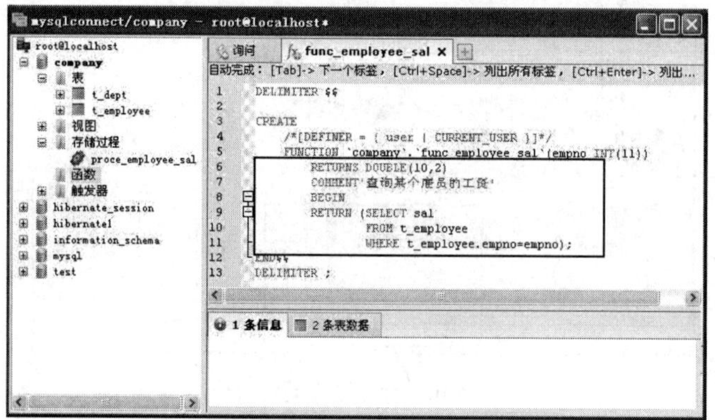

图 14.14　修改函数设计模板

（11）当函数创建成功后，不仅会在“信息”窗口显示相关信息，而且单击工具栏中的“刷新对象浏览器”（）按钮，会在“对象资源管理器”窗口中显示出新建的函数，如图 14.15 所示。

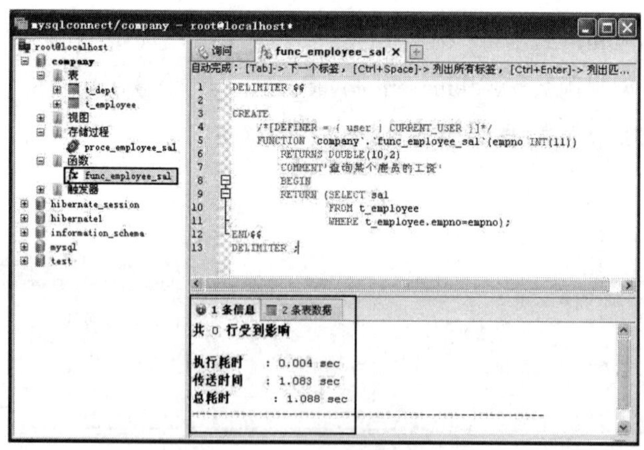

图 14.15　函数创建成功

通过上述步骤，则可以在 SQLyog 软件的 company 数据库中创建函数 func_employee_sal 成功。

14.3　关于存储过程和函数的表达式

在 MySQL 软件中，除了支持标准的存储过程和函数外，还对其进行了扩充，引入了表达式。表达式与其他高级语言的表达式一样，由变量、运算符和流程控制来构成。14.2 节详细介绍了如何创建存储过程和函数，本节将详细介绍存储过程和函数中所包含的表达式语句。

14.3.1　操作变量

变量是表达式语句中最基本的元素，可以用来临时存储数据。对于 MySQL 软件来说，可以通过变量存储从表中查询到的数据等。下面将介绍如何声名变量和给变量赋值。

1. 声明变量

查看帮助文档发现，在 MySQL 中定义变量通过关键字 DECLARE 来实现，其语法形式如下：

```
DECLARE var_name[,…] type [DEFAULT value]
```

在上述语句中，var_name 参数表示所要声明的变量名字；参数 TYPE 表示所要声明变量的类型；DEFAULT value 用来实现设置变量的默认值，如果无该语句默认值为 NULL。

注意：在具体声明变量时，可以同时定义多个变量。

2. 赋值变量

查看帮助文档发现，在 MySQL 中为变量赋值通过关键字 SET 来实现，其语法形式如下：

```
SET var_name=expr[,…]
```

在上述语句中，var_name 参数表示所要赋值变量名字；参数 expr 是关于变量的赋值表达式。

注意：在为变量赋值时，可以同时为多个变量赋值，各个变量的赋值语句之间用逗号隔开。

为变量赋值时，除了上述语法外，还可以通过关键字“SELECT…INTO”语句来实现，其语法形式如下：

```
SELECT field_name[,…] INTO var_name[,…]
    FROM table_name
        WHERE condition
```

在上述语句中将查询到结果赋值给变量，参数 field_name 表示查询的字段名，参数 var_name 表示变量名。

注意：当将查询结果赋值给变量时，该查询语句的返回结果只能是单行。

【实例 14-4】下面将通过具体的实例来演示如何声明变量和为变量赋值，具体步骤如下：

（1）执行带有关键字 DECLARE 的语句，声明一个名为 employee_sal 的变量，具体 SQL 语句如下：

```
DECLARE employee_sal INT DEFAULT 1000;
```

【代码说明】上述语句声明了一个表示雇员工资的变量 employee_sal，并设置该变量的默认值为 1 000。

（2）执行带有关键字 SET 的语句，为变量 employee_sal 赋值，具体 SQL 语句如下：

```
DECLARE employee_sal INT DEFAULT 1000;
SET employee_sal=3500;
```

【代码说明】上述语句中首先声明了一个表示雇员工资的变量 employee_sal，其默认值为 1 000，然后设置该变量的值为 3 500。

（3）将查询结果赋值给变量，即将表 t_employee 中 empno 为“7 566”记录中字段 sal 的值赋值给变量 employee_sal。具体 SQL 语句如下：

```
SELECT sal INTO employee_sal
    FROM t_employee
    WHERE empno=7566;
```

【代码说明】在上述语句中通过 SELECT…INTO 语句将表 t_employee 里相应数据记录中字段 sal 的值赋值给变量 employee_sal。

14.3.2 操作条件

在高级编程语言中为了提高语言的安全性，提供了异常处理机制。对于 MySQL 软件，也提供了一种机制来提高安全性，即本节所要介绍的“条件”。条件的定义和处理可以用来定义在处理过程中遇到问题时相应的处理步骤。下面将介绍如何定义条件和设置处理程序。

1．定义条件

查看帮助文档发现，在 MySQL 中定义条件通过关键字 DECLARE 来实现，其语法形式如下：

```
DECLARE condition_name CONDITION FOR condition_value
condition_value:
    SQLSTATE[VALUE] sqlstate_value
    |mysql_error_code
```

在上述语句中，condition_name 参数表示所要定义的条件名称；参数 condition_value 用来实现设置条件的类型；参数 sqlstate_value 和 mysql_error_code 用来设置条件的错误。

2．定义处理程序

查看帮助文档发现，在 MySQL 中定义处理程序也是通过关键字 DECLARE 来实现，其语法形式如下：

```
DECLARE handler_type HANDLER FOR condition_value[,…] sp_statement
handler_type:
    CONTINUE
    |EXIT
    |UNDO
condition_value:
    SQLSTATE[VALUE] sqlstate_value
    |condition_name
    |SQLWARNING
    |NOT FOUND
    |SQLEXCEPTION
    |mysql_error_code
```

这个语句指定每个可以处理一个或多个条件的处理程序。如果产生一个或多个条件，指定的语句被执行。对一个 CONTINUE 处理程序，当前子程序的执行在执行处理程序语句之后继续。对于 EXIT 处理程序，当前 BEGIN…END 复合语句的执行被终止。UNDO 处理程序类型语句还不被支持。

- SQLWARNING 是对所有以 01 开头的 SQLSTATE 代码的速记。
- NOT FOUND 是对所有以 02 开头的 SQLSTATE 代码的速记。
- SQLEXCEPTION 是对所有没有被 SQLWARNING 或 NOT FOUND 捕获的 SQLSTATE 代码的速记。

14.3.3 使用游标

通过前面章节的知识可以知道，MySQL 软件的查询语句可以返回多条记录结果，那么在表达式中如何遍历这些记录结果呢？查看帮助文档可以发现，MySQL 软件提供了游标来实现。通过指定由 SELECT 语句返回的行集合（包括满足该语句的 WHERE 子句所列条件的所有行），由该语句返回完整的行集合叫作结果集。应用程序需要一种机制来一次处理结果集中的一行或连续的几行，而游标通过每次指向一条记录完成与应用程序的交互。

游标可以看作一种数据类型，可以用来遍历结果集，相当于指针，或者是数组中的下标。处理结果集的方法可以通过游标定位到结果集的某一行，从当前结果集的位置搜索一行或一部分行或者对结果集中的当前行进行数据修改。

下面将介绍如何声明游标、打开游标、使用游标和关闭游标。

1. 声明游标

查看帮助文档发现，在 MySQL 中声明游标通过关键字 DECLARE 来实现，其语法形式如下：

```
DECLARE cursor_name CURSOR FOR select_statement;
```

在上述语句中，cursor_name 参数表示游标的名称，参数 select_statement 表示 SELECT 语句。因为游标需要遍历结果集中的每一行，增加了服务器的负担，导致游标的效率并不高。如果游标操作的数据超过 1 万行，那么应该采用其他方式，另外如果使用了游标，还应尽量避免在游标循环中进行表连接的操作。

2. 打开游标

查看帮助文档发现，在 MySQL 中打开游标通过关键字 OPEN 来实现，其语法形式如下：

```
OPEN cursor_name
```

在上述语句中，cursor_name 参数表示所要打开游标的名称。注意打开一个游标时，游标并不指向第一条记录，而是指向第一条记录的前边。

3. 使用游标

查看帮助文档发现，在 MySQL 中使用游标通过关键字 FETCH 来实现，其语法形式如下：

```
FETCH cursor_name INTO var_name [,var_name] …
```

在上述语句中，将参数游标 cursor_name 中 SELECT 语句的执行结果保存到变量参数 var_name 中。变量参数 var_name 必须在游标使用之前定义。使用游标类似高级语言中的数组遍历，当第一次使用游标时，此时游标指向结果集的第一条记录。

4. 关闭游标

查看帮助文档发现，在 MySQL 中关闭游标通过关键字 CLOSE 来实现，其语法形式如下：

```
CLOSE cursor_name
```

在上述语句中，cursor_name 参数表示所要关闭游标的名称。

【实例 14-5】此实例实现的功能为统计工资大于 999 的雇员人数，此功能可以直接通过 WHERE 条件和 COUNT 函数直接完成，此实例主要为演示游标的使用方法。下面将通过此实例的实现过程来演示如何使用游标，具体步骤如下：

（1）执行带有关键字 DECLARE 的语句，声明一个名为 cursor_employee 的游标，具体 SQL 语句如下：

```
DECLARE cursor_employee
    CURSOR FOR SELECT sal FROM t_employee;
```

【代码说明】上述语句声明了一个名为 cursor_employee 的游标，SELECT 语句实现了查询所有雇员的工资。

（2）执行带有关键字 OPEN 的语句，打开游标 cursor_employee，具体 SQL 语句如下：

```
OPEN cursor_employee;
```

【代码说明】在上述语句中打开名为 cursor_employee 的游标。

（3）执行带有关键字 FETCH 的语句，通过游标 cursor_employee 将查询结果赋值给变量，即将表 t_employee 表中所有记录中字段 sal 的值赋值给变量 employee_sal。具体 SQL 语句如下：

```
FETCH cursor_emplayee INTO employee_sal;
```

【代码说明】在上述语句中，将游标 cursor_employee 的查询结果赋值给变量 employee_sal。

（4）执行带有关键字 CLOSE 的语句，关闭游标 cursor_employee，具体 SQL 语句如下：

```
CLOSE cursor_employee;
```

【代码说明】在上述语句中，关闭名为 cursor_employee 的游标。

在具体使用游标时，游标必须在处理程序之前且在变量和条件之后声明，并且最后一定要关闭游标。

经过上面的介绍，本实例完成的代码如下：

```
DROP PROCEDURE IF EXISTS employee_count;
DELIMITER $
#创建存储过程
CREATE PROCEDURE employee_count
(OUT NUM INTEGER)
BEGIN
#声明变量
DECLARE   employee_sal INTEGER;
DECLARE   flag INTEGER;
#声明游标
DECLARE cursor_employee
    CURSOR FOR SELECT sal FROM t_employee;
DECLARE CONTINUE HANDLER FOR NOT FOUND SET flag = 1;
#设置结束标志
SET flag=0;
SET NUM=0; '
#打开游标
OPEN cursor_employee;
#遍历游标指向的结果集
FETCH cursor_employee INTO employee_sal;
```

```
WHILE flag<>1 DO
IF employee_sal >999 THEN
SET num=num+1;
END IF;
FETCH cursor_employee INTO employee_sal;
END WHILE;
#关闭游标
CLOSE cursor_employee;
END
$
DELIMITER ;
```

上述实例创建了一个存储过程，并使用游标遍历结果集中的每一行，如果发现工资大于 999，则变量 NUM 加 1，最后统计出符合条件的记录条数。如需调用此存储过程，可以使用以下方法：

```
#调用存储过程
mysql> CALL employee_count(@count);
mysql> select @count;
+--------+
| @count |
+--------+
| 3      |
+--------+
1 row in set (0.00 sec)
```

除了使用 WHILE...END WHILE 遍历结果集以外，游标的遍历还有以下几种方式。

- LOOP...END LOOP
- REPEAT...END REPEAT

使用 LOOP 循环遍历重写实例 14-5 如下：

```
DROP PROCEDURE IF EXISTS employee_count;
DELIMITER $
#创建存储过程
CREATE PROCEDURE employee_count
(OUT NUM INTEGER)
BEGIN
#声明变量
DECLARE  employee_sal INTEGER;
DECLARE  flag INTEGER;
#声明游标
DECLARE cursor_employee
    CURSOR FOR SELECT sal FROM t_employee;
DECLARE CONTINUE HANDLER FOR NOT FOUND SET flag = 1;
```

```
#设置结束标志
SET flag=0;
SET NUM=0;
#打开游标
OPEN cursor_employee;
#遍历游标
FETCH cursor_employee INTO employee_sal;
loop_label:LOOP
IF employee_sal >999 THEN
SET num=num+1;
END IF;
FETCH cursor_employee INTO employee_sal;
if(flag=1) then
LEAVE loop_label;
end if;
END LOOP;
#关闭游标
CLOSE cursor_employee;
END
$
DELIMITER ;
```

使用 REPEAT 循环遍历重写实例 14-5 如下：

```
DROP PROCEDURE IF EXISTS employee_count;
DELIMITER $
#创建存储过程
CREATE PROCEDURE employee_count
(OUT NUM INTEGER)
BEGIN
#声明变量
DECLARE   employee_sal INTEGER;
DECLARE   flag INTEGER;
#声明游标
DECLARE cursor_employee
    CURSOR FOR SELECT sal FROM t_employee;
DECLARE CONTINUE HANDLER FOR NOT FOUND SET flag = 1;
#设置结束标志
SET flag=0;
SET NUM=0;
#打开游标
```

```
OPEN cursor_employee;
#遍历游标
FETCH cursor_employee INTO employee_sal;
REPEAT
IF employee_sal >999 THEN
SET num=num+1;
END IF;
FETCH cursor_employee INTO employee_sal;
UNTIL flag=1
END REPEAT;
#关闭游标
CLOSE cursor_employee;
END
$
DELIMITER ;
```

以上的介绍说明了声明游标、打开游标、使用游标和关闭游标这几个概念，并通过一系列实例演示了游标的使用方法。由于使用游标需要把结果集中的记录一条条取出来处理，增加了服务器的负担，使用游标处理结果集效率比较低。所以如果可以不使用游标就尽量不要使用。

14.3.4　使用流程控制

流程控制语句主要用来实现控制语句的执行顺序，例如顺序、条件和循环。对于 MySQL 软件来说，可以通过关键字 IF 和 CASE 来实现条件控制，关键字 LOOP、WHILE 和 REPEAT 实现循环控制。下面将介绍如何实现条件控制语句和循环控制语句。

1．条件控制语句

在 MySQL 软件中可以通过关键字 IF 和 CASE 来实现条件控制语句，IF 语句具体进行条件控制时，根据是否满足条件，执行不同的语句；而对于 CASE 语句则可以实现更复杂的条件控制。下面将详细条件控制语句：

查看帮助文档发现，在 MySQL 中实现条件判断通过关键字 IF 来实现，其语法形式如下：

```
IF search_condition THEN statement_list
    [ELSEIF search_condition THEN statement_list]…
    [ELSE search_condition]
END IF
```

上述语句中 search_condition 参数表示条件的判断；参数 statement_list 表示不同条件的执行语句。

查看帮助文档发现，在 MySQL 中实现条件判断还可以通过关键字 CASE 来实现，其语法形式如下：

```
CASE case_value
    WHEN when_value THEN statement_list
    [WHEN when_value THEN statement_list]…
    [ELSE statement_list]
END CASE
```

在上述语句中，case_value 参数表示条件判断的变量，参数 when_value 表示条件判断变量的值，参数 statement_list 表示不同条件的执行语句。

2. 循环控制语句

在 MySQL 软件中可以通过关键字 LOOP、WHILE 和 REPEAT 来实现循环控制语句，其中后两个关键字用来实现带有条件的循环控制语句，即对于关键字 WHILE，只有在满足条件的基础上才执行循环体，而关键字 REPEAT，则是在满足的条件时退出循环体。

查看帮助文档发现，在 MySQL 中实现循环执行通过关键字 LOOP 来实现，其语法形式如下：

```
[begin_label:] LOOP
    statement_list
END LOOP [end_label]
```

在上述语句中，begin_label 和 end_label 参数分别表示循环开始和结束的标志，这两个标志必须相同，并且可以省略。关键字 LOOP 表示循环体的开始，END LOOP 表示循环体的结束。参数 statement_list 表示所执行的循环体语句。

对于循环语句，如果想实现退出正在执行的循环体，可以通过关键字 LEAVE 来实现，其语法形式如下：

```
LEAVE label
```

在上述语句中，参数 label 表示循环的标志。

查看帮助文档发现，在 MySQL 中实现循环执行还可以通过关键字 WHILE 来实现，不过其是带有条件控制的循环，即当满足条件时才执行循环体语句，具体语法形式如下：

```
[begin_label:] WHILE search_condition DO
    statement_list
END WHILE [end_label]
```

在上述语句中，参数 search_condition 表示循环的执行条件，当满足该条件是才执行循环体 statement_list。

查看帮助文档发现，在 MySQL 中实现循环执行还可以通过关键字 REPEAT 来实现，其同样也是带有条件控制的循环，不过当满足条件则跳出循环体语句，具体语法形式如下：

```
[begin_label:] REPEAT search_condition DO
    statement_list
END REPEAT [end_label]
```

在上述语句中，参数 search_condition 表示循环的执行条件，当满足该条件时则跳出循环体 statement_list 语句体。

14.4 修改存储过程和函数

对于已经创建好的存储过程和函数，当使用一段时间后，就会需要进行一些定义上的修改。在 MySQL 软件中，可以通过 ALTER PROCEDURE 语句实现修改存储过程，可以通过 ALTER FUNCTION 语句实现修改函数。

14.4.1　修改存储过程

查看帮助文档发现，在 MySQL 数据库管理系统中修改存储过程通过 SQL 语句 ALTER PROCEDURE 来实现，其语法形式如下：

```
ALTER PROCEDURE procedure_name
    [characteristic…]
```

在上述语句中，procedure_name 参数表示所要修改存储过程的名字，而 characteristic 参数指定修改后存储过程的特性，与定义存储过程的该参数相比，取值只能是如下值：

```
|{CONTAINS SQL|NO SQL|READS SQL DATA|MODIFIES SQL DATA}
|SQL SECURITY {DEFINER|INVOKER}
|COMMENT 'string'
```

注意：所要修改存储过程必须在数据库中已经存在。

【实例 14-6】 执行 SQL 语句 ALTER TABLE，修改数据库 company 中 t_dept 表的名称为 tab_dept。具体步骤如下：

（1）执行 SQL 语句 USE，选择数据库 company，具体 SQL 语句如下：

```
USE company;
```

【运行效果】 执行上面的 SQL 语句，其结果如图 14.16 所示。

```
mysql> #选择数据库#
mysql> USE company;
```

图 14.16　选择数据库

（2）执行 SQL 语句 ALTER TABLE，修改表 t_dept 的名字为 tab_dept，具体 SQL 语句如下：

```
ALTER TABLE t_dept
    RENAME tab_dept;
```

【运行效果】 执行上面的 SQL 语句，其结果如图 14.17 所示。

```
mysql> #修改表的名字#
mysql> ALTER TABLE t_dept
    ->  RENAME tab_dept;
Query OK, 0 rows affected (0.20 sec)

mysql>
```

图 14.17　修改表的名字

（3）为了校验数据库 company 中是否已经修改 t_dept 表为 tab_dept 表，执行 SQL 语句 DESC，具体 SQL 语句如下：

```
DESC t_dept;
```

【运行效果】 执行上面的 SQL 语句，其结果如图 14.18 所示。

```
mysql> #查看表#
mysql> DESC t_dept;
ERROR 1146 (42S02): Table 'company.t_dept' doesn't exist
mysql> DESC tab_dept;
+--------+-------------+------+-----+---------+-------+
| Field  | Type        | Null | Key | Default | Extra |
+--------+-------------+------+-----+---------+-------+
| deptno | int(11)     | YES  |     | NULL    |       |
| dname  | varchar(20) | YES  |     | NULL    |       |
| loc    | varchar(40) | YES  |     | NULL    |       |
+--------+-------------+------+-----+---------+-------+
3 rows in set (0.02 sec)

mysql> _
```

图 14.18　查看表信息

执行结果显示，t_dept 表已经不存在，已经修改为名为 tab_dept 的表，并且 tab_dept 表的结构与 t_dept 表的结构完全一致。

14.4.2　修改函数

查看帮助文档发现，在 MySQL 数据库管理系统中修改函数通过 SQL 语句 ALTER FUNCTION 来实现，其语法形式如下：

```
ALTER FUNCTION function_name
    [characteristic…]
```

在上述语句中，function_name 参数表示所要修改函数的名字，而 characteristic 参数指定修改后函数的特性，与定义函数的该参数相比，取值只能是如下值：

```
|{CONTAINS SQL|NO SQL|READS SQL DATA|MODIFIES SQL DATA}
|SQL SECURITY {DEFINER|INVOKER}
|COMMENT 'string'
```

注意：所要修改函数必须在数据库中已经存在。

14.5　删除存储过程和函数

存储过程和函数的操作包括创建存储过程和函数、查看存储过程和函数、更新存储过程和函数，以及删除存储过程和函数。本节将详细介绍如何删除存储过程和函数。在 MySQL 软件中可以通过两种方式来删除存储过程和函数，分别为通过 SQL 语句和通过工具来实现删除存储过程和函数。

14.5.1　通过 DROP PROCEDURE 语句删除存储过程

查看帮助文档可以发现，在 MySQL 中删除存储过程通过 SQL 语句 DROP PROCEDURE 来实现，其语法形式如下：

```
DROP PROCEDURE proce_name;
```

在上述语句中，关键字 DROP PROCEDURE 用来表示实现删除存储过程，proce_name 参数表示所要删除的存储过程名称。

【实例 14-7】执行 SQL 语句 DROP PROCEDURE 删除存储过程和函数，在 company 数据库中删除存储过程对象 proce_employee_sal。具体步骤如下：

（1）执行 SQL 语句 USE，选择数据库 company，具体 SQL 语句如下：

```
USE company;
```

【运行效果】执行上面的 SQL 语句，其结果如图 14.19 所示。

（2）接着执行 SQL 语句 DROP PROCEDURE，删除存储过程对象 proce_employee_sal，具体语句如下：

```
DROP PROCEDURE proce_employee_sal;
```

【运行效果】执行上面的 SQL 查询语句，其结果如图 14.20 所示。

```
mysql> #选择数据库#
mysql> USE company;
Database changed
mysql>
```

图 14.19　选择数据库 company

```
mysql> #删除存储过程proce_employee_sal#
mysql> DROP PROCEDURE proce_employee_sal;
Query OK, 0 rows affected (0.14 sec)

mysql>
```

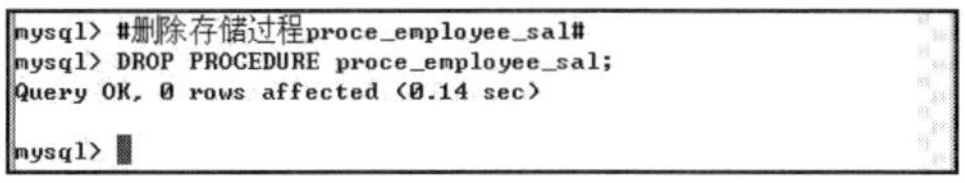

图 14.20　删除存储过程对象 proce_employee_sal

（3）最后通过系统表 routines 查询是否还存在存储过程对象 proce_employee_sal，具体 SQL 语句如下：

```
SELECT *
    FROM ROUTINES
    WHERE SPECIFIC_NAME='proce_employee_sal' \G
```

【运行效果】执行上面的 SQL 语句，其执行结果如图 14.21 所示。

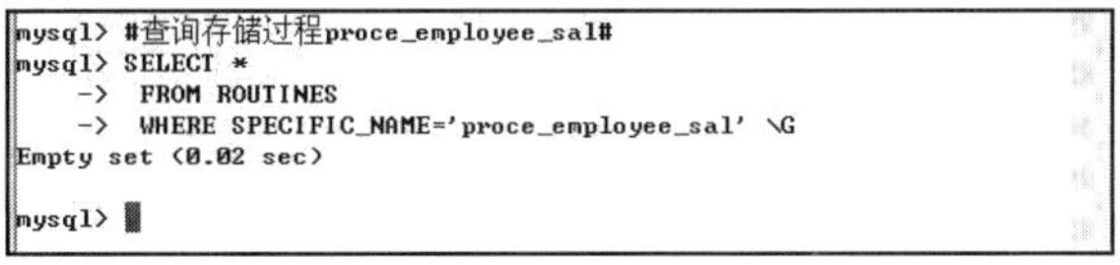

```
mysql> #查询存储过程proce_employee_sal#
mysql> SELECT *
    -> FROM ROUTINES
    -> WHERE SPECIFIC_NAME='proce_employee_sal' \G
Empty set (0.02 sec)

mysql>
```

图 14.21　查询存储过程对象 proce_employee_sal

结果显示，数据库管理系统中已经不存在存储过程对象 proce_employee_sal。

14.5.2　通过 DROP FUNCTION 语句删除函数

查看帮助文档可以发现，在 MySQL 中删除函数通过 SQL 语句 DROP FUNCTION 来实现，其语法形式如下：

```
DROP FUNCTION func_name;
```

在上述语句中，关键字 DROP FUNCTION 用来表示实现删除函数，func_name 参数表示所要删除的函数名称。

【实例 14-8】执行 SQL 语句 DDROP FUNCTION 删除函数，在 company 数据库中删除函数 func_employee_sal。具体步骤如下：

（1）执行 SQL 语句 USE，选择数据库 company，具体 SQL 语句如下：

```
USE company;
```

【运行效果】执行上面的 SQL 语句，其结果如图 14.22 所示。

（2）接着执行 SQL 语句 DROP FUNCTION，删除函数 func_employee_sal，具体语句如下：

```
DROP FUNCTION func_employee_sal;
```

【运行效果】执行上面的 SQL 查询语句，其结果如图 14.23 所示。

```
mysql> #选择数据库#
mysql> USE company;
Database changed
mysql>
```

图 14.22　选择数据库 company

```
mysql> DROP PROCEDURE proce_employee_sal;
Query OK, 0 rows affected (0.14 sec)

mysql>
```

图 14.23　删除函数 func_employee_sal

（3）最后通过系统表 routines 查询是否还存在函数 func_employee_sal，具体 SQL 语句如下：

```
SELECT *
    FROM ROUTINES
    WHERE SPECIFIC_NAME='func_employee_sal' \G
```

【运行效果】执行上面的 SQL 语句，其执行结果如图 14.24 所示。

```
mysql> #查询函数func_employee_sal#
mysql> SELECT *
    ->   FROM ROUTINES
    ->   WHERE SPECIFIC_NAME='func_employee_sal' \G
Empty set (0.00 sec)

mysql>
```

图 14.24　查询函数对象 func_employee_sal

结果显示，数据库管理系统中已经不存在函数对象 func_employee_sal。

14.5.3　通过工具来删除存储过程和函数

除了通过 MySQL 数据库服务器自带的工具“MySQL Command Line Client”来删除存储过程和函数外，还可以通过 MySQL 客户端软件 SQLyog 来删除存储过程和函数。对于该客户端软件，除了可以在“询问”对话框中执行“DROP PROCEDURE”语句和“DROP FUNCTION”实现删除存储过程和函数外，还可以通过操作“对象资源管理器”来实现。具体步骤如下：

（1）连接数据库服务器，在对象资源管理器窗口中将显示 MySQL 数据库管理系统中所有的数据库，单击数据库 company 节点，将显示属于该数据库的所有数据库对象，具体信息如图 14.25 所示。

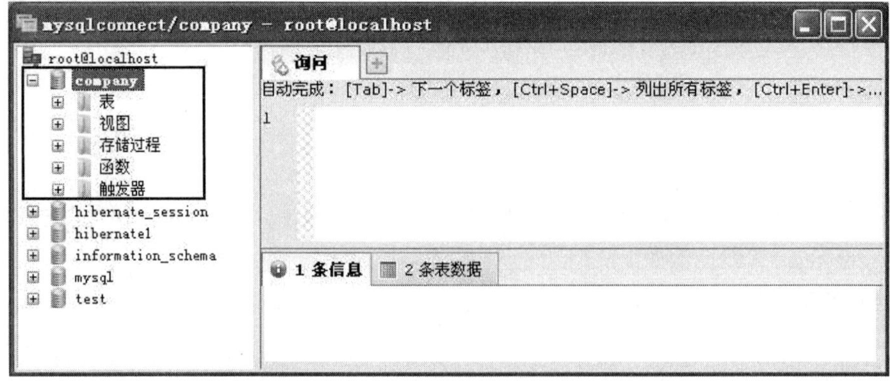

图 14.25　数据库 company 所有数据库对象

（2）单击数据库 company 中的“存储过程”和“函数”节点，将显示关于该数据库的所有存储过程和函数对象（proce_employee_sal 和 func_employee_sal），如图 14.26 所示。

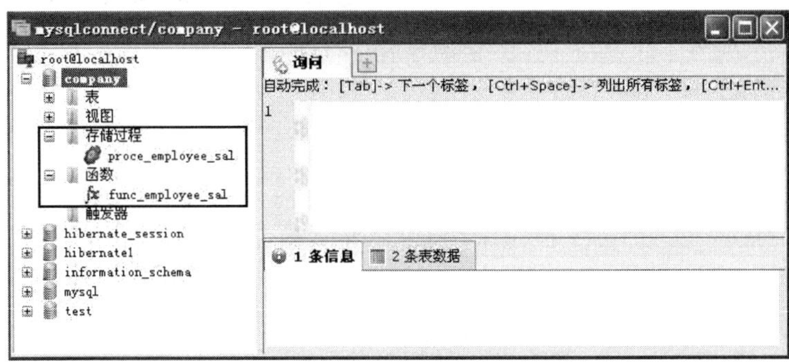

图 14.26　查看存储过程和函数

（3）如果想删除存储过程对象 proce_employee_sal，只需在对象资源管理器窗口中右击选择该存储过程对象，然后在弹出的快捷菜单中选择“删除存储过程”命令，如图 14.27 所示。

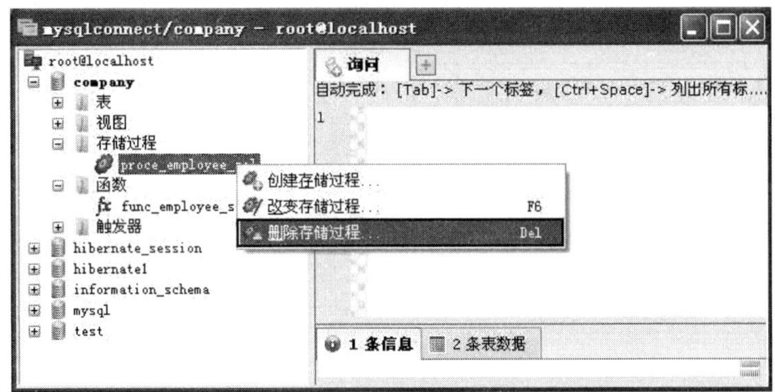

图 14.27　选择“删除存储过程”命令

（4）弹出确认对话框，如图 14.28 所示，单击“是”按钮后，对象资源管理器窗口数据库 company 中“存储过程节点”里就没有任何存储过程对象，如图 14.29 所示。

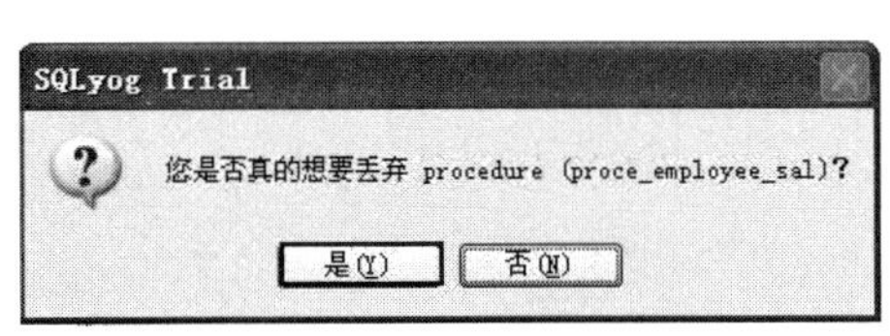

图 14.28　确认对话框

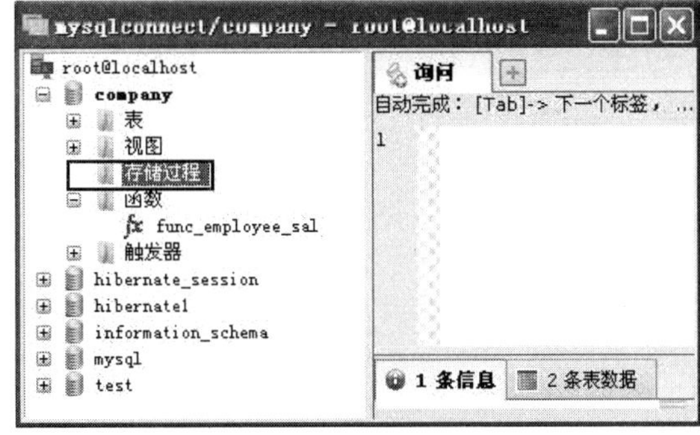

图 14.29　删除存储过程成功

（5）如果想删除函数 func_employee_sal 对象，只需在对象资源管理器窗口中右击选择该函数对象，然后在弹出的快捷菜单中选择“删除函数”命令，如图 14.30 所示。

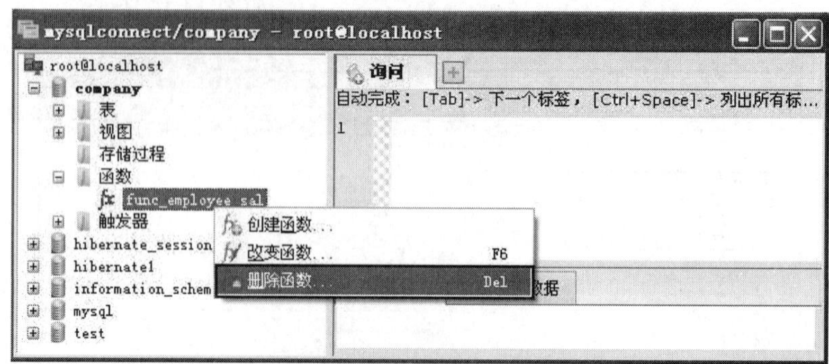

图 14.30 选择“删除函数”命令

（6）弹出确认对话框，如图 14.31 所示，单击“是”按钮后，对象资源管理器窗口数据库 company 中“函数节点”里就没有任何存储过程对象，如图 14.32 所示。

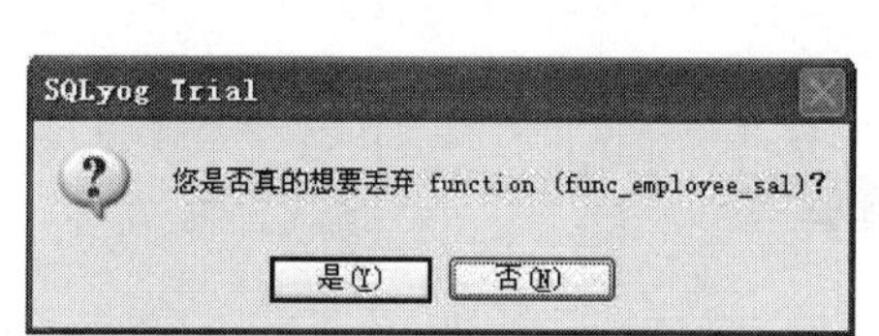

图 14.31 确认对话框

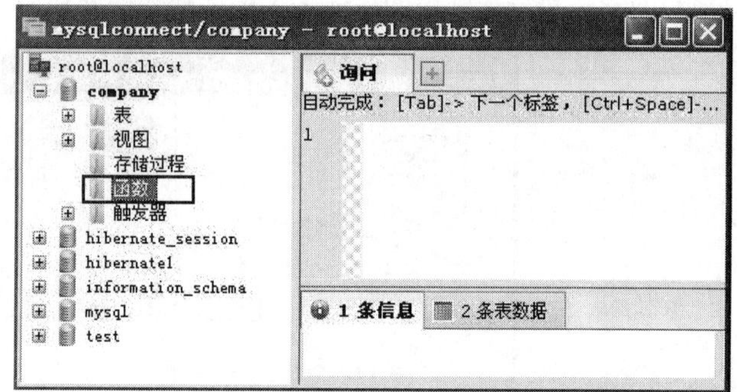

图 14.32 删除函数成功

14.6 小　结

本节介绍在 MySQL 数据库管理系统中关于存储过程和函数的操作，主要包含存储过程和函数的创建、存储过程和函数的查看、存储过程和函数修改，以及存储过程和函数删除。在具体介绍这些操作时，除了详细介绍针对存储过程和函数的 SQL 语句外，还介绍了客户端软件 SQLyog 针对存储过程和函数的这些操作。

通过对本章的学习，读者不仅可以掌握存储过程和函数的基本概念，而且还可以熟悉操作 MySQL 软件中数据库对象存储过程和函数的知识。

第 15 章 MySQL 事务

当多个用户访问同一份数据时，一个用户在更改数据的过程中可能有其他用户同时发起更改请求，为保证数据的更新从一个一致性状态变更为另外一个一致性状态，这时有必要引入事务的概念。MySQL 提供了多种存储引擎支持事务，支持事务的存储引擎有 InnoDB 和 BDB。InnoDB 存储引擎事务主要通过 UNDO 日志和 REDO 日志实现，MyISAM 和 MEMORY 存储引擎则不支持事务。

本章首先介绍了事务控制语句，然后介绍了事务的隔离级别，以及由于实现隔离级别而采取的锁机制。

通过本节的学习，可以掌握 MySQL 中事务的实现机制与实际应用，内容包含:

- 事务概述
- 事务控制语句
- 事务隔离级别
- InnoDB 锁机制

15.1 事务概述

当多个用户访问同一份数据，一个用户在更改数据的过程中可能有其他用户同时发起更改请求，为保证数据库记录的更新从一个一致性状态变更为另外一个一致性状态，使用事务处理是非常必要的，事务具有以下 4 个特性。

（1）原子性（Atomicity）：事务中所有的操作视为一个原子单元，即对于事务所进行的数据修改等操作只能是完全提交或者完全回滚。

（2）一致性（Consistency）：事务在完成时，必须使所有的数据从一种一致性状态变更为另外一种一致性状态，所有的变更都必须应用于事务的修改，以确保数据的完整性。

（3）隔离性（Isolation）：一个事务中的操作语句所做的修改必须与其他事务所做的修改相隔离。在进行事务查看数据时数据所处的状态，要么是被另一并发事务修改之前的状态，要么是被另一并发事务修改之后的状态，即当前事务不会查看由另一个并发事务正在修改的数据。这种特性通过锁机制实现。

（4）持久性（Durability）：事务完成之后，所做的修改对数据的影响是永久的，即使系统重启或者出现系统故障数据仍可以恢复。

MySQL 中提供了多种事务型存储引擎，如 InnoDB 和 BDB 等，而 MyISAM 不支持事务，InnoDB 支持 ACID 事务、行级锁和高并发。为支持事务，InnoDB 存储引擎引入了与事务处理相关的 REDO 日志和 UNDO 日志，同时事务依赖于 MySQL 提供的锁机制，锁机制将在下一节进行介绍。

1. REDO 日志

事务执行时需要将执行的事务日志写入日志文件里，对应的文件为 REDO 日志。当每条 SQL 进行数据库更新操作时，首先将 REDO 日志写入日志缓冲区。当客户端执行 COMMIT 命令提交时，日志缓冲区的内容将被刷新到磁盘，日志缓冲区的刷新方式或者时间间隔可以通过参数 innodb_flush_log_at_trx_commit 控制。

REDO 日志对应磁盘上的 ib_logfileN 文件，该文件默认为 5MB，建议设置为 512MB 以便容纳较大的事务。在 MySQL 崩溃恢复时会重新执行 REDO 日志中的记录，REDO 日志如下所示，其中的 ib_logfile0 和 ib_logfile1 即为 REDO 日志。

```
#E:\MySQL\data 的目录
2013-09-03  13:01    <DIR>          company
2013-09-02  17:55       10,485,760 ibdata1
2013-09-03  09:25       10,485,760 ib_logfile0
2012-11-26  09:38       10,485,760 ib_logfile1
2012-11-26  09:38    <DIR>          mysql
2012-11-26  09:38    <DIR>          phpmyadmin
2013-09-02  16:37    <DIR>          test
```

2. UNDO 日志

与 REDO 日志相反，UNDO 日志主要用于事务异常时的数据回滚，具体内容就是复制事务前的数据库内容到 UNDO 缓冲区，然后在合适的时间将内容刷新到磁盘。

与 REDO 日志不同的是，磁盘上不存在单独的 UNDO 日志文件，所有的 UNDO 日志均存放在表空间对应的.ibd 数据文件中，即使 MySQL 服务启用了独立表空间，依然如此。UNDO 日志又被称为回滚段。

15.2 MySQL 事务控制语句

MySQL 中可以使用 BEGIN 开始事务，使用 COMMIT 结束事务，中间可以使用 ROLLBACK 回滚事务。 MySQL 通过 SET AUTOCOMMIT、START TRANSACTION、COMMIT 和 ROLLBACK 等语句支持本地事务。语法如下：

```
START TRANSACTION | BEGIN [WORK]
COMMIT [WORK] [AND [NO] CHAIN] [[NO] RELEASE]
ROLLBACK [WORK] [AND [NO] CHAIN] [[NO] RELEASE]
SET AUTOCOMMIT = {0 | 1}
```

在默认设置下，MySQL 中的事务是默认提交的。如需对某些语句进行事务控制，则使用 START TRANSACTION 或者 BEGIN 开始一个事务比较方便，这样事务结束之后可以自动回到自动提交的方式。

【实例 15-1】本实例实现的功能为更新表中的一条记录，为保证数据从一个一致性状态更新到另外一个一致性状态，因此采用事务完成更新过程，如更新失败或者其他原因可以使用回滚。此实例执行时对应的 MySQL 默认隔离级别为 REPEATABLE-READ，隔离级别的内容将在下一节介绍，执行过程如下：

```
#查看 MySQL 隔离级别
mysql> SHOW VARIABLES LIKE 'tx_isolation';
+---------------+-----------------+
| Variable_name | Value           |
+---------------+-----------------+
| tx_isolation  | REPEATABLE-READ |
+---------------+-----------------+
1 row in set (0.00 sec)

#创建测试需要的表，注意存储引擎为 InnoDB
mysql> USE test

mysql> CREATE TABLE test_1(id INT,username VARCHAR(20)) ENGINE=InnoDB;
Query OK, 0 rows affected (0.11 sec)

mysql> INSERT INTO test_1 VALUES(1,'petter'),(2,'bob'),(3,'allen'),(4,'aron');
Query OK, 4 rows affected (0.02 sec)
Records: 4  Duplicates: 0  Warnings: 0

mysql> SELECT * FROM test_1;
+------+----------+
| id   | username |
+------+----------+
|    1 | petter   |
|    2 | bob      |
|    3 | allen    |
|    4 | aron     |
+------+----------+
4 rows in set (0.00 sec)

#开启一个事务
mysql> BEGIN;
Query OK, 0 rows affected (0.00 sec)

#更新一条记录
mysql> UPDATE test_1 SET username='test' WHERE id=1;
Query OK, 1 row affected (0.02 sec)
Rows matched: 1  Changed: 1  Warnings: 0

#提交事务
mysql> COMMIT;
Query OK, 0 rows affected (0.03 sec)

#发现记录已经更改生效
mysql> SELECT * FROM test_1;
+------+----------+
```

```
| id   | username |
+------+----------+
|    1 | test     |
|    2 | bob      |
|    3 | allen    |
|    4 | aron     |
+------+----------+
4 rows in set (0.00 sec)

#开启另外一个事务
mysql> BEGIN;
Query OK, 0 rows affected (0.00 sec)

mysql> UPDATE test_1 SET username='petter' WHERE id=1;
Query OK, 1 row affected (0.00 sec)
Rows matched: 1  Changed: 1  Warnings: 0

mysql> SELECT * FROM test_1;
+------+----------+
| id   | username |
+------+----------+
|    1 | petter   |
|    2 | bob      |
|    3 | allen    |
|    4 | aron     |
+------+----------+
4 rows in set (0.00 sec)

#回滚事务
mysql> ROLLBACK;
Query OK, 0 rows affected (0.03 sec)

#此时发现数据已经回滚
mysql> SELECT * FROM test_1;
+------+----------+
| id   | username |
+------+----------+
|    1 | test     |
|    2 | bob      |
|    3 | allen    |
|    4 | aron     |
+------+----------+
4 rows in set (0.00 sec)
```

15.3 MySQL 事务隔离级别

SQL 标准定义了 4 种隔离级别，指定了事务中哪些数据改变其他事务可见，哪些数据改变其他事务不可见。低级别的隔离级别可以支持更高的并发处理，同时占用的系统资源更少。

事务隔离级别可以使用以下语句设置。

```
#未提交读
SET GLOBAL TRANSACTION ISOLATION LEVEL READ UNCOMMITTED;
#提交读
SET GLOBAL TRANSACTION ISOLATION LEVEL READ COMMITTED;
#可重复读
SET GLOBAL TRANSACTION ISOLATION LEVEL  REPEATABLE READ;
#可串行化
SET GLOBAL TRANSACTION ISOLATION LEVEL SERIALIZABLE;
```

15.3.1　READ-UNCOMMITTED（读取未提交内容）

在该隔离级别，所有事务都可以看到其他未提交事务的执行结果。因为其性能也不比其他级别高很多，因此隔离级别在实际应用中一般很少使用，读取未提交的数据被称为脏读（Dirty Read）。脏读问题演示如表 15.1 所示。

表 15.1　READ-UNCOMMITTED 级别造成的脏读问题演示

<table>
<tr><th>A 事务</th><th>B 事务</th></tr>
<tr><td>mysql> SHOW VARIABLES LIKE 'tx_isolation' \G;
Variable_name: tx_isolation
Value: READ-UNCOMMITTED
1 row in set (0.00 sec)</td><td>mysql> SHOW VARIABLES LIKE 'tx_isolation' \G;
Variable_name: tx_isolation
Value: READ-UNCOMMITTED
1 row in set (0.00 sec)</td></tr>
<tr><td>mysql> BEGIN;
Query OK, 0 rows affected (0.00 sec)</td><td>mysql> BEGIN;
Query OK, 0 rows affected (0.00 sec)</td></tr>
<tr><td>mysql> SELECT * FROM test.test_6 ;
+------+
| a |
+------+
| 1 |
| 2 |
| 3 |
| 4 |
| 5 |
+------+
5 rows in set (0.00 sec)</td><td></td></tr>
<tr><td></td><td>mysql> UPDATE test.test_6 SET a=a*2 WHERE a=2;
Query OK, 1 row affected (0.01 sec)
Rows matched: 1 Changed: 1 Warnings: 0</td></tr>
<tr><td>mysql> SELECT * FROM test.test_6 ;
+------+
| a |
+------+
| 1 |</td><td></td></tr>
</table>

续表

A 事务	B 事务
| 4 | | 3 | | 4 | | 5 | +-------+ 5 rows in set (0.00 sec)	
	mysql> ROLLBACK; Query OK, 0 rows affected (0.01 sec)
mysql> SELECT * FROM test.test_6 ; +-------+ | a | +-------+ | 1 | | 2 | | 3 | | 4 | | 5 | +-------+ 5 rows in set (0.00 sec)	

MySQL 的隔离级别为 READ-UNCOMMITTED，首先开启 A 和 B 两事务，在 B 事务更新但未提交之前，A 事务读取到了更新后的数据，但由于 B 事务回滚，A 事务出现了脏读的现象。

15.3.2 READ-COMMITTED（读取提交内容）

这是大多数数据库系统默认的隔离级别，但并不是 MySQL 默认的隔离级别。其满足了隔离的简单定义：一个事务从开始到提交前所做的任何改变都是不可见的，事务只能看见已经提交事务所做的改变。这种隔离级别也支持所谓的不可重复读（Nonrepeatable Read），因为同一事务的其他实例在该实例处理期间可能会有新的数据提交导致数据改变，所以同一查询可能返回不同结果，此级别导致的不可重复读问题如表 15.2 所示。

表 15.2 READ-COMMITTED 级别不可重复读问题演示

A 事务	B 事务

mysql> SHOW VARIABLES   LIKE 'tx_isolation' \G;
Variable_name: tx_isolation
        Value: READ-COMMITTED
1 row in set (0.00 sec)
mysql> BEGIN;
Query OK, 0 rows affected (0.00 sec)
	mysql> SHOW VARIABLES LIKE 'tx_isolation' \G;
	Variable_name: tx_isolation
	        Value: READ-COMMITTED
	1 row in set (0.00 sec)
	mysql> BEGIN;
	Query OK, 0 rows affected (0.00 sec)

mysql> SELECT * FROM test.test_6 ; +-------+ | a |	

续表

A 事务	B 事务
+------+ | 1 | | 2 | | 3 | | 4 | | 5 | +------+ 5 rows in set (0.00 sec)	mysql> UPDATE test.test_6 SET a=a*2 WHERE a=2; Query OK, 1 row affected (0.00 sec) Rows matched: 1 Changed: 1 Warnings: 0 mysql> COMMIT; Query OK, 0 rows affected (0.01 sec)
mysql> SELECT * FROM test.test_6 ; +------+ | a | +------+ | 1 | | 4 | | 3 | | 4 | | 5 | +------+ 5 rows in set (0.00 sec)	

MySQL 的隔离级别为 READ-COMMITTED，首先开启 A 和 B 两事务，在 B 事务更新并提交后后，A 事务读取到了更新后的数据，此时处于同一 A 事务中的查询出现了不同的查询结果，即不可重复读现象。

15.3.3　REPEATABLE-READ（可重读）

这是 MySQL 的默认事务隔离级别，能确保同一事务的多个实例在并发读取数据时，会看到同样的数据行。理论上会导致另一问题：幻读（Phantom Read）。例如第 1 个事务对一个表中的数据进行了修改，这种修改涉及表中的全部数据行。同时，第 2 个事务也修改这个表中的数据，这种修改是向表中插入一行新数据。那么，以后就会发生操作第 1 个事务的用户发现表中还有没有修改的数据行。InnoDB 和 Falcon 存储引擎通过多版本并发控制（Multi_Version Concurrency Control，MVCC）机制解决了该问题。

InnoDB 存储引擎 MVCC 机制：InnoDB 通过为每个数据行增加两个隐含值的方式来实现。这两个隐含值记录了行的创建时间，以及过期时间。每一行存储事件发生时的系统版本号。每一次开始一个新事务时版本号会自动加 1，每个事务都会保存开始时的版本号，每个查询根据事务的版本号来查询结果。

15.3.4 Serializable（可串行化）

这是最高的隔离级别，通过强制事务排序，使之不可能相互冲突，从而解决幻读问题。简言之，是在每个读的数据行上加上共享锁实现。在这个级别，可能会导致大量的超时现象和锁竞争，一般不推荐使用。

这四种隔离级别采取不同的锁类型来实现，若读取的是同一个数据的话，就容易发生如下问题。例如：

- 脏读（Drity Read），某个事务已更新一份数据，另一个事务在此时读取了同一份数据，由于某些原因，前一个回滚操作，则后一个事务所读取的数据不正确。
- 不可重复读（Non-repeatable read），在一个事务的两次查询之中数据不一致，这可能是两次查询过程中间插入了一个事务更新的原有的数据。
- 幻读（Phantom Read），在一个事务的两次查询中数据笔数不一致，例如，有一个事务查询了几列（Row）数据，而另一个事务却在此时插入了新的几列数据，先前的事务在接下来的查询中，就会发现有几列数据是先前没有的。

REPEATABLE-READ 级别操作演示如表 15.3 所示。

表 15.3 REPEATABLE-READ 级别操作演示

<table>
<tr><th>A 事务</th><th>B 事务</th></tr>
<tr><td>mysql> SHOW VARIABLES LIKE 'tx_isolation' \G;
Variable_name: tx_isolation
Value: REPEATABLE-READ
1 row in set (0.00 sec)
mysql> BEGIN;
Query OK, 0 rows affected (0.00 sec)</td><td>mysql> SHOW VARIABLES LIKE 'tx_isolation' \G;
Variable_name: tx_isolation
Value: REPEATABLE-READ
1 row in set (0.00 sec)
mysql> BEGIN;
Query OK, 0 rows affected (0.00 sec)</td></tr>
<tr><td>mysql> SELECT * FROM test_6;
+------+
| a |
+------+
| 1 |
| 2 |
| 3 |
| 4 |
| 5 |
+------+
5 rows in set (0.00 sec)</td><td></td></tr>
<tr><td></td><td>mysql> UPDATE test_6 SET a=0 ;
Query OK, 5 rows affected (0.00 sec)
Rows matched: 5 Changed: 5 Warnings: 0</td></tr>
</table>

续表

A 事务	B 事务
	mysql> COMMIT; Query OK, 0 rows affected (0.00 sec)
mysql> SELECT * FROM test_6; +-------+ | a | +-------+ | 1 | | 2 | | 3 | | 4 | | 5 | +-------+ 5 rows in set (0.00 sec) mysql> COMMIT; Query OK, 0 rows affected (0.00 sec) mysql> SELECT * FROM test_6; +-------+ | a | +-------+ | 0 | | 0 | | 0 | | 0 | | 0 | +-------+ 5 rows in set (0.00 sec)	

MySQL 的隔离级别为 REPEATABLE-READ，首先开启 A 和 B 两事务，在 B 事务更新并提交后后，A 事务读取到的仍然是之前的数据，保证了在同一事务中读取到的数据都是同样的。在同一个事务中，不推荐使用不同存储引擎的表，COMMIT、ROLLBACK 只能对事务类型的表进行提交和回滚。

MySQL 中所有的 DDL 语句是不能回滚的，并且部分的 DDL 语句会造成隐式的提交。比如，ALTER TABLE、TRUNCATE TABLE 和 DROP TABLE 等。隐式提交语句造成的事务自动提交演示如表 15.4 所示。

表 15.4　隐式提交语句造成的事务自动提交操作演示

A 事务	B 事务
mysql> SHOW VARIABLES　LIKE 'tx_isolation' \G; Variable_name: tx_isolation	mysql> SHOW VARIABLES　LIKE 'tx_isolation' \G; Variable_name: tx_isolation

续表

<table>
<tr><th>A 事务</th><th>B 事务</th></tr>
<tr><td>Value: REPEATABLE-READ
1 row in set (0.00 sec)</td><td>Value: REPEATABLE-READ
1 row in set (0.00 sec)
mysql> BEGIN;
Query OK, 0 rows affected (0.00 sec)</td></tr>
<tr><td>mysql> SELECT * FROM test_6;
+-------+
| a |
+-------+
| 1 |
| 2 |
| 3 |
| 4 |
| 5 |
+-------+
5 rows in set (0.00 sec)</td><td></td></tr>
<tr><td></td><td>mysql> UPDATE   test_6 SET a=0 ;
Query OK, 5 rows affected (0.00 sec)
Rows matched: 5   Changed: 5   Warnings: 0</td></tr>
<tr><td>mysql> SELECT * FROM test_6;
+-------+
| a |
+-------+
| 1 |
| 2 |
| 3 |
| 4 |
| 5 |
+-------+
5 rows in set (0.00 sec)</td><td></td></tr>
<tr><td></td><td>mysql> ALTER TABLE test_1   ADD   INDEX idx_id(id);
Query OK, 0 rows affected (0.00 sec)</td></tr>
<tr><td>mysql> SELECT * FROM test_6;
+-------+
| a |
+-------+
| 0 |
| 0 |
| 0 |
| 0 |
| 0 |
+-------+
5 rows in set (0.00 sec)</td><td></td></tr>
</table>

以上实例开启了一个事务，当 B 事务更新完指定的记录时，此时其他事务并不能看到更改的结果。当执行 ALTER 语句时，造成事务隐式提交，此时事务 A 看到了更改后的记录。

15.4　InnoDB 锁机制

为解决数据库并发控制问题，如在同一时刻，客户端对于同一个表做更新或者查询操作，为保证数据的一致性，需要对并发操作进行控制，因此产生了锁。同时为实现 MySQL 的各个隔离级别，锁机制为其提供了保证。

15.4.1　锁的类型

锁的种类主要有以下几种。

1．共享锁

共享锁的代号是 S，是 Share 的缩写，共享锁的粒度是行或者元组（多个行）。一个事务获取了共享锁之后，可以对锁定范围内的数据执行读操作。

2．排他锁

排他锁的代号是 X，是 eXclusive 的缩写，排他锁的粒度与共享锁相同，也是行或者元组。一个事务获取了排他锁之后，可以对锁定范围内的数据执行写操作。

如有两个事务 A 和 B，如果事务 A 获取了一个元组的共享锁，事务 B 还可以立即获取这个元组的共享锁，但不能立即获取这个元组的排他锁，必须等到事务 A 释放共享锁之后。

如果事务 A 获取了一个元组的排他锁，事务 B 不能立即获取这个元组的排共享锁，也不能立即获取这个元组的排他锁，必须等到 A 释放排他锁之后。

3．意向锁

意向锁是一种表锁，锁定的粒度是整张表，分为意向共享锁（IS）和意向排他锁（IX）两类。意向共享锁表示一个事务有意对数据上共享锁或者排他锁。“有意”表示事务想执行操作但还没有真正执行。锁和锁之间的关系，要么是相容的，要么是互斥的。

锁 a 和锁 b 相容是指：操作同样一组数据时，如果事务 t1 获取了锁 a，另一个事务 t2 还可以获取锁 b；

锁 a 和锁 b 互斥是指：操作同样一组数据时，如果事务 t1 获取了锁 a，另一个事务 t2 在 t1 释放锁 a 之前无法获取锁 b。

其中共享锁、排他锁、意向共享锁、意向排他锁相互之间的兼容/互斥关系如表 15.5 所示，Y 表示相容，N 表示互斥。

表 15.5　MySQL 锁兼容情况说明

参　数	X	S	IX	IS
X	N	N	N	N
S	N	Y	N	Y
IX	N	N	Y	Y
IS	N	Y	Y	Y

为了尽可能提高数据库的并发量，每次锁定的数据范围越小越好，越小的锁其耗费的系统资源越多，系统性能下降。为在高并发响应和系统性能两方面进行平衡，这样就产生了“锁粒度（Lock granularity）”的概念。

15.4.2 锁粒度

锁的粒度主要分为表锁和行锁。

表锁管理锁的开销最小，同时允许的并发量也是最小的锁机制。MyISAM 存储引擎使用该锁机制。当要写入数据时，把整个表记录被锁，此时其他读/写动作一律等待。同时一些特定的动作，如 ALTER TABLE 执行时使用的也是表锁。

行锁可以支持最大的并发。InnoDB 存储引擎使用该锁机制。如果要支持并发读/写，建议采用 InnoDB 存储引擎，因为其是采用行级锁，可以获得更多的更新性能。

以下是 MySQL 中一些语句执行时锁的情况：

```
SELECT … LOCK IN SHARE MODE
```

此操作会加上一个共享锁。若会话事务中查找的数据已经被其他会话事务加上排他锁的话，共享锁会等待其结束再加，若等待时间过长就会显示事务需要的锁等待超时。

```
SELECT … FOR UPDATE
```

此操作加上一个排他锁，其他会话事务将无法再加其他锁，必须等待其结束：

```
INSERT、UPDATE、DELETE
```

会话事务会对 DML 语句操作的数据加上一个排他锁，其他会话的事务都将会等待其释放排他锁。

InnoDB 引擎会自动给会话事务中的共享锁、更新锁以及排他锁，需要加到一个区间值域时，再加上个间隙锁或称为范围锁，对不存在的数据也锁住，防止出现幻写。

注意：以上语句描述的情况，与 MySQL 所设置的事务隔离级别有较大关系。

当开启一个事务时，InnoDB 存储引擎会在更新的记录上加行级锁，此时其他事务是不可以更新被锁定的记录，表 15.6 演示了此过程。

表 15.6　InnoDB 行级锁级别操作演示

A 事务	B 事务
mysql> show variables like 'tx_isolation' \G; Variable_name: tx_isolation Value: REPEATABLE-READ 1 row in set (0.00 sec) mysql> BEGIN; Query OK, 0 rows affected (0.00 sec)	mysql> show variables like 'tx_isolation' \G; Variable_name: tx_isolation Value: REPEATABLE-READ 1 row in set (0.00 sec)
	mysql> BEGIN; Query OK, 0 rows affected (0.00 sec)
mysql> update test_1 set username='111_new' where id=1; Query OK, 1 row affected (0.00 sec)	
	mysql> update test_1 set username='222_new' where id=1;

续表

A 事务	B 事务
Rows matched: 1 Changed: 1 Warnings: 0 mysql> commit; Query OK, 0 rows affected (0.00 sec) mysql> select * from test_1; +------+----------+ | id | username | +------+----------+ | 1 | 111_new | | 2 | petter | | 3 | allen | | 4 | aron | +------+----------+ 4 rows in set (0.00 sec)	ERROR 1205 (HY000): Lock wait timeout exceeded; try restarting transaction

如以上实例所示，当有不同的事务同时更新同一条记录时，另外一个事务需要等待另外一个事务把锁释放，此时查看 MySQL 中 InnoDB 存储引擎的状态如下：

```
mysql> show engine innodb status  \G
#其他结果省略
------------
TRANSACTIONS
------------
Trx id counter 52B
Purge done for trx's n:o < 528 undo n:o < 0
History list length 12
LIST OF TRANSACTIONS FOR EACH SESSION:
---TRANSACTION 521, not started
MySQL thread id 3, OS thread handle 0x504, query id 55 localhost 127.0.0.1 root
---TRANSACTION 0, not started
MySQL thread id 2, OS thread handle 0x9a8, query id 41 localhost 127.0.0.1 root
---TRANSACTION 52A, ACTIVE 10 sec starting index read
mysql tables in use 1, locked 1
LOCK WAIT 2 lock struct(s), heap size 320, 1 row lock(s)
MySQL thread id 5, OS thread handle 0xc60, query id 74 localhost 127.0.0.1 root
Updating
update test_1 set username='petter' where id=1
------- TRX HAS BEEN WAITING 10 SEC FOR THIS LOCK TO BE GRANTED:
RECORD LOCKS space id 0 page no 321 n bits 72 index `idx_key` of table `test`.`test_1`
trx id 52A lock_mode X locks re
but not gap waiting
Record lock, heap no 2 PHYSICAL RECORD: n_fields 2; compact format; info bits 0
 0: len 4; hex 80000001; asc     ;;
 1: len 6; hex 00000000020c; asc       ;;
```

“MySQL thread id 5, OS thread handle 0xc60, query id 74 localhost 127.0.0.1 root Updating”表示第二个事务的连接 ID 为 5，当前状态为正在更新，同时当前正在更新的记录需要等待其他事务将锁释

放。当超过事务等待锁允许的最大时间，此时会提示“ERROR 1205 (HY000): Lock wait timeout exceeded; try restarting transaction”及当前事务执行失败，则自动执行回滚操作。

InnoDB 锁为行级锁，同时最小范围的锁定更新记录涉及的范围，注意此时 WHERE 条件指定的列要有主键或者索引，表 15.7 演示了 InnoDB 间隙锁的实现机制。

表 15.7　InnoDB 行级锁级别操作演示

<table>
<tr><th>A 事务</th><th>B 事务</th></tr>
<tr><td>

```
mysql> show variables like 'tx_isolation' \G;
Variable_name: tx_isolation
        Value: REPEATABLE-READ
1 row in set (0.00 sec)
mysql> alter table test_1 add unique key idx_id(id);
Query OK, 0 rows affected (0.16 sec)
Records: 0  Duplicates: 0  Warnings: 0
```

</td><td>

```
mysql> show variables like 'tx_isolation' \G;
Variable_name: tx_isolation
        Value: REPEATABLE-READ
1 row in set (0.00 sec)
```

</td></tr>
<tr><td>

```
mysql> BEGIN;
Query OK, 0 rows affected (0.00 sec)
```

</td><td>

```
mysql> begin;
Query OK, 0 rows affected (0.00 sec)
```

</td></tr>
<tr><td>

```
mysql> update test_1 set username='111' where id=1;
Query OK, 1 row affected (0.00 sec)
Rows matched: 1  Changed: 1  Warnings: 0
```

</td><td>

```
mysql>  update test_1 set username='2222' where id=2;
Query OK, 1 row affected (0.00 sec)
Rows matched: 1  Changed: 1  Warnings: 0
```

</td></tr>
<tr><td>

```
mysql> commit;
Query OK, 0 rows affected (0.05 sec)
```

</td><td>

```
mysql> commit;
Query OK, 0 rows affected (0.03 sec)
```

</td></tr>
<tr><td>

```
mysql> select * from test_1;
+------+----------+
| id   | username |
+------+----------+
|    1 | 111_new  |
|    2 | 2222     |
|    3 | allen    |
|    4 | aron     |
+------+----------+
4 rows in set (0.00 sec)
```

</td><td>

```
mysql> select * from test_1;
+------+----------+
| id   | username |
+------+----------+
|    1 | 111      |
|    2 | 2222     |
|    3 | allen    |
|    4 | aron     |
+------+----------+
4 rows in set (0.00 sec)
```

</td></tr>
</table>

在上述实例中，由于 InnoDB 行级锁为间隙锁，加锁是只锁定需要的记录，因此事务 B 可以更新其他记录，两个事务之间互不影响。

15.5　小　结

本章首先让读者了解什么是事务，事务具备哪四种特性。然后介绍了事务控制语句，通过事务控制语句可以控制事务的开启、提交或者进行事务回滚等操作。事务的隔离级别介绍了数据库事务在各种级别下的表现，因为隔离级别不同会导致脏读或者不可重复读等问题，最后介绍了 InnoDB 锁机制，锁机制是事务实现不同的隔离级别所必需的。

通过本章的学习，读者不仅了解了什么是事务，并可以将事务应用在实际开发过程中。

第 16 章　MySQL 安全性机制

MySQL 软件中通常包含许多重要的数据，为了确保这些数据的安全性和完整性，软件专门提供了一套完整的安全性机制，即通过为 MySQL 用户赋予适当的权限来提高数据的安全性。

MySQL 软件中主要包含两种用户：root 用户和普通用户，其中前者为超级管理员，拥有 MySQL 软件提供的一切权限；而普通用户则只能拥有创建用户时赋予它的权限。本节将详细介绍 MySQL 软件所提供的权限机制和用户机制。

通过本节的学习，可以掌握 MySQL 软件中安全性机制，内容包含：

- 权限机制
- 用户机制
- 对用户进行权限管理

16.1　MySQL 软件所提供的权限

在 MySQL 软件中存在许多系统数据库，其中一个名为 mysql 的数据库，在该数据库下存储的都是关于权限的表。其中最重要的表是 mysql.user、mysql.db、mysql.host，本节将详细介绍这些涉及权限的系统表。

16.1.1　系统表 mysql.user

在系统数据库 mysql 中，存在一张非常重要的名为 user 的权限表，通过 SQL 语句 DESC 关键字查看表结构，可以发现该表拥有 39 个字段。查看帮助文档，这些字段大致可以分为四类，分别为用户字段、权限字段、安全字段和资源控制字段。

1. 用户字段

系统表 mysql.user 中的用户字段包含三个字段，主要用来判断用户是否能够登录成功，各个字段的含义如表 16.1 所示。

当用户登录时，首先会到系统表 mysql.user 中判断用户字段，如果这三个字段能够同时匹配，则会被允许登录。当创建新用户时，实际上会设置用户字段中所包含的三个字段。当修改用户密码时，实际上会修改用户字段中的 Password 字段。

表 16.1　用户字段

用户字段名	含　义
Host	主机名
User	用户名
Password	密码

2．权限字段

系统表 mysql.user 中拥有一系列以“_priv”字符串结尾的字段，这些字段决定用户了权限。以“_priv”字符串结尾的字段含义如表 16.2 所示。

表 16.2　权限字段

user 表中的列	权限名称	权限的范围
Create_priv	CREATE	数据库、表或索引
Drop_priv	DROP	数据库或表
Grant_priv	GRANT OPTION	数据库、表、存储过程或函数
References_priv	REFERENCES	数据库和表
Alter__priv	ALTER	修改表
Delete_priv	DELETE	删除表
Index_priv	INDEX	用索引查询表
Insert_priv	INSERT	插入表
Select_priv	SELECT	查询表
Update_priv	UPDATE	更新表
Create_view_priv	CREATE VIEW	创建视图
Show_view_priv	SHOW VIEW	查看视图
Alter_routine_priv	ALTER ROUTINE	修改存储过程或函数
Create_routione_priv	CREATE ROUTINE	创建存储过程或函数
Execute_priv	EXECUTE	执行存储过程或函数
File_priv	FILE	加载服务器主机上的文件
Create_tmp_table_priv	CREATE TEMPORARY TABLES	创建临时表
Lock_tables_priv	LOCK TABLES	锁定表
Create_user_priv	CREATE USER	创建用户
Process_priv	PROCESS	服务器管理
Reload_priv	RELOAD	重新加载权限表
Repl_client_priv	REPLICATION CLIENT	服务器管理
Repl_slave_priv	REPLICATION SLAVE	服务器管理
Show_db_priv	SHOW DATABASES	查看数据库
Shutdown_priv	SHUTDOWN	关闭服务器
Super_priv	SUPER	超级权限

表 16.2 中所展示的权限大致分为两大类：高级管理权限和普通权限，其中前者用于对数据库进行管理，后者用于操作数据库。系统表 mysql.user 中的权限字段值只能是 Y 和 N，前者表示该权限可以作用于所有数据库上；后者表示该权限不可以作用于所有数据库上，这些字段的默认值都是 N。

3．安全字段

系统表 mysql.user 中的安全字段包含 4 个字段，主要用来判断用户是否能够登录成功，各个字段的含义如表 16.3 所示。

表 16.3　用户字段

用户字段名	含　义
ssl_type	支持 ssl 标准加密的安全字段
ssl_cipher	支持 ssl 标准加密的安全字段
x509_issuer	支持 x509 标准的字段
x509_subject	支持 x509 标准的字段

在 MySQL 软件中，包含 ssl 字符串的字段主要用来实现加密，包含 x509 字符串的字段主要用来标识用户。由于 MySQL 软件的字段通常不支持 ssl 标准，所以该软件提供相应语句来查看字段是否支持 ssl 标准，具体内容如下：

```
SHOW VARIABLES LIKE 'have_openssl'
```

4．资源控制字段

系统表 mysql.user 中的资源控制字段包含 4 个字段，主要用来判断用户是否能够登录成功，各个字段的含义如表 16.4 所示。

表 16.4　用户字段

用户字段名	含　义
max_questions	每小时允许执行多少次查询
max_updates	每小时允许执行多少次更新
max_connections	每小时可以建立多少次连接
max_user_connections	单个用户可以同时具有的连接数

系统表 mysql.user 中的所有资源控制字段的默认值为 0，表示没有任何限制。

16.1.2　系统表 mysql.db 和 mysql.host

在系统数据库 mysql 中，权限表除了表 user 外，还有表 db 和表 host。这两张表中都存储了某个用户对相关数据库的权限，结构大致相同。查看帮助文档，这两张表所拥有的字段大致可以分为用户字段和权限字段两类。

1．用户字段

系统表 mysql.db 中的用户字段包含 3 个字段，各个字段的含义如表 16.5 所示。

表 16.5 用户字段

用户字段名	含 义
Host	主机名
User	用户名
Db	数据库名

系统表 mysql.host 是系统表 mysql.db 的扩展，包含两个字段，各个字段的含义如表 16.6 所示。

表 16.6 用户字段

用户字段名	含 义
Host	主机名
Db	数据库名

当查找某个用户的权限，首先会从系统表 mysql.db 中查找，如果找不到 Host 字段的值，则会到系统表 mysql.host 去查找。

注意：在具体查找用户权限，系统表 mysql.host 很少被使用到，通常系统表 mysql.db 中的数据记录就满足需求。

2. 权限字段

查看系统表 mysql.db 和 mysql.host 的表结构，可以发现这两张表的权限字段几乎相同，只不过前者比后者多了如表 16.7 所示的字段。

表 16.7 用户字段

用户字段名	含 义
Create_routine_priv	创建存储过程或函数权限
Alter_routine_priv	修改存储过程或函数权限

当用户登录时，首先会到系统表 mysql.user 中判断用户字段，如果这 3 个字段能够同时匹配，则会被允许登录。当创建新用户时，实际上会设置用户字段中所包含的 3 个字段。当修改用户密码时，实际上会修改用户字段中的 Password 字段。

16.1.3 其他权限表

在系统数据库 mysql 中，除了上述所介绍的权限表外，还有表 tables_priv 和 columns_priv。其中表 tables_priv 用来实现单个表的权限设置，表 columns_priv 用来实现单个字段列的权限设置。

1. 系统表 mysql.tables_priv 的表结构

执行带有 DESC 关键字段的 SQL 语句，查询到表 tables_priv 的结构如图 16.1 所示。

通过执行结果可以发现，表 tables_priv 包含 8 个字段，其中前 4 个分别表示主机名、数据库名、用户名和表名。字段 Grantor 表示权限是由谁设置的。字段 Timestamp 表示存储更新的时间。字段 Table_priv 表示对表进行操作的权限，其值可以是 Select、Insert、Update、Delete、Create、Drop、Grant、References、Index 和 Alter 中的任意一项。字段 Column_priv 表示对表中字段列进行操作的权限，其值可以是 Select、Insert、Update 和 References 中的任意一项。

```
mysql> #查询表结构#
mysql> DESC tables_priv \G
*************************** 1. row ***************************
  Field: Host
   Type: char(60)
   Null: NO
    Key: PRI
Default:
  Extra:
*************************** 2. row ***************************
  Field: Db
   Type: char(64)
   Null: NO
    Key: PRI
Default:
  Extra:
*************************** 3. row ***************************
  Field: User
   Type: char(16)
   Null: NO
    Key: PRI
Default:
  Extra:
*************************** 4. row ***************************
  Field: Table_name
   Type: char(64)
   Null: NO
    Key: PRI
Default:
  Extra:
*************************** 5. row ***************************
  Field: Grantor
   Type: char(77)
   Null: NO
    Key: MUL
Default:
  Extra:
```

```
*************************** 6. row ***************************
  Field: Timestamp
   Type: timestamp
   Null: YES
    Key:
Default: CURRENT_TIMESTAMP
  Extra:
*************************** 7. row ***************************
  Field: Table_priv
   Type: set('Select','Insert','Update','Delete','Create','Drop'
nces','Index','Alter','Create View','Show view')
   Null: NO
    Key:
Default:
  Extra:
*************************** 8. row ***************************
  Field: Column_priv
   Type: set('Select','Insert','Update','References')
   Null: NO
    Key:
Default:
  Extra:
8 rows in set (0.00 sec)

mysql>
```

图 16.1 表 tables_priv 的结构

2. 系统表 columns_priv 的表结构

执行带有 DESC 关键字段的 SQL 语句，查询到表 columns_priv 的结构如图 16.2 所示。

```
mysql> #查询表结构#
mysql> DESC columns_priv \G
*************************** 1. row ***************************
  Field: Host
   Type: char(60)
   Null: NO
    Key: PRI
Default:
  Extra:
*************************** 2. row ***************************
  Field: Db
   Type: char(64)
   Null: NO
    Key: PRI
Default:
  Extra:
*************************** 3. row ***************************
  Field: User
   Type: char(16)
   Null: NO
    Key: PRI
Default:
  Extra:
*************************** 4. row ***************************
  Field: Table_name
   Type: char(64)
   Null: NO
    Key: PRI
Default:
  Extra:
*************************** 5. row ***************************
  Field: Column_name
   Type: char(64)
   Null: NO
    Key: PRI
Default:
  Extra:
```

```
*************************** 6. row ***************************
  Field: Timestamp
   Type: timestamp
   Null: YES
    Key:
Default: CURRENT_TIMESTAMP
  Extra:
*************************** 7. row ***************************
  Field: Column_priv
   Type: set('Select','Insert','Update','References')
   Null: NO
    Key:
Default:
  Extra:
7 rows in set (0.02 sec)

mysql>
```

图 16.2　表 columns_priv 的结构

通过执行结果可以发现，表 columns_priv 包含 7 个字段，与系统表 mysql.tables_priv 相比，该表中多出了 Column_name 字段，该字段表示可以对哪些字段列进行操作。

3．系统表 procs_priv 的表结构

执行带有 DESC 关键字段的 SQL 语句，查询到表 procs_priv 的结构如图 16.3 所示。

通过执行结果可以发现，表 procs_priv 包含 8 个字段，前 3 个字段分别表示主机名、数据库名和用户名。字段 Routine_name 表示存储过程或函数的名称。字段 Routine_type 表示数据库对象类型，其值只能是 PROCEDURE（存储过程）和 FUNCTION（函数）之一。字段 Grantor 表示存储权限是谁设置的。字段 Proc_priv 表示拥有的权限，其值可以是 Execute、Alter Routine 和 Grant 字。段

Timestamp 表示存储更新的时间。

```
mysql> #查询表结构#
mysql> DESC procs_priv \G
*************************** 1. row ***************************
  Field: Host
   Type: char(60)
   Null: NO
    Key: PRI
Default:
  Extra:
*************************** 2. row ***************************
  Field: Db
   Type: char(64)
   Null: NO
    Key: PRI
Default:
  Extra:
*************************** 3. row ***************************
  Field: User
   Type: char(16)
   Null: NO
    Key: PRI
Default:
  Extra:
*************************** 4. row ***************************
  Field: Routine_name
   Type: char(64)
   Null: NO
    Key: PRI
Default:
  Extra:
*************************** 5. row ***************************
  Field: Routine_type
   Type: enum('FUNCTION','PROCEDURE')
   Null: NO
    Key: PRI
Default:
  Extra:
```

```
*************************** 6. row ***************************
  Field: Grantor
   Type: char(77)
   Null: NO
    Key: MUL
Default:
  Extra:
*************************** 7. row ***************************
  Field: Proc_priv
   Type: set('Execute','Alter Routine','Grant')
   Null: NO
    Key:
Default:
  Extra:
*************************** 8. row ***************************
  Field: Timestamp
   Type: timestamp
   Null: YES
    Key:
Default: CURRENT_TIMESTAMP
  Extra:
8 rows in set (0.14 sec)

mysql>
```

图 16.3　表 procs_priv 的结构

16.2　MySQL 软件所提供的用户机制

用户应该对所需的数据具有适当的访问权限，即用户不能对过多的数据库对象具有过多的访问权，这是 MySQL 软件的安全基础。为了实现数据的安全性和完整性，MySQL 软件专门提供了一整套用户管理机制。用户管理机制包括登录和退出 MySQL 服务器、创建用户、删除用户、修改用户密码和为用户赋权限等内容。

16.2.1 登录和退出 MySQL 软件的完整命令

在通过 MySQL 向导配置 MySQL 服务器时，如果 Windows 选项设置界面中的具体设置如图 16.4 所示，则可以在 DOS 窗口中通过 DOS 命令来连接数据库。

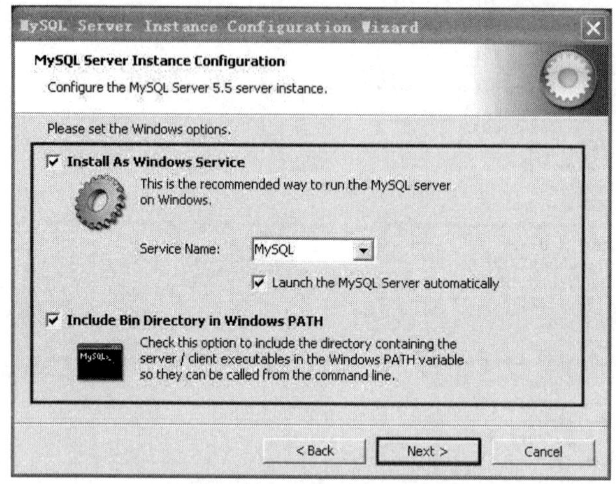

图 16.4 设置 Windows 选项界面

查看帮助文档，连接 MySQL 服务器的完整 DOS 命令如下所示：

```
mysql -h hostname|hostIP -p port -u usename -p DatabaseName -e "SQL语句"
```

上述命令中各参数的含义如下。

- 参数-h：用来指定所连接 MySQL 服务器的地址，可以用两种方式来表示。参数 hostname 表示主机名；参数 hostIP 表示主机 IP 地址。
- 参数-p：用来指定所连接 MySQL 服务器的端口号。由于 MySQL 软件在安装过程中，MySQL 服务的端口号为默认为 3306。因此如果没有指定该参数时，默认通过端口 3306 连接 MySQL 服务器。
- 参数-u：用来指定哪个用户要连接 MySQL 服务器。
- 参数-p：表示将提示输入密码。
- 参数 DatabaseName：用来指定连接到 MySQL 服务器后，登录到哪一个数据库中。如果没有指定，默认为系统数据库 mysql。
- 参数-e：用来指定所执行的 SQL 语句。

【实例 16-1】 在 DOS 窗口中，通过用户账户 root 登录到 MySQL 服务器的数据库 company 中，具体命令内容句如下：

```
mysql -h 127.0.0.1 -u root -p company
```

【代码说明】 在上述命令中，通过值 127.0.0.1 指定所连接 MySQL 服务器的地址，参数-u 指定了登录 MySQL 服务器的用户账户，参数-p 表示会出现输入密码提示信息，最后值“company”指定了所连接的数据库。

【运行效果】 执行上面的命令，其结果如图 16.5 所示。

```
C:\Documents and Settings\cjgong1>mysql -h 127.0.0.1 -u root -p company
Enter password: ****
Welcome to the MySQL monitor.  Commands end with ; or \g.
Your MySQL connection id is 5 to server version: 5.0.15-nt

Type 'help;' or '\h' for help. Type '\c' to clear the buffer.

mysql>
```

图 16.5　通过用户账户 root 连接数据库 company

如果想在具体连接中直接设置密码，而不是在输入密码提示中进行设置，可以通过如下命令实现：

```
mysql -h 127.0.0.1 -u root -proot company
```

【代码说明】上述命令中，参数-p 指定了用户账户密码。

【运行效果】执行上面的命令，其结果如图 16.6 所示，与图 16.5 相比，可以发现将不会提示输入密码。

```
C:\Documents and Settings\cjgong1>mysql -h 127.0.0.1 -u root -proot company
Welcome to the MySQL monitor.  Commands end with ; or \g.
Your MySQL connection id is 10 to server version: 5.0.15-nt

Type 'help;' or '\h' for help. Type '\c' to clear the buffer.

mysql>
```

图 16.6　直接设置用户账户密码

注意：在具体连接 MySQL 服务器时，可以直接设置用户账户密码，不过该密码需要直接加在参数-p 的后面，中间绝对不能有空格。

【实例 16-2】在 DOS 窗口中，通过用户账户 root 登录到 MySQL 服务器的数据库 company 中，同时执行查询表 t_dept 中所有数据记录的 SQL 语句，具体命令如下：

```
mysql -h 127.0.0.1 -u root -p company -e "SELECT * FROM t_dept";
```

【代码说明】上述命令中，通过参数-e 指定了所执行的 SQL 语句。

【运行效果】执行上面的命令，其结果如图 16.7 所示。

```
C:\Documents and Settings\cjgong1>mysql -h 127.0.0.1 -u root -p company -e "SELE
CT * FROM t_dept"
Enter password: ****
+--------+------------+----------+
| deptno | dname      | loc      |
+--------+------------+----------+
|     10 | ACCOUNTING | NEW YORK |
|     20 | RESEARCH   | DALLAS   |
|     30 | SALES      | CHICAGO  |
|     40 | OPERATIONS | BOSTON   |
+--------+------------+----------+

C:\Documents and Settings\cjgong1>
```

图 16.7　在连接中执行 SQL 语句

查看帮助文档，退出 MySQL 服务器的 DOS 命令如下：

```
EXIT|QUIT
```

在上述命令中，使用命令 EXIT 或 QUIT 都可以退出 MySQL 服务器，最后 QUIT 的缩写形式“\q”也可以实现退出 MySQL 服务器。关于 MySQL 服务器的退出界面分别如图 16.8～图 16.10 所示。

```
mysql> EXIT
Bye

C:\Documents and Settings\cjgong1>
```

图 16.8　EXIT 退出命令

```
mysql> QUIT
Bye

C:\Documents and Settings\cjgong1>
```

图 16.9　OUIT 退出命令

```
mysql> \q
Bye

C:\Documents and Settings\cjgong1>
```

图 16.10　\q 退出命令

16.2.2　创建普通用户账户

通过前面的知识可以知道，在安装 MySQL 软件时，默认为创建一个名为 root 的用户账户，由于该用户账户拥有超级权限，因此可以对整个服务器具有完全的控制。如果每次都通过用户名 root 登录 MySQL 服务器进行各种数据库操作，是不是不太合适，因为该用户的权限太大了。

注意：在具体操作 MySQL 软件中的数据库对象时，应该严格杜绝使用 root 用户账户登录 MySQL 服务器。仅在绝对需要时使用，而不应该在日常 MySQL 操作中使用该用户账户。

在具体开发应用中，不应该使用 root 用户账户，而应该创建一系列的用户账户，分别为专门用于管理的用户账户、专门供开发人员使用的用户账户等。在 MySQL 软件中，可以通过以下三种方式来创建普通用户（具有普通权限的用户）。

1．执行 CREATE USER 语句来创建用户账户

查看帮助文档发现，在 MySQL 数据库管理系统中创建用户账户通过 SQL 语句 CREATE USER 来实现，其语法形式如下：

```
CREATE USER username[IDENTIFIED BY [PASSWORD] 'password']
        [,username[IDENTIFIED BY [PASSWORD] 'password']]
        ……
        [,username[IDENTIFIED BY [PASSWORD] 'password']]
```

在上述语句中，关键字 USER 用来设置用户账号的名字，关键字 IDENTIFIED BY 用来设置用户账号的密码。值 username 表示所设置的用户账号名，由用户名和主机名构成。值 password 表示所设置的用户账户密码，如果其是一个普通的字符串，则不需要关键字 PASSWORD，该关键字主要用来实现对密码进行加密。

【实例 16-3】执行 SQL 语句 CREATE USER，创建名为 cjgong 密码为 123456 的用户账户。

（1）通过用户 root，连接到 MySQL 数据库软件，具体 SQL 语句如下：

```
mysql -h 127.0.0.1 -u root -proot
```

【运行效果】执行上面的 SQL 语句，其结果如图 16.11 所示。

```
C:\Documents and Settings\cjgong1>mysql -h 127.0.0.1 -u root -proot
Welcome to the MySQL monitor.  Commands end with ; or \g.
Your MySQL connection id is 12 to server version: 5.0.15-nt

Type 'help;' or '\h' for help. Type '\c' to clear the buffer.
```

图 16.11　连接到 MySQL 软件服务器

（2）执行 SQL 语句 CREATE USER，实现创建用户账号，具体 SQL 语句如下：

```
CREATE USER 'cjgong'@'localhost' IDENTIFIED BY '123456';
```

【运行效果】执行上面的 SQL 语句，其结果如图 16.12 所示。

```
mysql> #创建用户账号#
mysql> CREATE USER 'cjgong'@'localhost' IDENTIFIED BY '123456';
Query OK, 0 rows affected (0.66 sec)

mysql>
```

图 16.12　创建用户账号

执行结果显示，已经为 MySQL 软件创建了一个名为 cjgong 密码为 123456 的用户账户。

2．执行 INSERT 语句来创建用户

根据前面的知识可以知道，系统权限表 mysql.user 中存储了关于用户账户的信息，所以可以通过向该表插入数据记录来实现创建用户账号。当向系统表 mysql.user 中插入数据记录时，一般只需插入 Host、User 和 Password 这三个字段的值即可，具体语法形式如下：

```
INSERT  INTO  user(Host,User,Password)  VALUES('hostname','username',PASSWORD
('password'));
```

上述语句中通过关键字 INSERT INTO 向表 user 插入一条数据记录，同时为所插入的数据记录设置了字段 Host、字段 User 和字段 Password 的值。

注意：在具体实现创建用户账号时，由于表 mysql.user 中字段 ssl_cipher,x509_issuer,x509_subject 没有默认值，所以还需要设置这些字段的值。对于字段 Password 的值，一定要使用 PASSWORD() 函数进行加密。

【实例 16-4】执行 SQL 语句 CREATE USER，创建名为 cjgong1 密码为 123456 的用户账户。

（1）通过用户 root，连接到 MySQL 数据库软件，具体 SQL 语句如下：

```
mysql -h 127.0.0.1 -u root -proot
```

【运行效果】执行上面的命令语句，其结果如图 16.13 所示。

```
C:\Documents and Settings\cjgong1>mysql -h 127.0.0.1 -u root -proot
Welcome to the MySQL monitor.  Commands end with ; or \g.
Your MySQL connection id is 12 to server version: 5.0.15-nt

Type 'help;' or '\h' for help. Type '\c' to clear the buffer.
```

图 16.13　连接到 MySQL 软件服务器

（2）执行 SQL 语句 INSERT INTO，实现创建用户账号，具体 SQL 语句如下：

```
INSERT INTO user(Host,User,Password,ssl_cipher,x509_issuer,x509_subject)
    VALUES('localhost','cjgong1',PASSWORD('123456'),'','','');
```

【运行效果】执行上面的 SQL 语句，其结果如图 16.14 所示。

执行结果显示，已经为 MySQL 软件创建了一个名为 cjgong1 密码为 123456 的用户账户。这时如果在 DOS 窗口通过该用户账号登录 MySQL 服务器，不会登录成功，具体执行过程如图 16.15 所示。

```
mysql> #插入数据记录#
mysql> INSERT INTO user(Host,User,Password,ssl_cipher,x509_issuer,x509_subject)
    -> VALUES('localhost','cjgong1',PASSWORD('123456'),'','','');
Query OK, 1 row affected (0.00 sec)

mysql>
```

图 16.14 插入关于用户数据记录

```
C:\Documents and Settings\cjgong1>mysql -h 127.0.0.1 -u cjgong1 -p123456
ERROR 1045 (28000): Access denied for user 'cjgong1'@'localhost' (using password
: YES)
```

图 16.15 登录不成功

之所以不会登录成功，是由于名为 cjgong1 用户账户还没有生效。

（3）执行命令 FLUSH，使用户账号 cjgong1 生效，具体命令内容如下：

```
FLUSH PRIVILEGES;
```

【运行效果】执行上面的 SQL 语句，其结果如图 16.16 所示。

```
mysql> #使用户账号生效#
mysql> FLUSH PRIVILEGES;
Query OK, 0 rows affected (0.05 sec)

mysql>
```

图 16.16 使用户账号 cjgong1 生效

这时如果在 DOS 窗口中通过该用户账号重新登录 MySQL 服务器，就不会登录失败，具体执行过程如图 16.17 所示。

```
C:\Documents and Settings\cjgong1>mysql -h 127.0.0.1 -u cjgong1 -p123456
Welcome to the MySQL monitor.  Commands end with ; or \g.
Your MySQL connection id is 33 to server version: 5.0.15-nt

Type 'help;' or '\h' for help. Type '\c' to clear the buffer.

mysql> _
```

图 16.17 登录成功

3. 执行 GRANT 语句来创建用户

虽然 CREATE USER 语句和 INSERT INTO 语句都可以创建普通用户账号，但是这两种方式不便于为用户账号赋权限。于是 MySQL 软件又提供 GRANT 语句，该语句不仅可以创建用户账号，而且还可以对其进行赋权限。

查看帮助文档发现，在 MySQL 数据库管理系统中创建用户账户通过 SQL 语句 GRANT 来实现，其语法形式如下：

```
GRANT priv_type ON databasename.tablename
    TO username[IDENTIFIED BY [PASSWORD] 'password']
       [,username[IDENTIFIED BY [PASSWORD] 'password']]
       ……
       [,username[IDENTIFIED BY [PASSWORD] 'password']]]
```

在上述语句中，参数 priv_type 表示用户实现设置所创建用户账号的权限；参数 databasename.

tablename 表示所创建用户账号的权限范围，即只能在指定的数据库和表上使用这些权限；其他部分与 CREATE USER 语句一致。

【实例 16-5】 执行 SQL 语句 GRANT，创建名为 cjgong2 密码为 123456 的用户账户，同时设置其只具有 SELECT 权限，具体步骤如下：

（1）通过用户 root，连接到 MySQL 数据库软件，具体 SQL 语句如下：

```
mysql -h 127.0.0.1 -u root -proot
```

【运行效果】 执行上面的 SQL 语句，其结果如图 16.18 所示。

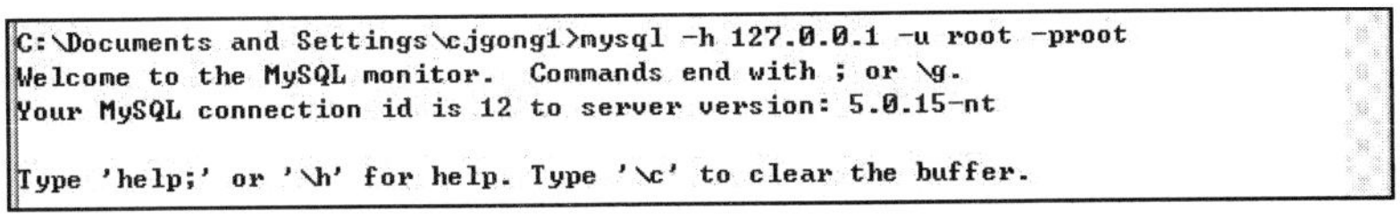

```
C:\Documents and Settings\cjgong1>mysql -h 127.0.0.1 -u root -proot
Welcome to the MySQL monitor.  Commands end with ; or \g.
Your MySQL connection id is 12 to server version: 5.0.15-nt

Type 'help;' or '\h' for help. Type '\c' to clear the buffer.
```

图 16.18　连接到 MySQL 软件服务器

（2）执行 SQL 语句 GRANT，实现创建用户账号，具体 SQL 语句如下：

```
GRANT SELECT ON company.t_dept
    TO 'cjogng2'@'localhost' IDENTIFIED BY '123456';
```

【运行效果】 执行上面的 SQL 语句，其结果如图 16.19 所示。

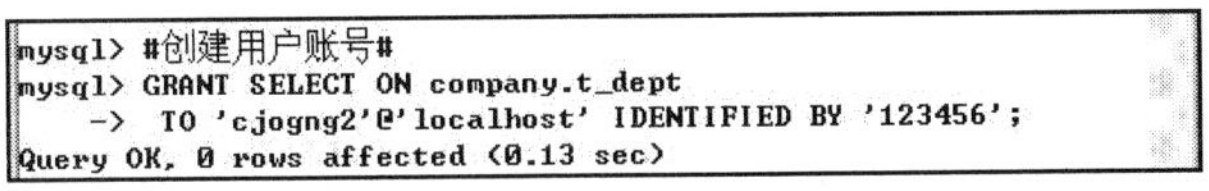

```
mysql> #创建用户账号#
mysql> GRANT SELECT ON company.t_dept
    -> TO 'cjogng2'@'localhost' IDENTIFIED BY '123456';
Query OK, 0 rows affected (0.13 sec)
```

图 16.19　创建用户账号

执行结果显示，已经为 MySQL 软件创建了一个名为 cjgong 2 密码为 123456 的用户账户，该用户账号只对表 company.t_dept 具有查询权限。

16.2.3　利用拥有超级权限用户 root 修改用户账户密码

用户管理机制包括登录和退出 MySQL 服务器、创建用户、修改用户密码、删除用户和为用户赋予权限等内容。本节将详细介绍如何修改用户账号，即修改用户账号密码。在 MySQL 软件中可以通过两种方式来修改用户账号，分别为通过超级权限用户 root 修改用户账户密码和通过普通权限用户修改用户账号密码。本节将详细介绍如何利用用户账户 root 修改用户账户密码，按照所修改用户账户的权限可分为修改 root 用户密码和修改普通用户密码两种类型。

查看帮助文档可以发现，在 MySQL 数据库管理系统中，修改超级权限用户 root 的密码可以通过三种方式来实现，分别为通过 mysqladmin 命令修改 root 用户密码、通过 SET 语句修改 root 用户密码和更新系统表 mysql.user 数据记录修改 root 用户密码。

1. 通过 mysqladmin 命令修改 root 用户密码

查看帮助文档发现，在 MySQL 数据库管理系统中修改 root 用户密码通过命令来实现，其语法形式如下：

```
mysqladmin -u username -p password "new_password"
```

在上述命令中，参数 u 表示用户名，参数 p 表示密码，password 为关键字，而是旧密码。参数

new_password 必须用双引号（“”）括起来。

【实例 16-6】执行命令 mysqladmin，修改用户 root 的密码为 123456，具体步骤如下：

（1）在 DOS 窗口里，执行命令 mysqladmin，具体内容如下：

```
mysqladmin -u root -p password "123456"
```

【代码说明】上述命令中，实现修改超级用户 root 的密码为 123456。

【运行效果】执行上面的命令语句，其结果如图 16.20 所示。

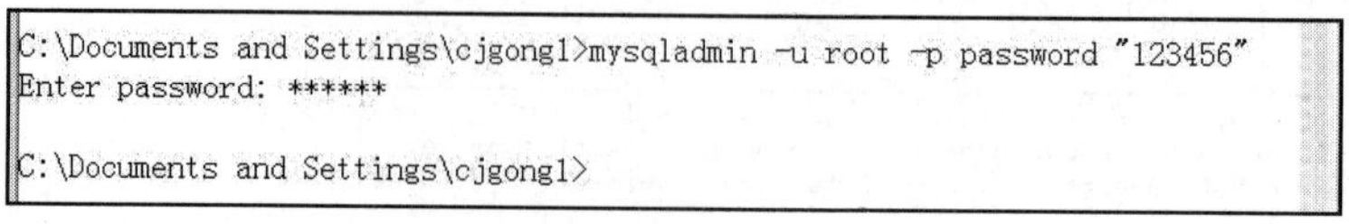

```
C:\Documents and Settings\cjgong1>mysqladmin -u root -p password "123456"
Enter password: ******

C:\Documents and Settings\cjgong1>
```

图 16.20　修改 root 用户密码

（2）在执行命令 mysqladmin 的过程中，只有输入正确的旧密码即可成功修改密码。修改密码后，即可通过修改后的密码进行登录，具体内容如下：

```
mysql -h 127.0.0.1 -u root -p123456
```

【代码说明】上述命令中，通过修改后的密码登录 MySQL 服务器。

【运行效果】执行上面的语句，其结果如图 16.21 所示。

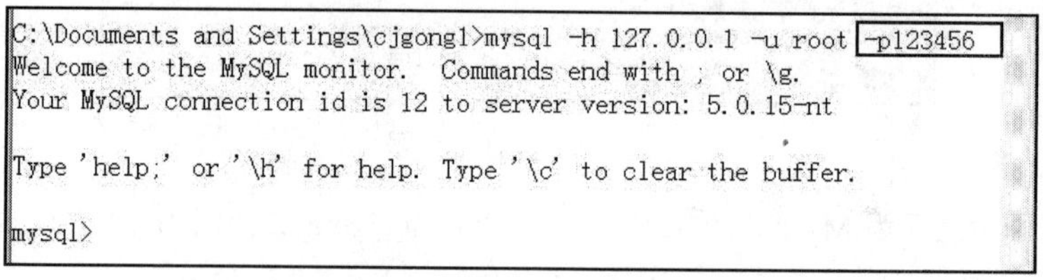

```
C:\Documents and Settings\cjgong1>mysql -h 127.0.0.1 -u root -p123456
Welcome to the MySQL monitor.  Commands end with ; or \g.
Your MySQL connection id is 12 to server version: 5.0.15-nt

Type 'help;' or '\h' for help. Type '\c' to clear the buffer.

mysql>
```

图 16.21　登录服务器

根据执行结果，可以发现已经修改 root 用户的密码为 123456。

（3）在执行 mysqladmin 命令时，有时会出现如图 16.22 所示的错误，之所以会出现这种错误，是由于 MySQL 软件安装目录里的 path 路径没有添加到 path 环境变量里。

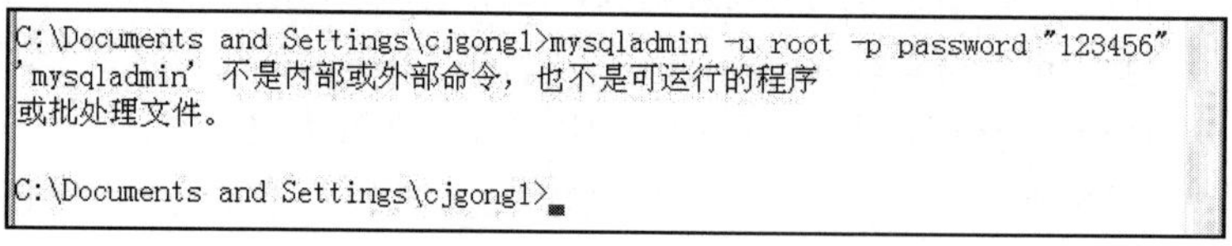

```
C:\Documents and Settings\cjgong1>mysqladmin -u root -p password "123456"
'mysqladmin' 不是内部或外部命令，也不是可运行的程序
或批处理文件。

C:\Documents and Settings\cjgong1>
```

图 16.22　错误

解决上述问题，可以通过以下两种方式来实现。

第一种方式：通过命令进入 mysqladmin 命令的目录，具体命令如下：

```
cd C:\Program Files\MySQL\MySQL Server 5.0\bin
```

【代码说明】上述命令中，路径“C:\Program Files\MySQL\MySQL Server 5.0\bin”为 MySQL 软件的安装目录。

【运行效果】执行上面的语句，其结果如图 16.23 所示。

```
C:\Documents and Settings\cjgong1>cd C:\Program Files\MySQL\MySQL Server 5.0\bin

C:\Program Files\MySQL\MySQL Server 5.0\bin>mysqladmin -u root -p password "123456"
Enter password: ****
```

图 16.23 进入 bin 目录

第二种方式：修改环境变量 path，添加路径“C:\Program Files\MySQL\MySQL Server 5.0\bin”到该环境变量的值里，如图 16.24 所示。

图 16.24 编辑 path 环境变量

2. 通过 SET 命令修改密码修改 root 用户密码

当通过 root 用户账户登录到 MySQL 服务器后，可以通过 SET 命令修改 root 用户账户密码。查看帮助文档发现，其语法形式如下：

```
SET PASSWORD=PASSWORD("new_password");
```

在上述命令中，需要通过函数 PASSWORD()来加密新密码 new_password。

【实例 16-7】执行命令 SET，修改用户 root 的密码为 123456，具体步骤如下：

（1）通过用户 root，连接到 MySQL 数据库软件，具体 SQL 语句如下：

```
mysql -h 127.0.0.1 -u root -proot
```

【运行效果】执行上面的 SQL 语句，其结果如图 16.25 所示。

```
C:\Documents and Settings\cjgong1>mysql -h 127.0.0.1 -u root -proot
Welcome to the MySQL monitor.  Commands end with ; or \g.
Your MySQL connection id is 12 to server version: 5.0.15-nt

Type 'help;' or '\h' for help. Type '\c' to clear the buffer.
```

图 16.25 连接到 MySQL 软件服务器

（2）执行命令 SET，修改用户账户 root 的密码为 123456，具体内容如下：

```
SET PASSWORD=PASSWORD("123456");
```

【运行效果】执行上面的 SQL 语句，其结果如图 16.26 所示。

```
mysql> SET PASSWORD=PASSWORD("123456");
Query OK, 0 rows affected (0.11 sec)

mysql> FLUSH PRIVILEGES;
Query OK, 0 rows affected (0.11 sec)

mysql>
```

图 16.26　创建用户账号

（3）在执行命令 SET 后，为了校验修改密码是否成功，可以通过修改后的密码 123456 重新登录 MySQL 服务器，具体内容如下：

```
mysql -h 127.0.0.1 -u root -p123456
```

【代码说明】上述命令中，通过修改后的密码登录 MySQL 服务器。

【运行效果】执行上面的语句，其结果如图 16.27 所示。

```
C:\Documents and Settings\cjgong1>mysql -h 127.0.0.1 -u root -p123456
Welcome to the MySQL monitor.  Commands end with ; or \g.
Your MySQL connection id is 12 to server version: 5.0.15-nt

Type 'help;' or '\h' for help. Type '\c' to clear the buffer.

mysql>
```

图 16.27　登录服务器

根据执行结果，可以发现已经修改 root 用户的密码为 123456。

3．更新系统表 mysql.user 数据记录修改 root 用户密码

当通过 root 用户账户登录到 MySQL 服务器后，可以通过更新系统表 mysql.user 的数据记录来修改 root 账户用户密码。查看帮助文档发现，具体语法形式如下：

```
UPDATE user SET password=PASSWORD("new_password")
    WHERE user="root" AND host="localhost";
```

上述 SQL 语句中，通过更新语句更新表 user 中字段 password 的值，条件为 user="root" AND host="localhost"。

【实例 16-8】执行 SQL 语句 UPDATE，更新系统表 user 中的信息，具体步骤如下：

（1）通过用户 root，连接到 MySQL 数据库软件，具体 SQL 语句如下：

```
mysql -h 127.0.0.1 -u root -proot
```

【运行效果】执行上面的 SQL 语句，其结果如图 16.28 所示。

```
C:\Documents and Settings\cjgong1>mysql -h 127.0.0.1 -u root -proot
Welcome to the MySQL monitor.  Commands end with ; or \g.
Your MySQL connection id is 12 to server version: 5.0.15-nt

Type 'help;' or '\h' for help. Type '\c' to clear the buffer.
```

图 16.28　连接到 MySQL 软件服务器

（2）执行 SQL 语句 USE，选择数据库 mysql，具体内容如下：

```
USE mysql;
```

【运行效果】执行上面的 SQL 语句，其结果如图 16.29 所示。

```
mysql> #选择数据库#
mysql> USE mysql;
Database changed
mysql>
```

图 16.29　选择数据库

（3）执行 SQL 语句 UPDATE，修改用户账户 root 的密码为 123456，具体内容如下：

```
UPDATE USER SET PASSWORD=PASSWORD("123456")
    WHERE USER='ROOT' AND HOST='LOCALHOST';
```

【运行效果】执行上面的 SQL 语句，其结果如图 16.30 所示。

```
mysql> UPDATE USER SET PASSWORD=PASSWORD("123456")
    -> WHERE USER='ROOT' AND HOST='LOCALHOST';
Query OK, 0 rows affected (0.03 sec)
Rows matched: 0  Changed: 0  Warnings: 0

mysql>
```

图 16.30　修改用户账号 root 的密码

（4）为了校验修改密码是否成功，可以通过修改后的密码 123456 重新登录 MySQL 服务器，具体内容如下：

```
mysql -h 127.0.0.1 -u root -p123456
```

【代码说明】上述命令中，通过修改后的密码登录 MySQL 服务器。

【运行效果】执行上面的语句，其结果如图 16.31 所示。

```
C:\Documents and Settings\cjgong1>mysql -h 127.0.0.1 -u root -p123456
Welcome to the MySQL monitor.  Commands end with ; or \g.
Your MySQL connection id is 12 to server version: 5.0.15-nt

Type 'help;' or '\h' for help. Type '\c' to clear the buffer.

mysql>
```

图 16.31　登录服务器

根据执行结果，可以发现已经修改 root 用户的密码为 123456。

16.2.4　利用拥有超级权限用户 root 修改普通用户账户密码

与 16.2.3 节相比，通过超级权限用户 root 修改普通用户账户也有三种方式，分别为通过 GRANT 命令修改密码、通过 SET 命令修改密码和更新系统表 mysql.user 数据记录。为了便于讲解，下面将创建一个名为 cjgong，密码为 cjgong 的用户账户，具体语法如下：

```
GRANT SELECT,CREATE,DROP ON *.*
    TO 'cjgong'@'localhost' IDENTIFIED BY 'cjgong'
    WITH GRANT OPTION;
```

【代码说明】上述命令中，创建超级用户 cjgong，同时设置该用户的密码为 cjgong。

【运行效果】执行上面的命令语句，其结果如图 16.32 所示。

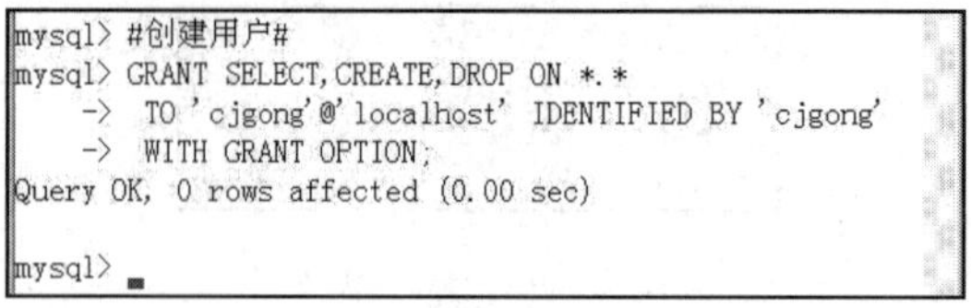

```
mysql> #创建用户#
mysql> GRANT SELECT,CREATE,DROP ON *.*
    -> TO 'cjgong'@'localhost' IDENTIFIED BY 'cjgong'
    -> WITH GRANT OPTION;
Query OK, 0 rows affected (0.00 sec)

mysql>
```

图 16.32　创建普通用户 cjgong

1. 通过 GRANT 命令修改 cjgong 用户密码

查看帮助文档发现，在 MySQL 数据库管理系统中修改 cjgong 用户密码通过 GRANT 命令来实现，其语法形式如下：

```
GRANT priv_type ON database.table
    TO user[IDENTIFIED BY [PASSWORD] 'new_password']
```

在上述语句中，参数 priv_type 用来设置普通用户的权限，参数 database.table 用来设置用户的权限范围。参数 user 表示新用户账户，由用户名和主机名构成。值 new_password 表示为用户设置的新密码。

注意： 参数 new_password 必须用双引号（“”）括起来。

【实例 16-9】利用具有超级用户权限的用户 root，修改普通用户 cjgong 的密码为 123456，具体步骤如下：

（1）通过用户 root，连接到 MySQL 数据库软件，具体 SQL 语句如下：

```
mysql -h 127.0.0.1 -u root -proot
```

【运行效果】执行上面的 SQL 语句，其结果如图 16.33 所示。

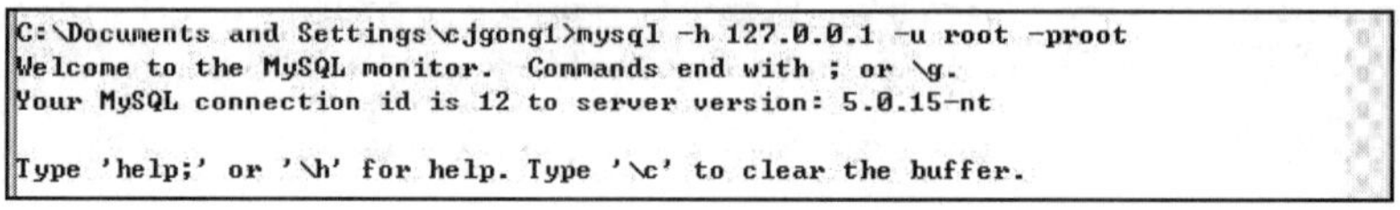

```
C:\Documents and Settings\cjgong1>mysql -h 127.0.0.1 -u root -proot
Welcome to the MySQL monitor.  Commands end with ; or \g.
Your MySQL connection id is 12 to server version: 5.0.15-nt

Type 'help;' or '\h' for help. Type '\c' to clear the buffer.
```

图 16.33　连接到 MySQL 软件服务器

（2）执行 SQL 语句 GRANT，修改普通用户账号 cjgong 的密码，具体 SQL 语句如下：

```
GRANT SELECT,CREATE,DROP ON *.*
    TO 'cjgong'@'localhost' IDENTIFIED BY '123456';
```

【运行效果】执行上面的 SQL 语句，其结果如图 16.34 所示。

```
mysql> #修改普通用户账户密码#
mysql> GRANT SELECT,CREATE,DROP ON *.*
    -> TO 'cjgong'@'localhost' IDENTIFIED BY '123456';
Query OK, 0 rows affected (0.00 sec)

mysql>
```

图 16.34　修改普通用户 cjgong 的密码

（3）为了校验修改密码是否成功，首先通过命令 EXIT 退出 root 用户登录，然后再通用户 cjgong

利用密码 123456 重新登录 MySQL 服务器，具体内容如下：

```
EXIT
mysql -h 127.0.0.1 -u root -p123456
```

【代码说明】 在上述语句中，首先通过命令 EXIT 退出用户账户 root 登录，然后通过用户账户 cjgong 重新登录 MySQL 软件。

【运行效果】 执行上面的语句，其结果如图 16.35 所示。

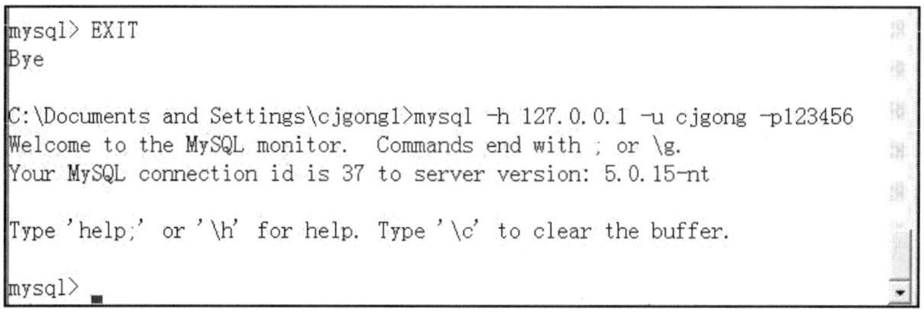

```
mysql> EXIT
Bye

C:\Documents and Settings\cjgong1>mysql -h 127.0.0.1 -u cjgong -p123456
Welcome to the MySQL monitor.  Commands end with ; or \g.
Your MySQL connection id is 37 to server version: 5.0.15-nt

Type 'help;' or '\h' for help. Type '\c' to clear the buffer.

mysql>
```

图 16.35 登录服务器

根据执行结果，可以发现已经修改用户账户 cjgong 的密码为 123456。

2. 通过 SET 命令修改密码修改 cjgong 用户密码

当通过 root 用户账户登录到 MySQL 服务器后，可以通过 SET 命令修改普通用户账户 cjgong 的密码。查看帮助文档发现，其语法形式如下：

```
SET PASSWORD FOR
    'username'@'hostname'=PASSWORD("new_password");
```

在上述命令中，参数 username 用来表示普通用户的用户名，参数 new_password 用来表示所要设置的新密码。

【实例 16-10】 执行命令 SET，修改用户 cjgong 的密码为 123456，具体步骤如下：

（1）通过用户 root，连接到 MySQL 数据库软件，具体 SQL 语句如下：

```
mysql -h 127.0.0.1 -u root -proot
```

【运行效果】 执行上面的 SQL 语句，其结果如图 16.36 所示。

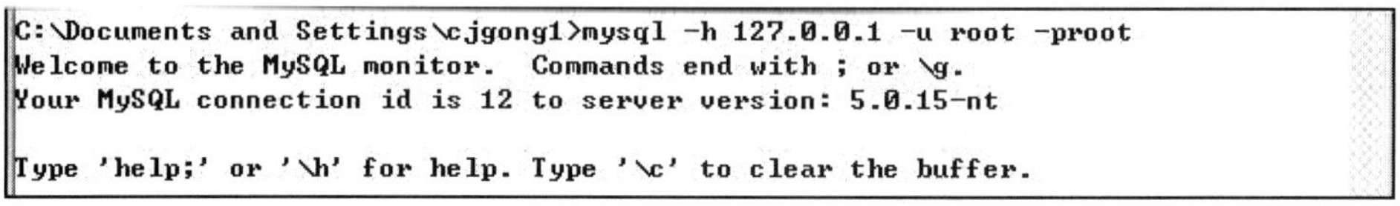

```
C:\Documents and Settings\cjgong1>mysql -h 127.0.0.1 -u root -proot
Welcome to the MySQL monitor.  Commands end with ; or \g.
Your MySQL connection id is 12 to server version: 5.0.15-nt

Type 'help;' or '\h' for help. Type '\c' to clear the buffer.
```

图 16.36 连接到 MySQL 软件服务器

（2）执行命令 SET，修改用户账户 root 的密码为 123456，具体内容如下：

```
SET PASSWORD FOR
    'cjgong'@'localhost'=PASSWORD("123456");
```

【运行效果】 执行上面的 SQL 语句，其结果如图 16.37 所示。

```
mysql> #修改普通用户密码#
mysql> SET PASSWORD FOR
    -> 'cjgong'@'localhost'=PASSWORD("123456");
Query OK, 0 rows affected (0.00 sec)

mysql>
```

图 16.37 修改普通用户密码

（3）为了校验修改密码是否成功，首先通过命令 EXIT 退出 root 用户登录，然后通过用户 cjgong 利用密码 123456 重新登录 MySQL 服务器，具体内容如下：

```
EXIT
mysql -h 127.0.0.1 -u root -p123456
```

【代码说明】在上述语句中，首先通过命令 EXIT 退出用户账户 root 登录，然后通过用户账户 cjgong 重新登录 MySQL 软件。

【运行效果】执行上面的语句，其结果如图 16.38 所示。

```
mysql> EXIT
Bye

C:\Documents and Settings\cjgong1>mysql -h 127.0.0.1 -u cjgong -p123456
Welcome to the MySQL monitor.  Commands end with ; or \g.
Your MySQL connection id is 37 to server version: 5.0.15-nt

Type 'help;' or '\h' for help. Type '\c' to clear the buffer.

mysql>
```

图 16.38 登录服务器

根据执行结果，可以发现已经修改用户账户 cjgong 的密码为 123456。

3．更新系统表 mysql.user 数据记录修改 cjgong 用户密码

当通过 root 用户账户登录到 MySQL 服务器后，可以通过更新系统表 mysql.user 的数据记录来修改 root 账户用户密码。查看帮助文档发现，具体语法形式如下：

```
UPDATE user SET password=PASSWORD("new_password")
    WHERE user="cjgong" AND host="localhost";
```

在上述 SQL 语句中，通过更新语句更新表 user 中字段 password 的值，条件为 user="cjgong" AND host="localhost"。

【实例 16-11】执行 SQL 语句 UPDATE，更新系统表 user 中的信息，具体步骤如下：

（1）通过用户 root，连接到 MySQL 数据库软件，具体 SQL 语句如下：

```
mysql -h 127.0.0.1 -u root -proot
```

【运行效果】执行上面的 SQL 语句，其结果如图 16.39 所示。

```
C:\Documents and Settings\cjgong1>mysql -h 127.0.0.1 -u root -proot
Welcome to the MySQL monitor.  Commands end with ; or \g.
Your MySQL connection id is 12 to server version: 5.0.15-nt

Type 'help;' or '\h' for help. Type '\c' to clear the buffer.
```

图 16.39 连接到 MySQL 软件服务器

（2）执行 SQL 语句 USE，选择数据库 mysql，具体内容如下：

```
USE mysql;
```

【运行效果】执行上面的 SQL 语句，其结果如图 16.40 所示。

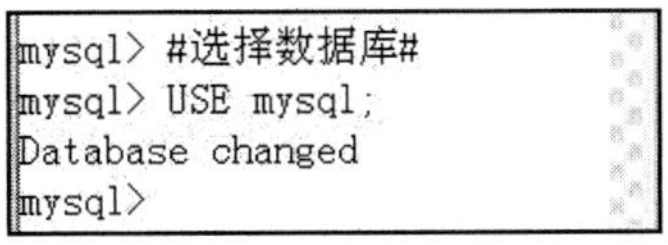

```
mysql> #选择数据库#
mysql> USE mysql;
Database changed
mysql>
```

图 16.40　选择数据库

（3）执行 SQL 语句 UPDATE，修改用户账户 cjgong 的密码为 123456，具体内容如下：

```
UPDATE USER SET password=PASSWORD("123456")
    WHERE USER='cjgong' AND host='localhost';
```

【运行效果】执行上面的 SQL 语句，其结果如图 16.41 所示。

```
mysql> #修改普通用户密码#
mysql> UPDATE USER SET password=PASSWORD("123456")
    -> WHERE user='cjgong' AND host='localhost';
Query OK, 0 rows affected (0.00 sec)
Rows matched: 1  Changed: 0  Warnings: 0

mysql>
```

图 16.41　修改用户账号 cjgong 的密码

（4）为了校验修改密码是否成功，首先通过命令 EXIT 退出 root 用户登录，然后再通用户 cjgong 利用密码 123456 重新登录 MySQL 服务器，具体内容如下：

```
EXIT
mysql -h 127.0.0.1 -u root -p123456
```

【代码说明】在上述语句中，首先通过命令 EXIT 退出用户账户 root 登录，然后通过用户账户 cjgong 重新登录 MySQL 软件。

【运行效果】执行上面的语句，其结果如图 16.42 所示。

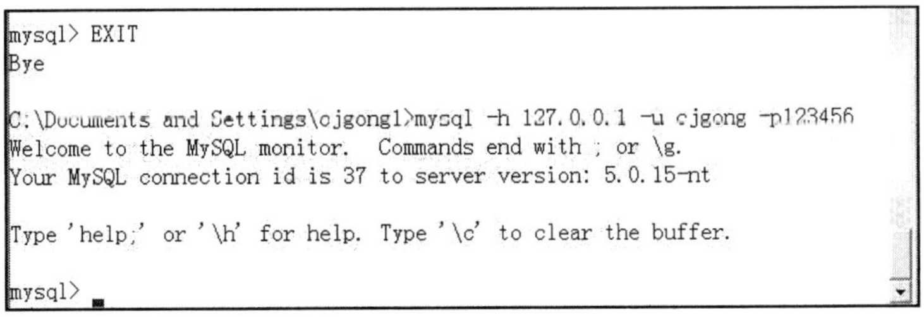

```
mysql> EXIT
Bye

C:\Documents and Settings\cjgong1>mysql -h 127.0.0.1 -u cjgong -p123456
Welcome to the MySQL monitor.  Commands end with ; or \g.
Your MySQL connection id is 37 to server version: 5.0.15-nt

Type 'help;' or '\h' for help. Type '\c' to clear the buffer.

mysql>
```

图 16.42　登录服务器

根据执行结果，可以发现已经修改用户账户 cjgong 的密码为 123456。

4．通过 SET 命令修改密码修改 cjgong 用户密码

当通过普通用户账户登录到 MySQL 服务器后，可以通过 SET 命令修改自己的密码。查看帮助文档发现，其语法形式如下：

```
SET PASSWORD=PASSWORD("new_password");
```

在上述命令中，需要通过 PASSWORD()函数来加密新密码 new_password。

【实例 16-12】 执行命令 SET，修改用户 cjgong 的密码为 123456，具体步骤如下：

（1）通过用户 cjgong，连接到 MySQL 数据库软件，具体 SQL 语句如下：

```
mysql -h 127.0.0.1 -u cjgong -pcjgong
```

【运行效果】 执行上面的 SQL 语句，其结果如图 16.43 所示。

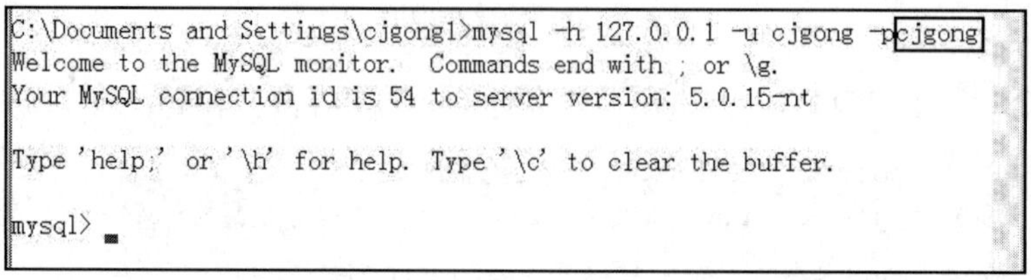

```
C:\Documents and Settings\cjgong1>mysql -h 127.0.0.1 -u cjgong -pcjgong
Welcome to the MySQL monitor.  Commands end with ; or \g.
Your MySQL connection id is 54 to server version: 5.0.15-nt

Type 'help;' or '\h' for help. Type '\c' to clear the buffer.

mysql>
```

图 16.43　连接到 MySQL 软件服务器

（2）执行命令 SET，修改用户账号 root 的密码为 123456，具体内容如下：

```
SET PASSWORD=PASSWORD("123456");
```

【运行效果】 执行上面的 SQL 语句，其结果如图 16.44 所示。

```
mysql> #修改普通用户密码#
mysql> SET PASSWORD=PASSWORD("123456");
Query OK, 0 rows affected (0.05 sec)

mysql>
```

图 16.44　修改用户账号密码

（3）为了校验修改密码是否成功，首先通过命令 EXIT 退出 cjgong 用户登录，然后再通过用户 cjgong 利用密码 123456 重新登录 MySQL 服务器，具体内容如下：

```
EXIT
mysql -h 127.0.0.1 -u cjgong -p123456
```

【代码说明】 在上述语句中，首先通过命令 EXIT 退出用户账户 root 登录，然后通过用户账户 cjgong 重新登录 MySQL 软件。

【运行效果】 执行上面的语句，其结果如图 16.45 所示。

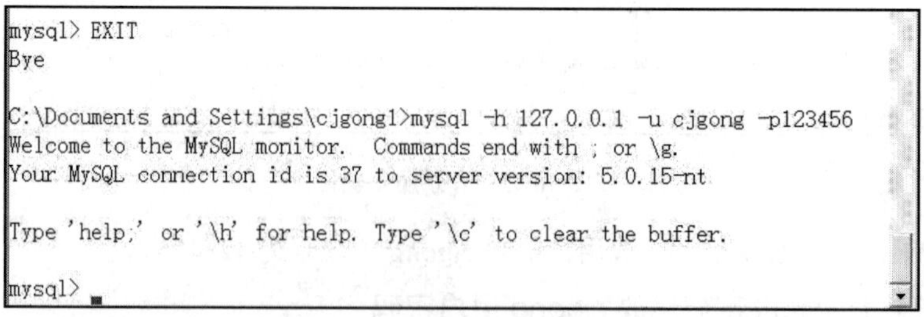

```
mysql> EXIT
Bye

C:\Documents and Settings\cjgong1>mysql -h 127.0.0.1 -u cjgong -p123456
Welcome to the MySQL monitor.  Commands end with ; or \g.
Your MySQL connection id is 37 to server version: 5.0.15-nt

Type 'help;' or '\h' for help. Type '\c' to clear the buffer.

mysql>
```

图 16.45　登录服务器

根据执行结果，可以发现已经修改用户账户 cjgong 的密码为 123456。

16.2.5　删除普通用户账号

用户账号的操作包括创建用户账号和删除用户账号。本节将详细介绍如何删除用户账号。在MySQL 软件中可以通过两种方式来删除用户账号，分别为通过 DROP USER 语句和通过删除系统表mysql.user 里相应数据记录实现删除用户账号。

1. 通过 DROP USER 语句删除普通用户

查看帮助文档可以发现，在 MySQL 软件中删除普通用户通过 SQL 语句 DROP USER 来实现，其语法形式如下：

```
DROP USER user1 [,user2]…
```

在上述语句中，参数 user 表示所要删除的用户，在 MySQL 软件中，用户由用户名（user）和主机名（host）组成。

【实例 16-13】执行 SQL 语句 DDROP USER 删除用户，在 MySQL 软件中删除用户 cjgong。具体步骤如下：

（1）通过用户 root，连接到 MySQL 数据库软件，具体 SQL 语句如下：

```
mysql -h 127.0.0.1 -u root -proot
```

【运行效果】执行上面的 SQL 语句，其结果如图 16.46 所示。

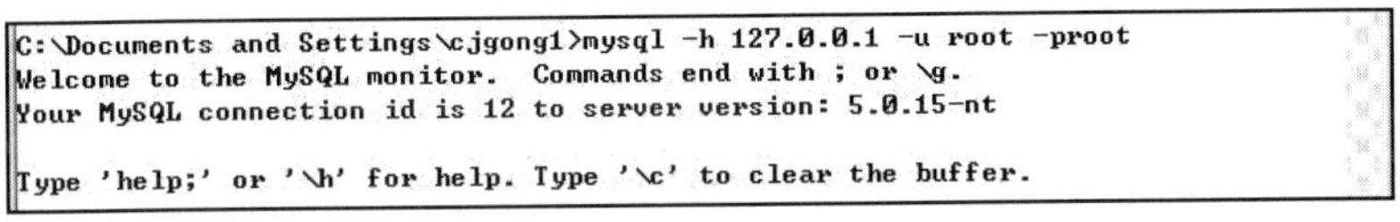

```
C:\Documents and Settings\cjgong1>mysql -h 127.0.0.1 -u root -proot
Welcome to the MySQL monitor.  Commands end with ; or \g.
Your MySQL connection id is 12 to server version: 5.0.15-nt

Type 'help;' or '\h' for help. Type '\c' to clear the buffer.
```

图 16.46　连接到 MySQL 软件服务器

（2）执行 SQL 语句 DDROP USER，删除用户 cjgong，具体内容如下：

```
DROP USER 'cjgong'@'localhost';
```

【代码说明】在上述语句中，通过关键字 DROP USER 实现删除用户功能。

【运行效果】执行上述语句，其结果如图 16.47 所示。

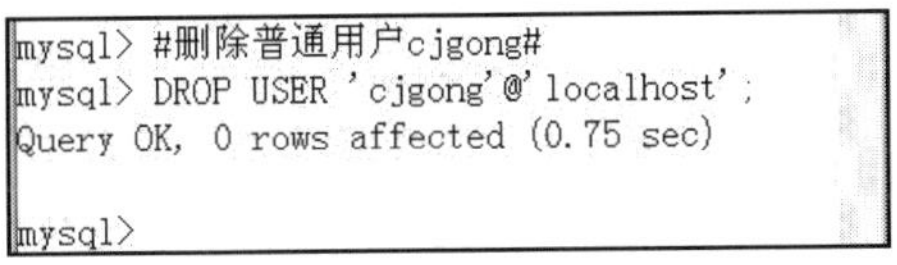

```
mysql> #删除普通用户cjgong#
mysql> DROP USER 'cjgong'@'localhost';
Query OK, 0 rows affected (0.75 sec)

mysql>
```

图 16.47　删除普通用户 cjgong

（3）为了校验用户 cjgong 是否删除成功，首先通过命令 EXIT 退出 root 用户登录，然后再通用户 cjgong 利用密码 cjgong 重新登录 MySQL 服务器，具体内容如下：

```
EXIT
mysql -h 127.0.0.1 -u cjgong -pcjgong
```

【代码说明】在上述语句中，首先通过命令 EXIT 退出用户账户 root 登录，然后通过用户账户 cjgong 重新登录 MySQL 软件。

【运行效果】执行上面的语句，其结果如图 16.48 所示。

```
mysql> EXIT
Bye

C:\Documents and Settings\cjgong1>mysql -h 127.0.0.1 -u cjgong -pcjgong
ERROR 1045 (28000): Access denied for user 'cjgong'@'localhost' (using password: YES)
```

图 16.48　登录服务器出错

根据执行结果，可以发现已经成功删除用户账号 cjgong。

2. 删除系统表 mysql.user 数据记录实现删除 cjgong 用户账号

当通过 root 用户账号登录到 MySQL 服务器后，可以通过更新系统表 mysql.user 的数据记录来修改 root 账户用户密码。查看帮助文档发现，具体语法形式如下：

```
DELETE FROM user
    WHERE user="cjgong" AND host="localhost";
```

在上述 SQL 语句中，通过删除语句删除表 user 中相应数据记录，该数据记录的条件为 user="cjgong" AND host="localhost"。

【实例 16-14】执行 SQL 语句 DELETE，删除系统表 user 中的相应数据记录，具体步骤如下：

（1）通过用户 root，连接到 MySQL 数据库软件，具体 SQL 语句如下：

```
mysql -h 127.0.0.1 -u root -proot
```

【运行效果】执行上面的 SQL 语句，其结果如图 16.49 所示。

```
C:\Documents and Settings\cjgong1>mysql -h 127.0.0.1 -u root -proot
Welcome to the MySQL monitor.  Commands end with ; or \g.
Your MySQL connection id is 12 to server version: 5.0.15-nt

Type 'help;' or '\h' for help. Type '\c' to clear the buffer.
```

图 16.49　连接到 MySQL 软件服务器

（2）执行 SQL 语句 USE，选择数据库 mysql，具体内容如下：

```
USE mysql;
```

【运行效果】执行上面的 SQL 语句，其结果如图 16.50 所示。

图 16.50　选择数据库

（3）执行 SQL 语句 UPDATE，修改用户账号 cjgong 的密码为 123456，具体内容如下：

```
DELETE FROM user
    WHERE user="cjgong" AND host="localhost";
```

【运行效果】执行上面的 SQL 语句，其结果如图 16.51 所示。

```
mysql> DELETE FROM user
    -> WHERE user="cjgong" AND host="localhost";
Query OK, 1 row affected (0.14 sec)

mysql>
```

图 16.51　修改用户账号 cjgong 的密码

(4)为了校验修改密码是否成功，首先通过命令 EXIT 退出 root 用户登录，然后再通过用户 cjgong 利用密码 123456 重新登录 MySQL 服务器，具体内容如下：

```
EXIT
mysql -h 127.0.0.1 -u root -p123456
```

【代码说明】在上述语句中，首先通过命令 EXIT 退出用户账户 root 登录，然后通过用户账户 cjgong 重新登录 MySQL 软件。

【运行效果】执行上面的语句，其结果如图 16.52 所示。

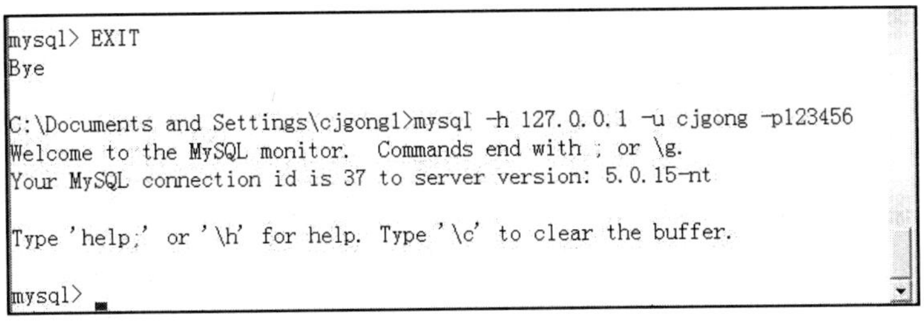

```
mysql> EXIT
Bye

C:\Documents and Settings\cjgong1>mysql -h 127.0.0.1 -u cjgong -p123456
Welcome to the MySQL monitor.  Commands end with ; or \g.
Your MySQL connection id is 37 to server version: 5.0.15-nt

Type 'help;' or '\h' for help. Type '\c' to clear the buffer.

mysql>
```

图 16.52　登录服务器

根据执行结果，可以发现已经修改用户账号 cjgong 的密码为 123456。

16.3　小　结

本章介绍了 MySQL 软件的安全机制，主要从 MySQL 软件所支持的权限和 MySQL 软件的用户管理两方面介绍。对于前者通过 MySQL 软件中的权限表介绍了其所支持的各种权限，对于后者则主要介绍了在 MySQL 软件对用户的各种操作，主要包含创建用户、删除用户、修改用户密码和为用户赋予权限等操作。

通过对本章的学习，读者不仅能够对 MySQL 软件所支持的各种权限有一定的认识，而且还会对 MySQL 用户进行各种操作。

第 17 章　MySQL 日志管理

任何一种数据库，都会拥有各种各样的日志，用来记录数据库的运行情况、日常操作、错误信息等信息。MySQL 软件也不例外，查看帮助文档可以发现，该软件所拥有的日志文件分为二进制日志、错误日志和查询日记。分析这些日志可以了解 MySQL 软件的运行情况、优化 MySQL 软件性能。

为了维护 MySQL 服务器，经常需要在 MySQL 软件中进行日志操作，包含启动日志文件、查看日志文件、停止日志文件和删除日志文件，这些操作是数据库管理中最基本、最重要的操作。

通过本节的学习，可以掌握 MySQL 软件中的日志操作，内容包含:

- 日志的含义
- 启动日志文件
- 查看日志文件
- 停止日志文件
- 删除日志文件

17.1　MySQL 软件所支持的日志

每个用户都知道，日志文件用来记录其每天的行为。MySQL 软件所支持的日志文件，也用来记录该软件运行的各种信息。例如，当用户 root 登录到 MySQL 服务器，就会在日志文件里记录该用户的登录时间、执行操作等。当 MySQL 服务器运行时出错，出错信息就会被记录到日志文件里。

日志操作是数据库维护中最重要的手段之一，由于日志文件会记录 MySQL 服务器的各种信息，所以当 MySQL 服务器遭到意外的损害时，不仅可以通过日志文件来查看出错的原因，而且还可以通过日志文件进行数据恢复。

在 MySQL 软件所支持的日志文件里，除了二进制日志文件外，其他日志文件都是文本文件。在默认情况下，MySQL 软件只会启动错误日记文件，而其他日志文件则需要手动启动才可以被启动。下面将简单介绍各类日志文件的作用。

- 二进制日志：该日志文件会以二进制形式记录数据库的各种操作，但是却不记录查询语句。
- 错误日志：该日志文件会记录 MySQL 服务器启动、关闭和运行时出错等信息。

- 通用查询日志：该日志记录 MySQL 服务器的启动和关闭信息、客户端的连接信息、更新数据记录 SQL 语句和查询数据记录 SQL 语句。
- 慢查询日志：记录执行时间超过指定时间的各种操作，通过工具分析慢查询日志可以定位 MySQL 服务器性能瓶颈所在。

查看帮助文档可以发现，使用日志有优点也有缺点。启动日志后，虽然可以实现对 MySQL 服务器进行维护，但是会降低 MySQL 软件的执行速度。因此是否启动日志，启动什么类型日志要根据具体应用来决定。

17.2　操作二进制日志

二进制日志（BinLog）是 MySQL 软件非常重要的日志之一，其详细记录了数据库的变化情况，即 SQL 语句中的 DDL 和 DML 语句，但是不包含数据记录查询操作。通过二进制日志文件，可以详细了解 MySQL 数据库中进行了哪些操作。本节将详细介绍关于二进制日志的操作。

17.2.1　启动二进制日志

二进制日志的操作包括启动二进制日志、查看二进制日志、停止二进制日志和删除二进制日志。本节将详细介绍启动二进制日志。

那么为什么要启动二进制日志？查看帮助文档可以发现，如果 MySQL 数据库意外停止，可以通过二进制日志文件来查看用户执行了哪些操作，对数据库服务器文件做了哪些修改，然后根据二进制日志文件中的记录来恢复数据库服务器。

在默认情况下，二进制日志是关闭的，如果想启动二进制日志，可以通过设置 MySQL 服务器的配置文件 my.ini 来实现，具体内容如下：

```
[mysqld]
log-bin[=dir\[filename]]
```

在上述语句中，参数 dir 用来指定二进制文件的存储路径；参数 filename 用来指定二进制文件的文件名，具体格式为 filename.number，其中 number 的格式为 000001、0000002、000003 等。

在具体启动二进制日志时，如果没有设置参数 dir 和 filename，二进制日志文件将使用默认名字主机名-bin.number，保存到默认目录——数据库数据文件里。

注意：每次重启 MySQL 服务器都会生成一个新的二进制日志文件，这些日志文件的文件名里，filename 部分不会改变，但是 number 的值会不断递增。

在 MySQL 软件中，与二进制日志相关的文件除了保存内容的 filename.number 文件外，还有一个关于二进制日志文件列表的文件 filename.index。

【实例 17-1】修改 MySQL 软件的配置文件 my.ini，启动二进制日志，具体步骤如下：

（1）打开文件 my.ini 配置文件，在[mysqld]组里添加相应语句，具体内容如下：

```
[mysqld]
log-bin
```

【运行效果】第一次重启 MySQL 服务器后，将出现如图 17.1 所示的效果，第二次重启 MySQL

服务器后，将出现如图 17.2 所示的效果。

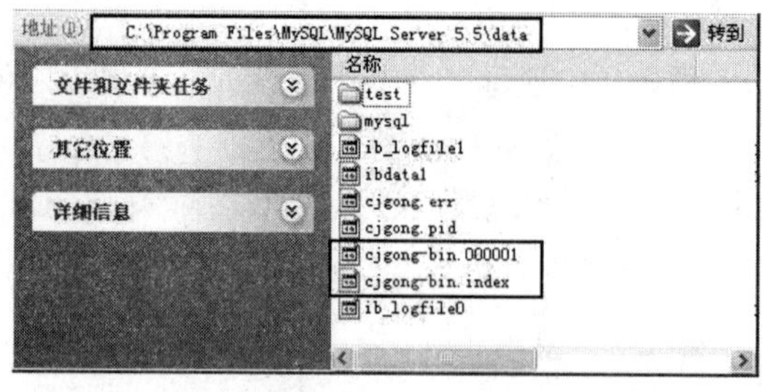

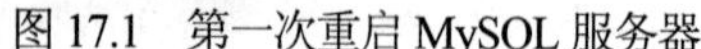
图 17.1 第一次重启 MySQL 服务器

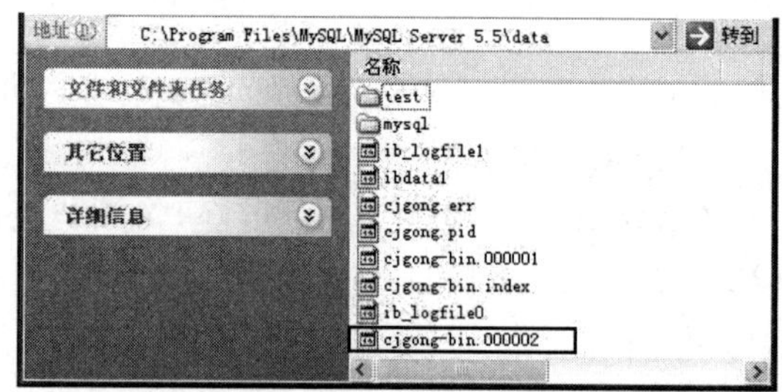

图 17.2 第二次重启 MySQL 服务器

根据执行结果可以发现，如果没有为二进制日志配置文件目录和文件名，将在默认路径——数据库数据文件（C:\Program Files\MySQL\MySQL Server 5.5\data）里创建一个名为 cjgong-bin.000001（主机名-bin.0000001）的文件。如果再次重启 MySQL 服务器，将创建一个 filename 部分不变，number 值递增的文件（cjgong-bin.000002）。

（2）在启动二进制日志时，二进制日志文件最好不要与数据库的数据文件放在同一磁盘上。这样当存放数据的磁盘遭受到破坏后，即可通过二进制日志文件进行恢复。打开文件 my.ini 配置文件，在[mysqld]组里添加相应语句，具体内容如下：

```
[mysqld]
log-bin=D:\mysqllog\binlog
```

【运行效果】第一次重启 MySQL 服务器后，将出现如图 17.3 所示的效果，第二次重启 MySQL 服务器后，将出现如图 17.4 所示的效果。

图 17.3 第一次重启 MySQL 服务器

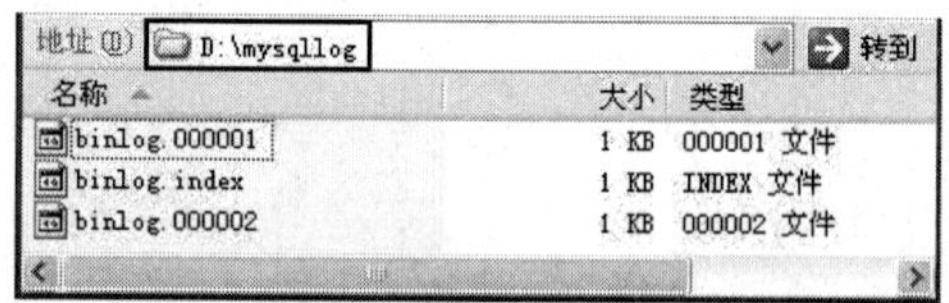

图 17.4 第二次重启 MySQL 服务器

根据执行结果可以发现，重启 MySQL 服务器后，将在 D:\mysqllog 文件下创建二进制日志文件 binlog.000001 和 binlog.index。

17.2.2 查看二进制日志

本节将详细介绍查看二进制日志。由于二进制日志文件使用二进制格式保存信息，所以如果直接打开该文件，将显示乱码如图 17.5 所示。

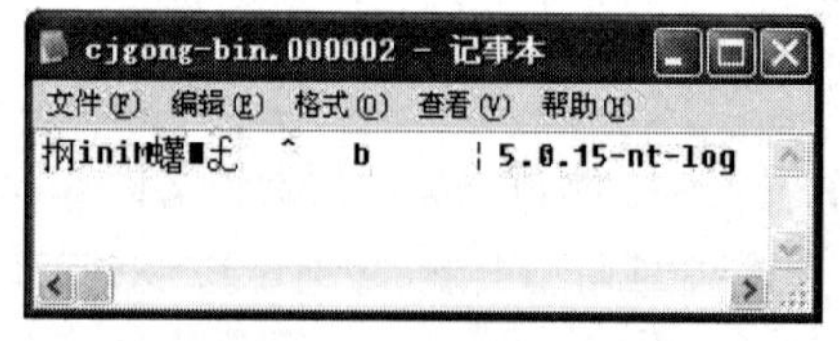

图 17.5 二进制日志文件

查看帮助文档发现，如果需要查看二进制日志，需要通过执行命令 mysqlbinlog 命令来实现，具体语法形式如下：

```
mysqlbinlog filename.number
```

在上述命令中，参数 filename.number 表示所要查看的二进制日志文件。

【实例 17-2】查看 MySQL 服务器的二进制日志，该服务器由于重启了两次，因此拥有两个二进制文件，具体步骤如下：

（1）执行命令 cd，进入存放二进制日志文件的目录，具体内容如下：

```
cd C:\Program Files\MySQL\MySQL Server 5.5\data
```

【运行效果】执行上面的命令语句，其结果如图 17.6 所示。

```
C:\WINDOWS\system32\cmd.exe
Microsoft Windows XP [版本 5.1.2600]
(C) 版权所有 1985-2001 Microsoft Corp.

C:\Documents and Settings\cjgong1>cd C:\Program Files\MySQL\MySQL Server 5.5\data

C:\Program Files\MySQL\MySQL Server 5.5\data>
```

图 17.6　进入相应目录

（2）执行命令 mysqlbinlog，查看名为 cjgong-bin.000001 的二进制日志，具体内容如下：

```
mysqlbinlog cjgong-bin.000001
```

【运行效果】执行上面的命令语句，其结果如图 17.7 所示。

```
C:\Program Files\MySQL\MySQL Server 5.5\data>mysqlbinlog cjgong-bin.000001
/*!40019 SET @@session.max_insert_delayed_threads=0*/;
/*!50003 SET @OLD_COMPLETION_TYPE=@@COMPLETION_TYPE,COMPLETION_TYPE=0*/;
# at 4
#120607 14:33:37 server id 1  end_log_pos 98    Start: binlog v 4, server v 5.0.15-nt-log created 12
0607 14:33:37 at startup
ROLLBACK;
# at 98
#120607 14:41:51 server id 1  end_log_pos 117   Stop
# End of log file
ROLLBACK /* added by mysqlbinlog */;
/*!50003 SET COMPLETION_TYPE=@OLD_COMPLETION_TYPE*/;
```

图 17.7　查看日志 cjgong-bin.000001

（3）执行命令 mysqlbinlog，查看名为 cjgong-bin.000002 的二进制日志，具体内容如下：

```
mysqlbinlog cjgong-bin.000002
```

【运行效果】执行上面的命令语句，其结果如图 17.8 所示。

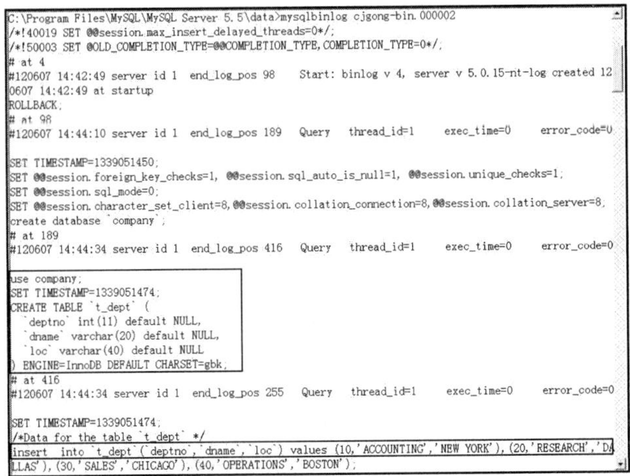

```
C:\Program Files\MySQL\MySQL Server 5.5\data>mysqlbinlog cjgong-bin.000002
/*!40019 SET @@session.max_insert_delayed_threads=0*/;
/*!50003 SET @OLD_COMPLETION_TYPE=@@COMPLETION_TYPE,COMPLETION_TYPE=0*/;
# at 4
#120607 14:42:49 server id 1  end_log_pos 98    Start: binlog v 4, server v 5.0.15-nt-log created 12
0607 14:42:49 at startup
ROLLBACK;
# at 98
#120607 14:44:10 server id 1  end_log_pos 189   Query   thread_id=1     exec_time=0     error_code=0

SET TIMESTAMP=1339051450;
SET @@session.foreign_key_checks=1, @@session.sql_auto_is_null=1, @@session.unique_checks=1;
SET @@session.sql_mode=0;
SET @@session.character_set_client=8,@@session.collation_connection=8,@@session.collation_server=8;
create database `company`;
# at 189
#120607 14:44:34 server id 1  end_log_pos 416   Query   thread_id=1     exec_time=0     error_code=0

use company;
SET TIMESTAMP=1339051474;
CREATE TABLE `t_dept` (
  `deptno` int(11) default NULL,
  `dname` varchar(20) default NULL,
  `loc` varchar(40) default NULL
) ENGINE=InnoDB DEFAULT CHARSET=gbk;
# at 416
#120607 14:44:34 server id 1  end_log_pos 255   Query   thread_id=1     exec_time=0     error_code=0

SET TIMESTAMP=1339051474;
/*Data for the table `t_dept` */
insert  into `t_dept`(`deptno`,`dname`,`loc`) values (10,'ACCOUNTING','NEW YORK'),(20,'RESEARCH','DA
LLAS'),(30,'SALES','CHICAGO'),(40,'OPERATIONS','BOSTON');
```

图 17.8　查看日志 cjgong-bin.000002

根据执行结果，可以发现在二进制日志文件 cjgong-bin.000002 里，记录了选择数据库 company，然后在该数据库里创建了表 t_dept，最后向该表中插入相应数据记录。即二进制日志会记录用户对数据库服务器进行了哪些操作。

17.2.3 停止二进制日志

二进制日志的操作包括启动二进制日志、查看二进制日志、停止二进制日志和删除二进制日志。本节将详细介绍停止二进制日志。

在 MySQL 服务器的配置文件 my.ini 里，如果在[mysqld]组添加了 log-bin 内容，MySQL 服务器将会一直开启二进制日志功能。即用户对 MySQL 服务器的各种操作将记录到二进制日志里。如果想停止二进制日志功能，只需删除[mysqld]组里的 log-bin 内容即可。

在具体操作 MySQL 服务器时，有时某些操作是不需要记录到二进制日志文件里，这时如果先删除文件 my.ini 中[mysqld]组里 log-bin 内容，那么执行完这些操作后，还需要重新在[mysqld]组添加 log-bin 内容。

为了解决上述问题，MySQL 软件专门提供一个命令 SET，实现暂停二进制日志，具体内容如下：

```
SET SQL_LOG_BIN=0
SET SQL_LOG_BIN=1
```

在上述命令中，当设置 SQL_LOG_BIN 的值为 0 时，表示暂停二进制日志功能，当设置 SQL_LOG_BIN 的值为 1 时，表示重新开启二进制日志功能。

注意：只有拥有 SUPER 权限的用户，才可以执行 SET 语句。

17.2.4 删除二进制日志

本节将详细介绍删除二进制日志。查看帮助文档发现，如果需要删除二进制日志，需要通过执行命令 RESET MASTER、PURGE MASTER LOGS TO 和 PURGE MASTER LOGS BEFORE 来实现，具体语法形式分别如下：

```
RESET MASTER;
```

执行上述命令，可以删除所有二进制日志文件。

```
PURGE MASTER LOGS TO filename.number
```

执行上述命令，可以删除编号小于 number 的所有二进制日志文件。

```
PURGE MASTER LOGS BEFORE 'yyyy-mm-dd hh:MM:ss'
```

执行上述命令，可以删除指定时间（yyyy-mm-dd hh:MM:ss）之前所创建的所有二进行日志文件。

【实例 17-3】执行删除二进制日志相应命令，删除相应的二进制日志文件。删除二进制日志文件之前，包含二进制日志文件的文件夹目录列表如图 17.9 所示，具体步骤如下：

（1）执行命令 PURGE MASTER LOGS TO，删除编号小于 000003 的所有二进制日志文件，具体内容如下：

```
PURGE MASTER LOGS TO 'cjgong-bin.000003';
```

【运行效果】执行上面的命令语句，其结果如图 17.10 所示。查看文件夹 data，可以发现其目录列表如图 17.11 所示。

名称	大小	类型	修改日期
test		文件夹	2012-6-7 13:38
mysql		文件夹	2012-6-7 13:38
company		文件夹	2012-6-7 14:45
ib_logfile1	10,240 KB	文件	2012-6-7 13:49
cjgong-bin.000001	1 KB	000001 文件	2012-6-7 14:41
cjgong-bin.000002	1 KB	000002 文件	2012-6-7 14:44
cjgong-bin.000003	2 KB	000003 文件	2012-6-7 16:33
ibdata1	10,240 KB	文件	2012-6-7 16:33
cjgong-bin.000004	1 KB	000004 文件	2012-6-7 20:05
cjgong-bin.index	1 KB	INDEX 文件	2012-6-7 20:05
ib_logfile0	10,240 KB	文件	2012-6-7 20:05
cjgong.err	8 KB	ERR 文件	2012-6-7 20:05
cjgong.pid	1 KB	PID 文件	2012-6-7 20:05

图 17.9　二进制日志文件目录

```
mysql> #删除二进制日志#
mysql> PURGE MASTER LOGS TO 'cjgong-bin.000003';
Query OK, 0 rows affected (0.19 sec)

mysql>
```

图 17.10　删除二进制日志文件

名称	大小	类型	修改日期
test		文件夹	2012-6-7 13:38
mysql		文件夹	2012-6-7 13:38
company		文件夹	2012-6-7 14:45
ib_logfile1	10,240 KB	文件	2012-6-7 13:49
cjgong-bin.000003	2 KB	000003 文件	2012-6-7 16:33
ibdata1	10,240 KB	文件	2012-6-7 16:33
cjgong-bin.000004	1 KB	000004 文件	2012-6-7 20:05
ib_logfile0	10,240 KB	文件	2012-6-7 20:05
cjgong.err	8 KB	ERR 文件	2012-6-7 20:05
cjgong.pid	1 KB	PID 文件	2012-6-7 20:05
cjgong-bin.index	1 KB	INDEX 文件	2012-6-7 22:18

图 17.11　删除后的文件目录

（2）执行命令 PURGE MASTER LOGS BEFORE，删除在 2012-6-7 20:05:01 时间之前所创建的所有二进制日志文件，具体内容如下：

```
PURGE MASTER LOGS BEFORE '2012-6-7 20:05:01';
```

【运行效果】执行上面的命令语句，其结果如图 17.12 所示。查看文件夹 data，可以发现其目录列表如图 17.13 所示。

```
mysql> #删除二进制日志#
mysql> PURGE MASTER LOGS BEFORE '2012-6-7 20:05:01';
Query OK, 0 rows affected (0.13 sec)

mysql>
```

图 17.12　删除二进制日志文件

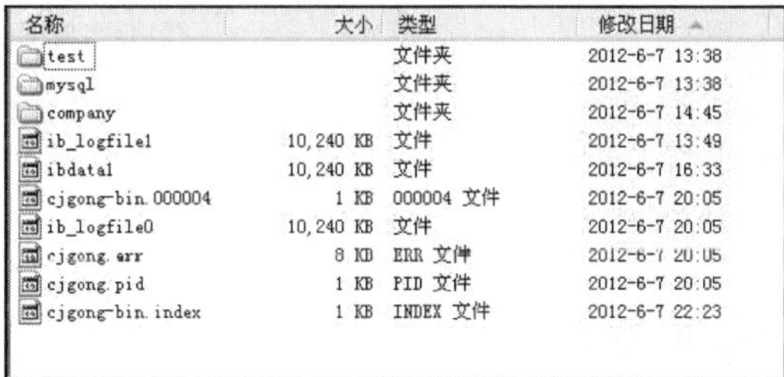

名称	大小	类型	修改日期
test		文件夹	2012-6-7 13:38
mysql		文件夹	2012-6-7 13:38
company		文件夹	2012-6-7 14:45
ib_logfile1	10,240 KB	文件	2012-6-7 13:49
ibdata1	10,240 KB	文件	2012-6-7 16:33
cjgong-bin.000004	1 KB	000004 文件	2012-6-7 20:05
ib_logfile0	10,240 KB	文件	2012-6-7 20:05
cjgong.err	8 KB	ERR 文件	2012-6-7 20:05
cjgong.pid	1 KB	PID 文件	2012-6-7 20:05
cjgong-bin.index	1 KB	INDEX 文件	2012-6-7 22:23

图 17.13　删除后的文件目录

（3）执行命令 RESET MASTER，删除所有的二进制日志，具体内容如下：

```
RESET MASTER;
```

【运行效果】执行上面的命令语句，其结果如图 17.14 所示。查看文件夹 data，可以发现其目录列表如图 17.15 所示。

```
mysql> #删除二进制日志#
mysql> RESET MASTER;
Query OK, 0 rows affected (0.11 sec)

mysql>
```

图 17.14　删除二进制日志

名称	大小	类型	修改日期
test		文件夹	2012-6-7 13:38
mysql		文件夹	2012-6-7 13:38
company		文件夹	2012-6-7 14:45
ib_logfile1	10,240 KB	文件	2012-6-7 13:49
ibdata1	10,240 KB	文件	2012-6-7 16:33
ib_logfile0	10,240 KB	文件	2012-6-7 20:05
cjgong.err	8 KB	ERR 文件	2012-6-7 20:05
cjgong.pid	1 KB	PID 文件	2012-6-7 20:05

图 17.15　删除后的文件目录

在上述步骤中，通过三种方式来删除二进制日志文件。

17.3　操作错误日志

错误日志也是 MySQL 软件非常重要的日志之一，其详细记录了 MySQL 服务器的开启、关闭和错误信息。本节将详细介绍关于错误日志的操作。

17.3.1　启动错误日志

错误日志的操作包括启动错误日志、查看错误日志、停止错误日志和删除错误日志。本节将详细介绍启动错误日志。

在 MySQL 数据库服务器里，错误日志默认是开启的，同时该种类型的日志也是无法被禁止。查看帮助文档，可以发现错误日志一般存放在 MySQL 服务器的数据文件夹下（C:\Program Files\MySQL\MySQL Server 5.0\data），错误日志文件通常的名称格式为 hostname.err（cjgong.err），其中参数 hostname 表示 MySQL 服务器的主机名，如图 17.16 所示。

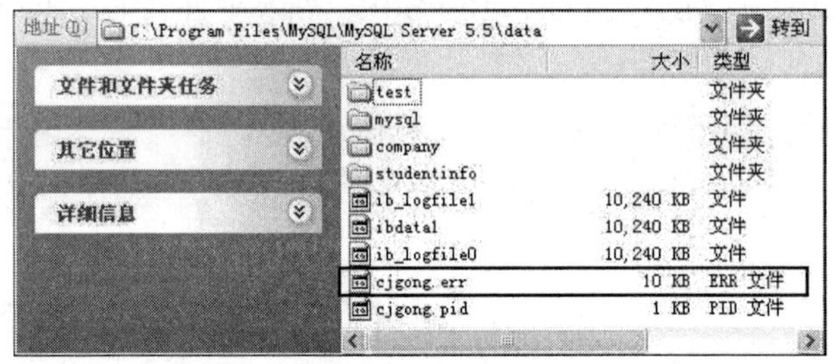

图 17.16　错误日志

如果想修改错误日志的存放目录，可以通过设置 MySQL 服务器的配置文件 my.ini 来实现，具体内容如下：

```
[mysqld]
error-bin[=dir\[filename]]
```

在上述语句中，参数 dir 用来指定错误文件的存储路径；参数 filename 用来指定错误文件的文件名。

如果没有在文件 my.ini 里设置错误日志的相关信息，错误日志文件将使用默认名字主机名.error，保存到默认目录——数据库数据文件里。

17.3.2　查看错误日志

本节将详细介绍查看错误日志。之所以要查看错误日志，是由于该日志文件里记录了 MySQL 服务器开启和关闭的时间，以及具体运行过程中出现的异常信息，通过这些信息可以了解 MySQL 服务器的运行状态。

由于错误日志是以文本文件的形式存储内容，所以可以直接使用普通文本工具来查看该类型日志内容。查看 MySQL 服务器的错误日记，具体内容如图 17.17 所示。

```
cjgong.err - 记事本
文件(F) 编辑(E) 格式(O) 查看(V) 帮助(H)

120608  9:01:45 [Warning] No argument was provided to --log-bin, and --log-bin-index was not used; so
120608  9:01:47  InnoDB: Started; log sequence number 0 49946
120608  9:01:49 [Note] C:\Program Files\MySQL\MySQL Server 5.0\bin\mysqld-nt: ready for connections.
Version: '5.0.15-nt-log'  socket: ''  port: 3306  Official MySQL binary
120608 12:22:22 [Note] C:\Program Files\MySQL\MySQL Server 5.0\bin\mysqld-nt: Normal shutdown

120608 12:22:22  InnoDB: Starting shutdown...
120608 12:22:25  InnoDB: Shutdown completed; log sequence number 0 54883
120608 12:22:25 [Note] C:\Program Files\MySQL\MySQL Server 5.0\bin\mysqld-nt: Shutdown complete

120608 12:52:42 [Warning] No argument was provided to --log-bin, and --log-bin-index was not used; so
120608 12:52:44  InnoDB: Started; log sequence number 0 54883
120608 12:52:45 [Note] C:\Program Files\MySQL\MySQL Server 5.0\bin\mysqld-nt: ready for connections.
Version: '5.0.15-nt-log'  socket: ''  port: 3306  Official MySQL binary
120608 16:08:25 [Note] C:\Program Files\MySQL\MySQL Server 5.0\bin\mysqld-nt: Normal shutdown

120608 16:08:26  InnoDB: Starting shutdown...
120608 16:08:28  InnoDB: Shutdown completed; log sequence number 0 54883
120608 16:08:28 [Note] C:\Program Files\MySQL\MySQL Server 5.0\bin\mysqld-nt: Shutdown complete

120608 16:10:22  InnoDB: Started; log sequence number 0 54883
120608 16:10:22 [Note] C:\Program Files\MySQL\MySQL Server 5.0\bin\mysqld-nt: ready for connections.
Version: '5.0.15-nt'  socket: ''  port: 3306  Official MySQL binary
120608 16:39:20 [Note] C:\Program Files\MySQL\MySQL Server 5.0\bin\mysqld-nt: Normal shutdown

120608 16:39:21  InnoDB: Starting shutdown...
120608 16:39:25  InnoDB: Shutdown completed; log sequence number 0 54883
120608 16:39:25 [Note] C:\Program Files\MySQL\MySQL Server 5.0\bin\mysqld-nt: Shutdown complete
```

图 17.17　错误日志内容

根据错误日志的内容可以发现，该日志文件于 2012 年 6 月 8 日被写入内容，详细记录了关于 MySQL 服务器的操作信息，MySQL 服务器启动信息（120608 16:08:26　InnoDB: Starting shutdown...）、MySQL 服务器关闭信息（120608 16:08:28　InnoDB: Shutdown completed; log sequence number 0 54883）等信息。

17.3.3　删除错误日志

本节将详细介绍删除错误日志。查看帮助文档发现，如果需要删除错误日志，需要通过执行命令 mysqladmin 来实现，具体语法形式分别如下：

```
mysqladmin -u root -p flush-logs
```

执行上述命令，MySQL 服务器首先会创建一个新的错误日志，然后将旧的错误日志更名为 filename.err-old。如果数据库管理员认为 filename.err-old 文件没有任何用处，即没有任何存在的理由，可以直接删除。

17.4　通用查询日志

通用查询日志为 MySQL 软件非常重要的日志之一，通用查询日志主要用来记录用户关于 MySQL 服务器的所有操作，包含 MySQL 服务器的启动和关闭信息、客户端的连接信息、更新数据记录 SQL 语句和查询数据记录 SQL 语句。由于该日志记录了客户端连接 MySQL 的所有请求，如当前实例访问量较大，此日志会急剧增加，会抢占系统 IO 导致影响 MySQL 的性能，一般建议关闭此日志，需要时可以通过设置环境变量打开。

17.4.1 启动通用查询日志

通用查询日志的操作包括启动通用查询日志、查看通用查询日志、停止通用查询日志和删除通用查询日志。本节将详细介绍启动通用查询日志。

在默认情况下，通用查询日志是关闭的，如果想启动通用查询日志，可以通过设置 MySQL 服务器的配置文件 my.ini 来实现，具体内容如下：

```
[mysqld]
log [=dir\[filename]]
```

在上述语句中，参数 dir 用来指定通用查询日志文件的存储路径；参数 filename 用来指定通用查询日志的文件名，具体格式为 filename.log。在具体启动通用查询日志时，如果没有设置参数 dir 和 filename，日志文件将使用默认名字主机名.log，保存到默认目录——数据库数据文件里。

以上方法是通过配置文件指定开启了通用查询日志，此时需要重启 MySQL 服务器才可使设置生效，除此之外，还有一种方法通过设置 MySQL 的环境变量进行动态的控制通用查询日志的开启与关闭。通过设置环境变量 general_log 进行通用查询日志的动态控制，而不需要重启 MySQL 服务器，操作示例如下。

```
#通过设置环境变量 general_log 进行通用查询日志的动态控制，on 表示开启
mysql> set global general_log=on;
Query OK, 0 rows affected (0.02 sec)
#查看相关环境变量
mysql> show variables like '%general_log%' \G;
*************************** 1. row ***************************
Variable_name: general_log
        Value: ON
*************************** 2. row ***************************
Variable_name: general_log_file
        Value: C:\Documents and Settings\All Users\Application Data\MySQL\MySQL
Server 5.5\Data\MHX0JCJYUC7PDAA.log
2 rows in set (0.00 sec)
```

在上述示例中，参数 general_log 用于动态的控制通用查询日志的开启与关闭，on 表示开启通用查询日志，general_log_file 变量指定了通用查询日志文件所处的位置。

17.4.2 查看通用查询日志

本节将详细介绍查看查询日志，如果想了解用户最近的操作，可以查看通用查询日志。

由于通用查询日志是以文本文件的形式存储内容，所以可以直接使用普通文本工具来查看该类型日志内容。关于 MySQL 服务器的通用查询日志，具体内容如图 17.18 所示。

```
MHX0JCJYUC7PDAB.log - 记事本
文件(F)  编辑(E)  格式(O)  查看(V)  帮助(H)
C:\Program Files\MySQL\MySQL Server 5.5\bin\mysqld, Version: 5.5.33 (MySQL Community Server (GPL)). started with:
TCP Port: 3306, Named Pipe: MySQL
Time                 Id Command    Argument
130901 14:36:33       3 Query      show variables like '%general_log%'
130901 14:38:34       3 Query      SELECT DATABASE()
130901 14:38:36       3 Query      SELECT DATABASE()
                      3 Init DB    mysql
130901 14:38:41       3 Query      select * from mysql.user
130901 14:38:59       3 Query      show variables like '%general_log%'
130901 14:44:47       3 Quit
130901 14:44:49       4 Connect    root@localhost on
                      4 Connect    Access denied for user 'root'@'localhost' (using password: YES)
```

图 17.18　通用查询查询日志内容

在图 17.18 中，该日志记录了客户端所有的行为，如连接请求，查询请求等，通过此日志可以非常清晰地看到客户端的所有行为。

17.4.3　停止通用查询日志

通用查询日志的操作包括启动通用查询日志、查看通用查询日志、停止通用查询日志和删除通用查询日志。本节将详细介绍停止通用查询日志。

通用查询日志启动后，可以通过两种方法停止该日志，一种是通过设置 MySQL 服务器的配置文件 my.ini 来实现，具体内容如下：

```
[mysqld]
#log [=dir\[filename]]
```

在上述语句中，通过将相关配置注释掉，然后重启 MySQL 服务器，则可以停止通用查询日志。

上述方法需要重启 MySQL 服务器，这在某些场景比如有业务量访问的情况下是不允许的，这时可以通过另一种方法来动态地控制通用查询日志的开启与关闭。通过设置 MySQL 的环境变量 general_log 为关闭状态可以停止该日志，操作示例如下。

```
#通过设置环境变量 general_log 进行通用查询日志的动态控制，off 表示关闭
mysql> set global general_log=off;
Query OK, 0 rows affected (0.02 sec)
#查看相关环境变量
mysql> show variables like '%general_log%' \G;
*************************** 1. row ***************************
Variable_name: general_log
        Value: off
*************************** 2. row ***************************
Variable_name: general_log_file
        Value: C:\Documents and Settings\All Users\Application Data\MySQL\MySQL
Server 5.5\Data\MHX0JCJYUC7PDAA.log
2 rows in set (0.00 sec)
```

在上述示例中，参数 general_log 设置为 off 用于动态的控制通用查询日志的处于关闭状态，general_log_file 变量指定了通用查询日志文件所处的位置。

17.4.4　删除通用查询日志

本节将详细介绍删除查询日志。查看帮助文档发现，如果需要删除查询日志，需要通过执行命

令 mysqladmin 来实现，具体语法形式分别如下：

```
mysqladmin -u root -p flush-logs
```

执行上述命令，如果为删除查询日志，MySQL 服务器会创建一个新的查询日志，覆盖旧的查询日志。如果需要备份旧的日志文件，则必须先将旧的日志文件复制出来或者改名，然后再次执行命令 mysqladmin。

注意：在具体删除查询日志时，一旦执行 mysqladmin 命令，就会先删除旧的通用查询日志文件，然后再创建一个新的查询日志。

17.5 慢查询日志

慢查询是 MySQL 软件非常重要的日志之一，主要用来记录执行时间超过指定时间的查询语句。通过查看该类型日志文件，可以查找到哪些查询语句的执行效率低，以便找出 MySQL 服务器的性能瓶颈从而进行优化。

慢查询日志的操作包括启动慢查询日志、查看慢查询日志、分析慢查询日志、停止慢查询日志和删除慢查询日志。本节将依次详细介绍。

17.5.1 启动慢查询日志

在默认情况下，慢查询日志是关闭的，如果想启动慢查询日志，可以通过设置 MySQL 服务器的配置文件 my.ini 来实现，具体内容如下：

```
[mysqld]
log-slow-queries[=dir\[filename]]
long_query_time=n
```

在上述语句中，参数 dir 用来指定慢查询日志文件的存储路径；参数 filename 用来指定慢查询日志的文件名，具体格式为 filename-slow.log。在具体启动慢查询日志时，如果没有设置参数 dir 和 filename，慢查询日志文件将使用默认名字主机名-slow.log，保存到默认目录——数据库数据文件里。参数 n 用来设置时间，该值的单位为秒。如果没有设置 long_query_time 选项，默认时间为 10 秒。

通过上述方法开启了 MySQL 服务器的慢查询日志，此时需要重启 MySQL 服务器以便使设置生效。这在某些场景比如有业务量访问的情况下是不允许的，这时可以通过另外一种方法动态的控制慢查询日志的开启与停止。通过设置 MySQL 的环境变量 slow_query_log 为关闭状态可以停止该日志，操作示例如下。

```
#通过设置环境变量 slow_query_log 进行慢查询日志的动态控制，on 表示开启
mysql> set global  slow_query_log=on;
Query OK, 0 rows affected (0.00 sec)
#设置慢查询日志最大允许的时间，单位为秒
mysql> set global long_query_time=3;
Query OK, 0 rows affected (0.00 sec)
```

注意：在通过环境变量开启慢查询日志时，slow_query_log 针对当前登录的连接实时生效，而 long_query_time 针对当前连接并不生效，是针对新增的连接有效，如需启用修改后的变量值，需要

重新连接 MySQL。

17.5.2　查看慢查询日志

如果想了解执行时间超过指定时间的查询语句，以便定位 MySQL 服务器的性能瓶颈，可以查看慢查询日志。

由于慢查询日志是以文本文件的形式存储内容，所以可以直接使用普通文本工具来查看该类型日志内容。关于 MySQL 服务器的慢查询日志，具体内容如图 17.19 所示。

```
MHX0JCJYUC7PDAA-slow.log - 记事本
文件(F) 编辑(E) 格式(O) 查看(V) 帮助(H)
C:\Program Files\MySQL\MySQL Server 5.5\bin\mysqld, Version: 5.5.33 (MySQL Community Server (GPL)). started with:
TCP Port: 3306, Named Pipe: MySQL
Time                 Id Command    Argument
# Time: 130901 15:16:36
# User@Host: root[root] @ localhost [127.0.0.1]
# Query_time: 10.015625  Lock_time: 0.000000 Rows_sent: 1  Rows_examined: 0
SET timestamp=1378019796;
select sleep(10);
# Time: 130901 15:20:37
# User@Host: root[root] @ localhost [127.0.0.1]
# Query_time: 11.000000  Lock_time: 0.000000 Rows_sent: 1  Rows_examined: 0
SET timestamp=1378020037;
select sleep(11);
# Time: 130901 15:21:34
# User@Host: root[root] @ localhost [127.0.0.1]
# Query_time: 4.000000  Lock_time: 0.000000 Rows_sent: 1  Rows_examined: 0
SET timestamp=1378020094;
select sleep(4);
```

图 17.19　查询慢查询日志内容

17.5.3　分析慢查询日志

如果想了解执行时间超过指定时间的查询语句，以便定位 MySQL 服务器的性能瓶颈，可以分析慢查询日志。

MySQL 提供了对应的工具用于分析 MySQL 慢查询日志的内容，比如，查看慢查询次数最多的语句或者慢查询时间最长的语句，对应的工具为 mysqldumpslow.pl，常用参数如下：

“-s”为分析慢查询日志时指定排序参数，可选的有：“al”表示平均锁定时间，“ar”表示平均返回记录数，“at“表示平均查询时间。

“-t“参数表示只显示指定的行数。

```
#分析慢查询日志
C:\Program Files\MySQL\MySQL Server 5.5\bin>mysqldumpslow.pl  -s at -t 1 "C:\Documents and Settings\All Users\Application Data\MySQL\MySQL Server 5.5\data\MHX0JCJYUC7PDAA-slow.log"

Reading mysql slow query log from C:\Documents and Settings\All Users\Application Data\MySQL\MySQL Server 5.5\data\MHX0J
CJYUC7PDAA-slow.log
Count: 6  Time=3.17s (19s)  Lock=0.00s (0s)  Rows=1.0 (6), test[test]@MHX0JCJYUC7PDAA
  select sleep(N)
C:\Program Files\MySQL\MySQL Server 5.5\bin>mysqldumpslow.pl "C:\Documents and Settings\All Users\Application Data\MySQL\MySQL Server 5.5\data\MHX0JCJYUC7PDAA-slow.log"
```

在上述示例中，使用 mysqldumpslow.pl 分析慢查询日志，“-s at”表示将分析的结果按平均查询时间排序，“-t 1”表示只显示符合条件的第 1 条。

注意：在分析慢查询日志时，mysqldumpslow.pl 为 perl 语言编写的脚本，执行该脚本需要对应的 perl 语言环境，perl 环境的安装包可以在 http://www.perl.org/下载。

17.5.4 停止慢查询日志

如需停止慢查询日志，可以通过设置 MySQL 服务器的配置文件 my.ini 来实现，具体内容如下：

```
[mysqld]
#log-slow-queries[=dir\[filename]]
#long_query_time=n
```

通过将对应配置注释掉可以将 MySQL 慢查询日志停止。

通过上述方法停止了 MySQL 服务器的慢查询日志，此时需要重启 MySQL 服务器，这在某些场景比如有业务量访问的情况下是不允许的，这时可以通过另外一种方法动态的控制慢查询日志的开启与停止。通过设置 MySQL 的环境变量 slow_query_log 为关闭状态可以停止该日志，操作示例如下。

```
#通过设置环境变量 slow_query_log 进行慢查询日志的动态控制，off 表示关闭
mysql> set global  slow_query_log=off;
Query OK, 0 rows affected (0.00 sec)
```

17.5.5 删除慢查询日志

如果需要删除慢查询日志，可以通过 Windows 的删除命令直接将慢查询日志文件删除，然后使用以下命令重新创建对应文件。具体语法形式分别如下：

```
#删除慢查询日志文件
C:\Program Files\MySQL\MySQL Server 5.5\bin>del  C:\Documents and Settings\All
Users\Application Data\MySQL\MySQL Server
 5.5\data\MHX0JCJYUC7PDAA-slow.log
#重新刷新慢查询日志
mysqladmin -u root -p flush-logs
```

执行上述命令，MySQL 服务器会创建一个新的慢查询日志，此时慢查询日志内容为空。如果需要备份旧的日志文件，则必须先将旧的日志文件复制出来或者改名，然后再次执行命令 mysqladmin。

17.6 小 结

本章介绍了 MySQL 软件的日志管理，主要从日志的基本概念和 MySQL 所支持的日志操作两方面来讲解。前者主要介绍了 MySQL 软件所支持的各种日志，后者主要介绍了在 MySQL 软件中如何启动日志、查看日志、停止日志和删除日志。由于 MySQL 支持 4 种类型的日志，分别为二进制日志、错误日志、通用查询日志和慢查询日志，所以详细介绍了这些日志的四种操作。

通过对本章的学习，读者不仅能够对 MySQL 软件所支持的日志有一定的认识，而且还会对这些日志进行各种操作。

第 18 章 MySQL 数据库维护和性能提高

在任何数据库环境中，计算机系统的各种软硬件故障、人为破坏及用户误操作等是不可避免的，这就有可能导致数据的丢失、服务器瘫痪等严重后果。为了有效防止数据丢失，并将损失降到最低，用户应定期对 MySQL 数据库服务器做维护。数据库维护，包含数据备份、还原、导出和导入操作。

对于大型应用程序，经常会出现滞缓和性能问题，起因多为数据库问题。于是优化数据库成为用户的必备技能。通过数据库性能优化，不仅可以使 MySQL 数据库运行速度更快，而且还可以使磁盘空间更小。

通过本节的学习，可以掌握 MySQL 数据库的维护和性能优化，内容包含:

- 实现数据备份操作
- 实现数据还原操作
- 实现导出操作
- 实现导入操作
- 数据库优化的一些建议

18.1 MySQL 数据库维护

所谓数据库维护，主要包含备份数据、还原数据和数据库迁移，对于 MySQL 软件来说，还包含数据库对象表的导出和导入。通过数据备份和还原可以保证 MySQL 服务器的数据安全，而其他操作数据库迁移以及表的导出和导入，也是用户需要掌握的操作。

18.1.1 通过复制数据文件实现数据备份

备份数据是数据库维护中最常用的操作，通过备份后的数据文件可以在数据库发生故障后还原和恢复数据。可能造成数据损失的原因很多，包含如下几个方面。

- 存储介质故障：保存数据库文件的磁盘设备损坏，用户没有数据库备份导致数据彻底丢失。
- 用户的错误操作：如误删除了某些重要数据，甚至整个数据库。
- 服务器的彻底瘫痪：如数据库服务器彻底瘫痪，系统需要重建。

由于 MySQL 服务器中的数据文件是基于磁盘的文本文件，所以最简单、最直接的备份操作，就是数据文件直接复制出来。由于 MySQL 服务器的数据文件在服务器运行时期，总是处于打开和使用状态，因此文本文件副本备份不一定总是有效。为了解决该问题，在具体复制数据文件时，需要先停止 MySQL 数据库服务器。

注意：为了保证所备份数据的完整性，在停止 MySQL 数据库服务器之前，需要先执行 FLUSH TABLES 语句将所有数据写入数据文件的文本文件里。

虽然停止 MySQL 数据库服务器，可以解决复制数据文件实现数据备份的问题，但是这种方法不是最好的备份方法。这是因为在实际情况下，MySQL 数据库服务器不允许被停止，同时该种方式对 InnoDB 存储引擎的表也不适合。

注意：在通过复制数据文件方式实现数据备份时，只适合存储引擎为 MyISAM 的表。

在 Windows 操作系统下，MySQL 数据库服务器的数据文件经常存放在如下三个路径之一。

- C:\mysql\date 目录。
- C:\Documents and Settings\All Users\Application Data\MySQL\MySQL Server 5.5\data 目录。
- C:\Program Files\MySQL\MySQL Server 5.5\data 目录（本书 MySQL 数据库服务器所安装的目录）。

如果需要进行备份操作，可以直接复制上述相关目录里的数据文件。

18.1.2 通过命令 mysqldump 实现数据备份

除了可以通过复制数据文件实现数据备份外，还可以通过其他方式来实现。查看帮助文档可以发现，在 MySQL 软件中经常通过命令 mysqldump 实现数据备份，即该命令会将包含数据的表结构和数据内容保存在相应的文本文件。具体执行时，首先会检查所需要备份数据的表结构，在相应的文本文件中生成 CREATE 语句。然后检查数据内容，在相应的文本文件中生成 INSERT INTO 语句。将来如果需要进行还原数据，只需执行文本文件中的 CREATE 语句和 INSERT INTO 语句。

在具体使用命令 mysqldump 时，经常分为以下三种形式。

- 备份一个数据库。
- 备份多个数据库。
- 备份所有数据库。

下面将详细介绍命令 mysqldump 的使用方式。

1. 备份一个数据库

查看帮助文档可以发现，在 MySQL 软件中备份一个数据库通过命令 mysqldump 来实现，其命令形式如下：

```
mysqldump -u username -p dbname
    table1 table2…tablen
    > backupname.sql
```

在上述语句中，username 参数表示用户名；参数 dbname 表示数据库；参数 table 表示所要备份的表，如果没有参数 table，则表示备份整个数据库；参数 backupname 表示所生成的备份文件。

注意：备份文件一般以.sql 为扩展名，也可以使用其他扩展名，不过.sql 扩展名的文件给人的感觉就是与数据库的文件有关。

【实例 18-1】 通过超级用户 root 登录到 MySQL 服务器，然后备份 company 数据库下的 t_dept 表，具体步骤如下：

（1）在 DOS 窗口中执行命令 mysqldump，备份数据库 company 下的表 t_dept，具体内容如下：

```
mysqldump -u root -p company t_dept> c:\t_dept_back.sql
```

【代码说明】 在上述语句中，通过用户 root 对数据库 company 里的表 t_dept 进行备份，同时设置备份文件为 C 磁盘下的文件 t_dept_back.sql。

【运行效果】 执行上面的命令语句，其结果如图 18.1 所示。

```
C:\Documents and Settings\cjgong1>mysqldump -u root -p company t_dept> c:\t_dept_back.sql
Enter password: ****

C:\Documents and Settings\cjgong1>
```

图 18.1　表 t_dept 的备份

（2）打开磁盘 C，将创建出一个名为 t_dept_back.sql 的新文件，具体内容如下：

```
-- MySQL dump 10.10
--
-- Host: localhost    Database: company
-- ------------------------------------------------------
-- Server version    5.5.21-nt
/*!40101 SET @OLD_CHARACTER_SET_CLIENT=@@CHARACTER_SET_CLIENT */;
/*!40101 SET @OLD_CHARACTER_SET_RESULTS=@@CHARACTER_SET_RESULTS */;
/*!40101 SET @OLD_COLLATION_CONNECTION=@@COLLATION_CONNECTION */;
/*!40101 SET NAMES utf8 */;
/*!40103 SET @OLD_TIME_ZONE=@@TIME_ZONE */;
/*!40103 SET TIME_ZONE='+00:00' */;
/*!40014 SET @OLD_UNIQUE_CHECKS=@@UNIQUE_CHECKS, UNIQUE_CHECKS=0 */;
/*!40014 SET @OLD_FOREIGN_KEY_CHECKS=@@FOREIGN_KEY_CHECKS, FOREIGN_KEY_CHECKS=0 */;
/*!40101 SET @OLD_SQL_MODE=@@SQL_MODE, SQL_MODE='NO_AUTO_VALUE_ON_ZERO' */;
/*!40111 SET @OLD_SQL_NOTES=@@SQL_NOTES, SQL_NOTES=0 */;
--
-- Table structure for table 't_dept'
--
DROP TABLE IF EXISTS 't_dept';
CREATE TABLE 't_dept' (
  'deptno' int(11) default NULL,
  'dname' varchar(20) default NULL,
  'loc' varchar(40) default NULL
) ENGINE=InnoDB DEFAULT CHARSET=gbk;
--
-- Dumping data for table 't_dept'
--
/*!40000 ALTER TABLE 't_dept' DISABLE KEYS */;
LOCK TABLES 't_dept' WRITE;
```

```
INSERT INTO 't_dept' VALUES (10,'ACCOUNTING','NEW YORK'),(20,'RESEARCH','DALLAS'),
(30,'SALES','CHICAGO'),(40,'OPERATIONS','BOSTON');
UNLOCK TABLES;
/*!40000 ALTER TABLE 't_dept' ENABLE KEYS */;
/*!40103 SET TIME_ZONE=@OLD_TIME_ZONE */;
/*!40101 SET SQL_MODE=@OLD_SQL_MODE */;
/*!40014 SET FOREIGN_KEY_CHECKS=@OLD_FOREIGN_KEY_CHECKS */;
/*!40014 SET UNIQUE_CHECKS=@OLD_UNIQUE_CHECKS */;
/*!40101 SET CHARACTER_SET_CLIENT=@OLD_CHARACTER_SET_CLIENT */;
/*!40101 SET CHARACTER_SET_RESULTS=@OLD_CHARACTER_SET_RESULTS */;
/*!40101 SET COLLATION_CONNECTION=@OLD_COLLATION_CONNECTION */;
/*!40111 SET SQL_NOTES=@OLD_SQL_NOTES */;
```

【代码说明】上述语句中存在两种注释，以“--”开头都是关于 SQL 语言的注释，以“/*!40014”开头都是关于与 MySQL 5.5.21 服务器相关的注释。整个文档开始部分记录了 MySQL 服务器的版本、主机名和数据库名，分别为 Server version 5.0.15-nt、localhost 和 company。文档中存在 DROP 语句、CREATE 语句和“INSERT INTO”语句，它们分别为将来还原数据库时使用。其中“DROP TABLE IF EXISTS't_dept';”语句用来判断数据库中是否还有名为 t_dept 的表；如果存在，则删除掉这个表；其中“CREATE TABLE”语句用来实现创建表 t_dept；“INSERT INTO”语句用来实现还原表里的数据。

注意：在具体还原数据时，如果 MySQL 服务器的版本比 5.5.21 高，“/*!40000”和“*/”间的代码将被当作 SQL 命令来执行；如果 MySQL 服务器的版本比 5.5.21 低，“/*!40000”和“*/”间的代码将被当作注释。

2. 备份多个数据库

查看帮助文档发现，在 MySQL 软件中备份多个数据库通过命令 mysqldump 来实现，其语法形式如下：

```
mysqldump -u username -p --databases
    dbname1 dbname2 … dbnamen
    > backupname.sql
```

上述语句中多出一个名为 databases 选项，该选项用来设置所备份的数据库。

【实例 18-2】通过超级用户 root 登录到 MySQL 服务器，然后备份 company 和 companynew 数据库，具体步骤如下。

（1）在 DOS 窗口中执行命令 mysqldump，备份数据库 company 和 companynew，具体内容如下：

```
mysqldump -u root -p --databases company companynew> c:\database_company_back.sql
```

【代码说明】上述语句中，通过选项设置备份数据库 company 和 companynew。

【运行效果】执行上面的命令语句，其结果如图 18.2 所示。

```
C:\Documents and Settings\cjgong1>mysqldump -u root -p --databases company companynew> c:\database_company_back.sql
Enter password: ****

C:\Documents and Settings\cjgong1>
```

图 18.2 数据库 company 和 companynew 的备份

（2）打开磁盘 C，将创建出一个名为 database_company_back.sql 的新文件，具体内容如下：

```
-- MySQL dump 10.10
--
-- Host: localhost    Database: company
-- ------------------------------------------------------
-- Server version    5.5.21-nt
/*!40101 SET @OLD_CHARACTER_SET_CLIENT=@@CHARACTER_SET_CLIENT */;
--删除部分内容
--
-- Current Database: 'company'
--
CREATE DATABASE /*!32312 IF NOT EXISTS*/ 'company' /*!40100 DEFAULT CHARACTER SET latin1 */;
USE 'company';
--
-- Table structure for table 't_dept'
--
DROP TABLE IF EXISTS 't_dept';
CREATE TABLE 't_dept' (
  'deptno' int(11) default NULL,
  'dname' varchar(20) default NULL,
  'loc' varchar(40) default NULL
) ENGINE=InnoDB DEFAULT CHARSET=gbk;
--
-- Dumping data for table 't_dept'
--
/*!40000 ALTER TABLE 't_dept' DISABLE KEYS */;
LOCK TABLES 't_dept' WRITE;
INSERT INTO 't_dept' VALUES (10,'ACCOUNTING','NEW YORK'),(20,'RESEARCH','DALLAS'),(30,'SALES','CHICAGO'),(40,'OPERATIONS','BOSTON');
UNLOCK TABLES;
/*!40000 ALTER TABLE 't_dept' ENABLE KEYS */;
--
-- Table structure for table 't_employee'
--
DROP TABLE IF EXISTS 't_employee';
CREATE TABLE 't_employee' (
  'empno' int(11) default NULL,
  'ename' varchar(20) default NULL,
  'job' varchar(40) default NULL,
  'MGR' int(11) default NULL,
  'Hiredate' date default NULL,
  'sal' double(10,2) default NULL,
  'comm' double(10,2) default NULL,
  'deptno' int(11) default NULL
) ENGINE=InnoDB DEFAULT CHARSET=gbk;
--
-- Dumping data for table 't_employee'
--
/*!40000 ALTER TABLE 't_employee' DISABLE KEYS */;
LOCK TABLES 't_employee' WRITE;
```

```
    INSERT INTO 't_employee' VALUES (7369,'SMITH','CLERK',7902,'1981-03-12', 800.00,
NULL,20),(7499,'ALLEN','SALESMAN',7698,'1982-03-12',1600.00,300.00,30),(7521,'WARD
','SALESMAN',7698,'1983-03-12',1250.00,500.00,30),(7566,'JONES','MANAGER',7839,'19
81-03-12',2975.00,NULL,20),(7654,'MARTIN','SALESMAN',7698,'1981-03-12',1250.00,140
0.00,30),(7698,'BLAKE','MANAGER',7839,'1981-03-12',2850.00,NULL,30),(7782,'CLARK',
'MANAGER',7839,'1985-03-12',2450.00,NULL,10),(7788,'SCOTT','ANALYST',7566,'1981-03
-12',3000.00,NULL,20),(7839,'KING','PRESIDENT',NULL,'1981-03-12',5000.00,NULL,10),
(7844,'TURNER','SALESMAN',7698,'1989-03-12',1500.00,0.00,30),(7876,'ADAMS','CLERK'
,7788,'1998-03-12',1100.00,NULL,20),(7900,'JAMES','CLERK',7698,'1997-03-12',950.00
,NULL,30),(7902,'FORD','ANALYST',7566,'0000-00-00',3000.00,NULL,20),(7934,'MILLER'
,'CLERK',7782,'1981-03-12',1300.00,NULL,10);
    UNLOCK TABLES;
    /*!40000 ALTER TABLE 't_employee' ENABLE KEYS */;
    --
    -- Current Database: 'companynew'
    --
    CREATE DATABASE /*!32312 IF NOT EXISTS*/ 'companynew' /*!40100 DEFAULT CHARACTER
SET gb2312 */;
    USE 'companynew';
    --删除部分内容;
```

通过查看文件 database_company_back.sql，可以发现不仅对数据库 company 进行了备份，而且还对数据库 companynew 进行了备份。

3．备份所有数据库

查看帮助文档发现，在 MySQL 软件中备份所有数据库通过命令 mysqldump 来实现，其语法形式如下：

```
mysqldump -u username -p --all -databases
     > backupname.sql
```

上述语句中多出一个名为 all 的选项，用来实现备份所有数据库。

【实例 18-3】 通过超级用户 root 登录到 MySQL 服务器，然后备份所有数据库，具体步骤如下：

（1）在 DOS 窗口中执行命令 mysqldump，备份所有数据库，具体内容如下：

```
mysqldump -u root -p --all-databases> c:\all_databases_back.sql
```

【代码说明】 在上述语句中，通过“--all –databases”选项设置备份所有数据库。

【运行效果】 执行上面的命令语句，其结果如图 18.3 所示。

```
C:\Documents and Settings\cjgong1>mysqldump -u root -p --all-databases> c:\all_databases_back.sql
Enter password: ****

C:\Documents and Settings\cjgong1>
```

图 18.3 备份所有数据库

（2）打开磁盘 C 查看文件，可以发现创建出一个名为 all_databases_back.sql 的新文件，具体效果如图 18.4 所示。

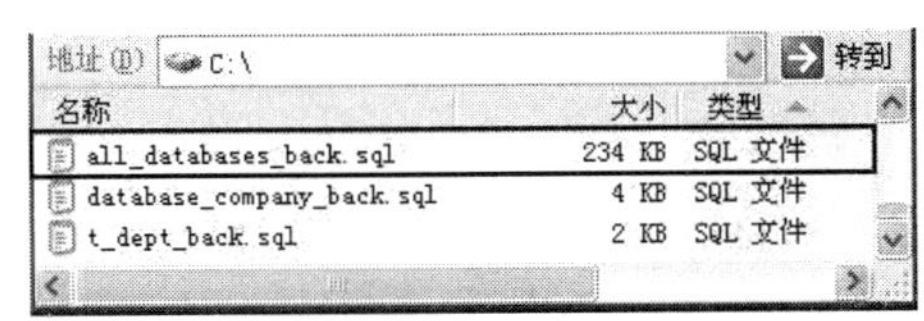

图 18.4　all_databases_back.sql 文件

由于文件 all_databases_back.sql 的内容比较多，所以本节将不再具体展示该文件的内容。

18.1.3　通过复制数据文件实现数据还原

还原数据是数据库维护中最常用的操作，利用备份文件可以将 MySQL 数据库服务器还原到备份时的状态，这样即可将管理员的非常操作和计算机的故障造成的相关损失降到最小。

前面章节介绍了通过复制数据文件实现数据备份，可以通过复制该种方式所生成的备份文件来实现还原操作。在通过复制数据文件这种方式实现数据还原时，必须保证两个 MySQL 数据库的主版本号一致，因为只有 MySQL 数据库主版本号相同时，才能保证两个 MySQL 数据库的文件类型是相同的。由于通过复制数据文件实现数据备份时，对存储引擎类型为 InnoDB 的表不可用，仅对存储引擎为 MyISAM 类型的表有效。因此通过复制数据文件实现数据还原时，也只对存储类型为 MyISAM 类型的表有效。

注意：关于 MySQL 数据库服务器的版本号，第一个数字表示主版本号，只有主版本号一致的 MySQL 数据文件，其文件类型才会相同。例如 MySQL 5.5.21 和 MySQL 5.5.01 这两个版本的主版本号都是 5，这两个数据库的数据文件拥有相同类型的数据文件。

18.1.4　通过命令 mysql 实现数据还原

除了可以通过复制数据文件实现数据还原外，还可以通过其他方式来实现。查看帮助文档可以发现，在 MySQL 软件中经常通过命令 mysql 实现数据还原。查看帮助文档发现，在 MySQL 软件中还原数据库通过命令 mysql 来实现，其语法形式如下：

```
mysqldump -u username -p [dbname]< backupname.sql
```

在上述语句中，username 参数表示用户名；参数 backupname 表示所用来还原的备份文件；参数 dbname 用来指定数据库的名称，可以指定也可以不指定，指定数据库时表示还原该数据库下的表，不指定数据库时表示还原备份文件中的所有数据库。

在具体执行命令 mysql 时，将执行备份文件中的 CREATE 和 INSERT INTO 语句，即通过执行 CREATE 语句创建数据库，通过执行 INSERT INTO 语句插入所备份的表中数据。

通过超级用户 root 登录到 MySQL 服务器，然后利用上面章节所生成的各种备份文件还原 MySQL 数据库服务器。

【实例 18-4】 利用备份文件还原数据库下的表，即通过备份文件 t_dept_back.sql 还原数据库 company 下的表 t_dept，具体步骤如下：

（1）执行 SQL 语句 CREATE DATABASE，在数据库服务器里创建名为 company 的数据库，具体 SQL 语句如下：

```
CREATE DATABASE company;
```

【运行效果】执行上面 SQL 语句，其结果如图 18.5 所示。

```
mysql> #创建数据库#
mysql> CREATE DATABASE company;
Query OK, 1 row affected (0.09 sec)

mysql>
```

图 18.5　创建数据库

（2）执行命令 mysql，还原数据库 company 中的表 t_dept，具体命令内容如下：

```
mysql -u root -p <C:\t_dept_back.sql
```

【代码说明】在上述语句中，通过用户 root 利用 C 磁盘下的文件 t_dept_back.sql，对数据库 company 里的表 t_dept 进行还原。

【运行效果】执行上面的命令语句，其结果如图 18.6 所示。

```
C:\Documents and Settings\cjgong1>mysql -u root -p company<C:\t_dept_back.sql
Enter password: ****

C:\Documents and Settings\cjgong1>_
```

图 18.6　还原表 t_dept

（3）为了校验还原操作是否成功，执行下面语句查看表 t_dept 的数据内容，具体 SQL 语句如下：

```
SELECT *
    FROM t_dept;
```

【代码说明】上述语句主要用来实现查看表 t_dept 中数据。

【运行效果】执行上面的 SQL 语句，其结果如图 18.7 所示。

```
mysql> #查询表数据#
mysql> SELECT *
    ->  FROM t_dept;
+--------+------------+----------+
| deptno | dname      | loc      |
+--------+------------+----------+
|     10 | ACCOUNTING | NEW YORK |
|     20 | RESEARCH   | DALLAS   |
|     30 | SALES      | CHICAGO  |
|     40 | OPERATIONS | BOSTON   |
+--------+------------+----------+
4 rows in set (0.00 sec)

mysql> _
```

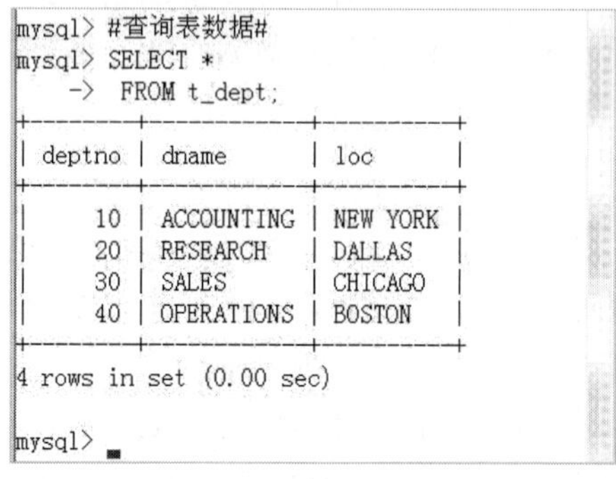

图 18.7　查询表 t_dept 数据

根据执行结果发现，不仅还原了数据库 company 下的表 t_dept，而且还将该表里的数据进行了还原。

【实例 18-5】利用备份文件还原多数据库，即通过备份文件 database_company_back.sql 还原数据库 company 和 companynew 里的表，具体步骤如下：

（1）执行命令 mysql，还原数据库 company 中的表 t_dept，具体命令内容如下：

```
mysql -u root -p <C:\database_company_back.sql
```

【代码说明】 在上述语句中，通过用户 root 利用 C 磁盘下的文件 database_company_back.sql，对数据库 company 和 companynew 进行还原。

【运行效果】 执行上面的命令语句，其结果如图 18.8 所示。

```
C:\Documents and Settings\cjgong1>mysql -u root -p <C:\database_company_back.sql
Enter password: ****

C:\Documents and Settings\cjgong1>
```

图 18.8　还原数据库 company 和 companynew

（2）为了校验还原操作是否成功，执行下面语句选择数据库 company 和 companynew，具体 SQL 语句如下：

```
USE company;
```

和

```
USE companynew;
```

【代码说明】 上述语句主要用来实现选择所还原的数据库 company 和 companynew。

【运行效果】 执行上面的命令语句，其结果如图 18.9 和如图 18.10 所示。

```
mysql> #选择数据库#
mysql> USE company;
Database changed
mysql>
```

图 18.9　选择数据库 company

```
mysql> #选择数据库#
mysql> USE companynew;
Database changed
mysql>
```

图 18.10　选择数据库 companynew

根据执行结果发现，不仅还原了数据库 company，而且也还原了数据库 companynew。

【实例 18-6】 利用备份文件还原数据库管理系统中的所有数据库，即通过备份文件 all_databases_back.sql，还原所有数据库，具体步骤如下：

执行命令 mysql，还原数据库 company 中的表 t_dept，具体命令内容如下：

```
mysql -u root -p <C:\ all_databases_back.sql
```

【代码说明】 在上述语句中，通过用户 root 利用 C 磁盘下的文件 all_databases_back.sql，还原所有数据库。

【运行效果】 执行上面的命令语句，其结果如图 18.11 所示。

```
C:\Documents and Settings\cjgong1>mysql -u root -p <C:\all_databases_back.sql
Enter password: ****

C:\Documents and Settings\cjgong1>
```

图 18.11　还原所有数据库

在执行过程中，由于没有出现错误，所以还原所有数据库成功。由于备份文件 all_databases_back.sql 中涉及的数据库比较多，所以这里就不一一测试。

18.1.5 实现数据库表导出到文本文件

通过将数据库表的导出和导入操作，可以在 MySQL 数据库服务器与其他数据库服务器间（SQL SERVER、ORACLE）轻松移动数据。导出操作，是指将数据从 MySQL 数据库表里复制到文本文件；所谓导入操作，是指将数据从文本文件加载到 MySQL 数据库表里。本节将详细介绍实现数据库表导出到文本文件。

在具体实现导出操作时，经常会使用以下三种形式。

- 利用 SELECT…INTO OUTFILE 方式实现导出操作。
- 利用 mysqldump 命令方式实现导出操作。
- 利用 mysql 命令方式实现导出操作。

下面将详细介绍实现导出操作的各种方式。

1. 执行 SELECT…INTO OUTFILE 实现导出到文本文件

查看帮助文档发现，在 MySQL 软件中将数据库对象表的内容导出成一个文本文件，通过执行语句 SELECT…INTO OUTFILE 来实现，其语法形式如下：

```
SELECT [file_name] FROM table_name
    [WHERE contion]
    INTO OUTFILE 'file_name'[OPTION]
```

上述语句中分成两部分，第一部分为普通的数据查询语句，其主要用来实现查询所要导出到文本文件里的数据；后一部分通过参数 file_name 指定将查询到的数据导出到哪个文本文件。参数 OPTION 设置相应选项，可以是下面 6 个值中的任何一个。

- FIELDS TERMINATED BY ‘string’：用来设置字段的分割符为字符串对象（string），在默认值为“\t”。
- FIELDS ENCLOSED BY ‘char’：用来设置括上字段值的字符符号，在默认情况下不使用任何符号。
- FIELDS OPTIONALLY ENCLOSED BY ‘char’：用来设置括上 CHAR、VARCHAR 和 TEXT 等字段值的字符符号，在默认情况下不使用任何符号。
- FIELES ESCAPED BY ‘char’：用来设置转义字符的字符符号，在默认情况下使用“\”字符。
- LINES STARTING BY ‘char’：用来设置每行开头的字符符号，在默认情况下不使用任何符号。
- LINES TERMINATED BY ‘string’：用来设置每行结束的字符串符号，在默认情况下使用“\n”字符串。

【实例 18-7】执行 SQL 语句 SELECT…INTO OUTFILE，将 company 数据库里，名为表 t_dept 中的所有数据导出到文件 t_dept.txt，具体步骤如下：

（1）执行 SQL 语句 USE，在数据库服务器里选择 company 的数据库，具体 SQL 语句如下：

```
USE company;
```

【运行效果】执行上面 SQL 语句，其结果如图 18.12 所示。

（2）执行 SQL 语句 SELECT…INTO OUTFILE，将相应的数据导出到文本文件 t_dept.txt 里，具体内容如下：

```
SELECT *
```

```
    FROM t_dept
    INTO OUTFILE 'c:/t_dept.txt';
```

【代码说明】 在上述语句中实现将表 t_dept 里的所有数据导出到文件 t_dept 里。

【运行效果】 执行上面 SQL 语句，其结果如图 18.13 所示。查看 C 磁盘里文件 t_dept.txt 的内容，具体效果如图 18.14 所示。

图 18.12　选择数据库

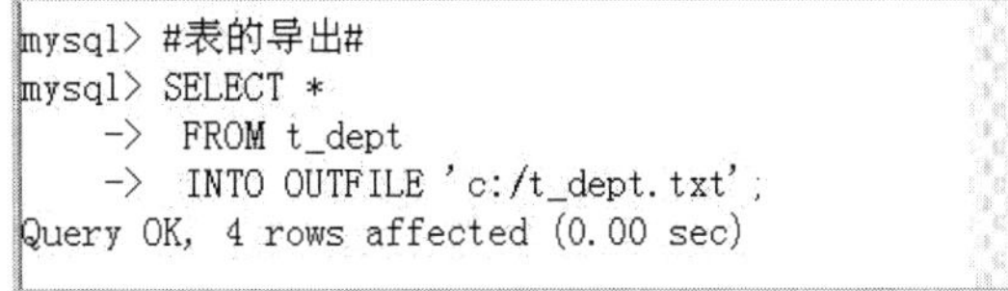

图 18.13　表的导出

```
t_dept.txt - 记事本
文件(F) 编辑(E) 格式(O) 查看(V) 帮助(H)
10      ACCOUNTING      NEW YORK■20     RESEARCH        DALLAS■30       SALES   CHICAGO■40      OPERATIONS      BOSTON■
```

图 18.14　文件 t_dept 的内容

（3）查看文件 t_dept 的内容可以发现，其显示格式混乱，不利于用户查看。因此在执行 SQL 语句 SELECT…INTO OUTFILE 时，可以设置相应的 OPTION 选项，具体内容如下：

```
SELECT *
    FROM t_dept
    INTO OUTFILE 'c:/t_dept_1.txt'
    FIELDS TERMINATED BY '\、'
    OPTIONALLY ENCLOSED BY '\"'
    LINES STARTING BY '\>'
    TERMINATED BY '\r\n';
```

【代码说明】 上述语句中除了实现将表 t_dept 里的所有数据导出到文件 t_dept_1 里，而且还设置了相应的显示格式，即每条数据记录为一行，每行数据记录以“>”开头，字段之间以“、”符号分割，字符类型数值用引号（“”）括起来。

【运行效果】 执行上面 SQL 语句，其结果如图 18.15 所示。查看 C 磁盘里文件 t_dept_1.txt 的内容，具体效果如图 18.16 所示。

```
mysql> #表的导出#
mysql> SELECT *
    -> FROM t_dept
    -> INTO OUTFILE 'c:/t_dept_1.txt'
    -> FIELDS TERMINATED BY '\、'
    -> OPTIONALLY ENCLOSED BY '\"'
    -> LINES STARTING BY '\>'
    -> TERMINATED BY '\r\n';
Query OK, 4 rows affected (0.00 sec)

mysql>
```

图 18.15　表的导出

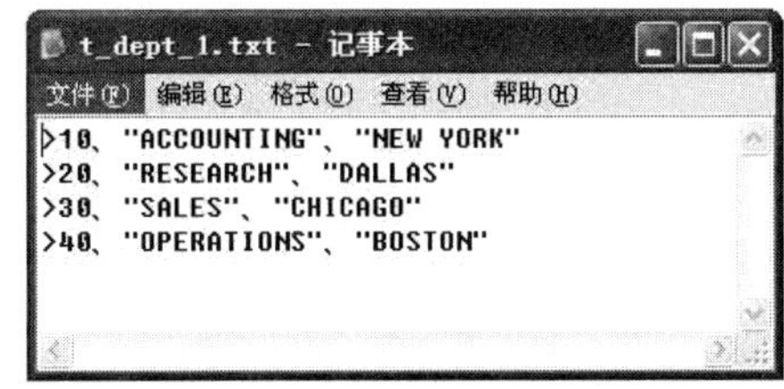

图 18.16　文件 t_dept_1 的内容

通过查看文件 t_dept 和文件 t_dept_1 里的内容，可以发现在具体将数据导入文本文件时，通过设置相应的格式可以方便用户查看内容。

2. 执行命令 mysqldump 实现导出到文本文件

查看帮助文档发现，命令 mysqldump 不仅可以实现备份操作，而且还可以实现导出表操作，其语法形式如下：

```
mysqldump -u root -pPassword -T file_directory dbname table_name[option];
```

上述语句中分成两部分，第一部分为通过用户 root 登录到 MySQL 数据库服务器；后一部分通过参数 file_directory 指定导出到哪一个目录下的文本文件。参数 dbname 和 table_name 指定将哪一个数据库的哪些表数据导出到文本文件。参数 OPTION 设置相应选项，可以是下面四个值中的任意一个。

- --fields-terminated-by=string：用来设置字段的分割符为字符串对象（string），默认值为“\t”。
- --fields-enclosed-by=char：用来设置括上字段值的字符符号，在默认情况下不使用任何符号。
- --fields-optionally-enclosed-by=char：用来设置括上 CHAR、VARCHAR 和 TEXT 等字段值的字符符号，在默认情况下不使用任何符号。
- --lines-terminated-by=string：用来设置每行结束的字符串符号，在默认情况下使用“\n”字符串。

【实例 18-8】 执行命令 mysqldump，将 company 数据库里，名为表 t_dept 中的所有数据导出到文件 t_dept.txt，具体步骤如下：

（1）执行命令 mysqldump，将相应的数据导出到文本文件 t_dept.txt 里，具体内容如下：

```
mysqldump -u root -proot -T c:\ company t_dept
```

【代码说明】 在上述语句中实现将表 t_dept 里的所有数据导出到文件 t_dept 里。

【运行效果】 执行上面命令语句，其结果如图 18.17 所示。查看 C 磁盘里文件 t_dept.txt 的内容，具体效果如图 18.18 所示。

```
C:\Documents and Settings\cjgong1>mysqldump -u root -proot -T c:\ company t_dept

C:\Documents and Settings\cjgong1>
```

图 18.17　表导出

图 18.18　文件 t_dept 的内容

（2）查看文件 t_dept 的内容可以发现，其显示格式混乱，不利于用户查看。因此在执行命令 mysqldump 时，可以设置相应的 OPTION 选项，具体内容如下：

```
mysqldump -u root -proot -T c:\ company t_dept "--fields-terminated-by=、"
"--fields-optionally-enclosed-by="" "--lines-terminated-by=\r\n"
```

【代码说明】 上述语句中除了实现将表 t_dept 里的所有数据导出到文件 t_dept 里，而且还设置了相应的显示格式，即每条数据记录为一行，字段之间以“、”符号分割，字符类型数值用引号（“”）括起来。

【运行效果】执行上面命令语句，其结果如图 18.19 所示。查看 C 磁盘里文件 t_dept.txt 的内容，具体效果如图 18.20 所示。

```
C:\Documents and Settings\cjgongl>mysqldump -u root -proot -T c:\ company t_dept "--fields-terminated-by=、" "--fields-optionally-enclosed-by="" "--lines-terminated-by=\r\n"

C:\Documents and Settings\cjgongl>
```

图 18.19　表导出

图 18.20　文件 t_dept 的内容

注意：执行上述关于 mysqldump 的命令时，查看目录 C 磁盘会发现，不仅会生成 t_dept.txt 文件，而且还会生成 t_dept.sql 备份文件。

3．执行命令 mysql 实现导出到文本文件

查看帮助文档发现，命令 mysql 不仅可以实现登录 MySQL 数据库服务器和还原操作，而且还可以实现导出表操作，其语法形式如下：

```
mysql -u root -pPassword -e "SELECT [file_name] FROM table_name" dbname>file_name;
```

上述语句中选择-e 用来实现执行查询语句，参数 dbname 用来指定数据库，参数 file_name 用来指定导出到的文本文件。

【实例 18-9】执行命令 mysql，将 company 数据库里，名为表 t_dept 中的所有数据导出到文件 t_dept.txt，具体步骤如下：

执行命令 mysql，将相应的数据导出到文本文件 t_dept.txt 里，具体内容如下：

```
mysql -u root -proot -e"SELECT * FROM t_dept" company>C:/t_dept.txt
```

【代码说明】在上述语句中，实现将表 t_dept 里的所有数据导出到文件 t_dept 里。

【运行效果】执行上面命令语句，其结果如图 18.21 所示。查看 C 磁盘里文件 t_dept.txt 的内容，具体效果如图 18.22 所示。

```
C:\Documents and Settings\cjgongl>mysql -u root -proot -e "SELECT * FROM t_dept" company>C:/t_dept.txt

C:\Documents and Settings\cjgongl>
```

图 18.21　表导出

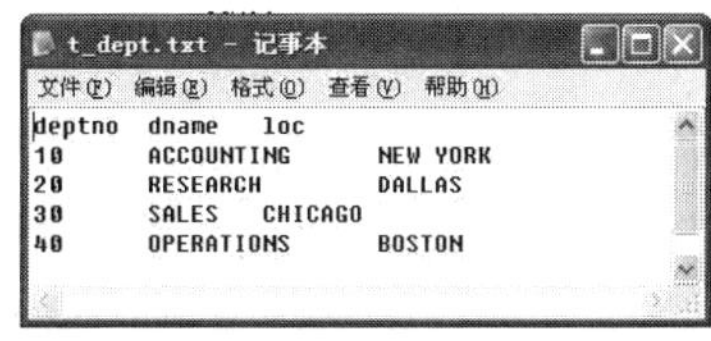

图 18.22　文件 t_dept 的内容

通过查看文件 t_dept 的内容，可以发现表数据已经导出到文本文件里。

18.1.6 实现文本文件导入数据库表

在 MySQL 数据库服务器里，既然可以通过各种方式实现将数据库中表导出成文本文件，那么就存在相应方式实现将文本文件到入到数据库表。查看帮助文档发现，可以通过两种方式来实现导入操作。

- 利用“LOAD DATA INFILE”方式实现导入操作。
- 利用 mysqlimport 命令方式实现导入操作。

下面将详细介绍实现导入操作的各种方式。

1．执行“LOAD DATA INFILE”命令实现文本文件导入数据库表

查看帮助文档发现，在 MySQL 软件中将文本文件导入到数据库表里，通过执行 “LOAD DATA INFILE”命令来实现，其语法形式如下：

```
LOAD DATA[LOCAL] INFILE file_name INTO TABLE table_name [OPTION];
```

在上述语句中，关键字 LOCAL 用来指定在本地计算机中查找文本文件；参数 file_name 用来指定文本文件的路径和名称；参数 table_name 用来指定表的名称；参数 OPTION 设置相应选项，可以是下面 9 个值的任何一个。

- FIELDS TERMINATED BY ‘string’：用来设置字段的分割符为字符串对象（string），默认值为“\t”。
- FIELDS ENCLOSED BY ‘char’：用来设置括上字段值的字符符号，默认情况下不使用任何符号。
- FIELDS OPTIONALLY ENCLOSED BY ‘char’：用来设置括上 CHAR、VARCHAR 和 TEXT 等字段值的字符符号，默认情况下不使用任何符号。
- FIELES ESCAPED BY ‘char’：用来设置转义字符的字符符号，默认情况下使用“\”字符。
- LINES STARTING BY ‘char’：用来设置每行开头的字符符号，默认情况下不使用任何符号。
- LINES TERMINATED BY ‘string’：用来设置每行结束的字符串符号，默认情况下使用“\n”字符串。
- IGNORE n LINES：用来实现忽略文件的前 n 行记录。
- （字段列表）：用来实现根据字段列表中的字段和顺序来加载记录。
- SET column=expr：用来设置列的转换条件，即所指定的列经过相应转换后才会被加载。

【实例 18-10】执行 SQL 语句 LOAD DATA INFILE，将 C 磁盘中文件 t_dept.txt 里的数据记录导入到数据库 company 里的表 t_dept，具体步骤如下：

（1）执行 SQL 语句 USE，在数据库服务器里选择 company 的数据库，具体 SQL 语句如下：

```
USE company;
```

【运行效果】执行上面 SQL 语句，其结果如图 18.23 所示。查看文件 t_dept.txt 的内容如图 18.24 所示。

图 18.23 选择数据库

图 18.24 文件 t_dept.txt 的内容

（2）执行 SQL 语句 DELETE FROM，删除表 t_dept 中的数据记录，删除后同时查看表 t_dept 里的数据记录，具体内容如下：

```
DELETE FROM t_dept;
```

和

```
SELECT *
    FROM t_dept
```

【代码说明】在上述语句中，首先删除表 t_dept 里的数据，然后查看表 t_dept 里的数据记录。

【运行效果】执行上面 SQL 语句，其结果如图 18.25 所示。

```
mysql> #删除t_dept的数据记录#
mysql> DELETE FROM t_dept;
Query OK, 4 rows affected (0.11 sec)

mysql> #查询表数据#
mysql> SELECT *
    -> FROM t_dept;
Empty set (0.00 sec)

mysql>
```

图 18.25　删除和查看表数据

（3）执行 SQL 语句 LOAD DATA INFILE，将文件 t_dept.txt 里的数据记录导入表 t_dept 里，具体内容如下：

```
LOAD DATA INFILE 'c:/t_dept.txt'  INTO TABLE t_dept
    FIELDS TERMINATED BY '\、'
    OPTIONALLY ENCLOSED BY '\"'
    TERMINATED BY '\r\n';
```

【代码说明】在上述语句中实现将文件 t_dept.txt 里的数据内容导入表 t_dept 里，由于文件 t_dept.txt 里的数据记录具有相应的格式，即每条数据记录为一行，字段之间以“、”符号分割，字符类型数值用引号（“”）括起来，所以在具体导入时，还需要设置相应格式。

【运行效果】执行上面 SQL 语句，其结果如图 18.26 所示。

（4）为了校验文本文件里的数据记录是否导入成功，执行 SQL 语句 SELECT，查询表 t_detp 里的数据记录，具体内容如下：

```
SELECT *
    FROM t_dept;
```

【运行效果】执行上面 SQL 语句，其结果如图 18.27 所示。

```
mysql> #导入文件#
mysql> LOAD DATA INFILE 'c:/t_dept.txt'  INTO TABLE t_dept
    -> FIELDS TERMINATED BY '\、'
    -> OPTIONALLY ENCLOSED BY '\"'
    -> TERMINATED BY '\r\n';
Query OK, 4 rows affected (0.19 sec)
Records: 4  Duplicates: 0  Warnings: 0

mysql>
```

图 18.26　文本文件导入操作

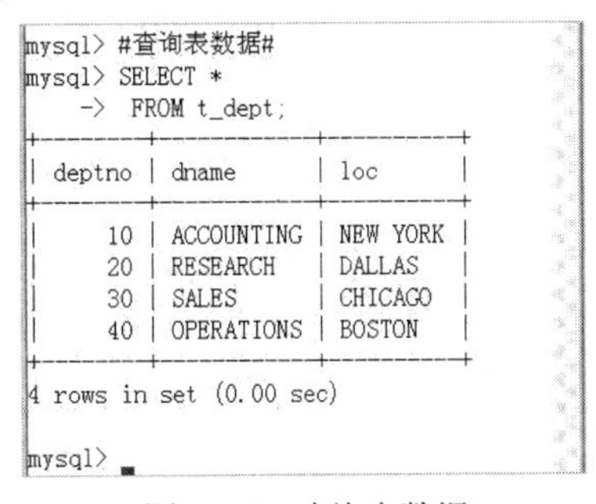

图 18.27　查询表数据

根据执行结果，可以发现文件 t_dept.txt 里的数据记录已经完全导入数据库 company 里的表 t_dept 中。

2．执行命令 mysqlimport 实现导入文本文件

查看帮助文档发现，通过命令 mysqlimport 可以实现导入操作，其语法形式如下：

```
mysqlimport -u root -pPassword[--LOCAL]  dbname file_name[OPTION]
```

在上述命令中，通过用户 root 利用密码 Password 登录到服务器，关键字 LOCAL 用来指定在本地计算机中查找文本文件；参数 file_name 用来指定文本文件的路径和名称；参数 dbname 用来指定数据库的名称；参数 OPTION 设置相应选项，可以是下面六个值的任意一个。

- --fields-terminated-by=string：用来设置字段的分割符为字符串对象（char），默认值为“\t”。
- --fields-enclosed-by=char：用来设置括上字段值的字符符号，在默认情况下不使用任何符号。
- --fields-optionally-enclosed-by=char：用来设置括上 CHAR、VARCHAR 和 TEXT 等字段值的字符符号，在默认情况下不使用任何符号。
- --fields-escaped-by=char：用来设置转义字符。
- --lines-terminated-by=string：用来设置每行结束的字符串符号，在默认情况下使用“\n”字符串。
- --ignore-lines=n：用来实现忽略文件的前 n 行记录。

【实例 18-11】执行命令 mysqlimport，将 C 磁盘里文件 t_dept.txt 中的记录导入数据库 company 里，具体步骤如下：

（1）执行 SQL 语句 CREATE TABLE，在数据库 company 里创建表 t_dept，具体内容如下：

```
CREATE TABLE 't_dept' (
  'deptno' int(11) DEFAULT NULL,
  'dname' varchar(20) DEFAULT NULL,
  'loc' varchar(40) DEFAULT NULL
)
```

【运行效果】执行上面 SQL 语句，其结果如图 18.28 所示。查看文件 t_dept.txt 的内容如图 18.29 所示。

```
mysql> #创建表t_dept#
mysql> CREATE TABLE `t_dept` (
    ->   `deptno` int(11) DEFAULT NULL,
    ->   `dname` varchar(20) DEFAULT NULL,
    ->   `loc` varchar(40) DEFAULT NULL
    -> ) ;
Query OK, 0 rows affected (0.22 sec)

mysql>
```

图 18.28　创建表 t_dept

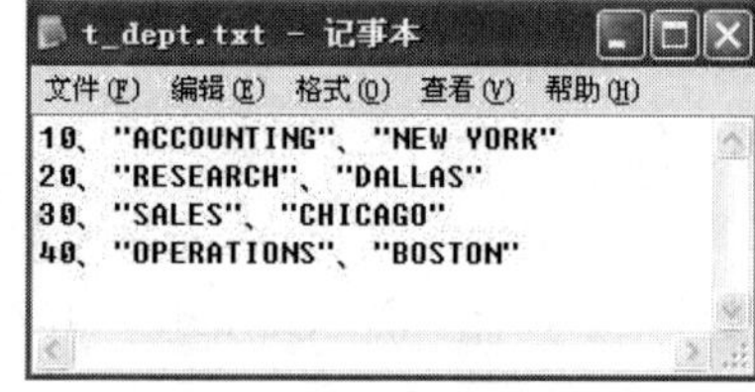

图 18.29　文件 t_dept.txt 的内容

（2）执行命令 mysqlimport，将相应的文件导入数据库 company 里，具体内容如下：

```
mysqlimport -u root -proot company c:\t_dept.txt "--fields-terminated-by=、"
"--fields-optionally-enclosed-by="" "--lines-terminated-by=\r\n"
```

【代码说明】在上述语句中，实现将表 t_dept 里的所有数据导出到文件 t_dept 里。由于文件 t_dept.txt 里的数据记录具有相应的格式，即每条数据记录为一行，字段之间以“、”符号分割，字符类型数值用引号（“”）括起来，所以在具体导入时，还需要设置相应格式。

【运行效果】执行上面命令语句，其结果如图 18.30 所示。

```
C:\Documents and Settings\cjgongl>mysqlimport -u root -proot company c:\t_dept.txt "--fields-terminated-by=、" "--fields-optionall
y-enclosed-by="" "--lines-terminated-by=\r\n"

C:\Documents and Settings\cjgongl>_
```

图 18.30　文本文件导入

（3）为了校验文本文件里的数据记录是否导入成功，执行 SQL 语句 SELECT，查询表 t_detp 里的数据记录，具体内容如下：

```
SELECT *
    FROM t_dept;
```

【运行效果】执行上面 SQL 语句，其结果如图 18.31 所示。

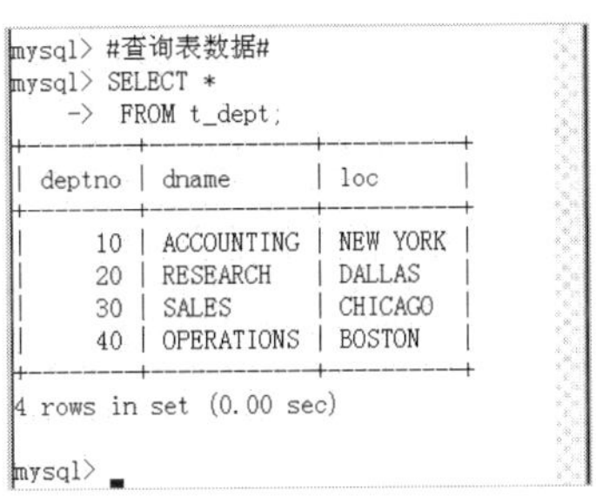

```
mysql> #查询表数据#
mysql> SELECT *
    -> FROM t_dept;
+--------+------------+----------+
| deptno | dname      | loc      |
+--------+------------+----------+
|     10 | ACCOUNTING | NEW YORK |
|     20 | RESEARCH   | DALLAS   |
|     30 | SALES      | CHICAGO  |
|     40 | OPERATIONS | BOSTON   |
+--------+------------+----------+
4 rows in set (0.00 sec)

mysql> _
```

图 18.31　查询表数据

根据执行结果，可以发现文件 t_dept.txt 里的数据记录已经完全导入数据库 company 里的表 t_dept 中。

18.1.7　数据库迁移

在具体使用 MySQL 数据库服务器的过程中，由于升级了计算机或者是升级 MySQL 数据库服务器等原因，需要将数据库表数据从一个数据库服务器迁移到另一个数据库服务器。根据实际操作情况，可以将数据库迁移操作分成三种形式。

- 相同版本间的 MySQL 数据库之间的迁移。
- 不同版本间的 MySQL 数据库之间的迁移。
- 不同数据库间的迁移。

下面将详细介绍数据库迁移的各种方式。

1. 相同版本间的 MySQL 数据库之间的迁移

所谓相同版本的 MySQL 数据库，是指主版本号一致的数据库。在 MySQL 数据库的版本号中，第一个数字表示主版本号。该种方式的数据库迁移是最容易实现的操作。

对于相同版本间的 MySQL 数据库之间的迁移，最安全和最常用的方式是通过使用 mysqldump 命令进行备份数据库，然后使用 mysql 命令将备份文件还原到新的 MySQL 数据库。查看帮助文档发现，备份和还原操作可以同时执行，具体语法形式如下：

```
mysqldump -h hostname1 -u root -password=password1 -all-databases
|
mysql -h hostname2 -u root -password=password2
```

在上述语句中，符号"|"用来实现将命令 mysqldump 备份的文件送给 mysql 命令；密码 password1 为名为 hostname1 主机上 root 用户的密码；密码 password2 为名为 hostname2 主机上 root 用户的密码。

通过上述语法形式可以实现直接迁移。

2. 不同版本间的 MySQL 数据库之间的迁移

在具体使用 MySQL 数据库服务器的过程中，往往由于 MySQL 升级的原因，将需要在不同版本的 MySQL 数据库之间进行数据迁移。该种方式下的数据库之间迁移，分为两种方式：低版本 MySQL 数据库向高版本数据库进行迁移和高版本 MySQL 数据库向低版本数据库进行迁移。

具体实现由低版本 MySQL 数据库向高版本数据库进行迁移时，由于高版本会兼容低版本，所以该种方式也是最容易实现的操作。对于存储类型为 MySIAM 的表，最安全和最常用的操作是将表直接复制或者执行 mysqlhotcopy 命令；对于存储类型为 InnoDB 的表，最安全和最常用的操作是执行 mysqldump 命令进行备份，执行 mysql 命令将备份文件进行还原操作。

具体实现由高版本 MySQL 数据库向低版本数据库进行迁移时，由于低版本不兼容高版本，所以该种方式很难实现。

3. 不同数据库间的迁移

在具体使用 MySQL 数据库服务器的过程中，有时由于客观原因，例如运营成本太高等，需要在不同数据库间进行迁移。

由于各种类型数据库服务器之间，SQL 语句存在不兼容情况，不同数据库服务器间数据类型也有差异，所以不同数据库间的迁移没有普遍适用的解决办法。但是不同数据库服务器间的迁移并不是完全不可能。在 Windows 操作系统下，如果要实现从 MySQL 数据库服务器向 SQL SERVER 数据库服务器迁移，可以通过 MyODBC 来实现；如果要实现从 MySQL 数据库服务器向 ORACLE 数据库服务器迁移，可以先通过执行 mysqldump 命令导出 sql 文件，然后手动修改 sql 文件中的 CREATE 语句。

18.2 MySQL 数据库性能优化

数据库优化是数据库管理员的必备技能，对于数据库初级用户来说，该方面技能只需要了解，不需要掌握。因为数据库管理员需要把他们工作中相当一部分时间花在调整、试验以及改善数据库管理系统性能上，该方面的技能是一个积累的过程，不是一朝一夕可以学会的。

本节将结合前面章节的内容，为进行性能优化的探讨和分析提供一些出发点，以便为用户的后续工作提供指明方向。具体建议如下：

- MySQL 软件具有特定的硬件建议，在具体安装和使用该数据库软件时，该软件所依托的计算机服务器最好能够遵循这些硬件建议。一般来说，MySQL 软件应该运行在自己专用计算机服务器上。
- MySQL 软件安装成功后，会进行一系列默认的配置，这些配置开始通常都是比较适合的，但是过一段时间后，就需要调整内存分配、缓存区大小。如果需要查看当前设置，可以通过执行 SQL 语句 SHOW VARIABLES 和 SHOW STATUS 来实现。

- MySQL 软件是一个多用户多线程的数据库管理系统，对于该类型的服务器，经常会同时执行多个任务。如果这些任务中的某一个执行缓慢，则其他所有的任务都会执行缓慢。为了解决该问题，可以通过执行 SQL 语句 SHOW PROCESSLIST 显示所有活动进程，或者通过执行 KILL 命令终结消耗太多资源的进程。
- 通过 SELECT 语句实现多表查询时，应该多次试验连接和子查询等各种方式，找出最佳的方式。在具体判断 SELECT 语句执行性能时，可以通过 EXPLAIN 语句来查看 SELECT 语句的执行情况。
- 使用数据库对象存储过程比一条一条执行语句速度要快许多。
- 不要查找比需求还要多的数据内容，换言之，不要执行“SELECT *”语句（除非真正要查询所有字段）。
- 通过 UNION 关键字连接的 SELECT 语句，代替包含一系列复杂 OR 条件的 SELECT 语句，可以有极大的性能改进。
- 数据库对象索引可以改善数据检索的性能，但是会损失数据 CUD 操作（数据插入、数据更新和数据删除）性能。因此对于不经常被查询的表，最好不要创建索引。
- 关键字 LIKE 的执行效率很低，一般来说，会通过“FULL TEXT”来代替该关键字 LIKE。
- 数据库中的表是不断变化的实体。一组结构优良的表，使用一段时间后，表的使用和内容就会需要进行更改，因此当初理想的优化和配置就需要改变。

注意：用户如果想提高性能优化技能，可以查看官方网站 http://dev.mysql.com/doc，该网站的文档里会有许多这方面的提示和技巧。

18.3 小　结

本章介绍 MySQL 软件的高级操作，即 MySQL 数据库的维护和性能的提高。对于前者主要介绍了关于数据库的备份和还原，还有数据库的导出和导入。为了让读者掌握这些操作，分别通过 SQL 语句和 SQLyog 客户端软件这两种方式来介绍。对于后者由于其对用户的要求比较高，所以只提供了一些建议，引领用户进入提高性能的大门。

通过对本章的学习，读者不仅能够维护 MySQL 数据库，而且还会对如何提高数据库性能有一定的了解。

第 19 章　Java+MySQL 案例实战——在线书城

Java 是世界上最流行的计算机语言之一，它主要用于开发企业级应用程序。大多数的企业级应用程序都需要连接数据库，而 Java 对 MySQL 的连接和操作提供了非常完美的支持，加之 MySQL 和 Java 都隶属于同一家公司 Oracle，因此可以说它们是天然的盟友。

Java 拥有一套独立的数据库连接和操作 API（应用程序接口），任何第三方的数据库厂商通过实现这套 API 来提供 Java 程序连接数据库的支持，这套 API 的名字就是 JDBC（Java Data Base Connectivity）。正是因为这样的设计机制，Java 数据库的连接非常丰富，而且异常强大。

通过本章的学习，可以掌握在数据库中操作索引，内容包含：

- Java 连接数据库的原理
- 如何对数据库执行 SQL 语句
- Java 程序对事务的支持
- 完整的在线书城的案例

19.1　Java 连接 MySQL 的常见方法

数据库的产品有很多，它们的连接和操作机制各异，而且每种数据库都有各自的加密机制，这些信息不可能公开出来，如果 Java 需要访问第三方的数据库，应该怎么办呢？前面提到的 JDBC 技术很好地解决了这个问题。

JDBC 是 Java 定义的一套标准数据库使用接口，它不是根据某种数据库而提供的访问规则，而是按照 SQL 标准定义了若干的接口，具体的数据库厂家为自家的数据库产品提供 JDBC 实现，从而程序员可以比较轻松的基于 JDBC 标准访问到任何一种数据库。

19.1.1　JDBC 连接 MySQL 数据库的理论机制

一般来说，程序员只需要知道如何使用 JDBC 的接口即可，而不必关心具体是哪个数据库提供的数据支持，因为 Java 的这套 API 已经把各个厂家的数据库的差异屏蔽了。Java 访问数据库的常见步骤包括：注册驱动程序、创建连接、执行 SQL 语句、得到结果。

Java 程序访问数据库时，需要注册驱动程序的原因在于 JDBC 没有提供具体的实现，而厂家提供的驱动往往是以 jar 的形式提供的，因此需要动态的把具体的 JDBC 实现代码加载到程序中来，这样才能达到访问数据库的目的。对于 MySQL 而言，可以通过 Oracle 公司官方网站下载驱动程序的 jar 文件，然后把该文件放于 CLASSPATH 下。

```
Class.forName("com.mysql.jdbc.Driver");                    //注册驱动程序
DriverManager.getConnection(URL, USER_NAME, PASSWORD);     //获取连接
```

注意： 代码里的 URL、USER_NAME 和 PASSWORD 是三个常量，分别表示连接字符串、账号和密码。

第一行代码是告诉 JVM（Java 虚拟主机）把这个驱动程序注册到当前程序中，当程序尝试连接 MySQL 时，即可使用该驱动。第二行代码通过 java.sql.DriverManager 类的 getConnection()函数，获得一次数据库的连接，这个连接也就是一切数据库操作的开端。获得连接以后，接下来即可自由的操作数据库的各种元素了，比如表、视图、函数、存储过程等。

一般来说，操作数据库还需要利用 Statement 和 ResultSet 这两个接口。其中，Statement 表示的是一次 SQL 执行的会话，在这个会话关闭之前，可以执行多次 SQL。ResultSet 的含义是结果集，它就好像是一个指针，通过它可以读取出使用 SELECT 语句所查询出来的结果。

```
PreparedStatement ps = null;        //定义会话变量
ResultSet rs = null;                //定义结果集变量
try {
    //创建会话
    ps = conn.prepareStatement("select * from book");
    rs = ps.executeQuery(sql);      //执行 sql 查询语句
    while(rs.next()){               //遍历结果集
        //read data                 //读取数据
    }
} catch (SqlException e) {
    e.printStackTrace();            //打印异常
} finally{
    close(rs,ps,conn);              //最后关闭连接
}
```

以上代码就是一段典型的数据库查询操作。首先，数据库的操作是有可能会发生一些异常，比如连接中断等，那么就需要对这些异常进行捕获，并且确保这些已经打开的连接被正常的关闭，否则就有可能把连接资源耗尽而导致其他程序无法连接数据库的情况。

注意： PreparedStatement 是 Statement 的子类，它提供了预处理功能，可以把 SQL 语句预先解释，然后再提供具体的参数执行，效率会比 Statement 高很多。而且它还可以有效地防止 SQL 注入的攻击，笔者建议使用 PreparedStatement。

如果是一次更新的操作，比如修改记录、删除一条或多条记录等情况，不再需要 ResultSet 结果集时，那就需要使用 executeUpdate()函数，它的返回结果是 SQL 语句所影响的记录数。

```
PreparedStatement ps = null;        //定义会话变量
try {
    //创建会话
    ps = conn.prepareStatement("select * from book");
    int  len = ps. executeUpdate();//执行更新操作的 SQL，得到整型结果集
```

```
    } catch (SqlException e) {
        e.printStackTrace();            //打印异常
    } finally{
        close(rs,ps,conn);              //最后关闭连接
    }
```

如果 SQL 语句修改或删除了 n 条记录，则返回 n，否则结果为零。

19.1.2 提交和回滚事务

在默认情况下，JDBC 是自动提交事务的，因此每一次更新的操作都会实时的影响到执行结果。但是，有时程序需要保证两次或多次 SQL 执行结果的一致性，比如银行卡转账操作，就需要保证 A 账户的扣款和 B 账户的到账是同时完成的，此时就不得不利用数据库的事务功能了。

```
public static int exec(String sql) {
    Connection conn = null;             //定义连接变量
    try {
        conn = getConn();               //获取连接
        conn.setAutoCommit(false);      //设置自动提交事务为 false
        // 执行更新的 SQL 操作
        int len = conn.prepareStatement(sql).executeUpdate();
        conn.commit();                  //成功以后，提交事务
        return len;                     //返回结果
    } catch (Exception e) {
        e.printStackTrace();
        try {
            conn.rollback();            //如果发生异常，回滚事务
        } catch (SQLException e1) {
            e1.printStackTrace();
        }
    } finally {
        close(conn, null, null);        //关闭连接
    }
    return -1;                          //如果没有成功，则返回-1
}
```

以上示例代码中，Connection 的 setAutoCommit(false)函数可以把 JDBC 自动连接这个特性禁用掉，改为手动对事务的控制。因此，当数据库的更新操作成功以后，再调用 commit()函数提交事务；而当发生异常以后，则回滚事务。

19.1.3 把 Java 操作 MySQL 数据库的操作封装成一个工具类

在各种数据库的操作代码中，都需要先连接、再执行 SQL 语句、最后关闭连接。换句话说，数据库的操作代码往往具有一些相似性，如果把这些操作代码写在一个工具类中，提供给其他代码调用，那么就可以很好地减少代码的冗余性。在实际开发中，程序员往往也是这样做的，只是封装的程度和方式各异。通常来说，这几部分是必不可少的：获取连接、执行查询 SQL 语句、执行更新 SQL 语句、关闭连接。

```
//定义连接常量
private final static String URL
    = "jdbc:mysql://localhost:3306/java_mysql?characterEncoding=UTF-8";
```

```
private final static String USER_NAME = "root";
private final static String PASSWORD = "root";
/**
 * 获取连接
 * */
public static Connection getConn() {
    Connection conn = null;
    try {
        Class.forName("com.mysql.jdbc.Driver");   //注册驱动程序
        //获取连接
        conn = DriverManager.getConnection(URL, USER_NAME, PASSWORD);
    } catch (Exception e) {
        e.printStackTrace();             //打印异常
    }
    return conn;                         //返回连接
}
```

把开启一次连接的代码放在一个地方，有利于维护连接的这些信息，包括 IP 地址、账号、密码等。同样，把关闭连接也集中定义在一个函数里，也可以达到减少代码冗余的目的。

```
/**
* 关闭连接
* */
public static void close(Connection conn, Statement ps, ResultSet rs) {
    if (rs != null)                      //如果结果集不为空
        try {
            rs.close();                  //关闭结果集
        } catch (SQLException e) {
            e.printStackTrace();         //打印异常
        }
    if (ps != null)                      //如果会话不为空
        try {
            ps.close();                  //关闭会话集
        } catch (SQLException e) {
            e.printStackTrace();         //打印异常
        }
    if (conn != null)                    //如果连接不为空
        try {
            conn.close();                //关闭连接
        } catch (SQLException e) {
            e.printStackTrace();         //打印异常
        }
}
```

在关闭结果集、会话和连接时，它们的顺序是不可以调换的，这是因为它们有一个依赖关系，如果先把连接关闭了，那么会话和结果集就不存在了。因此，以上示例代码的关闭连接的顺序不能更改。

注意：执行查询和更新的函数，这里就不列出来了，请参照上一小节的示例代码。完整的工具类代码，请参见程序代码中的 DbUtil.java 文件。

19.2 在线书城的数据设计

既然在线书城是基于 MySQL 数据库而开发的一套 Java Web 程序，那么数据库的表结构设计就需要首先考虑。本小节将详细地介绍本程序的数据设计。

19.2.1 设计商品的表结构

在本套程序里中，商品也就是书籍，它在数据库里被描述为一张表 book，在程序里被定义为 Book 实体类。因此，它的结构相对简单，只需要定义商品本身的一些属性即可，比如名称、价格、编号等。

```
create table book(
    book_id int AUTO_INCREMENT,
    name varchar(100) not null,
    sn varchar(100) unique not null,
    price decimal(5,2) not null default 0,
    remark varchar(100),
    primary key (book_id)
);
```

（1）主键为 book_id，因为这个没有业务意义，因此可以把它定义为自动增长的整型数据。

（2）sn 表示编号，每本书都有一个唯一的编号，这个编号包含一些特殊的信息，比如出版社、出版时间等，所以该字段的值具有唯一性。

（3）price 表示单价，它用 decimal 的格式，保留 2 位小数点。

（4）remark 表示备注，字符型数据。

（5）name 表示名称，字符型数据，不能为空。

19.2.2 设计订单的表结构

从业务意义上来讲，订单就是用户浏览书籍的同时，可以把自己喜欢的书籍添加到购物车，最后生成一笔订单，然后商店即可根据订单的送货地址和联系电话，为用户派送这个订单。所以，订单应该包含了订单的金额、送货地址、下单时间等信息。

```
create table book_order(
    order_id varchar(50) not null,
    money decimal(10,2) not null,
    addr varchar(100),
    phone varchar(11),
    order_time datetime not null,
    primary key (order_id)
);
```

（1）订单号 order_id，是一笔订单的唯一标识符。一般来说，订单号是通过某种规则生成的，所以它不会是自动增长的整型数据。

（2）money 表示订单的金额，它用 decimal 的格式，保留 2 位小数。

（3）order_time 表示下单时间，格式为日期和时间。

（4）addr 表示送货地址，字符型数据。

（5）phone 表示联系电话，11 位长度的字符型数据。

严格来说，订单还需要一个明细的数据，包含用户购买书籍的具体数量。因此，还需要为订单设计一个明细表 order_item。

```
    create table order_item(
        order_id varchar(50) not null,
        book_id int not null,
        num int not null,
        primary key (order_id, book_id),
        foreign key (book_id) references book(book_id) on delete cascade on update
cascade,
        foreign key (order_id) references book_order(order_id) on delete cascade on
update cascade
    );
```

（1）订单号 order_id，订单表的外键引用，与 book_id 一起作为表的主键。

（2）商品 book_id，书籍表的外键引用。

（3）num 表示购买数量，整型。

每一条订单明细表示用户购买了某类书籍，并且包含相应的数量。因此，每条记录都需要通过外键来引用到真正存在的订单和商品，并且当书籍被删除或更改后，该表的记录也会做出级联删除或者更改。

19.3 商品数据的增删改查操作

在线书店程序的业务逻辑可以分为商品数据维护和下单两大模块，前者主要是商品数据的增删改查操作，后者主要是购物车的操作和下单操作。本小节将讲解商品数据的增删改查操作。

19.3.1 分页显示商品列表

当用户打开网站首页时，首先应该展示的是书籍商品列表，如图 19.1 所示。对于此功能可以使用 SELECT 语句查询数据库中的 book 表来获得数据。

通过图 19.1 可以看出，书籍不仅仅是一个列表，它还需要提供分页的功能。MySQL 提供了 limit 关键词，利用它可以很轻松的实现分页功能。

```
    limit(m,n)
```

limit 可以放在 SELECT 语句的末尾，目的是截取部分记录。它的语法要点是：m 表示截取开始的记录索引值，n 表示最大的记录数。例如，limit(0,10)，表示从第 0 行开始读取，直到取出 10 行为止。

另外，对于分页的查询来说，还需要读取总记录数，这样才能计算得出一共需要多少页才能显示完所有的记录。因此，往往在运行 SELECT 语句之前，还需要执行一次“select count(*)”操作。

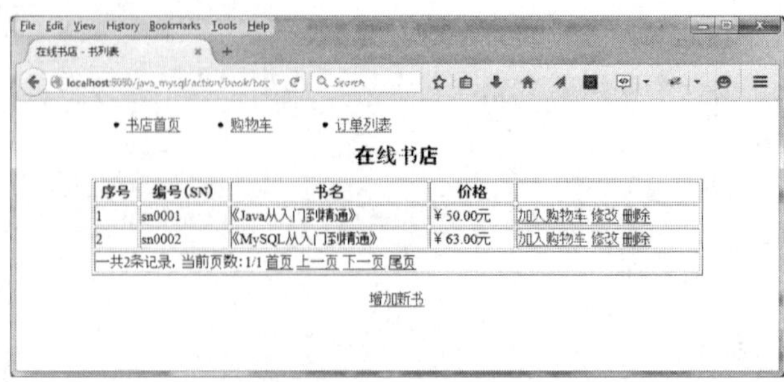

图 19.1　书籍列表

```
String sql = "from book order by price"; //from 语句
Connection conn = null;                   //连接变量
ResultSet rs = null;                      //结果集变量
try {
    //获取记录总数
    conn = DbUtil.getConn();
    rs = DbUtil.query(conn, "select count(*) " + sql);
    if(rs.next()){                        //开始读取总数
        pb.setTotal(rs.getInt(1));        //去第一数字
    }
    DbUtil.close(conn, null, rs);         //关闭连接
    //获取当前页的数据
    conn = DbUtil.getConn();              //再次连接
    //计算页码所对应的记录截取索引
    if(page.equals("1")){                 //第一页
        sql += " limit 0," + Const.PAGE_SIZE;//limit(0,10)
    }else{
        int p = Integer.parseInt(page);  //数据类型转换
        int start = p * Const.PAGE_SIZE; //开始的索引值
        //正确的 limit 语句
        sql += " limit "+start+"," + Const.PAGE_SIZE;
    }
    rs = DbUtil.query(conn, "select * " + sql);//执行查询
    while(rs.next()){                     //遍历读取数据
        Book b = new Book();              //构建新的 book 实体数据
        b.setBookId(rs.getInt("book_id"));
        b.setName(rs.getString("name"));
        b.setPrice(rs.getBigDecimal("price"));
        b.setRemark(rs.getString("remark"));
        b.setSn(rs.getString("sn"));
        pb.getList().add(b);              //加到 list 中，返回给页面使用
    }
} catch (SQLException e) {
    e.printStackTrace();                  //打印异常
} finally{
    DbUtil.close(conn, null, rs);         //关闭连接
}
```

在以上的代码中，执行了两次 SQL 语句，因为它们的 from 语句部分是相同的，因此可以通过

字符拼接的方式来生成两句 SQL。第一句 SQL 是查询记录的总数；第二句 SQL 则是读取具体的每条记录数据，它包含了 limit 语句，它的参数是通过从页面传递过来的页码参数（page）计算而得出的。在读取数据的过程中，为了方便 JSP 页面的使用，把数据包装到一个链表（List）里，这样 JSP 页面即可轻松的遍历出当前页面的数据。

在程序代码中，笔者还封装了一个 PageBean 类，它的作用是包装各分页 JSP 需要的所有数据，主要包括：总记录数、当前页码、每页记录数和数据链表。

```
private int total;                          // 总记录数
private int page;                           // 当前页码
private int size;                            // 每页记录数
private List list = new ArrayList(); // 数据，默认创建一个新的 list
```

这样做不仅可以让 JSP 读取数据清晰，还可以很容易就计算出分页按钮的链接地址。具体来说，就是下一页和上一页按钮所对应的具体页码值。

```
一共${pb.total}条记录，当前页数：${pb.page}/${pb.max}
<a href="?page=1">首页</a>
<a href="?page=<c:if test="pb.page<=1">1</c:if>
    <c:if test="page>1">${pb.page-1 }</c:if>">上一页</a>
<a href="?page=<c:if test="pb.page>=pb.max">${pb.max}</c:if>
    <c:if test="page<pb.max">${pb.page+1 }</c:if>">下一页</a>
<a href="?page=${pb.max }">尾页</a>
```

注意：这种设计思想被称为 MVC，也就是数据、业务逻辑和展示三者相互独立，这是一种比较流行的 Web 程序设计思想。

19.3.2　新增商品明细

作为电子商务网站，商品的信息是需要手动添加的，因此程序也提供了商品的新增功能。新增功能比较简单，就是一个普通的网页表单，如图 19.2 所示。提交表单以后，代码根据提交的数据，对 MySQL 执行 INSERT 语句。

图 19.2　新增商品

由于对执行更新 SQL 的操作进行了封装，因此新增商品的操作会比较简单，只需要给 DbUtil

提供 SQL 语句字符串即可。

```
/* 增加商品 */
public String addBook(HttpServletRequest request, HttpServletResponse response){
    String name = request.getParameter("name");         //参数名称
    String sn = request.getParameter("sn");             //参数编码
    String price = request.getParameter("price");       //参数价格
    String remark = request.getParameter("remark");     //参数备注
    String sql                                          //定义 insert 语句
        = "insert into book(name,sn,price,remark)
        values('"+name+"','"+sn+"',"+price+",'"+remark+"')";
    int rst = DbUtil.exec(sql);                         //执行 sql 语句
    request.setAttribute("rst", rst);                   //转发结果
    return bookList(request, response);                 //返回
}
```

19.3.3 修改商品信息

商品的价格、备注等信息是有可能会发生变化的。因此，程序还需要提供商品信息的改变功能。通过单击商品列表页面右侧的“修改”链接，即可对商品信息进行修改，如图 19.3 所示。

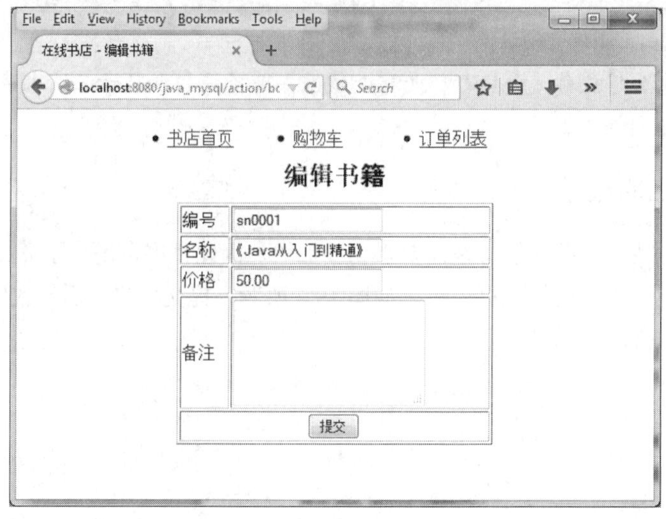

图 19.3　修改商品信息

与新增商品不同，在打开商品编辑页面时，程序已经通过 SELECT 语句读出了商品的信息，然后把这些信息已经预先填入这些编辑框中。并且，还有很重要的一点，由于编辑商品是对已经存在的数据记录执行 UPDATE 操作，所以代码需要用一个隐藏的控件来保存该商品的 book_id，在提交表单时，book_id 会传递到后台，执行 UPDATE 语句。

```
/* 修改商品 */
public String modifyBook(HttpServletRequest request,
        HttpServletResponse response){
    String bookId = request.getParameter("book_id"); //商品 id
    String name = request.getParameter("name");      //参数名称
    String sn = request.getParameter("sn");          //参数编号
    String price = request.getParameter("price");    //参数价格
```

```
    String remark = request.getParameter("remark");  //参数备注
    String sql                                       //update 语句
        = "update book set name='"+name+"',sn='"+sn+"',price="
        +price+",remark='"+remark+"' where book_id=" + bookId;
    int rst = DbUtil.exec(sql);                      //执行 sql
    request.setAttribute("rst", rst);                //转发结果
    return bookList(request, response);              //返回
}
```

其中 book_id 在 JSP 文件是以如下代码来保存的。

```
<input name="book_id" value="${book.bookId}" type="hidden"/>
```

19.3.4 删除商品

当商品上传错误，或者商品已经过期需要下架时，程序需要提供商品的删除功能。删除功能相对于新增和修改要简单得多，因为不需要表单传递其他参数，只需要通过 book_id，即可直接执行 DELETE 语句。

```
/* 删除商品 */
public String delBook(HttpServletRequest request, HttpServletResponse response){
    String bookId = request.getParameter("book_id"); //商品 id
    //执行 delete 语句
    int rst = DbUtil.exec("delete from book where book_id=" + bookId);
    request.setAttribute("rst", rst);                //转发结果
    return bookList(request, response);              //返回
}
```

19.4 购物车和订单

购物车是购物网站必备的功能，它指的是在正式生成订单之前用户挑选的商品明细。订单是购物车的信息最终确定下来以后存到数据库的商品明细。本小节将介绍本程序对购物车和订单管理的实现细节。

19.4.1 购物车的设计及操作

购物车是存储用户选购的商品及其数量的一种数据集合，它有一个特点，就是每个用户都有一个独立的购物车，因此购物车的数据是存储在 session 范围以内的。另外，购物车除了保存商品以外，还需要保存该商品的数量，所以 HashMap 就成为最佳的购物车数据集合的解决方案。

```
Map<Book, Integer> books = new HashMap<Book, Integer>();
```

用户的购物车往往是在用户第一次把商品加入购物车时生成的，所以代码需要先判断 session 里是否已经存在购物车，如果存在则直接添加 book 到该购物车。由于 HashMap 的 key 具有不可重复性，如果重复添加某件商品，只会将之前的覆盖掉。

一般来说，对购物车的操作有两种：添加到购物车和清除购物车。

（1）添加到购物车

在商品列表页上，每件商品后边都有一个“添加到购物车”按钮，用户通过单击它即可把商品添加购物车。

```
/* 添加到购物车 */
public String addCart(HttpServletRequest request, HttpServletResponse response){
    String bookId = request.getParameter("book_id"); //商品id
    //尝试从session获取购物车
    Map<Book, Integer> books
        = (Map<Book, Integer>) request.getSession().getAttribute(Const.CART);
    if(books == null){
        books = new HashMap<Book, Integer>();            //新建购物车
    }
    request.getSession().setAttribute(Const.CART, books);//放到当前session中
    //获取到book信息
    Connection conn = null;                              //定义新的数据库连接
    ResultSet rs = null;                                 //结果集
    try {
        conn = DbUtil.getConn();                         //获取连接
        //执行查询sql
        rs = DbUtil.query(conn, "select * from book where book_id=" + bookId);
        if(rs.next()){                                   //读取结果
            Book b = new Book();                         //新建book实体对象
            b.setBookId(rs.getInt("book_id"));           //id
            b.setName(rs.getString("name"));             //名称
            b.setPrice(rs.getBigDecimal("price"));       //价格
            b.setRemark(rs.getString("remark"));         //备注
            b.setSn(rs.getString("sn"));                 //编号
            books.put(b, 1);                             //放到购物车中
        }
    } catch (SQLException e) {
        e.printStackTrace();                             //打印异常
    } finally{
        DbUtil.close(conn, null, rs);                    //关闭连接
    }
    return "cart.jsp";                                   //返回
}
```

在以上代码中，首先是尝试取出已经存在的购物车对象，如果不存在，则创建一个新的对象，并同步保存到session中。接着取出商品数据，并包装成一个实体，将其作为购物车HashMap的key使用。添加到购物车成功以后，就直接跳转到购物车页面，如下所示。

注意：放入HashMap的key的对象需要覆盖默认的hashCode和equals函数，它们是对排他性的一种判断支持。在本程序代码中，通过bookId来判断即可。

（2）清空购物车

若用户发现自己添加到购物车的商品可能并不是自己想要的，或者反悔不想购买，用户可以通过单击“清空购物车”按钮来删除整个购物车的数据，如图19.4所示。在代码中实现也比较简单，只需要把session里的购物车对象设置为“NULL”即可。

```
request.getSession().setAttribute(Const.CART, null);
```

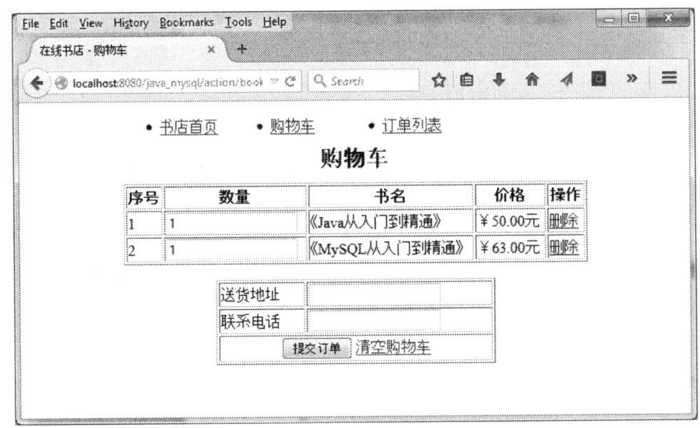

图 19.4　清空购物车

19.4.2　提交订单

当用户的购物车已经准备妥当，用户即可通过购物车页面的“提交订单”按钮下订单了。在下订单时，用户可以更改每种商品的数量，填写送货地址和联系电话以后即可单击“提交订单”按钮。

```
/* 保存订单 */
public String saveOrder(HttpServletRequest request,
     HttpServletResponse response){
    BigDecimal money = new BigDecimal(0);     //总金额
    List<OrderItem> items = new ArrayList<OrderItem>();//定义明细变量
    //拆解购物车数据
    Map<String, String[]> map = request.getParameterMap();//用 map 变量保存数据
    for(String key : map.keySet()){
        if(key.startsWith("book_")){          //开始拆解从页面来的数据
            String num = map.get(key)[0];     //数量
            String bookId = key.substring("book_".length());//书籍的 id
            Book book = this.getBookById(bookId);//获取书籍
            money = money.add                       //累加总金额
          (new BigDecimal(Integer.parseInt(num)).multiply(book.getPrice()));
            //明细项
            OrderItem oi = new OrderItem();  //创建明细变量
            oi.setBook(book);                //设置书籍
            oi.setNum(Integer.parseInt(num));//设置数量
            items.add(oi);                   //添加到 list 中
        }
    }
    String orderId = MyUtil.getOrderId();     //订单号
    String time = MyUtil.getTime(new Date());     //生成订单时间
    String addr = request.getParameter("addr");  //地址
    String phone = request.getParameter("phone");//电话
    //sql 语句
    String sql =
        "insert into book_order(order_id,order_time,money,addr,phone) " +
        "values('"+orderId+"','"+time+"',"+money.doubleValue()+",'"+addr+"','"
        +phone+"')";
    int rst = DbUtil.exec(sql);                        //执行插入语句
```

```
        //保存订单的明细
        for(OrderItem oi : items){
            //定义插入明细的 sql 语句
            sql = "insert into order_item(order_id,book_id,num) " +
            "values('"+orderId+"',"+oi.getBook().getBookId()+","+oi.getNum()+")";
            rst = DbUtil.exec(sql);                     //执行
        }
        request.setAttribute("rst", rst);               //转发结果
        return orderList(request, response);            //返回
    }
```

注意：Java 程序在处理精确的浮点计算时（比如价格、金额等），需要依赖 BigDecimal 及其相关函数，不能使用简单的“+-*/”操作，后者的计算是一种不科学的浮点计算方法，它往往会产生一些误差。

在 JSP 页面上，每种商品及其数量采取“bookId_num”这样的格式传递到后台的 Java 代码，所以需要先对这些明细数据进行拆解，并且需要把这些数据保存到 map 中，以用于生成订单和保存明细到数据库中。

订单号是一个比较特殊的主键数据，它需要有一定的规律性。因此本程序生成订单号的规则利用了当前的日期来生成。

```
    public static String getOrderId(){
        //定义格式
        SimpleDateFormat fmt = new SimpleDateFormat("yyyyMMddHHmmssSSS");
        return fmt.format(new Date());             //得到并返回订单号
    }
```

19.4.3 订单列表及其明细

订单生成完成以后，电子商务网站的后台工作人员即可通过浏览订单来进行一一配送了。因此程序还需要提供订单列表及其明细查询功能，如图 19.5 所示。

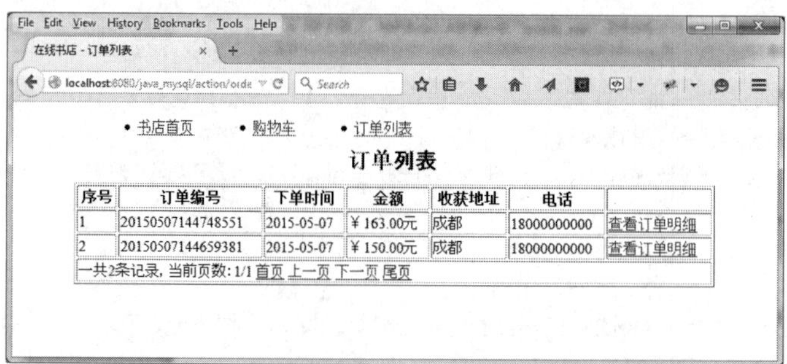

图 19.5 订单列表

订单列表及其分页功能，类似于商品的列表和分页功能，只不过在用 SELECT 语句查询时，需要把 book 改成 book_order 表。在每条订单的后面有一个“查看订单明细”按钮，单击该按钮可以查看到订单的细则，如图 19.6 所示。

图 19.6　订单明细

对于订单明细的查询，需要从页面传递订单号（order_id）到后台，然后通过对 order_item 表进行查询得到数据。因此这就涉及两次查询，首先根据 order_id 得到订单实体对象，然后再查询 order_item 表。

```
/* 订单明细 */
public String viewItems(HttpServletRequest request
        , HttpServletResponse response){
    Order order = null;                             //订单变量
    String orderId = request.getParameter("order_id");//获取订单 id 参数
    Connection conn = null;                         //连接变量
    ResultSet rs = null;                            //结果集变量
    try {
        conn = DbUtil.getConn();                    //获取连接
        rs = DbUtil.query(conn,                     //执行查询
            "select * from book_order where order_id=" + orderId);
        if(rs.next()){                              //得到结果
            order = new Order();                    //订单实体对象
            order.setAddr(rs.getString("addr"));//地址
            order.setMoney(rs.getBigDecimal("money"));//金额
            order.setOrderId(rs.getString("order_id"));//订单号
            order.setOrderTime(rs.getDate("order_time"));//下单时间
            order.setPhone(rs.getString("phone"));//电话
        }
    } catch (SQLException e) {
        e.printStackTrace();                        //打印异常
    } finally{
        DbUtil.close(conn, null, rs);               //关闭连接
    }
    if(order != null){
        request.setAttribute("o", order);           //转发结果
        try {
            conn = DbUtil.getConn();                //获取连接
            rs = DbUtil.query(conn,                 //查询
                "select * from order_item where order_id=" + orderId);
            List<OrderItem> items = new ArrayList<OrderItem>();
```

```
            while(rs.next()){                      //读取结果
                OrderItem e = new OrderItem();//创建新的明细实体
                e.setOrder(order);                 //订单引用
                e.setNum(rs.getInt("num"));  //数量
                //商品实体的引用
                e.setBook(this.getBookById(rs.getString("book_id")));
                items.add(e);                      //添加到列表
            }
            request.setAttribute("items", items);//转发结果
        } catch (SQLException e) {
            e.printStackTrace();                   //打印异常
        } finally{
            DbUtil.close(conn, null, rs);    //关闭连接
        }
    }
    return "order_items.jsp";                      返回
}
```

19.5 小　结

本章主要讲解了一个完整基于 MySQL 数据库开发的 Java 在线书城程序。首先，介绍了 Java 操作数据库的基本思想，以及使用 MySQL 驱动程序连接数据库的基本步骤。其次，针对具体的程序需求，设计出了具体的表结构。再次，讲解了商品管理模块的开发和注意事项。最后，介绍了购物车的实现细则和订单是如何生成的。内容比较精炼，主要讲解了重点注意事项，完整的代码可以参见光盘内的代码文件。

通过对本章的学习，读者不仅学会掌握 Java 连接和实用 MySQL 数据库的基本思路，还可以参考实例代码，开发出更高级的 Java Web 程序。

第 20 章　PHP+MySQL 案例实战——智能考试系统

PHP+MySQL 一直是构建网络应用程序的一对“黄金搭档”，使用 PHP+MySQL 可以快速、高效地构建友好、安全的网络应用程序。简单的有网络计数器、网络投票、网络留言本等，复杂的有论坛程序、大型商城、整站程序、搜索引擎的开发等。前面各个章节已经详细介绍了 MySQL 数据库中的各种操作，本章来介绍一下 MySQL 如何与 PHP 协同工作。

本章将介绍一个智能考试系统，通过本章内容的学习，读者将会了解到如何使用 PHP+MySQL 创建网络应用程序。由于是介绍两者如何协同工作，所以仅实现了程序的最基本的功能，一些细节及各种样式不在本章讨论之列。

本章主要内容有：

- 创建安装文件
- 用户注册与登录
- 首页
- 管理模块
- 用户模块

20.1　系统分析

本节主要介绍该智能考试系统的各项功能，其中可具体分为三大功能模块，每个模块实现系统的一项功能，三大功能模块分别是：① 注册登录模块；② 管理员功能模块、③ 普通用户功能模块。每大功能模块又可细分为若干小的功能模块，具体如图 20.1 所示。

下面的各节将通过具体代码来实现其各自的功能。

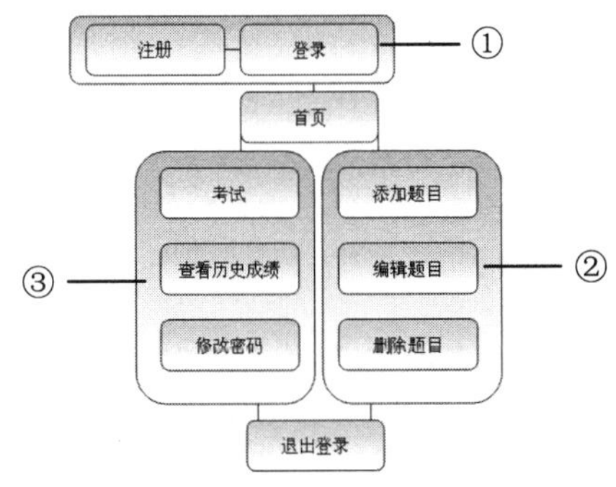

图 20.1　智能考试系统三大功能模块图

20.2 准备工作

在开始实现各个功能模块之前，首先要做一些前期准备工作，如系统所需数据表的设计、相关配置文件的创建、库表的建立等。这一节先来做这些准备工作，以为下面各个功能模块的实现奠定基础。

20.2.1 设计数据表

由于本章所介绍的智能考试系统仅实现了基本功能，所以相关表的内容比较少也比较简单。一共包括四个表分别是用户表（user）、问题表（question）、答案表（answer）、测试记录表（exam）等。具体内容如下面表 20.1~表 20.4 所示。

表 20.1 用户表（user）详情

字段	类型	长度	意义	其他
id	INT	6	用户 ID	主键、自动增加
name	VARCHAR	12	用户名称	无
pass	VARCHAR	12	用户密码	无
admin	INT	1	是否为管理员	无

表 20.2 问题表（question）详情

字段	类型	长度	意义	其他
id	INT	6	问题 ID	主键、自动增加
content	VARCHAR	200	问题内容	无
type	INT	1	问题类型	无
answer	INT	1	答案（如果问题为选择题，则值为 0；如果问题为判断题，值为 1 表示结果正确，值为 0 表示结果错误）	无

表 20.3 答案表（answer）详情

字段	类型	长度	意义	其他
id	INT	6	答案 ID	主键、自动增加
content	VARCHAR	200	答案内容	无
question	INT	5	问题 ID（即该答案所对应的题目 ID，表 question 所对应 ID 值）	无
answer	INT	1	答案（如果是答案，则值为 1；反之，值为 0）	无

表 20.4 测试记录表（examr）详情

字段	类型	长度	意义	其他
id	INT	6	测试 ID	主键、自动增加
name	VARCHAR	200	考试人员名称	无
score	INT	5	考试分数	无
date	INT	1	完成考试日期	无

以上即为实现该智能考试系统所需要的全部四张表，表与表之间互相关联，其中问题表与答案表之间尤为密切。

20.2.2 创建配置文件

PHP 支持引用外部文件，这样的好处是可以把某个常用的模块在一处定义，多处调用。这样可以减少代码的反复调用，另外，如果需要对代码进行改动，只需做一处改动即可，而不用多处改动。

因为该智能考试系统的核心是对数据库表进行操作，所以调用各种配置、连接服务器、选择数据库等就会在多处被用到。所以这里把该功能单写出来，以便程序多处调用。具体代码如下所示：

```
<?php
$host_name="localhost";                                    //服务器名
$host_user="root";                                         //连接服务器的用户名
$host_pass="";                                             //连接服务器的密码
$db_name="test";                                           //服务器上的可用数据库
$test_user="test_user";                                    //用户表名称
$test_question="test_question";                            //问题表名称
$test_answer="test_answer";                                //答案表名称
$test_exam="test_exam";                                    //答案表名称
$my_con=mysql_connect($host_name,$host_user,$host_pass);   //连接服务器
mysql_select_db($db_name,$my_con);                         //选择操作的数据库
mysql_query("set names 'gb2312'");
?>
```

将该代码命名为：config.ph，以备后用。

其中定义了连接服务器所需要的服务器名称、用户名、密码、数据库以及各个表的名称等。然后使用函数：mysql_connect()进行连接，之后使用 mysql_select_db()选择数据库，最后还能通过 mysql_query()将默认编码设置为中文。

所以，如果用户要将程序移动到其他机器上，或者在另外的服务器上安装，只需更改该配置文件中的相关变量即可，方便程序的迁移。

20.2.3　创建安装文件

这一小节来创建安装文件，通过执行安装文件，可以在目标 MySQL 服务器创建该系统所需要的四个表。并且还会根据用户输入，创建默认的系统管理员账户。安装文件的内容如下：

```
//……省略 HTML 代码部分
<?php
}
else                                          //如果有输入内容，执行建表操作
{
include "config.php";                         //调用配置文件
$sql1="CREATE TABLE $test_user(
    `id` INT(6) NOT NULL AUTO_INCREMENT PRIMARY KEY ,
    `name` VARCHAR(12) NOT NULL DEFAULT '',
    `pass` VARCHAR(12) NOT NULL DEFAULT '',
    `admin` INT(1) NOT NULL DEFAULT 0
)ENGINE=InnoDB  DEFAULT CHARSET=gb2312";
$step1=mysql_query($sql1,$my_con) or die(mysql_error());
$sql2="CREATE TABLE $test_question(
    `id` INT(6) NOT NULL AUTO_INCREMENT PRIMARY KEY ,
    `content` VARCHAR(200) NOT NULL DEFAULT '',
    `type` INT(1) NOT NULL DEFAULT 0,
     `answer` INT(1) NOT NULL DEFAULT 0
)ENGINE=InnoDB  DEFAULT CHARSET=gb2312";
$step2=mysql_query($sql2,$my_con) or die(mysql_error());
```

```
    $sql3="CREATE TABLE $test_answer(
        `id` INT(6) NOT NULL AUTO_INCREMENT PRIMARY KEY ,
        `content` VARCHAR(200) NOT NULL DEFAULT '',
        `question` INT(5) NOT NULL DEFAULT 0,
        `answer` INT(1) NOT NULL DEFAULT 0
    )ENGINE=InnoDB  DEFAULT CHARSET=gb2312";
    $step3=mysql_query($sql3,$my_con) or die(mysql_error());
    $sql4="CREATE TABLE $test_exam(
        `id` INT(6) NOT NULL AUTO_INCREMENT PRIMARY KEY ,
        `name` VARCHAR(12) NOT NULL DEFAULT '',
        `score` INT(5) NOT NULL DEFAULT 0,
        `date` VARCHAR(20) NOT NULL DEFAULT ''
    )ENGINE=InnoDB  DEFAULT CHARSET=gb2312";
    $step4=mysql_query($sql4,$my_con) or die(mysql_error());
    $user=$_POST["user"];
    $pass=$_POST["pass"];
    $sql5="INSERT INTO $test_user (name,pass,admin) VALUES('$user','$pass',1)";
    $step5=mysql_query($sql5,$my_con) or die(mysql_error());
    if($step1 and $step2 and $step3 and $step4 and $step5)
    {
        echo "成功安装<p>";
        echo "管理员名称为: $user";
        echo "单击<a href='index.php'>这里</a>进入系统 ";
    }
    }
    ?>
```

将以上代码保存为 install.php，执行界面如图 20.2 所示。

图 20.2　install.php 执行界面

代码首先判断有无用户输入内容，如果没有则在前台显示一个表单，让用户输入默认的管理员名称与密码。如果有用户输入内容，则根据设计的数据表，执行建表 SQL 语句，创建系统所需要的四张表，并将用户输入的管理员名称与密码添加到用户表中。

注意：这里添加用户输入信息时，admin 字段为 1，即该用户为管理员，管理员可以对系统进行各种管理操作。

20.3　用户注册与登录

用户是该系统最核心的环节，所有操作都需要用户来完成。其中用户注册与登录就是实现系统功能的基础，只有用户登录了才能执行相关操作。这一节就来介绍用户的注册与登录模块。

20.3.1　用户注册

用户注册分前台与后台两部分内容，首先在前台显示表单，用户可以输入用户名与密码，之后转入后台。后台会判断是否存在重名用户，如果有则提示用户重新返回前台输入，如果没有则将用户输入内容添加到用户表之中。具体内容如下：

```
//……省略 HTML 代码部分
<?php
}
else                                                    //如果有输入内容则进行后台操作
{
    include "config.php";
    $user=$_POST["user"];
    $pass=$_POST["pass"];
    $sql="SELECT * FROM $test_user WHERE name='$user'";
    $result=mysql_query($sql,$my_con);
    $num=mysql_num_rows($result);
    if($num>0)
    {
        echo "用户名已经存在!<p>";
        echo "单击<a href='reg.php'>这里</a>重新注册 ";
    }
    else
    {
        $sql="INSERT        INTO        $test_user        (name,pass,admin)
VALUES('$user','$pass',0)";
        $result=mysql_query($sql,$my_con) or die(mysql_error());
        if($result)
        {
            echo "成功注册<p>";
            echo "单击<a href='login.php'>这里</a>登录系统 ";
        }
    }
}
?>
</center>
```

将以上代码命名为 reg.php，执行该代码即可完成用户注册，执行界面如图 20.3 所示。

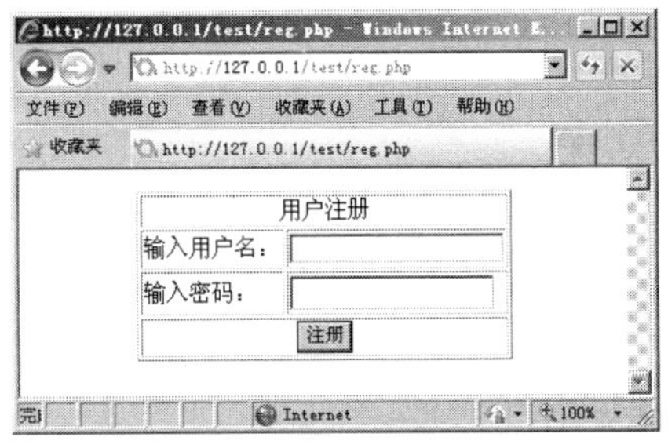

图 20.3　reg.php 执行界面

20.3.2 用户登录

用户登录与注册类似，也分为前台与后台两部分，前台供用户输入用户名及密码。后台判断是否存在指定用户并且密码是否正确，如果不存在或者密码错误，则提示用户重新输入。如果存在同时密码正确则使用 setcookie()将用户登录信息写入 COOKIE 值，提示用户进入首页。

具体内容如以下代码所示：

```
<?php
if(!$_POST["user"])                                          //如果没有输入内容显示表单
{
    echo "<center>";
?>
<table border=1>
<form actioin="login.php" method="post">
<tr>
<td colspan="2" align="center">用户登录</td>
</tr>
<tr>
<td>输入用户名: </td>
<td><input type="text" name="user"></td>
</tr>
<tr>
<td>输入密码: </td>
<td><input type="password" name="pass"></td>
</tr>
<tr>
<td colspan="2" align="center"><input type="submit" value="登录"></td>
</tr>
</from>
</table>
<?php
}
else                                                         //如果有输入内容执行操作
{
    include "config.php";
    $user=$_POST["user"];
    $pass=$_POST["pass"];
    $sql="SELECT COUNT(id) FROM $test_user WHERE name='$user' AND pass='$pass'";
    $result=mysql_query($sql,$my_con);
    $num=mysql_fetch_row($result);
    if($num[0]==0)                                           //判断用户密码是否正确
    {
        echo "用户名或者密码错误!<p>";
        echo "单击<a href='login.php'>这里</a>重新登录 ";
    }
    else                                                     //如果正确定义 COOKIE
    {
        setcookie("user",$user);
        echo "成功登录<p>";
        echo "单击<a href='index.php'>这里</a>进入系统 ";
```

```
        }
    }
    ?>
    </center>
```

将以上代码保存为 login.php，执行该代码即可完成用户登录的操作，执行界面如图 20.4 所示。

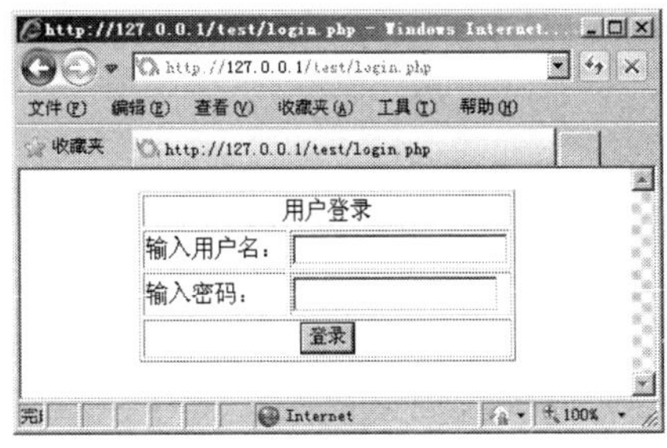

图 20.4　login.php 执行界面

20.4　首页

首页是各个功能模块的连接点，通过首页管理员可以进入管理页面执行管理操作；普通用户可以进入考试页面进行考试、查看历史成绩，也可以执行更改密码、退出登录等操作。其中还需要单独创建检查登录用户是否为管理员的代码，方便管理模块调用。

20.4.1　首页

首先判断用户是否登录，如果没有则提示用户登录，并给出注册与登录的链接。如果已经登录再判断其身份，如果是管理员，给出管理页面链接，如果是普通用户则输出进行测试、查看历史成绩等页面链接。

具体内容如以下代码所示：

```
    <?php
    echo "<center>";
    echo "欢迎使用智能考试系统！<p>";

    if(!$_COOKIE["user"])                                    //如果没有登录
    {
        echo "你还没有登录！<p>";
        echo "<a href='login.php'>登录</a>   <a href=reg.php>注册
</a>";
    }
    else
    {
        echo "欢迎您: ".$_COOKIE["user"];
        echo "<p>";
        include "config.php";
        $sql="SELECT admin FROM $test_user WHERE name='$_COOKIE[user]'";
        $result=mysql_query($sql,$my_con);
        $admin=mysql_fetch_array($result);
```

```
    if($admin[0]==0)                                    //如果是普通用户
    {
        echo "你是普通用户，单击<a href='test.php'>这里</a>开始考试<p>";
        echo "单击<a href='exam.php'>这里</a>查看历史测试成绩";
    }
    else                                                //如果是管理员
    {
        echo "你是管理员，单击<a href='admin.php'>这里</a>对题库进行管理";
    }
    echo "<p>单击<a href='edit_pass.php'>这里</a>修改密码<p>";
    echo "<p>单击<a href='exit.php'>这里</a>退出登录<p>";
}
?>
```

将以上代码保存为 index.php，完成首页模块创建。执行界面如图 20.5 所示。

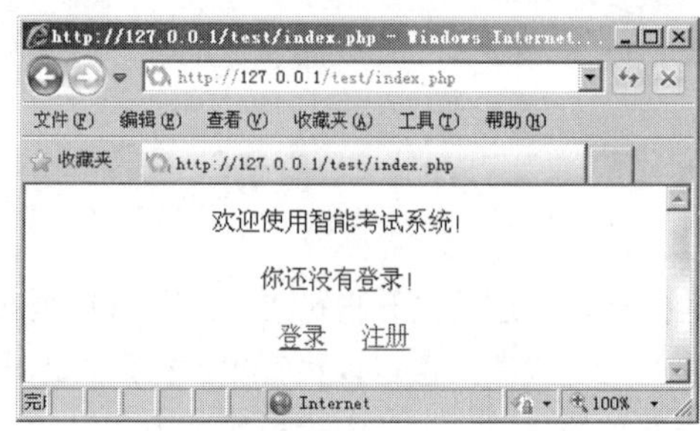

图 20.5 index.php 执行界面

20.4.2 检查管理员

检查登录用户是否为管理员是登录用户执行所有管理模块的前提，把该模块单独做出来，可以方便各个管理模块调用，同时减少代码冗余。具体内容如以下代码所示：

```
<?php
include "config.php";
$sql="SELECT COUNT(admin) FROM $test_user WHERE name='$_COOKIE[user]'";
$result=mysql_query($sql,$my_con);
$admin=mysql_fetch_row($result);          //检查登录用户是否为管理员
if($admin[0]==0)
{
    echo "你不是管理员，不能执行该操作！";
    exit("");
}
?>
```

将以上代码命名为 check_admin.php，以备下一节各个管理模块的调用。

20.5 管理模块

管理员可以对系统中的题库进行题目遍历、查看题目详情、添加题目、修改题目、删除题目等操作。这一节按照各个管理模块来逐个进行介绍。

20.5.1 显示所有题目

显示所有题目执行普通的遍历操作，并给出添加题目，以及对指定题目的查看、修改、删除操作的链接，具体内容如以下代码所示：

```
<?php
echo "<center>";
include "check_admin.php";
echo "题库管理<p>";
echo "<a href='add_question.php'>添加题库</a><p>";
include "config.php";
$sql="SELECT * FROM $test_question";                    //遍历所有记录
$result=mysql_query($sql,$my_con);
$num=mysql_num_rows($result);                           //获取记录条数
if($num==0)
{
    echo "还没有题库记录";
}
else
{
    echo "共有".$num."条题库记录";
    echo "<p>";
    echo "<table border='1'>";
    echo "<tr><td>序号</td><td>题目</td><td>类型</td><td>查看</td><td>修改
</td><td>删除</td></tr>";
    while($row=mysql_fetch_array($result))              //循环显示所有记录
    {
        echo "<tr>";
        echo "<td>".$row["id"]."</td>";
        echo "<td>".$row["content"]."</td>";
        echo "<td>";
        if($row["type"]==1) echo "选择题";
        else echo "判断题";
        echo "</td>";
        echo "<td><a href=show_question.php?id=".$row[0].">查看</a></td>";
        echo "<td><a href=edit_question.php?id=".$row[0].">修改</a></td>";
        echo "<td><a href=del_question.php?id=".$row[0].">删除</a></td>";
        echo "</tr>";
    }
    echo "</table>";
}
echo "</center>";
?>
```

将以上代码保存为 admin.php，执行该代码即可对所有题目进行查看操作，执行结果如图 20.6 所示。

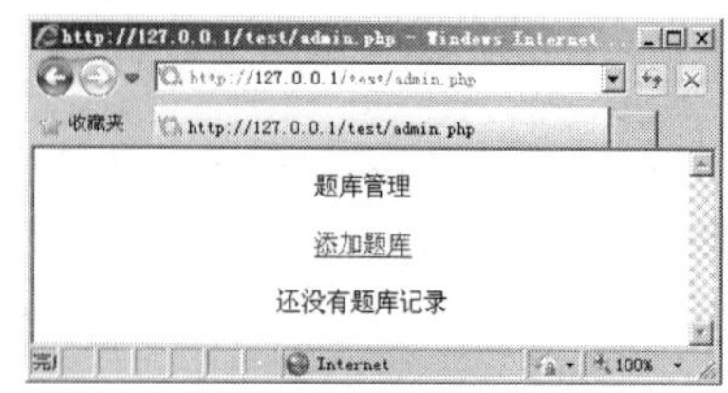

图 20.6　admin.php 执行结果

20.5.2　添加题目

在默认情况下，系统中没有任何题目，如果没有题目管理员就无从谈起修改、删除，而普通用户也无法进行考试。所以首先需要向系统中添加题目。

添加题目共分三步。第一步，让管理员选择题目类型，共有单选题与判断题两种；第二步根据第一步选择，输入题目内容及选择项内容；第三步将管理员输入题目相关信息添加到问题表与答案表中。

具体内容如以下代码所示：

```
<?php
echo "<center>";
include "check_admin.php";
echo "添加题库<p>\n";
if(!$_POST["type"])                    //如果没有输入内容显示前台表单
{
    ?>
//……省略 HTML 代码部分
<?php
}
else if(!$_POST["content"])            //第二步，显示表单输入题目内容
{
    ?>
    <table border="1">
    <form action="<?php echo $_SERVER["PHP_SELF"]?>" method="post">
    <tr>
    <td>题目类型：</td>
    <td><?php
    if($_POST["type"]==1) echo "选择题";
    else echo "判断题";
    ?>
    </td></tr>
    <tr>
    <td>请输入题目内容</td>
    <td><input type="text" name="content" size="30"></td>
    <tr>
    <tr>
    <td>请输入/选择该题答案</td>
    <td>
    <?php
        if($_POST["type"]==1)
```

```
        {
            for($i=0;$i<4;$i++)
            {
                echo ($i+1).".<input type=text name='answer[]'>\n";
                echo "<input type=radio name='check' value=".$i."><br>\n";
            }
        }
        else
        {
            echo "<input type=radio value=1 name='answer'>正确\n";
            echo "<input type=radio value=0 name='answer'>错误\n<p>";
        }
        echo "被选中项为正确答案";
        ?>
    //……省略 HTML 代码部分
    <?php
    }
    else                    //获取所有输入内容，并将记录插入表中
    {
        $type=$_POST["type"];
        $content=$_POST["content"];
        $answer=$_POST["answer"];
        include "config.php";
        if($type==2)
        {
            $sql="INSERT          INTO          $test_question(content,type,answer)
VALUES('$content','$type','$answer')";
            $result=mysql_query($sql,$my_con) or die(mysql_error());
            if($result)
            {
                echo "成功添加题库";
                echo "单击<a href=admin.php>这里</a>返回";
            }
            else echo "添加题库出错";
        }
        else
        {
            $check=$_POST["check"];
            $sql="INSERT             INTO             $test_question(content,type)
VALUES('$content','$type')";
            $result=mysql_query($sql,$my_con) or die(mysql_error());
            $question_id=mysql_insert_id();
            $sql2="INSERT INTO $test_answer(content,question,answer) VALUES";
            for($i=0;$i<4;$i++)
            {
                $sql2=$sql2."(";
                $sql2=$sql2."'".$answer[$i]."',";
                $sql2=$sql2.$question_id.",";
                if($check==$i) $sql2=$sql2."1)";
                else $sql2=$sql2."0)";
```

```
            if($i<3) $sql2=$sql2.",";
        }
        $result2=mysql_query($sql2,$my_con) or die(mysql_error());
        if($result and $result2)
        {
            echo "成功添加题库";
            echo "单击<a href=admin.php>这里</a>返回";
        }
        else echo "添加题库出错";
    }
}
echo "</center>";
?>
```

将以上代码保存为 add_question.php，执行代码即可完成添加题目操作。执行结果如图 20.7 所示。

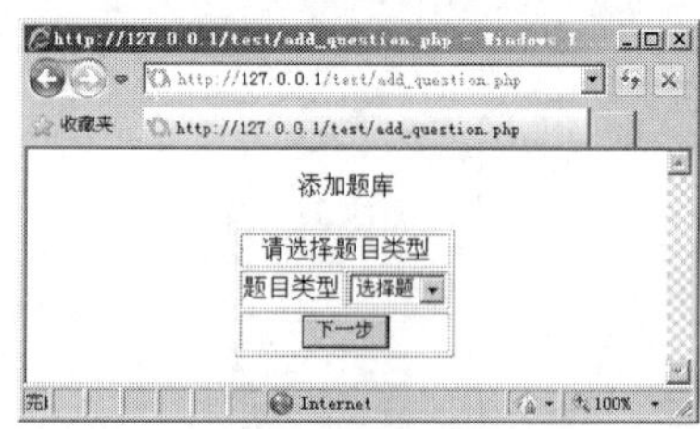

图 20.7　add_question.php 执行结果

注意：添加题目时，如果题目类型为判断题，则题目所有信息在问题表中即可完成。如果题目类型为选择题，除了向问题表中添加相关内容之外，还需要向答案表中添加信息。

20.5.3　显示题目详情

在显示所有题目页面中只能看到题目的大概，看不到题目的详情，所以还需要单独创建一个显示题目详情模块。其中除了显示题目内容之外，判断题还需要显示题目是正确还是错误，选择题还需要显示所有选择欺项并给出哪一项才是正确答案。

```
<center>
查看题目详情
<?php
include "check_admin.php";
include "config.php";
$sql="SELECT * FROM $test_question WHERE id='$_GET[id]'";
$result=mysql_query($sql,$my_con);
$row=mysql_fetch_array($result);
echo "<table border='1'>";
echo "<tr><td>题目类型: </td><td>";
if($row["type"]==1) echo "选择题";
else echo "判断题";
echo "</td></tr>";
echo "<tr><td>题目内容: </td><td>";
echo $row["content"];
echo "</td></tr>";
```

```
    echo "<tr><td>题目答案: </td><td>";
    if($row["type"]==1)
    {
        $sql2="SELECT * FROM $test_answer WHERE question='$_GET[id]'";
        $result2=mysql_query($sql2,$my_con);
        while($row2=mysql_fetch_array($result2))
        {
            echo $row2["content"];
            if($row2["answer"]==1) echo "    正确";
            echo "<br>";
        }
    }
    else
    {
        if($row["answer"]==1) echo "正确";
        else echo "错误";
    }
    echo "</td></tr>";
    echo "</table>";
    echo "<p><a href=admin.php>返回</a>";
    ?>
    </center>
```

将以上代码保存为 show_question.php，执行该代码即可查看指定题目的详情，执行结果如图 20.8 所示。

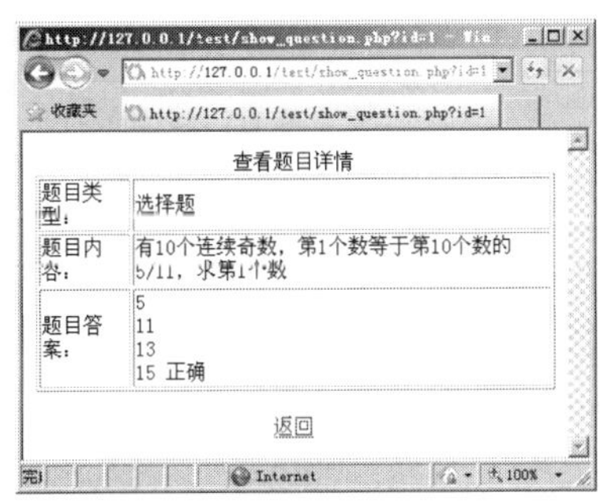

图 20.8　show_question.php 执行结果

注意：显示题目详情时，需要前台提供一个 ID 值，该值通过显示题目页面使用 GET 方式提供。只有该值才能正确显示指定题目。如果直接执行代码，相当于无 ID 值，则不会正常输出内容。

20.5.4　编辑题目

题目在创建之后并不是一成不变的，如果管理员发现题目信息有误，则需要对题目进行编辑操作。对于判断题，管理员可以修改其内容正确与否；对于选择题，管理员除了可以修改题目内容，还可以修改各个选择项的内容，并且重新指定正确的选项。

```
<center>
修改题目内容
<?php
```

```
    include "check_admin.php";
    if(!$_POST["content"])                    //如果没有 POST 内容，显示前台表单
    {
        include "config.php";
        $sql="SELECT * FROM $test_question WHERE id='$_GET[id]'";
        $result=mysql_query($sql,$my_con);
        $row=mysql_fetch_array($result);
        echo "<table border='1'>\n";
        echo "<form action='".$_SERVER["PHP_SELF"]."' method='post'>\n";
        echo "<tr><td>题目类型: </td><td>\n";
        if($row["type"]==1) echo "选择题";
        else echo "判断题";
        echo "</td></tr>\n";
        echo "<tr><td>题目内容: </td><td>";
        echo  "<input  type='text'  name='content'  value='".$row["content"]."'
size='30'>";
        echo "</td></tr>\n";
        echo "<tr><td>题目答案: </td><td>";
        if($row["type"]==1)                   //显示选择题所有选择项内容
        {
            $sql2="SELECT * FROM $test_answer WHERE question='$_GET[id]'";
            $result2=mysql_query($sql2,$my_con);
            while($row2=mysql_fetch_array($result2))
            {
                echo      "<input      type='text'      name='answer[]'
value='".$row2["content"]."'>\n";
                echo      "<input      type='hidden'      name='answer_id[]'
value='".$row2["id"]."'>\n";
                echo "<input type=radio name='check' value=".$row2["id"];
                if($row2["answer"]==1) echo " checked ";
                echo ">\n";
                echo "<br>\n";
            }
        }
        else                             //显示判断题正确与错误
        {
            echo "<input type=radio value=1 name='answer'";
            if($row["answer"]==1) echo " checked ";
            echo ">正确\n";
            echo "<input type=radio value=0 name='answer'";
            if($row["answer"]==2) echo " checked ";
            echo ">错误\n";
        }
        echo "<input type=hidden name='id' value='".$row["id"]."'>\n";
        echo "<input type=hidden name='type' value='".$row["type"]."'>\n";
        echo "</td></tr>\n";
        echo "<tr><td colspan='2' align='center'><input type='submit' value='确认修
改'></td></tr>\n";
        echo "</form>\n";
        echo "</table>\n";
```

```
        echo "<p><a href=admin.php>返回</a>\n";
    }
    else
    {
        $id=$_POST["id"];                    //获取输入内容
        $content=$_POST["content"];
        $type=$_POST["type"];
        $answer=$_POST["answer"];
        include "config.php";
        if($type==1)                    //如果是选择题，除了更新题目内容还要修改选择项内容
        {
            $check=$_POST["check"];
            $answer_id=$_POST["answer_id"];
            $sql="UPDATE $test_question SET content='$content' WHERE id='$id'";
            $result=mysql_query($sql,$my_con) or die(mysql_error());
            for($i=0;$i<4;$i+=1)
            {
                $s="UPDATE $test_answer SET content='$answer[$i]'";
                if($check==$answer_id[$i])
                {
                    $s=$s.", answer=1";
                }
                else
                {
                    $s=$s.", answer=0";
                }
                $s=$s." WHERE id='$answer_id[$i]'";
                $result=mysql_query($s,$my_con) or die(mysql_error());
            }
            if($result)
            {
                echo "成功修改题库";
                echo "单击<a href=admin.php>这里</a>返回";
            }
            else echo "修改题库出错";
        }
        else                    //如果是判断题，只需要修改题目内容及答案
        {
            $sql="UPDATE  $test_question  SET  content='$content',answer='$answer'
WHERE id='$id'";
            $result=mysql_query($sql,$my_con) or die(mysql_error());
            if($result)
            {
                echo "成功修改题库";
                echo "单击<a href=admin.php>这里</a>返回";
            }
            else echo "修改题库出错";
        }
    }
?>
```

```
    </center>
```

将代码保存为 edit_question.php，执行代码可以对指定题目进行修改操作。执行结果如图 20.9 所示。

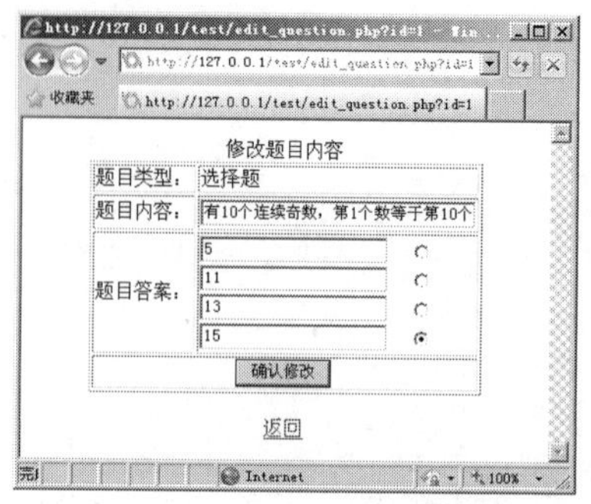

图 20.9 edit_question.php 执行结果

注意：编辑题目时也需要前台提供一个 ID 值，该值通过显示题目页面使用 GET 方式进行提供。如果无 ID 值，则不会正常输出内容。

20.5.5 删除题目

对于已经不再符合考试要求的题目，管理员可以将其从题目列表中删除。对于判断题，只需要从问题表中删除题目即可，而对于选择题除了删除题目本身，还需要删除答案表中与其对应的选择项。

```
    <center>
    删除题目
    <?php
    include "check_admin.php";
    if(!$_POST["id"])                //如果没有 POST 值，显示表单，确认删除
    {
        include "config.php";
        $sql="SELECT * FROM $test_question WHERE id='$_GET[id]'";
        $result=mysql_query($sql,$my_con);
        $row=mysql_fetch_array($result);
        echo "<table border='1'>\n";
        echo "<form action='".$_SERVER["PHP_SELF"]."' method='post'>\n";
        echo "<tr><td>题目内容: </td><td>";
        echo $row["content"];
        echo "</td></tr>\n";
        echo "<input type=hidden name='id' value='".$row["id"]."'>\n";
        echo "<input type=hidden name='type' value='".$row["type"]."'>\n";
        echo "<tr><td colspan='2' align='center'><input type='submit' value='确认删
除'></td></tr>\n";
        echo "</form>\n";
        echo "</table>\n";
        echo "<p><a href=admin.php>返回</a>\n";
    }
    else
    {
```

```
    include "config.php";
    $id=$_POST["id"];                //获取 POST 值
    $type=$_POST["type"];
    $sql="DELETE FROM $test_question WHERE id='$id'";
    $result=mysql_query($sql,$my_con) or die(mysql_error());
    if($type=="1")                   //如果是选择题，还要删除所有选择项
    {
        $sql2="DELETE FROM $test_answer WHERE question='$id'";
        $result2=mysql_query($sql2,$my_con) or die(mysql_error());
    }
    if($result)
    {
        echo "<p>成功删除题库";
        echo "单击<a href=admin.php>这里</a>返回";
    }
    else echo "删除题库出错";
}
?>
</center>
```

将以上代码保存为 del_question.php，执行代码，进行删除题目操作。执行结果如图 20.10 所示。

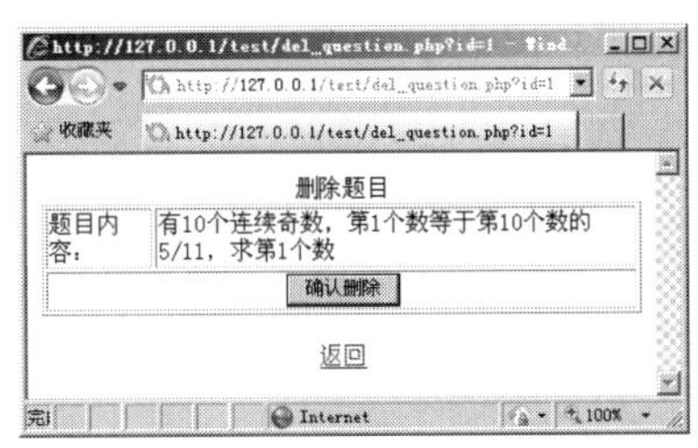

图 20.10　del_question.php 执行结果

注意： 删除题目与显示详情及编辑题目类似，也需要前台提供一个 ID 值，该值通过显示题目页面使用 GET 方式进行提供。如果无 ID 值，则不会正常输出内容。

20.6　用户模块

上一节介绍的是管理员模块，这一节来介绍用户模块。用户模块主要包括：进行考试、查看历史考试记录、更改密码以及退出登录等。下面来逐个进行介绍各个功能模块。

20.6.1　考试页面

进入考试页面，系统会随机从题库中选择指定数据的单项选择题与判断题，并提供选择界面，让用户进行答题操作。在用户提交所答问题之后，系统会自动在后台对所答内容进行判断，并计算出得分。之后还会把用户的考试结果存入 exam 表中。

具体内容如下所示：

```
<?php
echo "<center>";
```

```
    echo "欢迎使用智能考试系统! <p>";

    if(!$_COOKIE["user"])                                   //如果没有登录
    {
        echo "你还没有登录! <p>";
        echo  "<a  href='login.php'>登录</a>   <a  href=reg.php>注册
</a>";
    }
    else
    {
        if(!$_POST)                                         //如果没有提交内容显示题目
        {
        echo "欢迎您: ".$_COOKIE["user"];
        echo "<p>现在开始考试<p>\n";
        echo "</center>";
        include "config.php";
        echo "<form action=".$_SERVER["PHP_SELF"]." method='post'>";
        echo "一、选择题(每题1分)<p>\n";
        $sql="SELECT * FROM $test_question WHERE type=1 order by rand() LIMIT 5";
        $result=mysql_query($sql,$my_con);
        $i=1;
        while($row=mysql_fetch_array($result))
        {
            echo $i."、";
            echo $row["content"];
            echo "<br>\n";
            $s="SELECT * FROM $test_answer WHERE question='$row[id]'";
            $r=mysql_query($s,$my_con);
            $head=65;
            while($row2=mysql_fetch_array($r))
            {
                echo chr($head).".";
                echo $row2["content"];
                echo          "<input         type='radio'         name=c[".($i-1)."]
value=".$row2["id"].">\n";
                echo "<br>\n";
                $head+=1;
            }
            $i+=1;
            echo "<p>\n";
        }
        echo "二、判断题(每题1分)<p>\n";
        $sql="SELECT * FROM $test_question WHERE type=2  order by rand() LIMIT 5";
        $result=mysql_query($sql,$my_con);
        $i=1;
        while($row=mysql_fetch_array($result))
        {
            echo $i."、";
            echo $row["content"];
            echo "<br>\n";
```

```
            echo "正确<input type='radio' name=d[".($i-1)."] value='1'>\n";
            echo "错误<input type='radio' name=d[".($i-1)."] value='0'>\n";
            echo "<input type='hidden' name=s[] value=".$row["id"].">\n";
            $i+=1;
            echo "<p>\n";
        }
        echo "<p><input type='submit' value='完成考试'>";
        echo "</form>";
        }
        else                                                  //如果提交内容则获取内容并进行操作
        {
            $c=$_POST["c"];
            $d=$_POST["d"];
            $s=$_POST["s"];
            $score=0;
            $num1=count($c);
            $num2=count($d);
            include "config.php";
            for($i=0;$i<$num1;$i++)
            {
                $sql="SELECT answer FROM $test_answer WHERE id='$c[$i]'";
                $result=mysql_query($sql,$my_con);
                $a=mysql_fetch_row($result);
                if($a[0]==1) $score+=1;
            }
            for($i=0;$i<$num2;$i++)
            {
                $sql="SELECT   id   FROM   $test_question   WHERE   id='$s[$i]'   AND
answer='$d[$i]'";
                $result=mysql_query($sql,$my_con);
                $num=mysql_num_rows($result);
                if($num>0) $score+=1;
            }
            $date=date('Y-m-d H:i:s');
            echo "你的得分为: ".$score;
            $sql="INSERT          INTO          $test_exam          (name,score,date)
VALUES('$_COOKIE[user]','$score','$date')";
            $result=mysql_query($sql,$my_con);
            if($result)
            {
                echo "<p>已经将此次成绩入库<p>";
                echo "单击<a href=index.php>这里</a>返回";
            }
            else
            {
                echo "<p>成绩入库出错误<p>";
                echo "单击<a href=index.php>这里</a>返回";
            }
        }
    }
```

```
?>
```

将以上代码保存为 test.php，执行代码即可进行考试。执行结果如图 20.11 所示。

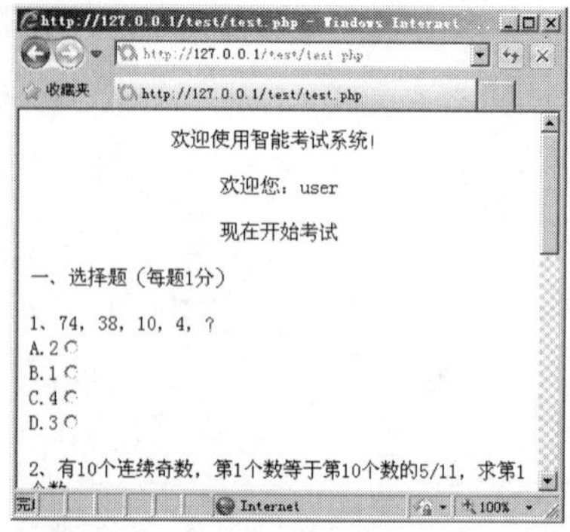

图 20.11　考试页面执行结果

注意：在随机获取库存中指定数量题目记录时，使用了 order by rand()子句，该子句效率较低，不过在总库存题目较少（万条以下）时，几乎感觉不到。

20.6.2　查看历史考试记录

经过数次考试，登录用户可以随时查看自己的历史考试成绩，只需要对 exam 表执行遍历操作即可。

```
<?php
echo "<center>";
echo "欢迎使用智能考试系统！<p>";

if(!$_COOKIE["user"])
{
    echo "你还没有登录！<p>";
    echo "<a href='login.php'>登录</a>   <a href=reg.php>注册
</a>";
}
else
{
    $user=$_COOKIE["user"];
    echo "查看用户".$user."的历史考试成绩<p>";
    include "config.php";
    $sql="SELECT * FROM $test_exam WHERE name='$user'";                //遍历指定
用户考试记录
    $result=mysql_query($sql,$my_con);
    $num=mysql_num_rows($result);
    if($num==0)
    {
        echo "还没有用户的历史考试记录";
    }
    else                                                               //如果有记录，则
显示所有记录
```

```
        {
            echo "共有".$num."条历史考试记录";
            echo "<p>";
            echo "<table border='1'>";
            echo "<tr><td>序号</td><td>用户</td><td>成绩</td><td>考试日期</td></tr>";
            while($row=mysql_fetch_array($result))
            {
                echo "<tr>";
                echo "<td>".$row["id"]."</td>";
                echo "<td>".$row["name"]."</td>";
                echo "<td>".$row["score"]."</td>";
                echo "<td>".$row["date"]."</td>";
                echo "</tr>";
            }
            echo "</table>";
        }
        echo "<a href=index.php>返回</a>";
        echo "</center>";
    }
    ?>
```

将以上代码保存为 exam.php。执行代码首先判断用户是否登录，如果用户登录之后，还要看是否进行过考试，只有进行过考试才会显示相关内容。结果如图 20.12 所示。

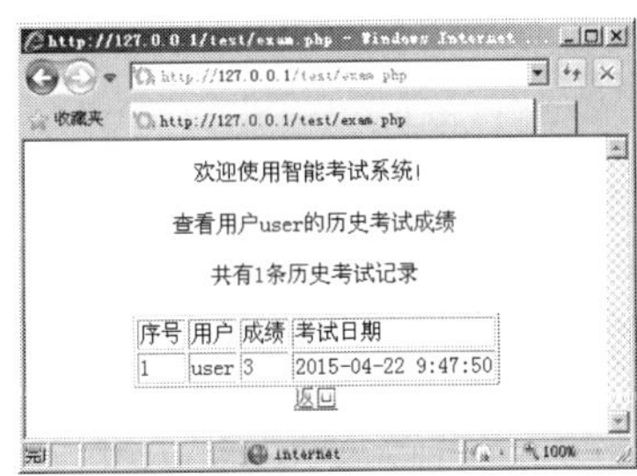

图 20.12　查看历史考试记录

20.6.3　更改密码

不管是普通用户或者管理员都可以对其注册时填写的密码进行修改。因为更改密码是对于管理员和普通用户都可以执行的操作，这里将其放到用户模块中进行介绍。

```
    <?php
    echo "<center>";
    echo "欢迎使用智能考试系统! <p>";
    if(!$_COOKIE["user"])
    {
        echo "你还没有登录! <p>";
        echo  "<a  href='login.php'> 登 录 </a>   <a  href=reg.php> 注 册
</a>";
    }
    else
    {
        if(!$_POST["pass"])                    //如果没有 POST 值，显示前台表单
```

```
        {
            ?>
    //……省略 HTML 代码部分
            <?php
        }
        else
        {
            $user=$_COOKIE["user"];                    //获取输入内容
            $pass=$_POST["pass"];
            $new_pass=$_POST["new_pass"];
            include "config.php";
            $sql="SELECT   COUNT(id)   FROM   $test_user   WHERE   name='$user'   AND
pass='$pass'";
            $result=mysql_query($sql,$my_con);
            $num=mysql_fetch_row($result);
            if($num[0]==0)                             //判断原始密码是否正确
            {
                echo "用户名或者密码错误!<p>";
                echo "单击<a href='edit_pass.php'>这里</a>重新输入";
            }
            else                                       //如果正确则修改密码
            {
                $sql="UPDATE $test_user SET pass='$new_pass' WHERE name='$user' AND
pass='$pass'";
                $result=mysql_query($sql,$my_con);
                if($result)
                {
                    echo "成功修改密码<p>";
                    echo "单击<a href='index.php'>这里</a>返回";
                }
                else
                {
                    echo "修改密码出错";
                }
            }
        }
    }
    ?>
```

将以上代码保存为 edit_pass.php，执行代码对登录用户的密码进行修改操作。如图 20.13 所示。

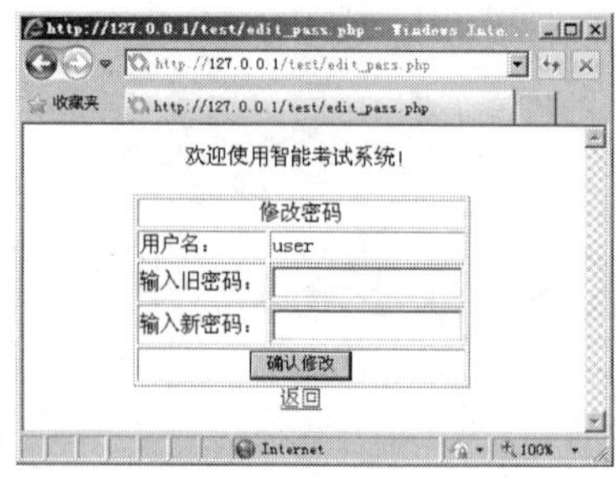

图 20.13　修改密码

20.6.4　退出登录

如果用户不想继续使用该系统，需要安全退出，这样做可以保证用户信息的安全。安全退出的实质是用空值重写 COOKIE，这样就相当于 COOKIE 中不再保存任何用户登录信息，从而保证用户信息的安全。

```
<?php
setcookie("user");
echo "成功退出登录<p>";
echo "单击<a href=index.php>这里</a>返回";
?>
```

将代码保存为 exit.php，用户在首页面单击退出登录就会执行该代码。

20.7　功能改进

至此该系统已经实现了一个简单的考试系统的基本功能，不过还不够完善，大致有以下几个方面：

- 题目类型只有单选题与判断题，没有常见的多选题。
- 现在的考试页面仅出十道题，不太符合常规考试 100 分的设置。
- 题目选择项的所有内容仅有文本，不能满足图形题目的要求。
- 用户信息较少，除了用户名与密码几乎没有其他信息等。

内容限于篇幅，这里不再具体介绍，有兴趣的读者可以尝试自行丰富这些功能。

20.8　小　结

本章主要介绍如何在 PHP 中使用 MySQL 数据库，通过两者的协同来制作 Web 应用程序。本章详细介绍了一个智能考试系统的各个子模块，通过具体的代码向读者介绍了如何实现各项功能。通过对本章内容的学习，读者不仅会掌握如何在 PHP 中操作 MySQL 数据库，而且还会熟练掌握创建 Web 应用程序中如何按部就班的进行操作。

读者意见反馈表

亲爱的读者：

感谢您对中国铁道出版社的支持，您的建议是我们不断改进工作的信息来源，您的需求是我们不断开拓创新的基础。为了更好地服务读者，出版更多的精品图书，希望您能在百忙之中抽出时间填写这份意见反馈表发给我们。随书纸制表格请在填好后剪下寄到：**北京市西城区右安门西街8号中国铁道出版社综合编辑部 荆波 收（邮编：100054）**。或者采用**传真（010-63549458）**方式发送。此外，读者也可以直接通过电子邮件把意见反馈给我们，E-mail地址是：**176303036@qq.com**。我们将选出意见中肯的热心读者，赠送本社的其他图书作为奖励。同时，我们将充分考虑您的意见和建议，并尽可能地给您满意的答复。谢谢！

所购书名：______________________

个人资料：

姓名：__________性别：__________年龄：__________文化程度：__________

职业：__________电话：__________E-mail：__________

通信地址：______________________邮编：__________

您是如何得知本书的：

□书店宣传 □网络宣传 □展会促销 □出版社图书目录 □老师指定 □杂志、报纸等的介绍 □别人推荐

□其他（请指明）______________________

您从何处得到本书的：

□书店 □邮购 □商场、超市等卖场 □图书销售的网站 □培训学校 □其他

影响您购买本书的因素（可多选）：

□内容实用 □价格合理 □装帧设计精美 □带多媒体教学光盘 □优惠促销 □书评广告 □出版社知名度

□作者名气 □工作、生活和学习的需要 □其他

您对本书封面设计的满意程度：

□很满意 □比较满意 □一般 □不满意 □改进建议

您对本书的总体满意程度：

从文字的角度 □很满意 □比较满意 □一般 □不满意

从技术的角度 □很满意 □比较满意 □一般 □不满意

您希望书中图的比例是多少：

□少量的图片辅以大量的文字 □图文比例相当 □大量的图片辅以少量的文字

您希望本书的定价是多少：

本书最令您满意的是：

1.

2.

您在使用本书时遇到哪些困难：

1.

2.

您希望本书在哪些方面进行改进：

1.

2.

您需要购买哪些方面的图书？对我社现有图书有什么好的建议？

您更喜欢阅读哪些类型和层次的计算机书籍（可多选）？

□入门类 □精通类 □综合类 □问答类 □图解类 □查询手册类 □实例教程类

您在学习计算机的过程中有什么困难？

您的其他要求：